马克思主义中国化的逻辑基础

MAKESIZHUYI
ZHONGGUOHUA DE

LUOJI JICHU

孙显元　著

中国科学技术大学出版社

内 容 简 介

本书首先阐述了作为马克思主义中国化逻辑基础的概念逻辑。概念逻辑既不等同于形式逻辑又包括形式逻辑，是由理论逻辑、实践逻辑和历史逻辑三个部分构成的。在概念逻辑理论的基础上，全面阐述了马克思主义中国化的理论逻辑、实践逻辑和历史逻辑。本书认为，"中国问题命题—马克思主义基本原理—中国马克思主义"是马克思主义中国化的基本逻辑公式。本书提出和论证了理论蕴涵价值的原理，指明了马克思主义中国化的中国理论蕴涵中国道路的逻辑必然性，使中国特色社会主义理论、道路和制度成为"三位一体"的价值体系。只有社会主义才能救中国，只有中国特色社会主义才能发展中国，证明坚持社会主义道路是这个价值体系的核心。

图书在版编目（CIP）数据

马克思主义中国化的逻辑基础/孙显元著.—合肥：中国科学技术大学出版社，2017.7
"十二五"国家重点图书出版规划项目
安徽省文化强省建设专项资金项目
ISBN 978-7-312-03972-0

Ⅰ.马⋯　Ⅱ.孙⋯　Ⅲ.马克思主义—发展—研究—中国　Ⅳ.D61

中国版本图书馆 CIP 数据核字(2016)第 148070 号

出　　版	中国科学技术大学出版社
	地址：安徽省合肥市金寨路 96 号，邮编：230026
	http://press.ustc.edu.cn
	https://zgkxjsdxcbs.tmall.com
印　　刷	安徽联众印刷有限责任公司
发　　行	中国科学技术大学出版社
经　　销	全国新华书店
开　　本	710 mm × 1000 mm　1/16
印　　张	43.5
字　　数	689 千
版　　次	2017 年 7 月第 1 版
印　　次	2017 年 7 月第 1 次印刷
定　　价	89.00 元

责任编辑　高哲峰
装帧设计　陶　雷

序

研究马克思主义中国化的逻辑基础的最终目的,是建构马克思主义中国化的逻辑。这个逻辑基础,就是概念逻辑,即列宁所说的"大写字母"的逻辑。概念逻辑应用于各门科学研究中,得到的是客观逻辑,包括理论逻辑、实践逻辑和历史逻辑。马克思主义中国化的逻辑,则如同《资本论》的逻辑一样,是概念逻辑的应用,属于客观逻辑。

黑格尔把逻辑分为主观逻辑和客观逻辑,主观逻辑是指"大写字母"的逻辑,即是我所说的概念逻辑。概念逻辑并不排斥形式逻辑,相反,它把形式逻辑作为辅助工具而包容在自身中。

各门科学都有自己特有的概念和范畴,因而各种科学研究,都自觉或不自觉地使用了概念逻辑,并为研究结果的陈述提供概念框架。在不同研究领域中,概念逻辑具体化为客观逻辑。在各种理论研究中建构起来的客观逻辑,即是理论逻辑;在各种实践的研究中建构起来的客观逻辑,即是实践逻辑;在各种历史的研究中建构起来的客观逻辑,即是历史逻辑。它们都是概念逻辑的具体化,构成各种形式的概念框架,而且这些概念和概念框架,都实现了思维形式和思维内容的统一。

黑格尔创造了思辨逻辑,揭示了概念自我否定性的辩证法,为我们留下了概念逻辑的遗产。马克思改造了黑格尔的思辨逻辑,把它作为辩证方法应用于政治经济学的研究,为我们留下了《资本论》的逻辑,马克思称它为政治经济学的逻辑学和形而上学。

概念逻辑的主要功能,是把概念自我否定性的辩证法转化为从事各种研究的辩证的逻辑方法。这也就是恩格斯所说的辩证法"思想发展形式的简单形态"。恩格斯认为,马克思对这个"简单形态"的建构,是一个其意义不亚于唯物主义基本观点的成果。恩格斯把概念逻辑的建构同唯物史观的建立相提并论,可以看出概念逻辑建立的重大意义。

本书的任务,首先是阐述辩证法的"思想发展形式的简单形态"(我称它为概念逻辑)以及客观逻辑的具体形态,即理论逻辑、实践逻辑和历史逻辑。其次是叙述马克思主义中国化的逻辑,包括马克思主义中国化的理论逻辑、实践逻辑和历史逻辑。马克思主义中国化逻辑的核心是它的基本公式:

中国问题命题—马克思主义基本原理—中国马克思主义。

全书除导论外,分为三卷,总的概念框架是:

概念逻辑—客观逻辑—马克思主义中国化的逻辑。

导论中说明形式逻辑只是"是"的逻辑,缺乏"应当"逻辑的内容,而且只管形式,不涉及知识内容,已经不能适应现代理论思维的需要,因而不能充当马克思主义中国化的主要逻辑基础,而概念逻辑的产生则是历史的必然趋势,只有它才能充当马克思主义中国化的逻辑基础。

卷1为概念逻辑,是"大写字母"的逻辑,分为两篇,第一篇讲的是概念逻辑的形成,第二篇讲的是概念逻辑的创立及其基本公式、规律、规则和方法。这一卷,主要是对从古希腊以来的,特别是黑格尔和马克思以来有关概念逻辑的思想材料做进一步梳理和总结,构成概念逻辑的基本理论。

卷2为客观逻辑,包括三篇,第一篇讲的是理论逻辑,第二篇讲的是实践逻辑,第三篇讲的是历史逻辑。马克思把《资本论》的逻辑称为政治经济学的逻辑学和形而上学,指的就是客观逻辑。据此,可以概括地说,客观逻辑就是各门科学理论的逻辑学和形而上学,也是黑格尔和列宁所说的应用逻辑学。

以上两卷的共同任务,是阐述马克思主义中国化的逻辑基础。

卷3为马克思主义中国化的逻辑,即在推进马克思主义中国化的过程中,怎样运用概念逻辑,把它具体化为马克思主义中国化的逻辑。这一卷包括三篇,第一篇讲的是马克思主义中国化的理论逻辑,第二篇讲的是马克思主义中国化的实践逻辑,第3篇讲的是马克思主义中国化的历史逻辑。

本书的绪言,则是对全书内容的简单概括,可以了解全书的轮廓和主要论题。

为什么要写这本书?主要原因有二:第一,逻辑学必须与时俱进,继承黑格尔、马克思、恩格斯和列宁等人的逻辑遗产,推进逻辑学朝概念化方向发展,把马克思和恩格斯建立的辩证法思想发展形式的"简单形态"做一个简要的叙述,使之大众化,为更多的人了解和使用。第二,在马克思主义中国化的研究中,要把科学社会主义的理论逻辑与中国社会发展的历史逻辑辩证地统一起来,不了解马克思主义中国化的逻辑基础是困难的。而当前在马克思主义中国化的研究中,并非都能了解这种逻辑基础,许多文献在讨论科学社会主义的理论逻辑与中国社会发展的历史逻辑时,往往不完全了解这里的逻辑到底是一种什么逻辑。考虑到多数人并不了解概念逻辑,一部分人不承认概念逻辑,因此,本来可以用简单的文字加以叙述的,便成为了不厌其烦的论证,转化为"为承认而斗争"。

概念逻辑是我长期关心的问题。从上世纪80年代初期开始,我就关注和研究概念逻辑的相关内容。但具体做起来却遇到极大的困难。为了克服这些困难,当时我设想,要做好这件事,必须占有辩证思维的思想材料。为此，我选择了研究毛泽东思想中的逻辑问题，写了一本《毛泽东的辩证逻辑思想》；同时研究马克思主义的科学方法论问题，写了《马克思主义科学方法论》一书。这些研究的目的，都是为总结辩证思维发展形式的"简单形态"积累资料。90年代，我开始关注马克思主义中国化的问题，把研究的视野投到了马克思主义中国化的思想资料上。当时研究的重点是邓小平理论，经过几年的努力，与同事和朋友们合作，写了《邓小平理论》（上、中、下）。另外，我对西方的科学哲学和自然科学史，也颇有兴趣，在学习和研究的过程中，也积累了这方面的一些思想材料。接下来的工作，便是把这些思想材料同黑格尔的《逻辑学》和马克思的《资本论》的逻辑遗产的研究结合起来，概括辩证思维的思想形式。正是有了这些经历，才有了现在《马克思主义中国化的逻辑基础》这本书的名称。

我没有专门研究过中共党史和科学社会主义，也没有专门研究过政治经济学和历史学，这就造成了这方面知识的缺陷。为此，我不得不去读了许多有关这些方面的论文和著作，吸取了其中的研究成果，以弥补我知识的不足。

本书主要是以马克思主义中国化为思维内容来阐述概念逻辑的思维形式的，同时也兼顾了社会科学和自然科学的思想材料，以示逻辑形式的普遍性。因为，要说明这些逻辑形式，必须从思想材料的叙述中提炼出概念逻辑的公式，特别是概念结构和概念推论三段式。了解这些公式自然是很重要的，这些公式的逻辑功能，主要是帮助我们把握表述研究对象的宏观的概念框架，提高战略思维的能力。"不谋全局者，不足以谋一域；不谋万世者，不足以谋一时。"（〔清〕陈澹然，《寤言二·迁都建藩议》）这说明了战略思维是何等的重要。今天所说的"顶层设计"，也就是这种战略思维，它的基本任务是从事宏观的概念框架的建构。所以，在书中到处是一些公式，似乎有点形式主义，也许读起来很讨人嫌。不过，细想起来，这也是不得不为之的事情。因为逻辑学就是关于思维形式的科学，没有思维形式的刻画，又何谈逻辑？但通常我们在写文章和著作时，是不必这样做的，因为我们不是在写逻辑方面的论文或著作。不过，在任何论文或著作中，都必定蕴涵着概念的逻辑框架。在马克思的《资本论》中，包含了《资本论》的逻辑，但在《资本论》中，基本上看不到具体的逻辑公式。可是，《资本论》的三卷结构，就是一个宏观的概念框架。第一卷叙述资本的生产过程，第二卷叙述资本的流通过程，第三卷叙述资本主义生产的总过程。这正是"正题—反题—合题"的宏观概念框架。自列宁最先从《资本论》第一卷中概括出"商品—货币—资本"这个三段式后，在研究《资本论》逻辑的各种文献中，使用最多的就是这个三段式，这也是一个"正题—反题—合题"的宏观概念框架。在《资本论》中，没有出现过现成的这种概念框架。可是，人们确信，在《资本论》中确实包含了这个概念框架，作为概念推论的逻辑公式。

恩格斯曾说过，形式逻辑本身从亚里士多德直到今天都是一个激烈争论的场所。至于概念逻辑，除了历史上的研究者，没有为更多的人所承认。我特别期待来自各方的批评，尤其期待来自形式逻辑学家的批评，因为这种批评本身，必然使概念逻辑得到更多的承认。

作　者

2015 年国庆节

目　录

序　i

绪言　1

导论
"是"的逻辑和"应当"的逻辑

第 1 章　理论思维的形式与内容　22

§ 1 思维是内容与形式的统一　22

§ 2 语言形式表达思维的形式和内容　25

§ 3 语词符号的内容与形式　26

§ 4 逻辑符号的内容和形式　28

第 2 章　逻辑的真与事实的真　31

§ 5 逻辑的真　31

§ 6 塔尔斯基关于逻辑真的定义　33

§ 7 事实的真　34

§ 8 二元真理观　36

§ 9 形式逻辑只管逻辑的真　38

§ 10 事实真理的语义学定义　39

§11 事实的真包含逻辑的真　41

第3章　从求"是"到求"应当"　45

§12 从解释世界到改变世界　45

§13 "是"的根据和"应当"的理由　47

§14 真假与对错　49

§15 从"是"到"应当"没有形式逻辑的通道　52

§16 技艺性的"应当"与道德性的"应当"　54

§17 价值关系中的价值推论　56

§18 价值创造中的价值推论　58

§19 意志在从"是"到"应当"推论中的作用　60

第4章　逻辑的概念化　65

§20 走向意义的研究　66

§21 从谓词的"是"到同一性的"是"　68

§22 思维从"拆零"到"组装"　71

§23 "有"的概念的逻辑和"概念"的概念的逻辑　73

§24 马克思主义中国化的逻辑基础　75

卷 1
概 念 逻 辑

第1篇　概念逻辑的形成　83

第1章　西方概念逻辑思想的发微　85

§25 "始基"概念的出场　86

§26 存在与非存在的争论　89

§27 理性超越经验的努力　92

§28 "存在与思维同一性"的提出　95

§29 思维成为独立研究的对象　98

§30 任何正题都有反题　101

§31 概念推论"三段式"的历史复归　104

第2章　奥古斯丁对"三位一体"的思辨论证　110

§32 概念的两重性　111

§33 "三一体"概念框架　113

§34 上帝的"三位一体"证明　115

§35 现在：永恒与瞬间　118

§36 过去—现在—将来　120

§37 人类历史的逻辑　122

第3章　斯宾诺莎对概念关系的运用　126

§38 "实体"与"神"是同一概念的根据　127

§39 实体、属性与样态之间的概念关系　129

§40 自因、因果关系与充足理由原则　131

§41 "限定就是否定"命题对黑格尔的启示　133

§42 应用几何学方法的前提　135

第4章　康德开创逻辑与形而上学的合流　140

§43 康德哲学中的逻辑概念化趋势　141

§44 寻求建立形而上学的逻辑基础　145

§45 创造建构形而上学的建筑术　147

§46 揭示辩证法是人类理性的本性　150

§47 推进认识与逻辑的统一　153

§48 先验概念与先验理念的逻辑功能　157

§49 "三一体"的概念框架　161

§50 先验逻辑中的"三者统一"问题　164

第 2 篇　概念逻辑的创立　174

第 1 章　概念逻辑的对象、性质和规律　176
§51　概念逻辑的对象　176

§52　概念的两重性　178

§53　客观逻辑与主观逻辑　181

§54　逻辑的主要内容　184

§55　概念逻辑的基本规律　186

第 2 章　概念逻辑的基本公式　191
§56　"正题—反题—合题"三段式　191

§57　黑格尔的三段式　194

§58　马克思对概念推论三段式的阐述　196

§59　思想史中"三段式"的圆圈运动　200

§60　政治和日常生活思维中的三段式表述　202

§61　不亚于唯物史观的成果　205

§62　黑格尔的逻辑遗产　207

第 3 章　概念逻辑的建构规则　213
§63　建构性是概念推论的基本特征　213

§64　三段式中概念内涵的意义相干性　216

§65　三段式的总体建构规则　219

§66　三段式建构的内涵关系规则　223

第 4 章　概念推论的方法　228
§67　概念推理程序设定方法　228

§68　概念的形成和内涵的来源　232

§69　概念内涵环节的分化　235

§70　概念内涵环节的结合　237

§71　以外延关系实现概念内涵的分化和结合　240

卷 2
客 观 逻 辑

导言　客观逻辑的三种形态　249
　　§72　理论逻辑　250
　　§73　实践逻辑　252
　　§74　历史逻辑　254

第1篇　理论逻辑　259

　第1章　理论逻辑是客观逻辑的基本形态　261
　　　§75　逻辑与规律的语义识别　261
　　　§76　理论逻辑的内容与形式　264
　　　§77　客观逻辑和客观规律是两条渐近线　266
　　　§78　理论的研究逻辑和叙述逻辑　267

　第2章　政治经济学的逻辑学和形而上学　272
　　　§79《巴黎手稿》中的逻辑　272
　　　§80《资本论》的逻辑　276
　　　§81 "三者同一"的逻辑学　279
　　　§82 理论研究的任务是三段式的建构而不是套用　281

　第3章　理论探索逻辑　288
　　　§83 观察的逻辑　288
　　　§84 问题的逻辑　291
　　　§85 发现的逻辑　294
　　　§86 检验的逻辑　297

第 4 章　创新与逻辑　303

§87 "创新"是一个普遍性概念　303

§88 熊彼特的经济创新理论　304

§89 创新是"要素的新组合"　306

§90 探索过程中新思想的涌现　309

§91 理论逻辑在创新中的作用　311

§92 观念渗透理论　314

第 2 篇　实践逻辑　319

第 1 章　日常行为的逻辑化　321

§93 逻辑学的多种类型　321

§94 逻辑的共有内涵　323

§95 日常行为规范的模式和价值　325

§96 规范的内化和行为的逻辑　328

§97 逻辑的行为　330

第 2 章　实践与实践逻辑　333

§98 日常生活实践和社会历史实践　333

§99 实践逻辑何以可能　335

§100 行动的实践逻辑与话语的实践逻辑　336

第 3 章　三个实践逻辑的思想成果　340

§101 黑格尔的"善的推论"　340

§102 波普尔的行为进化图式　344

§103 布迪厄的社会学实践逻辑模式　347

第 4 章　实践逻辑的基本公式　352

§104 宏观实践逻辑和微观实践逻辑　352

§105 实践逻辑的三个公式　354

§106 黑格尔实践逻辑思路演绎　357

§107 "目的—手段—结果"公式的推论　359

第 5 章　实践逻辑的确定性和非确定性　363

§108　实践成功的逻辑　363

§109　实践失败的逻辑　365

§110　逻辑的行为与行为的逻辑　368

第 6 章　实践的检验逻辑　372

§111　检验什么？用什么来检验？　372

§112　判断行为对错的标准　374

§113　衡量实践成败的标准　376

§114　检验认识真理性的标准　379

第 3 篇　历史逻辑　384

第 1 章　历史时间和历史时期　385

§115　对象史和叙述史　385

§116　历史时间　387

§117　历史时期　390

§118　历史时期的内涵　393

§119　"过去"、"现在"和"未来"的意义相关性　395

第 2 章　历史逻辑的三种模式　401

§120　历史逻辑的基本公式　401

§121　"解释的"、"实践的"和"理论的"历史逻辑模式　404

§122　"解释的"历史逻辑　407

§123　"实践的"历史逻辑　410

§124　"理论的"历史逻辑　413

第 3 章　历史逻辑与历史必然性　419

§125　偶然—必然—逻辑　419

§126　事件逻辑　422

§127　社会结构转型　426

§128　传统穿越时间弥合历史裂隙　429

卷 3
马克思主义中国化的逻辑

导言　科学社会主义的逻辑　437

第 1 章　科学社会主义的理论逻辑　438
　§129 科学社会主义的理论结构　438
　§130 两个"必然性"的理论逻辑　440
　§131 私有制、阶级、差别和不平等的消除　443
　§132 无产阶级专政和政治上的过渡时期　444

第 2 章　科学社会主义的实践逻辑　450
　§133 资本主义国家的无产阶级革命　450
　§134 经济落后国家的革命转变　453
　§135 无产阶级革命的战略和策略　454
　§136 两个"决不会"的实践逻辑　456
　§137 无产阶级政党学说　459

第 3 章　科学社会主义的历史逻辑　464
　§138 空想社会主义的产生　464
　§139 社会主义由空想转变为科学　466
　§140 无产阶级革命运动的发展与斗争形式的变化　468
　§141 社会主义在一国的首先胜利　470
　§142 社会主义在改革中前进　472

第1篇 马克思主义中国化的理论逻辑 477

第1章 马克思主义中国化的逻辑公式 479
§143 马克思主义中国化的总公式 479
§144 马克思主义中国化实现途径的逻辑公式 481
§145 马克思主义中国化实现形式的逻辑公式 485
§146 马克思主义中国化成果的逻辑公式 487

第2章 马克思主义中国化的基本问题 492
§147 基本问题的研究公式 492
§148 基本问题的时代特征 495
§149 回答基本问题的大众立场 497
§150 解决基本问题的宏观思维 501

第3章 中国革命的理论逻辑 507
§151 中国革命理论逻辑的前提 507
§152 中国革命性质的逻辑推论 509
§153 新民主主义的理论逻辑 512
§154 向社会主义过渡的逻辑必然性 515
§155 革命向建设转化的逻辑困惑 519
§156 革命延续的逻辑错位 521

第4章 中国特色社会主义的理论逻辑 529
§157 "什么是社会主义,怎样建设社会主义"内涵的逻辑结构 529
§158 中国社会主义的逻辑前提 532
§159 社会主义初级阶段的两个推论 534
§160 邓小平对社会主义基本任务的论证 537
§161 从严治党,永远保持党的先进性 539
§162 发展是中国特色社会主义的主题 542
§163 中国特色社会主义的总体性 545
§164 "三个规律"理论的逻辑 548

第2篇　马克思主义中国化的实践逻辑　555

第1章　中国理论蕴涵中国道路　556
§165 实践逻辑的建构　556
§166 理论蕴涵价值　560
§167 社会主义是一种价值体系　563
§168 中国人民的历史抉择　565
§169 社会主义在中国的价值实现　569
§170 社会主义蕴涵革命和建设道路　571

第2章　中国道路　577
§171 中国道路的逻辑结构　577
§172 中国革命的纲领、路线和道路　580
§173 社会主义改造的道路　583
§174 建设社会主义总路线　587
§175 党在社会主义初级阶段的基本路线　589
§176 中国特色社会主义道路　590
§177 坚持社会主义道路是社会主义核心价值　592

第3章　中国战略　598
§178 战略战术思想的逻辑基础　598
§179 战略防御和战术进攻　600
§180 战略步骤　603
§181 战略布局　606
§182 建设中国特色社会主义的战略布局　609
§183 "四个全面"的战略布局　611
§184 中国特色社会主义的三个法宝　613

第 3 篇　马克思主义中国化的历史逻辑　620

第 1 章　中国革命和建设的历史时期　621
§ 185 历史时期划分的根据　621
§ 186 新民主主义革命的历史时期　623
§ 187 社会主义革命的历史时期　624
§ 188 社会主义建设的历史时期　625
§ 189 社会主义建设的历史新阶段新任务　629
§ 190 中国社会的未来发展　632

第 2 章　毛泽东思想的历史逻辑　639
§ 191 两次历史性飞跃的重大理论成果　639
§ 192 毛泽东思想的逻辑起点　642
§ 193 最初命名的毛泽东思想　644
§ 194 建国后的毛泽东思想　646
§ 195 毛泽东思想是中国革命理论体系　649

第 3 章　中国特色社会主义的历史逻辑　654
§ 196 中国特色社会主义的历史起点　654
§ 197 中国特色社会主义的逻辑起点　657
§ 198 纠正社会主义建设开始后的逻辑错位　659
§ 199 历史性转折的重大历史事件　661
§ 200 中国特色社会主义的形成　663
§ 201 中国特色社会主义理论的发展和统一命名　666
§ 202 中国特色社会主义理论新的历史形态——国家治理现代化理论　669

绪　　言

中共十八大报告说："只要我们胸怀理想、坚定信念，不动摇、不懈怠、不折腾，顽强奋斗、艰苦奋斗、不懈奋斗，就一定能在中国共产党成立一百年时全面建成小康社会，就一定能在新中国成立一百年时建成富强民主文明和谐的社会主义现代化国家。全党要坚定这样的道路自信、理论自信、制度自信！"[1]这种自信的力量从何而来？它来自理想和信仰。而理想和信仰的力量又来自何处？来自逻辑的必然性。富有如此强大力量的逻辑是什么逻辑？当然是概念逻辑。不过，其中也包括了形式逻辑，但形式逻辑也只能充当不可或缺的辅助工具。

一、理论思维的意义

马克思主义在中国的发展，需要理论思维。恩格斯指出："一个民族要想站在科学的最高峰，就一刻也不能没有理论思维。"[2]因为科学越是向前发展，越是显示出自身的辩证性质，就越是需要理论思维来把握。什么是理论思维？为什么需要理论思维？恩格斯回答说："没有理论思维，的确无法使自然界中的两件事实联系起来，或者洞察二者之间的既有的联系。"[3]所以，从思维内容上考察，所谓理论思维，就是辩证思维，从而以概念的形式揭示事物的辩证联系。思维是内容和形式的统一。如果从思维形式上考察，理论思维同时又是逻辑思维。这里所说的逻辑，主要是指将辩证法引入逻辑学的概念逻辑。要实现马克思主义中国化，必须正确地处理马克思主义基本原理的普遍性同中国革命、建设和改革规律的特殊性之间的辩证关系；同时又要正确地处理各种概念、命题和原理之间的逻辑关系，创造中国特色的理论、道路和制度。这就不仅要求我们把辩证法与逻辑统一起来，而且还要求把逻辑与认识论结合起来，使之成为马克思主义中国化的逻辑基础。这里所说的逻辑基础,是指在马克思主义中国化的过程中具体应用的逻辑学说。

马克思主义中国化的实现过程,既是实践过程,又是认识过程,同时还是逻辑过程。对这个过程,可从三个方面来考察。首先是实践过程,即在革命、建设和改革的实践中,运用马克思主义基本原理,不断开辟中国革命、建设和改革的正确道路;其次是认识过程,即在认识中国革命、建设和改革规律的过程中,正确处理认识与实践的关系,实现从实践到认识、从认识到实践的飞跃,建立中国化的马克思主义理论;第三是逻辑过程,即在思维过程中,以马克思主义基本原理和反映中国实际问题的命题为前提,运用逻辑的规则和方法,推演出具有中国特色的理论和政策等各种结论。这三个过程不是截然分开的,而是同一个过程中的三个方面,而且都是辩证的过程。无论在实践过程中,还是在认识过程中,都包含着思维过程,因而都存在如何正确地运用逻辑的问题。

大家比较关注马克思主义中国化的实践过程和认识过程,而往往忽视,或没有特别关注逻辑过程。一个真正的伟大的马克思主义者,以新的思想、观点去继承、发展马克思主义,不能没有逻辑。邓小平在评价列宁是一个真正的伟大的马克思主义者时,就提到了逻辑问题。他说:"列宁之所以是一个真正的伟大的马克思主义者,就在于他不是从书本里,而是从实际、逻辑、哲学思想、共产主义理想上找到革命道路,在一个落后的国家干成了十月社会主义革命。"[4]显然,逻辑不是万能的,但它是不可或缺的,在马克思主义中国化的过程中,我们应该有高度的逻辑自觉。

"理论思维的成熟是党成熟的一个重要标志。"[5]因为,只有在成熟的理论思维的基础上,才能推进马克思主义中国化。这就要求我们关注概念逻辑在马克思主义中国化过程中的实际应用,不断地创造马克思主义中国化的新成果。

二、"三者同一"的逻辑

列宁曾说过一句关于逻辑、辩证法和认识论"三者同一"的名言。他说:"虽说马克思没有遗留下'**逻辑**'(大写字母的),但他遗留下《资本论》的**逻辑**,应当充分地利用这种逻辑来解决这一问题。在《资本论》中,唯物主义的逻辑、辩证法和认识论〔不必要三个词:它们是同一个东西〕都应用于一门科学,这种唯物主义从黑格尔那里吸取了全部有价值的东西并发展了这些有价值的东西。"[6]列宁提出了两种逻辑,一种是"大写字母"的逻辑,一种是《资本论》的逻辑。列宁说马克思没有留下"大写字母"的逻辑,这显然不是指形式逻辑,因为形式逻辑已经存在两千多年了。而"大写字母"的逻辑,是真正作为逻辑的逻辑,又不是指形式逻辑,那么它是指什么逻辑呢?我们称它为概念逻辑。《资本论》的逻辑是概念逻辑在政治经济学研究中的应用,是指《资本论》的研究逻辑和叙述逻辑,我们称它为理论逻辑。马克思没有写过逻辑学的专门著作,但在《资本论》中应用了这种逻辑。显然,列宁所说的逻辑,是指经过马克思改造的黑格尔关于概念辩证法的逻辑。"大写字母"的逻辑和《资本论》的逻辑的关系,是理论逻辑和应用逻辑的关系。马克思曾打算写一本关于辩证法的书,但没有如愿。关于认识论,他也没有写过专门的著作。但是,马克思把逻辑学、辩证法和认识论都应用于《资本论》,三者融合成为一个浑然一体的艺术品。因此,对于《资本论》中的这三门科学来说,不必用三个词,它们是同一个东西,我们只要用一个词来表达它,这个词就是"《资本论》"。就是说,《资本论》中包含了不带大写字母的辩证法、认识论和逻辑学,因为它把辩证法、认识论和逻辑学都应用于政治经济学的研究。很清楚,这里所说的逻辑学,并非是传统逻辑,而是另一种类型的逻辑,即概念逻辑。

"三者同一"的核心是辩证法。也就是不仅把辩证法引入认识论,把认识看作辩证发展的过程,而且把辩证法引入逻辑学,把逻辑看作是认识史的总计,成为一种以思维的运动反映事物发展和变化的逻辑。由于辩证法的引入,概念之间的关系成为辩证的关系,概念自身也蕴涵着矛盾的内涵结构。由于矛盾的运动,使概念演化成为自我否定性的进展,在内涵上经历着"正题—反题—合题"的进程。如果我们承认列宁所说的"三者同一",那么,我们就得承认存在"三者同一"的逻辑,这就是概念逻辑。

马克思主义中国化同样是认识论、辩证法和逻辑学应用于马克思主义普遍原理与中国具体实际相结合的同一过程,是在理论逻辑、实践逻辑和历史逻辑的统一中实现的。马克思主义中国化不仅需要逻辑工具,而且也是逻辑学发展的重要途径。我们应该推进以辩证法为基础的逻辑学的发展,使它成为马克思主义中国化的逻辑基础,也成为其他科学理论研究的逻辑基础。

三、概念的两重性

概念的两重性,即概念中的显内涵与隐内涵的矛盾,是概念逻辑的基础。马克思主义中国化的任务,不仅要认识中国现存的事物,更重要的是认识中国现存事物的矛盾运动,把处于发展中国家的中国转变为社会主义现代化的中国,实现中华民族的伟大复兴。形式逻辑只是在知性阶段反映事物相对稳定性的思维逻辑,概念逻辑则是在理性阶段反映事物运动的思维逻辑。知性与理性的区别,在于是否存在着矛盾。知性思维是不存在矛盾(逻辑矛盾和辩证矛盾)的思维,因而它要排除任何形式的逻辑矛盾;理性思维虽然也必须排除逻辑矛盾,但它是包含着辩证矛盾的思维,即辩证法意义上对立统一关系的矛盾思维。在这种意义上,知性逻辑是无矛盾逻辑,理性逻辑则是辩证矛盾逻辑。康德发现了思维在理性阶段的"二律背反",但他把它看作是合乎逻辑的逻辑矛盾的"幻相",并对物自体的认识提出了不可知的限制。黑格尔则充分肯定康德发现"二律背反"的意义,并认为"二律背反"就是辩证矛盾,在思维的理性阶段具有普遍性和必然性。

理性思维中矛盾存在于概念、命题、推论和理论体系中。由于概念在理性思维中的特殊地位,概念中所包含的矛盾,造成了命题、推论和理论体系中的矛盾,从而成为一切矛盾的胚芽。因此,我们称这种矛盾的逻辑为概念逻辑,但它不仅不排除形式逻辑,反而以扬弃的形式包含了形式逻辑。

老子说:"祸兮福之所倚;福兮祸之所伏。"(老子《道德经》第五十八章)这是对事物两重性的表述。前一句话是说,在祸中隐含着福,而且在一定条件下,祸可以转化为福;后一句话是说,在福中隐含着祸,而且在一定条件下,福可以转化为祸。这种对事物两重性的反映,使得概念也具有两重性,它表现为显内涵中包含着隐内涵。在"祸兮福之所倚"中,祸是显内涵,福是隐内涵;在"福兮祸之所伏"中,福是显内涵,祸是隐内涵。显内涵是事物规定性的反映,是两重性中的矛盾主要方面,表述事物的稳定性;隐内涵是被隐含在显内涵中的内涵,是事物规定性中矛盾次要方面的反映。若以括号"〔 〕"表述隐含的意义,以概念两重性来表述概念显内涵和隐内涵的关系,则有表达式:

$$A〔非A〕$$

或

非 A〔A〕。

根据这种表达式,"祸兮福之所倚"可以表述为:

祸〔福〕;

"福兮祸之所伏"也可以表述为:

福〔祸〕。

如果进一步以这种形式来表述同一律,则有:

A 是 A〔非 A〕

或

非 A 是非 A〔A〕。

这个表达式中"A〔非 A〕"和"非 A〔A〕"都是一个整体,A 为显内涵,非 A 为隐内涵;或者,非 A 为显内涵,A 为隐内涵。呈现在人们面前的是 A,但它内部没有呈现出来的是〔非 A〕;或者呈现在人们面前的是非 A,但它内部没有呈现出来的是〔A〕。如果按照形式逻辑的立场,在 A 中不隐含〔非 A〕,那么,我们就回到"A 是 A",或者"非 A 是非 A"这个公式上来了。这说明,两种逻辑不是对立的,因而也不是相互否定的,而是相容的。

任何事物发展的高级阶段都以扬弃的形式包含着它的发展低级阶段的成果,思维理性阶段理所当然地也包含着思维知性阶段。所以在理性思维阶段的逻辑也应该包括知性阶段的逻辑,因而在概念逻辑中,同样要遵守形式逻辑的规则。黑格尔把自己创造的理性思维阶段的逻辑称为思辨逻辑,把知性思维阶段的形式逻辑称为知性逻辑。他认为,思辨逻辑不同于知性逻辑的特点有二:一是把辩证法引入逻辑学,把概念看作矛盾;二是以理性包括知性,在理性思维中,同样要排除逻辑矛盾,但同时必须包容辩证矛盾。

四、概念逻辑

形式逻辑是推理的逻辑。以概念作为理论的脚手架,以此构成理论的概念框架,这就生成概念逻辑,包括概念结构和概念推论两个方面。它的基本公式是:

正题—反题—合题。

这是一个概念三段式,既是概念结构的三段式,也是概念推论的三段式。其中的"正题"、"反题"、"合题"都是逻辑变项,符号"—"则是逻辑常项。"—"

的语义可以解释为"概念的进展",即在概念演化基础上的推论。

如何实现概念的进展?这主要是依靠意义的相干性,同时也依靠形式逻辑推理的协同。把意义相干性与形式推理结合起来,使"正题"进展到"反题",同时,又使"反题"进展到"正题",实现正题和反题的统一,最终完成三段式的概念推论。

概念逻辑是"大写字母"的逻辑。它应用于各个不同研究领域中,便产生了客观逻辑,包括理论逻辑、实践逻辑和历史逻辑。

理论逻辑是各门学科理论体系的形式结构和概念推论模式。《资本论》的逻辑,就是政治经济学的理论逻辑。各门科学都有自己的理论逻辑,作为理论叙述的概念框架。马克思把这种理论逻辑表述为:"正如从简单范畴的辩证运动中产生出群一样,从群的辩证运动中产生出系列,从系列的辩证运动中又产生出整个体系。"[7]这就是叙述逻辑。此外,理论逻辑还包括理论创新逻辑,或理论探索逻辑。

理论逻辑是"是"的逻辑,实践逻辑则是"应当"的逻辑。认识的目的是获得对象"是什么"与"不是什么"的认识,即解释世界。这并不是我们认识的最终目的。"知"的目的是为了"行"。而"行"的问题,不是单纯的"是",同时还是"应当",即"应当"怎么做与"不应当"怎么做。所以,"行"的逻辑,即实践逻辑,是在"是"的逻辑基础上的"应当"的逻辑,它反映了实践主体的需要和价值。实践逻辑的基本公式是:

目的—手段—结果。

概念逻辑是超越时间的。如果我们以历史时间的历时性和共时性的统一为基础,进行概念的推论,这就从概念逻辑过渡到了历史逻辑。过去、现在和未来是历史逻辑的基本范畴。显然,过去、现在和未来的划分是相对的,而且是相互转化的。这三个范畴只有在它们的相互关系中,才有可能得到规定。将过去、现在和未来的范畴代入概念逻辑推论三段式"正题—反题—合题",可以得到历史逻辑中的基本形式:

过去—现在—未来。

这个公式中的过去、现在和未来,仍然是逻辑变项,可以用不同的时段(历史时期,或历史阶段)代入,便成为一个含有具体内容的历史逻辑公式。例如,我们现在处于商品经济时代,它的过去是自然经济,它的未来是产品经

济,根据历史逻辑的基本公式,则有:

自然经济—商品经济—产品经济。

这个公式,以概念形式,从基础经济形态的发展表述了人类社会发展的历史必然性。这种概念关系和推演,就是历史逻辑。

五、理论逻辑

黑格尔把概念分为两类,第一类是"有"的概念,即各门科学中的具体范畴,例如,政治经济学中的范畴,都属于"有"的概念;第二类是"概念"的概念,一切逻辑学中的范畴,如概念、命题和推理等,都属于"概念"的概念。"有"概念的概念逻辑,是客观逻辑;"概念"概念的概念逻辑,是主观逻辑,包括形式逻辑和概念逻辑

关于马克思主义中国化的逻辑,属于"有"的概念逻辑,即客观逻辑,包括理论逻辑、实践逻辑和历史逻辑。根据概念逻辑"正题—反题—合题"的基本公式,将有关马克思主义中国化的具体概念代入,便构成它的理论逻辑、实践逻辑和历史逻辑。

马克思主义中国化,就是指按照中国的特点去应用马克思主义。毛泽东说:"马克思列宁主义的伟大力量,就在于它是和各个国家具体的革命实践相联系的。对于中国共产党说来,就是要学会把马克思列宁主义的理论应用于中国的具体的环境。成为伟大中华民族的一部分而和这个民族血肉相联的共产党员,离开中国特点来谈马克思主义,只是抽象的空洞的马克思主义。因此,使马克思主义在中国具体化,使之在其每一表现中带着必须有的中国的特性,即是说,按照中国的特点去应用它,成为全党亟待了解并亟须解决的问题。"[8]毛泽东的这段论述说明,要实现马克思主义中国化的任务,必须坚持两个基本前提。这两个前提是:一是坚持从中国的具体实际出发,二是坚持马克思主义基本原理。

我们坚持马克思主义,不是把它作为教条,不是生搬硬套马克思主义的词句,而是作为研究中国具体实际的方法,用"主义"来解决"问题"。"中国化"不是从书本中化出来的,而是从运用马克思主义来解决中国实际问题中化出来的。作为出发点的,当然是中国问题。只有针对中国问题,从中国实际出发,才能选择和运用马克思主义基本原理作为解决问题的方法。由此得

到的结论是马克思主义中国化的理论成果,即中国马克思主义。这个前提与结论之间的关系,就是马克思主义中国化的理论逻辑。如果要用逻辑公式来表述这种关系,那么,我们就可以得到下述的公式:

中国问题命题—马克思主义基本原理—中国马克思主义。

这个公式,是马克思主义中国化的理论逻辑的基本公式。在这个公式中,第一个前提是中国问题命题,它是对中国问题认识所形成的概念和判断。例如,关于近代中国是半殖民地半封建社会的命题,关于中国社会主要矛盾的命题,关于中国社会主义初级阶段的命题,关于我们当前面临重要战略机遇期的命题,等等,都属于中国问题命题。第二个前提是马克思主义基本原理。为什么把它放在第二的位置上?并不是否定它的指导意义,而是因为我们运用马克思主义基本原理的目的和根据,是为了解决中国问题,因此,必须根据解决中国问题的实际需要来选择和运用马克思主义基本原理。由这两个前提推论出的结论,就是马克思主义与中国具体实际相结合所得到的结论,即马克思主义中国化的理论成果,使马克思主义在中国得到丰富和发展,成为指导中国的革命、建设和改革的伟大思想武器。

六、实践逻辑

实践逻辑的基本公式是"目的—手段—结果",它是"正题—反题—合题"概念推论三段式的具体化。在这个公式中,"目的"、"手段"和"结果"仍然是逻辑变项,在具体的实践中,必须用具体内容的概念来取代,从而进行具体的推论。

在中国革命开始时,改造旧中国、变革中国半殖民地半封建社会,是中国革命实践的目的。要实现这个目的,根据马克思主义关于变革旧社会必须走革命道路的基本原理,我们选择了革命的道路。这是中国革命实践的手段。在中国共产党创建时期,李大钊、毛泽东、蔡和森等人,就是把当时中国国情与马克思主义原理结合起来,探讨中国革命道路的。根据实践逻辑一般公式"目的—手段—结果",中国革命的实践逻辑公式是:

改造旧社会—革命手段—新制度取代旧制度。

公式中的"新制度取代旧制度"是中国革命实践的结果。所以,要把概念逻辑转换为实践逻辑,首先要确定实践的目的,在目的确定后,进一步研究必须采取的用以达到目的的实践手段,把手段运用于实践过程,就能实现相应的实践结果。

在改革开放的初期,我们认识到了当时存在的平均主义,只能是"共同贫穷",而不是"共同富裕"。这是对"是什么"与"不是什么"的认识。在认识了这种情况后,根据我们党"为人民服务"的价值观,必须改变"共同贫穷"的状况,逐步实现"共同富裕"的目标,这是对"应当"怎么做和"不应当"怎么做的认识。为此,我们采取了"首先拉开贫富差距"的方法作为手段,即让一部分人、一部分地区先富起来,然后"缩小差距",让先富的帮助后富,最终达到共同富裕。"共同富裕"实现的程度,即是实践的结果。这个实践逻辑概念推论的三段式是:

(1)共同贫穷—拉开贫富差距后缩小贫富差距—共同富裕。

这个逻辑,始终是我们改革的指导思想。事实上,在实践的过程中,贫富差距拉开后,可能要出现大部分社会财富集中在少数人手中的趋势。显然,这是阶段性的现象,或许是过程中的问题,是难以避免的。为了实现共同富裕的目标,我们从来没有放弃过进行分配制度的改革。因此,我们以正确处理公平与效率关系为手段,使贫富差距日益缩小,逐渐地趋于公平。这个实践逻辑的三段式是:

(2)共同富裕—兼顾公平与效率—合理的贫富差距。

作为反题的"兼顾公平与效率",是正确处理公平与效率关系的手段,存在三种可选择的不同情况:第一是把效率放在优先地位兼顾公平,第二是公平与效率并重,第三是把公平放在优先地位兼顾效率。到底要采取哪一种手段,自然要根据实际情况而定。

这两个公式是相互连接着的,而且是相互补充的,说明了实践的历史性。

从广泛的意义上说,对社会的改造,可以用革命的手段,也可以用改良的手段。到底采取何种手段,取决于实践的目的和当时具体的国情。由于目的和手段的不同,实践的结果也就不同。这说明,目的与手段具有意义相干性,即手段是由目的决定的,结果则取决于目的的制定和手段的选择。

七、历史逻辑

如果我们以历史时间的历时性和共时性的统一为基础,进行概念框架的建构和推论,这就从概念逻辑过渡到了历史逻辑。过去、现在和未来是历史逻辑的基本范畴,只有在彼此的关系中,它们才能得到规定。就是说,过去、现在和未来的划分是相对的,而且是相互转化的。

李大钊曾说过:"无限的'过去'都以'现在'为归宿,无限的'未来'都以'现在'为渊源。'过去'、'未来'的中间全仗有'现在'以成其连续,以成其永远,以成其无始无终的大实在。"[9] 其实,一切历史都是"现在"的历史。这里所说的"现在",包含三种含义:"今天的"现在,"过去的"现在和"未来的"现在。毛泽东说:"国民党怎么样?看它的过去,就可以知道它的现在;看它的过去和现在,就可以知道它的将来。"[10] 这就是历史逻辑的概念推论,即从过去推论现在,从过去和现在推论未来。

同样,在历史逻辑"过去—现在—未来"的基本形式中,"过去"、"现在"和"未来"都是逻辑变项,代表不同的历史时期、长短不同的时段。在具体研究某一时段历史时,则由不同的历史时期所取代。符号"—"是逻辑常项,它的语义也是概念的进展,或概念的演化、概念的推论。

近代中国社会是半殖民地半封建社会,经过新民主主义革命,建立了新民主主义社会,通过过渡时期和社会主义改造,建立了社会主义基本制度,我们又把新民主主义社会转变为社会主义初级阶段。这个中国社会发展的历史逻辑公式可以写为:

半殖民地半封建社会—新民主主义社会—社会主义初级阶段。

如果我们处在新民主主义社会进行社会主义改造的时期,那么,"半殖民地半封建社会"就是过去,"社会主义初级阶段"就是未来。它的公式可以写为:

新民主主义社会—过渡时期—社会主义初级阶段。

如果在今天考察中国社会发展的历史逻辑公式,那么,现在则是"社会主义初级阶段",因为我们现在正处于并长期处于社会主义初级阶段。未来是什么历史阶段?我们可以设定:我国未来将由发展中国家进入中等发达的国家。因此接下来的中国社会发展的历史逻辑公式则是:

新民主主义社会—社会主义初级阶段—社会主义中等发达阶段。

我们还可以从人类社会发展的历史逻辑来看我们今天中国社会的历史方位。根据人类社会发展的五形态理论,人类社会发展的历史逻辑公式是

"原始社会—奴隶社会—封建社会—资本主义社会—共产主义社会"。就世界历史而言,现在处于资本主义社会,过去则包括原始社会、奴隶社会和封建社会,合称为前资本主义社会。这样,这个历史逻辑的公式可以写为三段式:

前资本主义社会—资本主义社会—共产主义社会。

马克思曾以人的发展把人类社会发展划分为三个历史阶段,表达了人类社会发展的历史逻辑,这个公式即是:

人的依赖关系—人的独立性—人的自由个性。

在这个公式中,现在处于"人的独立性",它的经济基础则是商品经济。因此,"商品经济的充分发展,是社会经济发展的不可逾越的阶段,是实现我国经济现代化的必要条件"。[11]这就是人类社会发展历史逻辑告诉我们的真理。

八、探索逻辑

马克思主义中国化的核心问题是理论探索,亦即理论创新。不少人认为,创新没有逻辑。实际上,即便如此,创新还是离不开逻辑的。

爱因斯坦根据自己理论创造过程的体会,谈了不少关于创新不依靠逻辑的话,而且讲得也很透彻。爱因斯坦的看法大致可以归纳为三个方面:

第一,关于概念的创新。理论研究不能没有范畴和概念,否则"思维就会像在真空里呼吸一样是不可能的";但是,范畴和概念不是逻辑的产物,而是思维的"自由的约定"。[12]

第二,关于基本原理的创新。科学家的最高使命是要得到普遍的基本定律,并由此用单纯的演绎法建立科学体系。但是,"要通向这些定律,并没有逻辑的道路;只有通过那种以对经验的共鸣的理解为依据的直觉,才能得到这些定律"。尽管理论体系的唯一来源是现象世界,但是,"现象同它们的理论原理之间并没有逻辑的桥梁"。[13]

第三,关于理论体系的创新。思想的逻辑体系是不断进化的,"它的基础可以说是不能用归纳法从经验中提取出来的,而只能靠自由发明来得到";而且,它的进化的方向,"是循着不断增加逻辑基础简单性的方向前进的"。[14]

当然,爱因斯坦的这些论述,在许多方面还是值得做进一步研究的。但他说的理论创新,即在新思想涌现的那一瞬间,没有逻辑通道这一点,大致是不错的。而他所说的逻辑,是指形式逻辑。就形式逻辑而言,在创新瞬间的前后,既需要逻辑的准备,又需要逻辑的扩展。如果把创新看作是一个过程,那么,在总体上还是需要逻辑的。

概念和范畴是感性认识飞跃到理性认识的产物。在概念和范畴产生之前,不存在逻辑的应用问题。因为没有概念和命题,不存在概念和命题的关系,因而没有逻辑推论的前提,也不存在前提与结论的关系。但是,这种说法也只不过是一种抽象,任何感性认识都是有理性渗透的,其中不仅包含视觉概念,也包含知识概念。由于观察中渗透着理论,因而只有理论决定着你能观察到什么东西。因此,在观察的过程中,也存在着逻辑。

关于对中国革命性质和发展阶段的认识,其中最具有创新性的是"新民主主义"概念的制定。这是在明确了中国社会性质后的认识过程,这里的核心问题是社会主义革命与民族民主革命的关系问题。形式逻辑发现了"资产阶级民主主义革命"与"无产阶级领导"之间的逻辑矛盾,但不能消除这个矛盾。毛泽东创造了"新民主主义"概念来消除这个矛盾,这个"新"字表示:它既不是资产阶级领导的民主主义革命,也不是无产阶级领导的社会主义革命,而是无产阶级领导的民主主义革命。这个概念的创造,虽然不能完全地归结于逻辑推论的结果,其中包含灵感、顿悟等心理因素的作用,从而实现了概念的新组合,但在产生这个新概念之前和之后,都存在着思维逻辑过程。前概念的逻辑是创新的准备,后概念的逻辑是创新的扩展,由此推论出新的理论结论。

逻辑在思维过程中的作用,是对思维的规范和约束。虽然创新不能完全依赖于逻辑,但在创新过程中,逻辑同样可以发挥它对思维的规范和约束的作用。爱因斯坦把创新看作是概念的自由创造,但自由本身也是需要规范和约束的,这就是思维的"自由的约定"。其中的"约定"就是对自由的一种约束。理论体系是靠发明建构起来的,但是,它的方向"是循着不断增加逻辑基础简单性的方向前进的"。这里的"逻辑简单性",就是对建立理论体系的逻辑规范和约束。

"正题—反题—合题"也是一种思维模式,它既是概念建构的模式,也是概念推论的模式。"目的—手段—结果"也是一种模式,这是实践推理的模式。在这些模式中,都存在着空位,需要我们用具有实际内容的概念、命题去填空。选择和创造概念、命题这件事本身,并没有模式,是由思维创新来完成的。但是,这种被填入空位的概念、命题的选择和创造,又必须受思维模式的约束和规范而借助于逻辑。

九、概念逻辑包容了形式逻辑

形式逻辑,包括传统逻辑和现代逻辑,是实现马克思主义中国化的辅助工具。无论是日常思维,还是科学思维,形式逻辑的规则和程序,都是必须遵守的。现代逻辑是符号逻辑,与日常思维和科学思维中的自然语言相差较远,因此也造成了符号逻辑普遍应用的困难,影响了对这种逻辑应用的必要性和重要性的认识。两千多年来,虽然形式逻辑一直是争论的场所,但它对于正确思维的意义,从未被世人所否定。因此,在马克思主义中国化的过程中,我们必须注重形式逻辑的应用。

应用形式逻辑的重要意义,在于概念逻辑包括了形式逻辑。黑格尔曾明确声明,思辨逻辑包括了知性逻辑:"我们只消把思辨逻辑中辩证法的和理性的成分排除掉,就可以得到知性逻辑。"[16]

形式逻辑是知性思维的逻辑,它完全抽掉了思维的知识和经验的内容,只留下了语义解释的单纯形式。正是在这种意义上,大家都说形式逻辑不管思维内容,只管思维形式。这当然不能说是错的。可是,一旦回到日常思维和科学思维等具体思维中来,便遇上了思维的知识和经验的内容,形式逻辑便不能保证思维内容的真实性,降低了逻辑必然性的程度,造成了现实必然性与形式必然性的张力,使一些人对形式逻辑的功能产生了怀疑,不太相信形式逻辑的逻辑力量。

其实,这不是形式逻辑本身的问题,而是逻辑应用带来的困难。坚持思维的形式正确性,是真理性认识的必要条件。马克思主义中国化必须应用形式逻辑,保证思维形式的正确性。如果我们在理论阐述时不符合形式逻辑,经常出现逻辑矛盾,这恐怕也不能看作是正确的理论。马克思主义是遵守形式逻辑思维规则的。斯大林在评论列宁的演说时说:"当时使我佩服的是列宁演说中那种不可战胜的逻辑力量,这种逻辑力量虽然有点枯燥,但是紧紧地抓住听众,一步一步地感动听众,然后就把听众俘虏得一个不剩。我记得当时有很多代表说:'列宁演说中的逻辑好像是万能的触角,用钳子从各方面把你钳住,使你无法脱身,你不是投降就是完全失败。'"[16]

毛泽东在论证"中国革命是世界革命的一部分"这一命题时，也运用了形式逻辑。中国共产党人在1924年至1927年的中国第一次大革命时期，就已经提出了这一命题。不过那时对这一理论还没有进行充分的论证。毛泽东在《新民主主义论》中，根据形式逻辑的推理规则对这个命题进行了全面的逻辑论证。为什么要论证"中国革命是世界革命的一部分"这个命题？其意义在于，通过这个命题可以推论中国革命的性质；再根据关于中国革命的性质，推理出中国革命必须分两步走的结论。

毛泽东对中国革命性质的研究和革命分两步走的论证所得到的结论，是马克思主义中国化的重要理论成果。它说明，形式逻辑对实现马克思主义中国化仍然具有重要作用。

十、在逻辑应用中实现思维形式和内容的统一

黑格尔曾说过，每一门科学都是应用逻辑。[17]黑格尔的这个思想得到了列宁的肯定。《资本论》应用了逻辑学，马克思主义的全部理论都应用了逻辑学，马克思主义中国化自然也需要逻辑学的应用。

如何实现逻辑、辩证法和认识论的统一？至少有两种形式：一种形式是在研究过程中运用逻辑，把认识过程与逻辑推论融为一体，成为合乎辩证法的过程；另一种形式是在叙述过程中运用逻辑，把认识过程中所获得的结果，用逻辑推论的形式加以表述，把两者融为合乎辩证法的过程。无论是哪一种形式，都要实现思维形式与思维内容的统一。

思维的形式与内容是相对而言的，任何思维形式，都具有相应的思维内容。即使在形式逻辑中，情况也是这样。现代形式逻辑，又称符号逻辑，几乎是完全脱离了现实生活和科学知识内容的，但是，符号逻辑对自己所使用的各种符号，都要进行特定的语义解释，使每一种符号都有语义的负载。符号是抽象的形式，而它所负载的语义，就是它的思维内容。但它不是经验知识内容，而是逻辑内容。在这种意义上，我们也可以说，形式逻辑所研究的并非单纯的思维形式，而是与特定的逻辑内容相统一的思维形式。

将逻辑应用于各门科学的研究，逻辑形式都是为探讨具体内容服务的。在应用形式推理的时候，我们都要把形式逻辑中的符号置换为具有实际内容的概念和命题，即概念常项和命题常项。例如，我们在应用全称肯定命题的

符号形式"SAP"时,可以置换为日常语言命题:"所有马克思主义原理都是普遍真理",而且还可以把这个命题作为推理的前提。这就把思维形式与思维内容统一起来了。当然,非马克思主义者是不赞同这个命题的,他们不赞同的是这个命题的实际内容,并非这个命题的逻辑形式,因而并不否定逻辑的有效性。用以置换的实际内容是从哪里来的?自然是从认识过程中得到的。如果离开了实践和认识过程,逻辑也就无用武之地了。

把马克思主义应用于各国社会,得出了必须进行社会主义革命的结论。得到这个结论,自然是逻辑推论的结果。但是,要得到这个结论,还必须有另一个前提,即关于各国社会国情的命题。因为只有在资本主义社会中,无产阶级成为了一个独立的阶级,才能进行社会主义革命。获得这个结论,当然并非是逻辑的任务。对于逻辑来说,这个前提是给予的。把马克思主义应用于中国社会,我们得到的结论是:中国革命必须分两步走,第一步是新民主主义革命,第二步是社会主义革命。因为中国社会还不是资本主义社会,而是半殖民地半封建社会。所以,中国革命必须分两步走的这个结论,不完全是从马克思主义原理中单凭逻辑推论所能得到的,而必须结合中国社会的具体实际才能获得这个结论。也就是说,只有把实际研究所得到的结果,同马克思主义基本原理一起,作为逻辑推论的前提,才能获得这个结论。因此,我们在运用逻辑学进行应用研究的时候,决不能将逻辑局限于抽象的领域,相反,必须从现实的实际出发,具体揭示对象的客观逻辑。

马克思把辩证法的逻辑方法应用于政治经济学的研究,给我们留下了《资本论》的逻辑。恩格斯评论说:"采用这个方法时,逻辑的发展完全不必限于纯抽象的领域。相反,逻辑的发展需要历史的例证,需要不断接触现实。"[18]但是,接触现实而获得历史的例证,并非是逻辑学的功能,逻辑也无法去提供这些结论。在总体上说,作为逻辑前提的概念和命题,都是在认识过程中产生的。

由于逻辑主义的影响,人们总以为运用逻辑,也就是逻辑分析,是可以完全脱离思维实际内容的。而且在进行逻辑分析的时候,只要遵守逻辑规则进行推理,就可以获得新的内容。在说明形式逻辑与形而上学的区别时,周谷城正确地指出:"形式逻辑与形而上学不同。形而上学对事物有所主张;形式逻辑则不然,对任何事物都没有主张。"[19]这种区分是对的,形式逻辑的确对事物没有主张,它有所主张的是推理规则。我们应用逻辑的目的是寻求新知识,是求得对所研究的事物有新的主张。而这种新主张的求得,只能发生在实践和认识的过程中,不能凭单纯的推论得到。

这也就是恩格斯所说的,逻辑必须不断地接触历史和现实,从中获得具有实际经验内容的推论前提。

参 考 文 献

[1] 胡锦涛.坚定不移沿着中国特色社会主义道路前进,为全面建成小康社会而奋斗:在中国共产党第十八次全国代表大会上的报告[G]//中国共产党第十八次全国代表大会文件汇编.北京:人民出版社,2012:15.

[2] 恩格斯.自然辩证法.[M]//马克思,恩格斯.马克思恩格斯文集:9.北京:人民出版社,2009:437.

[3] 恩格斯.自然辩证法.[M]//马克思,恩格斯.马克思恩格斯文集:9.北京:人民出版社,2009:452.

[4] 邓小平.结束过去,开辟未来[M]//邓小平.邓小平文选:第3卷.北京:人民出版社,1993:292.

[5] 江泽民.用邓小平同志建设有中国特色社会主义理论武装全党[G]//中共中央文献研究室.十四大以来重要文献选编:上.北京:人民出版社,1996:445.

[6] 列宁.黑格尔辩证法(逻辑学)的纲要[M]//列宁.列宁全集:第55卷.2版.北京:人民出版社,1990:290.

[7] 马克思.哲学的贫困[M]//马克思,恩格斯.马克思恩格斯文集:1.北京:人民出版社,2009:601.

[8] 毛泽东.中国共产党在民族战争中的地位[M]//毛泽东.毛泽东选集:第2卷.2版.北京:人民出版社,1991:534.

[9] 李大钊.今[M]//李大钊.李大钊文集:第2卷.北京:人民出版社,1999:185.

[10] 毛泽东.抗日战争胜利后的时局和我们的方针[M]//毛泽东.毛泽东选集:第4卷.2版.北京:人民出版社,1991:1123-1124.

[11] 中共中央关于经济体制改革的决定[G]//中共中央文献研究室.十二大以来重要文献选编:中.北京:人民出版社,1986:568.
[12] 爱因斯坦.对批评的回答:对汇集在论文集《阿耳伯特·爱因斯坦:哲学家-科学家》中各篇论文的意见[M]//爱因斯坦.爱因斯坦文集:第1卷.许良英,范岱年,编译.北京:商务印书馆,1976:471.
[13] 爱因斯坦.探索的动机:在普朗克六十岁生日庆祝会上的讲话[M]//爱因斯坦.爱因斯坦文集:第1卷.许良英,范岱年,编译.北京:商务印书馆,1976:102.
[14] 爱因斯坦.物理学和实在[M]//爱因斯坦.爱因斯坦文集:第1卷.许良英,范岱年,编译.北京:商务印书馆,1976:372.
[15] 黑格尔.小逻辑[M].贺麟,译.2版.北京:商务印书馆,1980:182.
[16] 斯大林.论列宁(1924年1月28日在克里姆林军校学员晚会上的演说)[M]//斯大林.斯大林选集:上卷.北京:人民出版社,1978:176-177.
[17] 黑格尔.逻辑学:下卷[M].杨一之,译.北京:商务印书馆,1976:455.
[18] 恩格斯.卡尔·马克思《政治经济学批判.第一分册》[M]//马克思,恩格斯.马克思恩格斯文集:2.北京:人民出版社,2009:605.
[19] 周谷城.形式逻辑与辩证法[M].北京:生活·读书·新知三联书店,1962:1.

**马克思主义中国化的
逻辑基础**

导论

"是"的逻辑和"应当"的逻辑

在我所遇到的每一个道德学体系中，我一向注意到，作者在一个时期中是照平常的推理方式进行的，确定了上帝的存在，或是对人事作了一番议论；可是突然之间，我却大吃一惊地发现，我所遇到的不再是命题中通常的"**是**"与"**不是**"等连系词，而是没有一个命题不是由一个"**应该**"或一个"**不应该**"联系起来的。这个变化虽是不知不觉的，却是有极其重大的关系的。因为这个**应该**或**不应该**既然表示一种新的关系或肯定，所以就必需加以论述和说明；同时对于这种似乎完全不可思议的事情，即这个新关系如何能由完全不同的另外一些关系推出来的，也应当举出理由加以说明。不过作者们通常既然不是这样谨慎从事，所以我倒想向读者们建议要留神提防；而且我相信，这样一点点的注意就会推翻一切通俗的道德学体系，并使我们看到，恶和德的区别不是单单建立在对象的关系上，也不是被理性所察知的。

——休　谟

理论思维的日趋成熟，是党成熟的重要标志，也是实现马克思主义中国化亟待解决的问题。因为，事物发展的必然性总是通过偶然性的形式表现出来的，偶然现象的出现，是难以把握的。马克思的天才，就在于从发展必然性的总趋势上，科学地把握了社会演进的客观逻辑。推进马克思主义中国化，同样需要科学地把握中国社会演进的客观逻辑。这里所说的客观逻辑，不是指世界发展趋势的客观规律，而是指以思维形式，尤其是以概念之间的关系的逻辑必然性把握事物发展的客观必然性。所以，客观逻辑是以思维形式表述出来的客观规律。在社会生活中，每一个人的行为都是有目的和有意识的，而这些行为的结果所造成的社会影响，改变着社会存在，却往往是行为者所没有意识到的，或没有充分意识到的。社会存在不依赖于人们的社会意识。社会变化是独立于他们的意识之外的。我们如何能够揭示和把握这种客观必然性？回答只能是：必须求助于理论思维，即辩证的逻辑思维，使客观必然性在逻辑思维中得到表述。

马克思主义中国化的目的，首先是寻求解决中国问题的理论真理。我们不仅要求"是"的真理，而且还必须求"应当"的真理。因此，马克思主义中国化的逻辑基础，不仅是"是"的逻辑，更主要的是"应当"的逻辑。形式逻辑是求真的，追求思维形式的正确性。旧唯物主义认识论是求实的，追求知识的真实性，即知识与事实的符合，由此而解释世界。辩证唯物主义认识论，即实践论，不仅要求真、求实，而且还要求"应当"，不仅要解释世界，更重要的是改变世界。在"应当"的追求中，而且也只有在"应当"的追求中，才能实现逻辑学、认识论和辩证法的统一，实现马克思主义中国化。这里的"应当"，是一种价值体系，同时也是一种逻辑学。显然，"应当"的追求，不只是解释世界，其最终的目的是要改变世界，满足中国人民生存和发展的需要。与价值追求相结合的真，是具体的真，而非抽象的真。马克思主义中国化所追求的，就是这种具体的真，是改变中国现状的"应当"的真。而要建立"应当"逻辑，必须实现逻辑的概念化，走向意义的逻辑。要实现逻辑的概念化，必须坚持思维形式与思维内容的统一。所以，要了解马克思主义中国化的逻辑基础，必须从研究理论思维的形式与内容的统一中，开始我们的工作。

第 1 章
理论思维的形式与内容

推进马克思主义中国化,我们必须正确认识和处理马克思主义中国化与理论思维的关系。任何思维,都是内容与形式的统一,理论思维自然也不能例外。不过,理论思维也有自己的特点,它的基本标志是包含辩证法的思维。就此而言,理论思维也就是辩证思维,这是它同形式逻辑的知性思维的最根本区别。形式逻辑不管思维内容,只管思维形式,这是学术界的一个共识,并非是形式逻辑的错,而是形式逻辑的特点和优点。可是,这个共识预设了一个前提:思维形式是脱离思维内容而独立的外在形式。这个预设是建立在内容与形式二元对立基础上的,并不普遍符合人类思维的实际情况。这是由知性思维的特征所决定的,因而形式逻辑思维并非是辩证思维。因此,理论思维必须超越这种二元对立,代之以内容与形式的统一。这并不是要否定思维内容与思维形式的区别,而是说,不存在没有内容的单纯形式,也不存在没有形式的单纯内容。应该肯定,一切逻辑学,包括形式逻辑在内,都在不同思维层次上,既研究思维形式,同时又研究思维内容,都是以思维内容和形式相统一为对象的思维科学。

§1 思维是内容与形式的统一

分析方法是理论研究的基本方法之一。我们在运用这种方法研究内容和形式时,总是先把它们分离开来,并对它们分别地加以抽象规定,说明什么是内容,什么是形式。由此认为,内容和形式,是事物内在和外在的两种规定。内容是事物内在的规定,是各种内部要素的总和;形式是事物外在的表现,以及这些外在表现之间的联系或结构。这种分析,自然是十分必要的,作为认识过程的一个阶段,也完全是合理的。但停留于这个阶段,不是理论思维的要求。它还提供了一个可能性,把形式看作是与内容不相关的外在形式,从而使形式脱离了内容,成为独立的部分,其结果必然要否定内容,否定内容与形式的统一,也否认了辩证思维。

如果用分析与综合相结合的方法来研究内容与形式,那么,不仅内容之所以成为内容,是由于它包括有自己的形式在内;同样的,形式之所以成为形式,也是由于它包括有自己的内容。这是因为,内容与形式不仅是相互渗透的,而且是可以相互转化的。"所以,**内容非他**,即**形式之转化**为内容;**形式非他**,即**内容之转化**为形式。"[1]如果存在内容和形式的这种统一,那么,只要逻辑学研究思维的形式,它必定同时需要研究思维的内容,否则,逻辑学所研究的形式是无内容的形式,这到底是谁的形式?它存在于何处?进一步说,如果逻辑学不研究思维内容,它本身就成为无内容的科学。一门科学,如果不具有内容,那它就不能成为科学了,逻辑学也不能例外,逻辑推理所特有的规律、规则就是它的内容。

在这里,我们必须搞清楚什么是"思维内容"的概念。当我们说逻辑学不研究思维内容时,这话也不能说是完全错的,因为它是在特定的层次、范围和意义上说的。否则,学界为什么一直认为这种观点是对的,并长期地加以接受和坚持?其实,我们通常所说的逻辑学不研究"思维内容",是指知识和经验的内容。这里所说的知识,是指自然科学和社会科学等具体科学所研究的知识。另外,按照黑格尔的说法,这里所说的内容,还包括可感知的经验内容。在这种意义上,不仅逻辑学,而且哲学也是不研究思维内容的。这也是哲学和逻辑学同具体科学的区别。黑格尔说:

> 进一步就内容与形式在科学范围内的关系而论,我们首先须记着哲学与别的科学的区别。后者的有限性,即在于,在科学里,思维只是一种单纯形式的活动,其内容是作为一种给予的〔材料〕从外界取来的;而且科学内容之被认识,并不是经过作为它所根据的思想从内部自动地予以规定的,因而形式与内容并不充分地互相渗透。反之,

在哲学里并没有这种分离,因此哲学可以称为无限的认识。当然,哲学思维也常被认作是单纯的形式活动,特别是逻辑,其职务显然只在于研究思想本身,所以逻辑的无内容性可算得是一件公认的既成的事实。如果我们所谓内容只是指可以捉摸的,感官可以知觉的而言,那么我们必须立即承认一般的哲学,特别是逻辑,是**没有**内容的,这就是说,没有感官可以知觉的那种内容。[2]

在黑格尔看来,哲学和逻辑学都是研究思维内部自身的运动,它的内容不是通过感官的感知得来的,因而不具有这种可感知的内容。在这种意义上说,逻辑学是不研究思维内容的,即不研究由感官感知得来的内容。但是,它所研究的思维单纯的形式活动,其本身就是一种内容。所以,在哲学和逻辑学中,思维的内容与形式仍然是统一的,并不存在无内容的形式,在艺术中更是如此。黑格尔说:"只有内容与形式都表明为彻底统一的,才是真正的艺术品。"[3]

逻辑学本身是有内容的,逻辑学的发展,不仅只是思维形式的发展,它同样是逻辑思想的发展。许多逻辑史的著作,都称为"逻辑思想史"。这里的"逻辑思想",表现了逻辑是有思想内容的,它同时也研究思想内容,实现思维的内容与形式的统一。"这就不啻承认,思想不可被认作与内容不相干的抽象的空的形式,而且,在艺术里以及在一切别的领域里,内容的真理性和扎实性,主要基于内容证明其自身与形式的同一方面。"[4]

自然科学和社会科学所研究的经验内容,都是从外部世界、从实践活动中得来的,不可能从思维自我运动中产生。因此,这里的思维运动,被看作是"单纯的形式活动"。在这种意义上,思维内容与思维形式存在着一定程度的分离,如黑格尔所说的,它们"并不充分地互相渗透"。但是,思维形式也发挥着它的能动作用,即用自己的形式来表达经验内容,使这些内容得到抽象和概括,并把它们组织到自己的形式中去,揭示这些内容的必然联系,并表述为科学规律。所以,在科学中,思维内容与思维形式必定具有统一性。

§2 语言形式表达思维的形式和内容

在研究思维内容与思维形式的时候，必然要涉及语言。无论是思维内容，还是思维形式，都是与语言分不开的。我们经常也把语言称为思维的形式。这里所说的形式，只是把语言看作思维的物质外壳，实际上是指思维的存在形式，即语言是思维的载体，并非只是指思维形式，自然也是包括了内容的。因为，如果没有语言，一切思想的表达都是不可能的。瑞士语言学家索绪尔说："思想离开了词的表达，只是一团没有定形的、模糊不清的浑然之物。"[5]这关于语言内容与语言形式的关系，在文学中，即是"意"与"文"的关系。朱光潜说："在为思想所凭借时，语文便夹在思想里，便是'意'的一部分，是在内的，与'意'的其余部分同时进行的。所以我们不能把语文看成在外在后的'形式'，用来'表现'在内在先的特别叫做'内容'的思想。'意内言外'和'意在言先'的说法绝对不能成立。"[6]语言形式是表现思想内容的，只有在特定的形式中，特定的内容才得以显现。这表明，思想内容与语言形式不仅是同时成就的，而且内容和形式也是相随而变的。如果更动了文字，就同时更动了思想情感，说明思想活动和语言活动是一致的。对于思想来说，语言是表达形式，在这种表达中，既包括了思维的内容，同时也包括了思维的形式。所以，思维内容与思维形式统一于语言之中。"语言的实质就是情感思想的实质，语言的形式也就是情感思想的形式。情感思想和语言本是平行一致的。"[7]语言既是思维内容的居所，也是思维形式的居所。

语言是思维内容和思维形式统一的载体。所以，一切思维，包括理论思维在内，只要运用语言来表达，它所表达的就不仅是思维形式，同时也表达了思维内容。如果逻辑学是研究思维形式的话，那么，它必定同时要研究相应的思维内容，因而也就是研究思维内容和思维形式的统一。

所以，单用分析方法是不够的，还必须同时把分析与综合结合起来。既从形式中研究内容，又从内容中研究形式，综合地把握它们的统一和生命。俄国革命民主主义者、哲学家、文学评论家别林斯基说："如果形式是内容的表现，它必和内容紧密联系着，你要想把它从内容中分出来，那就意味着消灭内容,反过来一样,你要把内容从形式中分出来,那就意味着消灭形式。"[8]

思维以语词为载体。如果运用分析方法,把言语的思维分解成它的组成部分:思维和词语,这种方法虽然也看到它们之间的相互联系和相互作用,但不再把它们看作一个整体,这就必然消失了言语思维的原先特性。苏联心理学家维果茨基把这种分析的方法称为"元素分析法",并认为是不可取的方法。他指出:"把言语的思维分解成它的组成部分:思维和词语,并且互不联系地孤立地对它们分别进行研究,会使心理学在同样的死胡同里曲折前进。在分析过程中,言语思维的原先特性已经消失。研究者们一无所获,唯有发现两种元素的机械的相互影响,期望以纯粹的投机方式来重新构建业已消失的整体特性。"[9]因此,他不赞同"元素分析法",而主张"单位分析法"(analysis into units)。这种方法,就是整体分析法,分析的结果,保留了整体的所有基本特性。

§3 语词符号的内容与形式

思维与语词是不同的两种事物,但是它们又是不可分离的。没有语词的思维是一片模糊的;没有词义的言语是空洞的声音。思维是对存在的概括反映,它的表达形式是语词的词音,即听觉形象;语词的内容就是语义,即语词所负载的信息。所以,语词同样是形式和内容两个方面的统一,它们是无法割裂的。语义的概括同样不能不用语词来表达,因而语义是词的不可分割的部分。词义既是思维又是言语。根据这种分析,维果茨基把语义看作言语思维单位。思维"单位分析法",就是语义分析法。他说:"在探究言语思维的本质过程中,所应遵循的方式便是语义分析(semantic analysis)——研究这个单位的发展、功能和结构,它包含了思维和言语的相互关联。"[10]

从思维与语言的发生史来考察,思维在最初发生时,语言并没有同步地发生。这不是说思维没有物质载体,只是表明,思维的最初载体并非是语言,而是动作。这时,思维与动作还没有分离,它表现为,或存在于动作中。但是,思维是心理和观念形态,不具有被感知的特征,在原始阶段,没有宏观的物质性载体,它既不能表达也不能自我实现。这时,思维是依靠动作来实现的,人的每一个行为,都包含了某种思想和意义。后来,产生肢体语言,使思想得以开始交流。为了适应思维发展的需要,进一步产生了有声语言,使每一种声音传递某种信息,而且表达某种意义。语言的产生和发展,反过来,进一步推动了思维的发展,要求将思维的内容保留下来。经过长期的实践,出现了书写语言,即文字。文字的产生,是人类文明发展的重要里程碑,对思维的进一步发展,起到了关键性的作用。这时,思维找到了固定的载体,语言不仅成为了思维的居所,而且也成为了人类的家园。为了克服自然语言的模糊性、歧义性,在自然语言的基础上又产生了人工语言,进一步推动了思维科学的发展和应用。这是语言在现代发展所取得的成就。

今天,我们所说的语言,应该包括自然语言和人工语言两个部分,而且都可以称它们为符号,即自然符号和人工符号。显然,同语词一样,无论哪种符号,它们也都是有意义的,否则它们就没有任何用途了,因而也就不可能出现。我们使用符号的目的是表达和实现思想,因此符号必定包含有某种意义。可见,符号本身不仅具有意义,同时又是一种形式。

符号具有怎样的意义?必须通过解释来赋值。根据实践和理论研究的需要,我们可以赋予符号以一定的意义。在具体科学中,这是各门科学自身的工作,逻辑学不能代替,它所能做的只是完成本学科的逻辑符号的解释。美国语言学家布龙菲尔德说:"只有当某个言语形式的意义在我们所掌握的科学知识范围以内,我们才能准确地确定它的意义。"[11] 所以,无论在具体科学,或逻辑学中,符号都是内容与形式的统一。

一切科学规律都是凭借这种统一来表述的,而且也只有凭借这种统一才能得以表述。例如,牛顿力学中的第二运动定律,可以用符号公式表述为:

$$\vec{f} = m\vec{a}$$

这个表达式是人工符号表达式,其中用了四个符号。只有对每一个符号都作出解释,赋予一定的意义,才能使它表达牛顿力学第二运动定律的内涵,并被人们所理解。对于已学过牛顿力学的人,只要看到这个公式,就明白这个表达式的意义,因为他们已经知道了对符号所作的解释。这里的解释,有两个步骤。第一,赋予符号以特定的意义:"$\vec{f}$"是物体所受的外部作用力,"m"是物体的质量,"a"是物体在外部作用力作用下所得到的加速度,"$=$"是等值。第二,解释符号的关系:包括两个方面的内容,一是对量的关系的解释,这个公式表示,$\vec{f}$等于m与$\vec{a}$的乘积,两者的关系是,物体的加速度($\vec{a}$)与所受外力($\vec{f}$)成正比,与物体的质量(m)成反比;二是对质的关系的解释,即加速度($\vec{a}$)与外力($\vec{f}$)都是矢量,具有方向性,而且加速度的方向与外力的方向相同。

通过上述的解释后,我们不仅知道了牛顿力学第二运动定律的形式,而且也知道了这个符号表达式的内容,从而表明了思维内容和形式的统一。这里的形式包含两个方面:第一,每一个符号都是一种形式;第二,符号之间的相互关系,即是形式结构。

因此,我们在研究思维内容与思维形式的关系时,主要的任务不在于分辨谁是先在的、内在的、决定者,谁是后在的、外在的、被决定者,而是去寻求它们之间的统一。由于这种统一的多样性取决于是否存在经验和知识内容的渗透,以及这种渗透的程度,从而使逻辑科学构成为一个庞大的"家族"。

§4 逻辑符号的内容和形式

形式逻辑所研究的思维形式,也是有内容的形式,是思维的形式与内容的统一。现代形式逻辑,又称符号逻辑。它的一切符号,只有通过语义解释,才具有特定的意义。这种意义,就是作为思维形式的符号所具有的思维内容。

在形式逻辑中,逻辑形式都是由符号构成的,而且逻辑内容也是用符号和符号组合来表达的。在符号逻辑中有许多作为逻辑常项的符号,对这些符号只有作出明确的解释,才能赋予它们以意义。这种意义,就是被解释的符号所具有的逻辑内容。例如,对符号"⌐"的解释是"否定",对符号"∧"的解释是"合取",对符号"∨"的解释是"析取",对符号"→"的解释是"蕴涵",对符号"≡"的解释是"等值",等等。这些意义,都赋予了逻辑形式以特定的思维内容。

不同的逻辑系统,各有不同的符号。由于给予不同的解释,使它们具有各不相同的逻辑内容,从而形成思维内容和形式在不同逻辑系统中的统一。例如,在模态逻辑中,把符号"□"解释为"必然",把符号"◇"解释为"可能";在时态逻辑中,把符号"P"解释为"过去",把符号"T"解释为"现在",把符号

"F"解释为"将来";在道义逻辑中,把符号"O"解释为"义务",把符号"P"解释为"允许",把符号"F"解释为"禁止";等等。在这些不同逻辑系统中,有的符号是相同的,有的是不同的。即便是相同的符号形式,由于给予不同的意义,它们也就成为具有不同内容的符号。例如,"P"这个符号,在直言命题中,它代表词项;在命题逻辑中,它是肢命题;在时态逻辑中,它被解释为"过去";在道义逻辑中,被解释为"允许"。显然,这些符号的选择和解释,完全是自由的,也完全是任意的。我们可以选择这些符号,也可以选择另一些符号;我们可以做这样的解释,也可以做别样的解释。但无论选择哪些符号,在一个符号系统中,对它做了解释后,则是有确定内涵的,绝不能做任意的更改。而且,这些符号只有在特定的关系和形式系统中,才具有它的确定意义;在不同的关系和形式系统中,它们的意义则是不同的。这些都说明,符号形式和符号意义,反映了形式逻辑学中形式与内容在特定条件下的统一。

另外,全称量词($\forall x$)和存在量词($\exists x$),也都是由符号来表示的,并通过对符号的解释,赋予了它的意义,这同样属于逻辑内容。

逻辑基本规律是获得"逻辑的真"的规律,它们决定了形式逻辑必须研究命题真假关系的思维内容。这些规律,都由符号构成的公式来表述,并通过对符号的释义而获得规律的内容。在形式逻辑的教科书中,主要是讨论形式逻辑的三大基本规律,即同一律、矛盾律和排中律。这些规律都表述为由符号构成的表达式。同一律表述为:$A \equiv A$;矛盾律表述为:$\neg(A \wedge \neg A)$;排中律表述为:$A \vee \neg A$。对这些公式意义的解释,就是这些规律的内容。例如,亚里士多德对矛盾律的解释是:"一切信条中最无可争议的就是'相反叙述不能同时两都真实'"。[12]

逻辑符号是一种思维形式,但同时也具有思维内容。不过,它不是知识和经验内容,而是与逻辑符号形式相统一的逻辑内容。在这种意义上,形式逻辑不只是研究思维形式,同时也研究思维的逻辑内容,因而是研究思维内容和形式的统一。当然,我们也不能说"形式逻辑只管思维形式,不管思维内容"的观点是不对的,因为它已被限定了确定的范围。就是说,形式逻辑不管的内容仅指知识和经验内容,而不是指逻辑内容。

参 考 文 献

[1] 黑格尔.小逻辑[M].贺麟,译.2版.北京:商务印书馆,1980:278.

[2] 黑格尔.小逻辑[M].贺麟,译.2版.北京:商务印书馆,1980:280.

[3] 黑格尔.小逻辑[M].贺麟,译.2版.北京:商务印书馆,1980:279.

[4] 黑格尔.小逻辑[M].贺麟,译.2版.北京:商务印书馆,1980:280.

[5] 索绪尔.普通语言学教程[M].高名凯,译.岑麒祥,叶蜚声,校注.北京:商务印书馆,1980:157.

[6] 朱光潜.谈文学[M].北京:北京大学出版社,2013:144.

[7] 朱光潜.诗论[M].北京:北京出版社,2009:88.

[8] 别林斯基.别林斯基论文学[M].梁真,译.北京:新华文艺出版社,1958:147.

[9] 维果茨基.思维与语言[M].李维,译.杭州:浙江教育出版社,1997:3.

[10] 维果茨基.思维与语言[M].李维,译.杭州:浙江教育出版社,1997:5.

[11] 布龙菲尔德.语言论[M].袁家骅,赵世开,甘世福,译.钱晋华,校.北京:商务印书馆,2009:186.

[12] 亚里士多德.形而上学[M].吴寿彭,译.北京:商务印书馆,1959:78.

第 2 章
逻辑的真与事实的真

由于人们对思维形式与思维内容关系的认识存在着差别,从而造成了"真"这个语词的歧义。至少存在两种类型的真:一种是逻辑的真,即思维的单纯符号形式而无知识和经验内容的真;另一种是事实的真,即思维的符号形式与思维的知识和经验内容相统一的真。逻辑的真是逻辑学所研究的真,涉及概念、命题之间的关系;事实的真是认识论所研究的真,涉及思维形式与思维内容、知识与事实的关系。逻辑的真与事实的真,是两种不同的真。形式推理保真性中的"真",仅指逻辑的真,不涉及事实的真。认识论中的真,不仅要求形式的正确性,还进一步要求知识的真实性。通常称这种真为事实真理。认识论虽然不研究逻辑的真,但由于逻辑的真是事实的真的必要条件,在研究事实的真时,仍然关注逻辑的真,实现认识论和逻辑的统一。关于什么是真的问题,各种真理观都持有不同的看法,而且在每一种真理观内部,也还存在着各种不同的观点。在这些众多的观点中,都涉及了逻辑的真与事实的真的关系问题。实现马克思主义中国化,不仅要寻求事实的真,同时也必须寻求逻辑的真,实现两种真的统一。

§5 逻辑的真

莱布尼茨早就提出了推理真理和事实真理的区分。他说:"有两种真理:推理的真理和事实的真理。推理的真理是必然的,它们的反面是不可能的;事实的真理是偶然的,它们的反面是可能的。"[1] 所谓推理的真理,或理性的真理,即是逻辑的真,就是指形式的正确性,并非指思维内容的真实性。所谓形式正确性,即从真前提出发,通过推理得到真结论,在形式上是合乎逻辑的。这里所说的思维内容,是指知识和经验内容。所谓事实的真,是从经验中得来的真理。两种真理的获得,都运用了推理,但它们的推理基础是不相同的。莱布尼茨在1714年出版的《单子论》中认为,"我们的推理是建立在两大原则上的",这就是矛盾原则和充足理由原则。

莱布尼茨提出矛盾原则的目的,是要解决逻辑推理的真假问题。他说:"凭着这个原则,我们判定包含矛盾者为**假**,与假的相对立或相矛盾者为**真**。"[2]这里所说的真与假,是逻辑的真值。他在进一步分析命题的真假时指出:"矛盾律一般就是:**一个命题或者是真的或者是假的**;这包含着两个真的陈述:一个是**真和假在同一个命题中是不相容的**,或者**一个命题不能同时既真又假**;另一个陈述是:真和假的对立面或否定是不相容的,或者在真和假之间没有中项,或者毋宁说:**一个命题既不真又不假是不可能的**。"这说明,"理性的真理是必然的,事实的真理是偶然的。"[3]逻辑的真是思维的形式问题,它是由分析的方法获得的,因而是必然的。"当一个真理是必然的时候,我们可以用分析法找出它的理由来,把它归结为更单纯的观念和真理,一直到原始的真理。"这里所说的"原始的真理",指的就是公理。"数学家们就是这样用分析法把思辨的定理和实践的法则归结成**定义**、**公理**和**公设**。"[4]判定逻辑的真的标准是什么?这就是矛盾原则。凡是包含逻辑矛盾的,就不是逻辑的真;而不包含逻辑矛盾的,即是逻辑的真。所以,在有效性即保真的这种意义上,我们可以把逻辑学看作是研究逻辑真理的学说,或者说,是研究命题、命题之间和形式系统内部不包含逻辑矛盾的条件。

在黑格尔那里,也存在这两种真理的概念。他把形式逻辑的真理称为形式的真理。黑格尔认为:"不管人们如何规定真理,它们对于较高的真理,例如宗教的真理,总是不能适用的;——它们根本只涉及知识的正确性而不涉及真理。"[5]他还进一步指出,这种"只是形式的真理,只是'不错'罢了"[6]。显然,这里所说的"不错",所谓"只涉及知识的正确性",指的是推理合乎逻辑,即逻辑的真;所谓"不涉及真理"中的真理,指的是知识的真。但是,黑格尔并不否定形式逻辑在知性领域仍然是有效的。"如果忽视它们在认识中有它们必然有效的领域,同时又是理性思维的基本材料,那是不公正的"。[7]不过,黑格尔进一步认为,如果停留于单纯的外在形式,对内容漠不关心,形式逻辑也可以成为谬误和诡辩的工具,而不是真理的工具。

§6 塔尔斯基关于逻辑真的定义

能否给逻辑的真一个严格的形式化定义？在1933年，塔尔斯基写了《形式化语言中的真理概念》一文，对真做了形式化的定义：

语句"雪是白的"为真，当且仅当雪是白的。[8]

不少人从符合论的观点把这个定义解释为，"当且仅当"右边不带引号的"雪是白的"陈述，是指句子所反映的事物的实际情况；"当且仅当"左边带引号的"雪是白的"这个语句，则是需要加以判断真假的语句。所以，"雪是白的"这个语句为真的条件是：符合雪是白的这种实际情况。

这种理解，可以看作是一种经过改造的解释，但并不是塔尔斯基的原意。

塔尔斯基本人对这个定义语句做了如下的解释："在右边的是语句本身，虽然左边的则是语句的名称。"[9]根据塔尔斯基的这种解释，右边的不带引号的"雪是白的"是语句，而不是句子所反映的事物的实际情况。如果以符合论的观点来解释这个定义语句，那么，首先要证明，在右边的语句是事物的实际情况的真实反映。这就涉及符合论。实际上，不能对这个语义定义做符合论的解释。就是说，如果对象语言没有真实地反映事物的实际情况，虽然在左边的关于语句的名称符合右边的语句，那么，这也只能说明左边的"语句的名称"同右边的"语句"相符合，并不能说明它与事物的实际情况相符合。请看下面的定义：

语句"雪是黑的"为真，当且仅当雪是黑的。

对语句"雪是黑的"为真的定义，同对语句"雪是白的"为真的定义，在形式上是相同的，因而两个语句都是真的。我们如何进一步判断"雪是白的"和"雪是黑的"这两个语句中，哪一个符合实际情况呢？在这里，逻辑是无能为力的，因为它不再是逻辑的真的问题，而是事实的真的问题，因而只能求助于实践和经验。

事实上，塔尔斯基的真实意图并不是想说明真理是与事实情况相符合。他的这个语义定义的目的是消除真理概念中的逻辑矛盾（类似于说谎者悖论）。他运用了对象语言与元语言，区别了定义语句中左边"雪是白的"和右边不带引号的"雪是白的"两个语句的不同含义。定义的语句是元语言,被定义的语句是对象语言。元语言是"谈论"的语言,对象语言是"被谈论"的语言。左边"雪是白的"语句名称是元语言,右边"雪是白的"的语句是对象语言,因而是被谈论的语言,成为元语言的组成部分。所以,塔尔斯基说:"每个出现在对象语言中的语句也必须在元语言中出现;换言之,元语言必须将对象语言作为部分包括在内。"[10]

根据定义,形式化语言中的真,是元语言中的句子名称同对象语言的句子相符合,其本身仍然是语句之间的关系,而不是句子的意义同句子所反映的实际情况之间的关系。所以,这个定义所说的真,仍然是逻辑的真,而不是事实的真。因为它对逻辑的真做了形式化的定义,并没有与事实的实际情况发生关联。

§7 事实的真

什么是事实的真?莱布尼茨用充足理由原则来规定。关于充足理由原则,莱布尼茨说:"凭着这个原则,我们认为:任何一件事如果是真实的或实在的,任何一个陈述如果是真的,就必须有一个为什么这样而不那样的充足理由,虽然这些理由常常总是不能为我们所知道的。"[11] 莱布尼茨之所以进一步提出充足理由原则,其目的是为了说明事实真理,并将其作为判定事实真理的标准。因为在莱布尼茨看来,除了逻辑的必然性外,没有事实的必然性。逻辑真理是必然的,可以用矛盾原则作为判定真理的标准;事实真理是偶然的,不能以矛盾原则作为判定标准,只能以充足理由原则来判定。"按照他的解释,这个规律是与因果律相一致的。莱布尼茨之所以引入这个规律,是为了说明事实真理,因为这种真理不可能只凭矛盾律而获得完满的解释,矛盾律只有对思辨的真理才有决定性的意义。"[12] 如果像逻辑真理那样以分析方法来分析事实真理,那是完全不可能实现的。因为自然界的事物不仅极其繁多,而且结构也极其复杂,不可以无限地加以分析。如果对它们进行分析,我们必定面对着不可以达到的无穷细节,因而也不可能找出充足理由。既然找不到充足理由,又为什么提出充足理由原则呢?莱布尼茨认为,这个充足理由是存在的,但它不是别的,而是上帝。"充足理由或最后的理由应当存在于这个偶然的事物的系列以外"。"如果在本质中或可能性、或者在永恒真理中有一种实在性,则这种实在性便是建立在某种存在的和现实的事物中,因而也就是建立在必然实体的存在中。在必然的实体里面,本质是包含着存在的,换句话说,在必然的实体中,凡是可能的都是足以成为现实的。"莱布尼茨这里所说的"必然的实体",就是上帝,因而也就是充足理由。"这些偶然事物只有在必然的实体中才能得到它们的最后理由或充足理由"[13]。既然事实真理不能以分析获得,也不能由归纳得到,这就把充足理由同符号形式结构区别开来了。由于充足理由原则不能形式化,所以在形式逻辑中也就没有它的地位,也不可能成为形式逻辑的研究对象。

虽然黑格尔也承认两种真理,但他所说的事实的真,并不是我们所说的概念符合事实,而是事实符合概念。黑格尔的概念真理,即是绝对理念。因为在黑格尔看来,事实是概念的外化,这个事实是真的,必须符合它的概念。黑格尔所说的概念真理,实际上就是头脚倒置的事实真理。

黑格尔把对象,或对象的本质,看作概念。所谓真理不是指概念的真,而是指对象的真。如果对象与概念相符合,这个对象便是真的,如果这个对象与概念不相符合,它便是不真的。所以,黑格尔说:"通常我们总是认为我们的表象与一个对象相符合叫做真理。这说法预先假定有一个对象,我们的表象应与这对象相符合。但反之,从哲学的意义来看,概括地抽象地讲来,真理就是思想的内容与其自身的符合。所以这与刚才所说的真理的意义,完全是另一种看法。"[14]黑格尔所说的,"通常我们总是认为"的观点,指的就是唯物主义的真理观,真理是认识与对象的符号;"从哲学的意义来看"的真理,就是从黑格尔的绝对哲学的真理观来看。因为他认为思维是第一性的,存在是第二性的,存在是思维的产物。黑格尔进一步举例说:"譬如我们常说到一个**真**朋友。所谓一个真朋友,就是指一个朋友的言行态度能够符合友谊的概念。同样,我们也常说一件**真**的艺术品。在这个意义下,不真即可说是相当于不好,或自己不符合自己本身。一个不好的政府即是不真的政府,一般说来,不好与不真皆由于一个对象的规定或概念与其实际存在之间发生了矛盾。对于这样一种不好的对象,我们当然能够得着一个正确的观念或表象,但这个观念的内容本身却是不真的。"[15]在我们的日常生活中,说一个人的行为是否道德,要依照道德标准来判断;看一个艺术品是否是真的艺术品,也要根据艺术标准来评价。这些道德标准和艺术标准都是概念,所以,符合道德标准的行为,才是真道德的行为,符合艺术标准的艺术品,才是真的艺术品,指的都是符合概念。这种分析,恐怕也不能说是完全错的,只是把作为道德标准和艺术标准来源的因果关系搞颠倒了。因此,黑格尔又指出:"在平常习用的言语中,已经可以部分地寻得着较深的(哲学的)意义的真理。"[16]

黑格尔的真理观是建立在思维与存在的唯心主义同一性的理论基础上的。现代人大多都放弃了黑格尔的观点,并把它头脚颠倒过来。斯蒂芬·里德说:事实的真"要求所说的话与实一致"[17]。逻辑的真,推理结论的真,归因于前提与结论之间的合乎逻辑关系;事实的真,是思想与对象相符合。这是两个完全不同的关于"真"的概念。

§8 二元真理观

所谓二元真理观,就是指这样的一种真理观:承认两种真理的存在,但又认为它们是不具有相干性的,是绝对对立而不能统一的两种真理。

从总体上看,承认两种真理,似乎没有分歧。但关于两种真的关系,则各有不同的看法。一种观点认为,由于来源的不同,一种真理来源于先天,另一种真理来源于经验,两种真理彼此无关,因而是独立的。形式逻辑只研究逻辑的真,不研究事实的真,因而也认为逻辑的真独立于事实的真。真理符合论者,就"符合"这一点而言,形式上是一致的,但在涉及谁符合谁的具体内容时,则分道扬镳了。这些分歧,单纯地局限于逻辑的范围内,是永远不能得到解决的,不可能获得一致的观点。语义学的研究,把语言与世界的关系,看作是句子的意义与句子的所指之间的关系,即是语义关系。这就为我们提供了解决两种真的关系问题的通道,由此走向两种真的统一。

应该看到,虽然两种真理的理论,在现代哲学和逻辑学中,得到了普遍的承认,但是,事实的真与逻辑的真之间,到底有怎样的关系,仍然存在着很大的分歧。莱布尼茨认为,事实的真来自经验,逻辑的真来自先天。他说:"像我们在纯粹数学中、特别是在算术和几何学中所见到的那些必然的真理,应该有一些原则不靠举例便可以得到证明,也不依靠感觉的见证……逻辑和形而上学在一起形成了神学,和伦理学在一起形成了法理学,这两种学问都是自然的,都充满了这种真理,因此它们的证明只能来自所谓天赋的内在原则。"[18]按照莱布尼茨的看法,逻辑的真来自天赋的内在原则,事实的真来自经验。这样,莱布尼茨就把两种真看成是互相独立而不相关的,这实际上是真理二元论的主张。

在这些关于两种真理相互区别的观点中,认为逻辑的真是形式问题,不涉及外部世界的状况,不考虑真的经验来源,在逻辑上不能说是错的。也就是说,逻辑学只管逻辑的真,不管事实的真。

奥地利的逻辑经验主义哲学家克拉夫特反对把先天综合判断作为逻辑的真的根据。逻辑经验主义的基本看法是,数学与逻辑是十分接近的,数学中的真,基本上也属于逻辑的真,因此,只要对真理进行逻辑证明就足够了。克拉夫特指出:"数学仅仅处理概念的联结,数学并不处理经验的实在。因此,根本不需要为先天综合判断的有效性寻找根据,根本不需要用'纯粹理性''纯粹直觉''直观'或'自明性'来提供这种根据,甚至也不要求经验提供这种根据。"[19]

卡尔纳普同样指出:"哲学家们常常区分两类真理:某些陈述的真理性是逻辑的、必然的,根据意义而定的,另一些陈述的真理性是经验的、偶然的、取决于世界上的事实的。"[20]这里所说的第一类真理,是逻辑的真;第二类真理是事实的真。关于第一类真理,卡尔纳普解释说:"为了确定陈述是真的,都只要理解它就够了;不涉及(语言以外的)事实的知识。"[21]就是说,逻辑所能够把握的真,是不涉及事实知识的真。

在历史上,已经有人以先天真理论来消除两种真的区别,否认二元真理观。康德认为,一切来源于经验的判断都是后天综合判断,它仍然不能成为事实的真,因为在感性表象中没有普遍必然性;分析判断和先天综合判断则是独立于一切经验的先天的知识,它是逻辑的真。康德认为:"逻辑以先天的原理为基础,逻辑的一切规律都能由这些先天的原理引导出来并被证明,它们是理性的一切知识都必须遵循的原理。"[22]康德并不承认事实的真的独立存在,而把逻辑的真看作是唯一的真。所谓事实的真是不存在的,因为真理只不过是"同知性和理性的普遍法则相一致的这种普遍的逻辑特征","因此,在'知识是否同客体相一致?'这个问题之前,必须先问:知识是否同自己本身(就形式而言)相一致? 这是逻辑的事情"。[23]

就二元真理观来说,问题不在于是否承认两种真理的存在,而在于如何说明两种真理的统一。承认两种真理的存在,并非是二元真理观,当把两种真理对立起来的时候,才陷入了二元真理观。所以,我们不能像康德那样,以一种真理否定另一种真理。如果要走出二元真理观,那么,我们必须承认两种真理的存在,而且在事实真理中包含了逻辑真理。也就是说,事实真理本身就包含了两种真理的统一。

§9 形式逻辑只管逻辑的真

在形式逻辑中,一个句子的真或假,是这个句子的真值,即句子的外延。形式逻辑的中心课题就是研究推理的保真问题,即从真的前提中必然推出真的结论。为了实现保真,推理必须遵守一定的规则。这些推理规则,就是逻辑学研究的对象。所以,就逻辑学的对象域而言,既不涉及外部世界的对象,也不涉及句子与对象的关系,只是涉及句子或命题之间的关系,追求形式系统内部的无矛盾性。

在通常的理解中,我们都把形式推理前提的真看作是事实的真,这是一个误解。事实的真,是指语言与世界的关系,即语句的意义与语句的对象状况相一致。这实际上是知识的真的问题。对这个问题,逻辑学是没有能力回答的。在形式系统内部,并不涉及这个问题。例如,如果给定的前提是"A而且非 A"("A∧¬A"),形式逻辑是不会把它作为真前提来接受的,这并不是因为它与事实不一致,而是这个前提在逻辑上是一个自相矛盾的命题,因而是假的,而且,在任何事实情况下,它都是假的。

在逻辑学中,结论是否为真,只涉及结论与前提的关系,不涉及作为结论的命题与对象的关系。即使从在事实上是假的前提出发,通过有效推理得出事实上是假的结论,形式逻辑仍然把它作为逻辑的真来对待,认定它是合乎推理保真性原则的。

在逻辑的应用中,情况就完全不同了。日常思维和科学思维在应用逻辑时,给定的前提总是带有知识和经验内容的命题,要求前提必须是事实上的真。如果前提在事实上是假的,逻辑推理把前提的假传递给了结论,得到假的结论,这不能归结为逻辑的错。我们的工作应该纠正研究中所发生的这种知识性的错误,而不能把错误归结为逻辑保真性。

由于形式逻辑把思想的具体内容抽象掉了,只留下它的形式,这就决定了逻辑学中的"真",同我们平常在认识论中所讨论的"真理",有着根本的区别。王路说:"从亚里士多德到现代逻辑,始终贯穿了一条基本的精神,这就是'必然地得出'。"而这个"必然地得出",是与内容无关的。"这就是说,与'必然地得出'相关的是形式,而不是内容,或者说,从亚里士多德所说的'必然地得出'是由形式决定的,而不是由内容决定的。"[24] 王路所说的,是合乎形式逻辑的实际情况的,或者说,这就是形式逻辑的本质。所以,逻辑演绎中的必然性,实际上是一种形式的必然性,而不是事实的必然性。如果否定了这一点,就等于否定了整个形式逻辑。

可是,在现实世界中,必然性是由内容决定的,因而又总是同偶然性相伴,并以偶然性为自己的表现形式。而在形式逻辑中的必然性,不仅完全摆脱了偶然性的形式,而且对偶然性采取了完全否定的立场,因而完全不能容忍推理中的或然性。这也是合乎形式逻辑基本精神的。可是,我们的认识,并不是单纯追求形式的必然性。如果把逻辑作为追求新知识的工具,那么,满足于单纯的形式必然性是绝不能达到这个目的的。我们的任务是,追求以偶然性为表现形式的事实必然性。这就不能满足于形式逻辑的"必然地得出"这种形式必然性,而要使这种"必然地得出"融入到事实必然性中去。可是,我们又不能向形式逻辑提出这样的要求。事情总是具有这样的矛盾的戏剧性。

应该如何把形式必然性包括到事实必然性中去?把逻辑的真包括到事实的真中去?这正是我们需要解决的问题。

§10 事实真理的语义学定义

真理的定义,离不开真假的标准。从标准方面来看真理,真理符合论的共同主张是，真与假的标准不处于真与假的内部，而是处于真与假之外，即所谓外部标准。符合这个外部标准的，是真的；不符合这个外部标准的，就是假的。如果把这个标准看作是外部的事物，认为真理是它与外部事物相符合，便属于实在论的真理观；如果把这个标准看作客观理念，认为真理（对象）是与它的概念相符合，便属于唯心论的真理观；如果把这个标准看作是实践，认为实践是检验真理的标准，便属于实践论的真理观。所以，即便主张符合论真理观的，其中还分为不同的学派。形式逻辑则不同，它主张真与假的标准在内部而不在外部，即语句、命题和推理的形式结构，看它内部是否包含逻辑矛盾。如果包含了逻辑矛盾，语句、命题和推理便是假的；如果不包含逻辑矛盾，便是真的。

作为逻辑真理的定义，塔尔斯基语义学定义在逻辑史上具有里程碑的意义。借用塔尔斯基定义，并对它做出另种解释，并进行适当的修改，可以为我们提供定义事实真理的方法，并进一步沟通事实的真与逻辑的真之间的通道。因为，真理的语义学定义说明，语句是两种真的载体。就是说，无论是事实的真，还是逻辑的真，表达的语句都是语言表达式。如果我们要研究两种真的关系，就不能不把它同语言的意义联系起来考察。无论是何种的真，它都需要语言来负载。由于语言是真的载体，所以它成为了统一两种真的桥梁。

不少人把塔尔斯基关于真理的语义学定义看作符合论真理观，这可以看作是对这个定义的一种变通。但问题是，塔尔斯基符合论说的是元语言句子与对象语言句子相符合，并没有跳出形式逻辑的笼子。波普尔跳出形式逻辑这个笼子，对"语句'雪是白的'为真"中的"真"，做了"符合事实的"解释。根据这种解释，他修改了关于真的定义。经波普尔修改后关于真的定义是：

> 陈述或论断"雪是白的"是符合事实的，当且仅当雪的确是白的。

这可以看作事实真理的语义学定义。在这个定义中，第一，什么是陈述或论断的真？回答是：真的条件是陈述或论断是符合事实的；第二，如何断定陈述或论断是符合事实的？回答是：被陈述或论断的对象确定具有陈述或论断所描述的状况。

这样，就把塔尔斯基真理语义学定义中的元语言语句与对象语言语句的关系,转换为语句与对象的关系。波普尔在《猜想与反驳》中说:"塔尔斯基的最大成就,以及他对经验科学哲学理论的真正意义,是重建了关于绝对真理和客观真理的符合论,这种真理论说明我们可以随意地把直观的真理观念作为同事实的符合来运用。"[25]

当然,大家都明白,这并非塔尔斯基的本意,而是波普尔对这个定义的改造。经过这种改造后,关于塔尔斯基的真理定义,站在逻辑的真的立场上,可以看作是对逻辑的真的定义;站在事实的真的立场上,也可以用作对事实的真的定义。这样,就可以对"真"这一概念做出不同的解说。如果根据塔尔斯基的本意,把"真"理解为逻辑的真,它便是对逻辑的真的定义;如果根据波普尔的改造,把"真"理解为事实的真,它便是对事实的真的定义。

§11 事实的真包含逻辑的真

波普尔对塔尔斯基逻辑真理定义的改造,为我们打开了两种真的统一的通道。因为语言与世界的关系,是语义关系,即句子的意义与句子的所指之间的关系。这种关系的具体内容是,一方面,语句所陈述的思想内容成为语句的意义,例如,"雪是白的"这个语句,陈述了雪具有白的这种颜色;另一方面,语句陈述的所指,是关于存在于外部世界中的对象状况,"雪是白的"这个语句的所指,是关于雪这个外部对象的状况。事实真理的问题,就是这样的一种追问:语句所陈述的思想内涵,正是被陈述的外部世界中的对象状况吗?这个追问的含义是:句子的意义与句子的所指是否相一致?这就是语句的真或假的问题。不过,这种真与假,已经不是逻辑学中的真与假,而是认识论中的真与假了。如果语句陈述与对象状况相一致,这便是真的;如果语句陈述与对象状况不相一致,这便是假的。现在的问题是:如何证实语句陈述与对象状况是相一致的?所谓实践是检验真理的标准,就是这样提出来的。

在这里,我们可以看到,在这两种"真"的概念中,都包含着两种共同的元素,一是语句,二是符合。事实的真(内容的真),指的是语句与对象的关系;逻辑的真(形式的真),指的是语句之间的关系。事实的真的语句,为逻辑推理提供了真的前提。这样,我们就可以通过推理的前提语句的意义与所指的联系,使句子的真值与外部对象发生关联。就是说,以语句为中介,通过语言与世界的语义关系,实现逻辑与世界的关联,从而实现两种真的统一。正是这种关联和统一,使逻辑学成为认识世界的工具,从而成为知识的基础。

可是,理论体系的真假远比语句的真假复杂得多。证伪主义对于判断语句的真假也是适用的,但对于判断理论体系的真假,则是远远不够的。如果把波普尔修改后的真理语义学定义用来对理论体系的真理进行定义,那么,我们可以得到的定义是:

> 陈述外部世界的理论体系是符合事实的,当且仅当外部世界的确是理论体系所陈述的那个样子。

理论体系是一个观念世界,外部世界是一个事实世界。我们认识外部世界,不只是认识它的组成部分,重要的是认识它们之间的联系和运动规律。无论在认识上,还是在真假的判断上,都是极其复杂的工作。所以,理论体系的真假,不只是说明某些语句的真假问题,而是理论的整体性问题。在这里,证伪主义不再是完全有效的了。这个问题,将在以后做进一步的论述。但有一点是肯定的,即这个理论体系是真的,它不仅是符合事实的,而在逻辑上也必须是正确的。这说明,如果有一种理论是事实真理,那么,它不仅是事实的真,而且同时也是逻辑的真。

毛泽东说:"只有感觉的材料十分丰富(不是零碎不全)和合于实际(不是错觉),才能根据这样的材料造出正确的概念和论理来。"[26]毛泽东在这里所说的,是在从感性认识飞跃到理性认识的过程中,使用逻辑方法对感性材料进行加工制造的问题。他把感觉材料的丰富和合于实际作为"造出正确的概念和论理"的前提条件。所以,这里所要求的不仅是逻辑的真,同时也是事实的真。就是说,要达到认识论中的真理,必须具备两个条件:一是前提必须真实,二是思维要合乎逻辑。逻辑的真不等于事实的真,逻辑上是真的,事实上不必然是真的;反之亦然。就是说,逻辑的真是事实的真的必要条件,事实的真必须在逻辑上也同时是真的。我们通常所说的科学真理,就是指事实的真和逻辑的真的统一。因此,科学真理必须具备的条件是:形式的正确性和内容的真实性。

一切理性认识,归根到底,都来源于经验,逻辑学也不能例外。两种真理统一的关键,在于逻辑前提在事实上的真。在认识来源的这种意义上,真概念、真命题是通过运用逻辑方法对实践经验的加工制作而得到的。这当然不是否定间接经验的重要性,也不否定在加工制作的过程中受到认识主体心理因素的影响。在得到真概念(原始概念)、真命题(原始命题)之后,我们就可以进一步运用逻辑方法,演绎出新概念和新命题。由此得到的真理性认识,自然既包含了逻辑的真,同时也包含了事实的真。这些概念和命题是否具有真理性,当然,最终还需要在指导实践的过程中接受实践的进一步检验。

参 考 文 献

[1] 莱布尼兹.单子论[M]//北京大学哲学系外国哲学史教研室.十六—十八世纪西欧各国哲学.北京:商务印书馆,1975:488.

[2] 莱布尼兹.单子论[M]//北京大学哲学系外国哲学史教研室.十六—十八世纪西欧各国哲学.北京:商务印书馆,1975:488.

[3] 莱布尼茨.人类理智新论:下册[M].陈修斋,译.北京:商务印书馆,1982:412.

[4] 莱布尼兹.单子论[M]//北京大学哲学系外国哲学史教研室.十六—十八世纪西欧各国哲学.北京:商务印书馆,1975:488.

[5] 黑格尔.逻辑学:上卷[M].杨一之,译.北京:商务印书馆,1966:16.

[6] 黑格尔.小逻辑[M].贺麟,译.2版.北京:商务印书馆,1980:399.

[7] 黑格尔.逻辑学:上卷[M].杨一之,译.北京:商务印书馆,1966:16.

[8] 参见:塔尔斯基.真理的语义学概念和语义学的基础[M]//涂纪亮.语言哲学名著选辑.北京:生活·读书·新知三联书店,1988:248.

[9] 塔尔斯基.真理的语义学概念和语义学的基础[M]//涂纪亮.语言哲学名著选辑.北京:生活·读书·新知三联书店,1988:248.

[10] 塔尔斯基.真理的语义学概念和语义学的基础[M]//涂纪亮.语言哲学名著选辑.北京:生活·读书·新知三联书店,1988:257.

[11] 莱布尼兹.单子论[M]//北京大学哲学系外国哲学史教研室.十六—十八世纪西欧各国哲学.北京:商务印书馆,1975:488.

[12] 波波夫.近代逻辑史[M].马兵,等,译.上海:上海人民出版社,1964:91.

[13] 莱布尼兹.单子论[M]//北京大学哲学系外国哲学史教研室.十六—十八世纪西欧各国哲学.北京:商务印书馆,1975:490.

[14] 黑格尔.小逻辑[M].贺麟,译.2版.北京:商务印书馆,1980:86.

[15] 黑格尔.小逻辑[M].贺麟,译.2版.北京:商务印书馆,1980:86.

[16] 黑格尔.小逻辑[M].贺麟,译.2版.北京:商务印书馆,1980:86.

[17] 里德.对逻辑的思考:逻辑哲学导论[M].李小五,译.张家龙,校.沈阳:辽宁教育出版社,1998:1.

[18] 莱布尼兹.人类理智新论[M]//北京大学哲学系外国哲学史教研室.十六—十八世纪西欧各国哲学.北京:商务印书馆,1975:502-503.

[19] 克拉夫特.维也纳学派[M].李步楼,陈维杭,译.北京:商务印书馆,1998:27.

[20] 卡尔纳普.意义公设[M]//洪谦.逻辑经验主义:上卷.北京:商务印书馆,1982:183.

[21] 卡尔纳普.意义公设[M]//洪谦.逻辑经验主义:上卷.北京:商务印书馆,1982:183.

[22] 康德.逻辑学讲义[M].许景行,译.杨一之,校.北京:商务印书馆,2010:13.

[23] 康德.逻辑学讲义[M].许景行,译.杨一之,校.北京:商务印书馆,2010:50.

[24] 王路.逻辑的概念[M].北京:商务印书馆,2000:19,44.

[25] 波普尔.猜想与反驳:科学知识的增长[M].傅季重,纪树立,周昌忠,等,译.上海:上海译文出版社,1986:319-320.

[26] 毛泽东.实践论[M]//毛泽东.毛泽东选集:第1卷.2版.北京:人民出版社,1991:290.

第 3 章
从求"是"到求"应当"

求"是",必须实现求"真"与求"实"的统一、逻辑真理与事实真理的统一,使我们的认识符合外部世界的规律性。求"是"的目的是为了解释世界,并在解释世界的基础上改变世界。解释世界所要解决的问题是,回答"是什么"与"不是什么";改变世界所要解决的问题,是"怎样做"与"不怎样做",这就是"应当"。"应当"是对必然的认识,同时必须转化为对世界的改造。因此,"应当"是认识与实践的统一,也是求"真"与求"实"的统一。我们求"是"的目的,不只是求"是",不能在实现求得"是"之后而止步,而是要进一步求"应当"。在这里,我们遇到了一个难以解决的问题:如何从"是"过渡到"应当"?这个过渡,取决于认识主体和实践主体的价值追求,因而形式逻辑不可能提供从"是"推论"应当"的逻辑通道。这个问题的真正解决,必须求助于实践逻辑,因为它就是"应当"的逻辑。

§12 从解释世界到改变世界

毛泽东在对"实事求是"的解释中,把"是"界定为客观事物内部的规律性。他说:"'实事'就是客观存在着的一切事物,'是'就是客观事物的内部联系,即规律性,'求'就是我们去研究。我们要从国内外、省内外、县内外、区内外的实际情况出发,从其中引出其固有的而不是臆造的规律性,即找出周围事变的内部联系,作为我们行动的向导。"[1] 所以,"实事求是"要求我们把求"真"与求"实"结合起来,使"真"符合"实",这就是求"是",也就是实现逻辑的真与事实的真的统一。

我们认识了所面对的实际,即客观存在着的一切事物和规律,知道了世界是什么和不是什么,因而能够解释世界。这种解释是真的,而且是符合实际情况的。所以,解释世界是求"是"的问题。

其实,解释世界并不是我们认识世界的最终目的,它的进一步的目的是改变世界。马克思说:"哲学家们只是用不同的方式**解释**世界,而问题在于**改变世界**。"[2]毛泽东说:"共产党领导机关的基本任务,就在于了解情况和掌握政策两件大事,前一件事就是所谓认识世界,后一件事就是所谓改造世界。"[3]掌握政策,就是把握"怎么做"与"不怎么做"的问题。这个"怎么做"与"不怎么做"的问题,就是应当如何改变现实状况,而且它必定是要随着实际情况的变化而变化的。

因为,我们的生活不会只满足于现状,总是不断地追求新的生活。我们的需要,都在获得满足的过程中不断地超越自己,无止境地产生新的需要,并期望得到新的满足。可是,所面对的现实又不能满足我们的新需要,这就成为推动我们去改变现实以求得满足新需要的动力。我们如何改变现实世界?或者说,要改变现实,我们应当怎么做? 我们的认识,不只是认识现状是什么,还要认识现状应当如何被改变。于是,在改变现实世界之前,"应当"的问题就这样被提出来了。这说明,改变世界的问题是实现"应当",即现实世界"应当"成为怎样的世界,才能满足人的需要。它不仅包含着事实判断,同时也包含着价值判断。

毛泽东在《论持久战》中,首先说明了抗日战争是持久战,最后胜利是中国的。接着,进一步说明怎样进行持久战和怎样争取最后胜利。毛泽东说:"以上说的,都是说明为什么是持久战和为什么最后胜利是中国的,大体上都是说的'是什么'和'不是什么'。以下,将转到研究'怎样做'和'不怎样做'的问题上。怎样进行持久战和怎样争取最后胜利?"[4]这里所说的"是什么"和"不是什么",是解释世界的内容;"怎样做"和"不怎样做"是改变世界的内容。解释世界是求"是",改变世界是求"应当"。

求"应当",包括三个方面的内容,一是认识"应当"的(价值)关系,二是形成"应当"的意识(意志),三是从事"应当"的行动。说到底,"应当"是做,是行,是实践,是价值追求。所以,我们不仅要求真、求实,而且还要求应当,即从"是"过渡到"应当"。

按照"应当"行动,就能获得活动的自由。所以,从"是"到"应当"的过渡,就是从必然到自由的过渡。"自由是对必然的认识和对客观世界的改造。"[5]

"对必然的认识"就是求"是","对客观世界的改造"就是求"应当"。求"是"是认识必然,求"应当"是认识自由。"应当"必须以"是"为前提,在"应当"中包含"是"。"是"与"应当"的统一,即是自由。

按照主客体相互依赖的关系来说,在"是"中也是包含了主体性因素的,因为这个"是",是主体认识了的"是"。但在总体上,还是表现为客观性。而"应当"则主要地表现为主观性,反映了主体行为的目的和价值追求。查尔斯·泰勒在论述黑格尔自由理念时指出:"从已经完成的必然性到自由的过渡,因而是到主观活动的过渡。只依赖于自己的真实必然性等同于自由,等同于自我发展,并且我们把自由和自我发展认作主体的属性。"[6] 就是说,"是"反映的是因果关系,"应当"所反映的是价值关系,主体与外部世界的关系。

"应当"的要求,并不是轻易地能够得到满足的。在实现"应当"的过程中,总是要遇到种种的障碍。只有克服了这种"障碍",我们才能实现"应当"。在这种意义上,也可以说,所谓"应当",就是克服"障碍"的斗争。而这种斗争的成功,必须依赖于主体的意志。

§13 "是"的根据和"应当"的理由

当说出"是什么"与"不是什么"的时候,人们会很自然地要提出"为什么"会是如此的问题。因此,在说明"是什么"与"不是什么"的问题时,必须回答"为什么"是如此,而不是别的样子。这就是所谓"是"的根据。这个根据是客观存在着的事物内部矛盾及其运动和变化的规律性。

毛泽东在提出了抗日战争"是什么"和"不是什么"的判断后,接着就分析了"问题的根据"。毛泽东说:"抗日战争为什么是持久战?最后胜利为什么是中国的呢?根据在什么地方呢?"他回答说:"中日战争不是任何别的战争,乃是半殖民地半封建的中国和帝国主义的日本之间在二十世纪三十年代进行的一个决死的战争。全部问题的根据就在这里。"[7] 在这里,涉及两个方面,即战争双方的相互矛盾的特点和战争所处的时代。日本是一个强的帝国主义国家,其军力、经济力和政治组织力在东方是一等的,但其战争是退步的、野蛮的,人力、物力又不足,在国际形势中又处于不利地位。中国则相反,它是一个半殖民地半封建国家,军力、经济力和政治组织力都比较弱,然而它正处于进步的时代,其战争性质是进步的和正义的,又有大国这个条件足以支持持久战,而且世界的多数国家是要援助中国的。正是这些根据,决定了抗日战争"是什么"和"不是什么"的判断,就是说,抗日战争是持久战,最后胜利是中国的。

"是"的根据,是客观地存在着的,不属于主观的愿望和美好的理想。"应当"的理由则不同,它不完全是客观的,而包含了主观的需要和愿望,以及美好的理想。因此,人们往往把"应当"与"善"联系在一起,并将其看作是伦理学的基本范畴。在自然中,没有应当,因而不可能出现应当的事件,更不用说行为的问题了。

在康德看来,"人们根本就不能问,在自然中应当发生什么;这和不能问一个圆应当有什么样的属性是一样的;而是要问,在自然中发生了什么,或者圆有什么样的属性"[8]。自然中发生了什么,这是自然所固有的,具有自然的因果性,不存在应当或不应当的问题。圆具有哪些属性,这是一个圆所固有的,也不是应当或不应当具有这些属性。而在伦理学中,"应当"的问题就完全不同了。我们总是在思考或提问:应当怎样做才是善的行为?否则,就是恶。

关于善的问题,亚里士多德认为,善是活动与技艺中的目的。他在《尼各马可伦理学》中说:"如果我们所有的活动都只有一个目的,这个目的就是那个可实行的善,如果有几个这样的目的,这些目的就是可实行的善。"[9] 显然,在各种活动与技艺中,都有不同的目的,因而包含在其中的善也是不同的。他举例说,善,在医术中是健康,在战术中是胜利,在建筑术中是一所房屋,在其他技艺中是某种其他东西。所以,善就是这些可实现的目的,"在每种活动和选择中就是那个目的,其他的一切都是为着它而做的"。[10]

善与应当所强调的,都是活动中的目的。因此,康德认为:"理性所宣布的应当则以尺度和目的,甚至禁止和尊重来与意欲相对立。"[11] 人的行动都是有目的的,而且这个目的都是他所意识到的。为了实现这个目的,必须采取行动,否则它只是存在于意识中而不能对象化为"为我而存在"。所以,日本学者西田几多郎认为,行为"是从被意识到的目的产生出来的动作,即有意识的动作"。[12]

可是，单纯的目的只是一种可能的活动，并不能直接地产生行动，只有采取某种手段，作用于对象时，才开始了活动。所以，在"应当"中，不仅有目的，同时也包含着手段，当以手段来实现目的时，才有了活动。因此，目的、手段和活动，便是"应当"的基本要素。

人的目的具有主观性，因而是对现实世界的超越。但是，为了使目的能够得以实现，又要使目的建立在外部世界的现实性基础上。因此，实现目的的手段，一方面，具有主观性，它是由目的所决定的；另一方面，又具有客观性，它同时取决于外部世界，从而能够改变外部的对象以满足自己的需要。列宁说："世界不会满足人，人决心以自己的行动来改变世界。"[13]

目的和手段的主观性和客观性，规定了"应当"的理由，因而"应当"同样具有主观性和客观性，是两者的统一。首先，"应当"的理由是建立在"是"的基础上的，这是它的客观性；同时它又反映了人的愿望和要求，这是它的主观性。这就是"应当"的关系。所以，列宁在概括黑格尔关于善的论述时，又进一步指出："'善'是'对外部现实性的要求'，这就是说，'善'被理解为人的**实践**＝要求（1）和**外部**现实（2）。"[14] 这说明，把"应当"看作活动、实践，它包括两项：（1）人的要求，（2）外部世界的现实性。善是建立在外部世界基础之上的人的要求，而且这个要求体现于实践中。所以，求"应当"，必须先求"是"；而求"是"，又是为了过渡到求"应当"。

§14 真假与对错

"是"与"应当"是两个不同的追求。"是"的追求，是陈述的真而非假；"应当"的追求，是行为的对而非错。就是说，真假是指认识问题，对错是指行为问题。

在形式逻辑中，逻辑的真是指命题，或陈述的真。命题的真值是命题的真与假。如何判断命题的真假？是看命题是否包含着逻辑矛盾。包含逻辑矛盾的命题，是假的命题；不包含逻辑矛盾的命题则是真的命题。一个陈述也是这样，在陈述中，包含了逻辑矛盾，这个陈述便是假的；不包含逻辑矛盾，这个陈述便是真的。

命题是表达式，并非是思维的活动。对于推理来说，不是真假的问题，而是有效与无效的问题,即对或错。如果要从真前提推出真结论,推理必须是有效的。就是说,只有推理活动是对的而不是错的,从真前提中推出的结论才必然是真的。所以推理活动的对,是结论真的保证。例如,下面的三段论推理:

大前提:如果天下雨,那么路湿。

小前提:现在路湿。

结　论:现在天下雨。

这里给出的大前提是一个充分条件假言命题,小前提是大前提的后件。如果从这两个前提出发,得出结论说:"现在天下雨",那么,这个推理是违反规则的,因而是错的。因为,充分条件假言推理的规则是:肯定前提,必须肯定后件;否定后件,必须否定前件。如果否定前件,或肯定后件,都不得结论。这个推理是肯定后件而肯定前件,所以是无效的,是错的推理。就是说,现在路湿的原因,可能是因为天下雨,也可能天没有下雨,而是由人工造成的。无论认定天在下雨,还是不在下雨,结论都是不必然真的。如果给出的小前提是:现在天下雨,那么,一个有效的推理,必然得出"路湿"的结论。这个三段论推理是:

大前提:如果天下雨,那么路湿。

小前提:现在天下雨。

结　论:现在路湿。

真假是命题的真值,是指它不包含逻辑矛盾。对错是指推理活动是否合乎逻辑规则,即是否有效。合乎逻辑规则的推理,是有效的,是对的推理;违反逻辑规则的推理,是无效的,是错的推理。所以,在形式逻辑中,形式的正确性,实际上是指两个方面,一是命题的真,它不包含逻辑矛盾;二是推理的对,它是遵守逻辑规则的,是有效的。

在事实的真中,真假与对错自然包含着不同的内涵。由于事实的真包含了逻辑的真,因此,在事实的真理中的真假与对错,同样包含了逻辑的真中的真假与对错。逻辑的真是事实的真的必要条件,事实的真同样要求命题的真和推理的对。就是说,在命题和陈述中,不包含逻辑矛盾;陈述中的推理都是有效的。这就是真理的形式正确性。事实的真还要求进一步,它不仅要求形式的正确性,更追求陈述与事实的符合,因而必须包含有更多的真假与对错的内容。这里的对错,不只是思维活动的对错,还包括实践活动的对错。因为,关于逻辑规则问题,不仅要遵守形式逻辑的推理规则,同时还必须遵守概念逻辑和实践逻辑的概念推论规则,保证对的而不是错的推论活动。这个问题,将在概念逻辑和实践逻辑的阐述中加以说明。

另外,在命题和陈述的思维内容中,不仅不包含逻辑矛盾,而且不排除辩证矛盾。黑格尔在1801年为取得教授资格的论文《论行星轨道》的临时提纲中,就提出了矛盾作为检验真假的标准问题。他说:"矛盾是真的准则,无矛盾是假的准则"。[15]这里所说的"矛盾",自然不是指逻辑矛盾,而是指辩证矛盾。因为一切事物都包含有矛盾,在关于事物正确认识的思维形式中,同样包含有辩证矛盾的内容。

上述两个方面,保证了事实的真在形式上的正确性。在此基础上,还必须进一步保证内容的真实性,即命题和陈述的内容同事实相符合。但是,任何一个陈述,其本身都不能回答这个陈述是否同事实相符合的问题。判断一个陈述的真假,只能依赖于经验和实践,这就是实践检验真理的标准问题。马克思说:"人的思维是否具有客观的[gegenständliche]真理性,这不是一个理论的问题,而是一个**实践的**问题。人应该在实践中证明自己思维的真理性,即自己思维的现实性和力量,自己思维的此岸性。关于思维——离开实践的思维——的现实性或非现实性的争论,是一个纯粹**经院哲学的**问题。"[16]所以,一个陈述是否与事实相符合,这不是陈述本身内部命题关系所能完全解决的,必须诉诸实践标准。

前面已经说过,"应当"就是实践活动。一切成功的实践都是"应当"的,因而是对的;一切失败的实践都是"不应当"的,因而是错的。关于"应当"的命题和陈述,是实践的思想指导。因此,实践的对与错,是检验实践的指导思想的真与假的标准。一般说来,凡是实践活动是对的,其指导思想是真的;凡是实践活动是错的,其指导思想是假的。这样,活动的对错就成为检验理论真假的标准。可是,如何判断实践活动的对错?这个问题,自然需要进一步加以比较详细的阐述。

§15 从"是"到"应当"没有形式逻辑的通道

要从解释世界进入改变世界,必须使"是"进入"应当"。因此,如何从"是"过渡到"应当",这是人们最关心的问题。这个过渡,首先是认识论问题,其次是心理学问题,逻辑问题也渗透于其中。休谟把"应当"视为道德问题,他研究发现,从"是"到"应当"的过渡,没有逻辑通道。他说:

> 在我所遇到的每一个道德学体系中,我一向注意到,作者在一个时期中是照平常的推理方式进行的,确定了上帝的存在,或是对人事作了一番议论;可是突然之间,我却大吃一惊地发现,我所遇到的不再是命题中通常的"**是**"与"**不是**"等连系词,而是没有一个命题不是由一个"**应该**"或一个"**不应该**"联系起来的。这个变化虽是不知不觉的,却是有极其重大的关系的。因为这个**应该**或**不应该**既然表示一种新的关系或肯定,所以就必需加以论述和说明;同时对于这种似乎完全不可思议的事情,即这个新关系如何能由完全不同的另外一些关系推出来的,也应当举出理由加以说明。不过作者们通常既然不是这样谨慎从事,所以我倒想向读者们建议要留神提防;而且我相信,这样一点点的注意就会推翻一切通俗的道德学体系,并使我们看到,恶和德的区别不是单单建立在对象的关系上,也不是被理性所察知的。[17]

休谟的分析是发人深省的。但他要求形式逻辑单独提供从"是"到"应当"的逻辑通道,有点强人所难。根据形式逻辑本身的特点和功能,它不可能提供这个逻辑通道。问题在于,形式逻辑不仅没有这种从"是"推论出"应当"的功能,而且也没有寻求事实的"是"的功能,即它不具备从经验中推论出"是"的能力。形式逻辑只能从"是"推论出"是",或从"应当"推论出"应当"。要求形式逻辑从"是"推论出"应当",这是对形式逻辑的过分要求,但它可以在这个过程中提供辅助的工具。

不仅作为道德范畴,而且作为一般的实践范畴的"应当",同样不是单纯建立在对象间关系基础上的。因为它涉及了价值判断,必定包含着行为者与对象的关系,即列宁所说的第一项:人的要求。因而在"应当"范畴的内涵中,已经融入了非理性的因素,也不是完全被理性所察知的。就是说,从"是"到"应当",其间不存在完全的形式逻辑的通道。

就形式逻辑而言,在经验与理性、"是"与"应当"的二分中,是难以超越的。因为它们之间,都存在非理性因素的间隔,不可能依靠形式逻辑架起一条逻辑桥梁。如果从"是"推论"是",或从"应当"推论"应当",那么,形式逻辑的通道是通畅的。但是,如果要在"是"与"应当"之间架起一条逻辑通道,则是很困难的。所以,形式逻辑不可能解决休谟的问题,它必须求助于其他的途径。

当代语言哲学家普赖尔针对近代"是"与"应当"的截然二分提出了二者的内在联系,从前提:"他是一个船长",可以有效地推出结论:"他应当做一个船长所应做的任何事情"。高国希认为,这一反例不仅显示出不存在这类论断的一般原则,而且它自身也显示了一个语法上的真,一个"是"的前提能够在有的情况下包含一个"应当"的结论。[18]这里的推理形式是:

大前提:一个船长是应当做船长应当做的任何事情。

小前提:他是一个船长。

结　论:他(是)应当做船长应当做的任何事情。

细看这个推理,不难发现,它仍然是从"是"到"是"的推论,或者说,是从"应当"到"应当"的推论。因为它把"应当"的理由隐蔽在大前提中,从而把需要通过推理得到的结论,包含于推理的前提中。"应当"是需要理由的,如果存在逻辑通道的话,必须把"应当"的理由从"是"中演绎出来。什么是一个船长(是)应当做的事情?为什么一个船长应当做这些事情?从"他是一个船长"这个前提出发,推不出"他应当做的任何事情"的结论。

就形式逻辑而言,它不管"应当"是什么,而且它也根本不知道什么是"应当"。因为"应当"不只是思维形式的问题,同时也包含了思维的经验和知识的内容,而且还是一个实践问题。在"应当"中,包含了意义和价值的规定,而且这些规定的基础是现实的必然性和主体的需要。在有了这些意义和价值的规定后,它就为形式逻辑提供了以"应当"为内容的推理前提,这时,形式逻辑才成为由"是"向"应当"过渡的工具。如果他是一个船长,而且一个船长应当做他所应当做的任何事情,那么,我们就可以得到结论说,他(是)应当做船长应当做的任何事情。

§16 技艺性的"应当"与道德性的"应当"

形式逻辑不能实现从"是"到"应当"的推论，概念逻辑也不能完全胜任这个任务。因为"是"的逻辑，包括形式逻辑和概念逻辑，是无主体的逻辑。而在"应当"中，包含着价值判断和价值推论，而价值只有在主客体的关系中才能生成，这就决定了要完成这种推论，必须诉求于包含主体的逻辑，并依靠有主体逻辑与无主体逻辑的联盟。"应当"的逻辑是有主体的逻辑，它又是建立在"是"的逻辑的基础上的。只有在"是"的逻辑的协同下，"应当"的逻辑才能完成由"是"向"应当"过渡的推论。

在认识世界的过程中，我们所运用的，是"是"的逻辑；在改造世界的过程中，我们所运用的，是"应当"的逻辑。所谓"是"的逻辑，首先是指形式逻辑，它是通过概念的外延关系，由前提中的"是"演绎出结论中的"是"。其次是指概念逻辑，它与形式逻辑不同，已经融入了知识的思维内容，因而是另一种"是"的逻辑，为推论"应当"提供了逻辑可能性。"是"与"应当"的结合，便产生了实践逻辑，它就是"应当"的逻辑。它们不仅通过外延关系，而且主要是通过概念的内涵关系，同时还渗透入了主体非理性因素对概念和判断生成的影响，从而由前提中的"是"演绎出结论中的"应当"。在改造世界的实践过程中，除了运用形式逻辑和概念逻辑外，主要是运用实践逻辑。只有实践逻辑，才能为解决休谟提出的问题，提供逻辑方法，从"是"推论出"应当"。

由于"应当"是实践活动，因而同主体相关。它不仅包含目的，而且必须运用一定的手段，并作用于对象，从而在活动中把目的转化为相应的结果。要设定活动的目的，并为实现这个目的采取应当的手段，必须认识两个"是什么"：第一，必须认识主体的需要是什么，第二，必须认识对象的规律性是什么。

马斯洛在谈到人的自我实现的行为活动时，提出了这样的问题：当一个人自我实现时，他怎样弄清楚应当做什么？他说："一个人要弄清他应该做什么，最好的办法是先明白他是谁，他是什么样的人，因为达到伦理和价值的决定、聪明的选择、应该的途径是经过'是',经过事实、真理、现实来发现,经过特定的人的本性来发现的。他越了解他的本性,他的深蕴愿望、他的气质、他的体质、他寻求和渴望什么,以及什么能真正使他满足,他的价值选择也变得越不费力,越自动,越成为一种副现象。"[19] 马斯洛所说的,正是这两个"是什么"的问题。一是认识事实、真理和现实是什么,二是认识愿望、寻求和渴望是什么。

"应当"有两个方面,一是技艺性的"应当",二是道德性的"应当"。这两方面的"应当",其目的都是满足主体的需要。

对一个病人来说,他的"应当",或需要,就是治病。这首先是技艺性的"应当"。为了治好病,必须对症下药,这便是手段。为了对症下药,必须弄清楚病人患的是什么病,从而决定选用什么药。一个人,患了什么病,这是客观存在的事实,必须准确地诊断。患的是什么病,属于"是"的范畴。什么病决定选用什么药,因而能够药到病除,这是因果关系。用什么药,也属于"是"的范畴。这两种情况的推论,都属于技艺性的"应当"的推论,属于"是"的逻辑。但问题在于,患了病,为什么必须治病?回答是:对生命的热爱和敬畏。可是,有的人为什么却好端端的去轻生?这可能有难言之隐的某种社会性原因。这两种情况都反映了人的主观愿望,即马斯洛所说的人的本性,深蕴愿望、气质、寻求和渴望等等,这些都是不能从"是"推论出来的,但都是有理由的。这说明,即使像治病这样技艺性的"应当",也包含着道德性的"应当"。

"一个船长应当做他所应当做的任何事情",这是包含"应当"的命题。就职业道德方面而言,这个命题的意义可以看作是道德性的"应当"。但是,船长的"应当",也包括两个方面,一方面,船长工作责任规范,它是由船长的职业性质所决定的,是对船长本人在职业活动中的行为要求,涉及的是职业责任和专业能力,以及职业活动中的行为规范,这是技艺性的"应当";另一方面,是船长道德性的责任,它取决于船长的职业对社会所负的道德责任与义务,职业活动中行为的道德规范,这是道德性的"应当"。为什么把它看作是职业道德性"应当"?因为两个方面都属于自律范围,船长应当自觉地遵守职业生活中的公约、守则等方面的规范。

上面的两个例子都说明,每一个"应当"都包含着技艺性"应当"和道德性"应当"两个方面的内容,因而都涉及了价值判断和价值推论。"是"的判断是回答"是什么"和"不是什么"的判断,属于事实判断。"是"的逻辑是关于事实判断的推理理论,形式逻辑就是这种"是"的逻辑。"应当"的判断是回答"怎样做"和"不怎样做"的判断,属于价值判断。"应当"的逻辑是关于价值判断的推理理论。形式逻辑不能成为这种"应当"的逻辑。

"是"的逻辑与"应当"的逻辑的区别和联系是:"是"的逻辑是无主体参与的逻辑,"应当"的逻辑是有主体参与的逻辑。"是"的逻辑不依赖于"应当"的逻辑,无需"应当"逻辑的参与就能完成推理过程;"应当"的逻辑则需要"是"的逻辑的共同参与,才能完成推理的过程。

如果要了解什么是"应当"的逻辑,我们首先要具体地分析一下价值判断的生成问题。

§17 价值关系中的价值推论

由于"应当"包括技艺性"应当"和道德性"应当",因此,价值也区分为两种:一种是技艺性的价值,另一种是道德性的价值。为了使问题简化而便于讨论,首先来研究技艺性的"应当"和价值问题。

所谓价值,是指客体属性满足主体需要的有用性。首先是主体产生了某种需要,如果存在能够满足主体这种需要的客体属性,那么,对于主体来说,这种客体的属性就是对主体的有用性,即客体对主体的价值(简称为客主价值)。许多自然物质对人类都是有价值的,因为它们都满足了人类生活的需要。例如,空气、水、矿物、野生的动物和植物,以及良好的原始自然生态环境等。这些自然物质并非是人类有目的地创造出来的,都是自然给予的,我们称它们为"自在客体"。对于能够直接满足主体需要的自在客体的属性,主体只要在有用性上占有它们,这些客体属性就直接地转化为主体的价值。

因此,我们要从价值关系中了解什么是价值。如果一种客体能够以自身的某种属性满足主体的特定需要,那么,我们就可以说在这主体和客体之间存在着价值关系。建立这种关系的条件是:第一,主体的需要,第二,客体的属性,第三,主体的选择。前两个条件,决定了生成价值关系的可能性的条件;第三个条件,则是把这种可能性转化为现实性的条件。只有通过主体的选择和享用，客体的属性才能转化为满足主体需要的价值。价值推论发生在主体选择的过程中，这就是主体选择客体属性满足自己需要的逻辑过程。

在价值关系中，价值是客体所拥有属性的转化形态，它被主体所选择、所占有、所享用，因而转化为客体对主体的价值。如果未能被主体所选择、所占有、所享用，客体的属性就不能转化为价值。千万不要误解，以为主体的价值是由主体所拥有的，存在于主体自身中。事实上，它是由客体所拥有，存在于主体与客体的价值关系中，而且被主体所享用。在这种关系中，存在着一个概念推论的公式：

客体属性—主体需要—客主价值。

这个推论就是一个价值关系中的价值推论。这个公式表明，主体需要和客体属性是价值生成的两个前提。因为在价值关系中，价值包含有两个显著的特点：第一，有用性。马克思说："物的有用性使物成为使用价值。"[20]这里所说的"使用价值"已经不是，或主要不是在商品学意义上的使用价值概念，而已转变为价值论意义中的价值范畴。第二，为人性。价值"实际上是表示物为人而存在"的为我关系[21]，如果离开了人来谈论价值问题，就不会有现实的社会意义。

在这个价值推论公式中，客体属性是客观性的前提，主体需要是主观性的前提，客体对主体的价值则是从这两个前提中推论出来的结论，实现了主观性与客观性相统一，表明了价值的生成，它把自在客体转化为为我客体，使客体属性具有了对主体的有用性，实现了价值属性的突现。客体属性之突现为价值属性的条件，是主体根据自己需要的选择和享用。如果不进行选择和享用，自在客体也不会转化为为我客体，因而客体属性也不会转化为对主体的价值。

在价值关系中，关于客体属性的判断是事实判断，确定客体属性的价值则是价值判断。以事实判断为前提，推论出价值判断的结论，还需要另一个更具有决定意义的前提，即主体的需要。客体属性与主体需要的统一的实现，取决于主体的选择和享用。正是这种选择和享用，把属性的"是"与需要的"是"结合成为一体，即价值。这时，也就完成了从"是"到"应当"的推论。这个逻辑公式是：

选择—享用—价值。

这个推论是价值选择过程中的价值推论,我们也可以称它为行动的推论、行为的逻辑,或选择的逻辑。

对客体属性可以有不同的选择,这种选择是否正确,取决于享用的结果。这里的结果,是指是否满足了主体的需要,以及满足需要的程度。如果主体的需要得到了满足,这种选择是对的,反之,则是不对的,必须进行再选择。这是一个不断试错的过程。在这个连续选择的过程中,逐步地获得比较正确的选择,最终地占有客体,使客体属性转化为价值。所以,价值推论不是一次完成的,是在成功与失败的多次比较中实现的。而且它也不是在单纯的思维过程中实现的,而是同时实现于实践的过程中,是思维过程和实践过程的统一。

显然,这个推论已经不属于形式逻辑的范畴,我们称它为"应当"的逻辑。因为选择和享用是人的价值活动,所以,我们又称"应当"的逻辑是人的行为逻辑、价值逻辑、行为推理。

§18 价值创造中的价值推论

现在,我们进一步分析从价值创造活动中如何实现价值推论的问题。

在一般情况下,正如列宁所说的,世界不会满足人。就是说,在主体产生了某种需要时,并不存在能够满足主体需要的某种客观属性。在这种情况下,只存在自在客体,而不存在为我客体。因而人们总是以自己的行动来改变世界,把"自在客体"转化为"为我客体"。为此,主体必须根据自己的需要(目的),采取一定的手段和行动,以自在客体为原料,变革和组合这些原料,创造为我客体,满足主体的需要。马克思指出,人与外界物"并不'处在'某一种关系中,而是**积极地活动**,通过活动来取得一定的外界物,从而满足自己的需要"。[22]所以,人类取得价值体的主要途径,不是从现成的存在物中寻找,而必须进行有目的的创造。在现实生活的多种情况中,当人们产生某种需要,但并未存在满足这种需要的现成的价值客体时,人们就会把这种客体创造出来。这就是价值的创造活动。从价值论上说,社会上各种物质和文化的生产部门,都肩负着这种价值创造的任务。

在价值的创造过程中,手段是至关重要的。创造手段的根据有二:一个是主体的目的,另一个是主体面对的自在客体。手段要为实现目的服务,并且要适用于它所作用的对象客体。不同的目的和不同的对象,必须采用不同的手段。运用手段实现目的的活动就是"应当"。通过"应当"的活动,达到创造对主体具有有用性的为我客体,这就是活动的结果。这里包含着下面两个概念推论的公式。

创造手段的推论公式:

(1)**主体目的—自在客体—应当手段**。

创造为我客体的推论公式:

(2)**主体目的—应当手段—为我客体**。

我们把这些公式也看作是一种推论,主要是着眼于概念的内涵,即意义。

或许人们会问,主体的目的是怎样产生的?它的根据是什么?自然,主体的目的不是凭空产生的,它的根据是主体的需要;而主体需要也不是凭空产生的,它也要根据现实的客观条件。因为,主体的需要是一种主观性,它不都是现实的,在"大跃进"运动中的主体需要,那种"人有多大胆,地有多大产"的主体愿望,尽管是美好的,但它是脱离实际的一厢情愿,因而是不能实现的。但是,这也不是要否认那种敢冒、敢闯的精神。正如邓小平所说:"我们的方针是,胆子要大,步子要稳,走一步,看一步。"[23]所以,主观的愿望不是出发点,真正的出发点是现实的客观实际,从而把主观需要与客观现实统一起来,确定行动的目的。为了实现行动的目的,必须采取正确而恰当的手段。就是说,运用手段的直接目的是把"自在客体"改造成为"为我客体",以为我客体满足主体的需要。

综合(1)和(2)两个公式,我们就得到价值创造活动的基本公式:

(3)**目的—手段—结果**。

在价值创造活动中,关于自在客体属性的判断是事实判断,关于满足主体需要的为我客体的有用性是价值判断。所要实现的目的也同时必须建立在自在客体属性的基础上。实现目的的手段,也是一种为我性,属于价值判断。但是,手段与对象的相互关系,并非是价值关系而是因果关系。因为,尽管这种关系也是主体设定的,但必须按照客观规律来创造。所以,目的和手段为我性的这种价值判断,必须建立在事实判断的基础上。

能否实现满足主体需要的结果,取决于目的的确定和手段的选择。这两项不是一次完成的,也都是试错的过程,而且都实现于价值创造的实践过程中。通过试错,不断地纠正目的和手段的主观性,使之逐步地接近对象的客观性,最终达到主观性和客观性的统一。

手段与对象的这种关系,就是从"是"到"应当"的通道。同样,这个推论也不属于形式逻辑,而属于"应当"的逻辑。

§19 意志在从"是"到"应当"推论中的作用

从"是"到"应当"的推论,并非是单纯的理论问题,而主要是实践问题,是一种从实践中来又到实践中去的推论。

人类劳动是实践的基本形式。马克思把劳动看作人的生命活动,把生命活动看作自由的有意识的活动,而自由的有意识的活动是人的类特性,由此得到劳动是人的类特性的结论。马克思说:"劳动这种**生命活动**、这种**生产生活**本身对人来说不过是满足一种需要即维持肉体生存的需要的一种**手段**。而生产生活就是类生活。这是产生生命的生活。一个种的整体特性、种的类特性就在于生命活动的性质,而自由的有意识的活动恰恰就是人的类特性。"[24] 人们通常所说的"劳动是人的类本质"这个命题,就来自对马克思这段话的概括。

"自由的有意识的活动"之所以成为人的类生活,因为它把人与动物从根本上区别开来了,从而把人从自然界中提升出来,成为人类特有的属性。这种特性,也就是人类的共同人性。马克思说:"动物和自己的生命活动是直接同一的。动物不把自己同自己的生命活动区别开来。它就是**自己的生命活动**。人则使自己的生命活动本身变成自己意志的和自己意识的对象。他具有有意识的生命活动。这不是人与之直接融为一体的那种规定性。有意识的生命活动把人同动物的生命活动直接区别开来。正是由于这一点,人才是类存在物。或者说,正因为人是类存在物,他才是有意识的存在物,就是说,他自己的生活对他来说是对象。仅仅由于这一点,他的活动才是自由的活动。"[25] 在马克思的这个分析中,最具有关键意义的是"人则使自己的生命活动本身变成自己意志的和自己意识的对象"这一思想。这个"意志和意识的对象",就是马克思后来所说的革命的批判的实践。任何自觉的实践,都有预想的目的,而且为了实现这个目的而预定出计划、方案,这显然是意识对实践活动的认识和研究的结果,所以生命活动成为了意识的对象。实践活动是在这些预想的目的、计划和方案的指导下进行的,在这种目的、计划和方案实现的过程中,必须克服种种障碍,而这些障碍的克服,需要意志的力量,这又把生命活动作为意志的对象。因此,"自由的有意识的活动",是使人之所以成为人的根据。

"自由的有意识的活动"的最基本的规定性是意志和自由,从而"自由的有意识的活动"成为有目的的活动,同无目的的适应环境的活动相区别。恩格斯指出:"动物仅仅**利用**外部自然界,简单地通过自身的存在在自然界中引起变化;而人则通过他所作出的改变来使自然界为自己的目的服务,来**支配**自然界。这便是人同其他动物的最终的本质的差别,而造成这一差别的又是劳动。"[26] 活动的预想目的,不只是根据"自然的需要",而主要是根据"历史形成的需要",根据人的全面发展来制定的。关于这一点,动物是无论如何都不能做到的。

意志自由的活动,始终把"应当"作为行动的目的,把外部对象改造成为"为我而存在"。黑格尔认为:"自由是意志的根本规定,正如重量是物体的根本规定一样。"[27] 由于自由与意志具有这种关系,故合称为意志自由。恩格斯也曾说过:"意志自由只是借助于对事物的认识来作出决定的能力。"[28] 意志使人能够自由地去认识事物,并由此做出行动的决定。就是说,意志不是单纯地反映外部对象,而在反思这种反映中,产生了自己所渴望的东西,并决定把它对象化为存在物,即自由地认识事物,并由此做出行动的决定,去实现自己所渴望的东西。所以,意志和自由都属于主体。"因为自由的东西就是意志。意志而没有自由,只是一句空话;同时,自由只有作为意志,作为主体,才是现实的。"[29] 因此,自由的活动是实现理论向实践飞跃的活动,在这个过程中,把"是如此"转变为"应如此"、"应当",真正地显示了人的本质力量。

自由成为意志的规定性,凸显了意志在"自由的有意识的活动"中的重要意义。意志也属于思想的范畴,但它不属于理论思维,而是行动思想。意志自由是"把自己转变为定在的那种思维,作为达到定在的冲动的那种思维"[30]。在这种意义上,意志是一种对象化思维,即把概念转变为对象的思维,其中包含了自己所渴望的东西,从而在对象上打下意志的印记,把对他物的关系变成为"为我而存在"[31]。按康德的话来说,它就是实践理性。恩格斯指出:"一切动物的一切有计划的行动,都不能在地球上打下自己的意志的印记。这一点只有人才能做到。"[32]人的实践的特点在于实践的结果作为意识到了的目的,而实现这个目的的意志,始终指导着实现这个目的的整个活动过程。

意志包含冲动,但又不同于冲动。冲动是一种自然属性,是人与动物所共有的。动物也有冲动,但没有意志。人除了冲动外,还有意志,因而能够驾驭冲动。在这种意志中,包含人所希求的价值体。对人来说,这希求的价值体就是他所要外化的对象。动物不具有意志,只是按本能而行动,因为它没有自己所渴望的东西,只是适应外部自然界。

所以,意志的目标是实现"应当",是一个包含了理论向实践、"是如此"向"应如此"的飞跃。黑格尔认为:"理智的工作仅在于认识这世界是如此,反之,意志的努力即在于使得这世界成为**应**如此。"[33]意志是一种行动的思维,所以,它的目的还是一种可能,是尚未得到实现的。但是,意志的活动就是为了实现这个目的,把它转变为现实。这就是意志自身中所包含的矛盾,即可能与现实的矛盾。这种矛盾,以"应当"的形式,贯穿于整个人的生命活动的全过程,也就是黑格尔所说的善的过程。黑格尔说:"这种矛盾就被表象为善的实现的**无限递进**,而在这种过程里,善便被执着为仅仅是一种**应当**。"[34]"应当"的实现,需要创造精神,而创造的实现,更需要意志自由。这是人的本质力量中的物质和精神相统一的力量。

参 考 文 献

[1] 毛泽东.改造我们的学习[M]//毛泽东.毛泽东选集:第3卷.2版.北京:人民出版社,1991:801.

[2] 马克思.关于费尔巴哈的提纲[M]//马克思,恩格斯.马克思恩格斯文集:1.北京:人民出版社,2009:506.

[3] 毛泽东.改造我们的学习[M]//毛泽东.毛泽东选集:第3卷.2版.北京:人民出版社,1991:802.

[4] 毛泽东.论持久战[M]//毛泽东.毛泽东选集:第2卷.2版.北京:人民出版社,1991:477.
[5] 毛泽东.在扩大的中央工作会议上的讲话[M]//毛泽东.毛泽东文集:第8卷.北京:人民出版社,1999:306.
[6] 泰勒.黑格尔[M].张国清,朱进东,译.南京:译林出版社,2012:382.
[7] 毛泽东.论持久战[M]//毛泽东.毛泽东选集:第2卷.2版.北京:人民出版社,1991:447.
[8] 康德.纯粹理性批判[M].李秋零,译.北京:中国人民大学出版社,2004:439.
[9] 亚里士多德.尼各马可伦理学[M].廖申白,译注.北京:商务印书馆,2009:16-17.
[10] 亚里士多德.尼各马可伦理学[M].廖申白,译注.北京:商务印书馆,2009:16.
[11] 康德.纯粹理性批判[M].李秋零,译.北京:中国人民大学出版社,2004:440.
[12] 西田几多郎.善的研究[M].代丽,译.北京:光明日报出版社,2009:85.
[13] 列宁.黑格尔《逻辑学》一书摘要[M]//列宁.列宁全集:第55卷.2版.北京:人民出版社,1990:183.
[14] 列宁.黑格尔《逻辑学》一书摘要[M]//列宁.列宁全集:第55卷.2版.北京:人民出版社,1990:183.
[15] 转引自:梁志学.论黑格尔的自然哲学.上海:上海人民出版社,1986:25.
[16] 马克思.关于费尔巴哈的提纲[M]//马克思,恩格斯.马克思恩格斯文集:1.北京:人民出版社,2009:500.
[17] 休谟.人性论[M].关文运,译.郑之骧,校.北京:商务印书馆,1980:509-510.
[18] 高国希.道德哲学[M].上海:复旦大学出版社,2005:91.
[19] 马斯洛.人性能达到的境界[M].曹晓慧,张向军,译.北京:世界图书出版公司,2014:100-101.
[20] 马克思.资本论:第1卷[M]//马克思,恩格斯.马克思恩格斯文集:5.北京:人民出版社,2009:48.
[21] 马克思.剩余价值理论[M]//马克思,恩格斯.马克思恩格斯全集:第26卷第3册.北京:人民出版社,1974:326.

[22] 马克思.评阿·瓦格纳的"政治经济学教科书"[M]//马克思,恩格斯.马克思恩格斯全集:第19卷.北京:人民出版社,1975:405.
[23] 邓小平.改革是中国的第二次革命[M]//邓小平.邓小平文选:第3卷.北京:人民出版社,1993:113.
[24] 马克思.1844年经济学哲学手稿[M]//马克思,恩格斯.马克思恩格斯文集:1.北京:人民出版社,2009:162.
[25] 马克思.1844年经济学哲学手稿[M]//马克思,恩格斯.马克思恩格斯文集:1.北京:人民出版社,2009:162.
[26] 恩格斯.自然辩证法[M]//马克思,恩格斯.马克思恩格斯文集:9.北京:人民出版社,2009:559.
[27] 黑格尔.法哲学原理[M].范扬,张企泰,译.北京:商务印书馆,1961:11.
[28] 恩格斯.反杜林论[M]//马克思,恩格斯.马克思恩格斯文集:9.北京:人民出版社,2009:120.
[29] 黑格尔.法哲学原理[M].范扬,张企泰,译.北京:商务印书馆,1961:12.
[30] 黑格尔.法哲学原理[M].范扬,张企泰,译.北京:商务印书馆,1961:12.
[31] 马克思,恩格斯.德意志意识形态[M]//马克思,恩格斯.马克思恩格斯文集:1.北京:人民出版社,2009:533.
[32] 恩格斯.自然辩证法[M]//马克思,恩格斯.马克思恩格斯文集:9.北京:人民出版社,2009:559.
[33] 黑格尔.小逻辑[M].贺麟,译.2版.北京:商务印书馆,1980:420.
[34] 黑格尔.小逻辑[M].贺麟,译.2版.北京:商务印书馆,1980:419.

第4章
逻辑的概念化

形式逻辑向现代符号逻辑的发展,反映了逻辑形式化、符号化的方向,它对现代科学,特别是对智能科学的发展,作出了重大的贡献,必须给予充分的肯定。形式逻辑对近代自然科学的发展,也是这样。爱因斯坦说:"西方科学的发展是以两个伟大的成就为基础,那就是:希腊哲学家发明形式逻辑体系(在欧几里得几何学中),以及通过系统的实验发现有可能找出因果关系(在文艺复兴时期)。"[1] 爱因斯坦在这里所说的两个伟大成就,一是指形式逻辑,二是指科学实验。这两个基础比较起来,自然是实验更为重要。近代科学主要是在实验的基础上发展起来的,形式逻辑在近代科学的发展中,起到了辅助工具的重要作用。

应该看到,逻辑学的发展还有另一个方向。从"是"的逻辑走向"应当"的逻辑,呈现了逻辑的新走向。这就是走向意义的研究和逻辑的概念化。逻辑发展的这个方向及其产物,就是概念逻辑。

逻辑的这个新走向,除了价值论的推动外,还有两个重要的原因。一方面,只有运用概念,才能把握思维的宏观和全局。我们历来重视战略思维,近年来又提出所谓"顶层设计",也经常讲"没有远虑,必有近忧"等训词。在系统论、复杂性科学发展以来,提倡系统思维、复杂性思维的人也越来越多起来了。这些思维,都不属于形式化的思维,而是概念化的思维。现代科学、经济社会的发展,迫切需要逻辑的概念化。另一方面,我们认识的任务,不只是认识事物的存在,更重要的是认识事物的运动和变化。为了描述运动,需要有概念,特别需要使用连续性和间断性的概念。运动就是矛盾,只有用概念的矛盾关系,才能描述运动。这就把概念在思维中的地位提升起来了。形式逻辑属于微观思维,概念逻辑则是宏观思维;只有依靠概念,才能编织思维之网,把握思维的全局和整体。形式逻辑只是反映思维的静止状态,概念逻辑则反映事物的运动;只有依靠概念的演化和推论,才能把握事物的运动和变化。由概念化而建立起来的概念逻辑,美国学者平卡德称它为"概念化的逻辑"[2]。这是不同于形式逻辑的另一种类型的逻辑。就是说,它不是用单纯的符号进行运算,而是用概念进行推论。

§20 走向意义的研究

在宏观上,意义可以分为两类,一类是经验内容的意义,另一类是非经验内容的意义。具体科学中的意义属于前者,逻辑学中的意义属于后者。

形式逻辑所追求的,是推理的真理,属于非经验内容的意义;具体科学所追求的,是事实的真理,属于经验内容的意义。因此,推理的真理只是形式的真,只管形式的正确性,不管内容的真实性。其中的逻辑必然性,也只是形式必然性,或抽象必然性。虽然它也是事实真理的必要条件,但并不是充分条件。要使抽象必然性向具体必然性过渡,实现逻辑真理与事实真理的统一,必须建构经验内容进入逻辑思维的通道。但形式逻辑系统的封闭性已经断绝了这种通道,也就已经无缘实现这种结合了。一旦逻辑学向经验内容开放,便离开了单纯的形式研究而进入了逻辑应用的具体科学研究领域。这时,推理的有效性不仅依赖于形式正确性,而且必须依赖于经验内容的真实性。

两种真理的关系,使形式逻辑在应用过程中产生了形式与内容的矛盾,而且这个矛盾本身也包含和提供了解决矛盾的方法。意义相干性,或意义蕴涵的提出,预示了逻辑发展的新方向。

在形式逻辑中,实质蕴涵限于命题之间的真假联系,严格蕴涵则进一步考虑到了命题之间的必然联系,但这两种蕴涵都没有涉及命题之间意义上的联系,即内容上的相干性。20世纪60年代,安德森和贝尔纳普建立了相干逻辑,提出了相干性,以修正经典逻辑的有效性概念。所谓相干原理是指:如果A相干蕴涵B,则A和B至少有一个共同的命题变元。[3]由此认为,"如果A,那么B"是真的,仅当A对于得出结论B是有关的;就是说,A与B在意义上是相关的。相干性也修正了必然性的概念:"如果A,那么B"表示A是得出结论B的根据,或者说,从A可以推出B。不少学者把这种修正看作是对经典逻辑的有效性概念提出的挑战。例如,英国逻辑学家哈克认为,相干逻辑"对有效性的经典概念的挑战是最基本的"[4]。但她又做了某些保留,认为"相干性的考虑应属于修辞学的范围,而不属于论证评价的逻辑的范围"。[5]

一般文献把"entail entailment"译为"衍推"。周礼全主编的《逻辑》一书,则把它改译为"意涵"[6]。这种改译,更突出了意义在相干逻辑中的地位。皮亚杰在《走向一种意义的逻辑》一书中说:"我们的重要工作是去构造一种意义的逻辑,其主要的运算我们称之为'意义蕴涵':如果 q 的一个意义 m 存在于 p 的意义中并且这种意义 m 是传递性(transitive)的,那么 p 蕴涵 q(写成 p→q)。"[7]

在一些学者看来,"意义蕴涵"的凸显,预示了意义逻辑成为一门逻辑学科的前景,而且发生认识论的研究成果,产生了使逻辑学走向一种意义逻辑的新转折。雅克·弗内歇认为,安德森和贝尔纳普的相干逻辑为意义逻辑提供了基础,皮亚杰在某种意义上超越了它[8]。让-布莱兹·格里兹指出:"事实上,为了行动,必须拥有信息,当然是真实的信息,然而,信息的根基是与之有关的意义,因此,需要一种内容的逻辑,至少需要一种**内涵的**,也就是非外延的逻辑。"[9]这里所说的意义逻辑,是思维内容和形式在经验内容这一层次上的统一。在具体的科学理论和人们的日常生活中,这种统一也是同样存在的。

布迪厄为了阐述一种实践逻辑,主张"将关系思维方式引入社会科学",他认为,"是这类关系给出了该成分的意义和功能"。[10]实践逻辑理论的提出,则意味着"人们实际上克服了由莱布尼茨和全部古典唯理论对理性真理和事实真理所作的区分,将历史事件当作一些可理解的关系系统来对待"[11]。同时,由于给符号引入了经验内容的意义,把理性真理转换到了事实真理。所以,布迪厄又把这种逻辑称为"关系和转换"的思维方式的逻辑。[12]

显然,要真正地建立一种意义逻辑,并被学术界所接受,还有待时日。但这绝不是说,意义逻辑是不可能的。

§21 从谓词的"是"到同一性的"是"

形式逻辑和概念逻辑是两种不同的逻辑。如果"是"的逻辑包括形式逻辑和概念逻辑,那么,"是"也应该有两种类型。这两种类型的"是",是由两种不同类型的同一性所规定的。一种类型是抽象同一的"是",可称为谓词的"是";一种类型是具体同一的"是",可称为同一性的"是"。

谓词的"是",即从外延关系上考察的"是"。作为知性逻辑,形式逻辑的抽象同一律确认:是他所是,不能非他所是;如果既是他所是,又不是他所是,这就陷入了逻辑矛盾。这样,形式逻辑不是把矛盾归之为事物所有,而归之为思维的错误,因而是必须排除的。在形式逻辑中,"S 是 P"是命题形式。这个形式中的"是",充当了谓词的角色。它就是谓词的"是"。就是说,它从外延关系出发,认为任何个别都是普遍(类)的一个部分、一个分子。它的公式是:"是则是,否则否"。

同一性的"是",是从内涵关系上来考察的"是"。作为理性逻辑、思辨逻辑或概念逻辑的具体同一律确认:是他所是,同时又不是他所是;思维中的这种矛盾,是事物两重性的反映,由此构成了概念的两重性。这样,它就把矛盾归之为事物本身所固有,也归结为概念内涵所固有;如果在形式推理中出现了逻辑矛盾,这是由认识的错误所致,应该归之为思维,同样是应该排除的。这种确认,为思维的发展,找到了内在的动力。同时要求纠正思维中的错误,即排除形式逻辑的矛盾。

如果以普遍性、特殊性或个体性的语词代入"S 是 P"的命题形式,把个别项连接到普遍项,就可以得到"个体是普遍";或把普遍项连接到个别项,得到"普遍是个体"。其实,个体比普遍更丰富,普遍不能完全包括个体。例如,在"玫瑰花是红色的"这个命题中,玫瑰花与红色是两个完全不同的东西。如果把玫瑰花看作是特殊(或个别),那么,红色便是普遍。把两者等同起来,并不符合实际情况。且不说玫瑰花是否都是红色的,即便是红色的玫瑰花,除了红色的特性外,也还有很多别的特性。列宁说:"任何一般都是个别的(一部分,或一方面,或本质)。任何一般只是大致地包括一切个别事物。任何个别都不能完全地包括在一般之中,如此等等。"[13]所以,这种判断的形式,主词和谓词是包含着差异和矛盾的。正是这个矛盾,使它们相互转化,成为概念辩证运动的动力。

概括上面的分析,在"个体是普遍"和"普遍是个体"这两个命题中,个体与普遍用"是"作为联结词把它们联系起来。尽管这个表达式的形式是相同的,都是"S是P",但对它们的逻辑解释则是不同的。这种意义上的差别,反映了两种不同的逻辑内涵。我们可以说个体与普遍具有同一性,但这种同一性并不否认它们之间的差异。这个"是",属于同一性的"是"。如果否定了这种差异性,这个"是"的联结词就成为谓词的"是"。形式逻辑不分别这两种"是"的类型,都把它们看作是谓语的"是"。概念逻辑则要求区别这两种"是",不仅把"是"理解为谓词的"是",同时必须把它理解为同一性的"是"。

两种类型的"是"的本质区别,就在于是否承认在"是"中潜伏着"非是"的内涵要素,由此构成概念内涵中的差异和矛盾。谓词的"是"否认这种差异性,因而也否定了潜伏性;如果出现这种差异性和潜伏性,就认它为逻辑矛盾。同一性的"是"则承认这种差异性和潜伏性,并把它看作是思维的内在矛盾。

逻辑思维,作为全人类性的思维,是无个体主体的思维;个体主体在进行逻辑思维的时候,这种思维便是有主体的思维,即是个体主体的思维。你所见到的"是",属于谓词的"是",还是同一性的"是",并没有特殊的标志。对同一个"是",有人把它理解为谓词的"是",有人则把它理解为同一性的"是",完全是由主体的理解所造成的,反映了主体的不同思维状态。例如,面对"二律背反"时,康德停留于谓词的"是",黑格尔则进入了同一性的"是",反映了两种不同的逻辑境界。这种不同的状态,完全取决于对辩证法的掌握。

举例说,在资本增殖的过程中,剩余价值产生于生产过程,实现于流通过程。因此,在资本的流通过程中,价值增殖了,可以由价值规律和资本流通公式 G—W—G′ 来表述。但是,在买的过程"G—W"和卖的过程"W—G"中,都是通过等价交换来实现的,都不可能产生价值增殖:$\Delta G = G' - G$。对买与卖的过程的认识,在古典政治经济学中就产生了一个逻辑矛盾:既能实现价值增殖又不能实现价值增殖。于是,出现了"既是又不是"这种矛盾状态。其实,这里的分析仍然停留于简单商品流通过程,它的"是"也仍然是谓词的"是",排除了同一性的"是"。只要同时把谓词的"是"转变为同一性的"是",这个逻辑矛盾就被消解了。因为在这个逻辑矛盾的背后,存在着一个辩证矛盾,即资本与劳动的矛盾。由于古典政治经济学没有建立剩余价值理论,因而不能解决这个逻辑矛盾。

其实,在资本主义经济关系中,劳动力转化为商品,当货币所有者从流通中购买到劳动力商品,并将它投入直接生产过程后,就创造出了大于劳动力商品价值的剩余价值。这就是价值增殖的真正原因。就是说,价值增殖并非在流通过程,而是在生产过程,但它只能在流通过程中实现。因此,在剩余价值生产的条件下,简单商品流通过程也就转化为资本流通过程,但它并没有改变商品流通过程中的等价交换规律。这表明,在资本流通过程中,仍然包含了简单商品流通过程。古典政治经济学不了解剩余价值的秘密,表明它还停留于从简单商品流通过程中来考察资本流通过程,因而出现了逻辑矛盾。马克思发现了剩余价值生产的秘密,从资本流通过程来考察资本的运动,发现了在这个运动过程中出现的一种特殊商品,即劳动力商品,从而揭示了价值增殖的秘密,进而撕开了在平等买卖关系面纱遮盖下的资本家剥削雇佣工人的资本主义关系。这样,就从谓词的"是",进到了同一性的"是":剩余价值不是在流通过程中产生的,但它是在流通过程中实现的。这就使"既是又不是"的矛盾,获得了完美解决。

上述讨论的内容,都是指形式逻辑不能描述思维中的矛盾及其运动的情况。因为形式逻辑主张排除思维中的逻辑矛盾,这是正确的。否则,形式逻辑自身就不能建立起来。但是,当它一旦发现了思维中的辩证矛盾时,却往往又把它作为思维中的错误,作为逻辑矛盾而加以排除。康德发现了"二律背反",却又把它作为思维从知性进入理性时所发生的"幻相"。黑格尔清楚地看破了这一点,因而给予了很高的评价。他说:"康德指出了四个矛盾;这未免太少了,因为什么东西都有矛盾。在每一个概念里都很容易指出矛盾来。因为概念是具体的,因而不是简单的规定。所以每一个概念包含着许多规定,这些规定都是正相反对的;这些矛盾康德叫做二律背反。这是很重要的,但与康德的原意相反。"[14]

形式逻辑是要求无矛盾的逻辑,因而是思维的静止状态的逻辑;而且,它还只是微观的逻辑、分析的逻辑,不能运用综合的方法,描述思维的宏观结构和整体的运动。这些特点,限制了形式逻辑的应用范围。

§22 思维从"拆零"到"组装"

知性逻辑是"拆零"的逻辑,理性逻辑是"组装"的逻辑。概念逻辑的最显著特点,是从宏观上反映思维的结构和运动。形式逻辑只是从微观上把握思维静止状态,既不能反映思维的结构,也不能反映思维的运动。这就是两种逻辑的根本区别。

在古代希腊人那里,他们的整体思维方式,不是分析的而是综合的。这就是综合性的总体思维,我们称之为宏观思维。其具体的表现是:"自然界还被当做整体、从总体上来进行观察。"[15]这也是古希腊哲学优越于近代哲学的地方。在近代,我们运用的是形式逻辑的分析方法,从细节上对自然现象的联系加以肢解,进而做分别的研究。这种分析性的细节思维,我们称之为微观思维。这种思维虽然使自然科学获得了空前的进步,但在总体的把握上,又远远地落后于古希腊人。因此,自然科学的进一步发展,迫切需要整体综合的宏观思维,对日益积累的资料进行全面而总体的整理,弥补形式逻辑的不足。

整个人类认识史和自然科学的发展史都说明,形式逻辑是微观思维领域的逻辑,这个思维领域中的科学主要研究事物的存在;概念逻辑则是宏观思维领域的逻辑,这个领域的科学同时研究事物的运动和变化。只有在宏观思维的指导下,我们才能够把握科学理论及其研究对象的整体发展。近代自然科学强烈要求从形而上学思维向辩证思维复归,正表现了从微观思维向宏观思维转变的趋势。

物理学从存在的物理学到演化的物理学的转变,正是逻辑思维从反映静止向反映运动转变的一个例子。普里戈金研究了这种转变,指出:"我们可以把'静止'的动力学描述与存在联系起来;而把热力学的描述,以及它对不可逆性的强调,与演化联系起来。"这样,我们就进一步"讨论存在的物理学和演化的物理学这两者之间的关系"。[16]

后来,普里戈金与斯唐热合作,写了《从混沌到有序》一书,评价了物理学从存在到演化转变的历史:"这个科学的历史远不是直线式地展开的,它并不相当于向某个固有真理的一系列的逐渐接近。它充满着矛盾,充满着难以预料的转折点。"[17]显然,这个转变本身是合乎辩证法的,体现了宏观思维的意义。阿尔文·托夫勒为此书写了一篇题为《科学和变化》的前言。在这篇前言中,托夫勒把近代微观思维比喻为"拆零"。他对微观思维做了这样的描述:"在当代西方文明中得到最高发展的机巧之一就是拆零,即把问题分解成尽可能小的一些部分,文明非常擅长此技,以致我们竟时常忘记把这些细部重新装到一起。"接着,托夫勒又借助普里戈金《从混沌到有序》的著作,进一步描述了宏观思维的"组装"特征。他说:伊·普里戈金"却不满足于仅仅把事情拆开。他花费了他一生的大部分精力,试图去'把这些细部重新装到一起',这里具体地说,就是把生物学和物理学重新装到一起,把必然性和偶然性重新装到一起,把自然科学和人文科学重新装到一起"。[18]我们在强调宏观思维的"组装"功能时,已经蕴涵着微观思维的"拆零"。没有"拆零",没有对细节的分析,自然不会有"组装"。但是,停留于"拆零"而拒绝"组装",我们就不能在总体上用思维把握事物的运动和发展。在这种意义上,我们也可以说:形式逻辑是"拆零"的逻辑,概念逻辑是"组装"的逻辑。显然,没有"拆零",何谈"组装"?所以,"组装"的逻辑应该包括"拆零"的逻辑。

强调从微观思维向宏观思维转变的意义,在于将辩证法贯彻于逻辑学。在近代,这项工作并非是从黑格尔开始的,但在思辨逻辑中,黑格尔提出的"正题—反题—合题"的三段式,试图以否定之否定的形式,将精神的世界描写为一个过程,即把它描写为处在不断的运动、变化、转变和发展中,并企图揭示这种运动和发展的内在联系。在《反杜林论》的《引论》草稿中,恩格斯认为,黑格尔留下的是辩证的思维方式,它"向**一切**科学提出这样的要求:在自己的特殊领域内揭示这个不断的转变过程的运动规律。而这就是黑格尔哲学留给它的继承者的遗产"。[19]这里所说的"一切科学",自然也包括逻辑科学在内。对于逻辑学来说,它的任务是把辩证法的思想发展形式在简单形态上建立起来。这个任务,黑格尔打下了坚实的基础,最终被马克思完成了。

概念逻辑具有建构性,这是思维的"组装"特征;建构理论逻辑的概念框架,则是它的基本任务。形式逻辑的规则是如何"拆零"的规则,概念逻辑的建构则体现了如何"组装"的规则。只有实现"组装",才能使思维成为一个整体。而要思维成为一个整体,思维的各部分和各要素之间必须具有意义相干性。这是我们讨论概念逻辑建构规则的基本前提。

§23 "有"的概念的逻辑和"概念"的概念的逻辑

形式逻辑"是研究有效推理的规则的"[20],它所研究的思维形式是推理,至于概念,对它来说只是一个没有内涵的符号,因而没有它的地位。在概念逻辑中,概念不仅具有内涵和外延,而且还具有两重性,自身包含着矛盾,这就决定了概念逻辑所研究的思维形式,主要的是概念。

通常,我们都把概念、判断和推理看作是思维的基本形式。推理是命题(判断)之间的关系,这似乎无可非议。但是,概念与判断之间的关系如何?两者谁更为根本?常识认为,判断是概念的联结,没有概念,自然也就没有判断。可是,概念又是由判断来规定的,没有判断,又如何揭示概念的内涵?所以,思维的基本要素是概念还是判断,争论从未停息过。

如果从认识论来讨论这种关系,自然就不同于从逻辑学的视角。毛泽东在讲到感性认识向理性认识的飞跃时说:"社会实践的继续,使人们在实践中引起感觉和印象的东西反复了多次,于是在人们的脑子里生起了一个认识过程中的突变(即飞跃),产生了概念。概念这种东西已经不是事物的现象,不是事物的各个片面,不是它们的外部联系,而是抓着了事物的本质,事物的全体,事物的内部联系了。"接着又说:"循此继进,使用判断和推理的方法,就可产生出合乎论理的结论来。"[21]就是说,在认识的过程中,首先产生了概念,然后,形成了判断,在有了判断之后,就可以进行推理了。这里所分析的内容,属于认识论范畴,说明了概念和判断产生的先后关系,先有概念,然后才有判断。如果认识论和逻辑是统一的,那么,概念也可以看作逻辑上是在先的:没有概念,判断不可能成为概念的联结。其实,在形式上看来,判断是概念的联结,就其内容来看,判断属概念内涵的展开,概念是思想材料的组织形式。

康德在先验分析论中,根据形式逻辑对判断的分类,把判断分为量、质、关系和模态四类,提出了十二类范畴。康德所做的工作,是根据判断分类对概念的研究,似乎把判断看得比概念更根本。事实上并非如此,康德认为,没有先验概念就不能做判断。判断活动是应用概念把感性表象统一和组织起来,把它隶属于概念之下,由此而构成知识。例如,在一个先行的现象 A 之后,出现了一个后继现象 B。根据"因果关系"概念,就可以把这种现象隶属于它之下,因而得到这样的一个判断:"A 是产生 B 的原因"。

黑格尔曾对概念做过反思,把判断看作是概念的分化,明确肯定概念比判断更根本。而推理,则是把判断分化的内容重新组合起来,成为概念内涵各环节相互统一的整体。

黑格尔又把概念分为两种,一种是有(存在)的概念,一种是概念的概念。他说:"完整的概念须要一方面当作**有**的概念来观察,另一方面当作**概念**来观察;前者只是**自在的**概念,即实在或有的概念,后者才是概念本身,是自为之有的概念"。[22]例如,"商品"这一语词,作为"有"的概念,它的内涵和外延都是现实生活中的商品的反映。现实中的商品就是"有",是政治经济学中的"存在";但是,"商品"又是概念,是关于"有"的概念,它同"货币"、"资本"等概念一样,都是政治经济学中的基本概念,但不是"概念"的概念。

黑格尔根据自己的思维和存在同一原理,认为概念是对象的本质,而对象则是概念的产物。前一种概念实际上就是指对象,它们是客观的;后一种概念才是作为概念的概念,它们是主观的。因此,黑格尔进一步指出:"逻辑依此首先可以分成作为**有的概念**的逻辑和作为**概念的概念**的逻辑;或者我们用虽然习见而最不确定,歧义也就最多的名词来说,分为**客观的**和**主观的**逻辑。"[23]客观逻辑是概念(有)的逻辑,因为概念即对象,所以它就是对象的逻辑,即本体论、形而上学。因此,黑格尔说:"这样一来,不如说是客观逻辑代替了昔日**形而上学**的地位"。[24]主观逻辑则是概念的概念的逻辑,即作为逻辑学的逻辑,如同列宁所说的"大写字母"的逻辑。主观逻辑为客观逻辑提供逻辑建构的原理和规则。

关于"概念的概念"的逻辑,除了形式逻辑外,也包括了概念逻辑。同时,黑格尔的概念逻辑又是对旧形式逻辑的一种改造,把形式逻辑的有效规范保留下来,并同思辨逻辑相结合,输入了辩证法的思维内容。如果把黑格尔的思维和存在同一原理颠倒过来,给予唯物主义的改造,概念也就成为对象的反映了。这样,黑格尔关于概念逻辑的思想,就成为我们的宝贵的逻辑遗产。

如果把概念逻辑看作是主观逻辑,那么,它与形式逻辑相比较,才是逻辑学中真正有生机的东西,唯有它才能表述思维的辩证运动、发展和变化。但这也决不是说,形式逻辑是可有可无的东西。

§24 马克思主义中国化的逻辑基础

马克思主义中国化,是把马克思主义普遍原理与中国的具体实际相结合,实现普遍性和特殊性的统一。在这个过程中,思维的运动经历着两个不同的方向:一是从普遍到特殊的方向,把马克思主义普遍原理特殊化,引出适用于中国的结论;二是从特殊到普遍的方向,把中国的特殊实际提高到普遍原理的高度去认识,在解决特殊问题时,坚持马克思主义原理和社会主义方向。这两个方向不是并立的,或前后相继的,而是同一过程的两个方面,是同步实现的。

如前所述,马克思主义中国化不仅是求"是"的过程,同时也是求"应当"的过程。当我们说,"只有社会主义才能救中国,只有中国特色社会主义才能发展中国"时,这已经不是"是"的判断,而是"应当"的判断,即价值判断,因为它所表述的是社会主义对中国的价值。另外,就认识和思维过程而言,马克思主义中国化的过程已经引入了辩证法和认识论。这个过程的具体实现,单靠形式逻辑是不够的,必须运用辩证法、认识论和逻辑学"三者统一"的逻辑工具。这个逻辑工具,不仅需要"是"的逻辑,而且更需要"应当"的逻辑。所以,马克思主义中国化的逻辑基础,包括以下两个方面:

1. 主观逻辑,即"是"的逻辑。它是以纯概念为对象,研究概念推论规范的逻辑科学,它包括形式逻辑和概念逻辑。

(1) 形式逻辑。形式逻辑是逻辑学发展的形式化方向的理论成果。恩格斯充分肯定形式逻辑在理论思维中的重要作用,认为它是重要的辅助工具。所以,形式逻辑应该是马克思主义中国化的逻辑基础之一。例如,在回答什么是中国特色社会主义理论体系时,我们就说:中国特色社会主义理论体系,是马克思主义中国化的最新成果,包括邓小平理论、"三个代表"重要思想和科学发展观。这就是形式逻辑所揭示的中国特色社会主义理论体系的外延。当然,只是从外延关系来理解这个命题,又显得不足。因为这些理论形态在内涵上又都是一脉相承的,单从外延分析,不能充分地说明它们之间这种一脉相承的关系。此外,关于现代逻辑,由于它高度的符号化、形式化,自然不能直接地简单地应用于马克思主义中国化的研究。当然,它的逻辑分析方法,同样可以应用于马克思主义中国化的研究和表述,使我们的思想更加清晰明确,减少模糊性和不确定性。

(2)概念逻辑。它是"'概念'的概念"的概念逻辑,是逻辑学发展的概念化方向的理论成果。

"'概念'的概念"的概念逻辑是对"'有'的概念"的概念逻辑的进一步抽象而形成的主观逻辑,即是列宁所说的"大写字母"的逻辑,它的公式是一个三段式:

正题—反题—合题。

这就是概念逻辑的基本公式。它不同于形式逻辑,但又包括了形式逻辑。逻辑学在马克思主义中国化中的具体应用,必须把形式逻辑同概念推论结合起来。

2.客观逻辑。它是形式逻辑和概念逻辑的具体化。它不是以"'概念'的概念"为对象,而是以"'有'的概念"为对象的逻辑。理论逻辑、实践逻辑和历史逻辑是客观逻辑的三种形态。其中,实践逻辑和历史逻辑都是"应当"的逻辑。

(1)理论逻辑。它是客观逻辑的主要形态,即以"有"的概念的自我运动反映事物客观规律的逻辑。《资本论》的逻辑,科学社会主义的逻辑,马克思主义中国化的逻辑等,都属于理论逻辑。把具有知识内容的不同的概念常量取代概念逻辑公式"正题—反题—合题"三段式中的逻辑变项,我们就可以得到各种不同的理论逻辑。

根据概念逻辑的要求,马克思主义中国化必须具备两个前提,才能得到个体性、特殊性和普遍性相统一的结论。

第一个前提:中国具体实际的命题,即中国问题命题。

第二个前提:马克思主义基本原理。

推论的结论:中国化的马克思主义,即中国马克思主义。

这个概念推理的公式是:

中国问题命题—马克思主义基本原理—中国马克思主义。

这个公式是概念逻辑的具体化,可以称为马克思主义中国化逻辑的基本公式,如同《资本论》的逻辑,是"大写字母"的逻辑的具体运用,属于各个科学都蕴涵的客观逻辑。

理论逻辑包括两个方面,一是理论的探索(研究)逻辑,二是理论的叙述逻辑。研究的结果转化为叙述过程,为每门科学提供理论体系和各种原理的概念框架。

(2) 实践逻辑。将形式逻辑和概念逻辑应用于实践活动,实现理论与实践的统一,创造指导实践新理论的行为逻辑。实践逻辑是以概念逻辑和形式逻辑为工具,研究实践的目的、手段与结果的逻辑结构和推论规则的科学。实践逻辑对马克思主义中国化过程中的实践创新和理论创新,起着直接指导作用,是马克思主义中国化的主要的逻辑基础。"目的—手段—结果"是实践逻辑的基本公式。在实践活动过程中,实践主体让手段和对象发生相互作用,自己退居于幕后。这就是黑格尔所说的"理性的机巧"。根据这些实践要素的关系,黑格尔提出了"行动的推论"。他说:"善之理念是由自身造成这种过渡的。在行动的推论中,一个前提是**善的目的对现实的直接关系**,目的占取这个现实,并在第二个前提中把〔它〕作为**手段**来反对外在的现实。"[25] 从这两个前提中产生了一个结果,即善的目的的实现。

(3) 历史逻辑。将形式逻辑和概念逻辑应用于历史过程的研究所得到的逻辑。它是以历史时间的历时性和共时性的统一为基础的概念推论,是叙述史和实践史中基本概念之间的推论关系和推论规则的理论。任何历史的叙述,都以一定的历史观为基础,并从现在的观点看过去和未来,融入了价值判断,从而使历史逻辑成为"应当"的逻辑。过去、现在和未来是历史逻辑的基本范畴,"过去—现在—未来"概念推论三段式是历史逻辑的基本公式。历史逻辑是历史规律的反映,它以概念推论的形式表述和预见历史的必然性。正确地认识过去,全面地把握现在,成功地创造未来,这是历史逻辑的最重要的意义。

参考文献

[1] 爱因斯坦.西方科学的基础和中国古代的发明:1953年给J.E.斯威策的信[M]//爱因斯坦.爱因斯坦文集:第1卷.北京:商务印书馆,1977:574.

[2] 平卡德.黑格尔《逻辑学》的逻辑[M]//中国社会科学院哲学研究所西方哲学史研究室.国外黑格尔哲学新论.王玖兴,汝信,王树人,统校.北京:中国社会科学出版社,1982:159.

[3] 张宇清.逻辑哲学九章[M].南京:江苏人民出版社,2004:151.

[4] 哈克.逻辑哲学[M].罗毅,译.北京:商务印书馆,2003:249.

[5] 哈克.逻辑哲学[M].罗毅,译.北京:商务印书馆,2003:28.

[6] 周礼全.逻辑:正确思维和成功交际的理论[M].北京:人民出版社,1994:173.

[7] 皮亚杰,加西亚.走向一种意义的逻辑[M].李其维,译.上海:华东师范大学出版社,2005:3.

[8] 弗内歇.皮亚杰发生认识论精华译丛·总序[M]//皮亚杰,加西亚.走向一种意义的逻辑.李其维,译.上海:华东师范大学出版社,2005:3.

[9] 格里兹.中译本序言[M]//皮亚杰,加西亚.走向一种意义的逻辑.李其维,译.上海:华东师范大学出版社,2005:11.

[10] 布迪厄.实践感[M].蒋梓骅,译.南京:译林出版社,2003:5.

[11] 布迪厄.实践感[M].蒋梓骅,译.南京:译林出版社,2003:5-6.

[12] 布迪厄.实践感[M].蒋梓骅,译.南京:译林出版社,2003:6.

[13] 列宁.谈谈辩证法问题[M]//列宁.列宁全集:第55卷.2版.北京:人民出版社,1990:307.

[14] 黑格尔.哲学史讲演录:第4卷[M].贺麟,王太庆,译.北京:商务印书馆,1978:279-280.

[15] 恩格斯.自然辩证法.[M]//马克思,恩格斯.马克思恩格斯文集:9.北京:人民出版社,2009:438.

[16] 普里戈金.从存在到演化:自然科学中的时间及复杂性[M].曾庆宏,严士健,马本堃,等,译.上海:上海科学技术出版社,1986:21-22.

[17] 普里戈金,斯唐热.从混沌到有序:人与自然的新对话[M].曾庆宏,沈小峰,译.上海:上海译文出版社,1987:28.

[18] 托夫勒.前言:科学和变化[M]//普里戈金,斯唐热.从混沌到有序:人与自然的新对话.曾庆宏,沈小峰,译.上海:上海译文出版社,1987:5.

[19] 恩格斯.反杜林论.编者注①[M]//马克思,恩格斯.马克思恩格斯文集:9.北京:人民出版社,2009:26.

[20] 威廉·涅尔,玛莎·涅尔.逻辑学的发展[M].张家龙,洪汉鼎,译.北京:商务印书馆,1985:1.

[21] 毛泽东.实践论[M]//毛泽东.毛泽东选集:第1卷.2版.北京:人民出版社,1991:285.

[22] 黑格尔.逻辑学:上卷[M].杨一之,译.北京:商务印书馆,1966:45.

[23] 黑格尔.逻辑学:上卷[M].杨一之,译.北京:商务印书馆,1966:45.

[24] 黑格尔.逻辑学:上卷[M].杨一之,译.北京:商务印书馆,1966:47.

[25] 黑格尔.逻辑学:下卷[M].杨一之,译.北京:商务印书馆,1976:526.

马克思主义中国化的逻辑基础

卷 1

概 念 逻 辑

理性一旦把自己设定为正题，这个正题、这个与自己相对立的思想就会分为两个互相矛盾的思想，即肯定和否定，"是"和"否"。这两个包含在反题中的对抗因素的斗争，形成辩证运动。"是"转化为"否"，"否"转化为"是"。"是"同时成为"是"和"否"，"否"同时成为"否"和"是"，对立面互相均衡，互相中和，互相抵消。这两个彼此矛盾的思想的融合，就形成一个新的思想，即它们的合题。这个新的思想又分为两个彼此矛盾的思想，而这两个思想又融合成新的合题。从这种生育过程中产生出思想群。同简单的范畴一样，思想群也遵循这个辩证运动，它也有一个矛盾的群作为反题。从这两个思想群中产生出新的思想群，即它们的合题。

——马克思

　　这个划时代的历史观是新的唯物主义世界观的直接的理论前提，单单由于这种历史观，也就为逻辑方法提供了一个出发点。如果这个被遗忘了的辩证法从"纯粹思维"的观点出发就已经得出这样的结果，而且，如果它轻而易举地就结束了过去的全部逻辑学和形而上学，那么，在它里面除了诡辩和烦琐言辞之外一定还有别的东西。但是，对这个方法的批判不是一件小事，全部官方哲学过去害怕而且现在还害怕干这件事。

　　马克思过去和现在都是唯一能够担当起这样一件工作的人，这就是从黑格尔逻辑学中把包含着黑格尔在这方面的真正发现的内核剥出来，使辩证方法摆脱它的唯心主义的外壳并把辩证方法在使它成为唯一正确的思想发展形式的简单形态上建立起来。马克思对于政治经济学的批判就是以这个方法做基础的，这个方法的制定，在我们看来是一个其意义不亚于唯物主义基本观点的成果。

——恩格斯

第1篇

概念逻辑的形成

概念逻辑是逻辑的逻辑,或"大写字母"的逻辑,它的对象是"概念"的概念。概念逻辑产生的前提,是概念的形成。有了概念,就可以进一步研究概念之间的关系,从一个概念推演出另一个概念,最终形成概念结构和概念推论。所以,概念逻辑的形成史,首先是概念和概念关系的产生和发展的历史。这个历史是从古希腊开始的。

最初产生的概念,并非是逻辑学中的概念,或"概念"的概念,而是反映现实对象的概念,即"有"的概念。在"有"的概念的产生和发展的基础上,对这些具体对象的概念进一步做出抽象,才形成"概念"的概念。形式逻辑的产生,是以这种"概念"的概念的形成为前提的。而概念逻辑的产生,还需要辩证法的基础,因而在当时不可能产生概念逻辑。但在古代希腊也已经出现朴素辩证法,因而有了概念逻辑思想的萌芽,这就是西方概念逻辑思想的发微。

概念逻辑的基本公式是"正题—反题—合题"的"三一体"公式。虽然这个公式在古希腊新柏拉图学派那里已经提出,但缺乏理论的阐述。经过思维科学的长期发展,直到黑格尔的时代,概念逻辑才成熟起来,黑格尔给予了系统的阐述。在长达两千年的时间里,思维科学的发展有极其丰富的内容,不可能在这里做详尽的回顾。对古希腊概念史的叙述，这里也只是讲到了苏格拉底就结束了。后来的发展，只选择了奥古斯丁、斯宾诺莎和康德。为什么选择这三个人？一方面，这三个思想家有丰富的概念逻辑思想，另一方面，也出于我个人的偏好。至于黑格尔，我把他放在概念逻辑的生成这篇中叙述。

第 1 章
西方概念逻辑思想的发微

恩格斯指出:"在希腊哲学的多种多样的形式中,几乎可以发现以后的所有看法的胚胎、萌芽。因此,理论自然科学想要追溯它的今天的各种一般原理的形成史和发展史,也不得不回到希腊人那里去。"[1]这对于概念逻辑的历史来说,同样是如此。不仅作为"概念"的概念,产生于古代希腊思想中,而且关于概念之间的逻辑关系,在古代希腊思想中,也可以找到各种作为胚胎、萌芽形态的观点。

在认识中被人们看作是"最初的推理"的,其实并非是"逻辑的推理",而是"事物的推理"。因为,知道什么是推理的科学是形式逻辑,形式推理是揭示命题之间的关系的。最初,人们还没有概念和命题,看到的只是事物的外部联系,尚未关涉命题的关系。古代希腊的逻辑学是从几何学中发展出来的,但几何学并非就是逻辑学。莱利·贝尔在法国哲学家莱昂·罗斑著的《希腊思想和科学精神的起源》一书的序中说:"希腊人本质上是'几何学家'……所谓'几何学家'则变成了精于推理的人。这种推理是由内在的必然性,而不是由单纯的推证所构成。"[2]莱利·贝尔所说的"内在的必然性",实际上是指"事物的推理"。在有了逻辑学之后,推理同样具有必然性,但这已经不再是事物的内在必然性,而是命题之间关系的形式必然性了。

逻辑学产生的基础,不仅需要科学概念,即"有"的概念,而且需要"概念"的概念。用"有"的概念来说明,是客观逻辑,用"概念"的概念来说明,则是主观逻辑。自然,这里所说的逻辑,不仅是指形式逻辑,同时也是指概念逻辑。无论哪种逻辑,它们产生的前提都是对理性的独立研究。在这个研究的过程中,首先是概念的产生,只有概念之间关系的揭示,才能认识命题及其相互关系。在这个基础上,才能够产生概念体系,建立思想和理论的概念框架。其中的前期工作,都是在古代希腊进行的,为概念逻辑的产生准备了思想基础,古代希腊也就成为概念逻辑的发微之乡。

§25 "始基"概念的出场

在古代希腊文明史的最初年代,人们在对万物本原的寻求中,思想长期处于有形与无形、感性与理性、"多"与"一"、存在与非存在、动与静等等的多重矛盾中。正确把握这些关系,不仅需要明确的概念,而且还必须揭示概念之间的关系。但是,在这些思想矛盾和冲突中,人们的思维始终难以摆脱感性、有形、多和动的纠缠。这也许是历史发展不可逾越的阶段,因为概念正是在这种矛盾和冲突中萌芽、发生和发展起来的,并深入到概念关系的探讨中,由此种下了概念逻辑的胚芽。显然,概念逻辑的产生,需要一个长期探索的过程的,经历着艰难的岁月,只有经历几代人和十几代人,以至几十代人的努力,才能臻于完善。

从米利都学派开始,古代的自然科学家转向自然哲学研究,关注自然和宇宙的本原,其研究的目标是寻求世界万物的"始基"。但是,这个"始基"的概念内涵是什么?这在当时还没有能力给予定义。具体的对象是什么?这也众说纷纭。当人们刚刚迈步把"有形物"概念提升为"无形物"概念时,就立刻遇到了"有形物"概念的束缚和干扰,步履维艰。

恩格斯曾指出:古代人的自然观"在自己的起始时期就十分自然地把自然现象的无限多样性的统一看做不言而喻的,并且在某种具有固定形体的东西中,在某种特殊的东西中去寻找这个统一"[3]。把某种有形物看作自然现象的无限多样性的统一,这在当时是一种普遍的现象。泰勒斯把"水"[4],阿那克西米尼把"气"[5],赫拉克利特把"火"[6],到了恩培多克勒,把"以太"(空气)、火、水、土,所谓"四根"[7],等等,作为万物的始基,都表现了从有形物中寻求"始基"的努力。可是,上述这些"始基",却又直接地仍然都是有形物。

由于寻找某种有形物来充当"始基",对世界本原的认识,始终不能形成共识,不能从世界的多样性中认识它们的同一性。究其原因,是因为古代思想家被"有形物"的思想内容所束缚而长期不能脱离。这里涉及的基本问题,是"多"与"一"、感性与理性的关系。只有把感性提升为理性,才能在认识上实现从具体的"多"向抽象的"一"的过渡。但是,由于抽象思维的不足,不仅无力完全摆脱有形与感性,而且还被"多"所纠缠。恩格斯在评论这些思想家在某种具有固定形体的东西中去寻找多样性的这个统一时,举了一个例子说:"比如泰勒斯就在水里去寻找。"[8]至于毕达哥拉斯派的"数",也没有完全进入脱离有形物的抽象,认为"数目的元素就是万物的元素"[9],所以数仍然还带有有形物特征。

这种状况同当时的抽象思维能力的低下是密切相关的。关于世界本原的思想,是一种普遍有效的思想,这种思想首先在古代神话中出现。泰勒斯以"水"的概念表达他所追求的宇宙万物的本原,认为世界上的万物都是从水产生的,这同神话有着密切的联系。在古代神话中,奥启安诺斯和德修斯就是海神,而海神是一切创生的父母。所谓海,就是水。如果海神是一切创生的父母,那么这个父母不就是水吗?马克思说:"哲学最初在意识的宗教形式中形成,从而一方面它消灭宗教本身,另一方面从它的积极内容说来,它自己还只在这个理想化的、化为思想的宗教领域内活动。"[10]就是说,古代的本原思想的产生,是与宗教神话分不开的,或者说,是从宗教神话中分化出来的,而宗教神话则是一种形象思维的形式,它也影响了古代的思想家。

但是,宗教神话古已有之,单凭神话是找不到本原是什么的。把神话转变为本原思想,关键是对事物的考察和体验。为什么泰勒斯把水看作世界的本原,他通过观察,认识到世界上的各种现象都同水有着密切的关系,从而推测没有水就没有世界上的事物。亚里士多德在《形而上学》中记载:"泰勒斯说'水为万物之原'(为此故,他宣称大地是安置在水上的),大概他从这些事实得其命意:如一切种子皆滋生于润湿,一切事物皆营养于润湿,而水实为润湿之源。他也可以从这样的事实得其命意:如由湿生热,更由湿来保持热度的现象(凡所从来的事由就是万物的原理)。"[11]

再进一步说,要寻求万物的本原,还必须说明万物产生和消灭的原因。万物运动的原因是什么?这就是万物的"灵魂"。这个灵魂的概念也是从经验和观察中获得的。泰勒斯说过:"磁石有灵魂,因为它吸动铁"。[12]由此可见,水是活动着的,它不仅产生了万物,而且还造成了万物运动的原因,也就成为了万物的灵魂。

把气作为世界本原,也是因为气在冷、热不同的条件下,发生稀薄和浓缩的变化。"这气通过浓缩和稀释形成各种实体:它很稀的时候,就形成火;浓的时候,就形成风,然后形成云,再浓,就形成水、土和石头;别的东西都是由这些东西产生的。"[13] 因为气具有这种特性,才使它成为世界本原。关于气的这种特性的认识,也都是从观察中得到的经验知识。阿那克西曼德还进一步设想在"无形者"中,包含着对立物,他也主要是指热和冷、湿和干等的对立。这些对立物从"无形者"中分离出来,就成为运动的原因和动力。在事物的多种多样的关系中,概括出一般的对立关系,并进一步使这些关系概念化,都依赖于抽象思维的能力。

这个时期的理论思维,刚刚开始,思维能力还是比较低下的。例如,对运动、生命和灵魂等邻近的概念,还不能加以明确的区分。对于一些概念的内涵,也往往依赖于感性形象而加以想象。例如,把水想象为灵魂,具有活力,从而把它看作是运动的原因。所以,在这个时候,概念思维之芽刚刚破土而出,不可能在概念的内涵和外延上,把各种概念区分清楚,概念间的界线还是很模糊的。

关于世界本原探索的思维历程表明,在本原的概念中,不仅包含质料方面,回答世界上的万物是由什么构成的问题;同时,也包含运动的原因,回答事物是怎么运动起来的问题。所以,本原问题在说明万物是由什么构成的外,还要说明这些万物是怎样运动的,这必然地涉及概念之间的关系。为什么当时的哲人们把水或火等看作是世界的本原,不仅因为它们都是质料,而且更重要的还因为它们都属于不定形的质料,流动不居,被视为包含有运动的原因。虽然他们没有因此突出概念的变动性,但已经蕴涵着这种变动趋势。

把水或气等作为世界的本原,存在着抽象不足的缺陷。阿那克西曼德在泰勒斯学说的基础上,提出了"无形者"是世界的本原。辛普里丘说"他是第一个把基质称为始基的人",按照阿那克西曼德的看法,"对立物蕴藏在基质之内,基质是一个无限体,从这个无限体中分离出对立物"[14]。这种认识向抽象化前进了一步,改变了作为世界本原的"有形物"(水、气)概念。水本身是有特质的有形物,把它作为其他同样有特质的有形物的本原,理由并非是充分的。一般说来,既然是作为有形物的本原,它本身不应该是有形物,而应该是一种无形者,这可能在理由上更充分些。也许就是这个原因,阿那克西曼德就把"无形者"作为世界的本原,抽去了有形物(水)的特质,从而纠正了泰勒斯抽象不足的缺陷。可是,这个"无形者"没有被人们所接受,又被阿那克西米尼的"气"所否定。

本原思想的一个逻辑前提,就是作为无形物的本原是否的确存在。如果本原根本就不存在,那么,谁也不能找到本原。这里的困难首先在于,有形物的存在,可以在经验中被感知,无形物的存在如果同样在经验中被感受,那么,它就不再是无形物,而是有形物了。用今天的话来说,本原和无形物都不能在经验上被感知,而只能用思维来把握。在当时,还缺乏把握本原的思维抽象能力,因而不能摆脱有形物的束缚。这也许显示:在达到关于宇宙本质问题的共识之前,必须首先解决这种普遍有效的本质是否存在的问题。文德尔班把古希腊哲学分为三个时期:宇宙论时期、人类学时期和体系化时期,他认为:"关于**是否存在任何普遍有效的东西**的这个问题就成为希腊哲学或者希腊启蒙运动的人类学时期的问题。"[15] 而要真正地解决这个问题,必须把感性提高到理性,依靠思维来把握万物本原。

§26 存在与非存在的争论

赫拉克利特首先提出了存在与非存在的概念关系问题,他说:"我们不能两次踏进同一条河","我们踏进又踏不进同一条河,我们存在又不存在"。[16] 他的意思是说,同一个事物,它是存在的,又是不存在的。这里的"不存在",赫拉克利特是从变化、转化的意义上说的。他说:"我们身上的生和死、醒和梦、少和老始终是同一的。前者转化,就成为后者;后者转化,就成为前者。"[17] 因为前者与后者是同一的,存在转化为非存在,非存在转化为存在,所以存在又不存在。

爱利亚学派接过了存在与非存在的概念,并把存在作为世界万物的本原。自然,巴门尼德反对赫拉克利特关于"存在又不存在"的论断。巴门尼德在存在与非存在关系问题上的思想,首先表现为真理与意见的对立。真理是不变的、完满的,它的获得,依靠逻辑的方法;意见是变化万端的现象,它出习惯及感官的混淆经验所支配。运用思维和经验,这是认识的两条道路,也是认识中两种方法之间的对立。作为感性的存在,它是现象;作为存在的现象,它是"多",这是意见,是不可靠的。而现象的本原,必须是用理性去把握,这是真理,是可靠的。巴门尼德说:有两条研究途径是可以想象的,"第一条是:**存在者**存在,它不可能不存在。这是确信的途径,因为它遵循真理。另一条是:存在者不存在,这个不存在必然存在。走这条路,我告诉你,是什么都学不到的。因为不存在者你是既不能认识(这当然办不到),也不能说出的。"[18] 就是说,存在与非存在的区别在于是否可以被认识:存在是可以认识的,因而是存在的,这是真理;非存在是不可认识的,因而是不存在的,对它的认识不过是意见。就是说,存在是绝对的、永恒不变的,因而是可以认识的;非存在是不断变化着的,因而是不可认识的,对它的认识不过是意见。

黑格尔从自己的立场理解巴门尼德,认为他的哲学已经进入了思维领域。他说:"真正的哲学思想从巴门尼德起始了,在这里面可以看见哲学被提高到思想的领域。"黑格尔特别赞赏巴门尼德,他宣称,"只有必然性,只有'有'才是真的东西"。[19] 在逻辑学中,黑格尔把"有"作为第一个概念推论的三段式的起点,这个三段式就是"有—无—变"。其实,黑格尔在这个公式中,也没有排除而且也包含了赫拉克利特关于变化的思想。

黑格尔构造这个三段式所利用的哲学史上的资料,就是赫拉克利特和巴门尼德关于存在与非存在的讨论。公式中的"有"就是指存在,公式中的"无"就是指非存在。有与无的统一,存在与非存在的统一,就是变易。黑格尔说:"这里的真理既不是有,也不是无,而是已走进了——不是走向——无中之有和已走进了——不是走向——有中之无。但是这里的真理,同样也不是两者的无区别,而是两者并**不同一**,两者**绝对有区别**,但又同样绝对**不会分离**,**不可分离**,并且**每一方都直接消失于它的对方之中**。"[20] 在这里,清楚地显示出概念逻辑的发源。

黑格尔对巴门尼德做了肯定的评价,他说:"埃利亚派最早有了**纯有**这种简单的思想,尤其是巴门尼德把纯有当作绝对物,当作唯一的**真理**"。[21] 列宁也说巴门尼德"达到了**存在**这个抽象概念"[22]。实际上,黑格尔对赫拉克利特思想的评价更高,认为:"深奥的赫拉克利特举出**变**这个全面性更高的概念,来反对那种简单片面的抽象,并且说:**有比无并不更多一点**,或是又说:一切皆**流**,也就是说,一切皆**变**。"[23]

当然,也不能说赫拉克利特和巴门尼德的争论,已经达到了黑格尔所评价的水平。无论赫拉克利特,还是巴门尼德,他们实际所达到的思想,远远没有达到黑格尔所分析的理论境界。他们对存在与非存在的理解,也没有真正达到抽象概念的高度。但是,从黑格尔和列宁的评价可以理解,关于存在和非存在的争论,对抽象思维发展的意义,对概念和概念关系认识的推动,是不可低估的。严格地说,赫拉克利特和巴门尼德的争论是概念逻辑的真正的发源地。

德谟克利特等原子论者认为:"一切事物的本原是原子和虚空,别的说法都只是意见。"[24]他们把原子看作是存在,把虚空看作是非存在。由于原子与空虚都是客观存在着的,由此得出结论说:非存在并不是不存在,它也是一种存在。虽然原子论者既承认存在,又承认非存在,但是,这种承认又回到有形物的立场上来了。据此,人们肯定原子论者的唯物主义立场,这自然是无可厚非的;原子论者对超越有形物、促进思辨思维的发展,也作出了贡献。不过,对他们做过高的评价,也并非客观。

关于存在与非存在的争论,究其实质,是关于世界的存在是否变化的争论。因此,恩格斯也从存在的辩证法来评价赫拉克利特的哲学。他说:"当我们通过思维来考察自然界或人类历史或我们自己的精神活动的时候,首先呈现在我们眼前的,是一幅由种种联系和相互作用无穷无尽地交织起来的画面,其中没有任何东西是不动的和不变的,而是一切都在运动、变化、生成和消逝。这种原始的、素朴的、但实质上正确的世界观是古希腊哲学的世界观,而且是由赫拉克利特最先明白地表述出来的:一切都存在而又不存在,因为一切都在**流动**,都在不断地变化,不断地生成和消逝。但是,这种观点虽然正确地把握了现象的总画面的一般性质,却不足以说明构成这幅总画面的各个细节;而我们要是不知道这些细节,就看不清总画面。"[25]因此,哲学史研究者把赫拉克利特看作古代辩证法的创始人,是完全可以理解的。

黑格尔继承了赫拉克利特的辩证法思想,并把存在的辩证法转化为概念的辩证法。黑格尔哲学体系的出发点是概念,体系的建构是依靠概念自身包含的矛盾运动来完成的。黑格尔说:"[像在茫茫大海里航行],这里我们看见了陆地;没有一个赫拉克利特的命题,我没有纳入我的逻辑学中。"[26]由于黑格尔把辩证法看作是概念的辩证法,因而他着眼于概念自身中的矛盾。这里的概念,既包括"有"的概念,同时也包括"概念"的概念。这些概念的运动,就构成了概念逻辑。显然,这是黑格尔对赫拉克利特辩证法思想的进一步发展。

如果把认识分为感性与理性、意见与真理,相应地,这两种认识的对象,就是现象与本质。本质是"存在",是真实的世界;现象是"非存在",是虚构的世界。可是,由于现象是感性地存在着的,所以"非存在"不是不存在,它也是存在的。在这里,"存在"具有两种不同的含义,一种是作为存在物的存在,是指对象,在黑格尔那里就是"有"的概念;另一种是作为动词的存在,这是相对于"变化"而言的。本质是不动的,是"存在";现象则是变化着的,是"非存在"。由此得出结论说:存在是存在的,变化是不存在的。这种分析,把两种存在的不同含义混淆了,说明了当时的思想混乱。既然把变化着的现象视为非存在,而现象是存在着的,那么,非存在也就同样是存在着的了。这些概念混乱,说明了人们对存在辩证法认识的真正缺乏。

§27 理性超越经验的努力

存在与非存在、真理与意见的关系,反映了理性与经验的关系。尽管这个时期的思想家所谈论的理性,并非是纯粹的理性,仍然保留着感性的特征,但不能否定这是历史的进步。就是说,在人类理性发展的这个历史阶段上,古代思想家们力图把感性提高到理性而又没有能力完全超越感性的内容。这就是人类理性思维发展中的感性与理性的矛盾,反映了整个人类认识从感性向理性提升的趋势和过程。反映了这个时代的理论特征。

这个特征的主要表现,是本原探索中的存在与非存在自相矛盾。作为形而上学的思想,"存在"概念应该是一种抽象的"存在",即作为"存在"的存在,而不是作为"存在物"的存在,因而是对经验的超越。但是,在古代思想家那里,甚至巴门尼德也不例外,"存在"概念除了具有抽象性质的一面外,它仍然具有具体性的一面,不能完全摆脱具体的"存在物"的存在,而具有"存在物"的物体性。例如,在巴门尼德看来,存在是有限的,"不能是无限的"。[27] 原子论者把原子与虚空都看作是存在,不过是两种不同的存在而已。"德谟克里特假定了充满和虚空,他说,一个是作为存在者而存在,一个是作为不存在者而存在。他又说到存在者的区别在位置、形状和次序上。"[28] 按照一般的观点,按照理性,存在是"一";按照感觉,存在是"多"。在抽象的、理性的意义上,存在物是"一",它是存在;在具体的、感性的意义上,存在物是"多",又不是"一",因而不少人称它为非存在。但是,非存在是不是另一种存在?在这个问题上,就发生了分歧。有人认为非存在也是一种存在,存在物既存在又不存在。有人则反对这种说法,认为非存在不是存在,因而反对"存在物既存在又不存在"的命题,否则就陷入自相矛盾。

其实,这种争论并非在同一个论域。"存在物既存在又不存在"的主张处于感性、现象领域,说的是存在物自身所包含的矛盾。否定"存在物既存在又不存在"主张的,则处于理性、本原领域,对存在做理性表述的时候,在思维中不能出现自相矛盾。这两种说法都是对的,但后一种说法的意义更大。前一种说法仍然停留在感性、经验领域,理性仍然被经验所纠缠;后一种说法已经超越了感性、经验,进入了理性领域。前一领域中的矛盾是存在物的客观矛盾,应该给予肯定;后一领域中的矛盾是思维中的逻辑矛盾,应该给予否定。但是,实际的情况却是在否定思维中的逻辑矛盾的时候,把存在物的客观矛盾也给否定了。

爱利亚学派的理论自身同样包含着这样的矛盾。从米利都学派和赫拉克利特关于"始基"的概念来看,水、气、火等都是具体的物质形态,从这些物质的具体形态中寻找"始基",在思维中必然要陷入既存在又不存在的矛盾。爱利亚学派看到了这一点,因而力图排除这个矛盾。他们把这个矛盾理解为"一"与"多"的矛盾,以坚持"一"排除"多"来消除这个矛盾。但是,由于抽象力的不足,把存在看作"存在物"的存在,这也就不能完全地消除"多",因而不能完全消除"存在"转变为"非存在"的可能性。这也同样表明,爱利亚学派在理性中仍然被经验纠缠着,而不能完全摆脱。为了消解这个矛盾,叶秀山把巴门尼德的"存在"理解为本质。他说:"巴门尼德要找出一条可靠的真理之路,提出了一个永恒不变的与非存在对立的'存在',这个'存在'永远不会变为'非存在',是'一'又是'全'。在这个意义上,我们只能把巴门尼德的'存在'理解为'本质'。"[29] 根据亚里士多德的记述,如果把存在理解为本质,那么,它所描述的不是现象,而是与现象相分离的本质,即"一"。亚里士多德指出:"惟巴门尼德在好多方面颇有精义。他宣称'**是**以外便无非**是**',存在之为**存在者**必一,这就不会有**不存在者**存在(这些我们已在'物学'中说得较为详明);但在见到我们官感世界非一的现象与他'自然之定义必一'的主张有所扞格时,他又提出了两因两理,名之曰热与冷,即火与地;于此两者,他把热归属于'是'冷归属于'非是'。"[30]这表明,亚里士多德对巴门尼德的"是"与"非是"的理解,并不是说存在物是怎样的,而是把存在物描述成为怎样的。这就是在理性领域中的思维逻辑,它已经超越了感性和经验。

以理性超越经验,这是一个伟大的飞跃。这个飞跃,是逻辑存在的前提;没有这个飞跃,就不会有逻辑的产生和发展。

芝诺的辩证法,是通过设定前提,进行推理,得到相互矛盾的结论,从而否定前提的正确性的辩论方法。这种论证方法,在他以前也被人们使用过,而芝诺的贡献,则是给这种方法以一种技术性的形式。柏拉图在"智者篇"以及"斐德罗篇"中称他为"爱利亚的巴拉美德"。亚里士多德说他是"辩证法的创立者"。[31]这里所说的辩证法,并非是存在的辩证法,而是指论辩术。他强调的是对立,而不是矛盾。芝诺的论战,以悖论的形式出现,主要是反驳赫拉克利特的"多"与"变化"的观点。他的基本推论是从"多"出发,从而得出反对"多"的结论,证明存在即是"一"的正确性。芝诺反对本原问题上的多元论,主张本原的一元论。他认为本原只能是一个,而不能有多个。芝诺论辩中的第一个前提是,"一"是没有部分的,不可分的,"多"是有部分的,无限可分的;第二个前提是,存在必占有空间,具有一定的大小,如果不占有空间,它是不存在的;第三个前提是,如果对"多"做无限分割,就会得到大的大到无限,小的小到零。由此得到的结论是:如果"多"存在的话,那么,"多"既是大,又是小。这是自相矛盾的,所以,"一"是存在的,"多"是不存在的。芝诺所要否定的是"既是,又不是"这样的自相矛盾的公式。就具体内容来说,他所要否定的是:既是多,又是一;既是大,又是小;既可分,又不可分;既有限,又无限;等等。[32]

在这里,我们所关注的不是芝诺在论证中存在哪些缺陷,或存在哪些逻辑矛盾。芝诺的论证,以形式推理的方法,揭示了一与多、大与小、可分与不可分、有限与无限之间的对立,并把这些对立在思维形式上表述为逻辑矛盾。这种论证,在形式逻辑看来,不能说是错的,而且也是有说服力的。

在爱利亚学派之前各派的思想中,主要关注的是现象与本质的矛盾。现象是"多",本质是"一",因而这个矛盾又表现为"多"与"一"的矛盾。由于现象是由本原产生的,所以,"一"产生"多",表明两者又是统一的。而且,他们把对立面移到了本原的内部,"一"之所以能承受"多",正是本原("一")中的对立面(如冷与热)的矛盾运动,由此产生了万物。

爱利亚学派则不同,一方面,认为现象与本原、"多"与"一"是对立的,没有统一,因而他们只能以"一"否定"多",才能在理论中排除矛盾;另一方面,他们又主张本原是绝对的统一,不包含矛盾。芝诺在论证中表明,如果承认"多",就会走向反面,得到否定"多"的结果;如果以"一"否定"多","一"与"多"的矛盾就不复存在了。就是说,以"一"否定"多",得到的不是"一"与"多"的统一,而是不包含"多"的"一"。这样,芝诺就把本原与现象、"一"与"多"的矛盾,移到了"一"的内部,并进一步否定了这个矛盾,认为"一"是排除"多"的。

§28 "存在与思维同一性"的提出

在思维中,把物质与精神、物质现象与精神现象区别开来,这是哲学基本问题产生的前提。精神和精神现象,最初被称为"灵魂"。恩格斯曾摘录了第欧根尼·拉尔修的话说:"早在泰勒斯那里,灵魂就被看做某种特殊的东西,某种和肉体不同的东西(比如他认为磁石也有灵魂);在阿那克西米尼那里,灵魂是空气(正像在《创世纪》中一样);在毕达哥拉斯派那里,灵魂已经是不死的和可移动的,肉体对它说来是纯粹偶然的。在毕达哥拉斯派那里,灵魂又是'以太的碎片'……"[33]根据这种记录,精神与物质的分化,早在米利都学派那里就已经开始了。

作为与物质相对立的精神范畴之被提出,往往是认识了一些日常生活中比较容易了解的、具体的精神现象。例如心灵、爱、恨等。阿那克萨哥拉提出的"心"(即"努斯"),它"是无限的、自主的,不与任何事物混合,是单独的、独立的"。[34]恩培多克勒提出的"爱"和"憎"这两种力量是会万古常存的。[35]这些都是把精神作为对象来认识的具体尝试。而且,提出这些范畴的用意,往往在于说明事物的运动,因而起到了动力因的作用。这就提供了一种可能性,用精神现象来说明事物运动的原因,为唯心主义的产生和发展,做了思想和理论的准备,以致后来出现了苏格拉底和柏拉图这样的唯心主义哲学家。但是,唯心主义的产生和发展,超越感性而进入对理性的研究,把精神作为独立的实体,促进了理性思维的发展,展示了精神的主观能动性。这无论在理论方面,还是在实践方面,都具有重大的意义。它的缺陷,只是"把**能动的**方面抽象地发展了"。[36]

毕达哥拉斯派提出了"数"的概念,认为,数比其他元素更能说明万物的共同本质,因而数是万物的始基。有研究者认为数是精神的,也有研究者认为数是感性的事物要素,因而用数可以来说明"精神",就像用数可以说明别的事物一样。黑格尔把毕达哥拉斯的"数"理解为精神,认为"它把一般观念认为存在或真实的一切,都一下打倒了,把感性的实体取消了,把它造成了思想的实体"。[37]当然,这是黑格尔根据自己的理解所做的发挥,当时的哲学家们还没有达到这种彻底的思想,对物质与精神也并没有做出完全明确的区分,即便是"灵魂",也仍然还具有物质性。所以,无论是米利都学派,还是毕达哥拉斯,都还没有意识到物体与非物体之间的明确界限,毕达哥拉斯也没有明确说明"数"是非物体的。亚里士多德把数看作存在物的质料因,他认为,"这些哲学家显然是把数目看作本原,把它既看作存在物的质料因,又拿来描写存在物的性质和状态"[38]。虽然毕达哥拉斯的"数"是包含着能够感觉到的物体本身,是自为存在物的本原,也带有精神性,这就引出了人们对数的不同评价。

在关于本原问题上的这些讨论,虽然提出了物质与精神、存在与思维的关系问题,但都没有把精神与物质截然地分割开来、对立起来,没有将二者看作是两个独立的实体。明确提出这种割裂和对立的是巴门尼德,他认为:"可以被思想的东西和思想的目标是同一的;因为你找不到一个思想是没有它所表达的存在物的。"[39]巴门尼德关于思维与存在的关系问题,过去都把它表述为"思想和存在是同一的"命题。思想是用语词来表达的,任何一个语词,本身就是一种概括,而且都是有所指的,因而是关于对象的概括。所以,思想是反映一般和本质的东西,并非是具体的、有形的存在物。把思想与存在联系起来,意识到只有思想才能把握存在。这个命题的否定含义是说,"非存在"的东西是不可"思想"的。

智者学派的普罗塔哥拉提出"人是万物的尺度"的命题,是使思维成为独立实体的一个重要步骤。他说:"人是万物的尺度,是存在者存在的尺度,也是不存在者不存在的尺度。"[40]这里所说的"尺度",即是人的感觉。就是说,存在物到底存在,还是不存在,都要以人的感觉为准则。这种存在物,也包括神在内。普罗塔哥拉说:"至于神,我既不能说他们存在,也不能说他们不存在,因为阻碍我认识这一点的事情很多,例如问题晦涩,人寿短促。"[41]黑格尔对普罗塔哥拉的这个命题做了极高的评价,并对"尺度"做了具体的解说。他指出:"这是一个伟大的命题,它的意思一方面是说,要把思维认作被规定的东西、有内容的东西,而另一方面思维也同样是能规定、能提供内容的东西;这个普遍的规定就是尺度,就是衡量一切事物的价值的准绳。"[42]普罗塔哥拉的这个命题又被苏格拉底和柏拉图做了进一步的发展,他们把感觉的尺度修改为思想的尺度。黑格尔指出:"在苏格拉底和柏拉图那里也提出过同样的命题,不过加了进一步的规定;在他们那里,人是尺度,是就人是思维的、人给自己提供一个普遍的内容而言。"[43]列宁在《黑格尔〈哲学史讲演录〉一书摘录》中,摘下了这两个命题:普罗塔哥拉说:"人是万物的尺度";苏格拉底说:"思维的人是万物的尺度"。列宁在这两个命题旁边所做的批注说:"微妙的差别!"[44]这个差别就是把"感觉"改为"思维"。于是,大功终于告成了,思维与存在关系的唯心主义同一性完成了。苏格拉底就把人的存在分为两个部分,一方面,人是"感性的"、"肉体的"存在,另一方面,人又是"理性"的、"精神的"存在,并把两个部分的存在完全对立起来,从而把"精神"看作人的本质。

思辨理性的任务是超越现象的认识,揭示事物的共同本质,把握和认识万事万物的始基。但这个始基并不在感性世界之中。如果仍然停留于感性世界范围内,我们能够寻找到的始基,只能是诸如水、气、火等等的有形物。苏格拉底提出的主体性原则,就是理性原则,从而超越了感性世界,在理性世界中寻找始基,由思维来把握共性、本质。不过,在苏格拉底那里,理性并非是纯粹理性,而是实践理性,他不限于具体的道德行为,在个人的道德欲求中追问什么是"善",什么是"恶",而是在"善"与"恶"观念中,寻求它们的共同本质,并把善看作是最高的精神实体。

唯心主义的"思维与存在是同一的"命题,对于逻辑,尤其是形式逻辑的产生和发展，具有重大的意义。因为它要撇开思维反映对象的知识和经验的内容，只研究思维形式及其结构。逻辑学所研究的是"思维的逻辑"，而不是"事物的逻辑"，尽管它是事物的逻辑的反映。形式逻辑只管思维形式，不管思维内容，它所强调的就是思维形式的正确性、推理的有效性，即合乎推理规则。推理所得到的结论是否合乎实际，自然需要正确的、有效的推理，但它并非是充分的条件，最根本的问题在于推理所使用的前提在内容上是否合乎实际。关于概念逻辑，情况也是这样。当然，这仅就逻辑学本身而说的，在应用逻辑的时候，必须面向实际，从实际出发，把思维形式与思维内容结合起来，并把关注思维内容放在第一位，把逻辑作为一种研究的辅助工具。

§29 思维成为独立研究的对象

亚里士多德认为："苏格拉底专门研究各种伦理方面的品德，他第一个提出了这些品德的一般定义问题。"他指出："有两样东西完全可以归功于苏格拉底，这就是归纳论证和一般定义。这两样东西都是科学的出发点。"[45] 苏格拉底的归纳论证，是借一切事例的枚举进行的，从而形成全称命题，作为三段论推理的前提；苏格拉底的一般定义是分类法的定义，后来被亚里士多德发展为种属加种差定义方法。[46]

同我们研究主题相关的重要问题是，由于思维与存在同一性命题的唯心主义确立，使思维成为独立于存在的实体，因而成为被单独研究的对象，使思维自身发展的规律日益被人们所认识。普遍概念及其定义的产生表明，研究思维形式及其结构的形式逻辑已经出现了，它同时也成为概念逻辑产生的历史前提。

根据亚里士多德的逻辑学，下定义必然涉及概念的"种"与"属"的逻辑关系，把"种"归属到"属"中去，并给出它的种差，由此来揭示概念的内涵。定义所揭示的概念内涵，就是概念的意义。在当时，苏格拉底自然还没有关于这种定义方法的明确意识，只是对概念的意义、种与属的关系的初步探讨。他提出了"分有"的概念来说明"种"与"属"的关系，则具有重要的意义。

苏格拉底关于"善"的"理念"，是一个普遍的概念，即是一个类（属）概念。

他的"德性"就是"善"的总体,即"善"的理念。其他具体的"善",例如,"正义",则是"善"的一部分,即是属概念中的种概念。如果定义了"善"的概念,就可以从这个"善"的概念定义中逻辑地推导出"正义"的概念的定义。正是这个原因,他把"善"的"理念"作为批判性的标准和最高真理。

亚里士多德说:"苏格拉底以他那些定义激起了理念论,但是他并没有把共相与个体**分离**开来;他不把它们分离开来,是正确的想法。"[47]同柏拉图比较,苏格拉底还没有形成一般的"理念"的概念,而只有关于"善"的"理念"的概念。而柏拉图则把"善"的概念提高为一般的"理念"概念,使"理念"概念成为"善"的"理念"概念的属概念,而"善"的"理念"则成为一般"理念"的种概念。而且,苏格拉底认为:"一切事物都有一个共同概念"。[48]事物与共同概念的关系,就是"种"与"属"的关系。以"勇敢"为例,苏格拉底认为,"勇敢"的具体行为在各种不同的情况下,都是各不相同的,不断地变化着的,但是,"勇敢"的一般意义则是不变的。"勇敢"的具体行为与"勇敢"的一般意义,实际上就是"种"与"属"的关系。他认为,"勇敢"的具体行为"分有"了"勇敢"概念的一般意义,从而使这种行为成为"勇敢"的行为。就是说,"种"概念"分有"了"属"概念的意义。如果用亚里士多德的属加种差的定义方法来看,那么,"种"概念"分有"了"属"概念的意义,即是指种概念具有属概念的内涵,因而"勇敢"的具体行为包含了"勇敢"的一般意义;但是,"勇敢"的具体行为又具有不同于"勇敢"的一般意义,这种特殊的规定就是种差。"分有"概念已经提出了一般与个别的关系,它不是单纯的外延关系,而是与外延关系相联系的内涵关系。当然,苏格拉底是在道德实践上分析勇敢行为与勇敢意义之间的关系的,而亚里士多德则是在定义方法上来分析种属关系的。亚里士多德的分析,已经把关于"勇敢"的思维内容抽去了,留下的是知识思维形式。

"分有"概念并非是逻辑学的概念,而是理念论的概念,但是,苏格拉底用这个概念来解决特殊与普遍的关系,亦即"多"与"一"的关系。"勇敢"的具体行为是"多","勇敢"的一般意义是"一"。"一"是如何产生"多"的?因为"多"分有了"一"的意义,所以,"一"就产生了"多"。根据这种思路来看"始基"("一")概念,我们就可以理解,这个"始基"("一")是万事万物的本原,也就是它是万事万物的"意义"。由于万事万物"分有"了"始基"的意义,这是它们成为万事万物的原因。以这种"分有"的概念说明"多"与"一"的关系,奠定了

"本原"、"始基"概念的逻辑基础。在这里。逻辑已经开始了超越形式逻辑的行动了。

苏格拉底对"一"与"多"矛盾问题的解决,是转向伦理实践的研究所获得的结果。因为在社会伦理和实践中,包含着"自我"的能动作用。叶秀山认为,康福德在《苏格拉底前后》一书中,认为苏格拉底已经开始认识到"价值"的问题,真正的知识不仅是对自然原因的知识,而且同时是事物的客观价值的知识。这种知识才是真理。因此,"苏格拉底的'自我',一方面是理性的,以区别于普罗塔哥拉斯①的感觉的尺度,另一方面是伦理的、实践性的、以善为最高真理,万物之本原"。[49]在这种认识的基础上,再来看始基的问题,就可以认为,实际上,"始基"就是"自我"。

要说明为什么"灵魂不朽",首先要确定"不朽"的含义。"朽"相对于"死","不朽"即是"不死"。"死"是指什么?"死"即是指一个事物的解体、消散。"不朽",即是既不消散,也不解体。什么样的事物总是要解体的?这就是"复合"的事物,即"复合物"。而非"复合"的事物则是不会解体的。这种"非复合物",就是"单一体"。身体是"复合体",它是会死的,"有朽"的;灵魂是"单一体",所以它是"不朽"的。[50]

苏格拉底把"心",即"奴斯",作为产生万物的本原、始基,基于他的主体原则,强调理性的能动性。没有"心",我们就没有对外部事物的认识,没有外部对象,也就谈不上去认识什么。所以,只有把心与对象结合起来,我们才能认识对象,对象才能被认识。

我们为什么能够知道"多统于一"、"万物归一"?这完全归功于理性。在苏格拉底看来,这里所说的理性,就是"心",也就是阿那克萨哥拉所说的"奴斯"。如果"一"就是"心",那么"多统于一",也就是"万物归心"了。为什么万物归于心?因为,只有"心"才是找到产生宇宙"秩序"的原因。

由此可见,苏格拉底对"一"与"多"矛盾关系的看法,与以前的自然哲学家并没有根本的不同,而不同的正是他不再把"一"看作物质的对象,而是看作精神实体。凡物质的东西都是复合体,因而是变化的、暂时的、可感的;精神则是单一体,因而是不变的、永恒的、不可感的。

---

① 普罗塔哥拉斯,即普罗塔哥拉。——本书注

在苏格拉底之前,自然哲学家已经有了种、类的概念,但他们都没有把它们看作是精神的存在,因而种、类的存在还是具有物质性基础的。显然,种、类的确不是物质实体的存在,也不是可感的实体,而是理性的产物,它是对事物共性的一种概括。到了苏格拉底时,就把种、类看作精神的实体,于是,种、类概念就成为形成理念概念的中介。理念概念的提出,就进入理念论的范畴了。由此,进一步把"自我"的非感性方面的特征提升起来,把它看作精神实体,由此而奠定了唯心主义的基础,进一步发展为柏拉图的理念论。

种、类等概念的产生,是理性的进步,是思维能动作用的表现。同样,理念概念的产生,也是理性的进步,而且进一步向抽象方面发展了。主张理念与事实相符合,这无可厚非。问题在于,到底是谁符合谁:是理念符合事物,还是理念产生事物、事物符合理性?不过,我们简单地反对后者,也不能说是全面的。因为,思想具有预见的能动作用,这是逻辑的力量。因为有效推理具有必然性,因而我们可以推断未来。这似乎告诉人们一种认识:事物的逻辑是由思维的逻辑决定的。自然,肯定思维逻辑的决定作用是错的,但强调思维逻辑对事物逻辑、行为逻辑的能动反作用,则是必要的。所以,理念概念的提出,实现理想和信仰对行为的指导作用,这是理性所显示的精神变物质的能动力量,是人特殊的自觉能动性,"是人之所以区别于物的特点"[51]。当然,准确地说,事物并非是思想的产物,而是实践的产物。因为,"世界不会满足人,人决心以自己的行动来改变世界"。[52]

就逻辑真理来说,它是关于概念的知识。但就事实真理来说,真理不仅是概念的知识,同时它也是关于事物的知识,这种知识是来源于实践的,而且它的真理性还必须经过实践的检验。但这并不否定概念、理论对实践的指导作用。思维的这种能动作用,正是理论的力量。在这里,理性的逻辑、思维的力量被彰显出来了。

§30 任何正题都有反题

爱利亚学派的芝诺,首先使用了正题与反题相互矛盾的辩论术证明:在逻辑上,以肯定"一"来否定"多"是正确的。

正题：世界万物的存在是"多"，运动是可能的。

反题：世界本原的存在是"一"，运动是不可能的。

"运动是可能的"和"运动是不可能的"是两个对立的命题，命题设计的目的是证明运动是不可能的。这个正题与反题的对立，颇似康德的二律背反。但芝诺却不同于康德，他仍然以逻辑矛盾来否定这种对立。芝诺认为，如果正题是真的，那么，反题是假的，运动是可能的；反之，如果正题是假的，那么反题是真，运动是不可能的。因为世界万物是现象界，它们的运动和变化，都可以用我们的感官去感知；但是，感知的东西只是意见，不是真理，现象本身是不真实的，所以运动也是不真实的。因此，正题是假的，反题是真的，结论只能是：存在是"一"，它是不动的。以"一"为前提，运动必然是不可能的。因为"一"和"不动"都是超越经验的，不能用感觉去把握。我们的感官所能感知的是现象世界，而且这个世界是变化万千的。这个世界的背后，是不是也在变幻无穷？这只能用思维去把握了。

英国的科普节目主持人吉姆·艾尔-哈利利说："'一切运动皆为假象'这种恢宏的宣言，正是他们著名的抽象思考得到的结果，充满煽动性。"[53]这正是以抽象思维来否定感性知识，以真理否定意见的手法，的确具有煽动性。芝诺在这里所利用的，正是经验与逻辑之间的矛盾。文德尔班认为，古代的科学家提出了与"感知"对立的"思维"，但未加详细说明；此"思维"的另一积极特征，在芝诺的推理中，隐隐约约地表现出来了，此特征即是：符合逻辑的规律。这就是指形式逻辑矛盾律的运用，它可以表述为：同一事物既可肯定又可否定，这一事物不可能是真实的。这条规律和假定，虽然没有抽象地表示出来，但是清楚而准确地被应用[54]。

芝诺在论证的过程中，曾构造了将近40个"悖论"，但只有8个留存下来。其中最为重要的有反驳"多"的2个悖论和反驳"运动"的4个悖论。阿基里斯追龟的悖论是运动不可能的论证。同样，这个论证"在逻辑和经验之间，就有了一个明显的矛盾。我们可以指出逻辑上的荒谬或认为经验是虚幻的来解决这个矛盾。前一种办法显然是可以采用的，但是事实上，要指出的荒谬所在却非常困难"[55]。

在当时，芝诺设计的这些悖论，是非常高明的，吸引了后人的研究。从芝诺的论证中，我们最感兴趣的是正题与反题的设计，在逻辑上是合理的。当时,论辩又正在盛行,众人都迷恋于逻辑和数学,从而使芝诺的论证产生了很大的影响。这也说明,当时的抽象思维已经达到了一定的程度,使人们在逻辑与经验的矛盾中而倾向于逻辑,否定经验,掩盖了逻辑与经验、思维形式与思维内容之间的矛盾。正是在这种背景下,产生了普罗塔哥拉的"对一切正题提出反题"的思想原则。这个原则说明,正题与反题的对立具有普遍性。这是一个极其超前的见解,在某种程度上,已经超越了形式逻辑的矛盾律。

前述已经指明,"人为万物的尺度"中的"尺度",是由人来设定的。不同的人可以设定不同的尺度,由此产生对同一事物的不同判断,甚至是对立的两种判断,而且这两种判断都应该是允许的,也可以都看作是"真"的。[56]把这种思想进一步发展,普罗塔哥拉建立了他的一条原则,即:"对一切正题提出反题"。所以,人们都把这两个命题,即"人为万物之尺度"和"任何正题都有反题",回归于普罗塔哥拉。叶秀山认为:"这是康德的'二律背反'思想在古代的雏型。"[57]

"德性是可教的"和"德性是不可教的"就是这样两个"正题"与"反题"的命题。苏格拉底通过"诘问法",一问一答,把"德性是可教的"正题引向"德性是不可教的"反题,让人们信服地接受"德性是可教的"正题。

从正题引出反题,在两个对立的命题中排除假的命题,证明另一个命题为真,这就是古希腊的辩证法。因为思维应该是无矛盾性的,逻辑矛盾必须排除。也许正是这个原因,古代关于存在的辩证法被人们所冷落,把辩证矛盾视为逻辑矛盾同时被消除,从而使形式逻辑逐步地发展起来。

从形式逻辑走向概念逻辑,必须把正题与反题的对立达到统一,建立"正题—反题—合题"的思维形式。明确而完整地建构"正题—反题—合题"这个三段式作为概念推论公式的,应该说是黑格尔。而这个公式的最初形态,在古代希腊就提出来了。马克思把黑格尔的三段式看作"没有个体的纯粹普通方式"。他说:"因为无人身的理性在自身之外既没有可以设定自己的场所,又没有可以与之相对立的客体,也没有可以与之相结合的主体,所以它只得把自己颠来倒去:设定自己,把自己与自己相对立,自相结合——设定、对立、结合。用希腊语来说,这就是:正题、反题、合题……这里看到的不是一个用普通方式说话和思维的普通个体,而正是没有个体的纯粹普通方式。"[58]关于古希腊的三段式,黑格尔在《哲学史讲演录》中也曾做过介绍,主要是指新柏拉图学派的亚历山大里亚派哲学家。黑格尔认为,理念在内容方面,柏罗丁是完全正确地把它"了解为**三位一体**,这是极值得注意的"[59]。普罗克洛对理念的三一体的进一步规定也是很出色的,它不仅把合题看作全体,而且正题和反题也被看作一个全体。黑格尔说:"在普罗克洛这里,因为他没有停留在它的各个抽象环节里。他认为绝对的这三个抽象规定中,每一个规定本身又是一个三一体那样的全体,这样一来他便获得了一个真实的三一体。"[60]

在古希腊能够出现概念逻辑的原始形态,它的基本前提是概念在历史上的起源。如果没有概念,又如何运用概念进行推论?只有在产生了概念之后,人们才能揭示概念间的关系,从而进行概念推论,对各种思想做逻辑的论证。

§31 概念推论"三段式"的历史复归

在德国古典哲学中,康德首先提出了"三一式"的范畴体系。在给纯粹知性知识的各个范畴分类时,康德摒弃了传统逻辑的二分法,而采用了三分法。他把范畴分为四组,即量的范畴、质的范畴、关系范畴和模态范畴。康德认为,每一组的范畴都是三个数目,"第三个范畴每处都是出自该组的第二个范畴与第一个范畴的结合"。[61]所以,在康德那里,根据辩证法思想,已经初步地提出了三段式的逻辑公式。黑格尔根据自己的理解,对康德的三一式做了这样的评论:"伟大的〔辩证法〕概念的本能使得康德说:第一个范畴是肯定的,第二个范畴是第一个范畴的否定,第三个范畴是前两者的综合。三一的形式,在这里虽只是公式,在自身内却潜藏着绝对形式、概念。康德并没有〔辩证地〕推演这些范畴,他感觉到它们是不完备的,不过他说,其他的范畴应该从它们推演出来。"[62]

黑格尔提出"正题—反题—合题"三段式的根据,是否定性的辩证法。他说:"唯一的事就是要认识以下的逻辑命题,即:否定的东西也同样是肯定的;或说,自相矛盾的东西并不消解为零,消解为抽象的无,而是基本上仅仅消解为它的**特殊**内容的否定;或说,这样一个否定并非全盘否定,而是自行消解的**被规定的事情**的否定,因而是规定了的否定;于是,在结果中,本质上就包含着结果所从出的东西;——这原是一个同语反复,因为否则它就会是一个直接的东西,而不是一个结果。由于这个产生结果的东西,这个否定是一个**规定了的**否定,它就有了一个**内容**。它是一个新的概念,但比先行的概念更高、更丰富;因为它由于成了先行概念的否定或对立物而变得更丰富了,所以它包含着先行的概念,但又比先行概念更多一些,并且是它和它的对立物的统一。"[63] 概念的否定性辩证法所强调的,是概念在意义上的相干性。黑格尔在这段精彩的叙述中,分析了"三段式"中的三种意义相干性:

第一,否定和肯定之间具有意义相干性;

第二,在正题、反题和合题之间具有意义相干性;

第三,在正题、反题和合题中每题的内部都包含着对立双方的意义相干性。

这表明,三段式不是任意的三个概念的结合,而是具有意义相干性的概念之间的辩证关系,既具有辩证的内部结构,又具有辩证的历史演化过程。

马克思和恩格斯对黑格尔的三段式进行了唯物主义的改造,剥去了神秘主义的外衣,使它成为辩证法思想发展形式的简单形态,实现了概念推论三段式的历史复归。

参 考 文 献

[1] 恩格斯.自然辩证法.[M]//马克思,恩格斯.马克思恩格斯文集:9.北京:人民出版社,2009:439.

[2] 罗斑.希腊思想和科学精神的起源[M].陈修斋,译.段德智,修订.桂林:广西师范大学出版社,2003:序9.

[3] 恩格斯.自然辩证法.[M]//马克思,恩格斯.马克思恩格斯文集:9.北京:人民出版社,2009:429.

[4] 亚里士多德.形而上学[M].北京大学哲学系外国哲学史教研室.西方哲学原著选读:上卷.北京:商务印书馆,1981:15.

[5] 辛普里丘.亚里士多德《物理学》注[M]//北京大学哲学系外国哲学史教研室.西方哲学原著选读:上卷.北京:商务印书馆,1981:17.

[6] 赫拉克利特.赫拉克利特著作残篇[M]//北京大学哲学系外国哲学史教研室.西方哲学原著选读:上卷.北京:商务印书馆,1981:21.

[7] 恩培多克勒.论自然[M]//北京大学哲学系外国哲学史教研室.西方哲学原著选读:上卷.北京:商务印书馆,1981:43.

[8] 恩格斯.自然辩证法.[M]//马克思,恩格斯.马克思恩格斯文集:9.北京:人民出版社,2009:429.

[9] 亚里士多德.形而上学[M].//北京大学哲学系外国哲学史教研室.西方哲学原著选读:上卷.北京:商务印书馆,1981:19.

[10] 马克思.剩余价值理论[M]//马克思,恩格斯.马克思恩格斯全集:第26卷第1册.北京:人民出版社,1972:26.

[11] 亚里士多德.形而上学[M].吴寿彭,译.北京:商务印书馆,1959:7.

[12] 转引自:亚里士多德.论灵魂[M]//北京大学哲学系外国哲学史教研室.古希腊罗马哲学.北京:商务印书馆,1961:5-6.

[13] 辛普里丘.亚里士多德《物理学》注[M]//北京大学哲学系外国哲学史教研室.西方哲学原著选读:上卷.北京:商务印书馆,1981:17.

[14] 辛普里丘.物理学[M]//北京大学哲学系外国哲学史教研室.古希腊罗马哲学.北京:商务印书馆,1961:8.

[15] 文德尔班.哲学史教程:上卷[M].罗达仁,译.北京:商务印书馆,1987:97.

[16] 赫拉克利特.赫拉克利特著作残篇[M]//北京大学哲学系外国哲学史教研室.西方哲学原著选读:上卷.北京:商务印书馆,1981:23.

[17] 赫拉克利特.赫拉克利特著作残篇[M]//北京大学哲学系外国哲学史教研室.西方哲学原著选读:上卷.北京:商务印书馆,1981:22.

[18] 巴门尼德.论自然[M]//北京大学哲学系外国哲学史教研室.西方哲学原著选读:上卷.北京:商务印书馆,1981:31.

[19] 黑格尔.哲学史讲演录:第1卷[M].贺麟,王太庆,译.北京:商务印书馆,1959:267.

[20] 黑格尔.逻辑学:上卷[M].杨一之,译.北京:商务印书馆,1966:70.

[21] 黑格尔.逻辑学:上卷[M].杨一之,译.北京:商务印书馆,1966:71.

[22] 列宁.黑格尔《逻辑学》一书摘要[M]//列宁.列宁全集:第55卷.2版.北京:人民出版社,1990:87.

[23] 黑格尔.逻辑学:上卷[M].杨　之,译.北京:商务印书馆,1966:71.
[24] 辛普里丘.亚里士多德《物理学》注[M]//北京大学哲学系外国哲学史教研室.西方哲学原著选读:上卷.北京:商务印书馆,1981:47.
[25] 恩格斯.反杜林论.引论[M]//马克思,恩格斯.马克思恩格斯文集:9.北京:人民出版社,2009:23.
[26] 黑格尔.哲学史讲演录:第1卷[M].贺麟,王太庆,译.北京:商务印书馆,1959:295.
[27] 巴门尼德.论自然[M]//北京大学哲学系外国哲学史教研室.西方哲学原著选读:上卷.北京:商务印书馆,1981:33.
[28] 亚里士多德.物理学[M]//北京大学哲学系外国哲学史教研室.西方哲学原著选读:上卷.北京:商务印书馆,1981:48.
[29] 叶秀山.前苏格拉底哲学研究[M].2版.北京:人民出版社,1982:145.
[30] 亚里士多德.形而上学[M].吴寿彭,译.北京:商务印书馆,1959:15.
[31] 第欧根尼.著名哲学家的生平和学说[M]//北京大学哲学系外国哲学史教研室.古希腊罗马哲学.北京:商务印书馆,1961:56.
[32] 芝诺.论自然[M]//北京大学哲学系外国哲学史教研室.西方哲学原著选读:上卷.北京:商务印书馆,1981:36-37.
[33] 转引自:恩格斯.自然辩证法.[M]//马克思,恩格斯.马克思恩格斯文集:9.北京:人民出版社,2009:431-432.
[34] 阿那克萨戈拉①.论自然[M]//北京大学哲学系外国哲学史教研室.西方哲学原著选读:上卷.北京:商务印书馆,1981:39.
[35] 恩培多克勒.论自然[M]//北京大学哲学系外国哲学史教研室.西方哲学原著选读:上卷.北京:商务印书馆,1981:42.
[36] 马克思.关于费尔巴哈的提纲//马克思,恩格斯.马克思恩格斯文集:1.北京:人民出版社,2009:499.
[37] 黑格尔.哲学史讲演录:第1卷[M].贺麟,王太庆,译.北京:商务印书馆,1959:218.

---

① 阿那克萨戈拉,即阿那克萨哥拉。——本书注

[38] 亚里士多德.形而上学[M]//北京大学哲学系外国哲学史教研室.西方哲学原著选读:上卷[M].北京:商务印书馆,1981:19.

[39] 巴门尼德.论自然[M]//北京大学哲学系外国哲学史教研室.西方哲学原著选读:上卷.北京:商务印书馆,1981:33.

[40] 第欧根尼.著名哲学家的生平和学说[M]//北京大学哲学系外国哲学史教研室.西方哲学原著选读:上卷.北京:商务印书馆,1981:54.

[41] 第欧根尼.著名哲学家的生平和学说[M]//北京大学哲学系外国哲学史教研室.西方哲学原著选读:上卷.北京:商务印书馆,1981:55.

[42] 黑格尔.哲学史讲演录:第2卷[M].贺麟,王太庆,译.北京:商务印书馆,1960:27.

[43] 黑格尔.哲学史讲演录:第2卷[M].贺麟,王太庆,译.北京:商务印书馆,1960:27.

[44] 列宁.黑格尔《哲学史讲演录》一书摘录[M]//列宁.列宁全集:第55卷.2版.北京:人民出版社,1990:236.

[45] 亚里士多德.形而上学[M]//北京大学哲学系外国哲学史教研室.西方哲学原著选读:上卷[M].北京:商务印书馆,1981:58.

[46] 宋文坚.西方形式逻辑史[M].北京:中国社会科学出版社,1991:20-24.

[47] 亚里士多德.形而上学[M]//北京大学哲学系外国哲学史教研室.西方哲学原著选读:上卷[M].北京:商务印书馆,1981:58.

[48] 柏拉图.美诺篇[M]//北京大学哲学系外国哲学史教研室.古希腊罗马哲学.北京:商务印书馆,1961:156.

[49] 叶秀山.苏格拉底及其哲学思想[M].北京:人民出版社,1986:82-83.

[50] 叶秀山.苏格拉底及其哲学思想[M].北京:人民出版社,1986:92.

[51] 毛泽东.论持久战[M]//毛泽东.毛泽东选集:第2卷.2版.北京:人民出版社,1991:477.

[52] 列宁.黑格尔《逻辑学》一书摘要[M]//列宁.列宁全集:第55卷.2版.北京:人民出版社,1990:183.

[53] 艾尔-哈利利.悖论:破解科学史上最复杂的9大谜团[M].戴凡惟,译.北京:中国青年出版社,2014:48.

[54] 文德尔班.哲学史教程:上卷[M].罗达仁,译.北京:商务印书馆,1987:87.

[55] 奥康诺.批评的西方哲学史[M].洪汉鼎,等,译.上海:东方出版社,2005:17.
[56] 叶秀山.苏格拉底及其哲学思想[M].北京:人民出版社,1986:167.
[57] 叶秀山.苏格拉底及其哲学思想[M].北京:人民出版社,1986:168.
[58] 马克思.哲学的贫困[M]//马克思,恩格斯.马克思恩格斯选集:第1卷.2版.北京:人民出版社,1995:138.
[59] 黑格尔.哲学史讲演录:第3卷[M].贺麟,王太庆,译.北京:商务印书馆,1959:192.
[60] 黑格尔.哲学史讲演录:第3卷[M].贺麟,王太庆,译.北京:商务印书馆,1959:214.
[61] 康德.纯粹理性批判[M].李秋零,译.北京:人民出版社,2004:105.
[62] 黑格尔.哲学史讲演录:第4卷[M].贺麟,王太庆,译.北京:商务印书馆,1978:269.
[63] 黑格尔.逻辑学:上卷[M].杨一之,译.北京:商务印书馆,1966:36.

第 2 章
奥古斯丁对"三位一体"的思辨论证

奥古斯丁(Aurelius Augustinus,354-430)出生在塔加斯特城(现阿尔及利亚的苏格艾赫拉斯),生活在古罗马帝国走向衰落的年代,是古罗马帝国时期基督教思想家。他在 16 岁时,前往迦太基学习,29 岁来到罗马,不久就在意大利北方的米兰市担任雄辩术教授,42 岁任河马市的新主教,直至余生。

奥古斯丁面对着基督教理论中的一系列矛盾,例如,古希腊的柏拉图和亚里士多德,虽然都主张上帝创世的学说,但他们并不主张上帝是一个造物主,而只是一个世界的设计师。上帝只设计世界的形式,没有创造世界的质料,因而不是无中生有地把世界创造出来的。基督教的创世则是无中生有的创造,世界的形式和质料,都是上帝从无中创造出来的。奥古斯丁的神学理论所面临的课题,必须解决这样一些理论上的歧义。

奥古斯丁的著作甚多,《上帝之城》和《忏悔录》是其中最著名、最有影响的两部著作。奥古斯丁在欧洲哲学史上留下了重大的影响。美国学者说:"1600 年后读奥古斯丁,带给人一种真实不妄的愉悦就是可以发现后来在哲学史上涌现的诸多重要论证和论点的根源。西方传统里的所有伟大思想家都读奥古斯丁,并在他的著作中发现有价值之物——不管最后赞同与否。"[1]自然,这种影响既有正面的,也有负面的。英国历史学家古奇也曾经这样评价中世纪的史学:"中世纪的空气弥漫着浓厚的神学味道。奥古斯丁的影响,在一千年之中几乎像是一种物质力量,压在欧洲人的心头,使他们无法注意世俗历史及其问题。由于一切都被归之于神意,因此对自然因果关系的探索也被看作完全不必要,如果不算是僭越的话。这样,历史成了布道,而不是一门科学,成了对基督的验证,而不是设法客观地追溯和解释文明的进程。"[2]

从概念逻辑的视角看来,思辨是奥古斯丁思维的一大特色。他以强有力的思辨,论证"三位一体"的思想,对其他概念的研究,也都运用了概念框架的思维方式,反映了概念逻辑形成史上的脉络。自然,奥古斯丁还没有自觉的概念逻辑思想,但他提供了概念逻辑产生史的思想材料,这是值得我们关注的。

§32 概念的两重性

奥古斯丁所面对的神学理论中的矛盾,都表现为逻辑矛盾。但对这些矛盾的消除,则不能单纯地运用形式逻辑的方法。因此,他力图在形式逻辑之外寻找解决逻辑矛盾的具体途径,这就是他的概念两重性和"三一体"概念框架。

奥古斯丁神学理论的一个显著特点,是主张信仰与理性的结合。他认为信仰先于理性,理性则能使信仰更加坚定。就是说,在坚持信仰的时候,必须对信仰加以理解。因此,在信仰中,也包含着理解,即对信仰的理解。这说明,信仰是具有两重性的,坚定的信仰必须与理解相结合,不能把信仰与理性对立起来。这就是神学中的信仰与理性的两重性。

奥古斯丁神学理论的另一个显著特点,是要求把信仰与生活体验结合起来,既通过生活来理解信仰、反思神学理论,又运用神学理论反思生存体验。所以,在奥古斯丁的神学中,包含了理论与生活的两重性。

神学理论必须与世俗生活相一致,能够解释世俗生活中的现象。例如,在世俗生活中,不少人在作恶。既然上帝是万能的、至善的,为什么还创造了恶和恶人?奥古斯丁认为,恶和恶人不是上帝创造的,是由好人变坏的。在论证"好人是如何变坏的"问题时,奥古斯丁所运用的方法,虽然也包括了形式逻辑,但是,论证的前提是肯定概念的两重性。在这里,奥古斯丁使用的概念是"意志"概念。他认为,一个美德的心灵不能够被同等于它或优于它的东西变成过度欲望的奴隶,也不能够被劣于它的东西变成奴隶。排除了这两种可能性后,"于是只剩下一种可能,即唯独心灵自己的意志和自由选择能使它做贪念的帮凶"。[3]这种形式逻辑的推论,事先已经预设了一个前提,即自由意志具有两重性,它既有善的一面,又有恶的一面。为什么"唯有它自己的意志和自由选择",才使人变坏?因为在人的自己的意志中可以做出恶的选择。

所以,奥古斯丁说:"有什么像意志本身这样完全在意志的权能之下的呢?"[4]这说明,形式逻辑的论证,是在一定的概念框架内展开的。而这个概念框架,形式逻辑本身是不能构造出来的。

概念的两重性必然导致概念的变动性,从而构成概念系列。例如,在奥古斯丁看来,至善与至恶之间,存在着一个不同程度的善与恶的概念系列。在"至善"之外,存在着许多不同程度的善的存在者。这是因为,"一切自然的存在都是好的,因为创造了它们每一种存在的上帝是至善的……只要一个存在者处于腐败的过程中,那么在它之中就必有一个善,正是这善正在缺失之中……所以,每一个存在者都是善的——如果它是不能被腐化的,那么它就是大善;如果它是能够被腐化的,那么它就是小善,但只有愚人和无知者才会否认它是善的。如果一个存在者被腐败所消灭了,那么腐败也就无处存身了,寄身于其中的存在之物也就找不到地方可以存在了。"[5]正因为意志的善与恶的两重性,导致了善的概念的变动性。

进一步说,由于自由意志的两重性,使人也具有了两重性,即人既有善的方面,又有恶的方面。恶是善的缺乏,若能消除恶,便走向善。善有善行,恶有恶行,由此导致了行善与作恶的两种不同的人。

人的两重性,形成了两种不同的生活方式和社会秩序,进而造成了他们所生活的城池的两重性,即上帝之城与世俗之城。奥古斯丁说:"人们按不同的礼仪、习俗生活,有许多不同的语言、武器、衣着,但只有两种人类社会的秩序,我们可以按照圣经的说法,正确地称之为两座城。一座城由按照肉体生活的人组成,另一座城由按照灵性生活的人组成。当它们找到了它们自己想要的东西时,各自生活在它们自己的和平之中。"[6]人都是由灵魂与肉体组成的,因而每个人都有灵魂生活和肉体生活。但由于他们的追求不同,生活的内容也各不同。因此,由按照灵魂生活的人组成上帝之城,由按照肉体生活的人组成地上之城。两座城池的划分,并非是根据不同的空间,也不是根据不同的地理环境,而是依据追求不同的生活的人们。就是说,按照圣经的说法,在同一世俗世界中,存在着两种人类社会的秩序,因而存在着两座城池,一座城池由按照肉体生活的人组成世俗之城,另一座城池由按照灵性生活的人组成上帝之城。

奥古斯丁并没有从逻辑的意义上提出概念两重性的一般理论,但他所使用的概念,的确都具有两重性,并由此使用了神学理论中的"三一体"概念框架。

§33 "三一体"概念框架

概念的两重性预示着概念是由二元的对立走向二元统一的概念整体,从而出现了第三者。如前所述,奥古斯丁主张信仰与理性的结合,强调信仰先于理性,理性则使信仰更坚定,最终达到幸福的目的。没有信仰,理性无力达到幸福的目标。但是,他又认为信仰低于理性,因而必须提高信仰,使之到达理性。因此,人们不仅需要信仰,而且更需要理解。信仰为心灵指出了正确的方向,是理解的第一步;而充分理解正是我们的目标,它使我们进一步认识和获得充分的人类价值,达到幸福。在这里,实际上存在着两个概念框架。就信仰与理性的关系来说,通过信仰、理解,达到更坚定的信仰,这是一个概念"三一体"的框架:

信仰—理解—(坚定)信仰。

就提供信仰和理解最终实现幸福而言,这又是奥古斯丁神学理论中的另一个概念框架:

信仰—理解—幸福。

在什么是人的问题上,奥古斯丁并非单纯主张灵魂与肉体的二元论,而主张两者的统一。人由灵魂与肉体两部分构成,缺少其中的任何一种都不能成其为人,所以,人是灵魂与肉体的两者统一。一方面,奥古斯丁把肉体看作是一个独立的实体,同时,又把灵魂看作是肉体的内在本质,并控制着肉体。没有灵魂,肉体就是不完善的。因此,灵魂也是一种实体,是统辖肉体的实体。灵魂实体和肉体实体统一于人这个实体。关于人是灵魂与肉体统一的思想,包含了如下的概念框架:

心灵—肉体—人。

奥古斯丁又进一步把人分为神人与凡人,认为凡人是上帝创造的,而在上帝与凡人之间,有一个中介环节,称为"中保"。这个"中保"又是谁?他就是耶稣基督。为什么需要有这样一个中介?因为人类要想获得上帝的知识,必须向上帝本身学习,使他能够超越他拥有的与野兽相同的较低部分,直至心灵逐日更新,被治愈,达到上帝的不变的本质。为此,只有通过上帝与凡人的中保才能获得。要想得到上帝的知识,"首先要给心灵灌输信仰,使之洁净。为了使心灵能够更加自信地走向真理……建立了这种信仰,使人可以找到一条道路,通过一位神-人(a God-man)走向人的上帝。这就是上帝与凡人之间的中保,耶稣基督这个人。"[7]奥古斯丁指出:"这同一个人既是上帝又是人,这个上帝是我们的目标,这个人是我们的道路。"[8]"这位中保,首先通过先知,然后是他本人,然后通过使徒,不仅把他认为应当充分对我们叙说的都对我们讲了,而且还确立了被称作正典的经文。它们具有最显要的权威性,我们在一切不容忽视的问题上无保留地相信它们,而凭我们自己是不可能知道这些事情的。"[9]这里,我们可以从两个不同的方向来理解奥古斯丁的概念框架。从上帝到凡人的方向,他的"三一体"的概念框架是:

上帝—神人—凡人;

从凡人到上帝的方向,他的"三一体"的概念框架是:

凡人—神人—上帝。

按照基督教神学的观点,人类是带着原罪来到这个世界上的,这是人类从他们的始祖亚当和夏娃那里继承过来的罪。对于作为来到世间罪人的人类,上帝则是无条件地爱护他们,并饶恕和拯救他们,使他们不再过着罪恶的生活,按照上帝的启示而成为基督徒。这就是上帝的恩典。同时,上帝是至善,人间的罪和恶,不是上帝所创造的。可是,人类为什么会作恶而犯罪?这是由人的自由意志的选择所导致的结果。所以,人类的原罪,完全归咎于自己,而不是由上帝来负责。相反,正因为人类带着原罪来到世间,上帝的仁慈则是救赎,给人类以上帝的恩典。在这种思路中,包含着这样的一个概念框架,即:

自由意志—原罪—恩典。

就是说,人的自由意志,选择了恶行,犯下了原罪,而上帝则给予了饶恕、爱护和拯救的恩典,从而走向幸福至善。

如何走向幸福至善?奥古斯丁根据自己的"三一体"的思想框架,认为幸福的至善是由灵魂之善和身体之善构成的。他引用瓦罗的话说:"因此他说,使人幸福的至善由人的这两种成分的善组成,即灵魂之善和身体之善。"[10]在这里,奥古斯丁又提出了达到幸福的至善的"三一体"的概念框架:

灵魂之善—身体之善—幸福至善。

这表明,幸福至善是灵魂之善和身体之善的统一体。

§34 上帝的"三位一体"证明

在基督教中,有圣父、圣子和圣灵的称谓。圣父是上帝耶和华,圣子是基督耶稣,圣灵则是圣父和圣子发出来的灵。如果把圣父、圣子和圣灵看作人格化的范畴,那么,它们就是不同的身份,或者说,具有不同的人格。在基督教的教义中,这种身份或人格,称之为"位格",圣父、圣子和圣灵就是三位格。如何认识三位格,在基督教的教义中曾有过长期的争论。例如,在圣灵来源的问题上,一种观点认为,圣灵不附属于神,但它是神的工作者;一种观点认为,圣灵来自神,但它属于子;一种观点认为,圣灵从父而出,从子领受。在这些争论中,包含了对耶稣神性和三位格是否一体的怀疑。其中最要紧的是必须肯定"三位一体",因为它关涉到基督教中是多神还是一神的问题。奥古斯丁的研究,则是给这一争论做出一个总结,力图对"三位一体"做一个完整而有系统的论述。

可以从两个不同的方向来理解"三位一体",即遵从"一而三"和遵从"三而一"。如果是从一而三,这就是从哲学家们的"太一"出发;如果是从三而一,这就是基督教的承认圣父、圣子、圣灵是三个独立的位格,最终达到合三为一。这是两种思路,奥古斯丁属于后者。这个思路的概念框架是:

圣父—圣子—圣灵。

这里的圣灵,既是父,又是子,也即是上帝。

论证的出发点是三个位格。因为圣父、圣子和圣灵的称谓,往往引发人们对三个位格的无关联的想法,以致把它们看作无关联性的三个个体。而三位格的存在又已成为事实,从而凸显了阐述三位格关联性的重要性,以消除圣父、圣子、圣灵无关联而分离成个体的联想。从三位格出发,必须论述它们的"本质同一",强调神性的单一性,这就产生了论证它们是"一体"的任务。

所以,从三位格出发,首先要肯定神性的单一性,这就使奥古斯丁把"三位一体"解释为独一神论。但是,这也不否认三位格之间的差别和关系,因此,奥古斯丁又把圣灵解释为圣父与圣子之间的爱,以求得三位格的同一。

可以说,"单一性"是思想上预设的出发点,也是论证所要实现的目的。以"单一性"来解释三位格,最终从三位格中得出"单一性"的结论,实现了出发点与结论的统一。就是说,只要坚持神性的单一性,就能坚持位格的同等性,由"单一性"导出"同等性"和"统一性"。

奥古斯丁承认有圣父、圣子、圣灵三个不同的位格,三者是有分别的。因为,圣子(基督)是由圣父(耶和华)"生"出来的,圣子是圣父"从光出来的光",是圣父的"独生子",圣灵则是父和子"发"出来的。圣父耶和华主创造,圣子基督主救赎,圣灵则在基督耶稣之后被"差遣"到世上来工作,正是这种区别,规定了它们之间的关系,在父和子之间存在着"生"和"受生"的关系,在父子与圣灵之间存在着"发"和"被发"的关系。但是,三者本质是同一个东西,它们都是上帝。圣父是上帝,圣子是上帝,圣灵也是上帝,都是至真至善至美之"存在",因而是"三位一体"的。所以,奥古斯丁说:"据我所知,大公教会中新旧两约的注释者(他们在我们之前讨论过三位一体),都按照《圣经》教导说,在一个实体的不可分离的平等中展现了一种统一,因此没有三个神而只有一个神;尽管事实上父生了子,因此父不是子;子是由父所生,因此子不是父;而圣灵既不是父也不是子,而只是父和子的灵,他本身是与父和子同等的,属于三位的合一体。"[11]

这种论证,包含了本体论的思想。就是说,这个"三位一体"中的"一",即是同一个"是"("存在"),即永恒。这里的存在不是"被造的世界"的存在,而是"造物主"的存在。"被造的世界"的存在只能是"现在"的存在者,而"造物主"的存在则是永恒的存在,而且他是全能、完满、至善。这种论证,又涉及了时间与永恒的关系,也涉及了时间的过去、现在与将来。一方面,上帝是永恒的,是无限的存在,它是无始无终的、完满的,无论是圣父,还是圣子,或圣灵,他们的本质是同一,都是同一个所是;另一方面,圣父、圣子、圣灵又是三个位格,是不同的名,有不同的述谓,但他们又是一体的。就是说,"一体"是实体,即本质同一;"三位"是关系,从关系中寻求统一的本质。

接着,奥古斯丁又进一步讨论在凡人中关于"三位一体"的上帝形象,以类比的方法证明本体论上的"三位一体"的意义。

他首先使用的是心灵、知识和爱的三位一体。他认为这三者都是个体性的存在,但是它们又是一体的。心灵是实体性的存在,爱和知识"也是实体地存在于那里,就如心灵本身那样",[12]这三者是有区别的。但是,即使他们是彼此间相对地被表达的,他们也是各自存在于自身的实体中的。就本质而言,心灵、知识和爱三位格并非是三个不同的个体,他们都是心灵的状态或活动,本质是同一的,因而是一位;但是,就三者的关系来说,每一位都是相对于他者而言的,爱和知识都是心灵的形相,因而又是三位。奥古斯丁在这里的概念框架是:

爱—知识—心灵;

这个概念框架也可以写作:

心灵—知识—爱。

奥古斯丁虽然把爱和知识看作是心灵的形相,但他并不了解三者之间的个体性与普遍性之间的关系。

奥古斯丁的另一个比喻是"爱者、被爱者和爱"的"三位一体"。在这个比喻中,"同一性"就是指"爱",爱者与被爱者都是爱的存在者,又是爱本身。"这样就有三样东西:爱者、被爱者、爱。不过假设我只爱我自己呢?那不就只有两个成分,即我所爱的东西和爱本身了吗?当爱者爱己时,爱者和被爱者就是同一个东西了,正如当某人爱自己时,爱与被爱乃是一事。当你说:'他爱他自己'和'他被他自己所爱',你不过是将同一件事说了两遍。在这里爱与被爱之相同,正和爱者与被爱者算不上不同一样。不过,爱与被爱者仍是两物,因为这并不是说任何爱自己者都是爱,除非是爱爱它自身。"[13]这个比喻的概念框架是:

爱者—被爱者—爱。

奥古斯丁运用这个类比说明,作为同一性,爱和知识都是心灵,爱者和被爱者同是爱,圣父、圣子同是神灵,它们都是上帝。这些是在"三位一体"的意义上,都包含着相同的关系,既表现了三者的关系,又体现了本质的同一。黑格尔对基督教的"三位一体"曾有过评价,他说:"所谓自然神论提出的对于上帝的界说,也仅仅是上帝的知性概念,反之,那认上帝为三位一体的基督教便包含了上帝的理性概念。"[14]在黑格尔看来,所谓知性概念,只是知性思维的形式,而理性概念则是事物本身。这里也表现了黑格尔反对自然神论的立场，而"认上帝为三位一体"则确认了上帝的存在。从而上帝和理性，都进入了黑格尔的思辨逻辑视野中。

§35 现在：永恒与瞬间

上帝在创世的时候，创造了时间，使受造物处于时间之中。令人忧虑的问题是：上帝是否也同时处于时间中？如果上帝同受造物一样处于时间中，那么，上帝就要同凡人一样地生活。这就引出了一系列的矛盾，以致否定上帝的至善、万能、无限、永恒。如果是这样的话，那么，上帝就同凡人没有什么区别了。奥古斯丁自然意识到了这一点。他说："有些人满怀充塞着成见，向我们诘问：'天主在创造天地之前做些什么？如果闲着无所事事，何不常无所为，犹如他以后停止工作一样？'"[15]

为了消除受造物的时间与上帝是否存在于时间中的矛盾，奥古斯丁所面临的任务，就是要证明上帝的永恒性和超时间性，上帝是绝对的存在，不随受造物的时间变化而变化。因此，永恒是上帝的属性，这既是奥古斯丁讨论时间问题的出发点，又是他通过论证所要达到的结论。

关于时间的讨论，奥古斯丁所运用的方法，不是分析的，而是思辨的，体现了概念逻辑的特征。奥古斯丁关注的核心问题，是如何说明"永恒"与"时间"是两种根本不同的概念。而对这两个概念解释的出发点都是"现在"这一概念的两重性。若"现在"是静止不变的，没有过去和将来，这便是永恒；若"现在"处于变化中，它从过去而来，并走向将来，这便是时间。在论证的过程中。奥古斯丁明显地使用了两个概念框架：一个是说明上帝是永恒的概念框架，即：

现在—不变—永恒。

另一个是说明受造物时间的概念框架，即：

现在—变化—时间。

"现在"具有两重性，即可变性与不变性。可变性为时间，不变性为永恒。上帝永远处于不变的"现在"，所以，他是永恒的，没有时间。

奥古斯丁把永恒看作不变的现在，它永远是现在，没有过去和将来，因而不是时间。如果说上帝是超越时间的，他也不是时间性的超越，而是非时间性的超越。奥古斯丁说:"你也不在时间上超越时间;否则你不能超越一切时间了。你是在永远现在的永恒高峰上超越一切过去,也超越一切将来,因为将来的,来到后即成过去;'你永不改变,你的岁月没有穷尽'。(见《诗篇》101首 28 节)"[16]

对时间的这种解释,具有明显的思辨性。如果具有了时间,它就是时间性的,不是永恒的;只有不具有时间,才是永恒的。在这里,实际上界说了两种"时间",一个是造物主的"时间",另一个是受造物的"时间"。而造物主的时间不称为时间,称为永恒。我们通常所说的时间,只能是受造物的时间。永恒与时间的关联,即是"现在"。奥古斯丁说:"既然过去已经不在,将来尚未来到,则过去和将来这两个时间怎样存在呢?现在如果永久是现在,便没有时间,而是永恒。现在的所以成为时间,由于走向过去;那末我们怎能说现在存在呢?现在所以在的原因是即将不在;因此,除非时间走向不存在,否则我便不能正确地说时间不存在。"[17]在此,奥古斯丁区分的是时间与永恒,两者的区别在于:时间是变化的,永恒是不变的。在受造物那里,"现在"作为时间的存在性是因为它的变化——成为过去和将来。在造物主那里,"现在"不属于时间,在于它是不变的,因而是永恒。永恒与时间,奥古斯丁都是用"现在"来解说的:两种不同的现在,造成了永恒与时间的区别。

其实,在受造物那里,同样只是现在,过去和将来也都是不存在的。因为过去的已经过去,将来的尚未到来。而现在也只是瞬间,说到底,也是不存在的。为了回答时间有多长的问题,奥古斯丁对现在的时间进行了无限的划分,最后得出结论说:"设想一个小得不能再分割的时间,仅仅这一点能称为现在,但也迅速地从将来飞向过去,没有瞬息伸展。一有伸展,便分出了过去和将来:现在是没有丝毫长度的。"[18]就是说,显然时间中的"现在"是存在着的,但它是没有长度的"瞬息"。

其实,人们对永恒首先是信仰,同时也是一种理解,它是通过两种"现在"的比较中获得的。奥古斯丁认为,如果人们只是将心沉浮于事物过去和未来的波浪之中,领略永恒的意义,其结果依然无所着落。他说:"稍一揽取卓然不移的永恒的光辉,和川流不息的时间作一比较,可知二者绝对不能比拟,时间不论如何悠久,也不过是流光的相续,不能同时伸展延留,永恒却没有过去,整个只有现在,而时间不能整个是现在,他们可以看到一切过去都被将来所驱除,一切将来又随过去而过去,而一切过去和将来却出自永远的现在。谁能把定人的思想,使它驻足谛观无古往无今来的永恒怎样屹立着调遣将来和过去的时间?"[19] 从这里,我们也可以体会到,为什么奥古斯丁强调以理解加深信仰的意义。

奥古斯丁有句名言:"时间究竟是什么?没有人问我,我倒清楚,有人问我,我想说明,便茫然不解了。"[20] 这在永恒与时间关系的思辨上,我们可以领悟其一二。永恒与时间都用"现在"来解读,这说明,永恒与时间不是没有关联的,两者还是通过"现在"并作为"现在"的两种不同形相而相互关联着。既然永恒与时间是不相关的,又为什么会有这种关联呢?在奥古斯丁的思辨中,的确存在着不少神秘主义色彩,这是否就是奥古斯丁所说的,对时间的"茫然不解"的地方?

§36 过去—现在—将来

奥古斯丁把时间区分为过去、现在和将来,是同世间万物密切地联系着的。他说:"如果没有过去的事物,则没有过去的时间;没有来到的事物,也没有将来的时间;并且如果什么也不存在,则也没有现在的时间。"[21] 可见,历史的过去、现在和将来,就是事物的过去、现在和将来。所以。历史的进展与事物的行程是一致的,它们的公式是:

  过去—现在—将来。

但是,在奥古斯丁看来,真正成长的是现在。因为过去的事物已经不复存在,将来的事物也未曾存在,它们都没有时间。奥古斯丁说:"因为一过去,即不存在,我们便找不到有长度的东西了;那末我们更好说:这个现在的时间曾是长的。因为时间的长短在乎现在:既然尚未过去,尚未不存在,因此能有长短,过去后就入于无何有之乡,也就没有长短可言了。"[22] 这说明,过去和将来都不存在,只有现在,"作为在场存在者",才经历着时间。

为什么时间是存在的?因为现在存在。为什么现在是存在的?奥古斯丁以思辨的方式回答说:"现在的所以成为时间,由于走向过去;那末我们怎能说现在存在呢?现在所以在的原因是即将不在;因此,除非时间走向不存在,否则我便不能正确地说时间不存在。"[23]在这种回答中,奥古斯丁已经不再停留于经验领域,而进入了存在与非存在的概念思辨。这样,就把受造物的时间存在问题,转换为人的心理和心灵对时间的感受问题。

关于过去和将来也都是这样,因为它们走向不存在,所以不能说它们不存在。这种存在与非存在的统一,就在于现在。奥古斯丁说:"谁会对我说时间并无这三类,仅有现在,过去和将来都不存在?是否过去和将来也都存在?将来成为现在时,是否从某一个隐秘的处所脱身而出;现在成为过去时,是否又进入了隐秘的处所?将来既未存在,预言将来的人从何处看到将来?不存在的东西,谁也看不到。讲述往事的人如果心中没有看到,所讲述的不会真实;如果过去不留一些踪迹,便绝不能看到。据此而言,过去和将来都存在。"[24]这就明确告诉我们,第一,时间存在着过去、现在和将来的划分,"现在"则是三种时间的相互关系的中介,三种时间都表现为现在,即"过去事物的现在,现在事物的现在,将来事物的现在"。这就可以把历史的公式转换为现在的公式,即:

    过去的现在—现在的现在—将来的现在。

第二,"现在"之所以成为三种时间的中介,是因为三种时间都存在于心灵中,它们分别地表现为心灵的记忆、注意和期待,即是说,"过去事物的现在是记忆,现在事物的现在是注意,将来事物的现在是期待"。因此时间在人们心灵中的公式是:

    记忆—注意—期待。

第三,记忆、注意和期待是存在者的时间存在方式,并把它们作为事物的过去、现在和将来在心灵中的转换形式。这样,就把"过去—现在—将来"的"三一体"概念框架,转换为心灵中的"记忆—注意—期待"的概念框架。

如果要进一步追问:时间为什么能够存在于心灵之中?这就真正地涉及了时间是什么的问题。因为永恒是静止的、不变的,时间则是变化的,而且可以把变化解释为伸展。既然时间是伸展,而且时间又只能存在于心灵中,这就使奥古斯丁必然地得出结论:时间"如不是思想的伸展,则更奇怪了。"于是,他发出了这样的感叹:"我的心灵啊,我是在你里面度量时间。"[25]。

时间是心灵的伸展,决定了过去、现在和将来三种时间的关系,从而决定将来通过现在走向过去。"这是由于人的思想工作中有三个阶段:期望、注意和记忆。所期望的东西,通过注意,进入记忆。谁否认将来尚未存在?但对将来的期望已经存在心中。谁否认过去已不存在?但过去的记忆还存在心中。谁否认现在没有长度,只是疾驰而去的点滴?但注意能持续下去,将来通过注意走向过去。"[26]"现在",这个作为过去、现在和将来三者关系中的核心,相应地被心灵转换为"注意",从而使它成为了期待、注意和记忆三者关系的核心。

§37 人类历史的逻辑

奥古斯丁在时间问题的讨论中,着眼于过去、现在和将来。而时间的过去、现在和将来,又是同历史联系在一起的,因为历史是时间的经历。上帝是超越时间的,没有时间的经历,因而上帝没有历史。所谓历史,也只是人类的历史,即人类的道化肉身的历史,上帝臣民的历史。历史中的事件,是时间的肉身。它是对瞬间的记忆,而这个瞬间也就是现在。

但是,奥古斯丁所说的历史,仍然是在基督教神学框架下的历史。这就使他把人类历史看作也是善战胜恶的历史,光明战胜黑暗的历史。这种斗争的历史,具体表现为上帝之城战胜地上之城的历史。

公元410年,西哥特人进攻罗马,使这个文明世界的首都陷落。罗马帝国的灭亡,以及这些游牧民族的胜利和暴行,深深地刺激了奥古斯丁的心灵,激发了他寻求以超自然的力量来拯救人类的沉思。这时,奥古斯丁所面对的矛盾是:既然上帝是万能的,为什么罗马城被沦陷了。因此,"在异教徒看来,在罗马从弹丸之地跃居为世界性的大帝国的首都的漫长过程中,祖先们并没有崇拜基督教的上帝,而是崇拜自己的民族神。因此,这次罗马城的灾难是罗马人信奉基督教,背叛民族神而遭受的严厉的惩罚的结果。"[27]面对罗马城沦陷的事实,如何使人们仍然信仰上帝是万能的?奥古斯丁的反思,提出了人类历史两重性的概念和历史发展必然趋势的思想。

奥古斯丁认为,世俗社会是由天使和凡人共同构成的。由于善良天使和邪恶天使的分离,造成了统一的城邦分裂为两座城邦,即"上帝之城"与"地上之城"。"上帝之城"是善良的天使和凡人组成的,"这座上帝之城就是至高者居住的圣所。上帝在其中,城必不动摇"。(《圣经·诗篇(46)》)"地上之城"是邪恶的天使和凡人组成,"因为有些天使持续不断地趋向于万物之共善,亦即上帝本身,上帝的永恒、真理和爱,而有些天使对他们自己的力量感到兴奋,认为他们自己就可以是自己的善,从而脱离对他们和一切事物来说共有的善,拥抱他们自己个别的善"。[28] 无论是现在,还是将来,和平与幸福都属于上帝之城,属于耶稣基督的子民们;地上之城最终都要接受末日审判而被定罪,并且接受永久的惩罚;而上帝之城则给予圣民们永久幸福。审视奥古斯丁的论述,我们不难理解,上帝之城只是一种象征,并不是它在特定时间内在尘世中的代表。在现实社会中,两城始终都是相互混合在一起的,直到最后末日审判时,才会被最终分开。罗马帝国的灭亡,不是上帝之城,而是地上之城,这本身就是上帝的一种惩罚。

上帝之城的统治,是上帝的统治,只有上帝的统治,才能获得和平的幸福和至善。奥古斯丁说:"上帝将统治人,灵魂将统治身体;我们在那最后的和平中乐意服从,这种服从就像我们在生活和统治中得到的幸福一样伟大。对每个人和一切人来说,这种状况是永久的,它的永恒是有保证的,所以这种幸福的和平,或这种和平的幸福,就是至善。"[29] 而地上之城的人将会永远不幸。因为他们的灵魂已经与上帝的生命分离,他们的身体也愈加被永久的痛苦征服。

上帝之城的至善、幸福与和平,成为历史发展的终极目的。这就是奥古斯丁的历史目的论思想。他说:"逐步建立起上帝之国,乃是上帝创造世界的真正目的,惟有上帝的旨意和设计方给历史以普遍的意义。一切历史事件只不过是实现这个目的若丁瞬间而已。人类历史是神的奥秘在实践中的表现,神的仁爱不断运作,以期救赎那些被罪扰乱的理性的受造物。"[30] 在奥古斯丁看来,历史实践,是神的仁慈运作。这种运作,是历史实践的手段,而历史的最终结果,是善战胜恶,光明战胜黑暗,上帝之城战胜地上之城。这就是历史发展的必然趋势。这里,虽然没有明确提出,但已经暗涵了历史实践的逻辑,它是一个"三一体"概念框架,即:

    目的—手段—结果。

根据这种理论,罗马帝国的消亡,并非是上帝之城的消亡,而是地上之城的消亡。奥古斯丁说:"罗马是地上之城,其一度强盛,是由于上帝给了它统治世上之权,以便弘扬福音。这个历史使命一旦完成之后,罗马便因其自身的罪（如崇拜偶像等）而衰亡。地上的帝国率皆如此。现世的有形教会是良莠不齐的团体,中选者也并非全然无罪。公教会之神圣,不在于全体成员无罪,而在于其终将在末日达到神圣。"[31] 所以,地上之城的消亡,是历史的必然,历史目的的实现,更说明了上帝是万能的主。

参 考 文 献

[1] 凯,汤姆森.奥古斯丁[M].周伟驰,译.2版.北京:中华书局,2014:11-12.

[2] 古奇.十九世纪历史学与历史学家:上册[M].耿淡如,译.卢继祖,高健,校.谭英华,校注.北京:商务印书馆,2009:66.

[3] 奥古斯丁.论自由意志:奥古斯丁对话录二篇.成官泯,译.上海:上海人民出版社,2010:87.

[4] 奥古斯丁.论自由意志:奥古斯丁对话录二篇.成官泯,译.上海:上海人民出版社,2010:89.

[5] 凯,汤姆森.奥古斯丁[M].周伟驰,译.2版.北京:中华书局,2014:28.

[6] 奥古斯丁.上帝之城[M].王晓朝,译.北京:人民出版社,2006:578-579.

[7] 奥古斯丁.上帝之城[M].王晓朝,译.北京:人民出版社,2006:445.

[8] 奥古斯丁.上帝之城[M].王晓朝,译.北京:人民出版社,2006:445-446.

[9] 奥古斯丁.上帝之城[M].王晓朝,译.北京:人民出版社,2006:446.

[10] 奥古斯丁.上帝之城[M].王晓朝,译.北京:人民出版社,2006:903.

[11] 奥古斯丁.论三位一体.周伟驰,译.北京:商务印书馆,2015:10.

[12] 奥古斯丁.论三位一体.周伟驰,译.北京:商务印书馆,2015:263.

[13] 奥古斯丁.论三位一体.周伟驰,译.北京:商务印书馆,2015:263.

[14] 黑格尔.小逻辑[M].贺麟,译.2版.北京:商务印书馆,1980:358-359.

[15] 奥古斯丁.忏悔录[M].周士良,译.北京:商务印书馆,1963:239.

[16] 奥古斯丁.忏悔录[M].周士良,译.北京:商务印书馆,1963:241.

[17] 奥古斯丁.忏悔录[M].周士良,译.北京:商务印书馆,1963:242.

[18] 奥古斯丁.忏悔录[M].周士良,译.北京:商务印书馆,1963:244.

[19] 奥古斯丁.忏悔录[M].周士良,译.北京:商务印书馆,1963:239-240.

[20] 奥古斯丁.忏悔录[M].周士良,译.北京:商务印书馆,1963:242.
[21] 奥古斯丁.忏悔录[M].周士良,译.北京:商务印书馆,1963:242.
[22] 奥古斯丁.忏悔录[M].周士良,译.北京:商务印书馆,1963:243.
[23] 奥古斯丁.忏悔录[M].周士良,译.北京:商务印书馆,1963:242.
[24] 奥古斯丁.忏悔录[M].周士良,译.北京:商务印书馆,1963:247.
[25] 奥古斯丁.忏悔录[M].周士良,译.北京:商务印书馆,1963:253,254.
[26] 奥古斯丁.忏悔录[M].周士良,译.北京:商务印书馆,1963:255.
[27] 奥古斯丁.上帝之城[M].王晓朝,译.北京:人民出版社,2006:17.
[28] 奥古斯丁.上帝之城[M].王晓朝,译.北京:人民出版社,2006:492.
[29] 奥古斯丁.上帝之城[M].王晓朝,译.北京:人民出版社,2006:948.
[30] 转引自:唐逸.希波的奥古斯丁:下[J].哲学研究.1999(3):68.
[31] 转引自:唐逸.希波的奥古斯丁:下[J].哲学研究.1999(3):68.

第 3 章
斯宾诺莎对概念关系的运用

斯宾诺莎（Baruch de Spinoza，1632－1677）是荷兰哲学家，西方近代欧洲大陆的理性主义者，是笛卡尔主义的继承者和推进者。斯宾诺莎本为犹太人，出生于阿姆斯特丹，因宗教迫害逃到葡萄牙，后又逃到荷兰，过着艰苦的生活，死于肺结核。他不承认神是自然的造物主，认为自然本身就是神。黑格尔评论说：有人说，斯宾诺莎主义是无神论，"我们倒是也同样可以把他称为无世界论者"[1]。他的主要著作有《神、人及其幸福简论》、《笛卡尔哲学原理》、《知性改进论》、《伦理学》等。

斯宾诺莎的《伦理学》是用几何学方法写成的，表明他企图以形式逻辑为建立哲学理论体系的工具。《伦理学》共分五个部分，即论神、心灵的性质和起源、情感的起源和性质、人的奴役或情感的力量以及理智的力量或人的自由。在第一部分"论神"中，斯宾诺莎首先对基本概念做了定义，他称为界说；其次是根据基本概念的定义提出命题，他称为公则；第三是进一步提出公设，并对比较复杂的命题进一步进行证明和解释。在这种形式逻辑的应用中，首先需要解决的问题是推论的逻辑前提。斯宾诺莎的界说、公则和公设等，都是作为推论的前提而设立的。有人评论说，斯宾诺莎以形式逻辑中的演绎推理构造他的哲学体系，"这在哲学史上是非常罕见的"[2]。

本体论、认识论和伦理学，是斯宾诺莎哲学体系的基本结构。其中的本体论是整个哲学体系的基础。本体论的出发点，又是"实体"概念，因而"实体"概念就成为整个哲学体系的出发点。正是这些基本概念的特殊框架，规定了斯宾诺莎哲学体系不同于其他哲学体系的特点。

斯宾诺莎充分地运用形式逻辑于自己的论证中，因此，也使他有可能超越了形式逻辑。他以概念为工具，在推论的过程中，首先制定逻辑推论的前提和出发点，说明了真概念是形式逻辑的前提。他提出了"规定就是否定"的命题,并使用概念"三一体"的逻辑框架,但他并不真正了解概念关系中的否定性的辩证法。他还提出了普遍性、特殊性和个体性的概念,但仍然没有真正揭示它们之间的辩证关系。在斯宾诺莎的思想中,我们可以看到概念逻辑在人类思想史中的日益进步,显示它的生长也是一种自然历史过程。

§38 "实体"与"神"是同一概念的根据

斯宾诺莎认为,作为理论体系出发点的概念,应该是真观念。它是最完满、最简单而又自明的观念,是一切推论的前提和根据。只有从真观念出发,才能从中推出后继的概念和原理。

建立一种理论体系,逻辑出发点是极其重要的。在斯宾诺莎看来,在历史上,作为理论出发点的,有三种不同的情形。第一,一般哲学家都把被创造的事物作为出发点,把它们看作是第一性的东西,而不是真观念。第二,笛卡尔把"我思"作为出发点,而且是经过一系列的"怀疑"之后才呈现出来的,是认识的一种抽象,它本身就不具有"清楚明白"的要求,而是含混不清的。以它为前提推出一个上帝的存在,说明上帝只能是派生的,而不是万物的创造主,这与上帝的概念相矛盾。第三,斯宾诺莎自己,他认为,既然神是万事万物的创造者,它是最清楚明白的东西,所以,神是出发点,哲学应该从神出发。

在《伦理学》中,斯宾诺莎对神的定义是:"神(Deus),我理解为绝对无限的存在,亦即具有无限'多'属性的实体,其中每一属性各表示永恒无限的本质。"[3] 类似的,在《神、人及其幸福简论》中,斯宾诺莎关于神的定义是:"神是一个被断定为具有一切或无限多属性的存在物,其中每一种属性在其自类中皆是无限圆满的。"[4] 如果从形式逻辑属加种差的定义方法来看,这两个定义中,被定义概念都是神,属概念也都是实体,种差则是无限多样和无限圆满的属性。这里,实际上提出了三个概念,即神、实体和属性。根据这种定义,神是实体概念中的一个种概念。因而实体与神这两个概念之间的关系是包含关系,神包含于实体之中。从这种关系来看,实体比神更根本,因为神是从属于实体的。

什么是实体?关于"实体"概念的定义,斯宾诺莎并不是运用属加种差的方法,而用实体与他物的关系来定义。他说:"实体(substantia),我理解为在自身内并通过自身而被认识的东西。换言之,形成实体的概念,可以无须借助于他物的概念。"[5]斯宾诺莎在这里实际上是用"自因"来说明实体的,就是说,实体的本质就是指它自身决定它的存在,不是由他物所决定的。按照这种说法,实体是独一无二的,它是唯一的,自然也不依赖于神的存在而存在。

在给奥尔登堡的信中,斯宾诺莎又提出一个关于神的定义。斯宾诺莎说:"神,我界说为由无限多的属性所构成的本质,其中每一种属性是无限的,或者在其自类中是无上圆满的。"[6]这是一个与实体的定义相类似的定义,没有把神作为实体的种概念。但他运用的不是与他物的关系,而是说明它所具有的性质。

这两个定义有一个共同点,即把实体和神都定义为存在。而且这两种存在都是由自身的属性所规定的。神是"由无限多的属性所构成的本质",说的是由自身规定自身;实体则是"在自身内并通过自身而被认识的东西",同样是由自身规定自身。实体的本质是自因、无限、永恒、不可分、唯一等,神的本质也同样是自因、无限、永恒、不可分、唯一等。由于这种本质的同一性,使它们成为同一种存在。如果实体是唯一的,神也是唯一的,那么唯一的只能是一种存在,而不可能是两种存在、两个唯一,否则就陷入自相矛盾。因而神就是实体,实体也就是神,两者是合一的。斯宾诺莎"论神"中的第十四个命题说:"除了神以外,不能有任何实体,也不能设想任何实体"[7]。这种同一,自然是外延上的同一,但是,它又是从内涵的同一来规定的。在形式逻辑中,当两个概念在外延上完全重合时,这两个概念就是同一概念,而在内涵上却不完全是相同的。而斯宾诺莎在关于神和实体这两个概念的定义中,是以概念内涵的同一来规定概念外延的同一的。以内涵相同而断定两个概念是同一概念,这已经不是形式逻辑的外延方法,而是概念逻辑的内涵方法了。而这些概念的内涵,又是怎样得到的呢?这已经完全超出了形式逻辑的范围。所以,作为获得前提和建构概念框架的方法,并非是形式逻辑的,斯宾诺莎已经超越了形式逻辑,从外延逻辑进入了内涵逻辑。这种超越,不管对斯宾诺莎来说,是自觉的,还是自发的,在概念逻辑史上,都留下了浓浓的一笔。

§39 实体、属性与样态之间的概念关系

实体、属性与样态是斯宾诺莎哲学体系的基本概念框架。在对实体和神的概念做了基本界说后,接着,斯宾诺莎就对属性的概念做了进一步的规定。实际上,他把属性规定为从实体到样态的中介概念。

关于属性,斯宾诺莎说:"属性(attributus),我理解为由知性(intellectus)看来是构成实体的本质的东西。"[8] 由于神是绝对无限的,具有无限多的属性。在这些无限多的属性中,有两个是本质的属性,这就是思维和广延。因此,他认为:"思想是神的一个属性,或者神是一个能思想的东西。"[9] 可是,他又认为:"广延是神的一个属性,换言之,神是一个有广延的东西。"[10] 从这些规定中,我们不难了解,思维与广延都是同一实体的本质属性。前文已经说过,斯宾诺莎把实体和神都定义为本质的存在,而广延和思维就是实体的本质,正是这种本质才规定了实体的存在,因而实体的本质,即属性,也就是实体本身。这就进一步表明,斯宾诺莎不是用概念的外延确定实体与神(上帝)是同一概念,而是用概念的内涵来确定它们是同一概念,从而进入了概念之间的关系。

斯宾诺莎企图用这种分析,进一步引出自然的概念,并把实体和神同自然等同起来,把它们都看作是同一概念。

在笛卡尔那里,有两个实体,即精神实体和物质实体。可是,笛卡尔又都是通过上帝来说明这两个实体的,因而,说到底,精神实体和物质实体都不是独立的实体,也不是真正的实体,只有上帝才是独立的、真正的实体。在斯宾诺莎这里,上帝和神都等同于自然,所以只有自然才是独一无二的实体。而且自然还是一个整体。斯宾诺莎明确指出:"我们不难理解整个自然界是一个个体,它的各个部分,换言之,即一切物体,虽有极其多样的转化,但整个个体可以不致有什么改变。"[11] 这样,斯宾诺莎又引出了"自然"的概念,并同实体与神两个概念并立起来,而且这三个概念又是同一的,构成一个"三位一体"的概念框架,即:

实体—自然—神。

由于实体、自然和神是绝对同一的,它们是一个东西,都是实体,可以称它为自然,也可以称它为神,因而自然也就是神。把实体和自然等同于神,这符合历史上一神论的传统;他把实体和神等同于自然,这又符合当时自然主义新思想。这也可以看作是斯宾诺莎接受新兴自然科学影响的一个结果。所以,虽然这些概念并不存在概念间的过渡和演化,但是,这些论述显示出概念框架在论证中的意义,还是十分明显的。

由于实体,或神,或自然,它们是同一概念,因而是斯宾诺莎哲学体系的同一个出发点。斯宾诺莎在早期著作《神、人及其幸福简论》中也指出,"神即自然",自然是一个永恒的统一体,通过其自身而存在的、无限的、万能的,并在其中统摄了一切。于是,他关于自然的定义是:"自然是通过其自身,而不是通过任何其他事物而被认识。它是由无限属性所组成,其中每一属性在其自类中皆是无限的和圆满的。存在属于它的本质,所以在它之外不存在有任何其他的本质或存在。因而它同唯一伟大的神圣的神的本质是完全一致的。"[12]就是说,自然是由无限多个属性所构成的,其中每一种属性在其自类中皆是圆满的,这正好与他给神和实体所做的界说相一致。

在实体之后,斯宾诺莎提出了属性的概念,并把"属性"看作是实体的本质。这里所说的属性,就是指作为实体本质的广延和思想两个属性。而每个属性都有它的变相,广延的变相是运动与静止,思想的变相是理智和意志。物体是广延的样态;而心灵是思想的样态。

因此,在属性概念之下,又有样态(样式)的概念。斯宾诺莎说:"样式(modus),我理解为实体的分殊(affectiones),亦即在他物内通过他物而被认知的东西。"[13]又说:"特殊的事物只不过是神的属性的分殊,也就是以某种一定的方式表示神的属性的样式。"[14]这样,斯宾诺莎把属性看作是实体的本质,是与实体同一的。这个"分殊",类似于苏格拉底的"分有"的概念。实体通过属性而产生样态,从样态中产生个别事物。这里所表现的,正是普遍性、特殊性和个别性的关系,他表述为以下的一个概念框架:

  实体(属性)—样态—变相。

其中,实体(属性)是普遍性;样态是实体的分殊,是特殊性;样态的变相是个体性,或个别性,是三个不同的东西。所以,可以认为,斯宾诺莎已经把普遍性、特殊性和个体性看作概念关系的三个环节,因此,可以把上述这个

"三一体"的概念框架写成为：

普遍性—特殊性—个体性。

属性是广延和思维，每个属性都有两个样态，广延中的样态是静止和运动，思维中的样态是理智和意志。个别的东西是样态的变相，它本身就系于这些样态，是这些样态把我们所谓个别的东西区别开来。这样，斯宾诺莎把普遍性、特殊性和个体性之间的辩证关系说得更加清楚了。不过他只是肯定在普遍性中包含着特殊性和个体性，从而使世界成为一个个体，却不知道它们之间的真正的辩证法。黑格尔认为："斯宾诺莎从普遍者实体往下降，通过特殊者、思维和广延，达到个别者（modificatio〔变相〕）。他有三个环节，也就是说，这三个环节对于他来说是基本环节。但是他并不把个别性所寄托的样式看成本质的东西，他的样式在本质中并不是本质本身的一环；而是消失在本质中了，也就是说，他并没有把样式提高到概念。"[15]他还指出："斯宾诺莎正好没有真正认识到否定的东西。"[16]正是这个原因，尽管斯宾诺莎意识到了普遍性、特殊性和个体性是三个基本环节，但他没有意识到通过否定性，揭示这三个环节在概念推论过程中的运动。

§40 自因、因果关系与充足理由原则

斯宾诺莎在《伦理学》第一部分《论神》中的第一个界说，就是关于自因的。斯宾诺莎说："自因（causa sui），我理解为这样的东西，它的本质（essenia）即包含存在（existentia），或者它的本性只能设想为存在着"。[17]就是说，由于实体是自己存在的，因而是自身存在的原因，它不需要任何其他东西来说明它。不仅如此，"自因"还表达了相互作用是事物存在和发展的终极原因的思想。恩格斯指出："斯宾诺莎：**实体是自身原因**，这恰当地表达了相互作用。"[18]

此外，斯宾诺莎又以因果关系来说明事物的产生、发展和变化的原因。他说："从神的本性的必然性，无限多的事物在无限多的方式下（这就是说，一切能作为无限理智的对象的事物）都必定推得出来。"[19]在逻辑上，这可以看作是推论，神的本性的必然性是推论的前提；在事物的产生上，神的必然性与

具体事物的关系即是因果关系。所以,斯宾诺莎又进一步指出:"每个个体事物或者有限的且有一定的存在的事物,非经另一个有限的、且有一定的存在的原因决定它存在和动作,便不能存在,也不能有所动作,而且这一个原因也非经另一个有限的,且有一定的存在的原因决定它存在和动作,便不能存在,也不能有所动作;如此类推,以至无穷。"[20] 在这里,斯宾诺莎明确地说出了事物之间的相互作用,而且称它为"自因"。在命题十的附释中,又进一步解释说:"人人必须承认,没有神就没有东西可以存在,也没有东西可以被理解,因为没有人不承认,神是万物本质及万物存在的唯一原因,这就是说,神不仅是万物生成的原因而且是人们所常说的万物存在的原因。"[21] 而且"神是万物的内因(causa immanens),而不是万物的外因(causa transiens)"[22]。这个思想,也充分地反映了斯宾诺莎坚持从世界本身来说明世界的唯物主义立场。恩格斯说:"当时的哲学博得的最高荣誉就是:它没有被同时代的自然知识的狭隘状况引入迷途,它——从斯宾诺莎一直到伟大的法国唯物主义者——坚持从世界本身来说明世界,并把细节的证明留给未来的自然科学。"[23]

斯宾诺莎所说的事物之间的相互作用,实际都是指自然法则和思维法则,而且这些法则就是因果规律。在自然中,就存在着多层次的自然法则,神或实体是最高的自然法则。一切样态都按照自然法则而发生、发展和变化,但由于样态的层次不同,它们所服从的自然法则的普遍性也不同。最低级的自然法则,即具体和个别事物,包括个别的思想观念和物体的因果规律。

从自然体系本身来说,自然法则表现为因果必然法则,从理论体系的陈述来说,这是充足理由原则。在这种体系之中,神或实体不仅是"自因"的,而且是各种样态的动力因或终极原因。

不过,在斯宾诺莎那里,这种相互作用和因果关系的具体细节还是不清楚的。"确切地说,这两个因果关系如何发生联系以及神的本质(属性)和有限样态之间被认为有怎样的因果关系,并没有明确地讲清楚。"[24]

斯宾诺莎还把因果关系与必然性等同起来了,认为只要是有原因的,就是必然的。所谓偶然性,在于我们缺乏对原因的认识。他说:"自然中没有任何偶然的东西(contingens),反之一切事物都受神的本性的必然性所决定而以一定方式存在和动作。"[25]他又说:"事物之中绝对没有任何东西使得事物可以说是偶然的,现在我要简单地解释一下'偶然'的意义。但是首先我必须解释一下'必然'与'不可能'。一物之所以称为必然的,不由于其本质使然,即由于其外因使然。因为凡物之存在不出于其本质及界说,必出于一个一定的致动因。一物之所以称为不可能的,也是如此:不是由于它的本质或界说中包含着矛盾,就是由于没有一定的外因使它产生。其所以说一物是偶然的,除了表示我们的知识有了缺陷外,实在没有别的原因。"[26]

§41 "限定就是否定"命题对黑格尔的启示

黑格尔在他的《哲学史讲演录》中说:"斯宾诺莎有一个伟大的命题:一切规定都是一种否定。"[27]黑格尔根据斯宾诺莎的这个命题,做了进一步的发挥,提出了否定性的辩证法,并把它作为思辨逻辑的思想基础。恩格斯也曾高度评价了这个命题。

由于有不少人反对辩证的否定观,而且做了种种反驳。其中有一种反驳说,"我说玫瑰不是玫瑰,我就把玫瑰是玫瑰这句话否定了;如果我又否定这一否定,并且说玫瑰终究还是玫瑰,这样能得出什么结果来呢?"恩格斯指出:"这些反驳其实就是形而上学者反对辩证法的主要论据,它们同形而上学思维的狭隘性完全合拍。在辩证法中,否定不是简单地说不,或宣布某一事物不存在,或用随便一种方法把它毁掉。斯宾诺莎早已说过:Omnis determinatio est negatio,即任何限定或规定同时就是否定。"[28]

其实,斯宾诺莎所处的历史时代,是形而上学盛行的时代,他自然不可能具有黑格尔和恩格斯所解释的这种辩证法思想。在斯宾诺莎看来,神只能是靠自己的能力或力量而存在的存在,因此神是唯一的存在。他明确指出:神"不能被认为是限定了的,而只能被认为是**无限的**。因为,假如这个存在的性质是限定了的,并且被认为是限定了的,那么在这些限定之外,那种性质就会被认为不存在,而这又同其界说相矛盾"。[29]斯宾诺莎的意思是说,无限的对象是不可能受限定的,神是唯一的、无限的存在,它是不可能被限定的。如果它被限定,给了丁某种形状和性质,这就否定了它具有这种限定之外的其他一切形状和性质,这就否定了神具有纯粹的圆满性。这种意义是同关于神的界说相矛盾的:凡是包含必然存在的事物自身不能有任何不圆满性,而必须表现为纯粹的圆满性。所以,被限定的存在就是一个有限物,而且这种有限物,就是万物,它是通过神的必然性产生的,因而它们都是在神之内的。所以,神是唯一的,即在神之外没有任何创造物。斯宾诺莎在再次致胡德的信中,进一步证明自己的结论:神之外无物存在,只有神通过其自身的充足性而存在。在这封信中他进一步说明了存在自身的充足性是神的本质。他指出:"如果我们假定,只有在其自类中是不受限定的和圆满的事物,才是通过其自身的充足性而存在的,那么我们也就必然承认一个绝对不受限定的和圆满的本质的存在,这个本质,我称之为神。"[30]

斯宾诺莎的这些解释和论证,实际上是说明有限与无限的关系问题。实体或上帝是无限的存在,它是不能被限定或规定的,因为,一旦有了限定或规定,就是对无限的否定。凡是被限定或规定的,都是有限的。所以,无限与有限是对立的。实体或神,指的是无限的本质,并非具体的形状或性质。而具有的形状或性质,都是限定或规定的结果,因而是有限的。在这个意义上,这两者的对立是绝对的。

斯宾诺莎也是在有限与无限、肯定与否定的对立意义上,提出"限定就是否定"这个命题的。他指出:"关于这,即形状是否定,而不是某种肯定的东西,这是很显然的,物质整体,就其没有任何限定而言,是不能有形状的,形状仅出现在有限的和限定了的物体中。因为凡是说他认识形状的人,他所想表示的,无非只是说他在认识一个限定了的事物,以及这个事物如何被限定。因此,这种对事物的限定,不是指事物的存在,正相反,它是指事物的不存在。既然形状无非只是限定,而限定就是否定,所以,正如我们所说的,形状除了是否定外,不能是别的。"[31]

虽然斯宾诺莎没有赋予"限定就是否定"这个命题以黑格尔和恩格斯所解释的那种意义,但这个命题确实包含有这种含义,这是斯宾诺莎所不了解的。但这个命题又对黑格尔产生了重要的启示,这也许就是否定性辩证法产生的前夜。

§42 应用几何学方法的前提

斯宾诺莎所用的方法是几何学方法,即用形式逻辑来构造理论体系。这是应该肯定的,因为任何理论体系都是推论,都要以形式的正确性为必要条件。

形式逻辑的方法,是从原始概念和基本命题开始,从这些基本前提出发,进行演绎推理,从中分析出必然的结论。大家都知道,形式逻辑不能为我们创造新的知识,但它可以从前提中推论出蕴涵在前提中的知识。因为推理所得到的结论已经包含在前提中了,所以,这个体系是否合理,需要证明的是前提,即原始概念和原始命题,而不是结论。关于这一点,斯宾诺莎其实也没有做到,他总是从界说(定义)开始,接着又进一步给出命题,等等,由此便能得到他想得到的结论。例如,为什么实体、自然和神是充足的、圆满的,他是没有给予证明的,也许就不可能给予证明。

很清楚,斯宾诺莎之能够建立自己的不同于他人的哲学体系,因为他对实体、自然和神以及实体、属性、样态等基本范畴,做了不同于他人的定义,由此而推出自己的所特有的命题和原理。正是这些定义、命题和原理,把他的哲学体系同历史上的哲学体系区别开来了。所以,一种新的理论体系的建立,最基本的工作在于设定逻辑前提。这些前提,恰恰是形式逻辑所不能为的,是从它之外而不是从自身获得的。按斯宾诺莎的话来说,这对于形式逻辑来说,不是自因的,而是他因的。

斯宾诺莎的工作表明,形式逻辑并非是建构理论体系的主要工具。不同理论体系的区分,不在于形式逻辑的运用,而在于采用不同的逻辑前提,从而建构不同的概念框架。在斯宾诺莎的哲学中,"本体论—认识论—伦理学"是一个大概念框架,它决定了斯宾诺莎整个哲学体系的结构。它显示,本体论是斯宾诺莎哲学体系的出发点,伦理学是斯宾诺莎哲学的最高目的。"实体—自然—上帝"和"实体—属性—样态"也是斯宾诺莎哲学的基本概念框架,它们决定了斯宾诺莎本体论即实体论的理论结构和性质。斯宾诺莎在反封建反宗教迷信的斗争中,继承和坚持自文艺复兴时期以来的人文主义思想，力图把知识和伦理融入宗教，形成了"知识—伦理—宗教"的概念框架。

在设定了不同的逻辑前提，形成理论体系的概念框架后，在这个概念框架之内，形式逻辑才发挥应有的作用。斯宾诺莎对形式逻辑也正是这样使用的。所以，形式逻辑只是建构理论体系的辅助工具，而不是主要手段。

斯宾诺莎是如何建构自己的理论前提和概念框架的？一般说来，推论的前提来自两个方面，一方面是来自对前人理论的继承，例如，在斯宾诺莎的基本概念中，"神"的概念主要来源于犹太神学和中古犹太经院哲学，"实体"概念则来自希腊哲学和对笛卡尔哲学的批判和继承，而"自然"概念主要受到布鲁诺和穆勒的思想影响。例如，斯宾诺莎直接引用过穆勒在《论自然》中关于自然的两个主要含义的概念，把整个自然划分为两类，即"产生自然的自然和被自然产生的自然"[32]。另一方面是自己的观察和研究而提出的创见，例如，斯宾诺莎把实体、自然和神统一为一个概念，这是他的一个创造。再如，他一方面继承了笛卡尔的物质实体与精神实体的概念，又不满意将它们看作是两个实体的做法，因而把两者统一起来，都把它们看作是神的属性。

黑格尔对斯宾诺莎的哲学和方法，曾做了这样的评价："至于他的学说体系，那是很简单的，大体上是很容易掌握的。唯一的困难部分在于方法，在于他用来表达思想的那种错综复杂的方法，在于他对主要观点、主要问题每每只是一瞥即过，讲得不够充分。"[33]

在斯宾诺莎的理论体系中，有许多方面都是没有说得清楚的。例如，他区分了普遍者、特殊者和个别者，但是没有认识到它们的统一；他把神贬低为自然，但是没有说清楚神与自然是如何同一的；他把因果关系与必然性等同起来了，认为凡是有原因的都是必然的，这就必然导致否认偶然性；等等。

在斯宾诺莎那里，有许多概念和命题之间的内在联系，也不是很清楚的，甚至包含了歧义性，引起了后世评论者和研究者们的争论。例如，斯宾诺莎说："一切存在的东西，都存在于神之内，没有神就不能有任何东西存在，也不能有任何东西被认识。"[34]所谓"存在于神之内"可以理解为存在的东西是"寓于"神之内的,也可以理解为存在的东西是由神的"自因"引起的。正是这个原因,在斯宾诺莎哲学的研究中,长期存在着两种不同的解读。

还需要指出的是,斯宾诺莎建构了概念框架,但缺乏从先行概念到后继概念的明确过渡。例如,如何从实体过渡到属性概念?又如何从属性概念过渡到样态概念?在普遍性、特殊性和个体性的关系问题上,他把一切都包括到了普遍性中,包括到实体、神中,都存在于神之内,但又没有从普遍性中演绎出特殊性和个体性。

斯宾诺莎哲学体系中存在的这些缺陷,主要不在于形式逻辑的运用,而在于他不了解概念辩证法,自然也不了解概念的否定性进展。

参考文献

[1] 黑格尔.哲学史讲演录:第4卷[M].贺麟,王太庆,译.北京:商务印书馆,1978:129.

[2] 叶秀山,王树人.西方哲学史(学术版):第4卷 周晓亮.近代:理性主义和经验主义,英国哲学[M].南京:江苏人民出版社,2004:111.

[3] 斯宾诺莎.伦理学[M].贺麟,译.北京:商务印书馆,1983:3.

[4] 斯宾诺莎.神、人及其幸福简论[M].洪汉鼎,孙祖培,译.南京:译林出版社,2014:45.

[5] 斯宾诺莎.伦理学[M].贺麟,译.北京:商务印书馆,1983:3.

[6] 斯宾诺莎.致高贵而博学的亨利·奥尔登堡阁下(1661年9月)[M]//斯宾诺莎.斯宾诺莎书信集.洪汉鼎,译.北京:商务印书馆,1993:6.

[7] 斯宾诺莎.伦理学[M].贺麟,译.北京:商务印书馆,1983:14.

[8] 斯宾诺莎.伦理学[M].贺麟,译.北京:商务印书馆,1983:3.

[9] 斯宾诺莎.伦理学[M].贺麟,译.北京:商务印书馆,1983:46.

[10] 斯宾诺莎.伦理学[M].贺麟,译.北京:商务印书馆,1983:46.

[11] 斯宾诺莎.伦理学[M].贺麟,译.北京:商务印书馆,1983:61.

[12] 斯宾诺莎.神、人及其幸福简论[M].洪汉鼎,孙祖培,译.南京:译林出版社,2012:273.

[13] 斯宾诺莎.伦理学[M].贺麟,译.北京:商务印书馆,1983:3.

[14] 斯宾诺莎.伦理学[M].贺麟,译.北京:商务印书馆,1983:27.

[15] 黑格尔.哲学史讲演录:第4卷[M].贺麟,王太庆,译.北京:商务印书馆,1978:120.

[16] 黑格尔.哲学史讲演录:第4卷[M].贺麟,王太庆,译.北京:商务印书馆,1978:121.

[17] 斯宾诺莎.伦理学[M].贺麟,译.北京:商务印书馆,1983:3.

[18] 恩格斯.自然辩证法.[M]//马克思,恩格斯.马克思恩格斯文集:9.京:人民出版社,2009:481,编者注①。

[19] 斯宾诺莎.伦理学[M].贺麟,译.北京:商务印书馆,1983:19.

[20] 斯宾诺莎.伦理学[M].贺麟,译.北京:商务印书馆,1983:27-28.

[21] 斯宾诺莎.伦理学[M].贺麟,译.北京:商务印书馆,1983:53.

[22] 斯宾诺莎.伦理学[M].贺麟,译.北京:商务印书馆,1983:22.

[23] 恩格斯.自然辩证法.[M]//马克思,恩格斯.马克思恩格斯文集:9.北京:人民出版社,2009:413.

[24] 斯坦贝格.斯宾诺莎[M].黄启祥,译.谭鑫田,校.2版.北京:中华书局,2014:35.

[25] 斯宾诺莎.伦理学[M].贺麟,译.北京:商务印书馆,1983:29.

[26] 斯宾诺莎.伦理学[M].贺麟,译.北京:商务印书馆,1983:32.

[27] 黑格尔.哲学史讲演录:第4卷[M].贺麟,王太庆,译.北京:商务印书馆,1978:100.

[28] 恩格斯.反杜林论[M]//马克思,恩格斯.马克思恩格斯文集:9.北京:人民出版社,2009:149.

[29] 斯宾诺莎.致尊敬而谦逊的胡德阁下(1666年4月10日)[M]//斯宾诺莎.斯宾诺莎书信集.洪汉鼎,译.北京:商务印书馆,1993:170.

[30] 斯宾诺莎.致尊敬而谦逊的胡德阁下(1666年6月)[M]//斯宾诺莎.斯宾诺莎书信集.洪汉鼎,译.北京:商务印书馆,1993:174.

［31］斯宾诺莎.致谦恭而谨慎的雅里希·耶勒斯阁下(1674年6月2日)[M]//斯宾诺莎.斯宾诺莎书信集.洪汉鼎,译.北京:商务印书馆,1993:228.

［32］斯宾诺莎.神、人及其幸福简论[M].洪汉鼎,孙祖培,译.南京:译林出版社,2014:184.

［33］黑格尔.哲学史讲演录:第4卷[M].贺麟,王太庆,译.北京:商务印书馆,1978:98.

［34］斯宾诺莎.伦理学[M].贺麟,译.北京:商务印书馆,1983:15.

第 4 章
康德开创逻辑与形而上学的合流

伊曼努尔·康德(Immanuel Kant,1724 – 1804)于 1724 年 4 月 22 日出生于哥尼斯堡,父亲是一位贫苦的马具匠,虔诚的虔信派教徒。当时,哥尼斯堡是东普鲁士王国的首府,后来并入了苏联的版图,改名为加里宁格勒。

康德 16 岁进入他的出生地的哥尼斯堡大学念书,1748 年,24 岁的康德大学毕业。因无法谋取大学教职,他在许多家庭当过私人教师,直到 31 岁才在大学获得编外讲师职位。也正是这一年,即 1755 年,康德以《自然通史和天体论》,系统阐述了星云假说,获得硕士学位。3 个月后获得大学私人助教资格,开始教授哲学。康德在私人助教这个教职上,经历了 15 年。

1770 年,康德在 46 岁时,终于以《感性与知性世界的形式与根据》为题的就任报告,获得了哥尼斯堡大学逻辑学与形而上学教授一职。此后,康德潜心研究他的批判哲学,足足沉寂十二年没有发表文章。

1781 年发表《纯粹理性批判》时,康德已年届 57 岁。在给摩西·孟德尔松的信中,康德就这本书写道:"因为我在大约 4~5 个月的时间内,把至少 12 年期间的思索成果撰写成书,这简直是飞速。在这期间,我虽然极度注意内容,但在行文以及使读者易于理解方面,却没有花费多少气力。"[1]

1781 年的《纯粹理性批判》系统探讨了形而上学和认识论;1788 年出版的《实践理性批判》涉猎了伦理学;1790 年的《判断力批判》则主要论述了美学。康德以三大批判,系统地阐述了真善美的统一。

康德的个人生活常常被喻为时钟一般机械和枯燥,海涅说过:哥尼斯堡的家庭主妇们根据康德每天路过的时间校正钟表。

1794 年,康德被选为彼得堡科学院院士;1798 年被选为意大利科学院院士。1801 年,康德从哥尼斯堡大学退休,1804 年 2 月 12 日,与世长辞。

一座铜碑至今仍然安放在城堡的墙头上,碑上镌刻着《实践理性批判》结束语中的这样几句话:"有两样东西,我们愈经常愈持久地加以思索,它们就愈使心灵充满日新又新、有加无已的景仰和敬畏:**在我之上的星空和居我心中的道德法则**。"[2]

《康德》一书的作者斯克拉顿这样描述这位近代哲学家伊曼努尔·康德:"蛰居于斗室之内,然而却视自己为无限空间的君主。"[3]

卡尔·雅斯贝斯把康德与柏拉图和奥古斯丁并列称为三大"永不休止的哲学奠基人"。

康德在早年接受了18世纪法国唯物主义和牛顿自然科学唯物主义的影响而提出太阳系起源的"星云假说",突破了牛顿的机械论,打开了形而上学的第一个缺口。但他又接受了莱布尼茨-沃尔夫派唯理论的影响,使自己陷入了经验论与理性论的矛盾之中。休谟的归纳问题启示了他,开启了他的"哥白尼式的革命"。为了论证科学的形而上学何以可能,他诉诸先天和理性,自然地,也必定要诉诸逻辑。他首先提出了区别于普遍逻辑的先验逻辑,并把它作为科学的形而上学的逻辑基础。为了实现逻辑与形而上学的合流,他探索了逻辑发展的概念化方向。

§43 康德哲学中的逻辑概念化趋势

大多数康德研究者认为,康德刚开始的时候,大致上是个正统的沃尔夫主义者。然后他也受到经验主义的影响,但这个影响始终没有渗入其哲学信念最深层的结构当中。康德的内在核心仍然是理性主义的。就是说,在经验论与理性论之间,康德主张以理性论来统帅经验论,把经验归属到先天概念之下,实现经验内容与先天形式的统一。这种方法见诸逻辑,便是逻辑的概念化取向。这个趋势彰显了康德哲学的基本方向。

根据学院版《康德全集》的手稿遗著的编者阿迪克斯的观点,把康德的所谓"前批判"时期,亦即1769-1770年以前,划分成两个阶段。第一个阶段,大约是从1755年到1762年,通常被称为"理性论时期";第二个阶段,从1762-1763年到1769年,称为"经验论时期"。

阿迪克斯把康德的第一个时期称为"原始的认识论观点"。他认为,那时候"康德的认识论取向……在目标和方法上面是理性主义的"。他甚至说,该时期的康德属于莱布尼茨和沃尔夫学派。虽然他承认康德也受到克鲁修斯的影响，但他相信康德在目标、方法以及基本原理上面与莱布尼茨以及沃尔夫非常贴近，甚至"可以说是他们的学徒"[4]。另一方面，他虽然也不否认在康德思想里的"经验主义元素"，也承认当时的康德已经受到牛顿的影响，但他仍然主张，50年代的康德基本上是个理性主义者。康德并不仅仅在方法论上是个理性主义者，亦即主张我们在寻求科学真理时，必须选择逻辑与数学的进路，他同时也接受被称为"决定论"的理性主义世界观。至少康德自始就坚信"自然"是个充满着必然关系的有秩序的整体，而哲学的任务便是去定义那些必然如此的事物。[5]

阿迪克斯在康德60年代的早期著作里，找到了倾向经验主义的转折点。他认为这个转折可以从康德的三项主张里观察到。康德推翻他以前的立场，认为：一、"存在"不是事物的谓语或规定，因此不能透过概念去证明，只能经由经验去知觉；二、逻辑的矛盾和实在性的对立是两回事；三、事物的逻辑理由（ratio）和实在理由完全不同。他相信康德的经验主义倾向日益增长。在60年代早期，他开始主张经验主义，而其1766年的著作则显示他已经是个羽翼丰满的经验主义者。[6]然而，库恩认为，根据阿迪克斯的看法，把这个时期的康德理解成休谟式的怀疑主义者，也是一种错误。他甚至强调我们不应认为休谟的哲学思考方式对康德有很大的影响，休谟的影响是后来的事情，时间是1769年。[7]

无论对康德的看法有多大的不同，但在他接受理性论和经验论影响的这个问题上，是没有太大分歧的。康德既接受了沃尔夫-莱布尼茨的理性主义影响，又接受了休谟的经验论影响。休谟把人类理性的对象分为两类，一类是观念的关系，另一类是实际的事情。几何、代数、三角诸科学属于第一类，在这些科学中，都以命题表示现象间的关系。休谟认为："这类命题，我们只凭思想作用，就可以把它们发现出来，并不必依据于在宇宙中任何地方存在的任何东西。自然中纵然没有一个圆或三角形，而欧几里得所解证出的真理也会永久保持其确实性和明白性。"[8]关于第二类，即实际事情的知识则不具有这种确实性，只具有概然性，因为这种事实的反面是可能的。与人类理性的对象分为两类相适应，"一切推论都可以分为两类，一种推论是解证的，是涉及于各观念的关系的，另一种推论是或然的，是涉及于实际的事实或存在的"[9]。关于实际事情的推论是建立在因果关系基础上的,而因果关系又是凭借于经验的。因为经验不能给出必然性,所以事物之间的因果关系也不是必然的。关于这个问题,休谟有过影响深远的分析。他说:

> 我们似乎明白看到,自然的全部景象如果在不断地变化中,使两件事情不能有任何相似的地方,使每个物象都成为完全新的,和以前所见的全不相仿,那我们在这种情形下从不会在这些物象方面得到些许必然观念,或联系观念。在那种假设的情况之下,我们只能说,一个物象,或一件事情,跟着另一个、另一件,而不能说,这一个产生了另一个,这一件产生了另一件。因果关系在这里必然完全不为人所知晓的。关于自然作用的一切推断和推论从那一刻起也会停止;只有记忆和感官是剩下的唯一渠道,只有它们可以使任何真实"存在"入于人心而为人所知道。因此,我们的必然观念和"原因作用"观念所以生起,完全由于我们所见的自然作用是一律的缘故。在自然作用中,相似的各种物象是恒常会合在一块的,而且我们的心也被习惯所决定,由一种物象的出现来推断另一种的存在。这两种情节就是我们认定物质所具有的必然性的全部本性所在。超过了相似物象的恒常"**会合**",以及由此而生起的据此推彼的那种**推断**,那我们并没有任何"必然"意念或"联系"意念。[10]

休谟认为,我们知识中的因果关系和必然性,是由我们的心理习惯造成的,不是客观的,也不能逻辑地被证明。

康德接受了休谟的影响,但不认同休谟的结论。他曾说过这样的话:"我坦率地承认,就是休谟的提示在多年以前首先打破了我教条主义的迷梦,并且在我对思辨哲学的研究上给我指出来一个完全不同的方向。我根本不赞成他的结论。他之所以达成那样的结论,纯粹由于他没有从问题的全面着眼,而仅仅采取了问题的一个片面,假如不看全面,这个片面是不能说明任何东西的。"[11]的确,康德是不会完全接受休谟所作出的结论的,他说自己要比休谟走得更远。《康德传》的作者库恩说:"其实,我认为康德的意思是,休谟不仅仅是敲出第一个'火花','好让灯可以点亮',也不只是中断了他的独断论迷梦,并因而使他的思辨哲学转向,他甚至决定了批判哲学的理论部分的最终导向。"[12]

康德对休谟否定人类认识的一切普遍必然性的立场，保留了自己的态度。可是，从休谟的理论中，怎样才能既保留知性的经验来源，又坚持人类认识的一切普遍必然性？除非在人类的知识中存在着一种先天的结构，把感性杂多吸纳在这个结构之下，从而既坚持了认识的经验来源，又充分肯定人的认识能力的作用，并把它作为使一切知识具有普遍必然性的根据。这也许就是休谟给康德提示的"一个完全不同的方向"。这个方向，就是求助于先天概念，这使康德的逻辑深深地带上了概念化的这个显著特点。

康德完全理解，经验论主张认识来源于经验，承认感性的"后天综合判断"，但没有看到主体认识的主观能动作用；理性论只承认"先天分析判断"，否认了认识的经验来源。其实，在康德之前，这两种片面性已经被人们所认识。例如，莱布尼茨提出"充足理由律"来补充"矛盾律"，表明他已经意识到了忽视经验来源的困境。这对于康德自然是一个重大的启示，使他意识到"先天综合判断如何可能"的问题应该成为认识论的中心问题。为了解决这个问题，必须寻求如何可能的具体途径，把人的感性经验和理性思维结合起来。这个结合的工作，需要以某种先天的概念框架为工具。这是逻辑概念化的基本要求。

在康德看来，自然界的运动是有规律的，每一事件都有其独特的确定原因。而对人来说，人的行为又是自由的。因而便产生了必然与自由的矛盾。这个矛盾，实际上反映了经验论与唯理论之间的冲突。这个矛盾在康德身上也得到了反映。一方面，康德对科学极为崇拜和敬畏，另一方面，他又对哲学充满了疑问。他既怀疑唯理论的独断性，又怀疑经验论的怀疑性。因此，必须走出经验论与唯理论之间的这种矛盾和冲突，这就是康德的基本方向。康德抛弃了唯理论独断论，接受了经验论关于知识来源于经验的观点；又抛弃了经验论的怀疑论，但又关注唯理论关于上帝、自由等论题。康德决意用批判的方法，把唯理论与经验论中的积极因素重新构建起来，由此便产生了先验哲学。康德的这种思路，可以用一个"三一体"的概念框架来表述，这就是：

理性论—经验论—先验论。

这个"三一体"的概念框架，表达了康德的思维运动的逻辑。康德赞同知识来源于经验的观点，从理性主义走向经验论；但又不完全同意经验论的立场，又给予理性论的改造；他最终引进了先天知性范畴，说明知识的先天来源和普遍必然性。这样,他既反对了传统的经验论,同时也反对了传统的唯理论,把经验论和理性论结合起来,形成他自己的先验论。我们有理由批评康德的调和立场,但不能否定这是康德理论创新的一种形式,是把理性辩证法与逻辑结合起来的一种实际尝试。

§44 寻求建立形而上学的逻辑基础

康德在《任何一种能够作为科学出现的未来形而上学导论》的一个附录中说:"《纯粹理性批判》本来首先应该是给形而上学寻找可能性的"。[13]他这里所说的"可能性",是指科学的形而上学的可能性。为什么康德在哲学领域发动了"哥白尼式的革命"? 其动机主要是为建立科学的形而上学,并为这种形而上学奠定新的逻辑基础。他认为:"形而上学分为纯粹理性的**思辨**应用的形而上学和其**实践**应用的形而上学,因而或者是**自然形而上学**,或者是**道德形而上学**……思辨理性的形而上学就是人们**在狭义**上习惯称为形而上学的东西"。[14]在认识论、伦理学和美学等领域,康德都要建立自己的形而上学。无论是关于知性和理性的规律的理论,还是存在论的"先验哲学",康德都把它们归入了形而上学之中。要实现这个目的,必须实行思维方式的变革,这就产生了"哥白尼式的革命"。

康德在给赫茨的一封信中,总结了对形而上学12年沉思的成果,就是在《纯粹理性批判》中叙述的关于建构形而上学的思维方式的根本变革。他写道:"我们不能指望,人们的思维方式一下子就被引导到至今为止完全不习惯的轨道上来,因为需要时间来事先在其旧有的进程中,逐渐地消除旧的思维方式,并通过潜移默化的影响,使它转入相反的方向。"他还进一步指出:"无论我的作品命运如何,都会在人类知识中与我们关系最为密切的这个部分造成思维方式的完全转变。""这种方式的研究总是困难的,因为它包含了**形而上学的形而上学**,但尽管如此,我还是曾经计划把它写得通俗一些。"[15]这里所说的"形而上学的形而上学"实际上就是指普遍的、纯粹的形而上学,即思辨的形而上学,因而包含了这种形而上学的逻辑基础,即建构形而上学的思维方式。关于这个逻辑基础和思维方式,在第一版序中是这样表述的:"这里的批判必须首先阐明其可能性的来源和条件,并且必须清理和平整杂草丛生的地基。"[16] 所谓"杂草丛生",主要是指独断论的思维方式的丛生;而所谓"地基",就是指思维方式、逻辑基础。

可见,康德虽然很早就对传统形而上学不满,因而对它持批判和否定的态度,但他并不反对形而上学本身,而是要建立一种不同于传统的形而上学。他在给门德尔松的一封信中说:"我还远远没有发展到那种地步,居然把形而上学本身看做是渺小的或者多余的。一段时间以来,我相信已经认识到形而上学的本性及其在人类认识中的独特地位。在这之后,我深信,甚至人类真正的、持久的幸福也取决于形而上学。"[17] 最初,形而上学以独断论的形式出现,后来,由于经验论的批判,形而上学的科学性受到了怀疑。

在康德看来,形而上学知识不是形而下的,而是形而上的,它的原理(公理和基本概念)都是经验以外的知识。它是先天的知识,或者说是出于纯粹理智和纯粹理性的知识。由于是先天的知识,因此,形而上学知识只能包含先天判断,即先天分析判断和先天综合判断。先天分析判断仅是解释性的,对知识的内容毫无增加;先天综合判断则是扩展性的,对已有的知识有所增加。康德指出:"形而上学只管先天综合命题,而且只有先天综合命题才是形而上学的目的。为此,形而上学固然需要对它的概念,从而对分析判断,进行多次的分析,但是所用的方法和在其他任何一个知识种类里所用的方法没有什么不同,即只求通过分析来使概念明晰起来。不过,不单纯根据概念,同时也根据直观,来产生先天知识,以及最后,当然是在哲学知识上,产生先天综合命题,这才做成形而上学的基本内容。"[18] 值得注意的是,在形而上学中,康德强调的是理性直观,而不是感性直觉。

因此,必须认识形而上学的理性形式,即先天综合判断。数学的判断都是综合的,自然科学(物理学)包含先天综合判断作为自身中的原则,形而上学是由于人类理性的本性而不可缺少的科学,也应该包含先天综合的知识,而且要扩展我们的先天知识,"并通过先天综合判断远远地超出,以至于经验自身也不能追随那么远,例如在'世界必须有一个最初的开端等等'的命题中;这样,形而上学至少就其目的而言纯粹是由先天综合命题组成的"[19]。先天综合判断是形而上学的核心问题。科学的形而上学的可能性问题,说到底,也就是先天综合判断的可能性问题。

康德所需要的建立科学的形而上学的方法,具有完全不同于传统形而上学方法的特点。因此,康德要求"通过我们按照几何学家和自然研究者的范例对形而上学进行一场完全的革命,来变革形而上学迄今为止的做法"[20]。数学和自然科学为什么能够成为科学?因为它们是以逻辑的方式建立起来的,形而上学要成为科学,同样必须变革以往的思维方式,奠定自己的逻辑基础。

传统形而上学是建立在独断论的思维方式基础上的。康德指出:"独断论就是纯粹理性**没有先行批判它自己的能力**的独断方法。"[21]康德把沃尔夫看作是一切独断哲学家中最伟大的哲学家,沃尔夫建构形而上学的思维方式是:合规律地确立原则、清晰地规定概念、力求严格地证明、在推论中防止大胆的跳跃等。沃尔夫的这种处理方式,是完全符合传统逻辑要求的。但康德仍然认为沃尔夫的形而上学最终仍然是独断论的。这是因为,他未曾"想到通过对工具论亦即对纯粹理性自身的批判事先为自己准备好场地",这个缺陷,使沃尔夫建构的形而上学没有达到科学的水平。康德认为:"这是一个不能归咎于他、毋宁应归咎于他那个时代独断的思维方式的缺陷"[22]。这就说明,独断论者用来建立形而上学的工具,是传统逻辑,它是独断论形而上学的逻辑基础。要建立科学的形而上学,必须开创新的逻辑基础。康德创立的先验逻辑,为的就是实现这个目的。先验逻辑为康德建立科学的形而上学奠定了逻辑基础,为实现逻辑与形而上学的合流提供了新工具。

§45 创造建构形而上学的建筑术

康德在《纯粹理性批判》的第二版前言中,是从论述逻辑学开篇的。他把逻辑规定为研究一切思维形式规则的科学,这同现代逻辑学家把形式逻辑规定为推理规则的科学,是有明显差异的。他认为,自亚里士多德以来,逻辑学直到今天也未能前进一步,一些近代人打算扩展逻辑的范围,把心理学、人类学、形而上学等都扩充到逻辑学中去。这都是源自他们对这门科学的独特本性的无知,因而他是反对把形而上学纳入逻辑学中去的。因为,"逻辑学的界限已经有完全精确的规定,它是一门仅仅详尽地阐明和严格地证明一切思维(无论它是先天的还是经验的,具有什么样的起源或者客体,在我们的心灵中遇到偶然的还是自然的障碍)的形式规则的科学"[23]。很明显,康德虽然没有否定传统逻辑,但已经扩大了传统逻辑的范围,包括了他所创立的先验逻辑,并主张将逻辑实际应用于建构形而上学体系的工作中去。黑格尔对康德的评价是对的,他认为:"康德哲学也更没有使那些成为普通逻辑内容的概念形式经受批判,反而采纳了这些形式的一部分,即判断对范畴规定的功能,并且把它们当作有效的前提。即使把逻辑形式看作不过是思维的形式功能,那么,就因此也已经值得研究它们本身在多大程度上符合于真理。"[24]在康德看来,我们应该运用形式逻辑,同时也应该进一步推进逻辑学的发展,把它同建构形而上学结合起来。

根据思维形式与思维内容相统一的观点,康德以先验逻辑研究思维的先验形式时,必定要研究思维的先验内容。知识的这些内容,涉及了知识的来源、范围和客观有效性,它本身并非逻辑学的研究任务,但逻辑学的研究必须同这些内容结合,使之成为概念、判断和推理的质料。康德的先验逻辑开创了这种结合,奠定了形而上学的逻辑基础,但它是建立在主观唯心论基础上的。康德说:"先验哲学是纯粹理性批判**以建筑术的方式**亦即从原则出发为之设计出整个蓝图的一门科学的理念,要完全保证构成这一大厦的各个部分的完备性和可靠性。它是纯粹理性的所有原则体系。"[25]

康德把先验逻辑看作是一种建筑术,即从原则出发设计出整体蓝图,而这个蓝图正是指纯粹理性的所有原则体系的建构。这个纯粹理性原则体系,自然就是形而上学体系。而先验逻辑这个建筑术的创造,就是以建构形而上学为目的的,这项工作,切实地推进了形而上学与逻辑的合流。

为了实现逻辑与形而上学的结合,必须打开从范畴到经验对象的逻辑通道。第一,以先验范型为感性条件,这个先验范型即感性直观中时间和空间的先验形式。第二,以先验范畴成为经验的必要条件,发挥先验范型的中介作用,使其成为从范畴到经验对象的唯一通途。因为这种先验范型既是同范畴同质的,又是同对象同质的。这两条通道,就是先验逻辑中的先验分析论,阐明纯粹知性知识的范畴和思维原理,证明范畴在现象界中的普遍的、必然的有效性。

要建立科学的形而上学,关键在于先天综合判断。这个先天综合判断的实现,必须依靠与"范畴表"相对应的、作为先天综合判断的纯粹知性原理。梁志学把这些原理概括为:第一,直观的公理,用它进行积聚式的综合,先天地产生出经验直观的广延量;第二,知觉的预知,用它进行结合式的综合,先天地产生出知觉对象的内涵量;第三,经验的类比,用它进行推断,以一组具有某样性质的关系得知其他具有同样性质的关系;第四,一般经验思维的准则,用以考察一般的知识与我们的不同知识能力的联系。这些原理是知性向自然界颁布的规律,构成数学和自然科学的基本内容。前两方面的原理,即量的方面与质的方面的原理,是数学的基本原理;后两方面的原理,即关系方面和模态方面的原理,作为力学的基本原理。[26]

建立一般形而上学,是理性无限追求的天性,必须有一个从有条件到无条件者的无限进展的通道。知性的认识对象,是现象世界中的有条件者。理性的正确应用则是指导知性在现象世界中无止境地组织判断,进行推理,逼近但又永远达不到的无条件者。而这种无限的逼近,最终导致了对经验的超越,从而提供了一个从有条件者到无条件者的通道。

先验逻辑中的先验辩证论,是研究理性纯粹概念的推理理论。理性的纯粹概念是关于一切有条件者据以存在的无条件者的理念,它不存在于可以认识的现象世界,而只存在于可以设想或信仰的本体世界。在康德看来,三种不同形式的推理有三种不同的应用。在直言推理中,追求的是大前提,作为无条件者的最终根据,即灵魂;在假言推理中,追求的是结论,作为无条件者的最终原因,即宇宙;在选言推理中,追求的是大前提,作为无条件者集合了谓词表达的一切部分的绝对总体,即上帝。这些,就是一般形而上学研究的三个基本理念。

戈·本·耶舍在《逻辑学讲义》的编者前言中指出:康德之承认和讨论矛盾律原理,是将它作为一个具有自明性,无须从更高原理导出那样的命题。"不过在使用方面,他对这一原则的有效性作了限制,由于他将矛盾律从形而上学领域(在该领域中,独断主义要维护其地位)逐出,因而将其限制在单纯逻辑的理性使用(仅对于这种使用才唯一有效)上。"[27] 其实,在康德那里,物自体是不可知的,怎么会肯定存在着矛盾律呢?这对于康德来说,应该是自明的。

如果超越了现象世界,把理念用于经验之外,那么,引起"辩证的幻相"将是不可避免的。辩证分析论详细地批判了这种幻相,所以也就叫作"幻相的逻辑"。在这里,虽然康德不得不假定在现象之后存在着作为现象的依托的自在之物,但从逻辑一贯性的要求,这个自在之物的存在是非法的,这就反映了形而上学的建筑术的局限性。可是,正是依靠了二律背反,显露出了理性的辩证本性,又向这种建筑术的局限性指明了突围的方向:走出矛盾律,寻求容纳矛盾的概念逻辑。康德肯定二律背反的必然性,就是这种突围的实际表现。

康德的先验哲学给了我们重大的启示:一方面,知性与理性是两种不同性质的领域,应该有不同的规律和规则;另一方面,在知性领域,矛盾律具有普遍的必然性,但在理性领域,除了存在知性矛盾律外,同时还存在着理性矛盾律。两种不同性质的矛盾律并存而不悖,把正题与反题的对立,推向了合题的对立统一。可是,康德却没有沿着这个方向继续前进,他止步了,把这个任务留给了黑格尔。

§46 揭示辩证法是人类理性的本性

在辩证法史上,康德具有重要的一页,不仅是他给形而上学打开了第一缺口,而且还是他揭示了辩证法是人类理性的本性。他说明,在理性中隐蔽着两极的对立。

从理性的本性中揭示出辩证法的蕴涵,对于概念逻辑的发展,具有重要的意义。虽然康德的理性辩证法还是有缺陷的和不完善的,但毕竟是概念逻辑史中的一个环节。它被黑格尔所发展,从而建立了思辨逻辑。

恩格斯对康德辩证法的评价,既指出了他的贡献,也指出了他的不足。恩格斯说:"自从人们发现康德是两个天才假说的首创者以来,他在自然科学家当中重新获得了应有的荣誉。这两个假说就是先前曾归功于拉普拉斯的太阳系起源理论和地球自转由于潮汐而受到阻碍的理论。没有这两个假说,今天的理论自然科学简直就不能前进一步。但是,自从黑格尔著作中提出一个虽然是从完全错误的出发点阐发的、却无所不包的辩证法纲要以后,要向康德学习辩证法,就是一件费力不讨好的和收效甚微的事情。"[28]

康德辩证法的最显著的特征,就是以不允许有自相矛盾的前提出发,合乎逻辑地得出了自相矛盾的结论,并视之为理性的本性。矛盾律是逻辑学中的最为基本的规律之一,是指在思维中不允许有自相矛盾现象的存在。康德认为:"一切分析判断的共同原理是矛盾律,而且就其性质来说,都是先天知识,不论给它们作为材料用的概念是不是经验的。"[29]康德否定一切知性中的逻辑矛盾,这是普遍逻辑所要求的。如果在知性领域出现自相矛盾命题,这是必须加以排除的。

值得肯定的是,康德还进一步认为,符合矛盾律的也并非都是真理。即便没有出现逻辑矛盾,也不能说这个判断是真的。"一个判断不论怎样没有任何内在矛盾,也毕竟可能或者是错误的,或者是没有根据的。"[30]对形式逻辑本身来说,不出现逻辑矛盾是形式正确性的要求。但是,即便形式正确也不必然事实上为真,这显然是对逻辑的运用而言的,因为把普遍逻辑应用于研究过程时,还同时要求内容的真实性。有效推理所得到的结论,其真理性是以前提的真理性为条件的,因而真的逻辑结论,在事实上也并非是无条件的真。

在康德看来,由于我们只能认识经验的世界,无法认识超越经验的世界。对于这个经验之外的世界,我们不能知道"如其所是"。就是说,在这个世界里,是自相矛盾为真,还是不自相矛盾为真? 这是不能断然回答的。这是一种"绝对"的知识,我们是不可追求的。所以,"**纯粹知性概念永远不能有先验的**应用,而是**在任何时候**都只能有**经验性的**应用,纯粹知性的原理只有在与一种可能经验的关系中才能与感官的对象相关,但绝不能与一般而言的物(不考虑我们能够直观它们的方式)相关"[31]。可是,似乎不可避免的是,理性又总是追求这种"绝对"的知识,从而使纯粹知性概念超越了经验的运用。其结果将可能是:从无矛盾的逻辑出发,得到了自相矛盾的结论,出现了幻相。所谓"幻相",就是指:矛盾律为真,自相矛盾命题也为真。康德认为,这种"幻相",既不属于物自体,也不属于现象界,而只能处于理性之中。康德的辩证论就是研究这种"幻相"的"幻相的逻辑"。

康德为什么把"幻相的逻辑"视为辩证法? 这是有历史原因的。大家知道,康德曾把古希腊的论辩术称为辩证法。他认为,当人们把这种论辩技术当作一种工具(工具论)来使用,或者用一些幻相来维护一切,或者随意地攻击它们,这种当作工具论的普遍逻辑就叫作辩证论。康德在这里所说的工具、工具论,是有特定含义的,即是指古人把逻辑作为维护一切、攻击一切的诡辩工具。就是说,这种工具论在古代被误用了,"古人在对一门科学或者艺术使用这一称谓时,无论其意义如何不同,人们毕竟还是可以从它的现实应用中可靠地得出,它在古人那里无非就是**幻相的逻辑**。它是一种给自己的无知、乃至蓄意的假象涂上真理的色彩的诡辩艺术,即人们模仿一般逻辑所规定的缜密方法,并利用它的用词技巧来美化每一种空洞的行为"[32]。康德所说的"空洞的",是就知识的对象而言的。它实际上假定了一种并非存在的认识对象。比如,物自体是存在的,但它不能作为认识的对象而存在,因为它是不可知的。所以康德说,虽然人们在这些知识的内容方面还可能非常空洞贫乏,却还是蕴涵着某种诱人的东西。因为它诱惑人们去追求那"绝对"的知识,而由于这种知识的对象是不可认识的,所能得到的,自然只是一种"涂上真理的色彩"的假象。

康德所指,作为工具论的"一般逻辑",就是指普遍逻辑。因此,康德进一步指出:"如今,人们可以作为一个可靠的、可用的警告来说明的是:普遍的逻辑,**作为工具论来看**,在任何时候都是一种幻相的逻辑,也就是说,是辩证的。"[33]从这里也可以看出,康德所理解的辩证法,仅是指两极对立。

康德将古代希腊的芝诺和后来的智者们,都称为辩证法家。这个时期的辩证法已经退化为诡辩术了。康德是这样来描述这种辩证法基本特征的,他说:"**辩证法**最初意味着关于抽象的、与一切感性相分离的概念的、纯粹知性使用的艺术。在古人那里,对于这门艺术有许多颂扬。后来,当那些哲学家完全抛掉感官见证时,便必然会在这种主张中玩弄许多机智,辩证法也就退化为一种支持和否定任何命题的艺术。就这样,辩证法成为智者们的单纯练习,他们想要对一切都说出道理,并且混淆真伪,颠倒黑白。所以**智者**这称号——在这称号下,人们曾想到对一切事情都能合理地、有洞见地讲说的人——现在受到厌恶和轻视,取而代之的是**哲学家**这个名称。"[34]

就辩证法被看作是一种辩论术而言,说明辩证法是主观的,不带有客观性。但是,这种对立的辩证法表明,理性本身包含这种矛盾的对立,这是理性所固有的本性,因而具有客观性。康德指出:"当理性一方面根据一个普遍所承认的原则得出一个论断,另一方面又根据另外一个也是普遍所承认的原则以最准确的推理得出一个恰好相反的论断,只有在这样的情况下,理性才迫不得已泄露了自己的隐蔽的辩证法,而这种辩证法是被当作教条主义拿出来的。"[35]从这里不难看出,康德证明,在理性中产生矛盾是一种必然的现象,它本是隐蔽着的,现在被形式逻辑泄露出来了,它是合乎逻辑地显现的。这表明,理性不同于知性的地方,就在于它是属于辩证法的一个领域,康德称它为先验辩证论,它所讨论的即是辩证法的逻辑形式。

康德把先验逻辑区分为分析论和辩证论。分析论是对知性和理性形式的分析,它包含一切形式的真理的必然规律,从而称为真理的逻辑,它也是评判我们知识形式的正确性的法规。如果把真理的逻辑当作实用工具来使用,它就变成为辩证论。康德指出:"如果人们想要把这种单纯理论的一般学说,当作一种实用技艺,即工具来使用,那么,它将变为**辩证论**。"[36]这种技艺,陈述了错误的原则,宣传真理的假象,并按照假象对事物做出主张。康德指出:"所以,此种意义上的辩证法必须完全抛却,代替它被导入逻辑的毋宁是对这种假象的批判。"[37]因此,康德所说的辩证论,是作为辩证法而引入先验逻辑的,并把它作为知性的清泻剂。"它包含一些特征和规律,根据这些特征和规律,我们能够认识不与真理的形式标准相一致的某物,虽然看来它似乎与这些标准相一致。在这种意义上,辩证法作为知性的**清泻剂**有其很好的用处。"[38]概念自身包含着对立的方面,便是这个领域的逻辑特征和规律。

康德的贡献在于,他揭示了辩证法是理性的本性,从而说明了辩证法思维的逻辑形式。黑格尔说:"辩证的性质,深入观察一下,就会看出**每一个概念**一般都是对立环节的统一,所以这些环节都可以有主张二律背反的形式。——变、实有等等以及每一个其他的概念,都能够这样来提供其特殊的二律背反,所以,有多少概念发生,就可以提出多少二律背反。"[39]黑格尔发展了康德的辩证法,使它普遍化。在黑格尔看来,任何两个对立的概念,例如有限与无限、自由与必然等等,它们不仅是对立的,同时也是统一的,因为它们是相互规定的,即有限由无限来规定,无限也由有限来规定。由于这些对立和矛盾是概念自身的辩证本性,所以,理性辩证法(或概念辩证法)具有它的客观性,而且可以由逻辑形式来表述,从而表明辩证法与逻辑是统一的。

§47 推进认识与逻辑的统一

逻辑不仅与辩证法是统一的,而且与认识论也是统一的。这种统一,是实现形而上学与逻辑的合流的必要条件。康德已经播种下了这种统一的种子。

首先,这种统一存在于认识的结构中。康德认为,我们的知识都以经验开始,但并非因此都产生自经验。人类知识包括纯粹知识和经验性知识两类,而在纯粹知识中掺杂着经验性知识时,它就是先天知识。不应该把纯粹知识理解为"不依赖于这个或者那个经验而发生的知识,而是理解为绝对不依赖于一切经验而发生的知识",经验性知识是指"仅仅后天地、即通过经验才可能的知识"[40]。

康德又把感性、知性和理性既看作是人类的知识能力,也看作是认识发展的三个阶段,而且还把它们看作是知识的三种要素。康德指出:"我们的一切知识都始自感官,由此达到知性,并终止于理性;在理性之上,我们没有更高的东西来加工直观的材料并将其置于思维的至上统一之下了。"[41]知识始自感官即是指感性知识,又是指人们被对象所刺激的方式来获得表象的直观接受能力,由此为知性知识提供质料。知性既是人类的知性知识,又是通过范畴对感性材料进行整理加工的思维能力。康德的独特之处在于,感性和知性的能力都表现为它们的先天形式。感性直观的先天形式是时间和空间,知性的先天形式是范畴。感性和知性是既不能相互替代又不能相互分离的两种知识能力。知性不能直观,感官不能思维;直观而无概念是盲的,思维而无内容是空的。知性是感性发展的更高一级阶段,在知性知识中则包含了感性知识。因此,感性表象和知性概念构成了知识的两个来源。而把经验性知识转换成为先天知识时,就实现了内容与形式的统一。这不仅是认识过程,同时主要的还是逻辑过程。

其次,知识的结构决定了逻辑与认识论结合的具体途径。康德认为,先验形式是经验何以可能的必要条件。经验是知性的内容,先验概念是知性的形式,只有把经验内容与先验形式结合起来,知识才是可能的。这就是我们通常所说的,对感性经验进行逻辑加工和改造制造的概念形成过程。这个过程既是认识过程,又是逻辑过程,也就是认识与逻辑结合的过程。

在理性阶段,认识与逻辑的结合采取了另一种形式,它是通过推理而实现的。知性是作为规则的、判断的能力,与此相对应,康德把理性规定为原则的、推理的能力。当然,也可以把理性看作是推论的形式。一个普遍的命题可以在理性推理中充当大前提,这就提供了一个普遍概念,由此在普遍中获得特殊的知识。所以,康德指出:"我将把从原则出发的知识称为这样一种知识,在这种知识中我通过概念在普遍中认识特殊。这样,每一个理性推论都是从一个原则出发推导一个知识的形式。"[42]在康德看来,直接推理还属于知性推理,三段论则是理性推理。理性推理包括三种形式,"那就是:**定言的**,或**假言的**,或**选言的**理性推理"[43]。

再次,逻辑与认识相结合的任务,是为知识提供先天统一性。知性为感性杂多的经验知识提供先天的统一,理性则为杂多的知性知识提供先天的统一性。这也说明,理性是知性的进一步发展。康德指出:"理性从不首先关涉经验或者关涉某个对象,而是关涉知性,为的是通过概念赋予杂多的知性知识以先天的统一性,这种统一性可以叫做理性的统一性,它具有与知性所能够提供的那种统一性完全不同的方式。"[44]也就是说,理性以知性概念为出发点,谋求概念之间的一种理性统一性,预示着从有条件者走向无条件者的发展趋势。

理性的统一与知性的统一是两种不同的统一。理性统一的任务,是把有条件者统一为一个整体,从而实现有条件者成为无条件者的统一。

感性和知性都是有条件的,理性则意味着无条件者。这就决定了理性的对象,既不能被感知,也不能被知性把握,只有通过理性推理来认识,但它又是通过刺激而产生感性直观的东西。这个对象并不构成经验知识的内容。康德指出:"如果理性概念包含着无条件者,它们就涉及某种一切经验都从属、本身却从不是一个经验的对象的某物,理性在其推理中从经验出发引导到它,而且理性根据它来衡量和测度自己的经验性应用的程度,但它永远不构成经验性综合的一个环节。"[45]这个对象是什么?它就是无条件者,也就是通常所说的"物自体"。它是"置于完全处在感官世界之外、因而处在一切可能的经验之外的东西里面","这种对象的材料并非取自经验,其客观实在性也不依据经验性序列的完成,而是依据纯粹的先天概念";固然可以认为这类超验理念有一种纯然理知的对象,但"也没有丝毫正当的理由来假定这样一个对象,因此它是一个纯然的思想物"[46]。康德看来,所谓物自体是不可认识的,就是指它不能由感性和知性的知识去把握,它的唯一途径是理性。

最后,在认识与逻辑的统一中,康德最终强调的是理性思辨的意义。所谓理性思辨,指的是理性既超越经验,又超越知性,从而走向形而上学的知识。康德指出:"**形而上学**是一种完全孤立的、思辨的理性知识,它完全超越了经验的教导,而且凭借的仅仅是概念(不像数学凭借的是将概念运用于直观),因而在这里理性自己是它自己的学生"。[47] 只有依靠逻辑的力量,理性才能超越一切可能的经验,既不涉及感性,也不涉及知性,从而把我们的判断范围扩展到无条件者。超越经验,即超越了经验的必要条件,是一种无对象的思维;超越知性,即超越了矛盾律,进入了矛盾的思维。这就是纯粹先天综合,只凭概念自身关系的演绎。例如,从有限演绎出无限,又从无限演绎出有限,再进一步演绎出有限与无限的相互规定和对立的统一。这种思维,不凭借对象,单凭概念自身所包含的矛盾规定。当然,康德还没有达到这种思辨的水平,他只走了两步,没有走出第三步,还停留于对立的思维。黑格尔进一步走完了第三步,进入了对立的统一。这种理性知识没有经验对象,但它是存在的,并可以对它寄以信仰,这是思辨理性最终要解决的课题。"因此,我不得不扬弃**知识**,以便为**信念**腾出地盘"。[48] 这种信仰就是"纯粹理性自身的这些不可回避的课题就是**上帝、自由和不死**"[49]。

康德力推认识与逻辑的统一,其最终目的是借助于理性思辨的逻辑力量,使形而上学思辨知识成为实践(道德的)理性中的信仰。他要求给予扬弃的知识,包括数学、自然科学和传统形而上学的知识。传统形而上学是应该废弃的,这就是"取消思辨理性越界洞察的僭妄";而数学和自然科学知识是应该保留的,它是经验要素与先验要素的结合;应该给予腾出地盘的是"信仰",自然是指对上帝、自由和不死的信仰。康德指出:"如果不同时**取消**思辨理性越界洞察的僭妄,我就连为了我的理性必要的实践应用而**假定上帝、自由和不死**也不能,因为思辨理性为了达到这些洞识就必须利用这样一些原理,这些原理由于事实上只及于可能经验的对象,如果它尽管如此仍然被运用于不能是经验对象的东西,实际上就总是会把这东西转化为显象,这样就把纯粹理性的所有**实践的扩展**都宣布为不可能的。"[50] 在谈到先验理念时,康德指出:"它们也许能够使从自然概念到实践概念的一种过渡成为可能,并使道德理念本身以这样的方式获得支持和与理性的思辨知识的联系。"[51] 就是说,如果把上帝、自由和灵魂不朽视为实践理性的范导性原则,那么,原来思辨理性范围内的形而上学知识也就成为实践理性范围内的信仰了。

§48 先验概念与先验理念的逻辑功能

实现认识与逻辑的统一,即实现知识的知性统一性和理性统一性的基本途径,是发挥先验概念和先验理念的逻辑功能。

前文已经提到"哥白尼式的革命"是关于认识方式的变革,而在认识论上,这种变革是指认识与对象关系上的颠倒。就是说,不只是对象决定知识,同时知识也规定对象。康德认为,规定对象的知识是先于经验的先天知识。就前者来说,经验来自现象界;后者则说明,对象是由先天知识规定的。其实,在逻辑中早已包含了这种思想,对象必然地是符合先天知识的。例如,我们从"一切人都是会死的"先天命题中,必然地推出在现实生活中的每个人都是会死的知识。这种知识是从一个普遍概念中得来的,所以,"哥白尼式的革命"在逻辑功能上的具体表现是:不是对象规定概念,而是概念规定对象。

例如,数学命题和自然科学基本命题,以及形而上学的命题,都是先天综合判断。数学命题是借助于纯粹直观对数学概念进行先天的"构造"。纯自然科学也是由先天综合判断构成的,具有普遍必然性,其起源之一是先天概念。我们不能从经验中认识对象的必然性,而必须从先验概念中获取。这是因为,先验范畴具有必然性和普遍性,从而使对象也具有必然性和普遍性。这就是知识对对象的规定,而且这种规定都是从先天综合命题中必然地推论出来的,表现了概念、命题和推理建构对象的逻辑功能。

这种逻辑功能,是知识具有普遍必然性的必要条件。先验概念的逻辑功能是赋予感性杂多以普遍性和必然性,使知性知识成为合乎逻辑的、普遍必然的知识。先验概念在实行这种逻辑功能的时候,不依据对象的知识,而只是依据关于对象的认识方式的先天知识。逻辑学就是关于这种认识方式的先天知识的学问。康德说:"我把一切不研究对象、而是一般地研究我们关于对象的认识方式——就这种方式是先天地可能的而言——的知识称为**先验的**。这样一些概念的体系可以叫做**先验哲学**。"[52] 先验知识是先于经验的,因而是与经验对象相分离的,但它又通过它们的逻辑功能,与对象相结合,把对象连接起来,使对象符合先天知识。

在先天知识的这种逻辑功能中,首先是范畴的逻辑功能。形式逻辑主要是命题逻辑,概念、范畴只不过是一种逻辑符号,因而普遍忽视它的逻辑功能。在康德时代,命题都被称为判断,是把主词和谓词联结起来的一种思维形式。康德十分重视概念、范畴的逻辑功能,认为判断的连接依赖于范畴。在任何一种判断形式中,必然隐含着一个连接主词和谓词的范畴。他举例说,在或然判断中,S可能是P,或S可能不是P,其中就隐含着"可能性—不可能性"这对范畴。因此,有多少类型的判断形式,就包含有多少种范畴。在这种思想指导下,康德就从形式逻辑的判断分类入手,从四类十二种判断形式中引出了四类十二种范畴。这些范畴,或纯概念,就是知性概念对感性对象进行综合连接的基本思维形式。例如,"可能性"与"不可能性",并非指某种对象的存在,而是把对象连接成为判断的规则。我们在下判断时,都必须依据范畴所提供的规则。所以,范畴不是对象形式,而是关于对象的思维形式。

康德肯定知识的客体性,它的对象是表象,这是知识的质料;同时也肯定知识的主体性,它与意识相关联,是一般知识的普遍条件,这是知识的形式。康德说:"我们的一切知识都具有**双重关系**:**其一**与**客体**有关,**其二**与**主体**有关。着眼于前者,知识与**表象**相关联;着眼于后者,知识与作为一般知识的普遍条件的**意识**相关联。(其实意识也是表象,是在我之中的另一种表象。)"[53]所以,一切知识都是质料与形式的统一,它"同时是**直观**和**概念**"[54]。

在认识论中,我们一般都要处理认识与对象的关系。不管持什么主张,或者认为人的认识是外部对象的反映,或者认为对象是人的认识的产物,都涉及了认识与对象的关系。所以,在认识论中,认识总是与对象相关联的,在认识过程中出现的概念,都是关于外部对象的概念。

在逻辑学中,它要研究的对象,并非是外部对象,而是人的思维形式。这里的思维,首先应该看作是无对象的思维,即作为被思维的思维,因而不发生思维与存在的关系。当思维成为被研究对象时,被研究的并非思维内容,而是思维形式。有人要问,这种思维形式是从哪里来的?实际上,这已经超出了逻辑学的范围。逻辑学不研究思维形式的来源,它是把思维形式作为既存的对象来研究的。在这种意义上,说它是先天的,或是后天的,都不否定思维作为对象而存在,逻辑学都是可以接受的。因为,这两种主张都没有否定思维形式的存在,对逻辑学来说,这就足够了。但在历史上,围绕思维形式来源问题的争论,分成了各种派别。这已经走出逻辑学的范围而成为哲学的争论了,它并非由逻辑学本身去研究。所以,对于纯粹逻辑学来说,不存在唯物主义与唯心主义的区分。

在科学研究和人类认识的过程中,概念都是具体对象的概念,也就是"有"的概念;在逻辑学中,概念是没有感性对象的,它的对象仍然是概念,即"有"的概念。可是,我们在认识过程中,又必须运用作为纯概念的范畴来认识对象,发挥范畴在认识中的逻辑功能。这就是逻辑的应用。一切思维形式的逻辑功能,都只能在这种应用的过程中得以发挥;并且也只有在这个过程中,才能获得对象的知识。康德指出:"因此,范畴凭借直观也不给我们提供关于事物的知识,除非是通过它们在**经验性直观**上的可能应用,也就是说,它们只充当**经验性知识**的可能性。但这种知识就叫做**经验**。所以,范畴对事物的知识别无应用,除非事物被当做可能经验的对象。"[55]可见,逻辑学并不能为我们提供经验知识,只有把逻辑应用于认识过程,我们才能获得经验知识。

认识论与逻辑学的这种区别,也正说明了它们之间的联系。就是说,只有把认识论与逻辑学统一起来,才能发挥逻辑的功能;也只有在这种结合中,我们才能获得经验知识。

康德根据思维形式与思维内容相统一的思想,对范畴如何发挥逻辑功能,做了具体的探讨。他认为,范畴(纯概念)的逻辑功能是通过判断实现的,感性是知识的原料,知性是规范和组织感性的形式。知性的活动是进行判断,判断活动即是应用概念把感性表象统一和组织起来,被隶属于概念之下,由此构成知识。例如,在一个先行的现象 A 之后,出现了一个后继现象 B,我们就可以通过"因果关系"这个概念把它们统一和组织起来,形成"A 是产生 B 的原因"这个判断。这一事实表明,知性纯粹概念(范畴)是各种逻辑判断的前提和基础,是判断成为可能的条件。这时,概念和判断不再是单纯的思维形式,已经把思维内容包含于自身了。先验范畴在知性活动中的这种逻辑功能,实际上就是对逻辑概念的运用。

就逻辑的纯粹范畴来说,无论是康德强调范畴对认识的逻辑功能,还是强调范畴的先验性,都不能说是错的,也不能说他否定了范畴的经验和知识的内容。因为这些内容都不被逻辑学所研究,而只是研究这些思维形式之间关系的规则。黑格尔批评康德仅仅从主观意义上理解范畴,否定范畴的客观性。黑格尔对康德的批评,也不是都完全准确的。黑格尔说:"这些范畴,如统一性、因果等等,虽说是思维本身的功能,但也决不能因此便说,只是我们的主观的东西,而不又是客观对象本身的规定。"[56]黑格尔反对康德不是把范畴看作是对客观对象的规定,反映了他们的不同立场。因为在康德看来,客观对象根本是不可知的,何谈对它的规定。黑格尔则认为概念是事物的本质,事物是概念的产物,因而把范畴看作是客观对象本身的规定,这是应有之义。黑格尔批评的立场,是客观逻辑的立场。对于逻辑来说,并不过问事物是否与逻辑的结论相一致。它们或是完全一致,或是大体一致,或是根本不一致,所有这些问题都不属于逻辑的研究范围。

先验概念属于知性知识形式,先验理念则属于理性知识形式。先验理念的逻辑功能是通过推理的形式,把杂多的知性知识实现理性的统一性,使有条件者转化为无条件者的总体性。康德对先验理念是这样规定的:"先验的理性概念不是别的,是关于一个被给予的有条件者的**种种条件之总体性**的概念。"[57]其实,所谓先验理念,就是我们今天所说的普遍概念。所谓总体性的概念,是穷尽了其外延的概念。例如,"人"这个概念就是先验理念,它包括了过去、现在和未来的一切人。所以,它不可能是经验的对象。我们见过张三这个人,也见过李四那个人,因为他们都是经验的对象;但谁也没有见到过也不可能见过作为人的"人",因为它不是经验的对象。我们能够见到的张三、李四,都是有条件者;而"人"则是无条件者,因而是有条件者的种种条件之总体性的概念。有了这个先验理念后,我们就可以把张三、李四等等都归属到"人"这个先验理念之下。这就是先验理念的逻辑功能,"把在范畴中所思维的综合统一延展至绝对无条件者"[58]。这种逻辑功能是依靠推理来实现的。例如,我们可以从"人都是会死的"和"张三是人"两个前提中,推出"张三是会死的"结论,从而实现了理性的同一性。这里的"死",或"不死",也是先验理念,它被康德用于灵魂不死的形而上学概念。

先验概念的逻辑功能是一种判断能力,先验理念的逻辑功能则是在先验概念判断能力基础上的一种再判断能力。只有依靠它们的逻辑功能,实现人类知识的理性统一,才能不断地推进人类认识的提高和知识范围的扩大。在这里,康德的功绩就在于:突出了概念在认识过程中的逻辑功能,强化了概念在逻辑学中的地位,为概念逻辑的创立,奠定了思想基础。

§49 "三一体"的概念框架

康德在研究先验逻辑的范畴时,明确地提出了"三一体"的概念框架,以刻画范畴之间的关系。

康德首先考虑的是建立范畴体系的基本原则。他批评亚里士多德的范畴理论,说它基本上是拼凑的,没有一条基本的指导原则,以致形而上学一直发展到今天,还没有形成一个科学的范畴体系。康德希望能根据一个先天原则,把具体使用中零散遇到的种种概念或原则,组织成为范畴体系。康德说:"先验哲学有便利、但也有义务从一个原则出发探求其概念,因为这些概念必须是纯粹地、不混杂地从作为绝对统一体的知性产生,因而本身是按照一个概念或者理念而彼此联系的。但这样一种联系提供了一种规则,按照它,就可以先天地为每一个纯粹的知性概念规定它的位置,并在总体上为所有的概念规定其完备性,否则的话,这一切就会取决于任意或者取决于偶然了。"[59]

康德到底选择了什么样的先天原则?在康德看来,知性的能力是判断,使知觉在判断里被表现为综合统一性,即表现为必然的、普遍有效的。"一切知觉必须被包摄于纯粹理智概念下,然后才用于经验判断。"[60]因此,判断是在知性概念,即范畴的指导下做出的。判断在应用范畴去统一表象时,具有统一意识的功能。这样,就提供了确定范畴、建构范畴体系的一个原则,这就是按照判断来确定范畴的原则。康德指出:"如果我们抽掉一个一般判断的所有内容,只关注其中的纯然知性形式,那么我们将发现,思维在判断中的功能可以归于四个标题之下,其中每一个又包含着三个环节。它们可以确切地如下表所示。"[61]

根据形式逻辑的内容,康德对判断做了分类,以判断的不同种类,反映了判断的不同功能。由此,他制定了一个判断表:

1. 判断的量:全称的、特称的和单称的;
2. 判断的质:肯定的、否定的和无限的;
3. 判断的关系:定言的、假言的和选言的;

4. 判断的模态：或然的、实然的和必然的。[62]

建构这个判断表的目的是根据不同类型的判断，发现在这些判断中所包含的指导做判断的思维功能。从这些思维功能中，进一步发现各种不同的范畴。康德指出："以这样的方式产生出先天地关涉一般直观的对象的纯粹知性概念，它们与前表中所有可能判断中的逻辑功能一样多，因为知性已被上述功能所穷尽，其能力也由此得到完全的测定。"[63] 这个表，已经开始彰显康德关于理性的辩证思想，包含了一般与特殊、肯定与否定、原因与结果等关系的初步的探索。尤其对模态的三个判断，认为或然判断是人们在其中认为肯定或者否定都仅仅可能（随意的）的判断；实然判断是肯定或者否定被视为现实（真实）的判断；必然判断则是人们在其中把肯定或者否定视为必然的判断。这种分析，反映了或然判断、实然判断和必然判断的相互联系和思维的进展。康德指出："人们首先或然地判断某物，继而也实然地认为它是真的，最后断言它与知性不可分割地结合在一起，也就是说是必然的和无可置疑的，所以，人们也可以把模态的这三种功能一般地称为思维的三个环节。"[64]

判断的不同功能，显示了不同先验概念的作用，因而可以根据上述不同判断的思维功能，并用三分法改造了的形式逻辑判断分类中导出范畴，由此进一步制定出范畴表。这个范畴表是：

1. 量的范畴：单一性；复多性；全体性。

2. 质的范畴：实在性；否定性；限定性。

3. 关系的范畴：依存性与自存性（实体与偶性）；因果性与隶属性（原因与结果）；共联性（行动者与承受者之间的交互作用）。

4. 模态的范畴：可能性——不可能性；存在——不存在；必然性——偶然性。[65]

康德对这个范畴表做了三个具体的说明。其中最值得关注的是，康德明确地以"三一体"的概念框架解释了这些范畴的含义。他说："每一组的范畴处处都是同一个数字，即三，这同样要求深思，因为通常凭借概念进行的先天划分都必然是二分法。此外还有，第三个范畴每处都是出自该组第二个范畴与第一个范畴的结合。"[66]

黑格尔看到了康德"三一体"概念框架的功绩，也指出了他的不足，认为康德对三分法的运用总起来看仍然是极其表面的。黑格尔说："伟大的〔辩证法〕概念的本能使得康德说：第一个范畴是肯定的，第二个范畴是第一个范畴的否定，第三个范畴是前两者的综合。三一的形式，在这里虽只是公式，在自身内却潜藏着绝对形式、概念。康德并没有〔辩证地〕推演这些范畴，他感觉到它们是不完备的，不过他说，其他的范畴应该从它们推演出来。"[67] 黑格尔已经捉摸到了康德概念推论的思想，但他仍然进一步认为："康德只是经验地接受这些范畴，他没有认识到它们的必然性。他没有考虑到建立统一性，并从统一性发展出差别来。"[68]

康德的"三一体"概念框架的缺陷是，没有从统一性中发展出差别，再进一步从差别性中建立统一性。这个缺点更明显地存在于对"二律背反"的论证中。他虽然强调了正题与反题的对立，但是，最终也没有把这两个对立的命题综合统一起来达到合题，从而构成"正题—反题—合题"的"三一体"概念框架。黑格尔分析了康德的四个"二律背反"，承认这是康德"力求表明这些相反的命题都是对这些问题加以反思所应有的必然结果"，同时也指出了都没有在最终结论中达到合题的缺点。他以自由与必然的"二律背反"为例指出，"真正讲来，知性所了解的自由与必然实际上只构成真自由和真必然的抽象的环节，而将自由与必然截然分开为二事，则两者皆失其真理性了"[69]。

除了范畴理论外，康德在其他方面也隐存着"三一体"的思想。例如，就康德的三大批判来说，在《纯粹理性批判》中阐述了知识论，表达了对真的追求；在《实践理性批判》中阐述了道德论，表达了道德对理性界限的超越和对善的追求；《判断力批判》则从美学的角度来审视整个哲学体系，力图实现真善美的统一。这实际上也可以看作是"真—善—美"的"三一体"概念框架。

康德的先验逻辑中，有三个基本的判断，即先天分析判断、后天综合判断和先天综合判断。但他没有把这三个判断看作是"三一体"的概念结构，而事实上具有"三一体"的辩证关系，反映了理性本性中的辩证法。如果先天分析判断是正题，后天综合判断是反题，那么，先天综合判断就是合题。写成"三一体"的概念结构，则有：

先天分析判断—后天综合判断—先天综合判断。

例如，"三角形有三个角"是一个分析判断，因为"三个角"的含义就是指有三个角的平面几何图形，即在主项"三角形"中已经包含谓项"三个角"的内涵。这就是分析判断，在主词概念中已经包含谓项词的判断。它可以独立于任何观察和经验就可以断定，因而是先天判断，具有普遍必然性。

"玫瑰花是红色的"是后天综合判断，因为玫瑰花不都是红色的，谓词"红色"不包含在主词"玫瑰花"中。它只能依靠观察和经验才可以断定，因而是后天判断，只具有或然性，不具有普遍必然性。

如果一个判断，它既是先天的，又不是来自经验的，而且是综合的，那么，它就是一个先天综合判断。例如，数学中的"7＋5＝12"，几何学中的"连接两点之间的直线为最短"，物理学中的"物质世界的一切变化中，物质的总量是不变的"，人类学中的"人类有选择的自由"，等等，都是先天综合判断。这些判断必然是真的，因而对象必然与我们的知识相符合，因此是前两种判断的综合。

综上所述，我们可以看到，在康德那里，关于"三一体"的概念框架，有三种不同的情形。第一，在范畴表的研究中，康德自觉地运用了"三一体"的概念框架，这是对概念逻辑的一个重大贡献，因为这是概念逻辑的基本公式；第二，在"二律背反"的分析中，康德尽管涉及正题与反题，但没有自觉地由此发展出合题，表明他还不了解"三一体"公式的普遍必然性；第三，在他的理论体系和理性形式等的研究中，康德没有自觉地建立"三一体"的概念框架，但其本身的内容体现了"三一体"概念框架的内涵，反映了理性辩证法的客观性和必然性。尽管如此，这三个方面，在不同的程度上都关涉到了"三一体"概念框架是思维运动的基本框架。

§50 先验逻辑中的"三者统一"问题

一般学者都认为，康德在形式逻辑史上并无重要地位，值得一提的只是，康德最先把亚里士多德以来的传统逻辑命名为普遍逻辑；在判断的分类中，提出了模态判断等。这些，对逻辑的发展自然也是有影响的。这表明，康德对逻辑学发展的贡献，并非在形式化方面，而是在推动逻辑发展的概念化方向。

康德的先验逻辑也并非是纯粹逻辑科学,而是一种哲学,就像黑格尔的逻辑学一样,是一种形而上学。康德自己也经常把先验哲学与先验逻辑作为同一概念来使用。如同黑格尔所评论的,康德采纳了传统逻辑的大部分内容,但也增添了概念逻辑的一些原理和公式,推进逻辑学朝概念化方向的发展。

康德也经常把先验逻辑看作是纯粹知性和理性知识的科学。例如,他说:"所以我们预先为自己形成了一门纯粹知性和理性知识之科学的理念,用来完全先天地思维对象。这样一门规定这样一些知识的起源、范围和客观有效性的科学,就会必须叫做**先验逻辑**,因为它仅仅与知性和理性的规律打交道,但只是就它们先天地与对象相关而言,不像普遍的逻辑不加区别地既与经验性的理性知识也与纯粹的理性知识相关。"[70]他在这里所说的"知识的起源、范围和客观有效性"等问题中,前两项并不属于传统逻辑的范围,至于知识的客观有效性,也就是知识的真理性问题,逻辑学也只能从形式方面来保证,至于内容方面,则必须由实践来检验。所以,这种关于先验逻辑的规定,不仅涉及逻辑,同时也涉及了辩证法和认识论。因此,如果我们从辩证法、认识论和逻辑的三者统一的视角来理解,那么,这里的逻辑,应该是"三者统一"中的逻辑。就是说,先验逻辑本身并非是逻辑学,但可以把它看作是辩证法、认识论和逻辑的三者统一的一个载体。

康德把逻辑分为两种,一种是普遍的知性应用的逻辑,一种是特殊的知性应用的逻辑。这种分类是有重要意义的。他指出:"逻辑又可以以双重的观点来探讨,要么是作为普遍的知性应用的逻辑,要么是作为特殊的知性应用的逻辑。前者包含思维的绝对必然的规则,没有这些规则就根本没有知性的任何应用,因此它涉及这种应用,不顾及这种应用可能针对的对象的不同。特殊的知性应用的逻辑则包含正确地思维某类对象的规则。"[71]前一种逻辑是作为逻辑的逻辑,即纯粹逻辑,后者是作为科学研究工具的应用逻辑。在康德时代,唯一的一门逻辑科学是普遍逻辑,它是普遍知性的逻辑;也许正是这种原因,康德把传统逻辑命名为普遍逻辑。先验逻辑是特殊知性的应用,这是康德新建立的逻辑。所谓普遍知性是不管知识内容的,因而它是分析的,只要通过分析,就可以把各种不同的表象带到一个概念之下;而特殊知性则必须结合知识内容,将表象知识综合到概念之中。因此,与普遍逻辑不同,先验逻辑既要管知识形式,又要管知识内容。

就康德对先验逻辑所做的说明来看,无论是普遍逻辑,还是先验逻辑,作为研究对象的思维形式和规则都是先天的,在这点上两者没有区别。先验逻辑与传统逻辑的区别在于:思维形式和规则是否要与对象发生关系。普遍逻辑研究的思维形式与规则是同对象无关的,先验逻辑则研究与对象相关的思维形式与规则。正由于知性及理性的形式与规律同对象具有先天的相关性,这就决定了思维形式与思维内容的统一,在先天的形式中,都包含了先天的内容,这就是普遍的必然性,而且是知识的来源之一。可见,康德所要求的先验逻辑,要讨论有关对象但又不能归之于对象的知识。所以先验逻辑必然要研讨认识的来源,即我们关于对象的先天知识从何而来的问题。显然,这样的先天知识不可能来源于经验和对象,而只能来源于先天。无论知识来源于经验,还是来源于先天,都涉及新概念形成的问题。新概念的形成自然不能没有质料,但更重要的是对这些质料的逻辑加工,即把它们组织到先天概念之下,这也就进入了认识论领域,它不仅是认识过程,同时也是逻辑过程,要求把认识与逻辑结合起来。

关于辩证法与逻辑的关系问题,前面"三一体"的概念框架中也已经做过说明。在《任何一种能够作为科学出现的未来形而上学导论》中,康德对"范畴表"做了一个注释,认为"范畴表"可以有很多有意思的意见,进一步阐述了其中的辩证法思想:(1)第三个是由第一个和第二个结合而成的一个概念;(2)在量的范畴和质的范畴里,只有一种从"一"到"全",或从"有"到"无"的过渡,没有相依性或者对立性;(3)在关系的范畴里和样式的范畴里包含有相依性和对立性;等等。[72]这些说明表明,康德已经初步地把范畴的关系看作是一种运动,在这种运动中包含了他所理解的辩证法,而且这个辩证法已经融入了范畴运动的逻辑中。

所以,先验逻辑不仅把认识与逻辑统一起来,而且力图把认识、逻辑与辩证法三者统一为一体。虽然我们不能把先验逻辑看作是纯粹的逻辑,但完全可以把它看作是辩证法、认识论和逻辑"三者统一"的一种逻辑类型。就是说,同《资本论》的逻辑一样,先验逻辑不是"大写字母"的逻辑,它是包含了"三者统一"的逻辑。

这个"三者统一"的逻辑,到底是一种什么样的逻辑?它是一种客观逻辑,或形而上学的逻辑。根据列宁的说法,纯粹逻辑是"大写字母"的逻辑,"三者统一"的逻辑是将纯粹逻辑应用在一门科学研究中建构起来的理论体系的逻辑。在康德这里,这种客观逻辑就是他的形而上学逻辑。关于这一点,在他对范畴表的评价中,说得十分清楚。"这个范畴体系把关于纯粹理性本身的每一个对象的一切研究都加以系统化,给每一个形而上学思考在它必须怎样并且根据什么研究要点而前进上,为了全面起见,提供一个可靠的指南或者指导线索;因为这个范畴体系把理智的一切可能的环节都包罗在内,而其他一切概念都分属在这些环节之下。"[73]康德还进一步分析了这个范畴表具有"无比优越的价值"。康德说:"这一个体系也和建筑在一个普遍原则上的其他任何真正体系一样,表现出它的无比优越的价值,即它排除了可能混入纯粹理智概念里来的一切异类概念,并且给每一种认识规定了它应有的位置。而我根据范畴的指导线索已经在反思概念的名称之下安排到一个表里的那些概念,在本体论里既未经许可,也没有合法的权利,就混进了纯粹理智概念的行列,虽然纯粹理智概念是连结的概念,因而是客观的概念,而反思概念仅仅是既定概念的比较概念,因而是具有完全不同的性质和使用的概念。"[74]

康德的这番话,显然是针对传统形而上学说的,范畴表根据自己的客观逻辑,把非法混入形而上学的一切异类概念都排除出去了。而且在这里特别值得注意的是,在这个范畴表里,康德把纯粹理智概念看作是"客观的概念"。这是与客观逻辑相对应的概念,相对于黑格尔的"有"的概念,而非"概念"的概念。

此外,我们还可以从真理的标准问题,进一步说明康德关于"三者统一"的思想。康德关于辩证法、认识论和逻辑"三者统一"的分析,自然是建立在先验唯心主义基础上的。这在真理的标准问题上,得到了充分的反映。在康德看来,真理是逻辑问题,真理的标准也就是逻辑标准。

关于什么是真理问题,康德回答说:"知识的主要完备,乃至知识之一切完备的基本和不可分离的条件是**真理**。"[75]康德把真理界定为知识的主要完备和完备的基本条件两个方面,具有显著的先验论特色。知识的主要完备是指真理的内容,知识完备的基本条件是指先验原则。

康德首先批评了经验论关于真理的观点,即真理即是知识与对象的一致。康德认为,这是一种循环论证。康德指出:"依照这话的单纯字面解释,我的知识要作为真理,就应该与客体一致。但是,**我之认识客体**,只能是**由于**把客体同我的知识相比较。因此,我的知识应当自身证实,可这还远不足以成为真理。因为既然客体在我之外,而知识在我之内,那么我能够判断的毕竟只是:我的客体知识是否同我的客体知识相一致。解释上的这样一个圆圈,古人称**循环论证**。"[76]问题在于,对康德来说,所谓客体,只能指现象界,物自体是不能认识的,根本不存在一致的问题。而现象界只是一种感性表象,它是认识的内容,所谓知识与对象的一致,只不过是"我的客体知识是否同我的客体知识相一致"。这个问题是无法解决的,因而也就不存在是否与对象相符合的客观标准。

因为康德把知识看作由两部分组成,一部分是属于质料的、与客体相关的知识,另一部分是单纯形式、作为形式的条件相关的知识,正是这部分知识,才使知识成为一般知识。根据对知识的这种看法,真理标准问题就被分解为为两个特殊问题:(1)有普遍的、质料的真理标准吗? 以及(2)有普遍的、形式的真理标准吗?

关于第一个问题,康德认为是不可能有的。因为客体都是特殊的,一般客体实际上是绝无可言的。因此,要求普遍的质料的真理标准,就要求存在这样的标准,它既要抽掉同时又不应抽掉客体的一切区别,这是不合理的,甚至是自相矛盾的。这里已经包含着一般与个别的辩证关系,而康德以个体性来否认普遍性,也不无道理,因为一般不能完全包括个别。

关于第二个问题,康德认为普遍的形式的真理标准确实可能存在。因为形式的真理仅在于知识与自身相一致。真理的知识自身,是指知性和理性的普遍法则。所以,真理的普遍的形式标准无非是知识"同知性和理性的普遍法则相一致的这种普遍的逻辑特征"[77]。

根据真理标准的逻辑特征,康德提出了真理的形式标准,它们是:(1) 矛盾律;(2) 充分根据律。

就是说，属于知识的是逻辑真理。首先，它是逻辑地真的，也就是不自相矛盾的。这个标准仅仅是消极的，因为自相矛盾的知识固然是虚妄的，但不自相矛盾的知识并非总是真的。关于这一点，是对传统逻辑的挑战，认为矛盾律不是真理的充分条件。其次，它是逻辑地有根据的，即它不仅是有根据的，而且没有虚妄的结论。这个标准仅仅是积极的，这实际上是一个变形的经验标准。[78]

根据上面的分析，康德提出三条原理，作为真理的普通的、单纯形式的或逻辑的标准，从而说明知识经历着可能性、现实性和必然性的发展过程，从而把辩证法引入真理标准问题中来，说明知识是发展的，真理也是发展的，真理的标准也应该是发展的。这些原理是：

（1）**矛盾律和同一律**，一知识的内在可能性由此律而被规定为或然判断；

（2）**充分根据律**，一知识的（逻辑的）**现实性**就倚靠这条原理，即：作为**实然**判断材料的知识是有根据的；

（3）**排中律**，一知识的（逻辑的）必然性就根据这一原理，即：对于**必然**判断来说，必须这样而不是那样去判断，也就是说，反面是虚妄的。[79]

在知识的真理性问题上，康德并不否定关于对象的内容，因为经验是知识的一个来源，它与知识的完备性相关。但他所强调的是真理的逻辑标准，而且在知识发展的不同阶段，逻辑标准也各有不同，这是知识完备的基本条件。康德的这些分析，同样把辩证法、认识论和逻辑统一起来了。

综上所述，在康德的先验逻辑中，包含了一种客观逻辑，这就是形而上学逻辑，它不是"大写字母"的逻辑，而是这个"大写字母"逻辑在建构形而上学中的应用，说明他已经接触到了辩证法、认识论和逻辑的三者统一。而被应用到这"三者统一"中的"大写字母"的逻辑，不是别的，正是概念逻辑。

参 考 文 献

[1] 康德.康德书信百封[M].李秋零,编译.上海:上海人民出版社,2006:93.

[2] 康德.实践理性批判[M].韩水法,译.北京:商务印书馆,1999:177.

[3] 斯克拉顿.康德[M].周文彤,译.北京:中国社会科学出版社,1989:26.

[4] 库恩.康德传[M].黄添盛,译.上海:上海人民出版社,2008:213.

[5] 库恩.康德传[M].黄添盛,译.上海:上海人民出版社,2008:213-214.

[6] 库恩.康德传[M].黄添盛,译.上海:上海人民出版社,2008:214.

[7] 库恩.康德传[M].黄添盛,译.上海:上海人民出版社,2008:214.

[8] 休谟.人类理解研究[M].关文运,译.北京:商务印书馆,1957:26.

[9] 休谟.人类理解研究[M].关文运,译.北京:商务印书馆,1957:34.

[10] 休谟.人类理解研究[M].关文运,译.北京:商务印书馆,1957:75.

[11] 康德.任何一种能够作为科学出现的未来形而上学导论[M].庞景仁,译.北京:商务印书馆,2009:7.

[12] 库恩.康德传[M].黄添盛,译.上海:上海人民出版社,2009:269.

[13] 康德.任何一种能够作为科学出现的未来形而上学导论[M].庞景仁,译.北京:商务印书馆,2009:169.

[14] 康德.纯粹理性批判[M].李秋零,译.北京:中国人民大学出版社,2004:615.

[15] 康德.康德书信百封.李秋零,编译.上海:上海人民出版社,2006:77.

[16] 康德.纯粹理性批判[M].李秋零,译.北京:中国人民大学出版社,2004:10.

[17] 康德.康德书信百封[M].李秋零,编译.上海:上海人民出版社,2006:21.

[18] 康德.任何一种能够作为科学出现的未来形而上学导论[M].庞景仁,译.北京:商务印书馆,2009:24.

[19] 康德.纯粹理性批判[M].李秋零,译.北京:中国人民大学出版社,2004:44.

[20] 康德.纯粹理性批判[M].李秋零,译.北京:中国人民大学出版社,2004:19.

[21] 康德.纯粹理性批判[M].李秋零,译.北京:中国人民大学出版社,2004:26.

[22] 康德.纯粹理性批判[M].李秋零,译.北京:中国人民大学出版社,2004:26.
[23] 康德.纯粹理性批判[M].李秋零,译.北京:中国人民大学出版社,2004:12.
[24] 黑格尔.逻辑学:下卷[M].杨一之,译.北京:商务印书馆,1976:261.
[25] 康德.纯粹理性批判[M].李秋零,译.北京:中国人民大学出版社,2004:50.
[26] 梁志学.略论先验逻辑到思辨逻辑的发展[J].云南大学学报(社会科学版),2004(4):6.
[27] 耶舍.编者前言[M]//康德.逻辑学讲义.许景行,译.杨一之,校.北京:商务印书馆,2010:4-5.
[28] 恩格斯.自然辩证法.[M]//马克思,恩格斯.马克思恩格斯文集:9.北京:人民出版社,2009:439.
[29] 康德.任何一种能够作为科学出现的未来形而上学导论[M].庞景仁,译.北京:商务印书馆,2009:17.
[30] 康德.纯粹理性批判[M].李秋零,译.北京:中国人民大学出版社,2004:171.
[31] 康德.纯粹理性批判[M].李秋零,译.北京:中国人民大学出版社,2004:240.
[32] 康德.纯粹理性批判[M].李秋零,译.北京:中国人民大学出版社,2004:89.
[33] 康德.纯粹理性批判[M].李秋零,译.北京:中国人民大学出版社,2004:89.
[34] 康德.逻辑学讲义[M].许景行,译.杨一之,校.北京:商务印书馆,2010:27.
[35] 康德.任何一种能够作为科学出现的未来形而上学导论[M].庞景仁,译.北京:商务印书馆,2009:123.
[36] 康德.逻辑学讲义[M].许景行,译.杨一之,校.北京:商务印书馆,2010:14-15.
[37] 康德.逻辑学讲义[M].许景行,译.杨一之,校.北京:商务印书馆,2010:15.
[38] 康德.逻辑学讲义[M].许景行,译.杨一之,校.北京:商务印书馆,2010:15.
[39] 黑格尔.逻辑学:上卷[M].杨一之,译.北京:商务印书馆,1966:200.
[40] 康德.纯粹理性批判[M].李秋零,译.北京:中国人民大学出版社,2004:32.
[41] 康德.纯粹理性批判[M].李秋零,译.北京:中国人民大学出版社,2004:274.

[42] 康德.纯粹理性批判[M].李秋零,译.北京:中国人民大学出版社,2004:275.

[43] 康德.纯粹理性批判[M].李秋零,译.北京:中国人民大学出版社,2004:278.

[44] 康德.纯粹理性批判[M].李秋零,译.北京:中国人民大学出版社,2004:276.

[45] 康德.纯粹理性批判[M].李秋零,译.北京:中国人民大学出版社,2004:281-282.

[46] 康德.纯粹理性批判[M].李秋零,译.北京:中国人民大学出版社,2004:449-450.

[47] 康德.纯粹理性批判[M].李秋零,译.北京:中国人民大学出版社,2004:14.

[48] 康德.纯粹理性批判[M].李秋零,译.北京:中国人民大学出版社,2004:23.

[49] 康德.纯粹理性批判[M].李秋零,译.北京:中国人民大学出版社,2004:35.

[50] 康德.纯粹理性批判[M].李秋零,译.北京:中国人民大学出版社,2004:23.

[51] 康德.纯粹理性批判[M].李秋零,译.北京:中国人民大学出版社,2004:292.

[52] 康德.纯粹理性批判[M].李秋零,译.北京:中国人民大学出版社,2004:48-49.

[53] 康德.逻辑学讲义[M].许景行,译.杨一之,校.北京:商务印书馆,2010:32.

[54] 康德.逻辑学讲义[M].许景行,译.杨一之,校.北京:商务印书馆,2010:32.

[55] 康德.纯粹理性批判[M].李秋零,译.北京:中国人民大学出版社,2004:127.

[56] 黑格尔.小逻辑[M].贺麟,译.2版.北京:商务印书馆,1980:123.

[57] 康德.纯粹理性批判[M].李秋零,译.北京:中国人民大学出版社,2004:288.

[58] 康德.纯粹理性批判[M].李秋零,译.北京:中国人民大学出版社,2004:290.

[59] 康德.纯粹理性批判[M].李秋零,译.北京:中国人民大学出版社,2004:94.

[60] 康德.任何一种能够作为科学出现的未来形而上学导论[M].庞景仁,译.北京:商务印书馆,2009:70.

[61] 康德.纯粹理性批判[M].李秋零,译.北京:中国人民大学出版社,2004:95.

[62] 康德.纯粹理性批判[M].李秋零,译.北京:中国人民大学出版社,2004:96.

[63] 康德.纯粹理性批判[M].李秋零,译.北京:中国人民大学出版社,2004:101.
[64] 康德.纯粹理性批判[M].李秋零,译.北京:中国人民大学出版社,2004:99.
[65] 康德.纯粹理性批判[M].李秋零,译.北京:中国人民大学出版社,2004:102.
[66] 康德.纯粹理性批判[M].李秋零,译.北京:中国人民大学出版社,2004:105.
[67] 黑格尔.哲学史讲演录:第4卷[M].贺麟,王太庆,译.北京:商务印书馆,1978:269.
[68] 黑格尔.哲学史讲演录:第4卷[M].贺麟,王太庆,译.北京:商务印书馆,1978:270.
[69] 黑格尔.小逻辑[M].贺麟,译.2版.北京:商务印书馆,1980:134.
[70] 康德.纯粹理性批判[M].李秋零,译.北京:中国人民大学出版社,2004:87.
[71] 康德.纯粹理性批判[M].李秋零,译.北京:中国人民大学出版社,2004:84.
[72] 康德.任何一种能够作为科学出现的未来形而上学导论[M].庞景仁,译.北京:商务印书馆,2009:99.
[73] 康德.任何一种能够作为科学出现的未来形而上学导论[M].庞景仁,译.北京:商务印书馆,2009:99.
[74] 康德.任何一种能够作为科学出现的未来形而上学导论[M].庞景仁,译.北京:商务印书馆,2009:100-101.
[75] 康德.逻辑学讲义[M].许景行,译.杨一之,校.北京:商务印书馆,2010:48-49.
[76] 康德.逻辑学讲义[M].许景行,译.杨一之,校.北京:商务印书馆,2010:49.
[77] 康德.逻辑学讲义[M].许景行,译.杨一之,校.北京:商务印书馆,2010:50.
[78] 康德.逻辑学讲义[M].许景行,译.杨一之,校.北京:商务印书馆,2010:50.
[79] 康德.逻辑学讲义[M].许景行,译.杨一之,校.北京:商务印书馆,2010:52.

第 2 篇

概念逻辑的创立

　　传统逻辑一直沿着形式化的方向发展着,并取得了辉煌的成就。但是,古代历史上存在的"三段式"表明,逻辑存在着不同于形式化的概念化发展方向。因为思维本身是具有逻辑结构的,这种结构在各门科学的理论体系中得到了反映。科学理论的结构,是有内容的形式结构,而形式逻辑不能说明这种逻辑结构。而且,对思维从静止转向运动的研究,形式逻辑也不能满足说明思维运动的要求。这两种情况,都需要一种能够反映思维的结构和运动的逻辑。

　　在古代希腊就产生了"正题—反题—合题"的逻辑公式,反映理论的思维结构和概念的自我运动。到了黑格尔那里,这个逻辑公式便成为思维辩证发展的逻辑形式。经过马克思恩格斯的改造,把它作为辩证法的"思想发展形式的简单形态"建立起来,使"正题—反题—合题"三段式成为概念推论的基本公式。我把这种逻辑称为概念逻辑,以区别于传统逻辑和现代逻辑。

　　在黑格尔的《逻辑学》中,也可以找到把这种逻辑称为概念逻辑的根据。《逻辑学》由两部三编构成。第一部是客观逻辑,分为两编,第一编为有论,第二编为本质论;第二部是主观逻辑,只有一编,即第三编概念论。"有"(即"存在")与"本质"都是概念,全书以"存在论—本质论—概念论"构成概念推论"三段式",反映了概念的自我运动。

概念逻辑的本质根据在于概念的矛盾内涵结构,因而具有概念辩证法的自我否定性。因此,概念逻辑的基本内容,是概念内涵的生成、分化和结合。概念逻辑的基本规律是辩证矛盾律,概念逻辑的基本公式是"正题—反题—合题"三段式。概念逻辑既是建构性的逻辑,又是推论性的逻辑。概念内涵之间的意义相干性,是建构三段式的总规则。判断的分化和推理的结合则是概念的建构和推论的共同方法。

概念逻辑是关于思维本身运动的逻辑理论,概念的思维是概念逻辑的对象。而对象运动本身展开的内容,又是认识对象的方法,因而概念逻辑又被称为逻辑方法、辩证方法。

第1章
概念逻辑的对象、性质和规律

概念逻辑以概念或者说以概念的思维为对象。一方面，概念即是矛盾，它具有两重性，在概念的内涵中，包含着对立统一的内涵结构；另一方面，概念的思维即是概念的矛盾运动和概念间的相互转化，使它成为概念推论的形式。这两个方面，构成了概念逻辑的主要内容，并规定了概念逻辑的主要性质。这些内容和性质，使概念逻辑成为辩证法的逻辑形式。概念逻辑包括主观逻辑和客观逻辑。"概念"的概念逻辑是主观逻辑，"有"的概念逻辑是客观逻辑。辩证矛盾律是概念逻辑的基本规律，它不同于形式逻辑中的形式矛盾律，是具体的矛盾律而非抽象的矛盾律。

§51 概念逻辑的对象

对概念逻辑的研究，首推黑格尔。要了解概念逻辑的对象、性质和规律，必须听听黑格尔的声音。可是，他的《逻辑学》并非是纯逻辑的逻辑学，而是思辨哲学。思辨逻辑则是思辨哲学的别名。黑格尔把逻辑区分为"有"的概念的逻辑和"概念的概念"的逻辑，表明黑格尔的逻辑学中，包含了概念逻辑的思想。

只要谈到逻辑，必然与精神、思维相关，因为它是思维的逻辑。对于黑格尔绝对哲学来说，一切都是精神运动。精神的自我规定，就是概念。而精神运动，即是概念的内在发展。没有概念的规定，就是没有精神；没有概念的内在发展，同样没有精神运动。因此，我们可以从概念的规定和内在发展，来具体地认识精神。黑格尔说："这种精神的运动，从单纯性中给予自己以规定性，又从这个规定性给自己以自身同一性，因此，精神的运动就是概念的内在发展：它乃是认识的绝对方法，同时也是内容本身的内在灵魂。"[1]所以，精神的全部运动和全部生活,是以概念的自我运动来建构的。这表明,在黑格尔那里,精神或思维的问题,核心是概念的规定和概念的自己运动。精神的运动,以及精神的外化,都是以概念的形式来实现的。精神的自身运动就是精神生活。精神的这种运动和生活,以概念运动描述出来,就是论证的科学。科学就是通过这种精神生活而构成的,并且它也就是这种精神生活的陈述。精神生活的科学陈述,亦即逻辑学。所以,黑格尔认为:"只有沿着这条自己构成自己的道路,哲学才能够成为客观的、论证的科学。"[2]这也就是黑格尔的思辨哲学,或思辨逻辑。

从这里,我们可以明白,黑格尔的逻辑学是研究什么的。关于逻辑学,黑格尔给了一般的规定,即是研究概念的思维。他认为:"逻辑的对象即**思维**,或更确切地说,**概念的思维**,基本上是在逻辑之内来研究的;思维的概念是在逻辑发展过程中自己产生的,因而不能在事先提出。"[3]"概念的思维"这个表达式,重点不在于思维,而在于概念,表明研究的对象是概念。概念"不能在事先提出"这个规定,实际上也是对康德的先验逻辑的批评。黑格尔不只是注重概念的形式,同时也强调概念的内容。他认为思维的概念是在逻辑发展过程中自己产生的,而不像康德所说的是先天给予的。所以,黑格尔的逻辑,要求的不是单纯的概念形式,更重要的是概念的内容,即形式与内容的统一。因为,知识的素材是在思维以外自在自为地存在着的,而思维的概念只有吸纳它之外的质料,从而充实自己,才获得内容,实现内容与形式的统一,从而变成实在的知识。

显然,黑格尔的这个观点,是同他的绝对唯心主义立场完全一致的,因此他认为:"思维在它的内在规定中,和事物的真正本性是同一个内容。"[4]因为在黑格尔那里,概念是事物的本质,而事物则是概念的外化,所以,两者必然是同一个内容。在哲学上,这显然是唯心的。但在逻辑上,它也并非完全不合理。众所周知,逻辑的力量就在于对于事物未来的发展做出预见,这自然是通过概念的推论所获得的一种信仰。这种推论,是"概念的逻辑";而推论所预见的,则是"事物的逻辑"。尽管"事物的逻辑"不可能与"概念的逻辑"完全一致,但在大的方向上,而不是在细节上,所预见的事物在未来的发展,应该是可信的。而且这种推论不是建立在单纯的形式推论基础上的,而是建立在形式与内容相统一的推论基础上的,其结果的必然性是可以相信的。只不过这种必然性的实现,只能通过偶然性来实现而已。在实现的过程中,"事物的逻辑"总是要偏离"概念的逻辑",这也是它的应有之义。如果"概念的逻辑"完全不能预见"事物的逻辑",那么,这种逻辑就没有什么意义了。我们所说的理论自信,实质上就是逻辑自信。道路自信和制度自信的基础,也在于逻辑自信。如果没有逻辑的预见力量,我们又如何能够相信理论的必然性和普遍性呢?

黑格尔批评传统逻辑和当时盛行的逻辑,没有内容,毫无精神,规定和关系也都仅仅是外在的。由于形式与内容相脱离,判断和推论存在着根本的缺陷。这主要是:第一,把判断和推论建立在量的规定上,一切都依靠单纯的外延关系;第二,完全依靠分析的方法,把计算等同于思维;第三,热心于无概念的思考,没有内容和意义。造成这种缺陷的原因,就在于概念的形式与内容的分离,"把无概念的量的外在过程做成概念的过程"[5]。

与传统逻辑不同,概念逻辑的对象是思维着的概念,或以概念进行的思维;这种思维本身就是概念的自我运动。而这种概念不是单纯的形式,而是形式与内容的统一。

§52 概念的两重性

概念逻辑不同于传统逻辑,它把否定性辩证法作为自己运动的推动力量,从而把矛盾的思想引入了逻辑学。根据矛盾的普遍性,同一切事物一样,在概念内涵中也普遍地包含着矛盾。这是由事物的两重性所决定的概念两重性,而且只有以概念两重性才能陈述事物的两重性。概念逻辑以概念的思维为对象,它自然使概念具有矛盾的性质。

康德已经发现了思维中包含的内在矛盾,他的四个"二律背反"就是四个概念矛盾的具体表现。但在黑格尔看来:"康德指出了四个矛盾;这未免太少了,因为什么东西都有矛盾。在每一个概念里都很容易指出矛盾来。因为概念是具体的,因而不是简单的规定。所以每一个概念包含着许多规定,这些规定都是正相反对的;这些矛盾康德叫做二律背反。这是很重要的,但与康德的原意相反。"[6]概念自身包含的矛盾,其双方不是绝对对立的,同时又是统一的,并非像康德所说,双方只是"背反"。

概念两重性的具体涵义有以下几个方面：

第一，概念包含的显内涵和隐内涵，是概念自身矛盾的一种具体形态。

"祸兮福之所倚，福兮祸之所伏"。这就是概念的显内涵和隐内涵的形式结构，反映现实生活中福祸相互依伏的矛盾及其转化。

知性中的概念，是无矛盾的形式，因为概念中的差异还处于潜在的状态，无法引起人们的关注；理性中的概念，由于概念中的差异进入了显在的状态，概念则成为包含着矛盾的形式。

黑格尔在论述把"有"作为开端的概念时，指出：开端的概念"应该是全然抽象的、全然一般的、全然没有内容的形式"。除了一个单纯开端本身的观念而外，便什么也没有。由于这个"有"显现为什么也没有，因而它即是无。但是，它要成为一个开端，又不是纯无，而是某物要从它那里出来的一个无。"所以开端包含有与无两者，是有与无的统一；——或者说，开端是（同时是有的）非有和（同时是非有的）有。"[7]

黑格尔在这里所做的"开端是（同时是有的）非有和（同时是非有的）有"的概念规定，揭示了概念的两重性："（非有）的有"和"（有的）非有"，而且它们以显与隐的形式表现出来。

设"有"为 A，"无"（非有）为 $\neg A$，按形式逻辑同一律，应该是 $A = A$，或者 $\neg A = \neg A$，而且"$A \wedge \neg A$"则是违反同一律和矛盾律的，是应该排除的逻辑矛盾。在知性思维中，这些主张都是无可非议的，概念逻辑应该容纳而不是否认这些内容。

同形式逻辑中的"是即是"、"否即否"不同，在概念逻辑中，"是"同时成为"是"和"否"，"否"同时成为"否"和"是"。如果赋予符号"〔 〕"表示隐含着的意义，那么，对黑格尔的表述做形式化的处理，就可以得到下列的公式：

"〔有的〕非有"，可以写成〔A〕$\neg A$，即在 $\neg A$ 中潜在地隐含着 A；这时，$\neg A$ 是显内涵，A 则是隐内涵，可以改写为：$\neg A$〔A〕。

"〔非有的〕有"，也可以写成〔$\neg A$〕A，即在 A 中潜在地隐含着 $\neg A$；这时，A 是显内涵，$\neg A$ 则是隐内涵，也可以改写为：A〔$\neg A$〕。

根据这种显与隐的关系，$A = A$，或者 $\neg A = \neg A$，有了新的形式，即：将 $A = A$，改写为 A〔$\neg A$〕$=$ A〔$\neg A$〕；将 $\neg A = \neg A$，改写为 $\neg A$〔A〕$=$ $\neg A$〔A〕。而且，还出现了 A〔$\neg A$〕$\wedge$ $\neg A$〔A〕的概念矛盾情况。因为两端不是绝对的

差异，它们还包含着同一，因而"A〔¬A〕∧¬A〔A〕"并非简单地等同于知性中的"A∧¬A"的逻辑矛盾，而是理性中概念的辩证矛盾。这就是概念逻辑中的具体同一律。如果去掉了概念中所隐含的显与隐的矛盾状态，那么，具体同一律就回到了抽象同一律，概念逻辑也就回到形式逻辑那里去了。

第二，概念内涵包含的普遍性、特殊性和个体性三个环节，是概念内涵矛盾的又一种具体表现。

在逻辑学中，无论是形式逻辑，还是概念逻辑，与形式相统一的概念内容，既不是经验和知识内容，也不是哲学内容，而是逻辑内容。在概念逻辑中，这种逻辑内容的主要特征是概念辩证法，或概念内部所包含的矛盾和自我否定性。作为思维形式的概念，就是概念本身，它不是某种特殊的概念，或范畴，例如，形而上学中的各种范畴，就属于特殊的范畴，而不是逻辑学的纯概念，它的内容是形而上学的，而不是逻辑学的。纯概念是一切概念和范畴，包括形而上学和认识论范畴在内的共有形式，即作为概念本身的内容。这就是概念的共相。在这个概念共相中，所表现的都是概念要素之间的矛盾关系。这些要素就是指普遍性、特殊性和个体性三个环节。黑格尔说："概念本身包含下面三个环节：一、**普遍性**，这是指它在它的规定性里和它自身有自由的等同性。二、**特殊性**，亦即规定性，在特殊性中，普遍性纯粹不变地继续和它自身相等同。三、**个体性**，这是指普遍与特殊两种规定性返回到自身内。这种自身否定的统一性是**自在自为的特定东西**，并且同时是自身同一体或普遍的东西。"[8] 概念本身三个环节的统一，就是概念的逻辑内容，它虽然同本体论和认识论的意义不同，但同本体论和认识论是同一的。

第三，概念显内涵与隐内涵、三个环节内涵之间的相互关系，构成了概念内部的矛盾及其自我否定性的运动，推动概念的演化和发展。

在知性阶段，概念还只是一些片面的抽象规定，而且这些规定还是相互冲突着的。当进入了理性阶段，从中进一步认识这种冲突的一致性，表明矛盾性正是对知性的局限性的超越和对这种局限性的消解。这就是理性的本性。黑格尔说："超出那些规定之上，提高到洞见它们的冲突，这是达到理性的真正概念的伟大的、否定的一步。"[9] 为什么在不同的阶段上，概念具有不同的自我同一？因为在不同的阶段上，概念内涵发生了显与隐的相互转化。

马克思分析了古代农村公社所有制形式，认为最初是原生态的公有制形态,后来,在发展中,在公有制内部出现了自己的对立面,即私有制。马克思说:"这种所有制的原始形式本身就是**直接的共同所有制**(**东方形式**,这种形式在斯拉夫人那里有所变形;在古代的和日耳曼的所有制中它发展成为对立物,但仍然是隐蔽的——尽管是对立的——基础)。"[10] 马克思在这里所说的从共同所有制中发展出它的隐蔽的对立物,是对象的两重性,它决定了概念两重性。这里存在的仍然是公有制形式,但它已经不是单纯的公有制,其中已经产生出自己的对立面即私有制,又包含于自身之中,而非独立的对立形态,只是处于自然的隐蔽的对立中。所以,在"公有制形式"这一概念中,"公有制"是显内涵,其中所包含的"私有制"则是隐内涵。由于在内涵上的这种显与隐的区别,在总体上,它还是农村公社的公有制形式。这种农村公社,不仅在奴隶社会存在,也存在于封建社会中,它还能在后来的世界历史中与资本主义成为共时态的存在。正因为这些原因,如何对待农村公社的问题,成为俄国选择革命道路的一个重大问题,引起了各个政治派别的激烈争论,从而成为马克思晚年理论研究的一个重大问题。

概念两重性对概念逻辑性质的规定,使概念中的矛盾成为真理的思维形式。就是说,凡是包含矛盾的思维是真的,不包含矛盾的思维则是不真的。

§53 客观逻辑与主观逻辑

概念逻辑包括客观逻辑和主观逻辑。概念逻辑的这种划分,是由它的对象的特殊性所规定的。概念逻辑的对象是概念的思维,而概念本身又分为两种,一是"有"的概念,二是"概念"的概念。在概念的思维中,存在着两个环节的对立和统一:"一个主观地自为之有的东西和另一个客观地自为之有的东西在意识中的对立,被认为是已经克服了,'有'被意识到是纯粹概念自身,而纯粹概念也被意识到是真正的有。"[11] 前面已经说过,在黑格尔那里,"有"与"概念"是同一个内容。"有"就是概念的对象,"概念"则是"有"的本质。"有"是概念的外化,但它又仍然存在于意识中;概念是"有"的本质,是主观地自为之有的东西。"有"被意识,它就是一个概念。这就是在逻辑的东西里所包含的两个环节:"有"的概念和"概念"的概念。它们既是有区别的,又是不可分离的。

以这两种概念的思维为对象,就产生了两种相区别的概念逻辑,即客观逻辑和主观逻辑。以"有"的概念为对象的逻辑,是客观逻辑;以"概念"的概念为对象的逻辑是主观逻辑。黑格尔说:"逻辑依此首先可以分成作为**有的概念**的逻辑和作为**概念的概念**的逻辑;或者我们用虽然习见而最不确定,歧义也就最多的名词来说,分为**客观的**和**主观的**逻辑。"[12]

很清楚,黑格尔所说的"有",就是存在,有论就是存在论,也就是形而上学,属于客观逻辑。黑格尔说:"这样一来,不如说是客观逻辑代替了昔日**形而上学**的地位,因为形而上学曾经是关于世界的科学大厦,而那又是只有由**思想**才会建造起来。"[13]相对地,主观逻辑则属于概念论,它是纯粹的逻辑,即列宁所说的"大写字母"的逻辑。我们所说的概念逻辑,严格地说,就是这种"大写字母"的逻辑。

在黑格尔的逻辑学中,在有论与概念论之间,还有一个本质论。它是属于有论还是概念论?黑格尔认为,本质论是有论与概念论之间的中介区域,"本质"是"有"(概念之外的有)向"概念"(概念内在之有)过渡的中介概念。"它以这种方式,还没有被建立成自为的概念本身,而仍然固着于直接的,同时又在概念以外的有。这就是**本质论**,处于有论和概念论之间。"[14]

所以,在一般意义上,黑格尔把逻辑分为客观逻辑和主观逻辑,若把它分为三部分则更为确切。这三部分是:1.有的逻辑,2.本质的逻辑,3.概念的逻辑。[15]可是,在《逻辑学》中,本质论仍然列于客观逻辑之下,因为,本质尽管已经是内在的东西,其主观性仍然明确地保留给概念。黑格尔做这样的处理,显然也是有根据的。他说:"如果我们考察这门科学最后形成的形态,那么,首先直接就是被客观逻辑所代替的**本体论**,——形而上学的这一部分,应该研究一般的恩斯(Ens);——恩斯既包括**有**(Sein),也包括**本质**(Wesen)"。[16]这也说明,本质论属于客观逻辑的范畴。

列宁在评论《资本论》的逻辑时说:"虽说马克思没有遗留下'**逻辑**'(大写字母的),但他遗留下《资本论》的**逻辑**,应当充分地利用这种逻辑来解决这一问题。在《资本论》中,唯物主义的逻辑、辩证法和认识论〔不必要三个词:它们是同一个东西〕都应用于一门科学,这种唯物主义从黑格尔那里吸取了全部有价值的东西并发展了这些有价值的东西。"[17]在这里,列宁提出了两种逻辑:一种是"大写字母"的逻辑,一种是《资本论》的逻辑。"大写字母"的逻辑是纯粹逻辑,与黑格尔所说的主观逻辑相对应;《资本论》的逻辑即是客观逻辑,它是主观逻辑在政治经济学研究中的应用,即是政治经济学的形而上学或本体论,我们可以称它为政治经济学的逻辑。

根据黑格尔和列宁的看法,概念逻辑属于主观逻辑的范畴。主观逻辑除概念逻辑外,还有形式逻辑,包括传统逻辑和现代逻辑。概念逻辑是"大写字母"的逻辑,客观逻辑则是概念逻辑和形式逻辑在各门科学研究中的应用。形而上学逻辑、《资本论》逻辑等,都属于客观逻辑。

客观逻辑与主观逻辑的主要区别,在于是否包含"有"的概念,即是否具有客观性、直接性。这个"有"是概念之外的"有",黑格尔仍然把本质论放到客观逻辑中去,因为它仍然固着于直接性。虽然主观逻辑同样是形式与内容的统一,但这里的内容不是经验和知识的内容,而是逻辑内容。相对于客观逻辑而言,主观逻辑只具有主观性,并无关涉思维之外的对象,不包含"有"的概念。不仅形式逻辑是这样,概念逻辑也是这样。概念推论"正题—反题—合题"三段式中的"正题"、"反题"、"合题"都是变项,而它在客观逻辑的应用中,都必须由各种自"有"的概念代入,才能使它成为客观逻辑的概念推论,因而要受经验和知识内容的制约。比如,法学的研究、执法和司法行为,都必须应用逻辑,这是没有异议的。但是,逻辑的作用,不仅要受到法律规范的限制,而且在更大的程度上还要受制于法律行为的经验事实,因而法的力量并非主要地来自逻辑。霍姆斯说:"法律的生命不是逻辑,而是经验。"[18]法律的源头活水向来是经验而非逻辑。逻辑在法律中应用时,逻辑规范不仅要同法律规范相结合,而且还要与事实证据相结合。

客观逻辑与主观逻辑的另一个区别,在于是否具有主体性。主观逻辑是不具有主体性的,它的对象是"没有主体的思维"。这里的主体,是指个体主体。当然,严格地说,逻辑思维还是有思维主体的,这就是类主体,即人类。在纯粹逻辑的研究中,必须排除一切个体心理因素的干扰。也许正是人类思维的这个特点,肖尔兹把逻辑规律仅仅看作是我们符号系统的规则,不依赖于在世界上的因果关系。[19]这同样是把思维运动看作是一种独立的运动。实际上,逻辑的应用,意味着从思维类主体回归到思维的个体主体,因而所得到的结论,不能不受到个体心理和知识状态的影响,同时也受到了个体主体的社会因素的制约。这也许是造成思维中逻辑错误的主要原因,以致客观逻辑中具体结论具有或然性。

§54 逻辑的主要内容

列宁在《黑格尔〈逻辑学〉一书摘要》中,对黑格尔的逻辑学进一步做了批判性的改造。他认为,不能原封不动地应用和现成地照搬黑格尔的逻辑学,要挑选出逻辑的成分。列宁充分肯定黑格尔的概念逻辑,并纠正了他的唯心主义立场。列宁明确地肯定了概念是逻辑学的研究对象,概念关系是逻辑的主要内容。他说:"概念的关系(=过渡=矛盾)=逻辑的主要内容,并且这些概念(及其关系、过渡、矛盾)是作为客观世界的反映而被表现出来的。**事物**的辩证法创造**观念**的辩证法,而不是相反。"[20]因此,逻辑学与认识论是统一的,逻辑是对世界的认识的**历史**的总计、总和、结论[21]。由于对概念可以做两个方面的理解,在这种意义上,概念的关系也存在着两个方面的关系,因而有两种逻辑。作为"有"的概念之间的关系,构成客观逻辑;作为"概念"的概念之间的关系,构成概念逻辑。这两种逻辑都是主观辩证法的思维形式,它们都是客观辩证法的反映。客观逻辑反映事物的辩证法,概念逻辑反映概念的辩证法。

由于理论是概念体系,而且理论是发展的,因而概念体系也是发展的。在这种意义上,"有"的概念也存在着三个方面的关系。根据这三种关系,"有"的逻辑,即客观逻辑,包含着三种不同形态的逻辑。作为表述概念体系,概念关系即概念结构,它是理论逻辑;反映实践活动中的概念关系,揭示理论对实践的对象化活动,它是实践逻辑;反映理论和实践的历史发展,即概念的演化,它是历史逻辑。

形式逻辑是微观逻辑,不能表达整个理论体系的概念结构和概念关系。概念结构是表达整个理论体系的宏观结构,提供理论体系的概念框架。这项工作只能由概念逻辑来完成。形式逻辑是静止思维的逻辑,不是运动着的思维的逻辑,当思维从静止转到运动时,形式逻辑就显示出它的不足,必须让位给概念逻辑。这两个方面,都说明形式逻辑让位给概念逻辑的必要性。列宁提出的逻辑即概念的关系,恰恰说明了概念逻辑的必然性。

所谓概念的关系,列宁已做了概括性的解释,他把概念的关系看作是"概念的矛盾"和"概念的过渡"。就是说,概念的关系包括两个方面,一是指概念的矛盾,反映了概念的结构,在宏观上给出了理论体系的概念框架;二是指概念的过渡,即是一个概念向另一个概念的推论,表述了理论体系的发展,反映了思维的运动。"概念的矛盾"和"概念的过渡"之间也是密切联系着的。由于概念的内在矛盾和概念之间的矛盾,才使概念相互过渡。这种矛盾和过渡,将在概念推论三段式中获得充分的反映。

这就是概念逻辑优于形式逻辑的地方。概念逻辑为思维提供了一个理论结构和历史发展的概念框架。科学理论的逻辑结构,就是这样一种概念框架;科学理论的历史演化,也是这样的一种概念框架。形式逻辑只能分析这种框架中的命题之间的关系,不可能提供一个概念框架。

科学就是知识体系,而知识又离不开概念,这就决定了一切知识体系都是概念体系。科学中的概念不是孤立的存在,而处于相互联系之中。瓦托夫斯基说:"像质量、运动、位置、时间、化学元素和原子结构、物种和适应、社会和文化这类概念并不是各种孤立的理解的零星碎片。相反地,它们是彼此联系的,并且联系于一个概念网络,依靠这个概念网络,它们依次得以理解,形成我们可以称之为概念框架或概念结构的东西。"[22]这里所说的相互联系,就是概念之间的推论关系,也就是列宁所说的"过渡"。所以,概念结构与概念推论,统一于概念内涵的两重性及其转化。

在黑格尔那里,无论是客观逻辑,还是主观逻辑,都是以概念为对象的。而思辨逻辑的本性表明,"逻辑思想是一切事物的自在自为地存在着的根据"[23]。在他看来,逻辑思想是一切事物产生和变化的根源和动力,事物是概念逻辑的产物,因而事物也就成为了"逻辑的事物"。因此,概念的逻辑决定着逻辑的事物,这是逻辑和事物的同一性。由于概念规定事物的本质,事物是概念的产物,因此,逻辑是第一性的,事物是第二性的,逻辑的事物是概念的逻辑的外化,概念的逻辑产生出了事物的历史和世界的体系。在这种唯心主义的阐述中,却包含着不少值得我们认真研究的启示。如果我们把黑格尔关于思维与存在的关系颠倒过来,就可以把它改造成为唯物主义的概念逻辑,即列宁所说的唯物主义的逻辑。在这里,需要我们给予特别关注的有以下两点:

第一,概念本身包含着矛盾,这是辩证理性的基本特征。因为,实体作为主体,"是单一的东西的分裂为二的过程或树立对立面的双重化过程,而这种过程则又是这种漠不相干的区别及其对立的否定"[24]。因此,概念中的矛盾成为概念自我否定性的根源、发展的内在源泉和动力,并赋予了这种运动和变化的必然性。就是说,如果我们把黑格尔那种事物与逻辑的关系颠倒过来,把概念辩证法看作是客观辩证法的反映,那么,这种概念辩证法,就是黑格斯所说的辩证法的"思想发展形式的简单形态"。

第二,黑格尔的概念辩证法为我们提供了概念的叙述逻辑。从"概念的逻辑产生逻辑的事物"这个原理出发,黑格尔常常在思辨的叙述中做出把握住事物本身的、现实的叙述,使他从概念的逻辑中天才地猜测到了事物运动的辩证法。但是,在黑格尔那里,充满着逻辑学的神秘主义,而正是这种神秘主义给读者造成一种错觉,正像马克思所指出的,"这种在思辨的阐述*之中*所作的现实的阐述会诱使读者把思辨的阐述看成是现实的,而把现实的阐述看成是思辨的"[25]。这是马克思对黑格尔阐述方法的肯定,并说明了现实的与思辨的之间的关系。如果剥离黑格尔的神秘主义,单就这种叙述逻辑而言,则是概念逻辑的一项重要内容。

§55 概念逻辑的基本规律

在讨论概念逻辑的基本规律之前,先来分析一下逻辑规律和存在规律的关系问题。逻辑规律自然不是指本体论方面的存在规律,但逻辑规律必定存在着本体论的基础,这个基础就是存在规律。

传统逻辑教科书都普遍地叙述了形式逻辑的三大基本规律,即同一律、矛盾律和排中律。这三条规律,在逻辑学中有不同的意义。亚里士多德的逻辑学主要研究了矛盾律和排中律,对同一律也有所涉及,但比较少,而且没有明确提出这一规律。在逻辑规律的讨论中,涉及的不只是逻辑方面的内容,而且还比较多地涉及本体论和认识论方面的思想,说明逻辑规律同本体论和认识论的规律也是密切联系着的。

同一律和矛盾律是同一规律的两个不同方面的表述,它们都包含有本体论的意义。在阐述矛盾律时,亚里士多德首先说明的,是矛盾律的本体论方面内容。他说:"同样属性在同一情况下不能同时属于又不属于同一主题"[26];"同一事物不能同一时既是而又不是"[27]。这里说的内容,都是关于事物的规定性,它是事物相对稳定性或相对同一性的表现。这种观点,是直接针对赫拉克利特朴素辩证法思想而发的,尚未涉及思维和逻辑本身的问题,但它为思维不矛盾律的论证,提供了本体论的前提。关于不矛盾律的逻辑方面内容,亚里士多德说:"一切信条中最无可争议的就是'相反叙述不能同时两都真实'"[28];"'**相反**'既不应在同时,于同一事物两都真实"[29]。为什么矛盾的陈述不能同时为真?因为它是相对于同一事物而言的。张家龙认为,在亚里士多德那里,"客观存在和事物的矛盾律是最根本的"[30]。这一历史事实表明,逻辑规律是思维运动的规律,是存在规律的反映。思维规律的真理性可以从存在中寻找到它的根据。矛盾律在人类思维中起着决定性的作用,完全是由存在规律决定的。格·克劳斯说:"为什么它占有特殊的地位呢?我们不能把思维作为本原的东西,用思维来解释这一点。我们不能说:'我们的思维当它逻辑上不矛盾时便正确',而回答只能有一个:因为它合乎逻辑。不矛盾律的特殊作用取决于它是从本体论的规律即从其本原的基础引伸出来的,也就是说,它是存在规律的反映。"[31]这就表明,逻辑规律的基础是存在规律;而且也同样表明,本体论与逻辑学是统一的。

矛盾律、同一律不仅是形式逻辑的基本规律,同时也是概念逻辑的基本规律。在形式逻辑中,不包含逻辑矛盾的推理是有效的推理,包含逻辑矛盾的推理是无效推理。在概念逻辑中,黑格尔曾说过,一个包含着矛盾的概念是真概念,不包含矛盾的概念是假概念。其实,在这两种不同的说法之间,并不包含逻辑矛盾,因为在这两种逻辑中的矛盾概念的含义是各不相同的。特别需要指出的是,在概念逻辑中,矛盾律的内容已经发生了重大的变化,它把辩证法矛盾律作为自己的主要基础,而且随着思维发展的不同阶段,矛盾律内涵也发生了相应的变化,从而对不同阶段的思维提出了不同的规范要求。为了叙述方便,我们把形式逻辑的矛盾律称为形式矛盾律,把概念逻辑的矛盾律称为辩证矛盾律,以此加以区别。这两种矛盾律是不同的逻辑规律,但它们又是相容的,辩证矛盾律并不否定形式矛盾律,相反,它把形式逻辑矛盾律包容于自身中。

黑格尔指出:"**逻辑思想**就形式而论有三方面:(a)**抽象**的或**知性**〔理智〕的方面,(b)**辩证**的或**否定的理性**的方面,(c)**思辨**的或**肯定理性**的方面。"[32]抽象的知性、否定的理性和肯定的理性,可以看作是思维或概念构成的三个环节,也可以看作是思维或概念演化的三个阶段。在这些阶段上,辩证矛盾律产生了内容和功能的变化。

思维在抽象知性阶段，它的规定性是固定不变的，从而把不同的概念区别开来，并把它们的差别加以对立。这就是"非此即彼"的思维方式，要求思维遵守同一律。这时的同一是抽象的同一，没有差别的同一，即自身等同，因此必须排除逻辑矛盾。把抽象的知性看作是思维运动的一个阶段，这是辩证矛盾律的要求。在这个阶段上，形式矛盾律与辩证矛盾律是相容的。这两种规律为概念推论提供了抽象知性的规则，即知性概念的抽象同一。

思维的客观进程，必然从抽象的知性阶段进入否定的理性阶段。黑格尔称这个阶段为辩证的阶段，也就是康德的二律背反的阶段，合乎逻辑的有效推论，得到了相互对立的正题和反题。这是知性思维的自我超越，也就是概念的辩证运动，即知性概念的自我否定性。因此，黑格尔评论康德的二律背反时指出："他所研讨的、宁可说是，在于指出每一抽象的知性概念，如果单就其自身的性质来看，如何立刻就会转化到它的反面。"[33]在这个阶段上，辩证矛盾律要求从抽象同一走向差异和对立，即走向自己的反面。这时，形式矛盾律也走向自己的反面，从合乎矛盾律出发，走向违反矛盾律，但它又并非是假的而是真的，从而把知性概念的自身否定性表述出来了[34]。在这个阶段上，辩证矛盾律为概念的推论提供了否定的规则，即对知性概念的否定。

否定的理性是对抽象的知性的否定，也是抽象知性的自我否定。它的进一步发展，则被思辨理性所否定，即否定之否定，从而进入了肯定的理性阶段。这个阶段，思维在对立的双方中把握它们的统一，或者说，"在对立双方的分解和过渡中，认识到它们所包含的**肯定**"[35]。康德揭示了正题与反题的二律背反是理性的本性，但这只是理性在辩证阶段的本性，当它进入肯定理性阶段时，理性的必然性就在对立的规定中认识到它们的统一。黑格尔把"思辨的真理"看作概念推论的肯定理性法则，以示辩证法具有肯定的成果。就是说，两个对立的方面，并非因为相互否定而走向无，也不是因为相互对立而不具有统一。其实，思辨的真理，就是从对立和差异中把握统一，它是完整的、具体的真理。黑格尔指出："思辨的真理，就其真义而言，既非初步地亦非确定地仅是主观的，而是显明地包括了并扬弃了知性所坚持的主观与客观的对立，正因此证明其自身乃是完整、具体的真理。因此思辨的真理也是决不能用片面的命题去表述的。"[36]在这个阶段上,辩证矛盾律为概念的推论提供了肯定的规则,即在对立和差异中把握全面真理。

黑格尔在说明思辨逻辑与知性逻辑的关系时指出:"思辨逻辑内即包含有单纯的**知性逻辑**,而且从前者即可抽得出后者。我们只消把思辨逻辑中辩证法的和理性的成分排除掉,就可以得到知性逻辑。"[37]这种关系同样适用于辩证矛盾律与形式矛盾律的关系,即我们只消把辩证矛盾律中辩证法的和理性的成分排除掉,就可以得到形式矛盾律。

参 考 文 献

[1] 黑格尔.逻辑学:上卷[M].杨一之,译.北京:商务印书馆,1966:5.
[2] 黑格尔.逻辑学:上卷[M].杨一之,译.北京:商务印书馆,1966:5.
[3] 黑格尔.逻辑学:上卷[M].杨一之,译.北京:商务印书馆,1966:23.
[4] 黑格尔.逻辑学:上卷[M].杨一之,译.北京:商务印书馆,1966:26.
[5] 黑格尔.逻辑学:上卷[M].杨一之,译.北京:商务印书馆,1966:35.
[6] 黑格尔.哲学史讲演录:第4卷[M].贺麟,王太庆,译.北京:商务印书馆,1978:279-280.
[7] 黑格尔.逻辑学:上卷[M].杨一之,译.北京:商务印书馆,1966:59.
[8] 黑格尔.小逻辑[M].贺麟,译.2版.北京:商务印书馆,1980:331.
[9] 黑格尔.逻辑学:上卷[M].杨一之,译.北京:商务印书馆,1966:27.
[10] 马克思.政治经济学批判(1857-1858年手稿)[M]//马克思,恩格斯.马克思恩格斯文集:8.北京:人民出版社,2009:149.
[11] 黑格尔.逻辑学:上卷[M].杨一之,译.北京:商务印书馆,1966:44.
[12] 黑格尔.逻辑学:上卷[M].杨一之,译.北京:商务印书馆,1966:45.
[13] 黑格尔.逻辑学:上卷[M].杨一之,译.北京:商务印书馆,1966:47.
[14] 黑格尔.逻辑学:上卷[M].杨一之,译.北京:商务印书馆,1966:45.
[15] 黑格尔.逻辑学:上卷[M].杨一之,译.北京:商务印书馆,1966:48.
[16] 黑格尔.逻辑学:上卷[M].杨一之,译.北京:商务印书馆,1966:47-48.
[17] 列宁.黑格尔辩证法(逻辑学)的纲要[M]//列宁.列宁全集:第55卷.2版.北京:人民出版社,1990:290.

[18] 霍姆斯.普通法[M].冉昊,姚中秋,译.北京:中国政法大学出版社,2006:1.

[19] 肖尔兹.简明逻辑史[M].张家龙,译.北京:商务印书馆,1977:80.

[20] 列宁.黑格尔《逻辑学》一书摘要[M]//列宁.列宁全集:第55卷.2版.北京:人民出版社,1990:166.

[21] 列宁.黑格尔《逻辑学》一书摘要[M]//列宁.列宁全集:第55卷.2版.北京:人民出版社,1990:77.

[22] 瓦托夫斯基.科学思想的概念基础:科学哲学导论[M].范岱年,译.北京:求实出版社,1982:6.

[23] 黑格尔.小逻辑[M].贺麟,译.2版.北京:商务印书馆,1980:85.

[24] 黑格尔.精神现象学:上卷[M].贺麟,王玖兴,译.北京:商务印书馆,1979:13.

[25] 马克思.神圣家族,或对批判的批判所做的批判[M]//马克思,恩格斯.马克思恩格斯文集:1.北京:人民出版社,2009:280.

[26] 亚里士多德.形而上学[M].吴寿彭,译.北京:商务印书馆,1959:62.

[27] 亚里士多德.形而上学[M].吴寿彭,译.北京:商务印书馆,1959:216.

[28] 亚里士多德.形而上学[M].吴寿彭,译.北京:商务印书馆,1959:78.

[29] 亚里士多德.形而上学[M].吴寿彭,译.北京:商务印书馆,1959:78-79.

[30] 张家龙.逻辑学思想史[M].长沙:湖南教育出版社,2004:526.

[31] 克劳斯.形式逻辑导论[M].金培文,康宏逵,译.上海:上海译文出版社,1981:81.

[32] 黑格尔.小逻辑[M].贺麟,译.2版.北京:商务印书馆,1980:172.

[33] 黑格尔.小逻辑[M].贺麟,译.2版.北京:商务印书馆,1980:179.

[34] 黑格尔.小逻辑[M].贺麟,译.2版.北京:商务印书馆,1980:176.

[35] 黑格尔.小逻辑[M].贺麟,译.2版.北京:商务印书馆,1980:181.

[36] 黑格尔.小逻辑[M].贺麟,译.2版.北京:商务印书馆,1980:183.

[37] 黑格尔.小逻辑[M].贺麟,译.2版.北京:商务印书馆,1980:182.

第2章
概念逻辑的基本公式

概念推论都是概念的自己运动。概念"自己运动不过就是矛盾的表现"[1]，从而把概念内涵自动地展现出来。这种运动的具体形式就是"正题—反题—合题"这个三段式，它是概念逻辑的基本公式。对于一切科学研究领域，这个公式具有普遍的意义。因此，恩格斯对概念逻辑的建立，给予了高度的评价，认为它"是一个其意义不亚于唯物主义基本观点的成果"。同一切理论一样，各门科学中的三段式，不是研究的出发点，而是研究的结果，它只不过是表现材料生命的概念框架，是辩证法思想发展形式的简单形态。在具体运用三段式的时候，必须注意到它具有极大的灵活性，不能用这种形式来剪裁材料，窒息材料的生命。

§56 "正题—反题—合题"三段式

概念逻辑的基本公式是"正题—反题—合题"三段式，它是辩证法基本思想的逻辑化。

通常，辩证法被称为矛盾辩证法，最基本的含义是指，事物内部所包含的矛盾，是推动事物运动和发展的源泉和动力。列宁说："可以把辩证法简要地规定为关于对立面的统一的学说。这样就会抓住辩证法的核心，可是这需要说明和发挥。"[2]列宁认为，辩证法的基本公式可以表述为："对立统一"。这是一个普遍的公式。

在本体论中，对立统一表现为：存在与非存在，质与量。

在认识论中，对立统一表现为：感性与理性、现象与本质、实践与认识。

在思维领域中，对立统一表现为：是又否；否又是。

以思维形式来表述"对立统一"，它的基本公式是：

正题—反题—合题。

三段式中的"正题"、"反题"、"合题"代表任何未知的概念或思想,称为逻辑变项,即概念变元;在实际应用时,都必须用已知的、具有实际内容的词项取代它,这些词项称为逻辑常元或逻辑常量,即概念常元,或概念常量。符号"—"则是逻辑常项,它的语义解释是概念的"进展",或在概念演化基础上的推论。从"正题"进展到"反题",再从"反题"进展到"合题",完成了正题和反题相互融合的推论。

例如,《资本论》中的"商品—货币—资本"这个公式,就是概念推论三段式应用的具体形式,其中,词项"商品"这个概念常元取代了"正题"这个概念变元,词项"货币"这个概念常元取代了"反题"这个概念变元,词项"资本"这个概念常元取代了"合题"这个概念变元。这个公式反映了从简单商品生产向资本主义商品生产发展的理论和历史。

"正题—反题—合题"这个三段式,是黑格尔对哲学史和概念史的总结。大家知道,古希腊的爱利亚学派芝诺,首先使用了正题与反题相互矛盾的辩论术。他设定正题为:世界万物的存在是"多",运动是可能的;反题为:世界本原的存在是"一",运动是不可能的。如果正题是真的,那么,反题是假的,运动是可能的;反之,如果正题是假的,那么反题是真,运动是不可能的。由此得到结论,"一"是正确的,"多"是错误的。后来,普罗塔哥拉提出"对一切正题提出反题"的原则,说明正题与反题的对立具有普遍性。新柏拉图学派哲学家进一步提出了"正题—反题—合题"的"三一体"公式,被黑格尔所关注[3]。奥古斯丁在对上帝的"圣父—圣子—圣灵"的"三位一体"证明中,广泛地使用了"正题—反题—合题"三段式的概念框架,充分显示了思辨理性的优点。斯宾诺莎提出的"一切规定都是一种否定"的命题,被黑格尔解释为"否定性辩证法",看作是概念经历"正题—反题—合题"运动的内在源泉和动力。更为重要的是,康德在范畴表制作过程中,明确地提出了"三一体"的概念框架,指出:"每一组的范畴处处都是同一个数字,即三,这同样要求深思,因为通常凭借概念进行的先天划分都必然是二分法。此外还有,第三个范畴每处都是出自该组第二个范畴与第一个范畴的结合。"[4]对此,黑格尔做了高度的评价,他说:"伟大的〔辩证法〕概念的本能使得康德说:第一个范畴是肯定的,第二个范畴是第一个范畴的否定,第三个范畴是前两者的综合。三一的形式,在这里虽只是公式,在自身内却潜藏着绝对形式、概念。康德并没有〔辩证地〕推演这些范畴,他感觉到它们是不完备的,不过他说,其他的范畴应该从它们推演出来。"[5]

"三段式",又称"三一体"、"三一式"。这个公式的现实基础是概念辩证法,即概念自身包含着矛盾,其中最重要的是"否定的东西也同样是肯定的"这个逻辑命题。由于概念的自我否定性,它经历了"正题—反题—合题"的运动。正题是肯定,是一种抽象规定;反题是否定,是抽象规定了的否定,即在否定中又包含了肯定;合题是否定的否定,或肯定与否定的融合,即再次肯定,由此产生一个内容更丰富的第三者,即新概念。因为,自相矛盾的东西并不是消解为无,而是消解为它的特殊内容的否定。于是,在作为结果的"合题"中,仍然以扬弃的形式包含着推论出结果的前提,即"正题"与"反题"。

马克思把黑格尔的《精神现象学》看作是黑格尔哲学的真正诞生地和秘密[6]。黑格尔后期的理论主张,都可以在《精神现象学》找到它的发生和萌芽。在《精神现象学》中,同样可以找到"正题—反题—合题"三段式的秘密。在这里,黑格尔首先揭示了这个三段式的理论基础,即否定性辩证法。黑格尔承认反题是对正题的反驳,但这不是全盘的否定,而是扬弃,即:否定同时又是肯定,而且这种否定不是来自外部的否定,而是来自正题内部的自我否定。他说:"反驳一个原则就是揭露它的缺陷,但它是有缺陷的,因为它仅只是共相或本原或开端。如果反驳得彻底,则这个反驳一定是从原则自身里发展出来的,而不是根据外来的反面主张或意见编造出来的。所以真正说来,对一个原则的反驳就是对该原则的发展以及对其缺陷的补足,如果这种反驳不因为它只注意了它自己的行动的**否定**方面没意识它的发展和结果的**肯定**方面从而错认了它自己的话。"[7]。从正题出发,把正题展开,这是对开端的一种肯定的行动,同时也是对它的一种否定的行动。只有这样,才能发展出反题。对反题的否定也是这样,同时也是对它的肯定,这就使合题向正题复归,把正题和反题都包括到自身之中,完成了概念运动的一个圆圈。

"正题—反题—合题"的概念运动,就是真理实现的过程。黑格尔指出:"真理就是它自己的完成过程,就是这样一个圆圈,预悬它的终点为目的并以它的终点为起点,而且只当它实现了并达到了它的终点它才是现实的。"[8]这里的起点是正题,终点即是合题,反题则是它们的中介。就是说,正题没有真理,反题也没有真理,而真理的真正实现在合题。康德不了解这一点,因而在二律背反面前止步了,不能把知性范畴的有条件者与理性理念的无条件者统一起来。黑格尔同样指出:"真正的解决在于认识到这样的道理:范畴本身没有真理性,理性的无条件者也同样没有真理性,只有两者的具体的统一才有真理性。"[9]

§57 黑格尔的三段式

黑格尔运用了"正题—反题—合题""三段式"的圆圈运动,表述自己的哲学体系。这个表述,也开始于《精神现象学》。

根据贺麟的研究,黑格尔原来预计要写一部叫作《一个思辨哲学的体系》。这个体系共包含四个部分,即:(1)精神现象学,(2)逻辑学,(3)自然哲学,(4)精神哲学。[10]在给谢林的信中,黑格尔表示,作为第一部分的《精神现象学》,真正讲来只是导论。他说:"我急于得知您对作为导论的这第一部分的意见,在这里没有超出导论"。[11]在《逻辑学》的第一版序中,黑格尔也说明了原来的计划是把"现象学"作为这个体系的第一部,而在之后,"将继之以第二部分,它将包括逻辑学和哲学的两种实在科学,即自然哲学和精神哲学"。[12]如果以《精神现象学》为导论,那么,黑格尔的整个哲学体系,分为三大部分:逻辑学、自然哲学、精神哲学。这实际上是根据"正题—反题—合题"的概念框架建构起来的。即正题是逻辑学,反题是自然哲学,合题是精神哲学。写成三段式,则有:

逻辑学—自然哲学—精神哲学。

这是第一层级的三段式。在第二层级中,即在逻辑学、自然哲学和精神哲学中,同样存在一个"三段式"。

Ⅰ.逻辑学

"存在论—本质论—概念论"。

1.存在论

A.有

    B. 实有
    C. 自为之有
2. 本质论
    A. 本质
    B. 现象
    C. 现实
3. 概念论
    A. 主观性
    B. 客观性
    C. 理念
Ⅱ. 自然哲学
    "力学—物理学—有机学"。
1. 力学
    A. 空间和时间
    B. 物质和运动·有限力学
    C. 绝对力学
2. 物理学
    A. 普遍个体性物理学
    B. 特殊个体性物理学
    C. 总体个体性物理学
3. 有机物理学
    A. 地质自然界
    B. 植物有机体
    C. 动物有机体
Ⅲ. 精神哲学
    "主观精神—客观精神—绝对精神"。
1. 主观精神
    A. 灵魂
    B. 意识
    C. 自我规定着的精神（精神）

2. 客观精神
   A. 抽象法
   B. 道德
   C. 伦理
3. 绝对精神
   A. 艺术
   B. 宗教
   C. 哲学

这是黑格尔整个哲学体系的"正题—反题—合题"三段式的概念框架。在这里不厌其烦地把这个概念框架列出来,主要想说明黑格尔对这个三段式是坚信不疑的。因为真理既是全体,又是过程。就全体而言,正题和反题都还不是真理,只有正题、反题和合题的全体才是真理;就过程而言,从正题到反题,真理还没有完成,只有从正题进入反题,再从反题进入合题,才完成真理的过程,达到真理。而且全体与过程又是统一的,既互为前提,又互为条件。这就是否定性辩证法对真理的基本要求,而且只有通过"正题—反题—合题"的概念结构和概念推论才能实现这个特别要求。马克思对这个概念逻辑的公式也是持肯定态度的,并对它做了唯物而辩证的阐述,纠正了黑格尔的神秘主义。

§58 马克思对概念推论三段式的阐述

黑格尔的概念推论,以反题为中介,从正题走向合题,是绝对精神的运动,即是理性的运动。如果把这种运动完全地限制于逻辑,这是无可厚非的,因为逻辑的对象就是概念的思维。精神、理性和思维,在同等程度上,可以看作是同一概念。黑格尔的错误是在哲学上,是对思维与存在关系问题的唯心主义解决。因此,我们都说黑格尔的逻辑学是建立在绝对唯心主义基础上的,他的辩证法也是这样。马克思声明:"我的辩证方法,从根本上来说,不仅和黑格尔的辩证方法不同,而且和它截然相反。在黑格尔看来,思维过程,即甚至被他在观念这一名称下转化为独立主体的思维过程,是现实事物的创造主,而现实事物只是思维过程的外部表现。我的看法则相反,观念的东西不外是移入人的头脑并在人的头脑中改造过的物质的东西而已。"[13] 经过马克思的改造后,概念逻辑,同辩证法一起,就同唯物主义的认识论相一致了。就是说,人脑的思维过程是对外部事物过程的反映,并非现实事物的创造主。显然,这种颠倒,并没有改变逻辑的对象是概念的思维,也没有改变概念的运动是理性的运动。这就把黑格尔的逻辑遗产剥离出来了。

马克思同样以概念的自我否定性运动,说明"正题—反题—合题"三段式,并把它看作是理性的运动。马克思指出:"理性一旦把自己设定为正题,这个正题、这个与自己相对立的思想就会分为两个互相矛盾的思想,即肯定和否定,'是'和'否'。这两个包含在反题中的对抗因素的斗争,形成辩证运动。'是'转化为'否','否'转化为'是'。'是'同时成为'是'和'否','否'同时成为'否'和'是',对立面互相均衡,互相中和,互相抵消。这两个彼此矛盾的思想的融合,就形成一个新的思想,即它们的合题。这个新的思想又分为两个彼此矛盾的思想,而这两个思想又融合成新的合题。从这种生育过程中产生出思想群。同简单的范畴一样,思想群也遵循这个辩证运动,它也有一个矛盾的群作为反题。从这两个思想群中产生出新的思想群,即它们的合题。"[14] 马克思的叙述,说明了"正题—反题—合题"三段式的逻辑意义。

这段分析告诉我们,马克思是充分肯定黑格尔的"正题—反题—合题"概念推论三段式的;而且这个三段式本身也经历着辩证的运动,即从概念的三段式,产生思想群的三段式,再从思想群的三段式产生系列的三段式,进一步通过系列三段式的运动产生体系。这个分析,可以看作是对黑格尔哲学体系的概念框架的总结。

第一,从简单范畴的辩证运动中产生出群。一个三段式,即"正题—反题—合题"是由一组概念构成的,这就是正概念、反概念和合概念。从正概念的运动中产生出反概念,从正概念和反概念的运动中产生出合概念,由此构成概念群,即思想。

第二,从群的辩证运动中产生出系列。从正概念群发展到反概念群,再从反概念群发展到合概念群,构成由"正概念群—反概念群—合概念群"组成的系列,即思想群。

第三,从系列的辩证运动中又产生出整个体系。从正系列发展到反系列,再从反系列发展到合系列,构成由"正系列—反系列—合系列"组成的体系。

所以,在"正题—反题—合题"中的"题",可以是概念、思想群和系列。它到底是什么,取决于我们研究的不同范围和思维运动的不同阶段。这种概念的辩证运动,是从分析黑格尔哲学体系中所得到的公式,是黑格尔思辨逻辑在逻辑方面留给我们的珍贵遗产。

"正题—反题—合题"是辩证法在逻辑学中的具体运用,反过来,它又可以用来表述辩证法基本规律。

关于对立统一规律,它的三段式可以写作:

  同一——差异——差异的同一。

关于质量互变规律,它的三段式可以写作:

  质——量——度。

关于否定之否定规律,它的三段式可以写作:

  肯定——否定——否定之否定。

在认识论中,也同样可以运用三段式来表述认识过程和认识内容。关于认识的内容,三段式表述为:

  本质——现象——现实。

关于认识的活动,三段式表述为:

  实践——认识——再实践(认识与实践的统一)。

一切思维活动,都可以表述为"正题—反题—合题"的运动。这也可以看作是概念推论三段式的逻辑简单性。

马克思在说明了思想群的辩证运动后,紧接着又进一步指出了"正题—反题—合题"的圆圈运动。他说:"正如从简单范畴的辩证运动中产生出群一样,从群的辩证运动中产生出系列,从系列的辩证运动中又产生出整个体系。"[15] 这就是三段式的圆圈运动,"正题—反题—合题"构成一个圆圈。这种圆圈的连续运动,可以从两个方面去理解,一是在一个较大的圆圈中,套进了许多低一层次的小圆圈;二是由许多个同一层次的圆圈构成一个更大的圆圈。

在理论研究中,要建构理论的概念体系,自然要使这个体系成为一个大圆圈。在这个大圆圈中,又有第二层级的次大圆圈,而这一层级又由更小的层级构成,它们也都是由圆圈构成的。黑格尔的哲学体系的概念结构,就是由多层的"正题—反题—合题"的圆圈运动构成的。

关于三段式的圆圈运动,有两点需要做进一步的说明:

第一,思维圆圈运动建构中容易出现的逻辑错误。在圆圈运动的建构中,容易产生混淆逻辑层级的错误。例如,马克思的《资本论》与列宁的《帝国主义是资本主义的最高阶段》是两个不同层级的理论体系,就是说,帝国主义理论是资本主义理论中的一个小圆圈。但人们往往把它们看作是同一层级的两个不同的大圆圈,把《资本论》仅仅看作自由竞争资本主义阶段经济理论的圆圈,把《帝国主义是资本主义的最高阶段》看作是垄断阶段资本主义经济理论的圆圈。这样,《资本论》和《帝国主义是资本主义的最高阶段》就成为资本主义两个发展阶段的理论表述,犯了混淆逻辑层级的逻辑错误。其实,马克思说得很清楚,《资本论》是研究整个资本主义发展的一般规律。《资本论》第一版序言指出:"问题本身并不在于资本主义生产的自然规律所引起的社会对抗的发展程度的高低。问题在于这些规律本身,在于这些以铁的必然性发生作用并且正在实现的趋势。"[16]《资本论》所研究的对象是资本主义的一般规律,它适用于自由竞争的资本主义发展规律,也适用于垄断阶段的资本主义发展规律。如果说《资本论》所揭示的是整个资本主义发展的一般规律,那么,《帝国主义是资本主义的最高阶段》所揭示的是资本主义发展到垄断阶段的特殊规律。列宁在《帝国主义是资本主义的最高阶段》的法文版和德文版序言中说:"本书的主要任务,无论过去或现在,都是根据无可争辩的资产阶级统计的综合材料和各国资产阶级学者的自白,来说明20世纪初期,即第一次世界帝国主义大战前夜,全世界资本主义经济在其国际相互关系上的**总的情况**。"[17]

第二,在"三者同一"中把握它们之间的差别。思维的圆圈运动与认识的螺旋式曲线运动是有区别的。事物的辩证"发展是按所谓螺旋式,而不是按直线式进行的"[18]。这里的事物自然是指客观事物本身的发展,同时也包括认识的事物和思维的事物的发展。从认识论来说,"人的认识不是直线(也就是说,不是沿着直线进行的),而是无限地近似于一串圆圈、近似于螺旋的曲线"[19]。这不是指客观存在着的事物,而是指人的认识。从逻辑学来说,它既不是指事物的发展,也不是指人类认识的发展,而是指概念的运动,它以概念"正题—反题—合题"三段式的圆圈运动,反映思维内容上的从抽象到具体的上升。

§59 思想史中"三段式"的圆圈运动

思想史是思想的自我矛盾运动的历史,在形成自身中各个环节的联结。在这个过程中,思想越来越丰富,它的逻辑形式,必然地表现为由众多小圆圈构成的大圆圈。所以,思想史的表述,需要以概念的圆圈运动反映思想的发展。黑格尔在讲述哲学史时指出:"每一个哲学系统即是一个范畴,但它并不因此就与别的范畴互相排斥。这些范畴有不可逃避的命运,这就是它们必然要被结合在一起,并被降为一个整体中的诸环节。每一系统所采取的独立的形态又须被扬弃。在扩张为多之后,接着就会紧缩为一,——回复到'多'最初所自出的'统一'。而这第三个环节自身又可以仅是另一较高发展的开端。这种进展的步骤似乎可以延至无穷。"[20]所以,要建构概念推论三段式来描述思想史,必须以思想运动的逻辑程序来显示思想发展越来越丰富、越具体的历史方向和趋势。

思想史的逻辑,即一种理论、学说的历史发展的逻辑,一般都以"历史逻辑"这一语词来指称。其含义是,不同的学说在历史上先后出现的顺序,决定了学说史中范畴推演的顺序。冯契在《中国古代哲学的逻辑发展》一书中,研究了"中国古代哲学思想合乎逻辑地发展的轨迹",说明了思想的合乎逻辑的发展,就是思维的逻辑,而不是事物的逻辑。这实际上也是黑格尔的逻辑观念。黑格尔把逻辑看作绝对观念的结构,把哲学史看作绝对观念的运动,以为将历史上互相对立的哲学体系清除其外在的形式及属于其局部应用范围等等的东西,就能把握哲学的基本概念及其逻辑的发展。列宁摘录了黑格尔的这样一段话:"各个哲学体系在历史上的次序同观念的概念规定在逻辑推演中的次序是一样的。我认为,如果从哲学史上出现的各个体系的基本概念上**完全除掉**同它们的外在形式、同它们的特殊应用等等有关的东西,那么就会在观念的逻辑概念中得出观念自身的规定的不同阶段。"[21]根据黑格尔的逻辑思想,哲学史的发展(人类认识史、科学史等等)表现为一串圆圈的运动,近似于螺旋形上升的曲线。

冯契认为:"中国古代哲学有特别悠久的朴素唯物论和朴素辩证法的传

统,形成两个发展的高峰,一个在战国,一个在明清之际,这是很宝贵的遗产。"两个发展的高峰,又主要表现为两个大的圆圈,而这两个圆圈又可以分成若干更小的圆圈。这就是中国古代哲学发展的逻辑。冯契说:"中国古代哲学开始于原始的阴阳说,先秦时期争论'天人'、'名实'关系问题,由荀子做了比较正确、比较全面的总结,达到了朴素唯物论与朴素辩证法的统一,仿佛回复到出发点,这可以说是完成了一个圆圈。秦汉以后,哲学上关于'有无'、'理气'、'形神'、'心物'等问题的争论,由王夫之做了比较正确、比较全面的总结,在更高阶段上达到朴素唯物论和朴素辩证法的统一"。[22]正是这些圆圈构成中国古代哲学史发展的阶段,每经历一个圆圈,哲学就向前推进了一步。

历史是以人物的年代为序的,而逻辑则可不以人物的年代为序。列宁对西方哲学在历史上的发展,进行了具体的分析,并以辩证法的逻辑发展为例指出:

哲学上的"圆圈":〔是否一定要以**人物**的年代先后为顺序呢? 不!〕

古代:从德谟克利特到柏拉图以及赫拉克利特的辩证法。

文艺复兴时代:笛卡儿对伽桑狄(斯宾诺莎?)。

近代:霍尔巴赫——黑格尔(经过贝克莱、休谟、康德)

黑格尔——费尔巴哈——马克思。[23]

列宁在这里安排了三个时期的圆圈。在第一个圆圈中,按人物的年代先后为顺序应该是:赫拉克利特生于公元前530年,是古希腊的朴素唯物主义和朴素辩证法哲学家的杰出代表;德谟克利特生于公元前460-公元前370年,是古希腊著名的唯物主义原子论者;柏拉图生于公元前427-公元前347年,是古希腊伟大的唯心主义哲学家,又富有辩证法思想。列宁的古希腊哲学历史逻辑三段式是:

朴素唯物主义—朴素辩证法—朴素唯物主义与辩证法。

德谟克利特是朴素唯物主义的代表,柏拉图是朴素辩证法的代表,赫拉克利特是朴素唯物主义与朴素辩证法的代表。这样,就把赫拉克利特放到了古代哲学这个圆圈的最后。

这种科学思想发展的逻辑规律,可以看作是科学规律的一部分,但不能等同于科学规律。它实际上是反映科学规律的思维规律,表现为关于科学规律的思想发展,因而是思维的逻辑。对于逻辑学来说,这两种规律,即客观规律和科学规律,都不是它的研究对象,它所要研究的是思维逻辑,而在研究这种规律时,也必须以表述客观规律和科学规律的思想为材料,作为逻辑概括的参照点,它所概括的结果,便是"正题—反题—合题"这个公式。

列宁在哲学笔记中,抄录了黑格尔哲学全书的目录,即我们在前文抄录的黑格尔哲学体系的概念框架。列宁认为,这个概念框架也是对人类认识史和思想史的总结。因为人类认识的任务,就是要从现象中寻求本质,而哲学本质又必须由概念来表达。因此,人类的认识史、思想史也都是以概念史、概念的历史运动来表述的。认识史、思想史的规律,必须以逻辑的形式才能得到表述,由此而形成了概念逻辑和概念逻辑的基本公式。列宁指出:"概念(认识)在存在中(在直接的现象中)揭露本质(因果、同一、差别等等规律)——整个人类认识(全部科学)的**一般进程**确实如此。**自然科学**和**政治经济学**[以及历史的]进程也是如此。**所以**,黑格尔的辩证法是思想史的概括。从**各门科学的历史**来更具体地更详尽地研究这点,会是一个极有裨益的任务。总的说来,在逻辑中思想史应当和思维规律相吻合。"[24] 各门自然科学、社会科学和历史科学的条件,都以自己本学科的概念来表述所研究的科学规律,它们的内容是各不相同的。但从这些表述中,可以概括出共同的逻辑形式,这就是"正题—反题—合题"三段式。所以,逻辑的形式和规律,都是思想史、认识史的总结、总计。

§60 政治和日常生活思维中的三段式表述

概念逻辑不仅存在于科学思维中,而且也存在于政治和日常生活思维中。毛泽东所说的人民的逻辑和反动派的逻辑,都是用三段式的概念逻辑来表述的。

毛泽东说:"帝国主义者的逻辑和人民的逻辑是这样的不同。捣乱,失败,再捣乱,再失败,直至灭亡——这就是帝国主义和世界上一切反动派对待人民事业的逻辑,他们决不会违背这个逻辑的。"[25] 他又说:"斗争,失败,再斗争,再失败,再斗争,直至胜利——这就是人民的逻辑,他们也是决不会违背这个逻辑的。"[26]这个马克思主义的定律是不可抗拒的。不少逻辑教科书对这段话的解释说:这里的"逻辑"是指客观规律。这种解释也不能说是错的,因为它是指帝国主义和世界上一切反动派必然灭亡和人民事业必然胜利的客观必然趋势,它所指称的是客观规律,即事物之间的必然联系。可是,如果从概念推论的具体应用来理解,毛泽东这里所说的逻辑,是以概念关系的形式,并用话语和书写表达出来的"逻辑",反映了概念之间的关系。"捣乱"、"失败"和"灭亡"都是概念(范畴),"斗争"、"失败"和"胜利"也都是概念(范畴)。这里的陈述都是表述概念(范畴)之间的逻辑联系,是客观规律的思维形式,而不再是客观规律本身了。这种形式,就是概念推论的三段式。

帝国主义和反对派的逻辑是:

(1)捣乱—失败—灭亡。

人民的逻辑是:

(2)斗争—失败—胜利。

在这两个公式中,"捣乱"、"失败"、"灭亡","斗争"、"失败"、"胜利",都是一般概念推论三段式"正题—反题—合题"的具体应用,都具有概念推论的功能。因为,世界上的帝国主义和反动派还没有都灭亡,说它们一定会灭亡,这是逻辑的推论;世界上革命人民的事业也还没有完全胜利,说它们一定能够胜利,也同样是逻辑的推论。在《国际歌》中唱的"英特纳雄耐尔就一定要实现",也是一种推论。它不仅反映了革命人民的理想和信仰,也反映了革命人民为理想和信仰而奋斗的决心。在这种推论中,包含着思维运算。

这种逻辑推论,都是建立在对客观规律(必然性)认识的基础上的,同时也是建立在客观逻辑的思维规范的基础上的。

帝国主义和反对派必然灭亡,这是一条客观规律,因为它们脱离人民。为了避免自己的灭亡命运,他们只能向人民进行捣乱,而捣乱的结果又总是要失败的,而且在失败中走向灭亡。这就是以科学规律的概念化表述,反映了帝国主义和反对派必然灭亡这一客观规律的内涵。根据这些科学内涵,赋予了"捣乱"、"失败"和"灭亡"三个范畴的意义。根据它们的意义之间的关系进行逻辑的推论:以"捣乱"为第一个前提(正题),以"失败"为第二个前提(反题),最后的结果必定是"灭亡",这是从两个前提中"必然地推出"的结论,即合题。这就是帝国主义和反对派必然灭亡的客观逻辑。

人民的事业必然胜利,这也是一条客观规律,因为正义和力量都在人民这一边。为了争取最后的胜利,必须进行不懈的斗争,在失败中积累经验和壮大力量,直至取得最后的胜利。这也是科学规律的概念化表述,反映了人民必然胜利这一客观规律的内涵。根据这些科学内涵,赋予了"斗争"、"失败"和"胜利"三个范畴的意义。根据它们的意义之间的关系进行逻辑的推论:以"斗争"为第一个前提(正题),以"失败"为第二个前提(反题),最后的结果是必定是"胜利",这也是从两个前提中"必然地推出"的结论,即合题。这就是人民必然胜利的客观逻辑。

　　值得注意的是,在这两个推论中都包含着"失败"的范畴。但"失败"在两个推论中的内涵是不同的。帝国主义和反对派的失败,是因为他们脱离人民,违背人民的根本利益和历史发展的必然趋势。人民在具体斗争中的失败,是因为缺乏经验,暂时地弱小,在力量对比中还处于劣势。两个不同的前提,规定了两种"失败"的不同性质和发展的不同方向,从而得到两种不同的结论。

　　概念逻辑可以帮助我们从战略上认识世界历史和世界关系。例如,把握我国当前复杂的外交关系,必须有概念逻辑的帮助。从各种媒体中,可以看到关于这方面的一些用词,例如,伙伴关系,合作关系,合作伙伴关系等,这实际上反映了外交关系的不同级别。可以用概念推论三段式来表达外交关系的提升和发展:

　　(1)伙伴关系—合作关系—合作伙伴关系。

　　就是说,如果把"伙伴关系"提升为"合作关系",那么,这种关系就进入了"合作伙伴关系"。再进一步说,如果把合作关系提升为全面合作关系,那么这种关系就进入全面合作伙伴关系。这样,又可以用另一个概念推论三段式来表达外交关系的这种提升和发展:

　　(2)全面伙伴关系—全面合作关系—全面合作伙伴关系。

　　如果外交关系从伙伴关系进一步进入了战略伙伴关系,这样,就可以将(1)和(2)的概念推论三段式综合为一个三段式:

　　(3)战略伙伴—战略合作伙伴—全面战略合作伙伴。

　　在这三个公式中,从公式(1)到公式(2),再从公式(2)到公式(3),都是历史的提升和发展。它们也构成了概念推论的三段式:

(4) 三段式（1）—三段式（2）—三段式（3）。

具体地说，则有：

正题："伙伴关系—合作关系—合作伙伴关系"。

反题："全面伙伴关系—全面合作关系—全面合作伙伴关系"。

合题："战略伙伴—战略合作伙伴—全面战略合作伙伴"。

公式（1）、公式（2）和公式（3）表达的是概念群的运动，公式（4）则表达了由概念构成的概念群的运动。所以，运用概念的运动，不仅刻画了国家的外交关系，而且也同时刻画了国家外交关系的发展和变化。

§61 不亚于唯物史观的成果

恩格斯高度地评价了辩证法在思想发展形式简单形态上的确立，说它"是一个其意义不亚于唯物主义基本观点的成果"。

唯物史观是马克思的两大发现之一。唯物史观的发现，不仅使哲学发生了革命性的变革，而且也使辩证法进入了逻辑学。恩格斯指出：

> 这个划时代的历史观是新的唯物主义世界观的直接的理论前提，单单由于这种历史观，也就为逻辑方法提供了一个出发点。如果这个被遗忘了的辩证法从'纯粹思维'的观点出发就已经得出这样的结果，而且，如果它轻而易举地就结束了过去的全部逻辑学和形而上学，那么，在它里面除了诡辩和烦琐言辞之外一定还有别的东西。但是，对这个方法的批判不是一件小事，全部官方哲学过去害怕而且现在还害怕干这件事。
>
> 马克思过去和现在都是唯一能够担当起这样一件工作的人，这就是从黑格尔逻辑学中把包含着黑格尔在这方面的真正发现的内核剥出来，使辩证方法摆脱它的唯心主义的外壳并把辩证方法在使它成为唯一正确的思想发展形式的简单形态上建立起来。马克思对于政治经济学的批判就是以这个方法做基础的，这个方法的制定，在我们看来是一个其意义不亚于唯物主义基本观点的成果。[27]

恩格斯强调，唯物史观"为逻辑方法提供了一个出发点"。可以把恩格斯所说的辩证方法、逻辑方法和辩证逻辑等看作是同一概念，这也就是我们这里所说的概念逻辑。恩格斯提出过"辩证逻辑"的名称,并同形式逻辑做了比较。他说:"辩证逻辑和旧的纯粹的形式逻辑相反,不像后者那样只满足于把思维运动的各种形式,即各种不同的判断形式和推理形式列举出来并且毫无联系地并列起来,相反,辩证逻辑由此及彼地推导出这些形式,不是把它们并列起来,而是使它们互相从属,从低级形式发展出高级形式。"[28]作为例证,恩格斯对黑格尔关于判断的分类,做了具体的分析。恩格斯的核心思想是把辩证法引入逻辑学,这也是黑格尔对逻辑学的贡献。

恩格斯的叙述,有两点是特别值得注意的:

第一,应该充分肯定和接受黑格尔逻辑学留给我们的宝贵遗产。黑格尔逻辑学能够轻而易举地就结束了过去的全部逻辑学和形而上学,其中必定包含着新的发现,把黑格尔在这方面的真正发现的内核剥离出来,应该是一项伟大的事业,而马克思正是完成这项事业的人。黑格尔的思辨逻辑留给我们的作为"逻辑的逻辑"的遗产是什么?在我看来,这就是概念逻辑。

第二,唯物史观为逻辑学提供了唯物主义的出发点,使黑格尔的神秘的辩证法摆脱了它的唯心主义的外壳,使辩证法在"思想发展形式的简单形态上建立起来",而且这是"一个其意义不亚于唯物主义基本观点的成果"。恩格斯在这里所说的这个成果,就是马克思应用于政治经济学研究的逻辑方法,亦即马克思最终创立的唯物主义的概念逻辑。

黑格尔在逻辑学上的最大贡献,是阐述了辩证法的概念形式。恩格斯认为,黑格尔留下来的辩证法的完全抽象的"思辨的"的形式,"是完全不能用的"[29]。但是,它是我们建立辩证法的"思想发展形式的简单形态"的"一切现有逻辑材料中至少可以加以利用的唯一材料"[30]。所谓辩证法"思想发展形式的简单形态",是把"事物本身的逻辑"表述为概念形式的逻辑。它的一般逻辑形式,就是"正题—反题—合题"这种"三段式"在循环中的进展,连续不断的上升运动——圆圈的圆圈。经过唯物主义改造后的概念逻辑,不同于思辨逻辑和形式逻辑的地方,在于它以概念的纯思维形式,建立了辩证法的思想发展形式的简单形态。恩格斯把这种辩证法概念形式的确立同"唯物主义基本观点的成果",即唯物史观的建立,相提并论,可见其意义之伟大。

这种意义也表现为在历史观和自然观变革后的逻辑学的变革。马克思的新哲学不仅结束了旧的唯心主义历史观和旧的形而上学自然观,也结束了旧的神秘主义逻辑学。恩格斯指出:"这种历史观结束了历史领域内的哲学,正如辩证的自然观使一切自然哲学都成为不必要的和不可能的一样。现在无论在哪一个领域,都不再是从头脑中想出联系,而是从事实中发现联系了。这样,对于已经从自然界和历史中被驱逐出去的哲学来说,要是还留下什么的话,那就只留下一个纯粹思想的领域:关于思维过程本身的规律的学说,即逻辑和辩证法。"[31]在历史观和自然观得到革命变革后,剩下来的就是纯粹思维领域,即逻辑学领域。利用黑格尔思辨哲学给我们留下的逻辑和辩证法相结合的逻辑遗产,建立辩证法的思想发展形式的简单形态,即辩证思维的逻辑形式,这就使马克思和恩格斯完成了逻辑观的变革。这样,马克思主义就占领了自然界、人类社会和思维的全部领域。也许正是这个原因,恩格斯把辩证法的"思想发展形式的简单形态"的建立,看作是一个其意义不亚于唯物主义基本观点的成果。

§62 黑格尔的逻辑遗产

黑格尔的逻辑学是他的哲学全书的一部分,属于哲学学说,这是没有疑问的。黑格尔给我们留下的最大遗产,是他的辩证法,这也是无可争议的。因此,黑格尔的研究者比较多地关注黑格尔的辩证法,而很少谈到他给我们留下的逻辑遗产。因为,作为马克思主义直接来源的德国古典哲学,即是指它的合理内核辩证法,这也是马克思主义发展史研究中的一个定论。

为什么研究者都没有看重黑格尔思辨逻辑中所包含的概念逻辑的合理内核?至少有以下几个原因。

第一,逻辑学的主流是形式逻辑,包括传统逻辑和现代逻辑,大家都不了解,或不承认还有什么概念逻辑,因而根本没有想到黑格尔还有什么逻辑遗产。过去,我们曾批判西方的逻辑主义,这也是一种哲学立场,即反对把哲学归结为逻辑分析,把哲学逻辑化,寻求哲学的逻辑基础。这里的"逻辑",自然是形式逻辑。后来,一些讨论实践逻辑的文献,实质上,讲述的是实践哲学而不是逻辑。正是这种哲学立场,使我们没有看到黑格尔的逻辑遗产。

第二,黑格尔是把逻辑学作为形而上学来建构的,他的概念演化过程即是绝对精神外化为外部世界又返回自身的过程。它本身就是一种绝对哲学，这是使我们没有看到其中逻辑问题的一个重要原因。列宁已经从黑格尔哲学中看到了逻辑。他摘录了黑格尔的一段话："意识的运动，'犹如全部自然生活和精神生活的发展'，是以'构成逻辑内容的纯本质的本性（Natur der reinen Wesenheiten）为基础的'。"列宁在这段话的旁边批注说："有特色！"接着，列宁指出："倒过来：逻辑和认识论应当从'全部自然生活和精神生活的发展'中引申出来。"[32]列宁在这里所说的"逻辑"，是作为"逻辑的逻辑"，而非哲学。

第三，黑格尔的《逻辑学》并没有为我们提供作为"逻辑的逻辑"的理论形态，它同马克思的《资本论》一样，并非是"大写字母"的逻辑，而是形而上学的逻辑。《逻辑学》和《资本论》都不是逻辑学的著作，因而，我们都从哲学遗产的角度来研究《逻辑学》，从政治经济学遗产的角度来研究《资本论》，这是非常自然的事情。但这两部著作都给我们留下了逻辑学的宝贵遗产，其中都包含了没有得到专门叙述的"大写字母"的逻辑。由于列宁的提醒，我们比较注意研究《资本论》的逻辑遗产，但在总体上也还只是限于辩证方法、叙述方法等方面，没有真正地去研究"大写字母"的逻辑，即概念逻辑。

第四，最重要的是我们没有把逻辑与逻辑观念这两个问题区别开来。例如，康德提出先验逻辑，我们一看到"先验"二字，就认定它是先验论，属于哲学范畴。康德提出的先验范畴，在哲学上肯定是错误的，但在逻辑上，还是合理的。因为范畴的来源不是逻辑研究的问题，在形式逻辑中，概念、命题都是给定的，无论是真的还是假的，都可以接受下来，并作为推理的前提。概念是感性认识向理性认识飞跃的成果，它来源于实践。这是认识论研究的问题。在逻辑的范围内，概念的规定是无来源的，因为它是在认识过程中已经完成了的成果。黑格尔关于概念的自我规定、自我运动和自为发展的观点，在思维领域不能说是错的。可是，黑格尔在认识论上，把真实的关系颠倒了。马克思将这种关系颠倒过来之后，把概念的这种自我运动，看作是叙述过程；把概念规定的生成，看作是研究过程。研究必须充分占有材料，运用分析和综合的方法，进行理论概括，完成概念的制定。这是概念的生成，属于认识与实践的关系问题，总体上属于认识论问题。把这种研究成果叙述出来，使抽象的规定在思维行程中导致具体的再现，这是叙述过程，也就是概念逻辑。马克思说:"因此,黑格尔陷入幻觉,把实在理解为自我综合、自我深化和自我运动的思维的结果,其实,从抽象上升到具体的方法,只是思维用来掌握具体、把它当做一个精神上的具体再现出来的方式。但决不是具体本身的产生过程。"[33] 可见,马克思肯定黑格尔的概念逻辑,也不否定概念的自我规定、自我运动和自为发展的观点,但他纠正了黑格尔概念逻辑的唯心主义前提,把它建立在辩证唯物主义认识论的基础上。

把被黑格尔颠倒了的逻辑与事实的关系再次颠倒过来,并没有损害逻辑本身的内容,但却把事物来源于逻辑的这种关系,改变为逻辑来源于事物。在《黑格尔法哲学批判》中,马克思说:在黑格尔看来,"国家的各种规定的实质并不在于这些规定是国家的规定,而在于这些规定在其最抽象的形式中可以被看作逻辑学的形而上学的规定。真正注意的中心不是法哲学,而是逻辑学。哲学的工作不是使思维体现在政治规定中,而是使现存的政治规定消散于抽象的思想。哲学的因素不是事物本身的逻辑,而是逻辑本身的事物。不是用逻辑来论证国家,而是用国家来论证逻辑。"[34] 马克思在这里提出了两个不同的概念:"逻辑本身的事物"和"事物本身的逻辑"。在黑格尔那里,事物是"逻辑本身的事物",即事物是在概念逻辑的控制下产生的,是逻辑的外化;在马克思这里,逻辑是"事物本身的逻辑",它是事物发展历史的概括和总结。这样,马克思就把被黑格尔颠倒了的事物与逻辑的关系,重新颠倒过来。显然,这里所说的"逻辑",都属于客观逻辑范畴。人们能够认识事物本身具有自己特有的逻辑,这是总结和概括事物发展的过程而获得的。这种"事物的逻辑",在黑格尔那里就是"客观逻辑",强调的是概念内涵中的意义相干性。

恩格斯在关于逻辑与历史一致的思想中,特别强调辩证法的逻辑方法,这也是对黑格尔概念逻辑的批判性肯定。他认为,历史是决定逻辑的,历史从哪里开始,逻辑也就从哪里开始。发展是从最简单的关系进化到比较复杂的关系,因此,在经济学上,"大体说来,经济范畴出现的顺序同它们在逻辑发展中的顺序也是一样的"。但是,历史又是受偶然性干扰的,常常是跳跃式地和曲折地前进,我们的研究必须排除这种偶然性干扰而去发现其中的必然性。"因此,逻辑的方式是唯一适用的方式。但是,实际上这种方式无非是历史的方式,不过摆脱了历史的形式以及起扰乱作用的偶然性而已。"[35] 偶然性不是意义内在相干的,必然性则是意义内在相干的。逻辑方法的任务就是消除非意义相干性,以逻辑形式反映历史的必然性。

这样,被黑格尔颠倒了的概念逻辑颠倒过来,在科学形态上得到了重建,成为辩证法的逻辑形式,从而激活了黑格尔思辨逻辑,使它获得了新的生命。

参 考 文 献

[1] 黑格尔.逻辑学:下卷[M].杨一之,译.北京:商务印书馆,1976:66.

[2] 列宁.辩证法的要素[M]// 列宁.列宁选集:第2卷.3版.北京:人民出版社,1995:412.

[3] 黑格尔.哲学史讲演录:第3卷[M].贺麟,王太庆,译.北京:商务印书馆,1959:192.

[4] 康德.纯粹理性批判[M].李秋零,译.北京:中国人民大学出版社,2004:105.

[5] 黑格尔.哲学史讲演录:第4卷[M].贺麟,王太庆,译.北京:商务印书馆,1978:269.

[6] 马克思.1844年经济学哲学手稿[M]//马克思,恩格斯.马克思恩格斯文集:1.北京:人民出版社,2009:201.

[7] 黑格尔.精神现象学:上卷[M].贺麟,译.北京:商务印书馆,1979:16-17.

[8] 黑格尔.精神现象学:上卷[M].贺麟,译.北京:商务印书馆,1979:13.

[9] 黑格尔.哲学史讲演录:第4卷[M].贺麟,王太庆,译.北京:商务印书馆,1978:282.

[10] 贺麟.《精神现象学》译者导言[M]//贺麟.黑格尔哲学讲演集.上海:上海人民出版社,2011:104.

[11] 黑格尔.黑格尔致谢林(1807年5月1日)[M]//黑格尔.黑格尔通信百封.苗力田,译编.上海:上海人民出版社,1981:94.

[12] 黑格尔.逻辑学:上卷[M].杨一之,译.北京:商务印书馆,1966:5-6.

[13] 马克思.《资本论》第二版跋[M]//马克思,恩格斯.马克思恩格斯文集:5.北京:人民出版社,2009:22.

[14] 马克思.哲学的贫困[M]//马克思,恩格斯.马克思恩格斯文集:1.北京:人民出版社,2009:601.

[15] 马克思.哲学的贫困[M]//马克思,恩格斯.马克思恩格斯文集:1.北京:人民出版社,2009:601.

[16] 马克思.《资本论》第一版序言[M]//马克思,恩格斯.马克思恩格斯文集:5.北京:人民出版社,2009:8.

[17] 列宁.《帝国主义是资本主义的最高阶段》法文版和德文版序言[M]//列宁.列宁选集:第2卷.3版.北京:人民出版社,1995:577.

[18] 列宁.卡尔·马克思[M]//列宁.列宁选集:第2卷.3版.北京:人民出版社,1995:423.

[19] 列宁.谈谈辩证法问题[M]//列宁.列宁选集:第2卷.3版.北京:人民出版社,1995:560.

[20] 黑格尔.哲学史讲演录:第1卷[M].贺麟,王太庆,译.北京:商务印书馆,1959:38-39.

[21] 列宁.黑格尔《哲学史讲演录》一书摘要[M]//列宁.列宁全集:第55卷.2版.北京:人民出版社,1990:208.

[22] 冯契.中国古代哲学的逻辑发展:上册[M].上海:上海人民出版社,1983:25,18.

[23] 列宁.谈谈辩证法问题[M]//列宁.列宁选集:第2卷.3版.北京:人民出版社,1995:559.

[24] 列宁.黑格尔辩证法(逻辑学)的纲要[M]//列宁.列宁全集:第55卷.2版.北京:人民出版社,1990:289.

[25] 毛泽东.丢掉幻想,准备斗争[M]//毛泽东.毛泽东选集:第4卷.2版.北京:人民出版社,1991:1486.

[26] 毛泽东.丢掉幻想,准备斗争[M]//毛泽东.毛泽东选集:第4卷.2版.北京:人民出版社,1991:1487.

[27] 恩格斯.卡尔·马克思《政治经济学批判.第一分册》[M]//马克思,恩格斯.马克思恩格斯文集:2.北京:人民出版社,2009:602-603.

[28] 恩格斯.自然辩证法[M]//马克思,恩格斯.马克思恩格斯文集:9.北京:人民出版社,2009:487.

[29] 恩格斯.卡尔·马克思《政治经济学批判.第一分册》[M]//马克思,恩格斯.马克思恩格斯文集:2.北京:人民出版社,2009:601.

[30] 恩格斯.卡尔·马克思《政治经济学批判.第一分册》[M]//马克思,恩格斯.马克思恩格斯文集:2.北京:人民出版社,2009:602.

[31] 恩格斯.路德维希·费尔巴哈和德国古典哲学的终结[M]//马克思,恩格斯.马克思恩格斯文集:4.北京:人民出版社,2009:312.

[32] 列宁.黑格尔《逻辑学》一书摘要[M]//列宁.列宁全集:第55卷.2版.北京:人民出版社,1990:73.

[33] 马克思.1857-1858年经济学手稿.导言[M]//马克思,恩格斯.马克思恩格斯文集:8.北京:人民出版社,2009:25.

[34] 马克思.黑格尔法哲学批判[M]//马克思,恩格斯.马克思恩格斯全集:第3卷.2版.北京:人民出版社,2002:22.

[35] 恩格斯.卡尔·马克思《政治经济学批判.第一分册》[M]//马克思,恩格斯.马克思恩格斯文集:2.北京:人民出版社,2009:603.

第 3 章
概念逻辑的建构规则

概念逻辑是建构性的逻辑,主要表现为概念推论三段式是建构起来的。在建构的过程中,存在着两个部分的建构规则,一是三段式的总体建构规则,即概念之间,以及概念内涵各个环节之间具有必然关系的意义相干性;二是三段式建构的内涵关系规则,把辩证法引入逻辑,揭示概念内涵各个环节之间的逻辑关系。在三段式的总体建构规则中,包括三条规则;在三段式建构的内涵关系规则中,包括四条规则。这些规则,既具有原则性,也具有操作性。

§63 建构性是概念推论的基本特征

为什么概念逻辑是建构性的逻辑?因为,概念逻辑是与认识论统一的逻辑,从而使认识过程与逻辑过程交织在一起,共同建构推论的概念框架。这个逻辑建构的过程,是根据"正题—反题—合题"的思维规律来反映事物的客观规律的过程。

形式逻辑中的推理,是从前提"必然地推出"结论。就三段论推理来说,只要给出了大前提和小前提,而且推理是合乎逻辑规则的,就可以得到真结论。尽管这个结论已经包含在前提中,但我们对这个结论是事先不知道的。概念推论则不同,在建构的过程中,它的结论不仅是从前提中推出的,而且它的前提也是从结论中推出的。在完成建构而进行表述时,我们不仅已经知道了前提,同时也已经知道了结论。就是说,概念推论,不仅是从前提推出结论,同时也是从结论推出前提,是前提与结论的双向推论活动。这就是概念推论不同于形式推理的基本特征。

概念推论三段式建构的目的,是建立从抽象上升到具体的逻辑形式,把握事物从简单到复杂的现实运动。这里的具体是思维具体,而非现实具体。但是,这个思维具体是在思维的过程中使现实具体得以再现的思维形式。这是一个叙述的过程,同时也是概念推论的过程。不过,在进行逻辑叙述之前,这个思维具体就已经形成了,它是在研究过程中产生的。因此,研究必须充分地占有和分析材料,研究这些材料的各种概念形式,建构它们的内在结构。马克思指出:"只有这项工作完成以后,现实的运动才能适当地叙述出来。这点一旦做到,材料的生命一旦在观念上反映出来,呈现在我们面前的就好像是一个先验的结构了。"[1]概念推论三段式就是这种"先验的结构"。

正是这个原因,使黑格尔陷入幻觉,他把思维用来掌握具体,并把它作为精神上的具体再现出来的过程,看作是具体本身的产生过程。其实,这个思维具体是通过研究获得的概念结构,并非是先天的,而是现实具体的反映,但这个结构的确是先于叙述而已经在观念中存在着的。

马克思在说明劳动过程的目的时,也谈到了这个目的相对于劳动过程是一种观念的存在。他说:"蜘蛛的活动与织工的活动相似,蜜蜂建筑蜂房的本领使人间的许多建筑师感到惭愧。但是,最蹩脚的建筑师从一开始就比最灵巧的蜜蜂高明的地方,是他在用蜂蜡建筑蜂房以前,已经在自己的头脑中把它建成了。劳动过程结束时得到的结果,在这个过程开始时就已经在劳动者的表象中存在着,即已经观念地存在着。"[2]建筑蜂房这类问题,属于实践逻辑的概念推论问题,涉及劳动目的、手段和结果的关系。就是说,在劳动开始之前,每个劳动者都知道自己要做什么和怎么做,并知道在劳动过程结束时所得到的结果;而且也知道为了达到这个结果而实现预想的目的,必须采用什么样的劳动手段。这个目的就是关于劳动结束时得到的结果,它对于劳动者来说,是一个观念的存在。通过劳动的过程,把这个观念的存在转变为现实的存在。所以,马克思进一步指出:"这个目的是他所知道的,是作为规律决定着他的活动的方式和方法的,他必须使他的意志服从这个目的。"[3]这里的概念推论三段式,即是"目的—手段—结果"这个公式。这个概念推论,把"概念的逻辑"转变为"逻辑的事物"。例如,为了建造房子,必须先设计好关于房子的图纸,然后,根据图纸来建造房子。在建造房子之前,我们已经知道了图纸。这个房子造得是否合格,就要看它是否合乎图纸。类似的,我们在进行概念推论之前,已经知道了概念框架;推论是否正确,要看我们的推论是否合乎这个概念框架。

自然有人要问:你的概念框架是从哪里来的?类似的,我们同样也可以提问:你的图纸是从哪里来的?其实,这不是逻辑问题,而是认识论的问题,不过,其中也包含了逻辑。这种提问,说明两个问题:

第一,概念逻辑与形式逻辑不同,它是与认识论统一的逻辑,建构概念框架是概念逻辑的任务,同时也是认识论的任务。因此,必须把认识论与逻辑结合起来,才能共同完成建构概念框架的工作。我们不能用形式逻辑的观点来看待概念逻辑,更不能把概念逻辑归入形式逻辑的轨道。康德已经这样做了,他非常清楚,二律背反是违背形式逻辑矛盾律的,但他仍然认为它的理性的本性。他坚持知识来自经验,但又提出先验范畴来组织经验材料。因为,不管其来源如何,范畴总是在逻辑上在先的。

第二,概念框架的建构必须在概念推论的叙述之前完成,从而指导概念推论的叙述,正如理论必须走在实践前面才能指导实践一样。毛泽东在谈到我们党的理论工作的不足时曾说过:"我们的理论还不能够和革命实践相平行,更不去说理论应该跑到实践的前面去。"[4]我们较多地强调实践是理论的来源,但较少地强调理论必须走在实践的前面。没有理论指导的实践是盲目的实践,这句话强调的是同一个道理。

黑格尔首先在《精神现象学》中,阐述了概念推论三段式建构的理论基础。相对于一个三段式来说,"正题"是逻辑的开端,是一个最单纯的概念,它是最单纯的存在的反映。经过作为中介环节的"反题",达到了逻辑的终点后,"合题"就成为了全体。在这时,终点又返回到了开端,并把开端及其发展的环节,都包含于自身,因而成为一个全体。黑格尔认为,所有的科学和真理都是在经历了这种过程而发展起来的。他说:"科学作为一个精神世界的王冠,也决不是一开始就完成了的。新精神的开端乃是各种文化形式的一个彻底变革的产物,乃是走完各种错综复杂的道路并作出各种艰苦的奋斗努力而后取得的代价。"[5]因此,逻辑的开端与逻辑的终点,具有必然的相关性。在考察这个过程的时候,从开端可以看到终点,从终点也可以看到开端。这就要求我们,在寻找开端的时候,必须同时去认识终点;在研究作为全体的终点时,必须认识开端。可是,人们往往乐于看到的,是终点而不是开端。正如黑格尔所说的,"当我们盼望看见一棵身干粗壮枝叶茂密的橡树,而所见到的不是橡树而是一粒橡实的时候,我们是不会满意的"[6]。根据逻辑开端与终点的这种关系,我们应该从终点来找开端,从大树来寻找它的种子。可是,我们要知道,这个开端就是终点,但作为开端的只是一个单纯概念,又不能把终点当作开端。因为"这个开端乃是在继承了过去并扩展了自己以后重返自身的全体,乃是对这全体所形成的**单纯概念**"[7]。这说明,开端与终点是同一的,但它们是有差别的同一。

列宁以马克思的《资本论》为例,要求我们以开端到终点的整个发展过程来研究概念推论的公式。他说:"马克思在《资本论》中首先分析资产阶级社会(商品社会)里最简单、最普通、最基本、最常见、最平凡、碰到过亿万次的**关系**:商品交换。这一分析从这个最简单的现象中(从资产阶级社会的这个'细胞'中)揭示出现代社会的**一切**矛盾(或**一切**矛盾的萌芽)。往后的叙述向我们表明这些矛盾和这个社会——在这个社会的各个部分的总和中、从这个社会的开始到终结——的发展(**既是生长又是运动**)。"[8]如果我们要把这个过程建构成一个概念推论的公式,那么,我们首先必须研究资产阶级社会"开始到终结"的发展。当我们把这个问题研究清楚了,并建构了概念推论三段式,这个时候,概念推论实际上也就完成了。

概念逻辑的建构性特征,不是逻辑的技术问题,而是基本理论的问题,是概念逻辑不同于形式逻辑的最重要方面。正是这个特征,决定了概念逻辑的建构规则。

§64 三段式中概念内涵的意义相干性

在概念逻辑中,概念之间、概念内涵各个环节之间都具有必然关系的逻辑意义相干性,使后继概念必然地从先行概念中自行地"必然地推出"。形式逻辑中的推理也是"必然地推出"的,但它的根据是概念之间的外延关系,而不是概念的内涵关系,因而只具有外在性,不具有意义相干性。概念逻辑中的逻辑相干性,即是意义相干性,是概念推论的根据。概念是自我同一的,在自身中包含差异和对立,其内部包含着意义相干性内容,以反映事物的必然性。概念逻辑的目的,"就在扫除这种各不相涉的〔外在性〕,并进而认识事物的必然性,所以他物就被看成是与自己正相对立的**自己的他物**"[9]。正是这种意义的内在相干性,才使概念依靠判断和推理来实现自我否定和发展;而且它还决定了判断和推理不再是概念之外的东西,而是概念自身进展的逻辑形式。同样,意义相干性决定了概念不再是单纯的符号,而是具有内涵结构的全体。

概念推论三段式的建构特征,同意义相干性有着必然的联系。在建构三段式的时候,就必须遵从一定的规则。概念内涵之间的意义相干性,就是建构三段式的总规则。

黑格尔创立的客观逻辑,最有积极意义的是,揭示了概念内涵之间的意义相干性。所谓意义相干性,是指相关概念在意义上的相互规定、相互意涵,或称之为"意义蕴涵"。例如,在普遍性中包含着特殊性和个体性,它们是相互蕴涵的;在判断中,主词蕴涵谓词;在推理中,前提蕴涵结论,中词蕴涵主词和谓词等等。这些意义上的蕴涵,都必须是意义相关的,因而是意义蕴涵,即意涵。这是主观逻辑客观性的具体表现。在概念逻辑中,当我们说到客观逻辑,或逻辑的客观性时,说的都是这个意思,即意义相干性,因为它是独立于主体而存在着的。不要以为,凡是思维的东西,都是主观的,没有客观性。这是一种误解。

是否具有意义相干性,是概念逻辑与形式逻辑的根本区别之一。根据黑格尔的看法,当我们说,"这朵玫瑰花是红的"或者说"这幅画是美的"时,我们这里所表达的,并不是说我们从外面去把红加给这朵玫瑰花,把美从外面加给这幅画。如果是这样的话,那么,判断就仅只是一个偶然的东西。实际上,形式逻辑对判断的通常看法正是如此。因为,红、美等是这些概念所反映的对象自身特有的诸规定,是意识着对象的概念。如果我们把对象与属性的关系表示为"主词是谓词"这种判断形式,那么,判断中的主词与谓词应该是在意义上具有相干性。这说明,"当我们进行判断或评判一个对象时,那并不是根据我们的主观活动去加给对象以这个谓词或那个谓词。而是我们在观察由对象的概念自身所发挥出来的规定性"[10]。黑格尔的这些话,表现了被倒立的唯物主义特征,揭示了意义相干性的客观基础。在黑格尔看来,我们在对一个对象下判断时,其中的谓词应该是对象自身的属性,是从观察中得到的,而不是主观地强加于它的。根据我们的观察,确认这种属性确实是与对象相关的。因为对象必然具有这种属性,所以,在做判断的时候,主词必然地蕴涵谓词。自然,这种观察已不属于逻辑的任务,而是认识活动所要解决的问题。但是,由于概念就是对象,所以,黑格尔把这种观察看作是对概念的观察,"是我们在观察由对象的概念自身所发挥出来的规定性"。这又回到逻辑的问题上来了。可见,黑格尔在这里有关逻辑的论述,不仅涉及形而上学,而且还涉及认识论,体现了逻辑学、本体论和认识论的三者同一。如果除去形而上学和认识论的内容,那么,在逻辑方面,就是逻辑的必然性。意义相干性就是指这种逻辑必然性。根据概念关系的意义相干性,就可以从一个概念必然地推出另一个概念。

形式逻辑不关心这种意义相干性。例如下面的推理:"人是长生不老的,苏格拉底是人,所以苏格拉底是长生不老的。"这是一个有效推理,但它的结论不是真的。因为在大前提中,主词"人"与谓词"长生不老"之间没有意义相干性。由于作为对象的"人",不具有"长生不老"的属性,因此,谓词不属于概念规定本身,而是从外部强加给它的,因而没有逻辑客观性,只有逻辑主观性。再如下面的推理:"人是要死的,苏格拉底是人,所以苏格拉底是要死的。"这也是一个有效推理,而且它的结论是真的。因为在大前提中,主词"人"与谓词"死"之间具有意义相干性,是从主词内容中分化出来的。当然,形式逻辑并不关心这种意涵分析,因为它所需要的只是外延原则。

又如下面的两个省略推理的区别,就在于是否具有意义相干性:

(1)当前中国社会的主要矛盾是阶级矛盾,中心任务是阶级斗争,所以必须以阶级斗争为纲;

(2)当前中国社会的主要矛盾是社会生产不能满足人民群众日益增长的物质文化需要的矛盾,中心任务是发展生产力,所以必须以经济建设为中心。

根据形式逻辑的推理规则,上述的两个推理都是有效的,都具有逻辑的真。但是,如果要科学地评论这两个推理所得到的结论,还涉及关于"当前"这一概念的时间规定。当前是指什么时期?这是由主体进行推理所处的时间决定的。如果推理的主体处于阶级斗争时期,例如,处于中国的新民主主义革命和社会主义革命时期,那么,推理(1)是真的;如果处于社会主义建设和改革时期,那么,推理(2)是真的。因为,这里已经涉及主词与谓词的意义相干性问题,而且随着时间的不同而不同。形式逻辑不会也不可能关注这些问题,因而断定两个推理都是真的。

如果处于社会主义建设和改革的历史时期,只有推理(2)才具有事实的真。因为,相对于我国当前社会的实际情况,推理(1)中的主词与谓词不存在意义相干性,因而是假的;推理(2)中的主词与谓词具备意义相干性,因而是真的。形式逻辑不问意义相干性,不要求谓词对主词具有思想关系。因此,对形式逻辑来说,上述两个推理分别地具有同样的真值。它根据自己的推理规则,断定这两个推理都是有效的。至于各个命题中的主词与谓词是否具有意义相干性,结论是否在事实上为真,形式逻辑本身没有能力做出任何判断。

其实,凡是逻辑,都存在这种情形,概念逻辑也不能例外。解决问题的出路,是实现思维形式与内容的统一。在形式逻辑中,概念、命题都成为了符号,命题逻辑和谓词逻辑的推理,都成为了符号运算。这是完全舍弃了思维内容的纯形式运算,全然是外在的关系,而不是内在思想的关系。所以,传统逻辑"把思维和计算等同"起来,对于概念的自我否定运动来说,是不适用的。这种没有内容的思维形式,只不过是"逻辑的枯骨"。只有通过精神,才能使逻辑的枯骨"活起来成为内容和含蕴"[11]。这说明,引入概念关系中的意义相干性,实现思维形式和内容的统一,是黑格尔思辨逻辑的重要原则,因而也是概念逻辑的基本原则。

§65 三段式的总体建构规则

根据概念内涵的意义相干性的三段式建构总原则,三段式的总体建构,应遵循以下的规则。

第一条规则:在认识过程中,建造三段式概念框架,实现认识论与逻辑、思维形式与内容的统一。

概念内涵的意义相干性原理,首先要求实现思维内容与形式的统一。三段式的总体结构,不只是形式的,同时也是内容的,是两者的统一。黑格尔要求坚持思维内容与形式的统一,但在他看来,概念的内容不是外部给予的,而是概念自身所有的。因为,"理念并不是形式的思维,而是思维的特有规定和规律自身发展而成的全体,这些规定和规律,乃是思维自身给予的,决不是已经**存在**于外面的现成的事物"[12]。把意义相干性看作是概念内部的事情,是从对概念内容的分析中获得的。这种观点,对于逻辑的叙述,还是无可厚非的,因为在叙述之前,已经建立了概念框架的"先验的结构"。可是,这个"先验的结构"是研究的结果,概念和概念框架的内容都来源于实践和历史,是外部对象的反映。如果我们把黑格尔的概念理解为对象,就可以把内涵从概念中来理解为内涵是从对象中来的。因此,要建立三段式的概念结构,首先要不断地接触经验材料,这是唯物主义原理的贯彻,也是三段式建构的最重要规则。恩格斯说:"逻辑的发展完全不必限于纯抽象的领域。相反,逻辑的发展需要历史的例证,需要不断接触现实。"[13]这个规则,也就是实现逻辑学与认识论统一的规则。为了说明这个规则,恩格斯曾举了马克思研究货币逻辑的例子。

商品作为使用价值和交换价值的直接统一,进入了交换过程。但在现实的交换过程中,出现种种矛盾,反映出直接的交换关系,即简单的物物交换的困难。由于要解决这些困难的推动,经过长期的历史发展,便出现了一种特殊的商品,即货币,以它来代表一切其他商品的交换价值。恩格斯用三段式概括了马克思的研究成果,即货币或简单流通:"(1)作为**价值尺度**的货币,并且在这里,用货币计量的价值即**价格**得到了更切近的规定;(2)作为**流通手段**的货币;(3)作为两个规定的统一体,作为**实在的货币**,作为资产阶级一切物质财富的代表。"[14]恩格斯在这里表达的关于货币逻辑的三段式是:

价值尺度的货币—流通手段的货币—实在的货币。

这就是货币的逻辑结构。这种结构并非像黑格尔所说的来自概念自身,而来自交换的实践和历史。一方面,来自对现实的认识过程,另一方面,来自对历史的认识过程,并把这两种认识的成果统一起来。"先验的结构"来自材料的生命,必须从现实的和历史的材料研究中,才能概括出三段式的概念框架,体现逻辑、认识论和辩证法的统一。

第二条规则:以在总体中处于支配地位的意义关系为出发点,按照从抽象到具体的运动,规定被这种意义关系支配的概念在逻辑结构中的顺序。

概念逻辑必定涉及历史与逻辑的关系:历史决定逻辑,逻辑修正历史。具体表现为一个时段的历史结构决定着描述该历史结构的概念框架。每一个历史时段都有自身的总体结构,即历史事件之间的关系。在这个历史总体结构的关系中,包含着多层次的关系,其中必有一种关系处于支配的地位,规定其他关系的性质。马克思称:"这是一种普照的光,它掩盖了一切其他色彩,改变着它们的特点。"[15]这就是历史总体结构的内部关系。建构三段式,必须从这一时段处于支配地位的关系为出发点,并根据支配和被支配的关系,安排概念从抽象上升到具体的运动的顺序。

例如,在资本主义社会经济形态中,存在着各种不同的经济关系。除了占统治地位的资本主义经济关系外,还存在个体私有制经济、私人土地所有制、合作经济、股份制等。这些经济关系都不是孤立地存在着的,而处于资本主义社会的总体经济关系中,并被资本主义经济关系所支配。私人土地所有制在前资本主义社会中早已存在,在资本主义社会经济形态产生后,仍然存在着,因而受到资本主义关系的改造。由于资本进入农业部门,成为农业上的主导力量,产生了农业资本家,因此,农业资本家从农业劳动者那里榨取剩余劳动,土地所有者则凭借土地所有权从农业资本家那里收取地租,而不是直接从农业劳动者那里获取剩余劳动。这种关系,把土地所有者与资本主义关系融为一体。所以,只有首先阐明资本关系,才能阐明资本主义土地所有制关系。由此得到的三段式是:

资本关系—土地所有制关系—资本主义土地所有制关系。

这个三段式的范畴出现的顺序,是根据资本主义社会的经济结构建立起来的,而不是按照历史的顺序结构。马克思说:"把经济范畴按它们在历史上起决定作用的先后次序来排列是不行的,错误的。它们的次序倒是由它们在现代资产阶级社会中的相互关系决定的,这种关系同表现出来的它们的自然次序或者符合历史发展的次序恰好相反。"[16]所以,三段式的建构,必须反映范畴的总体相互关系,而这种关系是由总体关系中的居于支配地位的关系所决定的。

第三条规则:在对象的个体运动中建构对象的总体运动,以个体运动的概念结构描述总体运动的概念结构。

建构概念框架的最终目的,是建立总体运动和总体结构。黑格尔指出:"纯粹本质性的这种运动构成着一般的科学性进程的本性。这种运动,就其为它的内容的关联来看,乃是它的内容扩张为一个有机的整体的必然的发展运动。由于这种运动,到达知识的概念的那条道路也同样成了一条必然的完全的形成道路。"[17]黑格尔所说的概念运动是"它的内容扩张为一个有机的整体的必然的发展运动",这里的内容就是指有机整体,它是由各个独立部分运动的总和生成的。在《资本论》中,马克思对单个资本与社会总资本运动的关系,做了这样的描述:"每一单个资本只是社会总资本中一个独立的、可以说赋有个体生命的部分。社会资本的运动,由社会资本的各个独立部分的运动的总和,即各个单个资本的周转的总和构成。正如单个商品的形态变化是商品世界的形态变化系列——商品流通——的一个环节一样,单个资本的形态变化,它的周转,是社会资本循环中的一个环节。"[18]

资本的运动,是从货币开始的,这种资本的形式即是货币资本(G);货币从市场上购买生产资料和劳动力商品,并把它们投入生产过程,这时的货币资本就转化为生产资本(P);当生产过程生成出新的产品时,生产资本(P)就转化为商品资本(W)。这就是资本运动的循环,是流通过程和生产过程的统一。它的三段式是:

$$货币资本—生产资本—商品资本。$$

用符号来表述即是:

$$G—P—W。$$

将这个公式进一步展开,即是一个大圆圈:

$$G—W\cdots P\cdots W'—G'。$$

产业资本的运动包括三个阶段。第一阶段是买的过程,即货币资本的运动,它的公式是"$G—W—G'$";第二阶段是生产过程,即生产资本的运动,它的公式是"$W—P—W'$";第三阶段是卖的过程,即商品资本的运动,它的公式是"$P\cdots W'—G'\cdot G—W\cdots P$"。由这些循环,构成了一个大循环,这就是产业资本的波浪式上升的持续运动。

从个体运动中建构总体运动和总体结构,自然属于逻辑方法。黑格尔指出:"真正对这个方法的陈述则是属于逻辑的事情,或甚至于可以说就是逻辑自身。因为方法不是别的,正是全体的结构之展示在它自己的纯粹本质性里。"[19]这个方法,显示了概念逻辑的宏观特征。

§66 三段式建构的内涵关系规则

从概念内涵中的意义相干性这个总原则出发，把辩证法引入概念内涵各个环节之间的关系，我们可以引出概念推论三段式建构的内涵规则，并按照这些规则，有效地建构概念推论三段式，并进行有效的概念推论。下面，我们讨论四条规则。

第一条规则：以对立的一方规定另一方。

在意义相干性中，概念是自我相干的。在概念内涵中包含着矛盾的两个方面，它们的意义相干性表现为彼此相互规定，一方离开了另一方，就不复存在。例如，我们考察"有限"这一概念时，有限仅仅是它的显内涵，其中必定包含着隐内涵，即"无限"；如果考察"无限"，其自身也同样包含着"有限"。因此，我们要定义有限，或定义无限，都需要以对方为条件。我们经常把有限看作是一种对无限延续的限制，把无限看作是对有限的超越。这就是对立双方的相互规定。再如，我们经常把本质与现象（非本质）只看作是不同的概念，这是不错的，但并不全面。正确的看法应该是，它们既是不同的，又是同一的。因为，非本质的也是本质的，它是本质的显现。这种自身相关性，就是对立双方的相干性，因而被称为同一性。老子关于祸与福的相互规定、相互依伏的关系，同样反映了这条原则。"每一个规定都在自身中是自己的对方。同一性是单纯的自身相关的否定性，这个概念不是外在反思的产物，而是在有本身中自己产生的。"[20]这样，相干性所产生的概念推论的规则，即以对立的一方推论另一方，或者说，以对方来规定自己。因此，我们在规定一个概念时，必须发现它的内涵中包含的相互对立的两个方面，让它们自己来相互规定对方。否则，建构起来的三段式是不真的，不能反映对象的真实结构和现实运动。

第二条规则：在"一分为二"中实现"合二为一"。

意义相干性的第二种含义是概念的自我否定和复归，在到达合题时，自己既否定自己，又包含自己。因此，它既不是单纯的肯定，又不是单纯的否定，而是两者的综合，由此产生出第三者。合题既不是单独的正题，又不是单独的反题,而是正题和反题的综合。这就是概念推论三段式建构的第二条规则,即在"同中求异"和"异中求同"的综合中,来确定第三者。就是说,从正题到反题,是"同中求异",即"一分为二";从正题、反题再到合题,是"异中求同",即"合二为一"。把两者分割开来,单独提倡"一分为二",或单独提倡"合二为一",或者把两者看作是独立的两种不同的矛盾类型等观点,都违反了这条建构和推论规则,因而都是错误的。在逻辑上,过去关于"一分为二"和"合二为一"的争论,三种立场都只有部分的真理,但在总体上都是错误的。

第三条规则:以合题为目标设定正题和反题。

意义相干性的第三个含义是先行概念因意义相干性而过渡为后继概念,因而正题和反题都是以合题为目标而设定的。在概念推论的过程中,包含两种运动,一是从正题和反题中寻求合题,这是前进运动;另一种是从合题中寻找正题和反题,就是说,根据最终要达到的合题来设定正题和反题,这是回溯运动。例如,我们要研究什么是社会主义核心价值,并把它作为合题,这就必须首先知道什么是社会主义价值。这里的"主义",可以是指一种思想、理论、制度等。这样就可以建构如下的三段式:

(1)价值—主义价值—社会主义价值。

要知道什么是社会主义核心价值,还要知道什么是核心价值。只有这样,才能建构社会主义核心价值。比如,如果已经知道了什么是原子,却不知道什么是原子核,自然就不可能知道什么是原子的核心。这样就可以建构另一个三段式:

(2)社会主义价值—核心价值—社会主义核心价值。

将这两个公式综合起来,就成为如下的公式:

价值—主义价值—社会主义价值—核心价值—社会主义核心价值。

就是说,为了揭示社会主义核心价值的内涵,我们可以回溯到价值概念内涵,再一步一步地从抽象上升到具体,确定社会主义核心价值的内涵。

这种方法,实际上是从普遍性和特殊性中寻求两者在个体性中的统一。价值是普遍性,社会主义价值是特殊性,社会主义核心价值则是个体性,其中包含着普遍性和特殊性,即价值和社会主义价值的统一。

第四条规则:以系统原则建构三段式,使公式中的词项不具有类概念的分子属性,以反映三段式概念系统整体性的涌现。

意义相干性的第四个含义是概念的整体性。整体不等于部分的总和,部分不具有整体的属性。形式逻辑研究类的关系,类中的分子都具有类的属性,这是外延原则。概念逻辑研究系统各部分的相干性,这是内涵原则。三段式是一个系统,其中的词项是系统的组成部分,系统所强调的是整体性,部分不具有整体的性质。关于这种区别,可以借用马里奥·本格的如下分析:

设 X 为一具有 A 组成的 $C_A(X)$ 系统,P 为 X 的属性,则有:

(1)P 是 A 组合,当且仅当 X 的每一个分量 A 都具有 P;

(2)如果 X 的任一 A 都不具有 P,则 P 是 A 的涌现。[21]

陈述(1)所表述的是类与分子的关系,即类中的分子都具有类的属性,它成为了形式逻辑的公理。

陈述(2)所表述的是整体与部分的关系,即部分不具有整体的属性,是概念逻辑所要求的。

马里奥·本格所说的"涌现",又称为"突现",指的是整体性质不是部分的总和。概念是一个矛盾体,具有整体性,它是由矛盾两个方面的融合构成的。矛盾的这种整体属性,即系统性,是由矛盾两个方面的对立统一而涌现的;而矛盾的两个方面各自都不具有概念系统整体性。只有通过概念推论,才能实现这种整体性的,以反映概念进展的必然性。就前节所述的产业资本的循环运动来说,它的总公式是"货币资本—生产资本—商品资本"。用符号来表述即是"G—P—W"。这个公式的进一步展开,即是一个大圆圈"G—W⋯P⋯W′—G′",它是由三个小圆圈构成的,即货币资本循环过程"G—W—G′"、生产资本循环过程"W—P—W′"和商品资本循环过程"P⋯W′—G′·G—W⋯P"。这些小圆圈都不具有大圆圈的特性,但它们共同地促使了大圆圈特性的涌现。

只要被安排到三段式概念框架之中,它们的关系和进展,都负有形成整体必然性的功能,但它自身又不具有整体的属性。

参 考 文 献

[1] 马克思.《资本论》第二版跋[M]//马克思,恩格斯.马克思恩格斯文集:5.北京:人民出版社,2009:21-22.

[2] 马克思.资本论:第1卷[M]//马克思,恩格斯.马克思恩格斯文集:5.北京:人民出版社,2009:208.

[3] 马克思.资本论:第1卷[M]//马克思,恩格斯.马克思恩格斯文集:5.北京:人民出版社,2009:208.

[4] 毛泽东.整顿党的作风[M]//毛泽东.毛泽东选集:第3卷.2版.北京:人民出版社,1991:813.

[5] 黑格尔.精神现象学:上卷[M].贺麟,王玖兴,译.北京:商务印书馆,1979:8.

[6] 黑格尔.精神现象学:上卷[M].贺麟,王玖兴,译.北京:商务印书馆,1979:8.

[7] 黑格尔.精神现象学:上卷[M].贺麟,王玖兴,译.北京:商务印书馆,1979:8.

[8] 列宁.谈谈辩证法问题[M]//列宁.列宁选集:第2卷.3版.北京:人民出版社,1995:558.

[9] 黑格尔.小逻辑[M].贺麟,译.2版.北京:商务印书馆,1980:257.

[10] 黑格尔.小逻辑[M].贺麟,译.2版.北京:商务印书馆,1980:339.

[11] 黑格尔.逻辑学:上卷[M].杨一之,译.北京:商务印书馆,1966:35.

[12] 黑格尔.小逻辑[M].贺麟,译.2版.北京:商务印书馆,1980:63.

[13] 恩格斯.卡尔·马克思《政治经济学批判.第一分册》[M]//马克思,恩格斯.马克思恩格斯文集:2.北京:人民出版社,2009:605.

[14] 恩格斯.卡尔·马克思《政治经济学批判.第一分册》[M]//马克思,恩格斯.马克思恩格斯文集:2.北京:人民出版社,2009:605.

[15] 马克思.1857-1858年经济学手稿.导言[M]//马克思,恩格斯.马克思恩格斯文集:8.北京:人民出版社,2009:31.

[16] 马克思.1857-1858年经济学手稿.导言[M]//马克思,恩格斯.马克思恩格斯文集:8.北京:人民出版社,2009:32.

[17] 黑格尔.精神现象学:上卷[M].贺麟,王玖兴,译.北京:商务印书馆,1979:25.

[18] 马克思.资本论:第2卷[M]//马克思,恩格斯.马克思恩格斯文集:6.北京:人民出版社,2009:390.
[19] 黑格尔.精神现象学:上卷[M].贺麟,王玖兴,译.北京:商务印书馆,1979:35.
[20] 黑格尔.逻辑学:下卷[M].杨一之,译.北京:商务印书馆,1976:31.
[21] 本格.科学的唯物主义[M].张相轮,郑毓信,译.上海:上海译文出版社,1989:27.

第 4 章
概念推论的方法

要整体地把握对象,必须建构关于对象思维的概念框架。如何能够获得这种宏观的概念框架?有了这种概念框架后又如何实现概念之间的过渡和进展?这两个方面,都需要有微观的逻辑方法,即概念推论的方法。概念推论"三段式"根源于概念"正、反、合"的内涵结构,实现于概念内涵的设定、分化和结合。这是概念自我运动的三个步骤,既是建构概念推论"三段式"的方法,也是进行概念推论的方法。这三个步骤是:第一,理性对概念的设定;第二,判断对概念的分化;第三,推理对概念的结合。概念、判断和推理的综合进展,共同实现"三段式"的思维运动。概念推论的方法是演绎性的。实现这种演绎,既依靠内涵关系,同时也依靠外延关系。

§67 概念推理程序设定方法

在逻辑上,相对于概念的进展过程,概念设定是先在的。在这个问题上,我们同黑格尔没有分歧。因为概念的制定不完全是逻辑学的任务,同时也是认识论的任务。逻辑学要研究概念的内涵环节和结构,但并不研究概念内涵的来源。这个来源问题是各门科学研究的任务,逻辑学应该与它们建立联盟。

逻辑的概念推论,是以概念为前提的。但在"正题—反题—合题"的概念推论中,要实现概念内涵的分化,首先必须把被设定的概念内涵三个环节区分开来。这是概念推论的第一个方法,即概念内涵环节的识别。

如何区分概念内涵的三个环节?必须根据概念内涵的逻辑关系和思维发展的历史阶段。黑格尔指出:"逻辑思想就形式而论有三方面:(a)**抽象的或知性〔理智〕的方面**,(b)**辩证的或否定的理性的方面**,(c)**思辨的或肯定**

理性的方面。"[1]"正题—反题—合题"三段式是概念从抽象上升到具体的运动的逻辑公式,它的逻辑演进阶段是同思维发展的三个阶段相对应的。正题处于抽象的或知性的思维阶段,反题处于辩证的或否定的理性的思维阶段,合题处于思辨的或肯定的理性的思维阶段。由于三段式反映了思维发展的历史阶段,而且在不同历史阶段上,概念呈现不同的显内涵,从而显示出不同的内涵环节,这就决定了识别概念内涵环节的方法。总的来说,有以下五个方面的不同情况。

第一,按照肯定、否定、否定之否定三个环节的程序设定。

根据概念自我否定性运动所经历的过程,由"正题—反题—合题"三段式反映的、存在于概念运动过程中的自我否定的逻辑程序,表现为"肯定—否定—否定之否定"的进展。根据这个进展的过程,可以把概念内涵区分为三个环节:肯定环节、否定环节、否定之否定环节。

马克思在《资本论》中,用这种自我否定的逻辑程序分析了资本主义私有制的产生、发展和灭亡的过程。资本主义是从剥夺劳动者个体私有制而产生的。在这里,劳动者个体私有制表现为肯定,由于它被资本主义私有制所否定,资本主义私有制则被设定为否定。随着社会的发展,资本主义私有制这个外壳不再能容纳发达的生产力而再一次被否定,从而在生产资料社会占有的基础上重建个人所有制,即个人所有制被设定为否定之否定。马克思说:"这个外壳就要炸毁了。资本主义私有制的丧钟就要响了。剥夺者就要被剥夺了。"[2]因此,这种自我否定的"肯定—否定—否定之否定"逻辑程序的具体形式是:

　　劳动者私有制—资本主义私有制—生产资料社会占有基础上的个人所有制。

第二,按照从同一进到差异,再从差异进到矛盾的三步走的程序设定。

根据概念的矛盾辩证法,"正题—反题—合题"三段式反映了概念运动过程中的自我矛盾运动过程,展现既对立又统一的发展,概念推论的逻辑程序表现为,第一步设定同一,第二步设定差异,第三步设定差异的同一,即矛盾,即:

　　同一—差异—矛盾。

在当代世界,不管发达国家,还是发展中国家,都在寻求发展,这是相同的,这就是"同一",设定为同求发展。但是,各国的国情不同,社会制度不同,利益诉求不同,由此决定了发展道路和模式也各不相同,从而产生了相互间的矛盾和冲突,这就是"差异",设定为利益冲突。不过,在尊重对方的核心利益的基础上,可以从差异中寻求共同点,进行合作发展,这就是"差异的同一",设定为求同存异、合作发展。因此,国家之间的矛盾运动的概念推论程序可以设定为:

同求发展—利益冲突—求同存异。

求同存异表现为不同程度的合作,因为在合作中包含了不同程度的冲突。根据这种蕴涵,这个公式也可以简化为:

发展—冲突—合作。

我们可以用这种逻辑程序,思考当代世界上国家之间的关系,制定外交政策,以同求发展为出发点,和而不同,同中存异,建立各种不同类型的合作伙伴关系。

第三,根据普遍性、特殊性和个体性三个环节关系的程序设定。

为实现概念内容三个环节相互规定,"正题—反题—合题"三段式反映了概念运动过程中的显内涵与隐内涵的转化,因此,根据不同的实际推论内容,概念推论的逻辑程序可以表现为,第一步设定普遍性,第二步设定特殊性,第三步设定个体性,即:

普遍性—特殊性—个体性。

毛泽东在《中国革命战争的战略问题》中,以这种概念推论的逻辑程序分析了战争、革命战争和中国革命战争的规律问题。"战争规律"是普遍性,"革命战争规律"是特殊性,"中国革命战争规律"是个体性,其中包含了普遍性和特殊性,因而是普遍性、特殊性和个体性的统一。所以,《中国革命战争的战略问题》这篇文章开篇就说:

战争的规律——这是任何指导战争的人不能不研究和不能不解决的问题。

革命战争的规律——这是任何指导革命战争的人不能不研究和不能不解决的问题。

中国革命战争的规律——这是任何指导中国革命战争的人不能不研究和不能不解决的问题。[3]

这样，揭示了研究中国革命战争规律的逻辑程序是：

战争规律—革命战争规律—中国革命战争规律。

这就是"普遍性—特殊性—个体性"的具体化。根据研究问题的不同性质和特点，显内涵与隐内涵的转化的程序也可以采用"特殊性—个体性—普遍性"，或"个体性—普遍性—特殊性"等逻辑程序。

第四，根据直接性与间接性关系的程序设定。

着眼于概念的直接性与间接性的关系，"正题—反题—合题"三段式反映了概念运动过程中，以直接性为出发点，经过间接性而实现直接性与间接性的统一。概念推论的逻辑程序表现为，第一步设定直接性，第二步设定间接性，第三步设定直接性和间接性的统一，即：

直接性—间接性—直接性和间接性的统一。

在认识过程中，我们总是首先认识各种现象，直接性被设定为现象。后来，通过现象进一步认识了现象所反映的本质。在这种关系中，现象是直接性，本质是间接性，因而间接性被设定为本质。在这种认识的基础上，又进一步认识到，生活中的各种现实，都是现象与本质的统一，即直接性和间接性的统一。这就是我们在认识过程中概念推论的逻辑程序，即：

现象—本质—现实。

第五，根据主观性和客观性之间的关系的程序设定。

着眼于概念的主观性和客观性之间的关系，"正题—反题—合题"三段式概念推论的逻辑程序表现为，第一步设定主观性，第二步设定客观性，第三步设定主观性和客观性的同一，即：

主观性—客观性—主观性和客观性的同一。

在价值论中，我们一般都把价值规定为主体与客体的关系范畴，把价值定义为：客体属性满足主体需要的有用性，或主体在有用性上占有客体。这里的概念推论的逻辑程序表现为，主观性设定为主体需要，客观性设定为客体属性，主观性和客观性的同一设定为客体对主体的价值，或主体在有用性上占有客体，简称为价值，即：

主体需要—客体属性—客体对主体的价值。

这个公式表明，主体需要是主观性，客体属性是客观性，价值则是主体需要与客体属性的统一。

上述几个方面的概念推论程序的设定,是从宏观上把握的概念推论逻辑程序。这里,还有两点需要做进一步的说明。

第一,因为事物的运动都经历肯定、否定和否定之否定的过程,而且都根源于事物内部的矛盾运动,所以,"肯定—否定—否定之否定"与"同一—差异—矛盾"的设定是基本的程序,其他的设定程序都可以看作是这两种程序的具体化,而且都可以还原为这两种程序。

第二,在这五种情况中,取代正题、反题和合题的词项,也还仍然是逻辑变项,都还要被具体的实质内容的词项,即概念常元所取代。例如,用"主体需要"取代"主观性",用"客体属性"取代"客观性",用"价值"取代"主观性和客观性的同一"。在做了这样的取代后,这种程序就成为一个案例了。

从概念推论程序设定的五种方法来看,这些程序是由事物发展的历史和认识的历史所决定的。在这起决定作用的因素中,起更直接的决定作用的是认识的历史。所以,列宁说,逻辑是认识史的总计、总和、结论,逻辑就是认识论。[4]

§68 概念的形成和内涵的来源

概念推论的程序设计,是以概念内涵为前提的。在设计程序时,处于正题、反题和合题位置上的概念,其内涵都应该是已知的,否则又如何把它们设定在相应的位置上呢?就是说,在做概念推论之前,推论者已经知道了将要"必然地推出"的结论。既然是这样,概念推论还有什么意义呢?

马克思关于研究过程和叙述过程的理论,已经回答了这个问题。马克思说:"在第一条道路上,完整的表象蒸发为抽象的规定;在第二条道路上,抽象的规定在思维行程中导致具体的再现。"[5]把完整的表象蒸发为抽象的规定,这是研究过程。概念内涵就是在研究过程中形成的,即把材料的生命表现为"先验的结构"。抽象的规定在思维行程中导致具体的再现,这是叙述过程,即表现为概念推论。在研究过程中,根据材料的生命获得了概念推论的"先验的结构";在叙述的过程中,以"先验的结构"再现材料的生命。

其实,在研究过程中,已经进行着概念推论。但这不是一次性的推论,而是反复地进行着的推论,直至构成比较理想的"先验的结构"。在这个时候,思维的行程才倒过来,成为叙述过程中的概念推论,使具体得以再现。

作为中国特色社会主义总根据的"中国社会主义初级阶段"这个概念,不是从我国建立了社会主义基本制度后就产生了的。尽管我们在毛泽东时代就认识到我国很贫穷,经济文化落后,毛泽东还用过"一穷二白"来形容中国的落后状况,但仍然没有形成"中国社会主义初级阶段"这个概念。1981年6月,中共十一届六中全会作出的《关于建国以来党的若干历史问题的决议》指出:"尽管我们的社会主义制度还是处于初级的阶段,但是毫无疑问,我国已经建立了社会主义制度,进入了社会主义社会,任何否认这个基本事实的观点都是错误的。"[6]这个表述,已经认识到了我国社会主义制度还处于初级阶段,但仍未形成"中国社会主义初级阶段"的完整概念。这表明,这个概念还处于形成的过程中。

在中国现实社会中,存在着两种对立的事实。第一,我国已经建立了社会主义制度,这说明我国已经是社会主义社会;第二,我国经济社会还不发达,很贫穷,如果贫穷、不发达不是社会主义,那么,我国算是社会主义社会吗?对我国的这种现实,自从建立社会主义制度起,我们就有所认识。如何把这两种对立的方面统一起来?这样,最终就形成了"中国社会主义初级阶段"的完整概念。对这个概念的第一次表述,即是中共十三大。十三大报告说:"我国正处在社会主义的初级阶段。这个论断,包括两层含义。第一,我国社会已经是社会主义社会。我们必须坚持而不能离开社会主义。第二,我国的社会主义社会还处在初级阶段。我们必须从这个实际出发,而不能超越这个阶段。"[7]"中国社会主义初级阶段"概念包含两层内涵,这两层内涵是对立的,又是统一的。对立表现为正题与反题,统一就表现为合题。所以,中国社会主义初级阶段的形成,已经进行了概念推论:

中国已经建立社会主义——中国社会还处在初级阶段——中国社会主义初级阶段。

在研究过程中,在形成概念后,就可以把思维行程倒过来了,以概念推论的形式,表述研究所得到的结果。在这个时候就可以说,概念推论是概念内涵的自我运动。而且在这个时候也可以说,这个推论的概念框架已经是一个独立于经验的"先验的结构"了。

如果在这种意义上来理解康德的先验范畴，这对于逻辑学来说，也不能说是错的。但在认识论上，对于研究过程来说，则无疑是错误的。所谓先验范畴，决不是先天的，仍然是有来源的，它们都是人类文化长期进化的产物。

哲学和哲学史中的范畴，都具有很高的普遍性。例如，必然性、因果性等，可以适用于一切领域。归根到底，这些范畴来自经验，来自实践。正如列宁所说的，"逻辑的式"是人类经过千百万次的实践，才把它固定下来，成为人类的文化。这对于个体来说，的确不是生成的，而是本来就有的，只要通过学习，而非创造，就可以掌握的文化遗产。

例如，康德把四项范畴分为两大部分，前二项是所谓数学的原理，后二项是所谓力学的原理。在十二范畴中，真正为康德所重视的，是第Ⅲ项力学的关系范畴，这是所有范畴的核心。显然这与当时力学飞速发展及康德对力学的深入研究是分不开的。康德的第Ⅲ项是关系范畴，包括：依存性与自存性（实体与偶性）；因果性与隶属性（原因与结果）；共联性（行动者与承受者之间的交互作用）。[8] 康德首先对当时的普遍逻辑（即形式逻辑）中的判断所包含的概念进行总结和概括，然后根据思想史、科学史，从判断的分类中抽象出12个范畴，从而构成范畴表。如果把康德的"关系的范畴"中的三对范畴同牛顿力学三大运动定律做一个比较，不难发现，它们之间有着十分明显的对应关系。

牛顿第一运动定律是惯性定律，简言之，即动者恒动，静者恒静。就是说，在没有外力的作用下，物体保持原有运动状态不变。这就是关系范畴中的实体与偶性的关系，即物体具有惯性。

牛顿第二运动定律是描述物体在外力作用下，运动状态变化的规律，即加速度同物体的质量和作用力大小之间的关系。就是说，物体加速度的大小跟作用力成正比，跟物体的质量成反比；加速度的方向与作用力的方向相同。用公式来表述，即：$f = ma$。这一定律表明，作用力（f）是加速度（a）的原因，而加速度（a）则是作用力（f）的结果。牛顿在《自然哲学的数学原理》中的表述是："运动的改变和所加的动力成正比，并且发生在所加的力的那个直线方向上。"[9] 这正是关系范畴中的第二对范畴，即原因与结果的关系。

牛顿第三运动定律，即作用与反作用的定律，它可以表述为：相互作用的两个物体之间的作用力和反作用力总是大小相等,方向相反,作用在同一条直线上。这可以看作是关系范畴中的第三对范畴的关系,即行动者与承受者之间的交互作用。

这个比较分析告诉我们,所谓先天范畴,是认识史、思想史、科学史的发展过程中的文化沉积,是认识史的总计、总和、总结,是先于个体经验而存在的。康德十分赞赏当时的数学和力学成就,而且这些成就都是科学发展的最高形态,对这些科学中所包含的范畴,进行概括、总结和抽象,自然是哲学和逻辑研究的任务。列宁在《拉萨尔〈爱非斯的晦涩哲人赫拉克利特的哲学〉一书摘要》中指出:哲学史是与科学史、思想史、语言史分不开的,它所涉及的领域有:各门科学的历史、儿童智力发展的历史、动物智力发展的历史、语言的历史等。列宁指出:"这些就是认识论和辩证法应当从中形成的知识领域","简单地说,就是整个认识的历史"。[10]

同黑格尔所认为的相反,不是概念内涵外化为对象,而是对象被反映为概念内涵。这种反映过程,是概念形成的过程;而概念推论正是概念生成的方法。叙述中的概念推论,是在研究过程中形成概念内涵之后,而不是在叙述过程中以推论生成概念内涵。叙述中的概念推论,只不过是把已经生成的概念内涵进行分化和组合,以达到对概念内涵的表述而已。

§69 概念内涵环节的分化

概念自身的运动,首先表现为判断。判断具有对概念各环节的分化作用,把概念内涵表达为"主词是谓词"判断形式,使思维进入"正题—反题—合题"的演化过程。所以,判断是概念内涵环节分化的方法,也就是"拆零"。这是在研究过程和叙述过程中都必须使用的方法。

传统逻辑把判断看作是概念的联结,而概念则是判断的构成要素。黑格尔反对这种把判断外在于概念的看法,认为判断是概念自身的活动,是"对概念加以内在的区别和规定"[11]。我们下判断,就是规定概念。因此,判断是概念内涵的进一步展开,把概念内涵以不同的判断形式表述出来,从而揭示概念的内涵结构。所以,"判断不是别的,即是**特定的**或规定了的概念"[12]。也可以说,建立概念的规定性是判断的功能,它把概念内涵中的各个环节分化出来，以此来实现从概念到判断的进展。

为了建立"中国半殖民地半封建社会"这一概念的规定性，必须进行概念分化的运动。毛泽东说：中国多了两件东西。"一件是帝国主义的压迫，一件是封建主义的压迫。由于多了这两件东西，所以中国就变成了殖民地半殖民地半封建的国家。"[13]由于这些原因，造成了"中国的特点是：不是一个独立的民主的国家，而是一个半殖民地的半封建的国家；在内部没有民主制度，而受封建制度压迫；在外部没有民族独立，而受帝国主义压迫"[14]。这就决定了"现在我们全国人民所要的东西，主要的是独立和民主，因此，我们要破坏帝国主义，要破坏封建主义。要坚决地彻底地破坏这些东西，而决不能丝毫留情"[15]。

这样，实际上是把"中国半殖民地半封建社会"这一概念分化为两个判断：

判断(1)：中国社会是半殖民地社会。

判断(2)：中国社会是半封建社会。

判断(1)是对中国的特殊性的规定，判断(2)是对中国的普遍性的规定。因为中国长期以来，一直处于封建社会，由于帝国主义的侵入，使它变成半殖民地半封建社会，给封建主义的普遍性带来了特殊性，使中国进入了历史发展的特殊阶段。这种特殊性和普遍性，都存在和统一于中国社会的个体性中；这两个方面的综合，就形成了"中国半殖民地半封建社会"这一概念。所以，这两个判断是对"中国半殖民地半封建社会"概念的分化。

关于"社会主义初级阶段"这一概念的规定，前面已做了分析，也同样表明判断是对它进行分化：因为我们已经建立了社会主义制度，中国社会是社会主义社会；因为我们国家还不发达，中国社会还处在初级阶段。

这就构成了下面的两个判断，把"中国社会主义初级阶段"这个概念内涵分化为"社会主义社会"和"初级阶段"两种规定：

判断(1)：中国社会是社会主义社会。

判断(2)：中国社会还处在初级阶段。

这两个判断所揭示的概念内涵，都是"中国社会主义初级阶段"这一概念自身所具有的，不是从外部强加给它的，因而是潜在于概念内部的。上面的两个判断，是对"中国社会主义初级阶段"这一概念的分化。

黑格尔说:"由于概念的自身活动而引起的分化作用,把自己区别为它的各环节,这就是**判断**。"[16]

判断对概念各环节予以区别,使概念处于它的特殊的或普遍的规定性中。因此,"判断是在**概念本身中建立起来**的概念的**规定性**"[17]。判断从概念中产生,反过来,又规定了概念,彰显了它的特殊性或普遍性这一环节。所以,判断的意义,就是使概念进入特殊化或普遍化的演化阶段。

概念的分化,把概念内涵表达为"主词是谓词"这种判断形式,它的基础是主词和谓词在意义上的相干性。因此,这里的"是",不仅是谓词的"是",同时又必须是同一性的"是"。从概念到判断的进展具有必然性,就在于这种分化是概念自己分化其自身,是概念自身发挥出来的规定性,即主词意涵着谓词的显现。

在形式逻辑中,把判断看作是概念的联结。这个"联结"二字,就把"主词是谓词"判断形式中的两个词项看作是独立的、互不相干的存在,因而这种联结也就是偶然的了。"因为一说到联结,就令人误以为被联结的双方会独立存在于联结之外。"[18]这种被联结的形式,并非是概念逻辑中的判断的意义,因为被联结的都是在概念内涵之外,这就意味着正题与反题都存在于合题之外,也就不存在合题向正题的回归了。

§70 概念内涵环节的结合

概念推论的第三个方法,是概念内涵三个环节的结合。这就是"组装",它把普遍性、特殊性和个体性"组装"成一个整体。概念内涵环节的分化是由判断来实现的,概念内涵环节的结合则是由推理来完成的。

概念的分化,就是以判断涌现概念的各种规定,区分概念内涵为各个环节,并设定它们为独立的环节。在判断把概念的内涵分化为各种规定后,便由正题进到了反题;通过推理又将各个环节结合起来,恢复到概念,到达合题,完成思维运动的一个圆圈。这个三段式是:

    判断—推理—概念。

判断是由主词与谓词构成的,而主词与谓词自身,每一个词项又都是一个判断。判断不仅表现了主词与谓词的区别,更重要的在于它同时表现了它们的统一。黑格尔举例说,"这一朵玫瑰花是美的"这个判断说明,"这一朵花"是直接的个体性,"玫瑰花"是类或普遍性,"美的"是特殊性。所以,一切事物都是一个类,都是在一个具有特殊性质的个别现实性中的类。在判断中,"主词的直接性质最初表明其自身为现实事物的个别性与其普遍性之间的**中介的根据**,亦即判断的根据。事实上这里所建立起来的,乃是主词与谓词的统一,亦即概念本身。概念即是空虚的联系字'是'字的充实化。当概念同时被区分为主词与谓词两个方面,则它就被建立为二者的统一,并使二者的联系得到中介,——这就是**推论**"[19]。

这里有一朵花,它是玫瑰花,而且是美的花。"这一朵花"是个体性,它的概念内涵包括了"玫瑰花"和"美"的结构,即:

"这一朵玫瑰花是美的"。

这是对"这一朵花"的规定。这种规定是从下面的推理中得到的:

"这一朵花是玫瑰花",

"玫瑰花是美的",

所以,"这一朵玫瑰花是美的"。

这个结论,实现了普遍性、特殊性和个体性的统一和结合,揭示了"这一朵花"这一概念的内涵结构。

如果把"中国社会主义初级阶段"这个概念分化为"社会主义社会"和"初级阶段"后,进一步结合起来,就可以得到合题:

判断(1):中国社会是社会主义社会。

判断(2):中国社会还处在初级阶段。

判断(3):中国社会是社会主义初级阶段。

判断(1)是正题,判断(2)是反题,判断(3)是合题。如果把这个推论构成概念推论三段式,则有:

中国社会主义社会—中国社会初级阶段—中国社会主义初级阶段。

这个合题表明,"中国社会主义初级阶段"这个概念所包含的两种含义,被分化为判断(1)和判断(2),而推论则把这两种含义结合起来而成为一个概念全体。

通过判断和推理的功能,可以进一步揭示概念的隐内涵。例如,已知在新民主主义革命前,"中国社会是半殖民地半封建社会";在社会主义革命后,

"中国社会是社会主义初级阶段"。这一历史事实表明,中国社会主义社会是脱胎于中国半殖民地半封建社会的;科学社会主义告诉我们,社会主义社会是脱胎于资本主义社会的。把科学社会主义基本原理同中国社会具体实际结合起来,该得出什么结论? 中共十三大报告指出:"正因为我们的社会主义是脱胎于半殖民地半封建社会,生产力水平远远落后于发达的资本主义国家,这就决定了我们必须经历一个很长的初级阶段,去实现别的许多国家在资本主义条件下实现的工业化和生产的商品化、社会化、现代化。"[20]

判断(1):社会主义是脱胎于资本主义社会(意涵发达国家)。

判断(2):中国社会主义是脱胎于半殖民地半封建社会(意涵落后国家)。

判断(3):中国社会是社会主义初级阶段。

这三个判断也构成了一个三段式,它表明了中国社会主义初级阶段的更深层的原因,即它不是脱胎于资本主义社会,而是脱胎于半殖民地半封建社会,因而它还是不发达的社会。正如邓小平所说,严格地说,还是"不够格"的社会主义[21]。通过这种讨论,更加拓展了"中国社会主义初级阶段"的概念内涵。

通过概念的设定、判断的分化和推理的结合,使推理成为在判断中的概念的恢复。这说明,推理是由判断构成的,而判断又是概念的规定,因此,推理是以不同的概念规定实现概念和判断的统一。在抽象概念中,概念的各环节是处于抽象同一中;在判断中,概念的环节在统一中被扬弃,成为独立的环节,成为"主词是谓词"的形式;推理又使形式差别的判断返回到同一性的概念。所以黑格尔说:"**推论是使自己成为在判断中的概念**的恢复,从而是判断和概念两者的统一和真理。"[22]

在这里,概念逻辑并没有创造出新的判断和推理,在形式上,它与形式逻辑中的判断和推理并无不同,但是,推理能完成判断与概念相结合的功能,完全在于主词与谓词的意义相干性。这一点,在形式逻辑中的判断和推理则是不具备的。在形式逻辑中,推理不是根据内涵关系而是根据外延关系进行的,如果把普遍性、特殊性和个体性三个环节看作概念的内涵,那么,与此相对应的概念外延是:普遍性的外延是类,特殊性的外延是种,个体性的外延是分子(或个体)。判断分化和推理结合的作用,既根据外延关系,同时而且主要是根据内涵关系而实现的。在单纯的外延关系中,判断两端的主词与谓词,以及作为这两者的中项,都是抽象的概念,无意义相干性。"这两个极端彼此之间,以及其对它们的中项的概念之间的关系都同样被设定为**漠不相干地独立自存着**。"[23]这种不相干性,使形式的推理不可能成为在判断中的概念的恢复,也不可能成为判断与概念的统一和真理。在概念逻辑的推理中,主词与谓词的关系,是对立统一的关系,必须具有意义相干性,因而在内涵上具有内在同一性。其谓词的"是",同时又是同一性的"是"。黑格尔说:"概念本身仍抓住它的已**在统一中**扬弃了的环节;在判断中,这个统一是一个内在的东西,或说是一个外在的东西,都是同一回事;环节诚然曾经是相关的,但它们被建立为**独立的端**。在**推论**中,概念规定被建立为像判断的端那样,同时,它们的规定了的**统一**也建立起来了。"[24]在判断中,虽然概念的三个环节被分化为独立的环节,并成为判断的主词与谓词,但这些环节是意义相干的,而且互为推理的中介,从而在个体性中实现了普遍性和特殊性的统一。

上面的分析表明,概念推论是依靠形式逻辑的判断和推理来实现的,因为"组装"是以"拆零"为前提的。所以,概念逻辑并不排除形式逻辑,恰恰相反,它以扬弃的形式包含了形式逻辑。

§71 以外延关系实现概念内涵的分化和结合

上述分析表明,概念推论需要运用形式逻辑的外延关系。如果说,概念逻辑是意义逻辑、内涵逻辑,形式逻辑是外延逻辑,而概念逻辑又包含了形式逻辑,实现了概念内涵与外延的统一。所以,概念推论同样必须同时依靠外延关系来揭示概念内涵。

如何确定概念的外延?又怎样借助于概念外延来分化和组合概念内涵?要回答这个问题,必须了解概念内涵是如何决定概念外延的。因此,要明确概念的外延,首先要明确概念的内涵,从而由概念的内涵来规定概念的外延。

毛泽东在《工作方法六十条(草案)》中批评说:"现在许多文件的缺点是:第一,概念不明确;第二,判断不恰当;第三,使用概念和判断进行推理的时候又缺乏逻辑性;第四,不讲究词章。"[25]毛泽东的要求是,概念要明确,判断要恰当,推理要合乎逻辑。要做到这些,首要的是明确概念。所谓明确概念,就是明确概念的内涵和外延,首先是要明确概念的内涵。也正是这个原因,传统逻辑把对概念的定义作为揭示概念内涵的逻辑方法。

其实,重要的不是对概念的定义,而首先是概念的形成。根本还没有概念的生成,谈何定义?概念是在感性认识向理性认识飞跃的过程中产生的。我们曾反复地说过,概念的产生,概念内涵的确定,是科学研究的结果,不是逻辑的产物。毛泽东指出:"社会实践的继续,使人们在实践中引起感觉和印象的东西反复了多次,于是在人们的脑子里生起了一个认识过程中的突变(即飞跃),产生了概念。概念这种东西已经不是事物的现象,不是事物的各个片面,不是它们的外部联系,而是抓着了事物的本质,事物的全体,事物的内部联系了。"[26] 所以,概念是在实践和认识的过程中产生的,是认识对象的属性的反映。这里,特别需要提醒的是:概念是反映"事物的全体"。在这个概念形成的过程中,自然需要各种逻辑方法,例如,分析和综合的方法,比较的方法,抽象和具体的方法,概括和限制的方法,定义和划分的方法,归纳和演绎的方法,等等。这里说的都是制定概念的方法,而不是指概念内涵的来源。概念并非来源于逻辑,而是来源于经验、历史文化和社会实践。

形式逻辑通常都不研究概念的内涵,而只研究作为符号的概念的外延,因而人们都称形式逻辑为外延逻辑。因此,不少人把现代的哲学逻辑,称为非形式逻辑,或内涵逻辑、概念逻辑。因为它引进了一些哲学范畴作为逻辑常项,例如"必然"、"可能"、"过去"、"现在"与"未来",等等,然后,对这些符号作出意义赋值的解释,主要是明确这些符号的意义。接着,即可根据符号的意义赋值,确定它们的外延关系。例如,在模态逻辑中,符号"□"和"◇"之间的关系,由于赋予了"必然"和"可能"的意义,同时也就规定了它们的外延关系是差等关系。在模态对当方阵中的矛盾关系、差等关系和反对关系,同形式逻辑中的对当方阵一样,都是用外延关系来确定的。其实,这种赋值活动,并非是逻辑本身的功能,它是进行推理的一个前提。只有在规定了这些符号的意义之后,才确定这些符号之间的外延关系,并进行推理活动。这些情况都说明,外延是由内涵决定的。如果说形式逻辑是外延逻辑,那么,模态逻辑也应该是外延逻辑。不同的是,模态逻辑引进了必然("□")和可能("◇")等哲学范畴作为不同的逻辑常项,表明它具有不同的内容。但要进行逻辑运算,都必须依赖于外延关系。这样,我们可以把非形式逻辑看作是从形式逻辑向意义逻辑过渡的一种形式。

概念内涵是如何规定概念外延的?在内涵语境下,同一个类的各种概念都具有共有内涵,从而确定它们是同一个类的对象。例如,综合性大学,理工大学,师范大学等,它们都有一种共有内涵,即是实施高等教育的学校。这就是"大学"这一概念的内涵。这样,我们就可以根据这一概念内涵,把实施高等教育的学校归为一个类,称为大学;把各类大学看作是这个类中的分子,即"大学"这一概念的外延。就是说,内涵就是一个函项,凡是具有同一共有内涵的,我们都把它们视为同一个类的对象。詹斯·奥尔伍德等人指出:"说一个内涵就是一个函项,它是那样一种东西,在每一种可能的情况或世界中,它可以准确地识别出那些对象,那些对象就成为一个给定的表达式的外延。"又说:"正如名称与有定名词短语一样,有时语句具有在正常的情况下是它们内涵的东西作为外延,也就是说,一个语句所表达的命题有时可以变成它的外延。"[27]这里所说的,就是内涵决定外延的原理。

卡尔纳普认为,一个谓词包括作为"类"和作为"性质"两个方面的特性。例如,"人"既是作为包含许多个别人为元素的类的"人",又是作为具有同样人性这一性质的"人";"红"既是作为类的"红",又是作为性质的"红"。于是,谓词"P"的外延是相应的类,而其内涵则是相应的性质P。关于语句,当它具有真值时,便是一个命题。因此,语句的内涵是命题,它的外延则是它的真值。关于某一个个体词,它的内涵是它所表达的个体的概念,它的外延是它所指称的个体。所以,外延是由内涵决定的,因而内涵与外延是不能各自独立存在的,是不能分离的。内涵是"连结语言和这个世界的黏合物。一个内涵就是使一个语言表达式和它的外延产生联系的某种东西。它决定一个语言表达式的外延"[28]。

马克思主义是世界无产阶级和劳动人民解放的学说。马克思主义在各个国家具体化,成为各国的马克思主义。例如,马克思主义在中国的具体化,产生了毛泽东思想和中国特色社会主义。在这些具体化的马克思主义中,都包含了马克思主义基本原理这一共有内涵,都是无产阶级和劳动人民解放的学说。这种共有内涵也就决定了它们的外延。于是,我们就把毛泽东思想和中国特色社会主义看作是同属于同一个类的学说,看作是同一个类的对象。

邓小平说:"毛泽东思想同马克思列宁主义是一回事。毛泽东思想坚持了马克思列宁主义的普遍真理,并且在马克思列宁主义的宝库里面增添了很多新的内容。所以,不要把毛泽东思想同马克思列宁主义割裂开来,好像它是另外一个东西。"[29]说它们是同一个东西,而不是另外一个东西,就是从共有内涵的意义上说的。从外延上说,就是同属于一个类的学说,即无产阶级和劳动人民解放的学说。

判断对概念的分化,是根据外延关系,并以"主词是谓词"这种形式进行的。例如,"商品是为交换而生产的劳动产品"这个判断,把"商品"看作是"劳动产品"这个类中的一个分子,但又指称了它具有不同于其他"劳动产品"的内涵,它是"为交换而生产"的劳动产品,这就把"为交换而生产"的内涵从"商品"概念中分化出来了。根据这种内涵,来确定哪些劳动产品属于"商品"这个类。

所以,判断对概念环节的分化和推理对概念环节的结合,既是内涵的,又是外延的,是内涵和外延的统一。

参 考 文 献

[1] 黑格尔.小逻辑[M].贺麟,译.2版.北京:商务印书馆,1980:172.

[2] 马克思.资本论:第1卷[M]//马克思,恩格斯.马克思恩格斯文集:5.北京:人民出版社,2009:874.

[3] 毛泽东.中国革命战争的战略问题[M]//毛泽东.毛泽东选集:第1卷.2版.北京:人民出版社,1991:170.

[4] 列宁.黑格尔《逻辑学》一书摘要[M]//列宁.列宁全集:第55卷.2版.北京:人民出版社,1990:77.

[5] 马克思.1857-1858年经济学手稿.导言[M]//马克思,恩格斯.马克思恩格斯文集:8.北京:人民出版社,2009:25.

[6] 中国共产党中央委员会关于建国以来党的若干历史问题的决议[G]//中共中央文献研究室.三中全会以来重要文献选编:下.北京:人民出版社,1982:838.

[7] 沿着有中国特色的社会主义道路前进:在中国共产党第十三次全国代表大会上的报告[G]//中国共产党第十三次全国代表大会文件汇编.北京:人民出版社,1987:7.

[8] 康德.纯粹理性批判[M].李秋零,译.北京:中国人民大学出版社,2004:102.

[9] 塞耶.牛顿自然哲学著作选.上海外国自然科学哲学著作编译组,译.上海:上海人民出版社,1974:29.

[10] 列宁.拉萨尔《爱非斯的晦涩哲人赫拉克利特的哲学》一书摘要[M]//列宁.列宁全集:第55卷.2版.北京:人民出版社,1990:302.

[11] 黑格尔.小逻辑[M].贺麟,译.2版.北京:商务印书馆,1980:337.

[12] 黑格尔.小逻辑[M].贺麟,译.2版.北京:商务印书馆,1980:343.

[13] 毛泽东.新民主主义的宪政[M]//毛泽东.毛泽东选集:第2卷.2版.北京:人民出版社,1991:731.

[14] 毛泽东.战争和战略问题[M]//毛泽东.毛泽东选集:第2卷.2版.北京:人民出版社,1991:542.

[15] 毛泽东.新民主主义的宪政[M]//毛泽东.毛泽东选集:第2卷.2版.北京:人民出版社,1991:731.

[16] 黑格尔.小逻辑[M].贺麟,译.2版.北京:商务印书馆,1980:339.

[17] 黑格尔.逻辑学:下卷[M].杨一之,译.北京:商务印书馆,1976:293.

[18] 黑格尔.小逻辑[M].贺麟,译.2版.译.北京:商务印书馆,1980:338.

[19] 黑格尔.小逻辑[M].贺麟,译.2版.北京:商务印书馆,1980:355.

[20] 沿着有中国特色的社会主义道路前进:在中国共产党第十三次全国代表大会上的报告[G]//中国共产党第十三次全国代表大会文件汇编.北京:人民出版社,1987:8.

[21] 邓小平.社会主义必须摆脱贫穷[M]//邓小平.邓小平文选:第3卷.北京:人民出版社,1993:225.

[22] 黑格尔.逻辑学:下卷[M].杨一之,译.北京:商务印书馆,1976:341.

[23] 黑格尔.小逻辑[M].贺麟,译.2版.北京:商务印书馆,1980:357.

[24] 黑格尔.逻辑学:下卷[M].杨一之,译.北京:商务印书馆,1976:341.

[25] 毛泽东.工作方法六十条(草案)[M]//毛泽东.毛泽东文集:第7卷.北京:人民出版社,1999:359.

[26] 毛泽东.实践论[M]//毛泽东.毛泽东选集:第1卷.2版.北京:人民出版社,1991:285.

[27] 奥尔伍德,安德森,达尔.语言学中的逻辑[M].王维贤,李先焜,蔡希杰,译.北京:北京大学出版社,2009:147,159.

[28] 奥尔伍德,安德森,达尔.语言学中的逻辑[M].王维贤,李先焜,蔡希杰,译.北京:北京大学出版社,2009:147.

[29] 邓小平.正确地宣传毛泽东思想[M]//邓小平.邓小平文选:第1卷.2版.北京:人民出版社,1994:283.

马克思主义中国化的
逻辑基础

卷 2

客 观 逻 辑

把这个方法运用到政治经济学的范畴上面，就会得出政治经济学的逻辑学和形而上学，换句话说，就会把人所共知的经济范畴翻译成人们不大知道的语言，这种语言使人觉得这些范畴似乎是刚从纯粹理性的头脑中产生的，好像这些范畴仅仅由于辩证运动的作用才互相产生、互相联系、互相交织。请读者不要害怕这个形而上学以及它那一大堆范畴、群、系列和体系。

——马克思

　　虽说马克思没有遗留下"逻辑"（大写字母的），但他遗留下《资本论》的逻辑，应当充分地利用这种逻辑来解决这一问题。在《资本论》中，唯物主义的逻辑、辩证法和认识论〔不必要三个词：它们是同一个东西〕都应用于一门科学，这种唯物主义从黑格尔那里吸取了全部有价值的东西并发展了这些有价值的东西。

——列　宁

导言

客观逻辑的三种形态

主观逻辑包括形式逻辑和概念逻辑,把概念逻辑应用于科学理论、社会实践和人类历史等不同领域的研究,就可以获得不同内容的形式结构和概念推论公式,这就是客观逻辑。理论逻辑、实践逻辑和历史逻辑,是客观逻辑的三种形态。把概念逻辑应用于科学部门的研究,获得这门学科理论体系的形式结构和概念推论公式,称为理论逻辑;把概念逻辑应用于实践领域的研究,获得实践理性的形式结构和概念推论公式,称为实践逻辑;把概念逻辑应用于历史领域的研究,获得叙述史和历史科学的形式结构和概念推论公式,称为历史逻辑。由于对象的不同,三种形态的客观逻辑具有不同的内容,在形式上也存在差异。这种形式的差异,主要表现在对"三段式"公式的灵活应用上。但在基本的形式结构方面,还是大体相同的。如马克思所说的,范畴、范畴群、系列和体系这种概念的一般框架,各种客观逻辑大致上是统一的。

§72 理论逻辑

各门科学,包括自然科学和社会科学,它们的理论体系都是要以概念来建构的。在这种理论体系中所包含的概念逻辑,被称为理论逻辑,它是对象发展规律的反映。例如,《资本论》的逻辑、政治经济学的逻辑、相对论的逻辑等,都属于理论逻辑。黑格尔说过,主观逻辑和客观逻辑都容易产生歧义。我们经常把理论逻辑直接称为对象的逻辑,例如,人民的逻辑,帝国主义的逻辑,等等。逻辑以概念关系反映事物的必然性,概念是观念形态,但它又指称对象,这就造成了表达的歧义性。但这种歧义性,也说明了理论逻辑与客观规律的关系。

以"L"代表理论逻辑,以 L 代表客观规律,理论逻辑的陈述形式是:

当且仅当 L 成立时,"L"才是真的。

又或者,我们就直接仿照塔尔斯基真理语义学定义的方法,将理论逻辑定义为:

理论逻辑是真的,当且仅当,符合客观规律。

也就是说,当事物的发展规律被正确地认识时,理论逻辑则是真的。

事物发展规律的存在,构成了认识的对象。在对事物发展规律的认识过程中,生成了理论逻辑。所以,逻辑同时又是认识的产物,是认识历史发展的结晶。这就是认识论与逻辑的统一,它的客观基础是事物及其规律。理论逻辑是通过认识获得的,以形式结构反映事物发展规律的理论形态,因而逻辑是关于事物规律的学说。列宁指出:"逻辑不是关于思维的外在形式的学说,而是关于'一切物质的、自然的和精神的事物'的发展规律的学说,即关于世界的全部具体内容的以及对它的认识的发展规律的学说,即对世界的认识的**历史**的总计、总和、结论。"[1] 列宁在这里说的逻辑,就是理论逻辑,它也就是各门学科中的逻辑。逻辑不等于规律,而是以思维形式表述客观规律的学说;它又不是一般科学理论的学说,而是包含在这种科学理论之中的以概念结构和概念推论来表达运动的应用逻辑的学说。概念和命题都具有思想内容,而这些思想内容之间的关系,就构成了从一个概念演化到另一个概念的进展。对这些概念进展和演化的概括，就表现为理论逻辑。众多的逻辑表达式，在形式和内容方面，并非是一次完成的，是历史和文化的沉积。在这种意义上，我们才认为理论逻辑是对世界的认识的历史的总计、总和、结论。把这种关系写成概念推论三段式，则有：

对客观规律的认识—认识史的总计、总和、总结—理论逻辑。

各门科学中的"有"，或"存在"，都是客观地存在着的事物，是各门科学研究的对象。以特定概念反映这些"有"或"存在"，这些概念即是各门科学中的具有实质内涵的概念。这些概念的逻辑关系，也就被称为理论逻辑。由于不同的学科都有自己不同的对象，形成不同的概念体系，因而每门学科都有自己的理论逻辑。例如，政治学中的基本概念有权利、正义、公平、公正、程序等，反映这些概念的逻辑体系，即是政治学的理论逻辑。社会学的基本概念有社会、社会化、社会规范、社会地位、社会角色、社会人格、社会互动、合作、顺应、同化、竞争等，这些概念构成的逻辑体系，即是社会学的理论逻辑。无论是社会科学，还是自然科学，每一门科学都有自己所特有的概念体系，因而都有自己的理论逻辑。

黑格尔把"客观逻辑"看作是"有"的概念逻辑。由于黑格尔把概念看作是事物的本质，因此，概念的逻辑进展也就是事物本身的发展。黑格尔说："全部自然生活和精神生活的发展一样，完全是以构成逻辑内容的**纯粹本质**的本性为基础的。"[2]在黑格尔那里，作为基础的"纯粹本质的本性"是概念，概念的演化，便构成理论逻辑；逻辑外化为对象，便成为事物的逻辑。在黑格尔看来，事物的逻辑是概念的逻辑的产物，所以，"逻辑的事物"同"事物的逻辑"是一致的。这自然反映了黑格尔的唯心主义立场。列宁对黑格尔的唯心主义出发点做了唯物主义的改造，指出："倒过来：逻辑和认识论应当从'全部自然生活和精神生活的发展'中引申出来。"[3]黑格尔用客观逻辑取代昔日的形而上学，说明客观逻辑就是本体论的理论逻辑。因为这个理论是由逻辑范畴并以"正题—反题—合题"概念推论三段式建造的，它本身也就是"大写字母"逻辑（概念逻辑）的具体应用，说明理论逻辑即是"有"的概念逻辑的一种形态。

§73 实践逻辑

通常,我们一说到人类思维的时候,往往就是指理论思维。其实,相对于理论思维,还有其他不同类型的思维。人类思维是一个非常复杂的系统,它的复杂性给思维的划分,带来了种种困难。过去曾有这样的划分,即把思维划分为抽象思维、形象思维和灵感思维三个不同的形式。显然,思维的这三个名称,具有相对的意义。抽象思维是相对于形象思维而言的。严格地说,相对于形象思维的抽象思维,将它称为理性思维更为合理。因为,理性思维本身还可以划分为抽象理性和具体理性,而抽象理性即是抽象思维,具体理性即是具体思维。在这种关系中,"抽象"是相对于"具体"而言的。

任何划分都出于研究的某种需要,从而寻找不同的根据,使划分都只具有相对的意义。如果着眼于理论与实践的关系,我们也可以把理性思维划分为理论思维和实践思维。这种划分的主要目的,是说明理论思维在理性思维中的地位,以及理论与实践的逻辑关系。

实践是感性活动,思维则是理性活动,怎么还会有实践思维呢?因为,实践是在理论思维指导下进行的,其中除了感性活动外,它还包含着思维活动。我们把包含在实践活动中并指导实践活动的思维,称为实践思维。这样,实践思维就可以与理论思维相对应,并与理论思维相区别,成为理论与实践相统一的思维。显然,实践思维不仅把知识的理论内容,而且把实践活动的目的、手段以及相关行为的内容,融入到思维之中。它所要解决的问题,不是解释世界,而是应当如何行动来改变世界。

康德根据理性的不同应用,把理性分为两个方面。一是理性的理论应用,即纯粹理性;二是理性的实践应用,即实践理性。他曾说过:

> 我的理性的全部旨趣(既有思辨的旨趣,也有实践的旨趣)汇合为以下三个问题:
> 1. 我能够知道什么?
> 2. 我应当做什么?
> 3. 我可以希望什么?[4]

在康德提出的这三个问题中,第一个问题是纯粹思辨的,即纯粹理性的问题,或者说是形而上学问题;第二个问题是纯粹实践的,即实践理性的问题,或者说是道德律问题;第三个问题既是实践的同时又是理论的,"如果我如今做我应当做的,那么我在这种情况下可以希望什么?"[5]这就是宗教的问题。这三个问题,说的就是两种理性。

康德的这两种理性,也是同他所景仰和敬畏的并使他意志坚强的两样东西相对应的。康德说:"有两样东西,我们愈经常愈持久地加以思索,它们就愈使心灵充满日新又新、有加无已的景仰和敬畏:在我之上的星空和居我心中的道德法则。"[6]"在我之上的星空",康德把它对应于纯粹理性;"居我心中的道德法则",则把它对应于实践理性。

康德所说的道德法则,实际上就是道德行为的规范,而且属于实践理性的范畴。合乎道德的行为,自然也就成为这些规范的产物和结果。

瑞士逻辑学家鲍亨斯基曾提出"理论性思维"和"实用性思维"的概念。他认为:"实用性思维总是直接涉及思维者能干的事;当然,这种思维的意图还是要得到某些知识,但仅仅是能够怎样干这事或那事的知识。反之,理论性思维则没有这样的意图;它只涉及它希望把握的事态,而完全不管那些事实究竟能在什么方面加以利用。"[7]这里的实用性思维,相对于实践思维,即实践理性;理论性思维就是指理论思维,即纯粹理性(或理论理性)。

通过上面的讨论,可以得到两个初步的认识。第一,逻辑是思维科学,思维的存在是逻辑的基本前提;第二,逻辑的共有内涵是思维规范,凡是有思维规范存在的地方,都应该存在着逻辑。康德的实践理性,鲍亨斯基的实用性思维,都可以理解为实践思维,即指导实践行为的思维。如果能够实现行为的规范化,就能走向行为的逻辑化,说明实践逻辑是可能的。就是说,如果存在实践思维的话,那么,实践逻辑、行为逻辑也必然地存在着。

实践逻辑有两个基本公式,一个是对象化的公式,一个是目的实现的公式。实践是对象化活动,即价值的创造活动。这个创造过程的逻辑是,创造主体根据自己的需要,在创造活动中,把"自在客体"改造成为"为我客体"。客体在这个创造活动中运动的三段式,可以写作:

(1)自在客观—被改造中的客体—为我客体。

这是实践逻辑的第一个基本公式,即是通过实践活动,把实践客体改造成为满足实践主体需要而发生了形态变化的客体的三段式。

实践活动是有目的的活动,而且这个目的是实践活动的出发点,为实现这个目的必然要采用相应的手段。实践主体运用手段作用于实践对象,创造满足主体的需要的"为我客体",这就是实践活动的结果。因此,把目的、手段和结果表达为三段式,则是:

(2)目的—手段—结果。

这是实践逻辑的第二个基本公式。公式(1)和公式(2)都是"正题—反题—合题"概念推论三段式的具体化,公式(2)又是公式(1)的具体化。把公式(1)中的"被改造中的客体"这一环节进一步展开,便形成公式(2)。在实践活动开始之前,活动的目的已经产生了,这就是"目的"范畴;如何改造客体?这就是指采取什么样的手段,这是"手段"范畴;在经过改造活动后,所得到的结果,即是"为我客体"。"目的—手段—结果"这个公式,在实践逻辑中,得到了普遍的使用。

§74 历史逻辑

历史包括自然史、社会史(含实践史)和思想史(或理论史)等不同的形态。除自然史外,社会史和思想史都是由人参与的事件在时间上的经历。无论哪种历史形态,其发展都是有规律的。同自然史的规律不同,社会史和思想史都是由人参与的活动的规律。

对于每一种历史形态,"历史"这一语词,指的是两个方面的含义:一是对象史,即"历史"这一语词的所指;二是叙述史,即"历史"这一语词的能指。这两种历史,既有区别,但又不能分离。在普遍的意义上,叙述史是对象史的反映,对象史则通过叙述史得到表述。

历史具有时间性。无论是对象史,还是叙述史,都包含着时间的经历和延续。对象史是对象在时间中的延续,而且这种延续是有规律的,被称为历史规律。叙述史是被叙述对象的概念在时间中的演化,而且这种概念演化是有逻辑的,被称为历史逻辑。首先,逻辑与规律是两个不同的概念,逻辑是概念的关系,从前提"必然地推出"结论,属于理性范畴;事物规律是事物之间的必然关系,历史规律是历史事件之间的因果联系,这两者都不是逻辑关系。

历史逻辑并不是历史规律本身,而是叙述历史的概念演化的逻辑必然性。其次,历史逻辑中的"历史"是叙述的历史,而非叙述对象的历史;而历史规律中的"历史",则是作为叙述对象的历史。

历史是具有时间性的。根据自然运动和社会运动的区别,可以把时间区分为自然时间和社会时间。社会时间是"一种更具有人类学特征的、经验的和具有时代性意义(epochal)的时间"[8]。历史的时间性是指社会时间,或称为历史时间。历史逻辑的时间性,即概念在时间中的演化序列,是由历史时间决定的。历史逻辑就是根据历史时间的社会意义来建构的,并根据历史时间的社会意义来修正自然时间,舍弃其偶然性,以历史时间的基本范畴重建社会生活的逻辑必然性。这表明,历史逻辑是以历史时间的历时性和共时性统一为基础的概念推论。

历史逻辑是客观逻辑的一种具体形态,它把概念逻辑推论三段式"正题—反题—合题"具体地应用于历史研究,以历史时间的历时性和共时性统一为基础,研究关于叙述史中基本概念之间的意义关系和推论规则。过去、现在和未来是历史逻辑的基本范畴,"过去—现在—未来"三段式是历史逻辑的基本公式,它是概念逻辑推论三段式"正题—反题—合题"在历史逻辑中的具体形式。历史逻辑研究的目的,是根据特定历史时段的特殊性,建构以不同时段概念为逻辑变项,进行概念推论,规划现在的实践,预见未来的发展。

过去、现在和未来,这三个范畴具有意义相关性。过去并非单纯的过去,它同时也就是现在,因为人们总是生活在过去的传统、风俗中,经验着这些风俗和传统。所以,雷蒙·阿隆认为:"在历史现实的意义上,经验历史有着双重的方式:我们经验着过去,而这过去仍是我们的现在"。[9]就是说,在"现在"的意义中,包含了"过去";同理,在"未来"的意义中,不仅包含了"现在",也同样地包含了"过去"。习近平在谈到中国梦时指出:"中国梦是历史的、现实的,也是未来的。中国梦凝结着无数仁人志士的不懈努力,承载着全体中华儿女的共同向往,昭示着国家富强、民族振兴、人民幸福的美好前景。"[10]正是这种意义的相关性,我们可以从"过去"推论"现在",从"过去"和"现在"推论"未来"。历史逻辑就是建立在这种概念关系和概念推论的基础上的。

如果以人的发展历史阶段为标志,那么,表达人类社会发展的三大历史形态的概念是:最初的社会形态的概念是"人的依赖关系";第二大形态的概念是"人的独立性";第三大社会形态的概念是"人的自由个性"。[11]这三个社会历史形态同过去、现在和未来相对应,把这三个概念代入历史逻辑的基本公式,得到反映人类社会历史发展三个历史时期的历史逻辑公式是:

人的依赖关系—人的独立性—人的自由个性。

这个公式也可以看作是人的发展的历史逻辑。在世界历史上,今天社会处于的"现在"发展阶段,即"人的独立性"的历史时期;"过去"的历史时期就是"人的依赖关系",即是前资本主义社会中人的发展状态;"未来"的历史时期则是"人的自由个性",即共产主义自由人联合体中的自由而全面发展的人。我国社会主义初级阶段也正处在"人的独立性"这个历史时期中,因此在现阶段,促进人的发展的主要任务是培育"人的独立性"。

从思维与存在的关系来看,历史逻辑属于思维范畴,历史必然性则属于存在范畴。历史必然性不是历史逻辑的产物,恰恰相反,历史逻辑是基于历史必然性的建构,并以概念推论的形式表述和预见历史的必然性。逻辑要以经验为基础,但它必须超越经验,以概念的关系来表述看不见的、只能用心来阅读的必然性。逻辑的力量来自于它内在的自洽性。历史逻辑创造了一个自己的世界,它不是由我们的肉眼所能看得见的。物理学家维尼亚勒说:"任何本质的东西都不能为眼睛所见,人们只有用心才能看清楚。"[12]马克思在提出"两个必然性"的历史逻辑时,世界上并没有社会主义这种事物,但他预见了社会主义必然产生的历史趋势。十月革命的成功,证明了"两个必然性"的历史逻辑的有效性。中国革命的成功和社会主义社会的建立,使"两个必然性"的历史逻辑有效性,得到了进一步检验。

不过,在现实的生活中,单纯的必然性是不存在的,历史的必然性总是伴随着偶然事件而实现。看似违背历史逻辑的挫折和失败,总是贯穿于历史过程。现代西方资本主义的发展,并没有按照马克思的历史逻辑,必然地被社会主义所代替;东欧剧变和苏联解体,似乎对"两个必然性"的历史逻辑开了一个大玩笑。于是,有人提出了这样一个疑问:这些历史事件岂不否定了"两个必然性"的历史逻辑吗?

其实,这是对历史逻辑的一种误解。历史逻辑是一种宏观逻辑,对历史发展的必然性建构了一个宏观的概念框架,预示了历史发展的方向。就是说,历史过程中出现的偶然性,不是对必然性的否定,而是必然性的实现形式。工作中的错误、挫折和失败,自然也有它的逻辑问题,但这并非是宏观逻辑,而是微观逻辑。宏观逻辑是对历史的修正,但这只是问题的一个方面。历史的具体实践必须不断地重建逻辑,处理偶然事件的干扰。这是微观逻辑的任务。重建的微观逻辑,并不否定宏观逻辑,它同样是宏观逻辑的实现形式,以偶然性的具体内容实现历史必然性的一般形式。现代资本主义的发展,东欧剧变和苏联解体,都没有否定社会主义必然胜利的历史逻辑,只是说明历史发展具体道路的曲折性。

一切偶然事件的干扰,都是历史逻辑实现的形式,不是对历史逻辑的否定。现代资本主义走向社会主义的方向并没有改变,只是实现的途径、形式和时段的长度不同而已。不能把历史逻辑看作是算命先生的读本,而应看作是我们对未来美好理想的逻辑基础。

参 考 文 献

[1] 列宁.黑格尔《逻辑学》一书摘要[M]//列宁.列宁全集:第55卷.2版.北京:人民出版社,1990:77.

[2] 黑格尔.逻辑学:上卷[M].杨一之,译.北京:商务印书馆,1966:5.

[3] 列宁.黑格尔《逻辑学》一书摘要[M]//列宁.列宁全集:第55卷.2版.北京:人民出版社,1990:73.

[4] 康德.纯粹理性批判[M].李秋零,译.北京:中国人民大学出版社,2004:591-592.

[5] 康德.纯粹理性批判[M].李秋零,译.北京:中国人民大学出版社,2004:592.

[6] 康德.实践理性批判[M].韩水法,译.北京:商务印书馆,1999:177.

[7] 鲍亨斯基.当代思维方法[M].童世骏,邵春林,李福安,译.上海:上海人民出版社,1987:10.

[8] 哈萨德.时间社会学[M].朱红文,李捷,译.北京:北京师范大学出版社,2009:导论10-11.

[9] 阿隆.历史讲演录[M].梅叙尔,编注.张琳敏,译.上海:上海译文出版社,2011:93.

[10] 习近平.在同各界优秀青年代表座谈时的讲话[N].人民日报,2013-5-5(2).

[11] 马克思.政治经济学批判(1857-1858年手稿)[M]//马克思,恩格斯.马克思恩格斯文集:8.北京:人民出版社,2009:52.

[12] 维尼亚勒.至美无相:创造、想象与理论物理[M].曹则贤,译.合肥:中国科学技术大学出版社,2013:1-2.

第 1 篇

理 论 逻 辑

把概念逻辑应用于自然科学和社会科学的研究,所得到的理论逻辑,是客观逻辑的普遍形式。马克思把它应用于政治经济学的研究,创立了《资本论》的逻辑。黑格尔认为逻辑学就是昔日的形而上学,马克思也同样认为,把这种逻辑学应用于政治经济学研究所得到的,就是政治经济学的逻辑学和形而上学。

列宁根据黑格尔和马克思的逻辑思想,更加明确地提出了逻辑学、认识论和辩证法"三者同一"的论断,认为逻辑学是关于认识的学说,它是认识论。就是说,各门科学理论的逻辑结构形成过程,即是认识过程,这两个过程是同一个过程。这个统一的基础,即是辩证法。

理论逻辑不仅包括理论的叙述逻辑,同时也包括理论的研究逻辑。波普尔写过名为《研究的逻辑》的书,汉森也写了名为《发现的模式》的名著,说的都是在科学研究和发现中,如何运用逻辑的问题。研究和发现,都是探索。在字面上,人们把探索解释为:解决疑问,多方面寻求答案。有人把探索与研究两个词组合起来,简称为"探究"、"探求"。无论在理论上,还是在实践上,探索与研究都是"摸着石头过河",试探性地寻求解决问题的答案,其中包含着在试错中认识真理。这个探索真理的过程,就是逻辑建构的过程。所以,探索的逻辑,或研究的逻辑,都是存在的。

本篇先介绍理论逻辑的内容和形式,"理论的逻辑"与"事物的逻辑"、理论的研究逻辑与理论的叙述逻辑等之间的关系,然后,叙述马克思在政治经济学中的逻辑,其中主要是指《巴黎手稿》的逻辑和《资本论》的逻辑,进而说明列宁对这种逻辑的理解和评价。在做了这种一般的叙述后,将进一步对探索和研究的逻辑做初步的介绍,并说明逻辑在创新中的作用。

第1章
理论逻辑是客观逻辑的基本形态

客观逻辑包括理论逻辑、实践逻辑和历史逻辑,而理论逻辑则是客观逻辑的基本形态。在各种文献中,经常出现"客观逻辑"这个语词,它的含义大多被人们理解为客观规律。就其本意而言,"客观逻辑"即是客观规律的逻辑形式。一切科学体系都是以逻辑形式来反映对象的运动和发展,从而揭示它的规律的。在这种意义上,"客观规律的逻辑形式"也就可以简称为"客观逻辑"。因为它不涉及实践和历史,因而称它为理论逻辑。通常,在使用"客观逻辑"一词时,在大多数情况下都是指理论逻辑,而不应当把它理解为客观规律。

§75 逻辑与规律的语义识别

"逻辑"是一个多义词,它经常被理解为"规律"。在人们的心目中,"规律"一般就是指客观规律,被理解为事物发展的客观必然性,并非指概念之间的关系。在很多场合,"逻辑"和"规律"经常被作为同义词来使用。因此,我们必须对逻辑与规律的语义,做出必要的识别。

"逻辑"的多义性,早已被人们所了解。通常,除了传统逻辑、形式逻辑这些名称外,人们还经常使用"理论逻辑"、"历史逻辑"、"内在逻辑"、"客观逻辑"等语词,而这些语词本身也是有歧义的。一般说来,"理论逻辑"是指一个理论体系所表述的概念和概念体系之间的逻辑推论关系,例如,《资本论》的逻辑,就是指《资本论》中各种概念、原理之间的逻辑关系。"历史逻辑"是指抽取掉历史中的偶然性以后,以概念体系表述的历史发展必然性,它是历史的反映。所谓"内在逻辑"、"客观逻辑"等,都是指包含在反映内在于事物的客观规律的理论体系中的逻辑必然性。就是说,"内在规律"是内在于对象的规律,"内在逻辑"是反映对象内在规律的理论表述在概念、命题之间的必然关系。这表明,"逻辑"与"规律"是两个不同的概念,"逻辑"又包含着思维规律的意涵。通常所说的必然性,也包含有逻辑必然性与客观必然性两种含义,而逻辑必然性则是客观必然性在观念上的反映。

造成逻辑与规律同义使用的情况,除语境的不同外,也还有历史的因由。"逻辑"这个词,是从英文"Logic"直译过来的,英文词"Logic"则是从"逻各斯"(Logos)这个希腊词导出的。所以,"逻辑"与"逻各斯"有着密切的联系。可以认为,在特定的语义上,"逻各斯"决定着"逻辑"具有规律的意涵。一方面,它是理性的规律,另一方面,它是思维形式反映事物的规律。

在古希腊,早已有"逻各斯"这个词。到了赫拉克利特时,他就把逻各斯学说作为哲学的中心思想。他所说的逻各斯是事物的本性与产生的根据。赫拉克利特当时的思想虽还未形成规律范畴,但根据他的本原论,他在说逻各斯时实质上是在用"尺度"、"支配事物发生"、"共同的"、"必然"等用语。这些用语,蕴涵着的一种普遍原则或法则,客观上已含有规律性的意义。黑格尔则把赫拉克利特的逻各斯看作是理性的规律,即"命运、必然性"[1],并非是事物的规律。当黑格尔把概念看作事物的本质时,就把这种本质看作"是逻各斯(Logos),是存在着的东西的理性"[2]。列宁在《黑格尔〈逻辑学〉一书摘要》中,摘录了黑格尔的话:"逻各斯,即存在着的东西的理性"。[3]

著名哲学史家格思里在《希腊哲学史》第一卷中详尽地分析了公元前5世纪之前"逻各斯"这个词在哲学、文学、历史等文献中的用法,总结出十种含义:1.任何说或写的内容;2.有关评价,如名誉、名声;3.思考、思想;4.从说或写,引申为缘由、理性或论证;5.事物的真理;6.尺度;7.对应关系,比例;8.一般的原则或规律(原子论学派已阐发了相似的此种意义);9.理性的力量;10.定义或公式(此种含义在早期哲学中已萌发,到公元前4世纪才较流行)。

姚介厚审视了格思里的研究,把赫拉克利特论说的逻各斯,概括为四重意义:第一,它是"共同的"。就是说,它具有普遍性意义,又是人们必须共同理解(不是私自理解)与遵从的。第二,它是一种支配万物运动、变化、生灭的普遍的必然法则。第三,逻各斯体现在自然、人与社会的各领域,包括灵魂与法律,是普遍中见特殊。第四,逻各斯主要靠思想把握[4]。

"逻各斯"这一概念,也是普遍性与特殊性的统一。无论在自然科学中,还是在人文科学中,都有自己的逻各斯,表现出了理性主义的立场。卡西尔继承黑格尔的立场,把"逻各斯"看作是广义的逻辑,认为自"逻各斯"这种观念扩展到各个希腊哲学学派以来,关于实存的一切认知都在一定程度上被"逻各斯"这一基本概念所限定。甚至这一概念已经深深地植根于基督教传统中。自然,基督教传统中的"逻各斯"这一概念同希腊哲学中的逻各斯概念是根本不同的。但这些事实也说明,在一切认知中,都在一定程度上被"逻各斯"这一基本概念所限定,"因此也为最广义的'逻辑'所限定"[5]。

瓦托夫斯基对赫拉克利特"逻各斯"概念的分析,不仅说明了逻辑具有规律性的含义,而且把它比作了万物转化的货币。根据赫拉克利特关于"万物都变换成火,火也变换成万物,正像货物换成黄金,黄金换成货物一样"的论述,瓦托夫斯基认为,掌握着这个统一性的理性本身就是通用的货币。这种货币就是逻各斯,其含义就是合乎规律性。因此,这一流动是有秩序的,并且由于这种秩序它才能得到理解。这个世界是可理解的,因为它是合乎规律的。能够认识世界是可理解的或合乎理性的那种理性,就是构成这种可理解性的同一种理性。"认识和被认识的东西是相同的,因此,当我说着实话时,我的话语只不过是例示了内部隐蔽的理性即**逻各斯**,逻各斯是世界本身的真正本性,因为它是我对世界的认识。"[6]

根据这些研究,在"逻各斯"一词中的确包含有"必然性"、"理性的规律"等含义。如果"逻辑"最初是从"逻各斯"一词引申出来的,自然它们也并非丝毫没有关涉。首先,"逻辑"是指"理性的规律",即精神规律,思维逻辑;其次,它具有规律的意义,它是客观规律、客观必然性在思维中的反映。因此,在我们的日常语言中,为什么经常借用"逻辑"一词来表达"规律",这也就不难理解了。就是说,在"逻辑"这一概念中,的确包含了规律、规则的内涵。从"逻各斯"所包含的普遍性、共同性来说,无论是存在规律,还是思维规律,它们都是指发展的必然性。所以,在对"逻辑"与"规律"做语义识别时,根据一定的语境,要把逻辑与规律的意义区别开来,同时,又要把握它们"差异的同一",根据特定的语境,把逻辑与规律统一起来。

恩格斯说:"我们的主观思维和客观世界遵循同一些规律,因而两者的结果最终不能互相矛盾,而必须彼此一致,这个事实绝对地支配着我们的整个理论思维。这个事实是我们理论思维的不以意识为转移的和无条件的前提。"[7] 为了"不能互相矛盾"，达到认识与事实的一致，我们必须在逻辑的研究中，实现思维内容与思维形式的统一。

§76 理论逻辑的内容与形式

实现思维形式和知识内容的统一，是理论逻辑的基本特征。理论逻辑的知识内容是客观规律的反映，理论逻辑的思维形式是概念推论表达式。这种统一的具体表现是，在概念推论表达式中，必然包含着客观规律的思想内容。要具体地说明这个问题，自然要从科学规律与客观规律的关系入手。对这种关系的了解，又必须首先了解什么是科学理论。

科学理论是一种知识体系，它本身就是理论形态。设 x 为科学理论，用形式语言来表述，科学理论则是：

存在 x，x 是理论，而且 x 是科学。

这个表述说明，理论不一定都是科学的。要使理论成为科学，必须具备形式与内容两个方面的条件，一是合乎逻辑的，即理论具有形式的正确性；二是合乎实际的，即理论具有内容的真实性。

科学理论的最终目的，是获得关于规律性的认识，以科学规律反映客观规律，因而在科学规律的形式中包含着客观规律的内容。在理论逻辑中，客观规律与科学规律的关系，是内容与形式的关系。科学理论就是这种思维的形式和内容相统一的概念体系。

我们平常所理解的客观规律，是事物之间本质的、必然的、内在的联系。这种联系是内在于客观事物之中，不以人的意识为转移而独立地存在着。把这种联系表述为一系列范畴、命题，则是人类思维的发明和创造，是思维的成果，是观念形态。这些范畴、命题之间的联系，形成科学的定理、定律和原理，它们的总称，则是科学规律。毛泽东说："语言、文字、思想是反映客观实际的，但是，客观实际的规律要反映成观念形态的规律，需要有千百次的反复，才能比较正确。"[8] 各门逻辑科学所研究的思维规律也是观念形态的科学规律，自然，在科学规律中也包括各种逻辑规律。

因此，可以把"规律"的涵义分为两种：一种涵义是指客观规律，它是存在于事物之中的客观的必然联系;另一种涵义是指科学规律,它是对客观规律的反映,因而是一种反映的思想形式,即认识形式或思维形式。列宁说:"认识是人对自然界的反映。但是,这并不是简单的、直接的、完整的反映,而是一系列的抽象过程,即概念、规律等等的构成、形成过程,这些概念和规律等等(思维、科学='逻辑观念')有条件地近似地**把握**永恒运动着和发展着的自然界的普遍规律性。在这里**的确**客观上是**三项**:(1)自然界;(2)人的认识＝**人脑**(就是同一个自然界的最高产物);(3)自然界在人的认识中的反映形式,这种形式就是概念、规律、范畴等等。人不能完全地把握＝反映＝描绘**整个**自然界,它的'直接的总体',人只能通过创立抽象、概念、规律、科学的世界图景等等**永远地**接近于这一点。"[9]

列宁对科学规律的规定,给出了一个科学规律形成的概念推论的三段式:

客观规律—人脑反映形式—科学规律。

这个公式所包含的思想内容有:第一,客观规律在自然界中独立地存在着,是人的认识对象;第二,人脑反映客观规律,是人认识客观规律的过程,它是思维的抽象;第三,科学规律是反映客观规律的认识形式,是一种"逻辑观念",也是思维抽象的结晶。

所以,科学规律是由人创立的,它本身经历着构成、形成的过程,而且它不能完全地而只能近似地有条件地反映事物的客观规律。构成科学规律的概念、原理和定律,在客观世界中是不存在的,也不是用直接经验所能感知的,它们都是思维的创造物。例如。力学中质点、质量、空间、时间等概念,几何学中点、线、面等概念,都是思维的产物。像物质、意识、运动、时间、空间等高度抽象的范畴,更是思维的抽象。它们所包含的内涵,都是思维造成的,由思维赋值的,用肉眼是看不见的,也不是用手所能摸得着的。这种间接性,都是抽象概括的结果,因而科学具有概括性,它所表达的是事物的一般本质和规律。这些本质和规律,不能用感官去体验,而只能用思维去把握。科学的这个特点,决定了科学内容的客观近似性和表达形式的相对主观性,使科学成为客观性和主观性的统一。

理论逻辑反映客观规律的一般逻辑形式,就是"正题—反题—合题"三段式。但对于各门具体科学来说,三段式中的"正题"、"反题"、"合题"这些逻辑变项,必须用已知的、具有实际内容的、被称为逻辑常量的词项取代它,从而构成每门科学的特殊的三段式。例如,奥古斯丁的"过去—现在—将来"公式,斯宾诺莎的"实体—自然—神"和"实体(属性)—样态—变相"公式,康德的"单一性—复多性—全体性"和"实在性—否定性—限定性"公式,黑格尔的"存在论—本质论—概念论"公式,《资本论》中的"商品—货币—资本"公式,等等,这些公式都是对"正题—反题—合题"一般公式的取代。

在理论逻辑中,一般的逻辑公式仍然是概念逻辑的三段式,即:

正题—反题—合题。

理论逻辑的任务,就是把这个一般形式同本部门学科的具体内容结合起来,创造本学科的内容与形式相统一的特殊形态的三段式。

§77 客观逻辑和客观规律是两条渐近线

美国当代著名科学哲学家瓦托夫斯基指出:"我们可以说'科学定律'是一些这样的假说或公设:它们是基于证据的合理信念的对象,而且如果事实上科学定律是真的,那么它们就阐述着自然规律。"[10]他把以"科学定律"来阐述"自然规律",解释为真理的"对应理论",并用塔尔斯基关于真理的语义学定义的逻辑形式,对科学定律与自然规律的关系做了陈述。

以"L"代表科学定律,以 L 代表自然定律,科学定律的陈述形式是:

当且仅当 L 成立时,"L"才是真的。

瓦托夫斯基举了自由落体运动规律的例子说:"当且仅当事实上一个自由落体所经过的各段距离都与下落时间平方具有相同比率时,'$S = \frac{1}{2}gt^2$'才是真的。"[11]

在日常语言中,我们把科学规律叫作科学原理、科学定律、科学理论等,这些称呼本身,实际上已经把规律当作思维形式来把握了,事实上当成了客观逻辑。毛泽东指出:"军事的规律,和其他事物的规律一样,是客观实际在我们头脑中的反映"。[12]这里的"客观实际",是指客观存在的军事规律,即客观的军事规律;"在我们头脑中的反映"是对客观军事规律的表述,即科学军事规律。作为概念,"军事规律"具有指称和涵义两个方面的特征。它的指称就是实际存在于军事运动中的客观规律;它的涵义是关于表述军事规律的思想内容。正是由于科学规律不仅指称着客观规律,而且还蕴涵客观规律的具体思维内容,所以,我们平常不特别注重客观规律和科学规律的区分,而且把科学规律作为客观规律来对待。可能也正是这个原因,我们没有刻意地夫了解科学规律是一种思维形式,是人类认识长期发展的成果,它本身也是不断发展的。各门科学在不同的历史时期所获得科学规律的具体形态,可以标志人类认识规律的水平和高度。

瓦托夫斯基所说的科学定律、毛泽东所说的军事规律等,就是我们这里所说的客观逻辑;所谓自然规律、事物规律,也就是我们这里所说的客观规律。这两种规律的关系,也就是客观逻辑与客观规律的关系。如果我们用瓦托夫斯基对科学定律与自然规律的关系所做的陈述,来说明客观逻辑与客观规律的关系,这同样是适应的。

以"L"代表客观逻辑,以 L 代表客观规律,客观逻辑的陈述形式是:

当且仅当 L 成立时,"L"才是真的。

恩格斯说:"一个事物的概念和它的现实,就像两条渐近线一样,一齐向前延伸,彼此不断接近,但是永远不会相交。"[13]客观逻辑与客观规律的关系,也像这样的两条渐近线,一齐向前延伸。这就是认识论和逻辑的统一。

显然,这里的客观逻辑,并非是纯粹"逻辑的逻辑",而是同科学内容相结合的逻辑,应用于科学理论的阐述、推论和论证的过程中。客观逻辑是客观规律的反映,这就决定了它具有逻辑必然性;但这种反映又是近似的、不完全的反映,因而它的逻辑必然性又受到偶然性的干扰,显示了同客观规律的区别。

§78 理论的研究逻辑和叙述逻辑

理论逻辑包括研究逻辑和叙述逻辑。通常所说的理论逻辑,是指叙述逻辑。研究逻辑是在研究和探索的过程中,运用形式逻辑和概念逻辑,制定概念、命题、推论，建构描述对象的理论和叙述体系（"先验的结构"）的应用逻辑。在这个过程中，并非是纯逻辑的活动，其中也掺杂着研究主体的心理活动，如想象、灵感、直觉等。

马克思指出："当然，在形式上，叙述方法必须与研究方法不同。研究必须充分地占有材料，分析它的各种发展形式，探寻这些形式的内在联系。只有这项工作完成以后，现实的运动才能适当地叙述出来。这点一旦做到，材料的生命一旦在观念上反映出来，呈现在我们面前的就好像是一个先验的结构了。"[14] 理论叙述的逻辑结构，就是研究所得到的结果，相对于叙述来说，在叙述之前就产生了，所以，马克思称它为"先验的结构"。由于科学门类的不同，尽管叙述逻辑的形式在总体上是相同的，但由于各门科学各自都具有自己的不同的"有"的概念，因而最终造成逻辑结构在内容上的差异。

研究逻辑与叙述逻辑是有根本不同的，必须严格地加以区分。否则，就有可能把它们混淆起来，把叙述逻辑当作研究逻辑来使用，犯了逻辑教条主义的错误。

第一，马克思已经指出，研究的出发点是经验材料，研究的任务是探寻材料所反映的对象的现实运动；叙述的出发点是抽象概念，它的任务是实现概念从抽象上升到具体的运动。反映材料生命的"先验的结构"，是研究最终获得的结果；但对于叙述来说，在叙述开始之前，这个"先验的结构"已经观念地构成了。

第二，叙述过程是理论逻辑的过程，或者说，是"有"的概念逻辑的过程，是概念的自我运动。在这个过程中，概念内涵是自我展现和演化，而不是重新从材料的分析中得到。研究过程不是纯逻辑的过程，其中包含着心理过程，伴随着想象、顿悟、灵感等心理活动。它要根据材料来设定概念内涵和概念之间的关系，建构概念体系，并以"正题—反题—合题"概念推论三段式，反映对象的辩证运动。

所以，"正题—反题—合题"概念推论三段式是叙述的逻辑公式，不是研究的出发点，是研究的结果，最终得到的都是具有不同内容的特殊的三段式。研究的任务，不是去到处套用三段式，而是根据现实提供的材料，以概念的逻辑反映现实的辩证运动。

看起来,"正题—反题—合题"这种三段式是很死板的公式,其实并非如此。在使用中,由于不是从三段式出发,而是从具体实际材料出发,根据这些材料,研究事物发展的辩证过程,并用辩证法发展的思维形式来表述这种发展,这就使它变得十分灵活。因此,我们运用三段式进行实际的研究而得到概念的逻辑结构,其实质是一种建构三段式的探索和创造的过程。

前文已经说过,研究的出发点是表象具体,叙述的出发点是抽象概念。马克思说:"在第一条道路上,完整的表象蒸发为抽象的规定;在第二条道路上,抽象的规定在思维行程中导致具体的再现。"[15]这里存在着两个具体,一个是表象具体(完整的表象),一个是思维具体。表象具体是研究的出发点,思维具体是作为叙述的结果而存在的、反映现实具体的概念框架。所以,马克思又说:"具体之所以具体,因为它是许多规定的综合,因而是多样性的统一。因此它在思维中表现为综合的过程,表现为结果,而不是表现为起点,虽然它是现实的起点,因而也是直观和表象的起点。"[16]

马克思的分析告诉我们,三段式是概念从抽象上升到具体运动的公式,而概念的这种运动,正是思维辩证过程,也是反映客观辩证法的过程。虽然我们不能套用三段式,但它可以作为指导研究的方法,这也不能说是错的。因为,如果三段式是辩证法反映了事物辩证法发展的内容,那么,就应该承认概念的辩证法与事物的辩证法大体上是一致的。列宁说:"黑格尔在概念的辩证法中天才地猜测到了事物(现象、世界、自然界)的辩证法"。列宁对这句话做了进一步解释:"黑格尔在**一切**概念的更换、相互依赖中,在**它们的**对立面的同一中,在一个概念向另一个概念的**过渡**中,在概念的永恒的更换、运动中,天才地**猜测到的正是事物、自然界的这样的关系**。"并指出:"**正是猜测到了**,仅此而已。"[17]这说明,三段式是反映客观辩证法的思维形式,如果我们能够如实地研究事物的辩证运动,表述这个结果的思维形式必然是三段式。

参 考 文 献

[1] 黑格尔.哲学史讲演录:第1卷[M].贺麟,王太一,译.北京:商务印书馆,1959:312.

[2] 黑格尔.逻辑学:上卷[M].杨一之,译.北京:商务印书馆,1966:17.

[3] 转引自:列宁.黑格尔《逻辑学》一书摘要[M]//列宁.列宁全集:第55卷.2版.北京:人民出版社,1990:78.

[4] 叶秀山,王树人.西方哲学史(学术版):第2卷 姚介厚.古代希腊与罗马哲学:上卷[M].南京:江苏人民出版社,2005:142-143.

[5] 卡西尔.人文科学的逻辑[M].沉晖,海平,叶舟,译.冯俊,校.北京:中国人民大学出版社,1991:36-37.

[6] 瓦托夫斯基.科学思想的概念基础:科学哲学导论[M].范岱年,译.北京:求实出版社,1982:103.

[7] 恩格斯.自然辩证法.[M]//马克思,恩格斯.马克思恩格斯文集:9.北京:人民出版社,2009:538.

[8] 毛泽东.切实执行十大政策[M]//毛泽东.毛泽东文集:第3卷.北京:人民出版社,1996:74.

[9] 列宁.黑格尔《逻辑学》一书摘要[M]//列宁.列宁全集:第55卷.2版.北京:人民出版社,1990:152-153.

[10] 瓦托夫斯基.科学思想的概念基础:科学哲学导论[M].范岱年,译.北京:求实出版社,1982:354.

[11] 瓦托夫斯基.科学思想的概念基础:科学哲学导论[M].范岱年,译.北京:求实出版社,1982:354.

[12] 毛泽东.中国革命战争的战略问题[M]//毛泽东.毛泽东选集:第1卷.2版.北京:人民出版社,1991:181-182.

[13] 恩格斯.恩格斯致康拉德·施米特(1895年3月12日)[M]//马克思,恩格斯.马克思恩格斯文集:10.北京:人民出版社,2009:693.

[14] 马克思.《资本论》第二版跋[M]//马克思,恩格斯.马克思恩格斯文集:5.北京:人民出版社,2009:21-22.

[15] 马克思.1857-1858年经济学手稿.导言[M]//马克思,恩格斯.马克思恩格斯文集:8.北京:人民出版社,2009:25.
[16] 马克思.1857-1858年经济学手稿.导言[M]//马克思,恩格斯.马克思恩格斯文集:8.北京:人民出版社,2009:25.
[17] 列宁.黑格尔《逻辑学》一书摘要[M]//列宁.列宁全集:第55卷.2版.北京:人民出版社,1990:166.

第 2 章
政治经济学的逻辑学和形而上学

黑格尔把辩证法运用于概念的自我运动，揭示了概念的矛盾运动和自我否定性的发展，获得了马克思的肯定，并被马克思作为辩证方法应用于政治经济学的研究。马克思说："把这个方法运用到政治经济学的范畴上面，就会得出政治经济学的逻辑学和形而上学，换句话说，就会把人所共知的经济范畴翻译成人们不大知道的语言，这种语言使人觉得这些范畴似乎是刚从纯粹理性的头脑中产生的，好像这些范畴仅仅由于辩证运动的作用才互相产生、互相联系、互相交织。请读者不要害怕这个形而上学以及它那一大堆范畴、群、系列和体系。"[1]马克思所说的"政治经济学的逻辑学和形而上学"，就是逻辑学和辩证法应用于政治经济学研究所得到的理论结果。因为在黑格尔那里，形而上学（本体论）就是"有"的概念的辩证法，但它又是唯心主义的。如果加以唯物主义的改造，这个形而上学也就成为反映对象运动的辩证法，即客观辩证法在观念上的反映，从而构成主观辩证法，理论逻辑或客观逻辑就是它的逻辑形式。在本章中，理论逻辑和客观逻辑是作为同义语来使用的。

§79 《巴黎手稿》中的逻辑

马克思最早把"大写字母"逻辑应用于政治经济学研究的，应该是《1844年经济学哲学手稿》，亦称《巴黎手稿》。在这个《巴黎手稿》中马克思首次提出异化劳动的概念，以概括私有制条件下劳动者同他的劳动产品及劳动本身的关系。

1. 劳动演化的客观逻辑

在《巴黎手稿》中，马克思首先研究了人类劳动进化的客观逻辑。他从人类劳动的普遍性和特殊性的统一入手,研究了人类一般劳动发展的基本阶段。

什么是人类的一般劳动?它就是人的"自由的有意识的活动",亦即对象化劳动。马克思把劳动看作人的生命活动,把生命活动看作自由的有意识的活动,而自由的有意识的活动是人的类特性,由此得到劳动是人的类特性的结论。马克思说:"劳动这种**生命活动**、这种**生产生活**本身对人来说不过是满足一种需要即维持肉体生存的需要的一种**手段**。而生产生活就是类生活。这是产生生命的生活。一个种的整体特性、种的类特性就在于生命活动的性质,而自由的有意识的活动恰恰就是人的类特性。"[2]我们通常所说的"劳动是人的类本质"这个命题,就来自对马克思这段话的概括。

但是,在历史发展的每一个阶段,一切劳动又同时都表现为特殊社会形式的劳动。资本主义社会中的劳动,是劳动发展的一个特殊阶段,国民经济学所研究的劳动,就是这个阶段上的劳动。在讨论财富的本质时,斯密明确地把劳动看作一般财富的源泉,在这种意义上它就是人类一般劳动。这是对劳动研究的普遍性的思路和视角。马克思的概括是:"私有财产的**主体本质**,**私有财产**作为自为地存在着的活动、作为**主体**、作为**人**,就是**劳动**"。[3]就是说,在斯密那里,作为财富的源泉的劳动,已经是抛开了一切特殊规定性的人类一般劳动。"因此,财富的**本质**不是某种**特定的**劳动,不是与某种特殊要素结合在一起的、某种特殊的劳动表现,而是**一般劳动**。"[4]马克思对这种"一般劳动"的规定,就是人类的"自由的有意识的活动"。马克思称人类一般劳动为对象化劳动,即通过劳动把人的理论、思想、计划、方案等,以及人的本质力量,外化为对象。

对象化劳动在人类社会的各个历史阶段,都是始终存在着的。在资本主义社会异化劳动或雇佣劳动中,也同样存在着对象化劳动。这个思想,在后来的《资本论》中也得到了表述。在研究商品两重性和生产商品的劳动两重性时,马克思首先着眼于人类的一般劳动。首先,生产商品使用价值的劳动是人类一般劳动,它同社会形式无关。马克思明确指出:"劳动作为使用价值的创造者,作为有用劳动,是不以一切社会形式为转移的人类生存条件,是人和自然之间的物质变换即人类生活得以实现的永恒的自然必然性。"[5]其次,生产商品价值的劳动也是人类的一般劳动,同社会形式无关。马克思指出:"商品价值体现的是人类劳动本身,是一般人类劳动的耗费。"[6]上述劳动两个方面的关系,是质与量的关系。生产商品使用价值的劳动,是指人类劳动的质;生产商品价值的劳动,是指人类劳动的量。"因此,就使用价值说,有意义的只是商品中包含的劳动的质,就价值量说,有意义的只是商品中包含的劳动的量,不过这种劳动已经化为没有进一步的质的人类劳动。"[7]马克思对人类一般劳动即是对象化劳动的分析表明,在商品生产的条件下,生产商品的使用价值和价值的劳动,构成了人类一般劳动,它们构成了一个三段式:

生产商品使用价值的劳动—生产商品价值的劳动—对象化劳动。

在私有制条件下,使对象化劳动成为异化劳动,造成了工人与资本家的对立。随着异化劳动被扬弃和私有制的消灭,人类又回到了消除异化的劳动,即自由的有意识的劳动。作为马克思早期研究成果的这种政治经济学的逻辑学和形而上学,把劳动的这种演化写成客观逻辑公式,则有:

对象化劳动—异化的劳动—自由的有意识的劳动。

2. 异化劳动的客观逻辑

在劳动演化的客观逻辑公式中,异化劳动是中介。人类的最初劳动是对象化劳动,并贯穿于人类劳动发展的全过程。但由于劳动的异化,使劳动成为谋生的手段。在《巴黎手稿》中,马克思用异化劳动理论,初步说明了人类历史发展的客观规律,揭示了私有财产的起源及其本质,探讨了资本主义社会中雇佣劳动和资本对抗的关系,并通过异化劳动的扬弃来说明共产主义的历史必然性。马克思指出:"劳动和资本的这种对立一达到极端,就必然是整个关系的顶点、最高阶段和灭亡。"[8]这就是劳动的辩证运动的客观逻辑,也是以劳动为基础的世界历史的客观逻辑。

马克思分析了劳动异化造成的四个方面的结果,即人同自己的劳动产品相异化,同自己的生命活动相异化,同自己的类本质相异化,以及人同人相异化。这四个方面所显示的异化过程,则构成劳动异化的客观逻辑,它的公式是:

劳动产品异化—生命活动异化—人的类本质异化—人同人相异化。

关于这四个方面异化的关系,马克思曾说过:"人同自己的劳动产品、自己的生命活动、自己的类本质相异化的直接结果就是**人同人相异化**。"[9]所谓人同人相异化,指的就是工人与资本家的对抗,是劳动产品、生命活动和人的类本质的异化共同导致的必然结果。因此,这四个方面的关系也不是并立

的。前三项是原因,第四项是结果。关于原因的三段式是:

劳动产品异化—生命活动异化—人的类本质异化。

在这三段式中,"人的类本质异化"是造成"人同人相异化"整个问题的核心,因此,马克思又用人的类本质演化的客观逻辑来研究政治经济学的形而上学,说明了历史的发展不过是人性的改变。

3. 人性复归的客观逻辑

相对于动物而言,人是有意识的类存在物,这就是人的类本质。劳动是人的生命活动,通过劳动,人把自己的生命活动本身变成自己的意志的对象,即劳动的对象化,把自己同动物区别开来。所以,人的本质是劳动,而人的劳动是自由自觉的活动。但是,异化劳动使人丧失自由自觉的特性,成为动物式的存在,把劳动变成仅仅是维持生存的手段。这就是人与自己的类本质相异化。

根据人的类特性,人与人的关系是自由自觉的关系,不应该被任何异己力量所支配。但是,"通过**异化的、外化的劳动**,工人生产出一个跟劳动疏远的、站在劳动之外的人对这个劳动的关系。工人同劳动的关系,生产出资本家——或者不管人们给劳动的主宰起个什么别的名字——对这个劳动的关系。""因此,**私有财产**是**外化劳动**即工人对自然界和对自身的外在关系的产物、结果和必然后果。"[10] 就是说,异化劳动生产出了统治劳动者的阶级力量和异化了的社会关系,使人与人之间关系失去了自由自觉关系的性质。异化劳动的扬弃,就是向人性的复归,这就是共产主义。马克思说:"**共产主义**是对**私有财产**即**人的自我异化的积极的扬弃**,因而是通过人并且为了人而对**人的本质的真正占有**;因此,它是人向自身、也就是向**社会的**即合乎人性的人的复归,这种复归是完全的复归,是自觉实现并在以往发展的全部财富的范围内实现的复归。"[11] 同异化劳动的三段式相对应的人性复归的三段式是:

合乎类本质的人—类本质异化的人—合乎人性的人。

4. 资本主义的客观逻辑

从人类劳动到异化劳动,再从异化劳动到异化劳动的扬弃,这是劳动的发展和演化的客观逻辑。同样,从人的类本质到人的类本质的异化,再从人的类本质的异化到人的类本质的复归,这是人类本质发展和演化的客观逻辑。在这些客观逻辑中,包含了资本主义的客观逻辑,说明了资本主义走向共产主义的逻辑必然性。它的三段式是：

私有财产的积极扬弃—人性的复归—共产主义。

就是说，共产主义是以私有财产的积极扬弃和人性的复归为前提的。这是马克思早期研究的成果，其中所包含的政治经济学的客观逻辑，在《资本论》中得到了更加成熟和更加完善的表述。

马克思以生产资料所有制的演变来表达资本主义的起源、发展和灭亡的规律，揭示了人类社会必然发展到共产主义的客观逻辑。《资本论》所用的也是一个概念三段式：

劳动者私有制—资本主义私有制—生产资料社会占有的个人所有制。

这是《资本论》所揭示的资本主义的客观逻辑，即是"剥夺着被剥夺"。这同样表述了人类社会发展客观规律的逻辑形式，反映了人类社会发展的理论逻辑和历史逻辑的统一。

§80 《资本论》的逻辑

《资本论》的逻辑，是"大写字母"的逻辑在政治经济学研究中的应用，它就是政治经济学的形而上学或本体论，也即是政治经济学的客观逻辑。列宁说："虽说马克思没有遗留下'**逻辑**'（大写字母的），但他遗留下《资本论》的**逻辑**，应当充分地利用这种逻辑来解决这一问题。在《资本论》中，唯物主义的逻辑、辩证法和认识论〔不必要三个词：它们是同一个东西〕都应用于一门科学，这种唯物主义从黑格尔那里吸取了全部有价值的东西并发展了这些有价值的东西。"[12]

《资本论》的逻辑，主要是关于资本主义经济关系演化的客观逻辑。马克思在《资本论》第一版序言中说："本书的最终目的就是揭示现代社会的经济运动规律"。[13]《资本论》的逻辑结构，就是反映这个"现代社会的经济运动规律"的。由于研究内容的不同，可以用不同的三段式表述这个逻辑结构。

首先，《资本论》是分析资本的生产和流通过程的。我国著名经济学家卫兴华分析了《资本论》的体系结构，说明了《资本论》自身的理论逻辑[14]。把《资本论》三卷综合起来看，第一卷研究资本主义直接生产过程和它所呈现出来的各种现象；第二卷研究资本的流通过程，既研究了资本的循环和周转过程,又研究了作为再生产过程媒介的流通过程;第三卷研究资本主义生产的总过程,揭示和说明了作为整体考察时资本运动过程所产生的各种具体的形式。《资本论》总体结构的客观逻辑是:

  资本直接生产过程—资本流通过程—资本生产总过程。

其次,如果深入到这个过程的本质来考察,正如恩格斯所指出的:"马克思的整本书都是以剩余价值为中心的"。[15]这个中心的具体表现是:第一卷的直接生产过程,就是分析剩余价值的生产过程;第二卷的流通过程,就是分析剩余价值的实现过程;第三卷的生产总过程,就是分析剩余价值的分割过程,即如何最终地被资本家阶级所无偿地占有。因此,这个结构又可以表述为以剩余价值为中心的三段式:

  剩余价值生产—剩余价值实现—剩余价值分配。

再次,《资本论》的起点范畴是商品,终点范畴是阶级,在这两个范畴之间,分布着一系列中介范畴,以实现从商品范畴过渡到阶级范畴。在这些中介范畴中,核心范畴是剩余价值。因此,《资本论》的逻辑结构还可以表述为这样的三段式:

  商品—剩余价值—阶级。

这些概念关系都是关于《资本论》整体的概念框架。把每个三段式具体展开,其中都包含着低一层次的三段式。例如,《资本论》三卷的每一卷,也都有各自的三段式。它反映了在政治经济学中陈述辩证法的范畴形式,即概念的关系和概念的结构。在叙述《资本论》逻辑的文献中,出现最多的是关于简单商品生产向资本主义商品生产转变的三段式:

  商品—货币—资本。

《资本论》第一卷的第一篇是《商品和货币》,第二篇是《货币转化为资本》。这两篇讲述的就是"商品—货币—资本"的历史发展。

在一般形态上,或在普遍性、一般性上,商品、货币和资本的共性都是商品,都具有价值和使用价值,因而这个公式可以看作是价值演化的逻辑。而且,这里的关键问题是如何说明两个转变,即商品向货币的转变和货币向资本的转变。

关于第一个转变,马克思从价值形式的历史发展研究入手,发现了四种价值形式。第一个价值形式是简单的、个别的或偶然的价值形式,马克思认为"一切价值形式的秘密都隐藏在这个简单的价值形式中"[16]。第二个价值形式是总和的或扩大的价值形式,第三个价值形式是一般价值形式,第四个价值形式是货币形式。这四种价值形式,也即是价值形式发展的四个阶段,把它写成公式,则有:

简单的价值形式—总和的或扩大的价值形式—一般价值形式—货币形式。

这个公式是四段式,而不是三段式。但实质上也可以看作是三段式。因为,一般价值形式和货币形式的共同本质是充当一般等价物,但就形式而言,一般等价物不一定采取货币的形式。只有在一般价值形式发展的最后阶段,才出现货币形式。所以,在本质上而不是在形式上,这两个阶段也可以看作是同一个大阶段中的两个小阶段,都属于普遍性的价值形式。这样,价值形式的发展表现为从个别经过特殊到达普遍的路径。即:

个别性价值形式—特殊性价值形式—普遍性价值形式。

商品向货币的转变,是通过价值形式的历史发展实现的,货币向资本的转变,则是由于劳动力这种特殊商品的出现。因为,资本是能够带来价值的价值,或能使价值增殖的价值,货币作为价值形式,它本身不能使价值增殖。当劳动力转化为一种特殊的商品后,通过劳动力这种特殊商品的买与卖,则能使价值增殖。马克思指出:"具有决定意义的,是这个商品独特的使用价值,即它是价值的源泉,并且是大于它自身的价值的源泉。"[17]这样,就可以通过劳动力转化为商品,使货币转化为资本。这个转化的三段式是:

货币—劳动力商品—资本。

在《资本论》中,有不同层次的三段式概念框架,而且从先行概念过渡到后继概念,也都存在着中介概念。也正是这个原因,《资本论》成为一个艺术整体。

《资本论》中的三段式都不是"大写字母的"逻辑,而是《资本论》的逻辑。它是马克思所说的"政治经济学的逻辑学",即列宁所说的马克思遗留下来的《资本论》的逻辑,也就是黑格尔所说的客观逻辑。

值得注意的是,马克思同时又把这种客观逻辑看作是政治经济学的形而上学,表明他接受黑格尔的看法,客观逻辑与昔日的形而上学合流了。但这不是哲学意义上的客观逻辑与形而上学,而是政治经济学的客观逻辑和形而上学。所以,这里的客观逻辑,并非是"大写字母的"逻辑,而是"大写字母的"逻辑在政治经济学研究中运用所得到的逻辑形式。所谓"大写字母的"逻辑,就是黑格尔所说的主观逻辑。

§81 "三者同一"的逻辑学

列宁根据《资本论》的逻辑,提出了逻辑、辩证法和认识论是同一个东西的思想。列宁说:"在《资本论》中,唯物主义的逻辑、辩证法和认识论〔不必要三个词:它们是同一个东西〕都应用于一门科学,这种唯物主义从黑格尔那里吸取了全部有价值的东西并发展了这些有价值的东西。"[18] 如果《资本论》的逻辑是客观逻辑,那么,这个客观逻辑既是辩证法,又是认识论。

如果按照列宁的要求,"不必要三个词:它们是同一个东西",那么这个"同一个东西"叫什么?它就叫作《资本论》。《资本论》既是政治经济学的逻辑学,又是政治经济学的辩证法和认识论。

黑格尔首先提出了辩证法、认识论和逻辑学"三者同一"的思想,得到了列宁的肯定。什么是"三者同一"中的逻辑?是传统逻辑?或是现代逻辑?回答是否定的。因为"三者同一"的基础是辩证法,传统逻辑和现代逻辑都不研究辩证法的思维形式,因而它们不可能成为"三者同一"中逻辑的独立形式。这里所说的逻辑,就是客观逻辑,即理论逻辑。

列宁在谈到马克思《资本论》的逻辑时,要求我们:"应当充分地利用这种逻辑来解决这一问题"。列宁的要求是,研究《资本论》的逻辑,并从中提炼出大写字母的"逻辑",进一步论证唯物主义的逻辑、辩证法和认识论的统一。

列宁在说了上面那些话后,接着分析了《资本论》中的几个实例。

第一个实例是:"商品—货币—资本"。

在这个公式下,列宁写道:"资本主义的历史和对于概述资本主义历史的那些**概念**的分析。"[19] 在列宁看来,"商品—货币—资本"这个公式,是对政治经济学范畴的分析,概述了资本主义的历史。由于这个公式是概念推论三段式"正题—反题—合题"在政治经济学范畴上的应用,因此,"商品—货币—资本"的概念推论三段式属于《资本论》逻辑的一部分。概念推论三段式"正题—反题—合题"则是"大写字母的"逻辑,即我们所说的概念逻辑。

第二个实例是关于《资本论》逻辑的逻辑起点、逻辑与历史关系的问题。

列宁说:"开始是最简单的、最普通的、最常见的、最直接的'存在':个别的商品(政治经济学中的'存在')。把它作为社会关系来加以分析。**两重分析**:演绎的和归纳的,——逻辑的和历史的(价值形式)。"[20]

列宁明确地肯定《资本论》的逻辑起点是"商品"范畴。首先,商品是政治经济学范畴,但它作为个别的商品,是政治经济学中的"存在",可以看作是政治经济学的本体论;第二,商品是政治经济学中最简单的、最普通的、最常见的、最直接的存在,包含着资本主义发展的萌芽,从它出发,将发展出更加复杂的存在,这就是政治经济学的辩证法;第三,它又是政治经济学的逻辑范畴。在这里,一点也没有涉及传统逻辑和现代逻辑的影子,只涉及政治经济学的逻辑学,即客观逻辑。从一般辩证法的立场看这种逻辑学,它就是概念的辩证法,它的逻辑形式即是概念逻辑。

列宁提到了两重分析:演绎的和归纳的,这里的两重性分析,是指历史的分析和逻辑的分析。列宁主要是想以价值形式的发展为例,说明逻辑和历史的一致。前面已经说过,马克思是从四方面论述了价值形式的历史发展,这就是(一)简单的、个别的或偶然的价值形式,(二)总和的或扩大的价值形式,(三)一般价值形式,(四)货币形式。这就是历史的分析。显然,这种分析,一方面从个别到一般,从现象到本质,一层比一层抽象。但是,另一方面,从商品到货币,再从货币到资本,又一层比一层具体,越往后的规定,也越丰富、综合。商品是价值体,货币则不仅是价值体,而是一般等价物;资本是从商品和货币发展而来的,但又具有更高的本质,具有价值增殖的本性。这就是逻辑的分析,范畴从抽象到具体的运动。

应该看到,不是所有的人都承认《资本论》的逻辑的,这也是很正常的事情。黑格尔在《逻辑学》第一版序言中说:"逻辑的遭遇,还不完全像形而上学那样糟糕。说人们由逻辑而**学习思维**,这一点从前被认为是逻辑的用处,从而也被认为是它的目的——正好像人们要由研究解剖学和生理学才学会消化和运动一样,——这种偏见久已被打破了,实用的精神替逻辑设想的命运,当然也不比它的姊妹(指形而上学——译者)更好。虽然如此,大约由于一些形式上的用处之故，逻辑还被容许在科学之列，甚至被保留为公共课程的对象。"[21]在黑格尔看来，单以"实用的精神"看待逻辑学，它的用处是"教人思维"，这是一种偏见。逻辑学的真正目的不是教人思维，而是建立一种形而上学，它是以概念为对象的科学，如同解剖学和生理学一样，它首先是一门科学，而不是为了让人"学会消化和运动"的。

列宁对黑格尔这段话做了一个精辟的评论，列宁说："关于逻辑学，说得妙：说它似乎是'教人思维'的（犹如生理学是'教人消化'的？？），这是'偏见'。"[22]

因此，在黑格尔和列宁看来，逻辑学主要不是"教人思维"的，而是反映客观规律的，它首先是客观逻辑。因此，黑格尔和马克思的逻辑遗产，不是指几个逻辑公式，而是从对象的辩证运动中，建构对象的客观逻辑。

恩格斯和列宁都明确地提出过"辩证逻辑"这个名称，但在逻辑学界一直没有获得共识（这同研究者陈述的辩证逻辑内容本身存在着诸多的缺陷，也不无关系）。问题不在于名称，而在于实际的内容。《资本论》给予我们的启示是：这种逻辑应该是同辩证法和认识论一致的逻辑。黑格尔的逻辑学和《资本论》中的逻辑都向我们表明，这种逻辑就是概念逻辑（逻辑的逻辑）和客观逻辑（应用的逻辑）。

§82 理论研究的任务是三段式的建构而不是套用

马克思在《资本论》中所得到的三段式，都是研究的结果，而不是简单地套用得到的。因为过程本身是辩证发展的，因此概念的框架也不能不是三段式的辩证形式。一方面，必须从具体材料出发进行实际的研究，建构三段式的概念框架；另一方面，又不能用三段式来剪裁实际材料，进行简单的套用。恩格斯指出："自从黑格尔逝世之后，把一门科学在其固有的内部联系中来阐述的尝试，几乎未曾有过。官方的黑格尔学派从老师的辩证法中只学会搬弄最简单的技巧，拿来到处应用，而且常常笨拙得可笑。对他们来说，黑格尔的全部遗产不过是可以用来套在任何论题上的刻板公式，不过是可以用来在缺乏思想和实证知识的时候及时搪塞一下的词汇语录。"[23]恩格斯认为，黑格尔给我们留下的遗产,是一门科学,我们应该把它"在其固有的内部联系中来阐述"出来。这同样说明,黑格尔给我们留下的逻辑遗产是一门概念逻辑的科学,而不是几个逻辑公式。逻辑学应该成为认识的工具,但它并不要求我们脱离思维内容来套用逻辑公式,而是要从具体的思维内容出发,灵活地运用逻辑公式。

杜林不喜欢辩证法,于是对马克思最终达到"重建个人所有制"这个否定之否定的三段式发起了攻击,说马克思用了"辩证法的拐杖","黑格尔的否定的否定不得不在这里执行助产婆的职能,靠它的帮助,未来便从过去的腹中产出来"。[24]恩格斯批评了杜林的歪曲。事实上,马克思的"否定之否定"的结论,"只是在做了自己的历史的和经济的证明之后"得到的;恩格斯对杜林的批评,也是从分析历史过程出发,摆事实讲道理,论证马克思的否定之否定是研究辩证过程所得到的结果。恩格斯说:"这是一个历史的过程,如果说它同时又是一个辩证的过程,那么这不是马克思的罪过,尽管这对杜林先生说来可能是非常讨厌的。"[25]所以,我们通过对历史的研究而得到三段式,不能把它误解为"套用"三段式,把它看作是剪裁经验材料的出发点。

无独有偶,米海洛夫斯基也以同样的手法来攻击马克思的辩证法,说马克思是把自己的社会学理论建立在黑格尔的三段式上的。其实,他所反对的不是三段式,而是辩证方法。列宁在批判米海洛夫斯基时指出:"现在我们仅仅指出,凡是读过恩格斯(在同杜林的论战中。俄文版:《社会主义从空想到科学的发展》)或马克思(《资本论》中的各条注解和第二版《跋》;《哲学的贫困》)关于辩证方法的定义和叙述的人,都会看出根本没有说到黑格尔的三段式,而全部问题不过是把社会演进看作是社会经济形态发展的自然历史过程。"[26]为了说明这一点,列宁特意地把马克思在《资本论》第二版跋中引用过的《欧洲通报》1872年第5期上描述辩证方法的短评(《卡·马克思的政治经济学批判的观点》)全部引来。接着指出:"这就是马克思从报章杂志对《资本论》的无数评论中挑选出来并译成德文的一段对辩证方法的描述,马克思这样做,是因为这段对辩证方法的说明,正如他自己所说,是十分确切的。试问,这里有一句话提到三段式、三分法、辩证过程的无可争辩性等等胡说,即米海洛夫斯基先生用骑士姿态加以攻击的那些胡说吗?"[27]

由于黑格尔的绝对唯心主义，使他在许多方面仍然以三段式剪裁历史。恩格斯把他同傅立叶比较，批评了黑格尔以三段式剪裁历史的错误。恩格斯说："傅立叶是在正确地认识了过去和现在之后才有了对未来的构思，德国的理论却是首先随意地整理一下过去的历史，然后又随意地指点未来应该走向何方。例如，可以把傅立叶所提出的社会发展的几个时代（蒙昧时代、宗法时代、野蛮时代、文明时代）及其特征同黑格尔的绝对观念作一番比较。黑格尔的绝对观念历尽千辛万苦才为自己开辟了一条穿过历史迷宫的道路，终于不顾有四个世界帝国这一事实而勉强建立起一个三分法的外貌"。[28]中世纪基督教封建主义的世界史分期法把世界史划分为四个帝国：亚述巴比伦帝国、米太波斯帝国、希腊马其顿帝国和罗马帝国（罗马帝国又包括了日耳曼民族的神圣罗马帝国等不同形式，罗马帝国似乎是存在到世纪末）。黑格尔则以世界精神的自我认识过程为基础，把世界史划分为三个主要阶段：小亚细亚和古埃及的历史、希腊罗马世界的历史、日耳曼民族的历史。把那些历史不能纳入三段式的民族，都称为非历史的民族。[29]黑格尔对三段式的这种套用，自然是不可取的。

由于不了解三段式不是研究的出发点，而是研究的结果，所以不少人怀疑运用三段式必然导致公式化。这种怀疑的主要理由是：如果概念推论都按照"正题—反题—合题"这个公式进行，岂不将它变成死板的教条？这种担心，自然也是可以理解的。20世纪30年代，贺麟在编译美国哲学家鲁一士著的《黑格尔学述》一书时，在译序中，对黑格尔的三段式和反对这个三段式的情况做了这样的描述：

> 他这种呆板的三分方式，虽有其精颖独到之处，但究不免有几分徒排列着好玩的武断性。所以即有许多赞成黑格尔的实在观的人，而对于他这种三分的范畴方式也非取笑态度。英国新黑格尔派健将勃拉得烈称这种三分为"死范畴的摆布"（a ballet of bloodless categories），而哈佛的怀特海教授在班上演讲，甚至斥之为一种"儿戏"（Child's play），我想任何人如再想步黑格尔之后尘，去制造些呆板的三分范畴，当然无聊；但如果细察黑格尔三分范畴之所以然，却也并非如他们所指斥的那样毫无意义。[30]

当然,也不能说这种套用三段式的情况根本不存在。不过,也不是所有的人都持这种态度的。现代科学哲学家波普尔也曾从思想史和社会运动方面,肯定地评价了黑格尔的"正题、反题、合题"概念推论三段式。他说:"简直无可置疑,辩证三段式很好地描述了思想史的某些步骤,特别是观念和理论的某些发展,以及根据这些观念或理论所兴起的社会运动的某些发展。"[31] 当然,波普尔的看法也不一贯,他对黑格尔并不完全理解,因为从根本上说,他并不完全懂得黑格尔的辩证法。

其实,思维模式、逻辑公式,科学的原理和定律,等等,包括三段式在内,都是一个"套",而且是作为形式的"套"而出现的。一旦生成了"套",它就获得了相对的独立性,犹如恩格斯所指出的:"正像在其他一切思维领域中一样,从现实世界抽象出来的规律,在一定的发展阶段上就和现实世界脱离,并且作为某种独立的东西,作为世界必须遵循的外来的规律而同现实世界相对立。社会和国家方面的情形是这样,**纯数学**也正是这样,它在以后被**应用**于世界,虽然它是从这个世界得出来的,并且只表现世界的构成形式的一部分——正是**仅仅因为这样**,它才是可以应用的。"[32] 这就造成了一种可能,使我们脱离思维的实际内容,用这种公式去剪裁材料,窒息了材料的生命。例如,马克思主义是普遍真理,但在我国的革命、建设和改革的过程中,也曾有因为套用马克思主义普遍原理而犯了教条主义错误的。

问题不在于要不要这些思维形式的"套",而在于你要在具体的研究中如何运用这些"套"。如果用得好,你就能对理论做出创造性的发展;如果用不好,你就犯了教条主义的错误。所有这一切,都以思维主体的状况为转移。

作为"大写字母"的逻辑,概念逻辑的意义全在于应用于科学理论的研究,从而创造各门科学的理论逻辑。在建构理论逻辑的时候,自然要遵循概念逻辑的规则。只要我们能够遵守这些规则,也就不必有单纯"套"用的担心了。

参 考 文 献

[1] 马克思.哲学的贫困[M]//马克思,恩格斯.马克思恩格斯文集:1.北京:人民出版社,2009:601-602.

[2] 马克思.1844年经济学哲学手稿[M]//马克思,恩格斯.马克思恩格斯文集:1.北京:人民出版社,2009:162.

[3] 马克思.1844年经济学哲学手稿[M]//马克思,恩格斯.马克思恩格斯文集:1.北京:人民出版社,2009:178.

[4] 马克思.1844年经济学哲学手稿[M]//马克思,恩格斯.马克思恩格斯文集:1.北京:人民出版社,2009:181.

[5] 马克思.资本论:第1卷[M]//马克思,恩格斯.马克思恩格斯文集:5.北京:人民出版社,2009:56.

[6] 马克思.资本论:第1卷[M]//马克思,恩格斯.马克思恩格斯义集:5.北京:人民出版社,2009:57.

[7] 马克思.资本论:第1卷[M]//马克思,恩格斯.马克思恩格斯文集:5.北京:人民出版社,2009:59.

[8] 马克思.1844年经济学哲学手稿[M]//马克思,恩格斯.马克思恩格斯文集:1.北京:人民出版社,2009:172.

[9] 马克思.1844年经济学哲学手稿[M]//马克思,恩格斯.马克思恩格斯文集:1.北京:人民出版社,2009:163.

[10] 马克思.1844年经济学哲学手稿[M]//马克思,恩格斯.马克思恩格斯文集:1.北京:人民出版社,2009:166.

[11] 马克思.1844年经济学哲学手稿[M]//马克思,恩格斯.马克思恩格斯文集:1.北京:人民出版社,2009:185.

[12] 列宁.黑格尔辩证法(逻辑学)的纲要[M]//列宁.列宁全集:第55卷.2版.北京:人民出版社,1990:290.

[13] 马克思.资本论:第1卷[M]//马克思,恩格斯.马克思恩格斯文集:5.北京:人民出版社,2009:10.

[14] 卫兴华.《资本论》的研究对象、结构和学习的意义[J].当代经济研究,2002(11):26-32.
[15] 恩格斯.反杜林论[M]//马克思,恩格斯.马克思恩格斯文集:9.北京:人民出版社,2009:221.
[16] 马克思.资本论:第1卷[M]//马克思,恩格斯.马克思恩格斯文集:5.北京:人民出版社,2009:62.
[17] 马克思.资本论:第1卷[M]//马克思,恩格斯.马克思恩格斯文集:5.北京:人民出版社,2009:226.
[18] 列宁.黑格尔辩证法(逻辑学)的纲要[M]//列宁.列宁全集:第55卷.2版.北京:人民出版社,1990:290.
[19] 列宁.黑格尔辩证法(逻辑学)的纲要[M]//列宁.列宁全集:第55卷.2版.北京:人民出版社,1990:290.
[20] 列宁.黑格尔辩证法(逻辑学)的纲要[M]//列宁.列宁全集:第55卷.2版.北京:人民出版社,1990:291.
[21] 黑格尔.逻辑学:上卷[M].杨一之,译.北京:商务印书馆,1966:2-3.
[22] 列宁.黑格尔《逻辑学》一书摘要[M]//列宁.列宁全集:第55卷.2版.北京:人民出版社,1990:72.
[23] 恩格斯.卡尔·马克思《政治经济学批判.第一分册》[M]//马克思,恩格斯.马克思恩格斯文集:2.北京:人民出版社,2009:600.
[24] 转引自:恩格斯.反杜林论[M]//马克思,恩格斯.马克思恩格斯文集:9.北京:人民出版社,2009:136.
[25] 恩格斯.反杜林论[M]//马克思,恩格斯.马克思恩格斯文集:9.北京:人民出版社,2009:141.
[26] 列宁.什么是"人民之友"以及他们如何攻击社会民主党人?[M]//列宁.列宁选集:第1卷.3版.北京:人民出版社,1995:32.
[27] 列宁.什么是"人民之友"以及他们如何攻击社会民主党人?[M]//列宁.列宁选集:第1卷.3版.北京:人民出版社,1995:34.
[28] 恩格斯.傅立叶论商业的片断[M]//马克思,恩格斯.马克思恩格斯全集:第42卷.北京:人民出版社,1979:356.

[29] 马克思,恩格斯.马克思恩格斯全集:第42卷[M].北京:人民出版社,1979:515-516.
[30] 贺麟.黑格尔学述.译序[M]//开尔德,鲁一士.黑格尔;黑格尔学述.贺麟,编译.上海:上海人民出版社,2012:158-159.
[31] 波普尔.猜想与反驳:科学知识的增长[M].傅季重,纪树立,周昌忠,等,译.上海:上海译文出版社,1986:449.
[32] 恩格斯.反杜林论[M]//马克思,恩格斯.马克思恩格斯文集:9.北京:人民出版社,2009:42.

第 3 章
理论探索逻辑

理论探索有没有逻辑？如果有逻辑，它是什么样的逻辑？这些都还是需要进一步讨论的问题。例如，研究开始于观察，还是问题？至今也还没有取得一致的认识。这个问题，也关涉到知识的来源问题。不过，有一点是肯定的，研究和探索不是单纯的逻辑问题，而首先是认识论问题。所以，在总体上还是要从观察开始，从实践中发现问题和分析问题，提出解决问题的方法。在这个过程中，逻辑也起着重要的作用。而且，在使用逻辑方法时，同时存在着众多的非逻辑因素的影响。理论探索的逻辑，主要包括观察的逻辑、问题的逻辑、发现的逻辑和检验的逻辑等几个方面。夏佩尔指出："探索，即对世界的探索，以某种方式与世界相协调的努力，是与皮亚杰的所谓'顺应'紧密相连的，是与'顺应'的次要补充方面'同化'和'调节'紧密相连的。当我们把自己与现实的、独立存在的世界区别开来并需要以某种方式与世界打交道时，就开始探索了。"[1]所以，在人类认识的过程中，探索是一个普遍的问题。任何理论的生成和发展，都不能离开探索，从而彰显了探索的逻辑问题。

§83 观察的逻辑

归纳逻辑主张研究始于观察，波普尔反对归纳主义，主张研究始于问题。从知识的来源看，知识来源于经验观察，而不是来源于问题。如果说，知识来源于问题，那么，问题又是从何而来？从问题的产生看，一方面，问题来自理论自身的逻辑矛盾，这是逻辑问题；另一方面，问题来自理论与观察事实之间的矛盾，这是认识论问题。就前者来说，理论内部出现了问题，进一步的研究是要解决这个问题，所以研究是从问题开始的；就后者来说，理论与观察事实之间的矛盾不是理论内部发生的，而是从新的事实中发现的，所以，问题从观察中发现,因而研究还是从观察开始的。知识的增长,具有自主性,即有自己内在的逻辑,但不具有绝对的意义,它是依赖于实践的发展而增长的。从认识论的总体上,研究开始于观察;在具体的理论研究场合,问题也产生于理论自身的矛盾。

探索,包括实践探索和理论探索,总体上是从观察开始的。观察的逻辑,也可以称作"看的逻辑",是指在观察过程中运用概念结构或概念框架,解释和识别所观察的事物。

经验主义认为,我们的知识来源于经验,始于观察。逻辑经验主义把科学语言区分为两种:观察语言和理论语言。观察语言不依赖于理论语言,并对理论语言保持中立;而理论语言则依赖于观察语言,并从观察语言中获得意义。波普尔反对这种观点,认为研究不是始于观察,而始于问题。只有产生了问题,才使观察有了确定的目标。显然,把观察与问题先后关系绝对化,也是不可取的。以问题为目标进行观察,这是对的,许多观察活动都是由问题牵引着的。例如,到基层去做调查研究工作,总是带着问题去的。但是,也经常在观察中发现意外的问题,甚至是偶然地发现某些社会现象,而对这些现象的观察,却暴露出存在的社会问题,甚至是重大的社会问题。这也经常是有的,如同我们通常所说的实践出现新情况,提出新问题,要求我们去认识,去解决。

无论是问题,还是观察,人们对它的认识,都要受一定的知识或理论的制约和渗透。汉森在《发现的模式》中,提出了观察渗透理论的著名论断。他以"看日出"为例说明理论对观察的渗透:对于第谷和辛普里修斯来说,看日出就是看地球的一颗璀璨夺目的卫星,正开始其围绕我们的每日环行。而对于开普勒和伽利略来说,看日出就是看地球正把他们旋回到我们这颗定位恒星的光芒中。因为,第谷和辛普里修斯是持地心说的,由此把太阳看成是围绕地球环行的;开普勒和伽利略是持日心说的,把地球看成是围绕太阳环行的。这说明,持有不同的理论,或经验不同的知识背景,看同样的事情有不同的结果。汉森指出:"我们姑且在这些实例中对'看……'作一番考察。把观察和我们的知识及谚言联系起来的也许是逻辑要素。"[2]在这里,汉森提出了看(观察)的"逻辑要素"概念。

清代李汝珍在《镜花缘》第九十回中说:"对牛弹琴,牛不入耳。"为什么琴声不入牛耳？因为牛没有听音乐的耳朵，也就是没听音乐的知识和能力。马克思说："只有音乐才激起人的音乐感；对于没有音乐感的耳朵来说，最美的音乐也**毫无意义**"。[3]毛泽东也说过："'对牛弹琴'这句话，含有讥笑对象的意思。如果我们除去这个意思，放进尊重对象的意思去，那就只剩下讥笑弹琴者这个意思了。"[4]自然，这里说的"对牛弹琴"，也预设了这样一种关系，即音乐感与欣赏音乐的知识和能力之间的关系。

还有一句俗话说："外行看热闹，内行看门道。"医生看x光片，能看出是否患有什么疾病，气象专家根据卫星拍摄的气象云图，能做出天气预报，等等；我们普通人则什么也看不出来，或者对它胡乱地解说一番，摸不着头脑。类似这样的事情，比比皆是。究其原因，内行能看得到门道，因为内行者将其专业知识和理论，渗透到"看"中去了；外行者没有这种知识和理论的渗透，因而"看"不出什么门道来。这说明，观察者在看某个对象的时候，如果看见相同的东西，那么，他们在"看"中一定包含着关于某个对象的共同知识和理论；如果看见不同的东西，那么，他们在"看"中一定包含着关于某个对象的不同知识和理论，可以称它为先导概念；如果什么东西也没有看出来，或视而不见，那么，他们也许是一些外行者。所谓用"心"去看，大概也是这种意思。关于听，自然也是一样的。

我们将上述分析的情况，概括为"看的逻辑"，并把它写成概念推论三段式，则有：

先导概念—事物观察—识别解释。

识别解释是观察的结果，即观察得到的结论。这个结论不仅依赖于对事实的观察，而且更依赖于先导概念，包括相关的知识和能力，因而它是由先导概念和事物观察为前提的推论而得到的结论。

根据这个三段式，我们可以进一步研究"看的概念"的内涵构成。被看的东西，都呈现某种形状、图像、色彩，我们总称它为图像。视觉意识自然是受图像支配的。观察者必须具备视觉概念，否则就会视而不见。听觉也是这样，不至于听而不闻，也必须具备听觉概念。所谓视觉概念，或听觉概念，就是指图像、符号所传达的意义。我们在看到某种图像和符号之前，如果已经有了这些图像和符号相关的视听概念，就能理解它们的意义，否则，就视而不见，听而不闻了。比如脚印，是脚踏过的痕迹。在沙滩上，或雪地里，我们都可以看到行人留下模糊的脚印。只要看到"脚印"这个图像,我们就联想到了已有行人经过。这就是一种关于"脚印"视觉概念。我们的视觉意识是由图像支配的,这个支配者就是视觉概念,并且是同知识概念相结合着的。所以,汉森认为:"看的概念包含视感觉概念和知识概念。"[5] 在这种意义上,我们可以把"看的概念"的逻辑结构,写成如下的三段式:

视觉概念—知识概念—看的概念。

这个公式表明,把知识概念与视觉概念结合起来的,是看的过程,表明理论对观察的渗透。这个过程,实际上是知识概念与视觉概念相互作用的过程,由此形成了"看"。这种作用,显示了看是连接知识概念与视觉概念的中介。汉森说:"在视觉图像和我们所知道的东西之间存在着相应的差距,看则是使之连接的桥梁。"[6]

所以,在科学研究的过程中,观察者不是一个普通的观察者,而是一个"范式的"观察者。我们过去强调要用阶级分析方法观察一切社会现象,这样的观察者,就是"阶级斗争"范式的观察者。列宁明确指出:"马克思主义提供了一条指导性的线索,使我们能在这种看来扑朔迷离、一团混乱的状态中发现规律性。这条线索就是阶级斗争的理论。"[7]

在这种阶级斗争理论的概念框架下,看就成为阶级分析。毛泽东说:"用马克思主义的基本观点,即阶级分析的方法,作几次周密的调查,乃是了解情况的最基本的方法。只有这样,才能使我们具有对中国社会问题的最基础的知识。"[8] "范式"对观察已经产生了重大的影响,对研究和发现来说,其影响必将会更大、更强烈。

§84 问题的逻辑

无论是理论研究,还是实践探索,其目的都是为了解决问题。即便是观察,也是如此。要知道什么是问题的逻辑,自然首先要了解什么是问题。毛泽东指出:"什么叫问题?问题就是事物的矛盾。哪里有没有解决的矛盾,哪里就有问题。"[9] 毛泽东这里所说的矛盾,主要是指现实生活中的矛盾,当然也包括理论和认识中的矛盾。

既然问题就是矛盾,那么矛盾的结构及其运动,也就是问题的结构和运动。马克思说:"两个相互矛盾方面的共存、斗争以及融合成一个新范畴,就是辩证运动。"[10]这是仅就概念内涵矛盾说的,也可以用来理解事物的矛盾运动和现实生活中的问题。所谓矛盾双方的融合,就是问题的解决。因此,可以把它看作是"正题—反题—合题"概念推论三段式的具体化。写出矛盾双方关系的概念推论三段式,即有:

  共存—斗争—融合。

  这是解决问题的公式,表述为辩证矛盾自我运动的公式,也是概念自我运动的公式。如果从认识过程来考察,这就是毛泽东所说的认识问题和解决问题的过程。毛泽东说:"总得要提出一个什么问题,接着加以分析,然后综合起来,指明问题的性质,给以解决的办法,这样,就不是形式主义的方法所能济事。"[11]这也是一个概念推论三段式:

  提出问题—分析问题—解决问题。

  根据矛盾普遍性原理,所谓提出问题就是发现矛盾;同时结合辩证唯物主义认识论原理,发现矛盾必须对矛盾有一个初步的认识。分析问题是对矛盾认识的深入,即分析矛盾双方的特点和关系,及其各方在矛盾整体中的地位,并揭示问题的性质。根据矛盾的性质,提出解决矛盾的方法,并诉诸实践活动,这就是解决问题。这个过程,即是上述三段式"提出问题—分析问题—解决问题"所表达的过程。问题的真正解决,必须在实践中。这时,我们就从问题逻辑进入了实践逻辑领域。

  问题的认识,不是没有前提的。矛盾辩证法同辩证唯物主义认识论的结合,就是认识问题的概念框架。从这个概念框架出发,刻画问题的矛盾结构,以及认识问题的过程,由此形成了上述关于问题逻辑的两个概念推论三段式。

  波普尔对"问题"做了知识论的解释,实际上,他也提出了关于问题逻辑的概念推论三段式。波普尔的第一个三段式是问题生成的公式:

  知识—无知—问题。

  波普尔认为,我们拥有大量的知识,但是,我们的无知是无限的。知识与无知又都是矛盾着的。波普尔称这种矛盾为知识与无知之间的张力。而这种张力就是问题。他说:"知识并非始于感觉或观察或数据或事实的收集,而是始于**问题**。人们可以说:没有问题就没有知识,但是没有知识也就没有问题。这意味着知识始于知识与无知间的张力;没有知识就没有问题——没有无知就没有问题。"[12]

波普尔的问题逻辑,是建立在证伪理论基础上的。而且他也把问题看作矛盾,但主要是知识或理论内部的逻辑矛盾。波普尔指出:"因为每一个问题都产生于对在我们假定的知识中都有些差错的发现;或者,从逻辑上看,产生于对我们假定的知识的内在矛盾或者对我们假定的知识和事实间的矛盾的发现;或者更确切地说,产生于对我们假定的知识和假定的事实间明显的矛盾的发现。"[13]波普尔所讨论的就是试错法。从问题(P_1)开始,对于问题提出某种试探性的解决——试探性理论(TT);然后批判这个理论,试图排除错误(EE);接着,理论及其批判性修正又提出了新的问题(P_2)。波普尔把这个过程概括为下列图式:

$$P_1 \rightarrow TT \rightarrow EE \rightarrow P_2。$$

实际上,新的问题(P_2)是第二个三段式的正题,所以波普尔的四图式仍然可以写作一般的二段式:

$$P \rightarrow TT \rightarrow EE。$$

上述分析表明,问题逻辑之所以可能,是因为问题本身渗透着理论。人们所能认识的问题,都是从指导认识问题的理论出发的。在特定理论的指引下,研究特定的问题,因此形成特定的问题逻辑。所以,在研究问题之前,就存在着前概念逻辑结构,成为问题研究的逻辑前提。正如波普尔所说:"已表述的理论与已表述的(试探性)解决之间的关系可认为本质上是**一种逻辑关系**。"[14]因此,对于同一个问题的研究,如果从不同的概念结构出发,所得到的问题逻辑具体内容也是不同的。

不过,这里也有共同的东西。尽管研究的问题千差万别,但研究的对象都是问题,这是相同的;不管指导问题研究的理论如何各不相同,但都要以相关原理为前提,这也是相同的;研究的结果都提出了关于问题的理论认识,即揭示问题的性质,提出了解决问题的办法,这更是相同的。这就是问题逻辑的一般公式:

问题命题—相关原理—问题理论。

由于问题是研究的出发点,而且这种研究必须运用相关理论,这就决定了在问题中渗透着相关理论。在合题中,问题理论是以实际问题命题和相关理论为其前提的,所以在问题理论中同样渗透着相关理论。因此,问题理论是否正确,首先取决于对实际问题认识所形成的命题的真实性,其次也取决于相关理论是否正确。这个问题逻辑的概念推论三段式,也只是形式公式,并不保证内容(研究结果)的真实性。

上述三段式,也可以成为马克思主义中国化的基本公式:以马克思主义为指导,解决中国革命、建设和改革中的问题,创造中国化的马克思主义。我们可以把问题逻辑公式改写为:

中国问题命题—马克思主义基本原理—中国马克思主义。

§85 发现的逻辑

科学发现分为两种,一种是已确定了对象的存在,经过一段时间的研究和实验后,终于被发现了;一种是并不知道对象的存在,如事物发展规律,经过研究和探索,也终于被发现了。

没有人否定科学发现这个基本事实,但是否存在发现的逻辑?则有各种不同的看法。一种看法认为,从经验归纳中发现基本规律,由此构成的理论在逻辑上应该是自洽的;这说明发现是有逻辑的,它就是归纳逻辑。另一种看法认为,在研究的过程中提出假说,构成一个"假说—演绎"系统,由此解释现象,预见新的事实;这也承认发现是有逻辑的,它就是演绎逻辑。汉森认为:"这两种看法并不是二者必居其一的;它们是可以相容的。"汉森根据他的溯因推理,认为这两种看法都有不足的地方,关于第二种看法,他说:"物理学家不是从假设开始,而是从资料出发的。"[15]因为,问题不在于运用和检验假说,而在于如何建构假说。当定律被纳入"假说—演绎"系统时,真正独创的思维就结束了。因此,真正的创新和发现工作,在于如何建立假说。

许多科学家不承认有发现的逻辑。认为科学的发现,不是依靠逻辑推论得到的。爱因斯坦认为,即便在科学研究中,概念的创造,基本规律的发现,都不存在逻辑的通道。他说:"物理学家的最高使命是要得到那些普遍的基本定律,由此世界体系就能用单纯的演绎法建立起来。要通向这些定律,并没有逻辑的道路;只有通过那种以对经验的共鸣的理解为依据的直觉,才能得到这些定律。"[16]爱因斯坦在这里所说的没有逻辑道路,用休谟的话来说,主要是指这些基本规律"不是被理性所察知的"[17],要通向这些定律必须靠非理性因素,即灵感、顿悟、想象力和直觉等。波普尔同样认为:"每一个科学发现都包含'非理性因素',或者在 Bergson 意义上的'创造性直觉'。爱因斯坦也说过类似的话:'探求高度普遍性的定律……从这些定律出发,用纯粹的演绎就能从这些定律获得世界的图景。达到这些……定律并没有逻辑的通路,只有通过基于对经验对象的智力爱好('Einfühlung')的直觉,才能达到这些定律'。"[18]尽管如此,波普尔还是提出他的试错法,作为科学发现的逻辑。如果把他的三段式"P→TT→EE"写成概念推论三段式,则有:

科学问题—批判性理论—排除错误。

根据这个公式,从科学问题到批判性理论,是没有逻辑通道的,或者,应该说是没有纯逻辑通道的。在提出假说时,借助了"非理性因素"的作用。在排除错误时的逻辑根据,则运用了形式逻辑的矛盾律。对理论做批判性的修正,根据的是问题逻辑,由此又提出了新的问题,开始下一阶段的三段式。

汉森的看法则不同,认为科学发现不是完全依靠"非理性因素",假说的开端也并非只具有心理学意义而对逻辑不屑一顾。他说:"假说的最初提出常常是一件理性的工作,它并不像传记作家或科学家们说的那样如此经常地受直觉、洞察力、预感或其他无法估量的作用的影响。"把提出假说看作是非逻辑领域,这是错的。因此,他认为:"倘若通过假说的预言而确定假说具有逻辑,那么假说的构想也同样具有逻辑。"[19]在传统逻辑看来,理论研究的目标之一,是建立演绎体系。但是,首要的不是建立演绎体系,而是从理论上解释资料。汉森说:"他是在寻求对这些资料的解释;他的目标在于概念的模式,按照这一模式,他的资料同更为人所熟知的资料相配就可理解。"[20]这里特别值得注意的是,寻求"概念的模式",并以这种概念模式来解释资料。

问题是:如何建立"概念的模式"?要建立怎样的"概念的模式"?为此,汉森提出了逆推法,即溯因推理。他认为:"推理是从资料到假说和理论,而不是相反。"[21]"理论把现象纳入体系之中,而理论则'以相反的方式'——'逆推地'建立起来。理论就是寻求前提的一堆结论。物理学家从现象的观察性质推导出通向基本概念的途径,在这些基本概念中,那些性质理所当然地成为可解释的。物理学家所寻求的不是一组可能的客体,而是一组可能的解释。"[22]逆推法,既不是归纳法,也不是演绎法,而是不同于两者的新方法。汉森对溯因推理的形式做了如下的说明。

这种推理(逆推)形式是这样的:

1. 某一令人惊异的现象 P 被观察到。

2. 若假说 H 是真的,则 P 理所当然地是可解释的。

3. 因此有理由认为 H 是真的。[23]

关于溯因推理与归纳推理和演绎推理的区别,汉森指出:"H 的内容只有出现在 2 中,才能逆推出 H 来。归纳法却指望从 P 的重复出现中产生 H。H-D 法则使 P 从 H(作为'更高层次的假说')的某个未经说明的创造中产生。"[24]这里的"H-D 法",就是指假说—演绎体系。汉森提出的溯因推理的公式是"P-H"。一般的因果关系表现为"H-P",即结果在原因之后:H 是原因,P 是结果。汉森举的例子是:"发条伸动—表针走动"、"闪电—雷鸣"、"下雨—路湿"、"夏天—炎热"、"火—毁坏"等,这些都是原因产生结果的现象。现在,我们已经观察到结果,从结果中寻求原因,就是以原因来解释结果。原因是解释项,结果是被解释项。用来解释结果的,就是我们所要建立的假说。事件有多少个原因,就有对事件的多少种解释。所以,H 既不是从 P 中归纳得到,也不是从 P 中演绎得到,而只能在对 P 的溯因中得到。这个推论可以表述为三段式:

观察资料(P)—因果关系(H-P)—原因假说(H)。

用符号来表述,这也就是:

P—H-P—H。

这个三段式只是给出因果关系的概念框架。

需要进一步说明的是,在寻找因果关系中的原因从而建立假说时,除了"非理性因素"外,其中汉森所强调的"理性的工作"又是指什么? 主要是指相关理论和先行知识的指导、对事件境况的分析和对假说的选择等。

第一,能够进行这种推理,其前提是相信因果关系的存在,以及因果律理论的正确性。这就是根据因果关系进行溯因推理的最高层次的相关理论。

第二,根据具体事件因果关系的知识和理论,给出假说的存在域,即根据观察资料确定关于造成被观察现象的原因的类别范围。例如,观察到"路湿"这种现象,知识就会告诉我们,路湿的原因可能是自然下雨,或人工造雨,或人工浇水等等。如果断定路湿原因是自然下雨,其因果关系为"下雨—路湿";或者是浇水,其因果关系为"浇水—路湿"。由此,可以建立可能解释路湿的两个假说。第一个假说的三段式是:

路湿—下雨-路湿—下雨;

第二个假说的三段式是:

路湿—浇水-路湿—浇水。

显然,这两个假说,给出了两种原因,到底是哪一种原因,自然需要做进一步选择的。

第三,如何断定确实的原因,从而确定最终的假说?这是最关键的一步。路湿的原因,到底是下雨还是浇水?必须做出有根据的选择。这里的根据,首先是观察到事件时的境况。例如,若在晴天观察到路湿,其原因自然是浇水,或人工造雨;在雨天观察到路湿,其原因则是自然下雨。其实,这种研究并没有新的发现,只有原有理论和知识的应用,因为原有知识已经告诉我们路湿的各种原因。一般的科学发现,都是超越原有知识和理论的工作,需要根据新的经验材料,进行理论创新和实践创新的探索。这个问题,我们将在下一章中进一步论述。

§86 检验的逻辑

认识是否合乎真理性,不能单靠逻辑证明,主要还是依靠实践的检验。在实践逻辑中,将进一步阐述实践的检验逻辑,基本思想是检验的整休性。就是说,根据实践逻辑,只有正确的目的、应当的手段和成功的结果构成一个整体时,指导实践活动的理论才是正确的,而且具有必然性。

需要指出的是,我们所说的检验逻辑,同证伪主义的逻辑是有着根本区别的。作为检验的标准,是以实践为核心的整体性,而不是一个单称否定命题。由于波普尔不了解实践在认识中的基础性作用,所以在证伪主义检验逻辑中陷入了困境。

证伪主义逻辑的基本观点是:从一般命题中推导出可观察的个别事实命题,即使能够观察到很多正例,也并不能证明这个理论是正确的,因而理论是不可能被证实的;当观察到一个反例时,就可以证明这个理论是假的,因而理论可以被证伪。波普尔的著名例子是,从"所有的天鹅都是白的"命题出发,如果观察到"许多天鹅是白的"实例,并不能证明"所有的天鹅都是白的"命题是真的;但是,如果观察到"这只天鹅是黑的"一个反例,那么,"所有的天鹅都是白的"命题就被证伪了。

在形式逻辑的范围内,波普尔的立场是对的。因为证实与证伪在逻辑上是不对称的。波普尔说:"这个不对称来自全称陈述的逻辑形式。因为,这些全称陈述不能从单称陈述中推导出来,但是能够和单称陈述相矛盾。因此,通过纯粹的演绎推理(借助古典逻辑的**否定后件的假言推理**),从单称陈述之真论证全称陈述之伪是可能的。这样一种对全称陈述之伪的论证可以说是朝'归纳方向'(就是从单称陈述到全称陈述)进行的唯一严格的演绎推理。"[25]

单称肯定命题真,全称肯定命题不必然真;单称否定命题真,全称肯定命题必然假。所以,单称肯定命题真,不能证实全称肯定命题是必然真的;但是单称否定命题真,则能证明全称肯定命题必然是假的。从这种逻辑关系看,证伪主义是成立的。

同时,也可以运用充分条件假言推理来说明证实与证伪在逻辑上的这种不对称。

根据充分条件假言推理的"否定后件,否定前件"的规则,有以下的推理:

大前提:如果"所有的天鹅都是白的",那么,"这只天鹅是白的"。

小前提:"这只天鹅是黑的"。

结　论:并非"所有的天鹅都是白的"。

这个推理是有效的,在逻辑上具有必然性。

根据充分条件假言推理的"肯定前件,肯定后件"的规则,如果肯定后件,就不能肯定前件,否则推理是无效的,如:

大前提:如果"所有的天鹅都是白的",那么,"这只天鹅是白的"。

小前提:"这只天鹅是白的"。

结　论:"所有的天鹅都是白的"(不能必然地推出)。

这个推理是无效的,中词"白的"没有一次周延,根据前提,不能必然地得出"所有的天鹅都是白的"这个结论,尽管这个结论可能是真的。

这完全是在形式逻辑范围内的证明。但是,形式逻辑只是外延的逻辑,它不管思维的内容。而科学理论的正确与否,主要不在于形式,而在于内容。形式条件是必要的,但不是充分的。认识是否具有真理性的检验和证明,单凭形式逻辑是不够的。由于证伪主义没有超越形式逻辑,因而它所陷入的困境无论如何是不能摆脱的。

首先,理论决定观察,反过来,又以观察来证伪理论,这是一个逻辑循环。单称否定的经验命题,并不能推翻普遍性的科学原理。

爱因斯坦说:"在原则上,试图单靠可观察量来建立理论,那是完全错误的。实际上,恰恰相反,是理论决定我们能够观察到的东西。"[26]汉森提出的观察渗透理论表明,"如果看见不同的东西包含着具有关于 x 的不同知识和理论,那么,也许在看见相同的东西的意义上,都包含着他们共同具有关于 x 的知识和理论"[27]。既然不同理论的渗透会得到不同的观察结果,那么,观察所得到的经验命题也是由渗透的理论决定的。有什么样的理论渗透,就有什么样的观察结果。因而观察到的经验命题与理论应该是一致的。因此,波普尔有理由强调,观察得到的经验命题也是需要检验的。1972 年,在《科学发现的逻辑》第五章《追记(1972)》中,波普尔也承认:"我们的观察经验决不能不受检验,它们浸透着理论。"[28]这样,用未检验的单称否定经验命题,就不能起着对理论的证伪作用了。这就说明,形式逻辑在这里不再有效用了,所谓逻辑的对称性与不对称性,也就失去了意义。

其次,不能用充分条件假言推理来说明证伪的问题,并表明它们在逻辑上的不对称。

证伪主义逻辑的大前提是一个充分条件假言命题,这就把科学原理和规律,只看作是条件关系的反映。概念逻辑则不同,它认为科学原理和规律不只是条件关系的反映,同时,而且更重要的,是因果关系的反映。这种关系是:有因必有果,有果必有因;而且其中还包含着对立统一的运动。因此,实践活动的目的、手段和结果是一个不可分割、相互关联的整体,构成实践活动的完整系统。它的真假、对错和成败不是用一个单称经验命题所能给予检验的。如果用假言命题来表达,它也不应该是充分条件假言命题,而是一个充分必要条件假言命题.

成功的结果,当且仅当,具备正确的目的和应当的手段。

从这个前提出发,我们可以得到如下两个命题:

(1) 如果目的是正确的而且手段是应当的,那么,结果是成功的;

(2) 如果结果是成功的,那么,目的是正确的而且手段是应当的。

这样,我们可以有两个推理。第一个推理是:

大前提:如果目的是正确的而且手段是应当的,那么,结果是成功的。

小前提:这次实践目的是正确的而且手段是应当的。

结　论:所以,这次实践的结果是成功的。

第二个推理是:

大前提:如果目的是正确的而且手段是应当的,那么,结果是成功的。

小前提:这次实践的结果是成功的。

结　论:所以,这次实践的目的是正确的而且手段是应当的。

显然,这仍然是形式逻辑的分析,它的优点是因为具有逻辑确定性,其结论具有必然性。这表明,形式逻辑必须建立在实践逻辑的基础上才是有效的。因为这里需要检验的主要是内容的真实性,并非只是形式的正确性。

参 考 文 献

[1] 夏佩尔.理由与求知:科学哲学研究文集[M].褚平,周文彰,译.上海:上海译文出版社,2006:253.

[2] 汉森.发现的模式[M].邢新力,周沛,译.邱仁宗,校.北京:中国国际广播出版社,1988:23.

[3] 马克思.1844年经济学哲学手稿[M]//马克思,恩格斯.马克思恩格斯文集:1.北京:人民出版社,2009:191.

[4] 毛泽东.反对党八股[M]//毛泽东.毛泽东选集:第3卷.2版.北京:人民出版社,1991:836.

[5] 汉森.发现的模式[M].邢新力,周沛,译.邱仁宗,校.北京:中国国际广播出版社,1988:28.

[6] 汉森.发现的模式[M].邢新力,周沛,译.邱仁宗,校.北京:中国国际广播出版社,1988:33.

[7] 列宁.卡尔·马克思[M]//列宁.列宁选集:第2卷.3版.北京:人民出版社,1995:426.
[8] 毛泽东.《农村调查》的序言和跋[M]//毛泽东.毛泽东选集:第3卷.2版.北京:人民出版社,1991:789.
[9] 毛泽东.反对党八股[M]//毛泽东.毛泽东选集:第3卷.2版.北京:人民出版社,1991:839.
[10] 马克思.哲学的贫困[M]//马克思,恩格斯.马克思恩格斯文集:1.北京:人民出版社,2009:605.
[11] 毛泽东.反对党八股[M]//毛泽东.毛泽东选集:第3卷.2版.北京:人民出版社,1991:839.
[12] 波普尔.社会科学的逻辑[M]//波普尔.通过知识获得解放.范景中,李本正,译.北京:中国美术学院出版社,1996:97.
[13] 波普尔.社会科学的逻辑[M]//波普尔.通过知识获得解放.范景中,李本正,译.北京:中国美术学院出版社,1996:97.
[14] 波普尔.无穷的探索:思想自传[M].邱仁宗,段娟,译.舒伟光,校.福州:福建人民出版社,1984:140.
[15] 汉森.发现的模式[M].邢新力,周沛,译.邱仁宗,校.北京:中国国际广播出版社,1988:76.
[16] 爱因斯坦.探索的动机[M]//爱因斯坦.爱因斯坦文集:第1卷.许英良,范岱年,编译.北京:商务印书馆,1976:102.
[17] 休谟.人性论[M].关文运,译.郑之骧,校.北京:商务印书馆,1980:510.
[18] 波珀①.科学发现的逻辑[M].查汝强,邱仁宗,译.北京:科学出版社,1986:6.
[19] 汉森.发现的模式[M].邢新力,周沛,译.邱仁宗,校.北京:中国国际广播出版社,1988:277.
[20] 汉森.发现的模式[M].邢新力,周沛,译.邱仁宗,校.北京:中国国际广播出版社,1988:78.
[21] 汉森.发现的模式[M].邢新力,周沛,译.邱仁宗,校.北京:中国国际广播出版社,1988:95.

---

① 波珀,即波普尔。——本书注

[22] 汉森.发现的模式[M].邢新力,周沛,译.邱仁宗,校.北京:中国国际广播出版社,1988:97.

[23] 汉森.发现的模式[M].邢新力,周沛,译.邱仁宗,校.北京:中国国际广播出版社,1988:93.

[24] 汉森.发现的模式[M].邢新力,周沛,译.邱仁宗,校.北京:中国国际广播出版社,1988:93.

[25] 波珀.科学发现的逻辑[M].查汝强,邱仁宗,译.北京:科学出版社,1986:15-16.

[26] 爱因斯坦.关于量子力学的哲学背景问题同海森伯的谈话(报道)[M]//爱因斯坦.爱因斯坦文集:第1卷.许英良,范岱年,编译.北京:商务印书馆,1976:211.

[27] 汉森.发现的模式[M].邢新力,周沛,译.邱仁宗,校.北京:中国国际广播出版社,1988:21.

[28] 波珀.科学发现的逻辑[M].查汝强,邱仁宗,译.北京:科学出版社,1986:83.

第4章
创新与逻辑

　　创新有没有逻辑？普遍的回答是：创新没有逻辑。因为，从经验到理论，没有逻辑的通道。在一般文献中所说的逻辑，仅是指形式逻辑。如果把逻辑同时也看作概念逻辑，那么，创新是否有逻辑的通道，就有不同的回答。一门科学的客观逻辑的建立，例如，《相对论》的逻辑、《资本论》的逻辑、马克思主义中国化的逻辑等客观逻辑的建立，也都是依靠创新的思维活动。这同样说明，逻辑的建立也依赖于创新。所以，对于客观逻辑、理论逻辑，创新与逻辑的关系是：单纯地依靠逻辑不可能有创新，但创新肯定需要逻辑；同样，逻辑也依赖于创新来建立，没有创新也就没有逻辑。创新与逻辑统一于同一个思想过程，它的逻辑缘由就在于观念渗透理论。

§87 "创新"是一个普遍性概念

　　"创新"是一个新的范畴，在辞书的词条中，一般只有"创造"一词，而没有"创新"。根据一些辞书的解释，"创"有"始创"的意思。"始"即是指最初、开头，它也包含有"新"的思想。所以，我们可以把"创造"与"创新"看作同一概念，它们所反映的是同一个过程，我们可以称它为创造过程，也可以称它为创新过程。

　　关于创造或创新问题，人们早已做了大量的研究。从我们党提出"创新是民族进步的灵魂"的论断后，学界发表了一系列关于创新的论文和著作。在这些文献中，对"创新"中的"新"，都做了清楚的界定，而对"创新"中的"创"，或"创造"，却都没有做出进一步的解说。因此，一般都模糊地认为，创新就是创造出新的东西。不少文献把经济学家熊彼特看作是最早提出创新理论的人，并按照熊彼特的理论观点对创新做了界定，从而把熊彼特的经济创新理论看作为一般的创新理论。其结果,把创新只是局限于生产创新、经济创新、技术创新等;只赋予创新以经济学的内涵,创新理论也就变为经济创新理论。例如,有人认为:"创新并非一般意义上的创造新东西的简称,它富含特定的经济学内涵。"由此对"创新"做了如下的定义:"创新就是创造或执行一种方案,使不同行为者之间进行大量的交流,在科学工程、产品开发、市场营销之间进行反馈,以取得更高的经济利益和社会效益。"[1]也有人对把创新看作经济学范畴的理解,做了一点修正,但仍认为:"创新首先是一个经济学的概念,但它并不局限于经济学的范畴。"[2]还有人力图跳出经济学的范畴来理解创新,但是,没有真正地跳出来,仍然把创新只局限于"人类生产"领域。他们说:"对创新的内涵进行深入分析,我们可以把创新看作是一种新知识或技术在人类生产中的应用并使生产力获得了结构性改变的过程。"[3]

从"创新是民族进步的灵魂"的角度看,我们所说的创新,并不是单纯的经济学范畴,也不是单纯的科学技术范畴,而是一个普遍的范畴。创新不仅包括经济、科技等领域的创新活动,而且包括经济、政治、文化、社会等一切领域的创新活动和过程,以至包括人们日常生活中的非常普通的创新活动。正如陶行知在《创造宣言》中所说的:"处处是创造之地,天天是创造之时,人人是创造之人"。

罗杰斯说:"如果一个方法对个体来说看起来是新的,那么它就是一个创新。"[4]这里所说的是创新的主体尺度。同一个事件,对一些人来说,是创新;对另一些人来说,可能就不是创新。一项专利,对发明者来说是一项创新;对不采用这项专利的企业家来说,并没有创新的价值。因此,对不同的主体,有不同的创新内容和标准。对经济活动的主体来说,他所要求的是经济创新;对技术活动的主体来说,他要求的是技术创新;对制度设计者来说,他要求的是制度创新;对文化活动的主体来说,他要求的是文化创新。因此,创新不局限于一种主体,也不局限于一个领域,更不能把创新仅仅局限于某一个领域的范畴。

§88 熊彼特的经济创新理论

熊彼特的创新理论,虽然说的是经济创新,但在他的理论中,已经包含着对创新的一般看法,可以从他的经济创新理论中概括出创新的一般理论和概念。

熊彼特从对生产过程的分析入手,引出了"组合"的重要概念。他认为,生产意味着在我们力所能及的范围内把东西和力量组合起来。每一种生产方法都意味着某种这样的特定组合。不同的生产方法只有通过组合的方式才能加以区别,即是说,或者是根据所组合的客体,或者是根据它们的数量之间的关系。每一个具体的生产行为,都为我们体现了这样一种组合。熊彼特指出:"对于每一个企业本身,甚至对于整个经济制度的生产条件,我们都将看成是'组合'。这个概念在我们的分析中起着很大的作用。"[5]从这些叙述中我们可以看到,这里的不同组合方式,其区分在于进行组合的不同根据,一种组合方式是根据不同的"组合的客体",另一种组合方式是根据客体的"数量之间的关系"。因此,一个"组合",就是一种"生产函数",它"代表在一单位产品中各种生产要素货物的数量关系,因此它是组合的主要特征"[6]。

运用生产的"组合"和"生产函数"这两个基本概念,熊彼特进一步刻画了"发展"的概念,进而从发展的概念中引出"创新"范畴。熊彼特对发展做出了两种定义。关于发展的第一个定义,熊彼特指出:"只要是当'新组合'最终可能通过小步骤的不断调整从旧组合中产生的时候,那就肯定有变化,可能也有增长,但是却既不产生新现象,也不产生我们所意味的发展。当情况不是如此,而新组合是间断地出现的时候,那么具有发展特点的现象就出现了。以后,为了便于说明,当我们谈到生产手段的新组合时,我们指的只是后一种情况。因此,我们所说的发展,可以定义为执行新的组合。"[7]在这个定义中,熊彼特强调了两点,一是在生产中出现了新的组合,二是新组合的出现是间断的,不是量上的变化,而是质的飞跃。只有出现这种间断的时候,生产才有质的变化,才有发展。而这种新组合的出现而导致生产的发展,就是创新。关于发展的第二个定义,熊彼特说:"因此,新组合的实现只是意味着对经济体系中现有生产手段的供应作不同的使用——这可能为我们所说的发展提供第二个定义。"[8]"发展主要在于用不同的方式去使用现有的资源,利用这些资源去做新的事情,而不问这些资源的增加与否。"[9]这里所说的"用不同的方式",就是用不同的"组合"。它所强调的不是资源的变化,而是组合的变革,即出现了新的组合,这就是创新。所以,发展是用创新的方式来运用资源。

在熊彼特看来，发展就是创新；而且唯有创新，才有发展。他对发展的定义，实际上就是对创新的定义。熊彼特的发展的第一个定义，回答了什么是发展，即发展是执行新的组合，即创新；发展的第二个定义，回答了怎样去发展，即用不同的方式去使用现有的资源，这实际上是对创新的定义。第一个定义，提出了创新的概念，第二个定义，揭示了创新概念的内涵。把这两个定义结合起来，我们就可以理解到熊彼特关于创新的含义。在众多的文献中，对熊彼特创新理论的介绍，大体上是一致的。张培纲说："按照熊彼特的观点，所谓'创新'，就是'建立一种新的生产函数'，也就是说，把一种从来没有过的关于生产要素和生产条件的'新组合'引入生产体系。"[10]

§89 创新是"要素的新组合"

熊彼特创新理论所强调的，是"新组合"。至于被组合的生产要素是新的，还是旧的，在量上有没有变化，这不是主要的。所谓"组合"，就是一种关系；建立一种新组合，就是建立一种新关系。在他所论述的经济领域，这种关系就是生产函数。由于熊彼特的创新理论是研究经济创新的理论，所以，它的新组合是生产要素的新组合；组合所体现的关系，是经济关系，表现为生产函数。如果我们对"生产要素的新组合"进一步做逻辑概括，把"生产要素"概括为一般的"要素"，把"经济关系"概括为一般的"关系"，那么，我们可以得到一个关于一般创新的概念，即"创新是要素的新组合"。这里所说的"要素"，是泛指一切系统的要素，"关系"也是泛指一切要素之间的关系。虽然在不同的领域，各有自己不同的要素，因而有自己不同的关系，但创新都表现为"要素的新组合"，因而它可以作为关于创新的一般定义。

经过新概括后的一般创新概念，不仅仍然适用于经济学，而且更适用于一般领域。理论领域中的理论创新，是"理论要素的新组合"；制度领域中的创新，是"制度要素的新组合"；科技领域的技术创新，是"技术要素的新组合"；文化领域的文化创新，是"文化要素的新组合"；等等。一切领域的创新，都是每个领域中的"要素的新组合"。

从系统论的观点来看"要素的新组合"，可以帮助我们对创新内涵做具体把握。系统论认为，系统的功能取决于系统的要素和结构，即系统要素之间的关系,形成系统的结构,进而系统的结构决定系统的功能。结构是系统的内部关系,功能是系统的外部关系。这里的系统结构,相当于新组合所包含的要素关系;系统功能就相当于由创新所产生的客体对外部要素和环境的价值。因此,不仅相同的要素可以形成不同的关系,从而影响创新客体的价值;而且要素的变换,必然导致结构的变化,改变系统的功能,同样影响创新客体的价值。这就说明,"要素的新组合",不仅依赖于新组合的关系,同样依赖于新补充或新变换的要素。因此,我们可以从三种不同的情况来分析"要素的新组合"的含义:第一,在要素保持不变的情况下,由于要素间关系的变化,形成"要素的新组合";第二,在基本关系保持不变的情况下,由于要素的变化,形成"要素的新组合";第三,在要素和关系都发生变化的情况下,形成"要素的新组合"。

第一种情况是"旧要素新组合"的创新形式。这种创新形式的概念推论三段式是:

原要素——新组合——创新。

在这种创新形式中的新组合,主要之点是寻求要素之间的一种新关系。由于时间与空间是一切事物的存在形式,所以,这种新组合可以是时间上的不同组合,也可以是空间上的不同组合。孙膑赛马的故事,说的就是孙膑所进行的一项创新,即进行了一次"要素的新组合"。这里的要素是马,即上等马、中等马和下等马,新组合是将马的出场次序在时间上做了新的安排,从而创造了一种新关系。这种新关系,使田忌与齐威王的赛马对阵变成为:田忌以下等马对齐威王的上等马,以上等马对齐威王的中等马,以中等马对齐威王的下等马,结果使田忌以二比一取胜。这种组合是新的,但要素并没有发生变化,我们可以称这种创新形式为旧要素的新组合。在技术发展过程中,技术移植是技术进步的一种形式。例如,蒸汽机在最初发明时,是被作为纺织机(工作机)的动力机,后来,把蒸汽机移植到行驶中,发明了蒸汽船、蒸汽车等。随着技术革命的进一步发展,作为动力机,蒸汽机被移植到各个领域,普遍地成为蒸汽动力,使人类社会进入了蒸汽时代。这些创新都是一种新组合,即要素在空间上的新组合。当然,要实现技术移植时的这些新组合,还需要有其他的技术措施来配合,但这并非是主要的。再如,效率与公平的关系,也可以根据不同的情况和要求,进行新的组合:效率优先,兼顾公平;效率与公平并重；公平优先，兼顾效率。这些不同的组合，必将产生不同的作用。

第二种情况是"组合后变换新要素"的创新形式。这种创新形式的概念推论三段式是：

新要素—原组合—创新。

对于创新来说，寻找不同的关系，形成不同的组合，是至关重要的，也可以把它看作是创新的关键之举。但是，一旦建立了一种新组合后，要素的变换和补充，对创新的发展和完善，同样起到重要的作用。爱迪生发明的电灯，已经完成了一种"要素的新组合"，实现了创新成果。但是，最初的电灯是用碳丝来做灯丝的，19世纪90年代，当爱迪生的专利到期时，又出现了新的创新，旨在改进产品特性，不断改进灯丝，最终用有韧性的钨丝替代了碳丝。这种创新，主要是要素的变换，要素的整体组合并没有发生新的变化，所以称它为"组合后变换新要素"。除要素的变换外，还有新增要素的情形。

第三种情况是"新要素新组合"的创新形式。这种创新形式的概念推论三段式是：

新要素—新组合—创新。

历史经验表明，在多数的创新活动中，创新一般是在要素变换和关系变换同时发生的情况下实现的。不同的是，在一些创新中，可能是以要素变换为主要的工作；在另一些创新中，可能是以关系变换为主要的工作。在数学史上，人们在论证欧几里得几何学第五公设的过程中，由于发现了新要素和对这些新要素进行了不同组合，从而发现了非欧几何。欧几里得几何学的第五公设说：过（平面上）线外一点，只能做一条平行于此线的平行线。这里的几何要素是：点、直线、平面。由于在很长时间里不能证明第五公设，数学家们提出了反证的思路，去改变欧几里得几何的要素。第一个思路认为，过线外一点可以引出无数条平行线，由此建立了球面几何，即黎曼几何。这里的几何要素是：点、曲线、球面。第二个思路认为，过线外一点连一条平行线也引不出来，由此建立了双曲几何，即罗巴契夫斯基几何。双曲几何的要素是：点、双曲线、双曲面。三种几何是三种不同要素的组合，尽管它们都包含着点、线、面，但它们的线和面的要素内涵是不同的，而且它们的组合也各不相同。这些不同的组合，即不同的关系，表现为不同的几何定律。

§90 探索过程中新思想的涌现

研究和探索中的创新,是研究和探索整个思维过程的产物。就是说,从结果来看,在过程结束时所得到的,是一种新的思想、观点、理论、原理、定律,或者是一种新的实践、规范、制度、产品等。这种"新",就是一种涌现(又称为突现),它不是由形式逻辑推理得到的,但同概念推论却有着某种逻辑的联系。

什么是涌现?在概念逻辑中,我们已经讨论了加拿大哲学家马里奥·本格的定义,为阅读方便,在这里再次引用这个定义。本格说:

设 X 为一具有 A 组成的 $C_A(X)$ 系统,P 为 X 的属性,则有:

(1)P 是 A 组合,当且仅当 X 的每一个分量 A 都具有 P;

(2)如果 X 的任一 A 都不具有 P,则 P 是 A 的涌现。[11]

现在,我们从两种不同的情况,来分析探索过程中新思想涌现的逻辑问题。

第一,本格所说的情况(1)中的 $C_A(X)$,是形式逻辑中的类与分子的关系,每个分子都具有类的属性。如果知道了类具有 P 属性,那么,通过形式推理,就能得到 A 同样具有 P 属性。这种情况,不属于新思想的涌现。由此可见,不可能通过形式逻辑的推理,获得新思想的涌现。

在分析问题逻辑和发现逻辑时,曾提到波普尔的四段图式"$P_1 \to TT \to EE \to P_2$",而且认为这个图式可以写为三段式:

科学问题—批判性理论—排除错误。

波普尔从形式逻辑的立场认为,为了解决问题,必须提出批判性理论,这些批判性理论,自然是具有试探性的假说。提出这些假说的目的是解决问题,所以,关于问题的命题也就成了假说的逻辑前提;另外,除了问题外,在假说的根据中,还包含着原有的相关理论,这也是假说的逻辑前提。在这种意义上,从问题到假说,是一个形式逻辑推理的过程。但是,按照波普尔的观点,所谓问题,就是理论中的逻辑矛盾,或知识与无知的矛盾,它是相关理论所不能解决的,必须用新的理论加以处理。因此,假说的提出,又不完全是逻辑推理的结果,其中包含着猜测,这是非理性的心理因素的作用。在这种意义上,从问题到假说,是一个心理过程。如果假说是一种知识的涌现,那么,它只能在这个心理过程中产生。在产生假说后,就建立了"假说—演绎"体系,接下来的又是逻辑的推理过程了。由此演绎得到的新结论,都是逻辑推理的结果。

汉森也是从形式逻辑立场提出逆推法的。这个溯因推理公式是:

观察资料(P)—因果关系(H-P)—原因假说(H)。

为了解释观察资料,必须提出解释项,即关于原因的假说。如果存在多种原因,就要提出多个假说。因为观察资料包含着理论渗透,解释项的提出也包含着理论渗透,其间存在着逻辑推理的过程。同样,这个推理的逻辑前提是不完全的,如果假说只是从渗透的理论和观察资料中直接得出,说明旧理论完全能够解释新的观察资料,因而也就不需要为了创造新的理论而进行一场新的溯因推理了。相反,因为旧理论不能解释新的观察资料,需要以猜测的形式提出新的假说,进行溯因推理。这个过程也是心理过程的阶段,而不是逻辑过程。有了假说后,就再次进入逻辑过程的阶段,在这个阶段也就无需再创新了。根据这种分析,这个探索过程的构成是:

前逻辑阶段—心理阶段—后逻辑阶段。

为什么需要前逻辑阶段?因为新思想的涌现是在逻辑思考的基础上逐步形成的。由于单纯的逻辑推论仍然不能解释观察资料,从而产生了逻辑障碍。为了消除逻辑障碍,需要提出新的理论假说,作为逻辑推论的新前提。这就是爱因斯坦等人所说的,这个新前提,就是新发现的基本规律。从经验资料到基本规律,是没有逻辑通道的,只能依靠直觉、想象、猜测等的尝试,即只有在心理过程中才能得到。就整个探索过程来说,这个阶段是实现整个过程的关键点。新思想就是在这个关键点上涌现的,自然在很大程度上取决于探索者个人的素质和能力等综合要素。所以,在形式逻辑的立场上,孤立地说来,前逻辑提出了问题和矛盾,但尚无创新;后逻辑无需创新,只需实现逻辑的功能;在新思想涌现的时刻,则没有逻辑。

传统逻辑和现代逻辑都不研究心理过程。所以,对于逻辑学来说,它只能说明前逻辑过程和后逻辑过程,探索过程中创新的细节,还是不能完全说得清楚的。

第二，本格所说的情况(2)中的 $C_A(X)$，则属于系统，而不是类。因为整体不等于部分之和，部分不具有整体的属性，$C_A(X)$ 系统具有 P 属性，其中的组成部分则不具有 P 属性。这个 P 属性，就是部分之和的涌现。

这种分析说明，创新是在整个过程的组合中涌现出来的，而不是单纯形式推理的结果。但是，对于概念逻辑来说，"正题—反题—合题"是一个整体，诸要素的组合，作为三段式的整体，它是包含着逻辑结论的，并具有某种程度的逻辑必然性。因此，这个涌现的结果，并非与逻辑无关。例如，在几何研究中，"点、曲线、球面"（球面几何）和"点、双曲线、双曲面"（双曲几何）的组合，肯定要得到不同于"点、直线、平面"（欧氏几何）组合的结果。上述关于反映创新的"要素的新组合"的三种概念推论公式表明，涌现的结果是带有逻辑必然性的。因为创新三段式是根据意义相干性建立的，并非根据外延原则。但是，在建构概念推论三段式，寻找概念的意义相干性时，也还仍然包含着某种心理的因素。

§91 理论逻辑在创新中的作用

前一节曾以"前逻辑阶段—心理阶段—后逻辑阶段"三段式，来表述探索过程。对于这个公式，不能把逻辑过程与心理过程的联系截然地割断。无论在前逻辑阶段，还是在后逻辑阶段，都与心理过程相联系；在心理过程中，也总是伴随着逻辑过程。就是说，即便在心理阶段中新思想的涌现，理论逻辑也发挥了重大的推动作用。

在探索的过程中，我们积累了新的观察资料后，理论逻辑总是要求在原有理论的基础上，把这些观察资料纳入自己的逻辑体系，维持原有概念框架。在常规的情况下，这些工作都能得到成功的结果，从而解释了这些新的观察资料。不仅如此，即便出现了似乎是新情况，总是首先运用这种原有的概念框架给予解释。如果不能解释新的过程材料，也总是在原有的概念框架内提出新的假说消除解释的困难。在天文学史上海王星的发现，就属于这种情形。

从伽利略开始，经过开普勒的发展，最后由牛顿综合的天体力学，实现了近代天体力学的"要素的新组合"，创造了新的概念框架，完成了天文学史上的一次革命。这就是万有引力定律的发现。此后，根据天体力学理论逻辑，天文学家计算出了天王星运行的理论轨道。但观测所得到的天王星的观测轨道同理论轨道比较,发生了重大的偏离。可是,天文学家并不因此宣布天体力学被证伪,相反,他们把这种偏离纳入了天体力学的概念框架,并预言,如果观测轨道是真实的话,那么,必定存在着另一个尚未发现的行星。根据观测轨道同理论轨道的偏离,天文学家计算出了这颗新行星的位置。后来,天文学家终于发现了这颗行星,这就是海王星,不仅证明了天体力学的正确性,宣告了牛顿力学的决定性胜利,同时也说明,观察与逻辑的结合,使新理论能够做出新的发现。不过,这仍然不属于理论的创新。

当我们在观察中发现了反常问题,或者在理论发展的过程中遇到了逻辑矛盾,人们仍然力图运用原有的理论逻辑把这些反常和矛盾纳入到原有的概念框架中解决,却出现了逻辑障碍。在这个时候,往往是理论创新的一个机遇。就是说,原有的概念框架不能说明和解决新出现的问题,甚至经过各种尝试和挽救,都没有获得成功,在这时,就预示着我们只有提出新的假说,创造新的逻辑前提,才能消除逻辑障碍。正是这种预示,推动着我们去追求,去想象,去创新,使理论逻辑成为探索过程中心理活动的重大动力。

相对论的建立,是一个很好的例子。17世纪到19世纪末,波动说把光解释成为由以太传递的横向振动。迈克耳逊-莫雷实验企图测量地球穿过以太的效应,实验结果却没有发现地球相对于以太的运动,史称为实验"零结果"。这个结果大大震惊了当时的物理学家,他们无法相信以太根本不存在。根据光学力学模型的概念框架,物理学家提出了解释"零结果"的种种理论。例如,地球相对以太静止论,拖曳理论,发射理论,等等,其中特别值得注意的是菲兹杰拉德和洛伦兹提出的收缩假定。洛伦兹认为,相对于以太运动的物体在运动方向上发生收缩。彭伽勒弥补了洛伦兹公式形式上的缺陷,并称它为"洛伦兹变换"。这些解释的目的都是把"零结果"这种反常现象纳入到光学力学模型的概念框架之中,以维护以太假说,但仍然不能克服物理学中的麦克斯韦方程组与经典力学的相对性原理之间的矛盾。

经典力学的相对性原理说明,一切做机械运动的惯性系是等价的,即运动定律从一个惯性系变换到另一个惯性系时,运动定律的形式保持不变,这就是伽利略变换。但是,麦克斯韦方程得到的电磁波在真空中的传播速度为常数 C,而在伽利略变换下,光速在不同惯性系中不可能各向都是 C,因而麦克斯韦方程不能保持其形式不变。就是说,麦克斯韦方程组与经典力学的相对性原理之间存在着矛盾。

如何解决这个矛盾,自然存在着多种可能:(1)麦克斯韦电动力学定律是错的,而伽利略变换则是对的;(2)麦克斯韦电动力学定律是对的,而伽利略变换则是错的;(3)麦克斯韦电动力学定律是对的,而且在低速运动状态下,伽利略变换也是对的,但在高速运动状态下,即物体运动速度接近光速时,伽利略变换则是错的,因而必须有一种新的变换取代它,在这种变换形式下,电动力学规律服从相对性原理。

在这种情况下,物理学家应该如何做出选择?理论逻辑要求,如果要消除麦克斯韦方程组与经典力学的相对性原理之间的矛盾,只能选择第三条道路。做出这种选择的障碍是牛顿的绝对时空观。爱因斯坦大胆地提出了同时性的相对性原理,放弃了牛顿的绝对时空观,否定了以太假说,从而改变了光学力学模型的概念框架,并建构了新的概念框架,从而创立了相对论。

爱因斯坦在1905年发表的《论动体的电动力学》这篇标志着相对论诞生的著名论文中,对新理论的概念框架,做了精辟的概述。论文指出:

> 企图证实地球相对于"光媒质"运动的实验的失败,引起了这样一种猜想:绝对静止这概念,不仅在力学中,而且在电动力学中也不符合现象的特性,倒是应当认为,凡是对力学方程适用的一切坐标系,对于上述电动力学和光学的定律也一样适用,对于第一级微量来说,这是已经证明了的。我们要把这个猜想提升为公设,并且还要引进另一条在表面上看来同它不相容的公设:光在虚空空间里总是以一确定的速度 V 传播着,这速度同发射体的运动状态无关。由这两条公设,根据静体的麦克斯韦理论,就足以得到一个简单而不自相矛盾的动体电动力学。"光以太"的引用将被证明是多余的,因为按照这里所要阐明的见解,既不需要引进一个具有特殊性质的"绝对静止的空间",也不需要给发生电磁过程的空虚空间中的每个点规定一个速度矢量。[12]

这个新理论概念框架的建立,标志着相对论的诞生。

在新思想的涌现之前,无论是成功的尝试,还是失败的尝试,或者虽然不成功,但具有启发性而包含有新思想的尝试,都是以理论逻辑的概念推论为基础的。由于这些工作都没有消除理论中存在的矛盾,说明旧理论的概念框架已经不完全适用了。在这个时候,新思想的涌现,新假说的提出,为改变旧的概念框架,提供了新的逻辑前提,以便重新进行"要素的新组合",建立新的概念框架,这就是新的理论逻辑的建立。马克思《资本论》的逻辑,爱因斯坦《相对论》的逻辑,都是指在理论创新后建立起来的理论逻辑。在这个创新的过程中,逻辑因素与心理因素是交织在一起的。在这种理论创新和探索过程完成后,建构了新的概念框架,就可以运用这个概念框架进一步推论出新的概念和原理。例如,相对论中的质能关系式,就是这种推论的结果。

§92 观念渗透理论

创新与逻辑的关系,是一个复杂的问题,两者都发生在同一个过程中,而且不能明显地把它们区分开来,事实上是交织在一起的。创新或发现,都不是发生在理论中的叙述过程,因而不是演绎的结果,属于理论和逻辑的建构问题。理论逻辑的显著特点是它的建构性。探索和研究的目的是制定新的概念,建构新的理论体系,因而它的主要任务也不在于演绎,而在于建构。只有在建构之后,才能进行进一步的演绎。这个过程,既是理论体系的建构过程,同时也是理论逻辑的建构过程。因此,理论和逻辑的建构是同一个过程,而且都依赖于创新。

理论逻辑是建构性的,这自然是指它的逻辑内容,而不是逻辑形式。"正题—反题—合题"这种形式是给定的,以什么内容的概念来取代这个公式中的逻辑变项(正题、反题和合题),同样需要探索和研究,因而依赖于创新。

汉森、爱因斯坦等人提出,理论不仅渗透于观察,而且也渗透于问题的研究。为什么观察的结果、对问题的理解,都依赖于理论?我的解释是:观念渗透于理论。就是说,每一种理论,都渗透着一种观念。在一种理论指导下进行的观察,或在一种理论指导下对问题进行的研究,都受到了这种渗透于理论中的观念的制约,从而得出不同的结果。这就决定了,在建构一种新的理论时,必须有新的观念,而且在这种新观念指导下,才能建构新的理论体系和概念框架。

前一节叙述了爱因斯坦在创立狭义相对论过程中的创新活动,并指出,这个创新之所以可能,全在于时空观的转变,而且这个转变本身就属于创新。

因为在经典物理学中所渗透的是绝对时空观,而在相对论中所渗透的是相对时空观。这是观念渗透理论的最好例子。如果爱因斯坦同其他物理学家一样,仍然停留于绝对时空观,那么,他是不可能建立相对论的。

在 16 岁的时候,爱因斯坦就设想了一个理想实验,即电动力学中的一个悖论:"如果我以速度 C(真空中的光速)追随一条光线运动,那末我就应当看到,这样一条光线就好像一个在空间里振荡着而停滞不前的电磁场。可是,无论是依据经验,还是按照麦克斯韦方程,看来都不会有这样的事情。"[13]人们称这个理想实验为爱因斯坦的"追光悖论",爱因斯坦则称:"这是同狭义相对论有关的第一个朴素的理想实验"[14]。"追光悖论"所涉及的内容,是关于两个运动物体的相对速度合成的问题。光子是以光速 C 运动,当"我"以光速 C 追赶光子时,我对光子运动的相对速度是多少?根据经典力学的相对性原理,"我"与光子的相对运动速度 V 应该是零($V = C - C = 0$)。因此,爱因斯坦说,如果我以速度 C(真空中的光速)追随一条光线运动,那么我就应当看到,这样一条光线就好像在空间里振荡着而停滞不前的电磁场。理论和实验都已经证明,这个结论是错误的。后来的研究表明,这个错误是由经典物理学的绝对观念所造成的。

在经典物理学中,存在着三种绝对观念:一是承认绝对以太的存在,从而承认了参考系(以太)的绝对性;二是由此决定了时间的绝对性,它与参考系的运动状态无关;三是由此被决定的运动的绝对性。把这些绝对性写成三段式,即是:

绝对参考系—绝对时间—绝对运动。

物理学的发展,特别是电磁理论和光学的发展,证实了如下的两个定律:一是真空中光速不变原理,即光速是一个常数;二是一切惯性系等效性的狭义相对性原理。这两个事实,实质上已经否定了经典物理学中的绝对观。但大部分物理学家仍然以经典绝对观来解释电磁理论和光学的新成果,爱因斯坦所想象的"追光悖论"的逻辑前提也是这种经典绝对观。这就产生了一种思路:要消除这个悖论,必须突破经典的绝对观念;而要突破这种观念,首先必须使时间概念成为相对的;而要使时间成为相对的,就不存在一个绝对的参考系(以太)。

爱因斯坦说:"为电动力学和光学的发展所证实了的空虚空间中光速不

变定律,以及那个由著名的迈克耳逊实验以特别精密的方式证明了的一切惯性系的等效性(狭义相对性原理),在这两者之间,首先有必要使时间概念成为相对的,对每一惯性系都规定它自己的特殊的时间。"[15]

否定了绝对时间,相应地就否定了绝对参考系(空间),进而否定了绝对运动。相对论中渗透的这些相对性观念,也可以用一个三段式来表述:

相对参考系—相对时间—相对运动。

日本物理学家广重彻指出:爱因斯坦"在1905年春,他注意到,解决先前悖论的关键在于时间、空间概念的变更"[16]。在实现这些观念转变中起决定作用的,不是逻辑,而是观察到的事实。爱因斯坦指出:"这理论并不是起源于思辨;它的创建完全由于想要使物理理论尽可能适应于观察到的事实。我们在这里并没有革命行动,而不过是一条可回溯几世纪的路线的自然继续。要放弃某些迄今被认为是基本的,同空间、时间和运动有关的观念,决不可认为是随意的,而只能认为是由观察到的事实所决定的。"[17] 这个创新的过程是:观察到的事实与现行的理论出现了矛盾,对这个矛盾的分析,发现矛盾的根源在于经典的绝对观念,如果以相对的观念取代绝对的观念,就可以消解事实与理论之间的矛盾,从而建构出新的概念和理论体系。反映这个过程的逻辑三段式是:

分析矛盾—转换观念—制定新概念和新理论体系。

第一,理性地解读材料,分析事实与旧理论的矛盾,揭示产生矛盾的根源是时间的绝对性。

第二,通过心理因素的协同,转换观念,确认同时性的相对性,并以它取代同时性的绝对性。

第三,根据新观念,承认光速不变定律和狭义相对性原理,以此为逻辑前提,制定新概念,建构新的理论体系。

根据这个理论逻辑,爱因斯坦把相对论的基本思想,归结为两个方面:

第一,全部研究的中心是这样一个问题:自然界中是否存在着物理学上看来是特殊的(特别优越的)运动状态?(物理学的相对性问题)。

第二,下面这个认识论的假设是基本性的:概念和判断只有当它们可以无歧义地同我们观测到的事实相比较时,才是有意义的。(要求概念和判断是有内容的)。[18]

第一个基本思想是物理学的相对性问题,就是说,物理定律对于一切参考系都是相同的,不存在特殊的参考系。这是属于物理学的问题。

第二个基本思想是要求概念和判断是有内容的,而且必须同观测到的事实相一致。这是认识论和逻辑学的问题。

实际上,爱因斯坦在创造相对论时,也就是在建构相对论的概念框架。这个工作,正是马克思所说的,根据材料的生命来建构"先验的结构"。爱因斯坦同样明确指出:"我们的概念和概念体系所以能够成立,只是因为它们可用来表示我们经验的复合;除此以外,它们就别无根据。"[19]

相对论的概念框架,就是相对论的逻辑。这就说明,爱因斯坦建构相对论的理论体系时,也就同时建构了相对论的逻辑。两者是同一个东西。这个逻辑,也就是列宁所说的"三者同一"中的逻辑。爱因斯坦认为,科学的理论体系就是一个逻辑体系,而且这个体系是来自经验的。他说:"一切科学,不论是自然科学还是心理学,其目的都在于使我们的经验相互协调,并且把它们纳入一个逻辑体系。"[20]

对相对论的这种分析表明,面对同样的经验事实,运用渗透着不同观念的理论对它们进行观察,必将得到不同的结果。理论创新的一个基本前提,就在于观念的转换。只有在新观念的指导下,才能建立新的理论体系。这对于理论创新和逻辑建构,都是相同的。它们不是前后相继,而是相互渗透的关系。因为,逻辑和心理是观念转化的两个因素,因而也是创新的两个因素。

参 考 文 献

[1] 王永生.创新方略论[M].北京:人民出版社,2002:5,7.

[2] 栾玉广,等.科技创新的艺术[M].北京:科学出版社,2000:1.

[3] 王伟光.创新与中国社会发展[M].北京:中共中央党校出版社,2003:8.

[4] 罗杰斯.创新的扩散[M].辛欣,译.郑颖,译校.北京:中央编译出版社,2002:11.

[5] 熊彼特.经济发展理论[M].何畏,易家详,等,译.张培刚,易梦虹,杨敬年,校.北京:商务印书馆,1990:18.

[6] 熊彼特.经济发展理论[M].何畏,易家详,等,译.张培刚,易梦虹,杨敬年,校.北京:商务印书馆,1990:19.

[7] 熊彼特.经济发展理论[M].何畏,易家详,等,译.张培刚,易梦虹,杨敬年,校.北京:商务印书馆,1990:75-76.

[8] 熊彼特.经济发展理论[M].何畏,易家详,等,译.张培刚,易梦虹,杨敬年,校.北京:商务印书馆,1990:78.

[9] 熊彼特.经济发展理论[M].何畏,易家详,等,译.张培刚,易梦虹,杨敬年,校.北京:商务印书馆,1990:78.

[10] 张培纲.《经济发展理论》中译本序言[M]//熊彼特.经济发展理论.何畏,易家详,等,译.张培刚,易梦虹,杨敬年,校.北京:商务印书馆,1990:3.

[11] 本格.科学的唯物主义[M].张相轮,郑毓信,译.上海:上海译文出版社,1989:27.

[12] 爱因斯坦.论动体的电动力学[M]//爱因斯坦.爱因斯坦文集:第2卷.范岱年,赵中立,许良英,编译.北京:商务印书馆,1977:83-84.

[13] 爱因斯坦.自述[M]//爱因斯坦.爱因斯坦文集:第1卷.许良英,范岱年,编译.北京:商务印书馆,1997:24.

[14] 爱因斯坦.自述片断[M]//爱因斯坦.爱因斯坦文集:第1卷.许良英,范岱年,编译.北京:商务印书馆,1997:44.

[15] 爱因斯坦.关于相对论[M]//爱因斯坦.爱因斯坦文集:第1卷.许良英,范岱年,编译.北京:商务印书馆,1997:164.

[16] 广重彻.相对论是怎样诞生的?[J].科学与哲学,1983(3):147.

[17] 爱因斯坦.关于相对论[M]//爱因斯坦.爱因斯坦文集:第1卷.许良英,范岱年,编译.北京:商务印书馆,1997:164.

[18] 爱因斯坦.相对论的基本思想和问题[M]//爱因斯坦.爱因斯坦文集:第1卷.许良英,范岱年,编译.北京:商务印书馆,1997:181.

[19] 爱因斯坦.《相对论的意义》中的两个片断[M]//爱因斯坦.爱因斯坦文集:第1卷.许良英,范岱年,编译.北京:商务印书馆,1997:157.

[20] 爱因斯坦.《相对论的意义》中的两个片断[M]//爱因斯坦.爱因斯坦文集:第1卷.许良英,范岱年,编译.北京:商务印书馆,1997:156.

第 2 篇

实 践 逻 辑

马克思主义中国化的含义是马克思主义基本原理与中国具体实际相结合,创造具有中国特色的马克思主义。就这种结合而言,马克思主义中国化的根本基础是实践。实践是变革现实的感性活动,中国化的马克思主义是理论形态,连接感性活动与理论形态的中介是理论活动,或思维活动。而在思维活动中,就不能没有逻辑,否则就不能做出正确的理论概括和理论指导。推进马克思主义中国化,自然不能离开中国的具体实践,而要总结和概括中国实践经验,自然需要同逻辑的结合。所以,推进马克思主义中国化,除了实践基础外,还必须有逻辑基础,而实践逻辑则是它的最直接的逻辑基础。

有人称逻辑学是一门实践的科学,这是说得很对的。不过,这里所说的实践,并非指社会实践,而是指逻辑在实际中的应用。只有在不断的实际应用中,才能掌握逻辑的技巧。逻辑的学习不同于逻辑的研究,逻辑研究是为了发现思维运动的规律,学习逻辑则是为了用来解决思维问题和行为问题。

国内外学者虽然很早就提出了"实践逻辑"这一概念,但学术界一直没有给予足够的重视。由于"逻辑"本身有多种含义,对实践逻辑的内涵,也众说纷纭。形式逻辑把实践逻辑置于它的视野之外,这是理所当然的事情。问题是,如果实践逻辑存在的话,它到底是一种什么样的逻辑?它到底是观念的逻辑,还是行为的逻辑?所以,"实践逻辑"是否存在?何以能够存在?都是需要讨论的问题,以澄清来自各个方面的误解。本书在导论中已经说过,实践逻辑是推论和执行相结合的逻辑。只有推论,没有执行,这是理论逻辑;把推论融入执行中,根据推论来执行,这就是实践逻辑。在形式逻辑和理论逻辑中,逻辑不涉及实践,它们是相分离的。这就涉及实践与逻辑的关系问题,我们的叙述就从这个问题开始。

第 1 章
日常行为的逻辑化

逻辑有多种门类,为什么都称它为逻辑?因为所有门类的逻辑都具有一种共有内涵。逻辑学是一门规范性科学,是规范我们思维的。规范本身属于意识形式范畴,具有形式普遍性,所以它是一个普遍的概念。这种普遍的规范不只是对思维的规范,同样还包括对行为的规范。把逻辑具体应用于行为实践中,把它同社会行为规范结合起来,可以更普遍地发挥思维规范的作用。这样,我们可以对行为规范的实施,提供逻辑上的支持。虽然行为规范属于实践范畴,但它与思维规范有着密切的联系。因为行为规范的遵守,有赖于思维规范的保证,因而与逻辑也不无关系。行为与逻辑的结合,是以规范为中介来实现的,这就是行为的逻辑化和逻辑的行为化。在这一章中,我们先来讨论日常行为的逻辑化问题。为了说明日常行为逻辑化何以可能,我们从逻辑的多种类型和多种逻辑的共有内涵说起。

§93 逻辑学的多种类型

在谈论逻辑时,人们经常把逻辑与逻辑学看作同一概念。例如,我们经常说要学点逻辑,也就是说,要学点逻辑学的知识。许多逻辑学的教科书,直接取名为"逻辑",或"形式逻辑",也反映了这种看法。实际上,这些教科书论述的都是逻辑学,是关于逻辑的科学。如果从"逻辑"这一概念的实际含义出发,我们应该把逻辑与逻辑学这两个概念区分开来。因为,在最一般、最概括的意义上说,逻辑学是以逻辑为对象的科学。金岳霖说:"逻辑是逻辑学的对象,逻辑学是研究此对象而所得内容。"[1] 如果我们把逻辑界定为思维规范,那么,逻辑学应该是关于思维规范的学说。

就形式逻辑学来说,它是关于形式逻辑的科学,它的主要研究对象是形式推理的规范,包括形式推理的规则和程序。所以,形式逻辑就是指形式推理规范的总和。由于大家都了解,当人们讲到"形式逻辑"一词时,也同时是指形式逻辑学这门科学,因而还是习惯地把"形式逻辑"既理解为逻辑,又理解为逻辑学。如果我们能够把握特定的语义,在实际应用中并不发生歧义。

如果进一步把逻辑与形式逻辑加以区分,那么,把逻辑学等同于形式逻辑学,也是不合乎逻辑的。在文献中流行的"形式逻辑",在逻辑科学的一个门类的意义上,指的就是形式逻辑学。不过,有不少学者认为,逻辑科学是一个"家族",因为"逻辑"的多义性,决定了逻辑学也是有多种类型的。

鲍亨斯基说:"像'逻辑'这样意义含混的词,即使在哲学的专门术语中也是不多的。就是将所有和推理无关的含义弃之不顾,这个词仍是多义的,或者更确切地说,它指称三个领域。"[2]鲍亨斯基所说的逻辑的三个领域是指形式逻辑、方法论和逻辑哲学。

德国逻辑学家阿·迈纳认为,我们"可以把逻辑解释为正确推理的学说、正确推理的基础或正确推理的应用"。因此,他认为逻辑学包括五个部分。第一部分是形式逻辑,包括命题演算、谓词演算、类演算(三段论)、关系演算和模态演算;第二部分是方法论,包括定义、区别、划分、启迪学、论证理论、解释理论和系统理论的学说;第三部分是原逻辑,包括普通符号学、句法学、语义学和语用学;第四部分是逻辑哲学;第五部分是应用逻辑。[3]

我国逻辑学家宋文坚在《西方形式逻辑史》中,把现代逻辑学划分为十种类型。(1)以亚里士多德逻辑为基础的传统形式逻辑;(2)培根、穆勒建立的古典归纳逻辑;(3)康德的先验逻辑;(4)黑格尔的逻辑;(5)辩证逻辑,这是指马克思主义经典作家尤其是列宁提出的考察思维的辩证性质的逻辑;(6)形式逻辑的现代类型;(7)狭义的数理逻辑;(8)内涵逻辑,它包括了各种涵义的内涵逻辑,如模态逻辑、时态逻辑、规范逻辑、认知逻辑、相信逻辑等等;(9)归纳逻辑的现代类型;(10)应用逻辑,如法学逻辑、医学逻辑、语言逻辑等。[4]这种逻辑类型的划分,是从逻辑史研究的角度出发的,表明在历史上曾出现过多种意义的逻辑学。与其他学者不同的是,宋文坚把辩证逻辑作为逻辑学的一种类型。

辩证逻辑比较接近于黑格尔的思辨逻辑,黑格尔在逻辑学上的主要贡献,是提出了以概念推论三段式"正题—反题—合题"为基础的概念逻辑,并把它作为形而上学的逻辑基础。这对于改变逻辑发展的形式化方向,推进逻辑的概念化,是有重大意义的。亨利希·肖尔兹认为,在逻辑史上,"逻辑学"一词被普遍承认,也是同黑格尔对思辨逻辑的研究分不开的。逻辑学在亚里士多德的时代开创后,一直没有一个统一的名称。"黑格尔在1812—1816年出版了他的由三个部分组成的主要思辨著作,标题是《逻辑科学》。因此,黑格尔对于使'逻辑'这个用语得到最后的承认,其功绩超过任何人。"[5] 所以,在肖尔兹看来,在黑格尔的逻辑学中,还是包含有合乎逻辑意义的逻辑内容的。

如果确认逻辑有众多的类型,那么,它们共同的对象是什么?如果没有共同的对象,又为什么都称它们为逻辑学呢?这是不可回避的问题。

§94 逻辑的共有内涵

虽然逻辑有多种不同类型,但我们都称它为逻辑,其中必定存在着某些共有内涵。一门科学,只要包含着这种共有内涵,就可以称它为逻辑。

这个共有的内涵是什么?逻辑学的功能之一,是规范思维,使人们能够进行正确的思维。所以,逻辑必定同思维规范有关,我们还是从规范说起。

在社会生活中,人们参与社会的各种活动,都要遵守一定的行为规矩和准则。思维也是一种活动,我们也可以把思维规范看作是一种特殊的行为规范。这种思维的规范,就是思维的逻辑。凡是合乎思维规范的,也就是合乎逻辑的;违反了思维的规范,也就不合乎逻辑。

思维规范虽然是人们研究思维活动所获得的结果,但它不是人为规定的,而是由思维规律所决定的。或者说,它是逻辑规律的具体化,因而具有客观性。

思维规范包括两部分,一是思维规则,即达到正确思维必须遵守的约束,人们都称它为条例和章程;二是思维程序,即获得正确思维的有效步骤。思维规则和思维程序,合称为思维规范。思维规范也可以叫作思维模式。建立思维规范,或思维模式,都包含有思维的价值目标,即追求逻辑的真。无论是二值逻辑,还是多值逻辑,求真都是逻辑的目的,所以,思维中不应包含逻辑矛盾。

没有学过逻辑的人，也知道一些正确思维的规范或模式，这是由思维本性决定的。但是，系统的思维规范是由逻辑学的研究所发现的。不过，逻辑学所提供的，都是纯思维的规范，不是直接针对个体思维的。思维规范的功能，又是规范个体思维的。对个体思维的规范作用，只能发生在逻辑的实际应用过程中。当人们将在逻辑学研究中发现和建构的逻辑规范，转变为日常思维和科学研究的思维规范时，必定要与思维的实际内容相结合，经历着思维规范具体化的过程。这种具体化，一方面，使我们的具体领域的研究能够获得正确的成果，另一方面，通过这种具体化，实现思维规范的功能。否则，逻辑和逻辑学也就没有什么实际的意义和价值了。

　　还可以把思维规范分为两个方面，一是语义的规范，它是通过语义对符号的解释得到的规定；二是语型的规范，它是通过对语言表达式的结构分析而得到的规定。在传统逻辑中，讨论的主要对象是概念、判断和推理等思维形式。就概念来说，定义是明确概念内涵的重要方法。一个正确的概念定义，必须遵守定义的规则。例如，定义项与被定义项必须相应相称，即两项的概念外延必须相等，这是概念定义的基本规则。概念的划分，也必须遵守划分的规则，例如，不能越级划分，划分的母项与子项必须相等。关于判断（命题）和推理总是联系在一起的，命题构成的规则、命题之间的关系，都涉及有效推理的问题。传统逻辑为三段论推理制定了7条规则（一说是5条，一说是6条不等），包括4条词项的规则和3条命题的规则。这些思维规则，都是思维规律的具体化，遵守了这些思维规则，也就遵守了思维规律。在现代逻辑中思维规则更加规范。例如，命题逻辑为推理或证明，提供了9条规则，与合取相关的规则有3条，其中有合取交换律、合取简化律、合取附加律；与析取相关的规则也有3条，其中有析取交换律、析取简化律、析取附加律；与蕴涵式相关的规则有4条，其中有肯定前件律、假言易位律、假言三段论等。另外，还有许多其他的规则。

　　在思维过程中，不仅需要思维规则，同时也需要思维程序。所谓思维程序，也就是思维的先后步骤。在法律中，有实体法和程序法的区分。实体法是以规定和确认权利和义务以及职权和责任为主要内容的法律，如宪法、行政法、民法、商法、刑法等等。程序法是规定以保证权利和职权得以实现或行使、义务和责任得以履行的有关程序为主要内容的法律，如行政诉讼法、行政程序法、民事诉讼法、刑事诉讼法、立法程序法等等。在思维活动中,思维规则相对于实体法,思维程序相对于程序法。当然,这只是一种类比,是不完全等同的,但可以说明思维程序对思维活动的重要意义。在司法中,"无罪推定"就是程序法中的一条基本原则,可以减少错判。如果我们能够按照思维程序进行思维,也可以减少思维过程中的错误。在命题逻辑中,在进行思维运算时,必定是按步骤进行的。例如,分析一个命题表达式,必须根据括号和命题联结词的用法和规定,逐步地展开。先考虑括号内的联结词,然后再考虑括号外的联结词。同时,根据命题联结词结合力量的强弱,先考虑力量最强的联结词。一般规定,命题联结词结合力量的强弱依次为:并非($\neg$),合取($\wedge$),析取($\vee$),蕴涵($\rightarrow$),等价($\leftrightarrow$)。这种强弱的力量,规定了逻辑运算的先后程序。在算术中,有先乘除后加减的规则,这同逻辑运算的程序是相类似的。

如果我们把思维规范看作逻辑,而且思维规范又分为两部分,一部分是思维规则,一部分是思维程序,那么,思维的规则和程序就构成了逻辑的内涵,因而也可以把它们统称为逻辑规范,它包括逻辑规则和逻辑程序。这样,当我们说到"思维的逻辑"一词时,它可以是指逻辑规则,也可以是指逻辑程序。

思维是结构和过程的统一,两者统一的过程是思维运算,或称为逻辑运算。思维形式(语言符号)是逻辑运算的单位;思维规则,诸如推理规则、论证规则等,是逻辑运算的规则;思维程序是逻辑运算的先后步骤的安排。演绎推理是逻辑运算,归纳推理也是逻辑运算,概念推论、行为推理等也属于逻辑运算的一种形式。演绎推理是"必然地推出"的,这是演绎逻辑运算的一个显著特点,但并非一切逻辑运算的特点。有人把演绎推理看作是逻辑,把归纳推理看作是方法,这同逻辑必须是"必然地推出"这种逻辑相关。这样划分的根据,也不能说是充分的,因为一切逻辑都是认识的工具,因而一切逻辑都是方法。如果演绎逻辑不能成为方法,那么它还有什么意义呢?

§95 日常行为规范的模式和价值

在社会生活中,人们参与社会的各种活动,都要遵守一定的行为规矩和准则。因为社会是人类的共同体,人们在这个共同体的生活中,在相互交往的关系中,彼此之间不能相互干扰、伤害和侵犯,而要和谐相处,和睦相待,安然有序。为了这个目的,在长期的社会生活中,约定俗成地产生了风俗、习惯。在风俗、习惯的基础上,逐步形成了道德规范和宗教规范。随着社会的发展,社会关系的日益复杂,需要有全社会成员共同遵守的行为规则,进而产生了由人们共同制定并明确施行的较为完善的社会规范和准则。例如,在道德规范中,有的是没有明文规定的,有的则是有明文规定的。在法律规范中,除习惯法外,基本上都是有明文规定的。这些规范,我们可以统称为社会规范,或社会行为规范。社会规范的出现和制定,是为了人类共同生活的需要,它是对人们在共同生活中社会关系的反映,或者说,是社会关系的具体化、形式化。所以,我们也经常称风俗、习惯、道德、法律、宗教等为社会规范的具体形式。自然,各种形式的社会规范不是孤立存在的,而是相互联系着的,彼此互相补充和渗透,有机地组成为一个统一的社会规范体系,调整人们各个方面的社会行为,维护社会的和谐和秩序。

从一般的意义上看,一切社会规范都包括两个方面,即行为的形式和内容,而且是两者的统一。这两个方面被称为模式和价值。模式是偏重于形式方面的,价值是意义方面的,由此规定了不同规范的具体内容。

各种词典对"范"字有多种释义,例如,把它解释为:模子,如模型;一定界限,如范围;法则,把"范"看作是法;等等。所以,规范就是人们制定出来的规则、法则,并作为人们的行为模式,提供"什么是应当做的,什么是不应当做的"行为标准。这样,就把行为的可行性范围,做了具体的限定。

可是,为什么应当这样做,而不应当那样做?这就提出了行为的目的和价值。在总体上,社会之所以需要行为规范,其目的就是为了社会的稳定和有序。如果社会成员都能按社会规范做事,那么,我们就能保持和维护社会的和谐。这就是社会规范的价值。行为模式是重要的,它使人的行为有章可循。行为价值同样是重要的,因为合模式的行为给人们带来了利益,因而也带来遵守社会规范的动力。而且,如果对社会规范有了共同的价值取向,社会就能对各种各样的行为,做出褒与贬的普遍评价,抑恶扬善,巩固社会稳定和秩序。

各种行为规范都是社会规范的不同模式,也是社会意识行为化的不同形式。这些模式之所以不同,因为包含了不同的内容,体现了不同的价值,因而适用于不同的领域。

各种社会规范都是人们在长期社会生活中沉积而成的,因而随着社会的发展而不断地得到完善,具有形式合理性和实质合理性。在继承和发展的过程中,规范的合理性在长期的实践中也得到了持续的论证和完善。所以,不同的规范虽然有不同的形式,但这些形式也都具有共同的特点。

规范必须形式化。所谓形式化,就是普遍化,使它对于全体社会成员都具有约束力,使得人人都必须遵守,使不遵守者得到批评,以至处分和惩罚。共同价值观的存在,即对维护社会稳定、秩序与和谐的共同价值诉求,反映了全体社会成员的基本的、共同的利益,使这种普遍性成为可能。但是,价值多元化往往同这种共同价值观发生冲突,因而违反社会规范的行为时有发生。为了社会稳定与和谐,维护社会规范,价值多元化的趋势必须以社会共同价值观为前提。否定社会共同价值的那种价值多元化是不可取的,它必定要导致社会的利益冲突和不稳定,以致社会的分裂;只有在维护社会共同价值的条件下,价值多元化才能得到保护。这也是社会发展和稳定的规律。社会规范就是这种社会发展规律的反映,表现为规范的实质合理性。在这里,最根本的是社会共同价值,它既是规范的形式合理性的前提,又是规范的实质合理性的基础。只有在这个前提和基础之下,才能获得社会稳定与和谐发展。

上面所讨论的,都是社会问题,而非逻辑问题。但是,在这些讨论中,已经包含了概念推论。就是说,在上面的推论中,我们已经运用了概念推论三段式,即从"社会共同价值"这个前提中,推论出"社会稳定和谐"的结论。因此,这种社会规范的必要性和社会功能,可以表述为逻辑的概念推论。

第一个推论是:

社会共同价值—社会规范合理性—社会稳定和谐。

这个推论是说,以社会共同价值为基础,实现社会规范的形式合理性和实质合理性,社会成员就能遵守社会规范,其结果是社会稳定和谐。在这里,"社会共同价值"和"社会规范合理性"是推论的两个前提,"社会稳定和谐"则是由这两个前提必然推出的结论。

第二个推论是:

价值多元化—社会共同价值—社会稳定和谐。

这个推论是说,单凭价值多元化,社会不一定能够保持稳定和谐,只有服从社会共同价值,价值多元化才能既不否认社会共同价值观,又张扬了个体价值观;同时,价值多元化必须以"社会稳定和谐"为目标,以这个目标制约价值多元化。只有这样,才能各得其所,互不冲突,不会发生违背社会规范的失范行为,维护社会稳定和谐。

这两个逻辑推论说明,社会规范本身还不完全是逻辑,但它的生成和效用,都求助于逻辑的支持。所谓逻辑支持,就是将规范诉诸理性,诉诸推论,各种规范保持自身的和谐自洽。

§96 规范的内化和行为的逻辑

社会规范的效用,在于调节人的行为,使社会成员去做该做的事情,防范违背社会规范的行为发生。为了能够调节人的行为,必须发挥社会规范的教育功能,实现人的社会化。我们通常所说的人的社会化,是社会成员的个体对社会的认识与适应。它是通过个体与社会环境相互作用而实现的,是一个逐步内化的过程。社会化也是一个心理过程,社会成员在这个过程中,除了学会社会共同的知识、技能和规范外,还形成了与他人不同的心理特征和行为风格,以致产生价值的多元化。

人都是社会的人,是处在一定的社会关系中的人。但是,并非人一生下来就是社会化的人,需要有一个逐步内化和实现的过程。刚来到世间的人,并不掌握从事各种活动的知识和技能,也不懂得各种社会规范和行为方式,这就需要学习。婴儿的第一位教师,就是他的母亲;他接触到的第一个社会就是他所生活的家庭。从出生的那一天起,婴儿就开始学习如何做一个社会的人,因而也就开始了社会化活动的进程。通过这些学习活动,学会从事各种活动的知识和技能,掌握各种社会规范和活动方式,从而使自己能够适应社会环境,使自己成为社会的人。因此,每个人来到社会,必须学习各种知识、技能、规范、活动方式等,实现自己的社会化。在这个过程中,一方面,是适应社会环境,另一方面,是从事改变和创造社会环境。两个方面都是通过社会教化和个体内化来实现的,其中个体内化起着决定作用。

在社会化和个体化的过程中,发生着两种方向不同的变化。第一个方向是从社会到个人的方向,把本来属于社会的知识、技能、规范、活动方式等,通过学习和训练,内化到人的头脑中去,成为人的观念的东西,被每一个人所掌握,使人能够成功地按照社会规范从事各种活动。第二个方向是从个人到社会的方向，其中又包括两个方面的内容，一是个人被社会所改变，消除不适应社会的因素，从而被社会所同化；二是个人创造出新的因素，被社会所接受，成为社会共同的因素，从而提高社会化的程度。

社会成员只有把社会规范内化为自己所认同的思想和思维模式，才能以这种规范来指导自己的行为。当然，社会化中的个体内化的内容是多方面的，诸如社会的共同理想、人生观、价值观、道德规范、政治原则、法律规范和行为方式等，转化为自身的思想、品格，并成为自己稳定的行为反应模式，以及如何实现社会化和个体内化的过程、途径等。这些内容，主要由社会学、心理学和社会心理学等科学所研究，这里就不再赘述了。

同我们讨论的问题相关的，是在实现社会规范内化后，便产生了行为逻辑的问题。就是说，在实施规范行为的过程中，同时存在着逻辑的推论。

最初，社会规范是作为行为模式而被创造出来的，并获得了形式合理性和实质合理性，被社会成员所接受和践行，从而使人的行为合乎社会规范。就是说，社会成员要按照社会规范来行事是有前提的。第一个前提是对规范的社会认同，即实现规范的内化；第二个前提是以所认同的规范来引领自己的行为，令行禁止。由此获得的结果，是合乎规范的行为，否则便是违背规范的行为。这是一个推论，就是行为的逻辑，表述为概念推论三段式则是：

规范认同—规范指导—合规范行为。

在这个三段式中，第一个前提是"规范认同"概念，如果没有规范认同，就不可能产生合规范行为；第二个前提是"规范指导"概念，即便认同了规范，但只是认同，而不用来引领行为，仍然还不能产生合规范行为。如果具备了这两个前提，那么，"合规范行为"这一概念便是必然推出的结论。

这个三段式是行为逻辑推论三段式，它的推论过程，依靠了形式逻辑的帮助。例如，在交通规则中规定：亮绿灯，允许通行；亮红灯，禁止通行。要执行这种规则，包含了两个形式逻辑的三段论。

第一个三段论推理是：如果亮绿灯，那么通行；现在正亮绿灯，所以，现在通行。

第二个三段论推理是：如果亮红灯，禁止通行；现在正亮红灯，所以，现在不通行。

形式逻辑并非是行为逻辑，而是思维的逻辑。这两个三段论推理的前提和结论都是命题。其中的结论都是从前提中必然地推出的,是对行为与环境关系的陈述,而且都是合规范行为。问题是,这两个从前提必然地得出结论的推理,都还只是思维活动,它们都还只发生在思想中,而并非实际行动。这两个推理的结论,都类似于康德的道德命令,是对行为的要求,即命令"通行",或命令"不通行"。你是否接受这个命令,并付诸实践,决定于你对这两条交通规则是否认同并且是否接受而践行。如果认同,就接受结论的命令,则践行;如果不认同,就不接受结论的命令,则不践行。在这个过程中,行为的逻辑就发生作用了。在现实的交通行为中,失范行为是经常出现的,在多数的情况下,都是由于对交通规则不认同,或认同不践行而产生的结果。但有时也因受到意外情况的干扰不能应急处理而出现失范行为。

上面所说的行为逻辑三段式"规范认同—规范指导—合规范行为"的思维背景,都是对这两条交通规则的认同,而且以它们来规范自己的行为,服从了上述两个形式推理结论中的命令,就实践了合规范行为。三段式中的"规范认同",不只是思想上的认同,而且也包含了行为上的服从,即以规范指导行为,因而实践了合规范行为。如果没有意外的、不可预测因素的干扰,从两个前提到结论,同样具有必然性。但是,由于不可能完全排除意外的、不可预测因素,从而在实际的实行中,使结论仍然具有或然性。这说明,获得结论的逻辑必然性还仍然存在于思维过程中,而在行动中,总是不能完全排除结果的或然性的。

可见,社会规范是重要的,而要实现社会规范,还必须把它转化为行为者的思想认同,并把它转变为行为逻辑的前提,只有这样,才能获得合规范的行为结果。

§97 逻辑的行为

前面说的行为规范,不同于事物本身的规律,它们都是人为地形成和制定出来的。而且在不同的领域,规范的内容各不相同;在不同的历史阶段,规范的内容也都会发生不同的变化。尽管如此,它们仍然有许多共同的特点:

第一,都包含有特定的价值取向,反映制定者和执行者的目的;
第二,其功能都是调节和制约人的行为,防止失范行为的发生;

第三,具有形式的普遍性,人人都必须也都能够遵守,对失范行为必定进行不同形式的评论和处置;

第四,都具有形式合理性和实质合理性,并非任意和主观的设定,因而具有可认同性和可行性;

第五,执行的结果,不都是必然的,深受行为主体因素的影响和意外因素的干扰。

因为思维也是一种活动,我们也可以把思维规范看作是一种特殊的行为规范。制约思维的规范,就是逻辑;合乎思维规范,也就是合乎逻辑。如果我们的行为是合乎规范的,也可称这种行为是规范的产物。

因此,在对某种行为做评价的时候,我们也总是说:这是"合乎逻辑的行为",或这是"不合逻辑的行为"。这两个说法都包含着这样的意思:行为是逻辑的产物。也可以称这种行为是"逻辑的行为"。

"逻辑的行为",存在着两个阶段:第一阶段,从逻辑中推演出"应当"的行为;第二阶段,按照逻辑推论的结果去做"应当"做的事。第一阶段完全是思维过程,第二阶段则不是单纯的思维过程,同时又是行为过程。但是,就思维过程来说,第一阶段是第二阶段的准备,第二阶段是第一阶段的继续。第二阶段继续着思维过程,即思维指导行为的过程。我们所说"逻辑的行为",是指这两个阶段相统一的包括推论和执行的完整过程,是按照逻辑做事的行为。

如果人们在进行实现变革的实践活动,而且根据逻辑推论得到了一个结果,并以这个结果指导我们的实践活动,进而在实践活动中合乎逻辑地创造出事物来,那么,这个事物不也是"逻辑的事实"吗?

毛泽东曾以人民大会堂为例说:"人民大会堂现在是事物,但是在它没有开始建设以前,只是一个设计的蓝图,而蓝图则是思维。这种思维又是设计工程师们集中了过去成千成万建筑物的经验,并且经过多次修改而制定出来的。许多建筑物转化成人民大会堂的蓝图——思维,然后蓝图——思维交付施工,经过建设,又转化为事物——人民大会堂。"[6]人民大会堂的设计蓝图是观念形态,这个蓝图是怎样来的,是认识的来源问题,总体上属于认识论的研究课题,自然也包含着逻辑的问题。然后,根据图纸的要求,演绎出相应的手段,并按照设计的图纸进行施工活动,这主要是逻辑推论的问题。把这些主观的推论见诸客观,最后成功地建成人民大会堂。从逻辑的立场上看,符合逻辑推论的结论,转化为现实的结果,便成为"逻辑的事实"了。

关于社会主义革命和建设,我们也是先有了社会主义的概念和思想,然后,根据这种概念和思想,设计我们的行动纲领和步骤,通过革命和建设的实践活动把它创造出来。这时,"社会主义"这个事物,就是"逻辑的事实"。

但是,社会主义不仅建立在逻辑必然性的基础上,而且更根本的是建立在历史必然性基础上的,即是建立在"符合规律"这个基础之上的。我们首先有了关于资本主义必然灭亡和社会主义必然胜利的"两个必然性"规律的认识,然后,在这个认识的基础上,进行逻辑推理和论证,选择了社会主义道路,最终将社会主义在一些国家建立起来。因此,社会主义既是"合乎规律的事实",同时又是"符合逻辑的事物"。同样,我们在提出建设小康社会的时候,小康社会并不存在,也是我们根据逻辑和规律把它创造出来的。尽管小康社会还正在建设的过程中,但我们坚信它肯定是能够建成的。这就是理论自信,亦即逻辑自信。

这就是理论的力量,逻辑的力量。一切信仰的力量,也都是依靠这种力量来支持的,而且信仰的力量也必定转化为逻辑的力量。

参 考 文 献

[1] 金岳霖.论不同的逻辑[M]//金岳霖.金岳霖文集:第2卷.兰州:甘肃人民出版社,1995:380.

[2] 鲍亨斯基.当代思维方法[M].童世骏,邵春林,李福安,译.上海:上海人民出版社,1987:8.

[3] 迈纳.方法论导论[M].王路,译.北京:生活·读书·新知三联书店,1991:18.

[4] 宋文坚.西方形式逻辑史[M].北京:中国社会科学出版社,1991:2-3.

[5] 肖尔兹.简明逻辑史[M].张家龙,译.北京:商务印书馆,1977:16.

[6] 毛泽东.读苏联《政治经济学教科书》的谈话(节选)[M]//毛泽东.毛泽东文集:第8卷.北京:人民出版社,1999:103-104.

第 2 章
实践与实践逻辑

对日常行为逻辑化的考察,说明在我们的日常生活和行为活动中,处处包含着逻辑。但是,我们却很少从逻辑方面研究实践活动。关于实践逻辑的论著也不是很多,而且在这些文章和著作中,大多只是讨论实践哲学方面的问题,与逻辑的关系基本上不是很大。下面的叙述,将进一步从理论上回答是否存在实践逻辑的问题。根据传统认识,逻辑属于思维科学,实践是感性活动,两者不处于同一个对象域,怎么能把两个不相关的问题扯在一起呢?正是这些原因,在讨论实践逻辑问题之前,首先必须回答:什么是实践?是否存在实践逻辑?实践逻辑为什么是可能的?

§98 日常生活实践和社会历史实践

在我国,自从《实践论》问世以来,对什么是实践的问题已经做了大量的研究和宣传,关于这方面的知识是相当普及了,为什么还要谈论什么是实践的问题?

显然,我们现在来谈论实践问题,是与实践逻辑相关的。因为,如果对什么是实践持不同的理解,那么对实践逻辑的对象域也必定持有不同的看法。所以,我们还是从讨论什么是实践的问题开始。

通常,人们都把实践分为社会历史实践和日常生活实践。前一章所讨论的,就是日常生活实践中的行为逻辑化问题。如果我们在认识论语境下谈实践,就会把它与理论相对照。例如,我们经常说:"理论若不和革命实践联系起来,就会变成无对象的理论,同样,实践若不以革命理论为指南,就会变成盲目的实践。"[1]作为认识论的基本范畴,而且与理论相对应的实践,主要是指社会历史实践。过去,我们讲得最多的是三项实践,即生产斗争、阶级斗争和科学实验,并把它们作为实践的基本形式。这里所说的实践,也就是指社会历史实践。毛泽东说:"人的正确思想,只能从社会实践中来,只能从社会的生产斗争、阶级斗争和科学实验这三项实践中来。"[2]

法国著名社会学家布迪厄用"praxis"(践履)一词来表达社会历史实践。但他在实践逻辑中所说的实践,并非指社会历史实践,而是在社会学视野下的实践,即日常生活实践。在人们日常生活的具体行为中,经常起着实际指导作用的,不是宏大的理论,而是具体的行动策略意识、游戏规则。布迪厄使用"practice"(实践)一词来表达人们日常生活实践。所以,布迪厄总是把"践履"(praxis)与"实践"(practice)作为两个不同的概念区别开来。"布迪厄使用 practice 一词,说明了他研究的对象乃是我们平常进行的日常的、普通的实际行为,而不是践履某种观念或者理想意义上的那种实践。"[3]所以,在社会学意义上的实践,并不是社会历史意义上的实践概念,而是一种普遍的行动者、施动者的行为。在这里,所谓实践理性,也就是关于日常行为的理性。因为在这些行为中,都不是严格地按照理论规范行事的,而总是同时被行动者的性情倾向所左右。布迪厄称这种行为理论为"性情倾向的行为哲学"[4]。就是说,日常行为不完全是由科学理论所指导,而总是被性情倾向、生活方式所牵引。

关于这个问题,伽达默尔也同样地认为,"实践"这一语词和概念置身其中的概念系列,其自身规定根本不是从与理论的对立中获得的。实践"是最广泛意义上的生活","它是一种生活方式,一种被某种方式(bios)所引导的生活"[5]。由于不同的人有不同的生活方式,因而各有不同的生活内容。这种日常生活,或日常行为,就是布迪厄的实践逻辑中的实践。所以,实践逻辑,也可以认为是生活逻辑、行为逻辑,有时甚至称它为文化实践逻辑,或文化逻辑,因为文化就是人们的生活样式。[6]

区分两种实践的概念是必要的,但也不能把实践逻辑只限定于生活实践的逻辑。社会历史实践和日常生活实践都是实践的形式,从普遍性的意义上理解,社会历史实践也是一种生活实践。因此,两种形式的实践都包含有实践逻辑,而且两者是相通的。

§99 实践逻辑何以可能

从传统逻辑的观念出发,很难理解实践逻辑的概念。在这里,自然要产生这样的一个问题:逻辑是以思维形式为对象的,实践则是改造世界的感性活动,而不是思维活动,也不是概念形式,怎么会有实践逻辑呢?其实,实践是主观见诸客观的东西。它不是纯客观的,它同时也是主观的,是主观性和客观性的统一。否则,怎么还会有失败的实践呢?实践之所以失败,是因为没有实现主观与客观的一致。实践总是在一定的理论指导下进行的。"在马克思主义看来,理论是重要的,它的重要性充分地表现在列宁说过的一句话:'没有革命的理论,就不会有革命的运动。'"[7]理论都有自己的逻辑,实践活动也都是在理论逻辑指导下进行的。实践的成功,有成功的逻辑;实践的失败,也有失败的逻辑。因此,只要承认实践是有理论指导的,就得承认实践活动包含着逻辑,除非根本不承认理论对实践的指导作用。把实践看作是没有理论指导的观点,那是洛克"白板"论的主张。如果不想否定思维对实践的能动反作用,那么,我们就应该承认实践逻辑的存在。

进一步说,指导理论是否正确,或正确的程度如何,都直接影响到实践的结果。经过一段时间的实践后,我们要对实践经验进行总结,并且做进一步的理论概括。无论是实践活动过程,还是理论概括过程,都存在着思维活动,因而都需要运用逻辑于其中。

如果存在实践逻辑,那么,它就是我们平常所理解的逻辑吗?提倡实践逻辑的布迪厄,提出了实践逻辑不是"逻辑的逻辑"的断定。他说:"实践有一种逻辑,一种不是逻辑的逻辑,这样才不至于过多地要求实践给出它所不能给出的逻辑,从而避免强行向实践索取某种不连贯性,或把一种牵强的连贯性强加给它。"[8]

布迪厄的意思是说,第 ,存在着 种实践的逻辑;第二,实践的逻辑不是逻辑的逻辑;第三,既不能否定实践逻辑的存在,又不能以逻辑的逻辑作为衡量实践是否有逻辑的标准;第四,实践逻辑介于不连贯性与牵强的连贯性之间。从现代形式逻辑的观点来看,第二点是欣然同意的,第一、第三和第四点则是难以接受的,其结论必然是,既然实践的逻辑不是逻辑的逻辑,那么,它就不是逻辑,因而就不能说它是逻辑。这自然就让我们想起来"是则是,否则否"的思维模式。这对于形式逻辑来说,也是无需指责的,因为它合乎形式逻辑的要求。

其实,当说实践逻辑不是"逻辑的逻辑"时,前后的两个"逻辑"不是同一个概念。所谓"实践逻辑"是指非形式逻辑,它是另一种类型的逻辑;所谓"逻辑的逻辑"的特定含义是指形式逻辑,或同属形式逻辑的一种类型。当然,对于形式逻辑来说,关于思维(理论、话语)的逻辑这一观点,也是难以接受的。因为形式逻辑只能是形式推理的规则,而且只能是演绎推理,甚至连归纳推理也不属于逻辑之列。如果按照比较宽容的观点,即承认存在广义逻辑的观点来看,也仍然只是承认思维(理论、话语)的逻辑,也不存在实践逻辑。显然,这里首先涉及的问题是:"什么是逻辑"。关于这个问题,逻辑学界已经讨论得很多,而且也争论了很长的时间,至今仍在继续,尚未达到共识。因此,关于这些问题,也就不必在这里再做赘述。

实践逻辑不只是"逻辑的逻辑"的问题,还提出了实践与理论的关系问题。理论是从实践中来的,实践是由理论指导的。但是,理论对实践的指导作用,并不意味着实践完全是理论逻辑演绎的结果。实践不是严格按照理论逻辑行走的,而有自己的路线。因为,必然性都是以偶然性为表现形式的,任何实践都不能避免偶然性的干扰。如果以偶然性来否定必然性,那么,实践逻辑也就不再存在了,因为逻辑是讲必然性的。

§100 行动的实践逻辑与话语的实践逻辑

对于亲自实践与非亲自实践的人来说,对实践的认识是极其不同的。无论是社会历史实践,还是日常生活实践,人们对它的认识都有两种不同的情形。一种是亲自实践者对实践的认识,一种是理论工作者对实践的认识。

对于亲自实践着的人来说,实践是他们直接行动的实践,因而能够真正地亲历、亲知实践。毛泽东说:"真正亲知的是天下实践着的人"。[9] 对于他们,实践是"行动中的实践"。对于非亲自实践着的人来说,实践不是他直接行动的实践,而是从他嘴里说出来的实践,或者是书写出来的实践。因此,对于研究者来说,当然不会有亲自实践者那种强烈的实践感。对于他们,这种实践是"话语中的实践"。

从事实践问题研究的理论工作者,他们大多数不是亲自实践着的人,实践不是他们的直接活动,而是他们的认识对象。他们不是在从事实践,而是在反思实践,在实践之外来研究实践。他们只能把自己对实践的研究结果,以理论的形式表述出来。但是,这种表述出来的"实践",已经不是现实的实践,而是"话语中的实践"。在理论与实践的关系中,存在这样一种认识的误区,以为实践完全是理论的产物,是按照理论演绎的结果,完全具有逻辑的必然性。如同我们在前一节所说的,也有人认为,行为是严格按照逻辑做事的,因而这种行为是"逻辑的行为"。布迪厄并不赞同这种看法,他指出:"理论谬误在于把对实践的理论看法当作与实践的**实践关系**,更确切地说,是把人们为解释实践而构建的模型当作实践的根由。"[10] 布迪厄对实践和理论关系的误解的批评,是值得我们记取的。

由于存在着"行动中的实践"和"话语中的实践"的差异,这就造成了实践逻辑的两种形式,即"行动中"的实践逻辑和"话语中"的实践逻辑。我们所说的实践逻辑,到底是哪一种形式的实践逻辑?如果认为实践逻辑就是行为逻辑,那么,它应该是"行动中"的实践逻辑,即自在的实践逻辑。可是,如果不能把"行动中"的实践逻辑,表述为"话语中"的实践逻辑,我们又如何能够知道"行动中"的实践逻辑是怎样的一种逻辑呢?就是说,"行动中"的实践逻辑是自在地存在着的,如果把它描述出来,它就成了"话语中"的实践逻辑,而已经不是"行动中"的实践逻辑了。如果这种质疑是合理的话,那么,我们就永远不能确切地知道"行动中"的实践逻辑到底是什么。

在这种关系中,我们已经看到了参与者/旁观者的二元对立。"行动中"的实践逻辑,是参与者的逻辑;研究者所表达的"话语中"的实践逻辑,是旁观者的逻辑。前者是自在逻辑,后者是反思逻辑。自然,反思逻辑是自在逻辑的反映,它们应该基本上是一致的。但是,能否肯定,反思的逻辑就是自在的逻辑?这确实是一件很值得怀疑的事情。所以,布迪厄说:"谈论实践不是一件容易的事,除非从反面谈论它;特别是谈论实践之看似最机械、最违背思维及话语逻辑的东西。"[11]情况的确是这样,我们很难从肯定的方面为实践逻辑给出一个精确的定义,倒是比较容易地说,实践逻辑不是"逻辑的逻辑"这类"不是什么"的话。这可能是由实践逻辑本身的模糊性所造成的。

因此,要描述实践逻辑,必须超越参与者/旁观者的二元对立。对于实践逻辑的研究者来说,实践和实践逻辑都是他的对象。应该指出,"关于对象的话语所表达的不是对象,而是与对象的关系"[12]。就是说,在研究和表达对象的时候,我们已经参与到对象里面去了。要做到这一点,必须克服作为置于观察者面前的一个客体的实践与观察者之间的距离,拉近这个距离,以至使这个距离缩小到可以消失的程度。实现这个目标的关键是,"从主体方面去理解"实践以及人的感性的活动[13],尽可能地推进主观性的客观化和客观性的主观化[14]。就像量子力学中的情形,使观察者置于对象体系之内,消除主体/客体的二元对立。

普里戈金说:"现在,我们已经离这种二分法越来越远了。我们知道,用波尔(Niels Bohr)的名言来说,我们既是演员又是观众,不仅在人文科学中是这样,在物理学中也是如此"[15]。他又进一步指出:"自然界不能'从外面'来加以描述,不能好像是被一个旁观者来描述。描述是一种对话,是一种通信,而这种通信所受到的约束表明我们是被嵌入在物理世界中的宏观存在物。"[16]我们要超越二元对立,必须把自己置于实践之中而来观察实践。这并不是说,主观/客观、旁观者/参与者的二元对立完全不存在,我们力求超越这种二元对立的企图,实际上就是对这种对立存在的承认。问题是如何找到一种方法,实现这种超越。就是说,"行动中"的实践逻辑与"话语中"的实践逻辑的差距是存在的,但我们可以缩小这种差距,以"话语中"的实践逻辑来理解和解释"行动中"的实践逻辑。

如果我们区分了"行动中"和"话语中"的两种实践逻辑,并讨论它们是否相一致,这就在事实上承认了实践逻辑的存在,以一种特殊的形式,回答了有没有实践逻辑的问题。

参 考 文 献

[1] 毛泽东.实践论[M]//毛泽东.毛泽东选集:第1卷.2版.北京:人民出版社,1991:293.
[2] 毛泽东.人的正确思想是从哪里来的?[M]//毛泽东.毛泽东文集:第8卷.北京:人民出版社,1999:320.
[3] 朱国华.场域与实践:略论布迪厄的主要概念工具:下[J].东南大学学报(哲学社会科学版),2004(2):43.
[4] 布尔迪厄①.实践理性:关于行为理论[M].谭立德,译.北京:生活·读书·新知三联书店,2007:1.
[5] 伽达默尔.科学时代的理性[M].薛华,高地,李河,等,译.北京:国际文化出版公司,1988:79.
[6] 梁漱溟.东西文化及其哲学[M].北京:商务印书馆,1999:1.
[7] 毛泽东.实践论[M]//毛泽东.毛泽东选集:第1卷.2版.北京:人民出版社,1991:292.
[8] 布迪厄.实践感[M].蒋梓骅,译.南京:译林出版社,2003:133.
[9] 毛泽东.实践论[M]//毛泽东.毛泽东选集:第1卷.2版.北京:人民出版社,1991:287.
[10] 布迪厄.实践感[M].蒋梓骅,译.南京:译林出版社,2003:125.
[11] 布迪厄.实践感[M].蒋梓骅,译.南京:译林出版社,2003:124.
[12] 布迪厄.实践感[M].蒋梓骅,译.南京:译林出版社,2003:231.
[13] 马克思.关于费尔巴哈的提纲[M]//马克思,恩格斯.马克思恩格斯文集:1.北京:人民出版社,2009:499.
[14] 布迪厄.实践感[M].蒋梓骅,译.南京:译林出版社,2003:232.
[15] 尼科里斯,普里戈金.探索复杂性[M].罗久里,陈奎宁,译.成都:四川教育出版社,1986:Ⅵ.
[16] 普里戈金,斯唐热.从混沌到有序:人与自然的新对话[M].曾庆宏,沈小峰,译.上海:上海译文出版社,1987:357.

---

① 布尔迪厄,即布迪厄。——本书注

第3章
三个实践逻辑的思想成果

虽然实践逻辑不被人们所关注,但前人的研究,也已经取得了重大的成果,值得我们认真学习、研究和继承。特别值得一提的是,黑格尔、波普尔和布迪厄等人的成果,更值得我们研究。黑格尔在建立辩证法的本体论和认识论的过程中,研究了实践逻辑,提出了"行动的推理"、"善的推理"等概念。波普尔在研究科学发现的逻辑和科学知识的增长中,提出了活动行为的解决问题图式,其中包括了实践逻辑的图式。布迪厄则从社会学方面研究了实践逻辑,认为实践逻辑并非是"逻辑的逻辑",并对黑格尔的实践逻辑提出了质疑。虽然三人的观点各异,但对我们实践逻辑的研究,都有重要的启示。

§101 黑格尔的"善的推论"

黑格尔把实践称为"善",把实践逻辑称为"善的推论"。他是从认识论的角度研究实践逻辑的,因而涉及认识与实践的关系,以及实践活动中的目的、手段和结果的范畴。我们可以从两个方面来考察黑格尔的实践逻辑问题。

1. 理念运动的三段式

黑格尔把实践看作是理念的一个环节,认为绝对理念是理论的理念和实践的理念的统一。理论的理念是对世界"是什么"的认识,实践的理念则说明了把世界改变成适合我们的需要而应该"怎么做"。理论理念没有告诉我们应该"怎么做",而实践理念则对"是什么"没有充分的认识。因此,在黑格尔看来,理论的理念和实践的理念各有自己的缺陷和片面性,需要彼此相互补充。他指出:"**实践**的理念还缺少**理论**的理念的环节",即"**外在之有**的规定在自为的概念中所达到的现实性的环节"。[1]对于实践理念来说,这个在理论的理念中达到的"现实性的环节",则"作为不可克服的限制与它对立着的现实"[2]。这说明,一方面,意志与认识分离了,另一方面,外在的现实对于意志来说,并未取得"有"的形式。只有在实践理念中包含理论理念,才能消除这种限制和对立。善的目的,就是要克服这种限制和对立,把它转变为自己的"真的规定和唯一的价值"。所以,它要克服自己的片面性,"唯有在真之理念中才能找到它的补充"[3]。就是说,实践的理念必须与理论的理念相结合,在理论的理念指导下,实现善的目的。

因此,黑格尔称实践为"意志活动",使之与认识活动相区别。黑格尔说:"理智的工作仅在于认识这世界是如此,反之,意志的努力即在于使得这世界成为**应如此**。"[4]认识的任务,是认识世界具有怎样的性质,即认识世界"是如此"。这个"是如此",就是"外在之有的规定在自为的概念中所达到的现实性的环节"。对主体来说,这个"是如此"能满足自己的需要吗?事实上,在两者之间存在着差距。因此,主体不能只是适应这个世界"是如此",而应该改变它,把它变成"应如此",使之能够满足自己的需要。如何使世界由"是如此"变成"应如此"?这就必须通过实践活动,即意志活动。所谓"意志",就是表示这种必须改变世界以满足主体需要而执着的决心。"在这种过程里,善便被执着为仅仅是一种**应当**。"[5]当这个"应当"实现时,概念便进入绝对理念的世界了。

根据上述的阐述,运用概念逻辑的三段式,我们就可以得到一个有关理念运动的概念推论三段式:

理论理念—实践理念—绝对理念。

这个三段式,就是黑格尔所主张的理论与实践相结合的公式,也是寻求真理的总公式,即认识论的总公式。这个公式表明,实践理念是连接理论理念与绝对理念的中介。以理论理念为前提,可以推论出实践理念,又以理论理念和实践理念为前提,推论得到绝对理念,即理论理念和实践理念的统一。

2. 行动的推论

接着,黑格尔根据理论与实践关系的公式,进一步研究了实践的目的和实践的活动,并从目的与活动两个方面来建构"目的"三段式和"活动"三段式。

在黑格尔看来,实践,或善的最根本特征是目的性。在实践的理念中,

"目的"概念对实践活动自始至终都有决定的意义,起着决定的作用。这个目的,就是主体对世界的"应如此"的要求。因此,可以从目的在实践活动过程中发展的不同形态,构造"目的"三段式。在《逻辑学》的《目的性》这一章中,黑格尔对善的目的,做了详细的分析,认为:"由目的到理念的发展须经历三个阶段:第一、主观的目的;第二、正在完成过程中的目的;第三、已完成的目的。"[6]这个目的发展的三种形态,就是一个"三段式":

(1) 主观的目的—正在完成过程中的目的—已完成的目的。

在这个三段式中,正题是"主观的目的",这个最初的目的还带有主观性,在实践的过程中,将不断地被修正;反题"正在完成过程中的目的"是对"主观的目的"的否定,因为在完成的过程中,目的也随着形势的发展而变化,因而它成为三段式的中介;在到达终端"已完成的目的"后,又返回了开端,把"主观的目的"实现于"已完成的目的"之中,但又不同于最初的"主观的目的"。它在经历完成目的的过程中,实现了主观性和客观性的统一。

在这个三段式中,它的中项"正在完成过程中的目的"是一个关键环节,它就是实现目的的活动,其本身又可以建构一个三段式。这就是"活动"三段式,即"行动的推论"。

就行动方面,黑格尔说:"善之理念是由自身造成这种过渡的。在行动的推论中,一个前提是**善的目的对现实的直接关系**,目的占取这个现实,并在第二个前提中把〔它〕作为**手段**来反对外在的现实。"[7]从这两个前提中产生一个结果,即善的目的的实现。这就是"行动的推论",它的公式是:

(2) 目的—手段—结果。

可以把公式(1)与公式(2)做一个比较,表明它们是一致的。公式(1)中的第一项"主观的目的",即是公式(2)中的"目的";公式(1)中的第二项"正在完成过程中的目的",包含了公式(2)中的"手段",它是为了完成目的而必须采用的手段;公式(1)中的第三项"已完成的目的",即是公式(2)中所得到的"结果"。

实践逻辑中的目的、手段和结果,都是概念而不是现实的存在。要进行正确的推论,最重要的是目的概念的制定。有什么样的目的,就可以从这个概念中推论出什么样的手段,再从目的和手段概念中推论出结果。这里所进行的都是思维活动、概念推演,而不是现实的实践活动。这种推论,是我们行动之前的理论工作,即制定实践的理论和纲领,以及在实践过程中根据实际情况的变化而对理论和纲领做出修正。

黑格尔关于善的推论,为实践逻辑提供了一个值得我们参考的总公式。其中,"理论理念—实践理念—绝对理念"和"目的—手段—结果"这两个公式,具有特别重要的意义。黑格尔所提倡的实践逻辑,实际上是宏观的实践逻辑,是为实践活动建构概念框架。

3. 列宁的评论

列宁对黑格尔的实践逻辑,有极高的评价。他在《黑格尔〈逻辑学〉一书摘要》中,以"逻辑的范畴和人的实践"为题写道:

> 黑格尔力求——有时甚至极力和竭尽全力——把人的有目的的活动纳入逻辑的范畴,说这种活动是"推理"(schluβ),说主体(人)在"推理"的逻辑的"式"中起着某一"项"的作用等等,——
>
> 这不只是牵强附会,不只是游戏。这里有非常深刻的、纯粹唯物主义的内容。要倒过来说:人的实践活动必须亿万次地使人的意识去重复不同的逻辑的式,以便这些式能够获得公理的意义。这点应注意。[8]

列宁肯定,因为人在实践活动中亿万次地重复具有不同内容的"目的—手段—结果"这个逻辑的式,因而成为了具有公理意义的逻辑公式,作为实践推理的工具。

在读观念篇时,列宁又进一步做了如下的评论:

> "行动的推理……"对黑格尔来说,**行动**、实践是**逻辑的**"**推理**",逻辑的式。这是对的!当然,这并不是说逻辑的式把人的实践作为它自己的异在(=绝对唯心主义),而是相反,人的实践经过亿万次的重复,在人的意识中以逻辑的式固定下来。这些式正是(而且只是)由于亿万次的重复才有着先入之见的巩固性和公理的性质。
>
> 第1个前提:**善的目的**(主观的目的)对**现实**("外部现实")的关系
>
> 第2个前提:外部的**手段**(工具),(客观的东西)
>
> 第3个前提,即结论:主体和客体的一致,对主观观念的检验,客观真理的标准。[9]

从这些评论来看,列宁对黑格尔的实践逻辑理论和公式,是充分肯定的,并做了唯物主义的改造。我们应该充分利用黑格尔的遗产，建立马克思主义的实践逻辑理论。

§102 波普尔的行为进化图式

波普尔没有直接提出实践逻辑的问题。他由于受到黑格尔概念推论三段式的启发，提出了以猜测和反驳解决问题的四段图式：$P_1 \to TT \to EE \to P_2$。波普尔在思想自传中说："早在1937年当我试图通过把著名的'辩证法三段论式'（**正题：反题：合题**）解释为试验和排除错误方法的一种形式来弄懂它的意义时，我提出一切科学讨论从问题（P_1）开始，对于问题我们提出某种试探性的解决——**试探性理论**（TT）；然后批判这个理论，试图**排除错误**（EE）；并且正如辩证法的情况一样，这个过程又重新开始：理论及其批判性修正提出了新的**问题**（P_2）。"[10]

在科学哲学的研究中，我们都把波普尔的这个四段图式看作科学理论进化的图式，因而这里的"问题"只是指科学问题。在多种情况下，波普尔本人也喜欢用科学"从问题始、以问题终"来概括这个图式，而实际上，这是一个一般进化的图式。它既是生物进化的图式，也是人类和人类行为进化的图式，更是人类知识进化的图式。波普尔把《猜想与反驳》一书的副题取名为"科学知识的增长"，主要是研究科学理论的进化。他把《客观知识》一书的副题取名为"一个进化论的研究"，显然，这里所说的进化，不只是理论的进化，而是一般进化论。人类进化和人类行为进化，也成为了这种进化论的内容。所以，四段图式：$P_1 \to TT \to EE \to P_2$，同样是人类行为进化的图式。波普尔说："我们通过猜测和反驳解决问题的图式，或者一个类似的图式，可以被用来当成一种说明人的行为的理论，因为我们可以把一个行为解释为一次解决问题的尝试。因此，说明行为的理论将主要包括对问题及其背景所作的推测性重建。这样一种理论很可能是可检验的。"[11]关于波普尔的行为进化图式，以下几个方面是值得我们特别关注的。

1. 解决问题的实践图式

解决问题的猜测和反驳的四段图式，为实践活动提供了如何解决行动过程中提出的具体问题的图式。

显然,在行为进化领域,这里的问题,是人的行为中的实践问题,而不是科学研究中的理论问题。这些问题,如同生物在进化过程中所遇到的实际问题一样,是在一定环境中出现的。由于自然生态的变化,使生物不能按照原有的生活方式生存下去,便产生了进化过程中的问题。为了生存,必须解决这些问题,于是生物就发生了变异。同样,为了解决人类实践中的问题(P_1),人们必须进行问题境况的分析,从中找出解决问题的办法,这些办法就是实践的手段(TT)。办法和手段有很多种,它们都是试探性的。生物的变异,也是一种试探。经过试探,适者生存,不适者淘汰(类似于消除错误)。如果人类在解决问题的实践中失败,说明实践的手段和办法是错的,因而被废止;如果实践的结果是成功的或部分成功的,说明这些手段和办法是可行的,被保留下来。这种排除错误,就是实践的结果(EE)。在这个过程结束后,新的过程又重新开始,提出了新的实践问题(P_2)。就解决问题这种程序来说,生物与人类都是相同的,两者的区别在于生物进化是自发的,没有理性的参与,而人类行为则是自觉的,因为人类是有理性的动物。所以波普尔说:"从阿米巴到爱因斯坦只有一步","阿米巴的行动不是理性的;而我们可假定爱因斯坦的行动是理性的。因此,终究还是有些差别"。[12] 根据这种分析,解决问题的实践图式是:

问题(P_1)→手段(TT)→结果(EE)。

2. 实践图式中概念的逻辑关系

根据三个世界的划分,以及通过人类的行为对三个世界的连接,波普尔刻画了实践图式中概念的逻辑关系。

波普尔提出了三个世界的划分,这就是世界 1、世界 2 和世界 3。世界 1 是物理世界,是指物理客体或物理状态;世界 2 是指意识状态或精神状态的世界,即人的心灵世界,或者说是"关于活动的行为意向的世界"[13];世界 3 是指思想的客观内容的世界,包括科学思想、诗的思想以及艺术作品等。在这里,特别值得指出的是,人类的实践活动在连接三个世界中的作用。因为世界 2 是"关于活动的行为意向的世界",而活动是解决问题,在行动之前,人们必须理解和认识问题境况,才能提出解决问题的办法,为行为提供意向。实践活动是物质性活动,处于世界 1;认识和理解问题境况的过程是心灵过程,处于世界 2;理解和分析问题境况的工具是概念和命题,处于世界 3;概念、命题所陈述的内容又是反映世界1中的客体。所以,只有人们理解和掌握了世界3的思想理论内容,即概念和命题,才能把握世界1中行为的对象,提出解决问题的办法,把人的行为指向世界1中的客体。波普尔说:"世界3理论、世界3计划和行动方案在它们导致人类行动,导致我们的物质环境的改变,例如建造机场或飞机,总是必须被**心灵**所**领会**或**理解**"。[14]就是说,想真正地解决问题,必须理解所要解决的问题。而理解一个问题,就必须去掌握世界3的概念、命题等精神客体,从而把握它们的逻辑关系。因此波普尔认为,理解和把握一个问题,"当然跟直观地把握一个理论相类似"[15]。实际上这告诉我们,把握实践图式,同把握理论图式一样,要把握它们的逻辑关系。我们应该从概念的逻辑关系来理解实践图式,因而同样应该把实践图式理解为实践逻辑图式。

3. 对黑格尔三段式的改造

波普尔的活动行为图式是对黑格尔"辩证三段式"的改造,他不仅明确地把"活动"作为推论图式的载体,并把手段解释为试错。

第一,把活动看作是四段图式的载体和推论内容。黑格尔"辩证三段式"是概念推论图式,事物和人的行为也都是概念,或概念的外化,因而把实践推论描述为"目的—手段—结果"的概念推论。波普尔的改进是:"先有某种观念或理论或活动,可称之为'正题'。这一正题往往生出对立面来,因为像世界上的多数事物一样,它多半只有有限的价值,而且也会有缺点。对立的观念或运动叫做'**反题**',因为它直接与前一正题对立。"[16]所以,波普尔把"活动"也看作是正题的内容,把与正题中的活动相对立的活动称为反题。这样,他就把概念推论推广到实践活动的推论中去了。因此,"辩证三段式"至少适用于三个领域,即理论、思想史和社会运动。波普尔说:"简直无可置疑,辩证三段式很好地描述了思想史的某些步骤,特别是观念和理论的某些发展,以及根据这些观念或理论所兴起的社会运动的某些发展。"[17]

第二,用试错法解释"辩证三段式",并把它改为四段图式。

证伪主义的立场,使波普尔对黑格尔的"合题"持怀疑的态度,因此他以试错法解释"辩证三段式"。他认为,试错法的描述只涉及对一个作为正题的观念的批判,"没有暗示一个正题同一个反题之间的斗争会导致一个合题";也就是说,作为正题的观念与作为反题的观念,并非最终会导致"合题",毋宁说,"我们提出一个观念同对它的批判之间的斗争、也即一个正题与其反题之间的斗争会导致正题(也许是反题)的排除",而且"只有在足够多的现成理论可供试验的情况下,理论的竞争才会导致新理论的采纳"。[18]把活动也看作是一种试错,这不仅符合实际情况,而且也具有重要的意义。而他否定合题的存在,则是对黑格尔辩证法的不认同,或否定,也表明了他不懂辩证法而仍然处在形式逻辑的立场上。

第三,以逻辑矛盾取代辩证矛盾,从辩证法返回形式逻辑。

波普尔明确地承认黑格尔的辩证法同他的进化图式($P_1 \to TT \to EE \to P_2$)之间有根本的区别。他的图式是通过消除错误而消除矛盾,而他所要寻找和消除的矛盾,都是形式矛盾。波普尔说:黑格尔是相对主义者,"他没有看到,我们的任务是找出矛盾,而目的则是消除矛盾,因为他认为矛盾如同无矛盾的理论系统一样好(或比后者更好);它们提供了精神借以推动自身的机制"[19]。在这里,波普尔说黑格尔"认为矛盾如同无矛盾的理论系统一样好(或比后者更好)",这表明,波普尔还是不懂辩证法。黑格尔所谓矛盾是指辩证矛盾,波普尔所谓无矛盾是指无逻辑矛盾。所以,波普尔说他的图式确实可视为黑格尔辩证图式的改良和理性化,"因为它们完全在理性批判的经典逻辑原则内起作用,这种原则以所谓的矛盾律为基础,也就是说,其基础在于要求我们一旦发现矛盾便一定要予以消除。在科学水平上批判地排除错误,借助于有意识地搜查矛盾来实现"[20]。黑格尔把矛盾看作是"精神借以推动自身的机制",波普尔则要消除这个矛盾,这就是波普尔所说的同黑格尔的根本分歧。

波普尔是一个逻辑主义者,提倡演绎主义,反对归纳主义。可是,他所说的"科学发现的逻辑",严格地说并非(形式)逻辑,而是认识论,或科学方法论,但他仍然把它看作逻辑。他说:"认识论或科学发现的逻辑,应该就是科学方法的理论。"[21]如果存在"科学发现的逻辑"的话,自然不是形式逻辑的逻辑,而是另一种类型的逻辑。波普尔的这种开放精神,也是难得的。

§103 布迪厄的社会学实践逻辑模式

布迪厄在社会学的研究中,把实践逻辑看作是生成性的逻辑,它是在实践的过程中形成的,没有一般的逻辑模式。但他同时又主张,各种实践还是存在共构性。实践行为自身的一般结构或生成原则,都有其自身的逻辑。而这种逻辑不仅受实践主体事先习得的习性和占有资本的支配,而且受到场域等社会要素的制约。布迪厄把这种实践的共构性看作是实践逻辑根由,因而它不是由某种"逻辑的逻辑"模式生成的。但是,实践的共构性,又使我们可能用一种分析模式对实践逻辑进行具体分析,并给出描述。需要指出的是,这种分析模式又不是实践逻辑的一般逻辑模式,从而对实践施行强制的逻辑控制,把实践看作完全是逻辑的产物。

1. 实践的逻辑模式

1984年,布迪厄在《区隔》一书中,提出了关于实践逻辑的社会学分析模式,把行为理论化为习性、资本以及场域之间的相互关系的结果。这个模式是:

［（习性）（资本）］＋场域＝实践。

这个公式说明,实践是实践者的习性和资本在社会场域中的运动和发挥共同作用而产生的活动。实践的逻辑取决于这三个概念之间的逻辑关系,或者说,这三个概念的逻辑关系,建构了实践的逻辑。

这个简要公式的主要概念工具是习性、资本和场域,其中的每一个概念又都代表者着一组关系。这表明,要理解和描述实践逻辑,必须使用概念和概念之间的关系。但是,实践逻辑不能归结为这三个概念中的任何一个概念,也不能还原为实践活动的历史条件和现实条件,而是产生于习性、资本和场域所代表的一套关系在某个时间点上确立的相互关系。斯沃茨说:"布尔迪厄的理论主张:社会世界是由'多极'(polarities)所结构的。但是,恰恰是习性创造了不同场域之间的实践同构性。这样,虽然场域概念的发展为布尔迪厄关于宏观结构的思考提供了新的洞见,但是习性概念依然——虽然不再那么明显——是布尔迪厄理论大厦的中心支柱。"[22]

这个社会学分析模式,既反对了实践逻辑的客观主义解释,又反对了对它的主观主义解释,说明实践逻辑是超越客观/主观的二元对立的逻辑。组成实践逻辑分析模式的基本概念,并不是实践进行演绎的逻辑规范,而是在实践逻辑生成过程中,自在地发挥作用的基本要素。这就决定了实践逻辑不是规范逻辑,而是模糊逻辑。在这些要素中,习性处于核心的地位。由习性产生的实践感,引导着实践的逻辑进程。所以,华康德称实践逻辑为"实践感的模糊逻辑"[23]。

2. 场域

分析模式中的场域,是一个关系网络。它"可以被定义为在各种位置之间存在的客观关系的一个网络(network),或一个构型(configuration)"[24]。场域既独立于行动者,又关联着行动者所占位置、所掌握的资本和行动者的习性,以及他采取的策略。

3. 习性

在实践过程中最能体现主体性的,是行动者的习性(又译为惯习)。它是限制实践逻辑成为"逻辑的逻辑"的主要根由。习性是持久的、可变换的一些性情倾向系统,是历史和文化在行动者身上的沉积,反映着行动者的秉性。习性使行动者按照自己的理解,变通地处理了原理和规则,而不是无条件地去遵循它。在面对着现实世界时,它从现有状态中解读出场域所包含的各种未来可能状态,内化为一种具有必然性的实践感,从而支配着自己做出实践选择。而这种实践感又是先于认知的,"无需概念的内聚力"。"无论何时,一旦我们的惯习适应了我们所涉入的场域,这种内聚力就将引导我们驾轻就熟地应付这个世界。"[25]

4. 资本

"资本是积累的劳动"。经济资本、社会资本和文化资本等,是资本的基本形式。资本"被行动者或行动者小团体占有时,这种劳动就使得他们能够以具体化的或活的劳动的形式占有社会资源"[26]。一个人拥有资本的数量和类型,决定了他在社会空间的位置,也就决定了他的权力。在习性、资本与场域的互动关系中,产生了行动者的行为策略。它是作为"客观趋向的'行为方式'的积极展开,而不是对业已经过计算的目标的有意图的、预先计划好的追求;这些客观趋向的'行动方式'乃是对规律性的遵从,对连贯一致且能在社会中被理解的模式的形塑,哪怕它们并未遵循有意识的规则,也未致力于完成由某位策略家安排的事先考虑的目标"[27]。正是实践过程中的这些基本要素以及它们之间的相互作用,产生了实践逻辑的连贯性和客观性,同时又产生了它的间断性和主观性。前者相似于"逻辑的逻辑",包含着某种逻辑确定性;后者则有别于"逻辑的逻辑",显示了它的逻辑模糊性。

布迪厄关于实践逻辑的基本公式:[(习性)(资本)]+场域=实践,说明了实践逻辑决定于主体境况(习性和资本)和实践环境(场域)。它肯定了实践逻辑的存在,但又否定了实践逻辑具有形式逻辑那样的确定性和规范性;它肯定了实践逻辑的主体性,否定了实践逻辑是无主体的逻辑。这种逻辑思想,开辟了实践逻辑的一个新领域,即微观的实践逻辑。

参 考 文 献

[1] 黑格尔.逻辑学:下卷[M].杨一之,译.北京:商务印书馆,1976:525.

[2] 黑格尔.逻辑学:下卷[M].杨一之,译.北京:商务印书馆,1976:526.

[3] 黑格尔.逻辑学:下卷[M].杨一之,译.北京:商务印书馆,1976:526.

[4] 黑格尔.小逻辑[M].贺麟,译.2版.北京:商务印书馆,1980:420.

[5] 黑格尔.小逻辑[M].贺麟,译.2版.北京:商务印书馆,1980:419.

[6] 黑格尔.小逻辑[M].贺麟,译.2版.北京:商务印书馆,1980:391.

[7] 黑格尔.逻辑学:下卷[M].杨一之,译.北京:商务印书馆,1976:526.

[8] 列宁.黑格尔《逻辑学》一书摘要[M]//列宁.列宁全集:第55卷.2版.北京:人民出版社,1990:160.

[9] 列宁.黑格尔《逻辑学》一书摘要[M]//列宁.列宁全集:第55卷.2版.北京:人民出版社,1990:186.

[10] 波普尔.无穷的探索:思想自传[M].邱仁宗,段娟,译.舒伟光,校.福州:福建人民出版社,1984:139.

[11] 波普尔.客观知识:一个进化论的研究[M].舒炜光,卓如飞,周柏乔,等,译.上海:上海译文出版社,1987:189-190.

[12] 波普尔.客观知识:一个进化论的研究[M].舒炜光,卓如飞,周柏乔,等,译.上海:上海译文出版社,1987:259.

[13] 波普尔.客观知识:一个进化论的研究[M].舒炜光,卓如飞,周柏乔,等,译.上海:上海译文出版社,1987:114.

[14] 波普尔.论三个世界[M]//波普尔.通过知识获得解放.范景中,李中正,译.杭州:中国美术学院出版社,1996:384.

[15] 波普尔.客观知识:一个进化论的研究[M].舒炜光,卓如飞,周柏乔,等,译.上海:上海译文出版社,1987:192.

[16] 波普尔.猜想与反驳:科学知识的增长[M].傅季重,纪树立,周昌忠,等,译.上海:上海译文出版社,1986:448.

[17] 波普尔.猜想与反驳:科学知识的增长[M].傅季重,纪树立,周昌忠,等,译.上海:上海译文出版社,1986:449.

[18] 波普尔.猜想与反驳:科学知识的增长[M].傅季重,纪树立,周昌忠,等,译.上海:上海译文出版社,1986:449.

[19] 波普尔.客观知识:一个进化论的研究[M].舒炜光,卓如飞,周柏乔,等,译.上海:上海译文出版社,1987:135.

[20] 波普尔.客观知识:一个进化论的研究[M].舒炜光,卓如飞,周柏乔,等,译.上海:上海译文出版社,1987:308.

[21] 波珀.科学发现的逻辑[M].查汝强,邱仁宗,译.北京:科学出版社,1986:23.

[22] 斯沃茨.文化与权力:布尔迪厄的社会学[M].陶东风,译.上海:上海译文出版社,2006:161.

[23] 华康德.迈向社会实践理论:布迪厄社会学的结构和逻辑[M]//布迪厄,华康德.实践与反思:反思社会学导引.李猛,李康,译.邓正来,校.北京:中央编译出版社,1998:20.

[24] 布迪厄,华康德.反思社会学的论题(芝加哥研讨班)[M]//布迪厄,华康德.实践与反思:反思社会学导引.李猛,李康,译.邓正来,校.北京:中央编译出版社,1998:133-134.

[25] 华康德.迈向社会实践理论:布迪厄社会学的结构和逻辑[M]//布迪厄,华康德.实践与反思:反思社会学导引.李猛,李康,译.邓正来,校.北京:中央编译出版社,1998:22.

[26] 包亚明.文化资本与社会炼金术:布尔迪厄访谈录[M].包亚明,译.上海:上海人民出版社,1997:189.

[27] 华康德.迈向社会实践理论:布迪厄社会学的结构和逻辑[M]//布迪厄,华康德.实践与反思:反思社会学导引.李猛,李康,译.邓正来,校.北京:中央编译出版社,1998:27.

第 4 章
实践逻辑的基本公式

同人们对实践的两种理解相对应,实践活动存在着宏观与微观的区别。社会历史实践属于宏观的实践活动,日常生活实践属于微观的实践活动。因此,实践逻辑也包含两种不同形式,即宏观实践逻辑和微观实践逻辑。这两种逻辑形式,既相互区别,又相互联系,具有共同的基本公式。这些公式是:(1)"目的—手段—结果",(2)"[(习性)(资本)] + 场域 = 实践",(3)"问题—猜想—反驳"。这三个公式所说明的内容,各有不同的侧面和重点。其中,"目的—手段—结果"是实践逻辑的最基本的公式,因为,这个公式,或明显地,或隐蔽地描述了人类在实践活动中的一切行为。而且,根据这个公式,还可以进一步揭示实践成功的逻辑条件。这表明,不仅存在着行为的逻辑,同时也存在着逻辑的行为。尽管在行为的逻辑与逻辑的行为之间存在着适度的张力,但在实践活动中,在不同的程度上,逻辑对行为起着制约的作用。

§104 宏观实践逻辑和微观实践逻辑

实践逻辑,由宏观的实践逻辑和微观的实践逻辑组成。宏观的实践逻辑,即关于社会历史实践的逻辑,它的实践主体是社会共同体。微观的实践逻辑,即关于日常生活实践的逻辑,它的实践主体是个体。因为它们都是实践逻辑的组成部分,或两种不同的逻辑形式,因而服从于相同的基本公式。在黑格尔看来,实体即主体,实践逻辑是无个体主体的逻辑,所以比较关注社会历史实践逻辑。布迪厄从社会学立场出发,比较关注日常生活实践逻辑,注重于个体的行为。波普尔没有区分两种实践逻辑,只是关注实践逻辑中的试错行为。

从实践逻辑共同点来说,指的都是实践主体的行为逻辑,行为的推论。仅此而言,可以不区分宏观实践逻辑与微观实践逻辑的差异。黑格尔、波普尔和布迪厄各自提出了实践逻辑的基本公式,既适用于宏观实践逻辑,也适用于微观实践逻辑,都可以看作是实践逻辑的基本公式。

既然如此,为什么还要把实践逻辑区分为宏观的和微观的两种形式?因为这种区分,对于研究实践逻辑的性质,以及它的逻辑确定性和不确定性,更有帮助。

宏观实践逻辑的主体是社会共同体,而社会共同体也是由个体构成的,没有个体,何谈共同体?所以,共同体的行为,不仅有个体的参与,而且最终都要由个体来承担。但是,共同体内的个体与共同体外的个体,是两种不同的个体。共同体是由具有共同的理想、信仰、价值观、思维范式、理论范式和共同利益追求的人组成的,他们有共同的意识形态,甚至有共同的社会心理和情绪倾向。共同体外的个体则是多元化的个体,因而,他们的行为逻辑也是多元的。中国革命的逻辑,中国改革的逻辑,中国特色社会主义建设的逻辑,都属于这种社会历史实践的宏观逻辑。这种逻辑所反映的是历时性较长的时段中的社会行为逻辑,是反映社会历史发展规律的理论体系中,关于概念逻辑关系的描述,更多地表现为具有历史必然性的社会行为。

但是,共同体内的个体行为与共同体外的个体行为之间的区别,也不能完全否定不同个体的共同特点。尽管他们都属于个体的行为,但也不能不具有共同的特征。所以,宏观的实践逻辑包括了微观的实践逻辑,或者说,实践逻辑是宏观的实践逻辑和微观的实践逻辑的统一。用概念推论三段式来表述,则有:

宏观实践逻辑—微观实践逻辑—实践逻辑。

以宏观实践逻辑具有较强的必然性为正题,微观实践逻辑较多地关注即时性的、短时段的社会个体行为,更多地表现为偶然性,是对正题的否定。因为个体行为较多地受即时偶然性的干扰,逻辑必然性程度较低,而且为了实践的成功,往往需要较强的策略适应性和变通能力。作为合题,实践逻辑是两者的统一,以偶然性的形式实现实践活动的必然性。

§105 实践逻辑的三个公式

综合黑格尔、波普尔和布迪厄关于实践逻辑的主张，我们可以看到，实践逻辑包含有三个公式：

（1）目的—手段—结果（黑格尔）；

（2）[（习性）（资本）]＋场域＝实践（布迪厄）；

（3）问题—猜想—反驳（波普尔）。

1. 目的—手段—结果

黑格尔的"善的推论"，为我们提供了实践逻辑的基本公式。它既适用于宏观的实践逻辑，也适用于微观的实践逻辑。黑格尔认为，善执着的是一种"应当"，说明了实践逻辑是"应当"的逻辑。他提出的"目的—手段—结果"，反映了"应当"的基本要求和实现"应当"的手段之间的逻辑关系。"应当"反映了主体的意志，从而使实践成为"意志活动"。在这个意志中，包含着主体所要实现的目的，以及为实现目的所采取的手段。意志的活动，就是运用手段改变现实，使之成为"应如此"，把目的转化为结果。手段是目的的推论，由于手段的作用，使结果成为目的的实现，从而返回目的。

黑格尔所建构的关于目的运动的三段式"主观的目的—正在完成过程中的目的—已完成的目的"，不仅把"目的—手段—结果"三段式具体化了，而且说明了目的范畴在实践逻辑中的核心地位和决定作用。一切都是为了目的的实现。手段是目的的产物，而且是直接为实现目的服务的；结果是目的的实现，是向目的的复归。人们的生活理想、奋斗目标和各种梦想，都体现了实践的目的。无论在宏观实践领域，还是在微观实践领域，这个目的作为规律决定着人们的实践活动。所以，黑格尔的公式是社会历史实践和日常生活实践的活动规律的逻辑表述，是两个领域中的实践逻辑的共同基本公式。

2. [（习性）（资本）]＋场域＝实践

同黑格尔比较，布迪厄关于实践逻辑基本公式的表述，更具有微观实践逻辑的特征，是对日常生活实践规律的总结，颇有独特的品格，但同样是宏观实践逻辑所要求的。"[（习性）（资本）]＋场域＝实践"这个公式更鲜明地告诉我们，实践逻辑是有主体的逻辑，而不是无主体的逻辑。由于实践主体进入实践过程，对实践活动产生了主观的能动反作用，减弱了逻辑客观性和必然性。因此，布迪厄所强调的不是逻辑的确定性，而是更多地强调逻辑的不确定性，反映了微观实践逻辑的特点。同黑格尔的实践逻辑三段式不同，这个公式不是从目的、手段和结果的逻辑关系来分析实践逻辑，而着眼于主体境况和社会环境关系对于实践逻辑所产生的影响。习性和资本，说的是主体境况，场域是指实践主体和实践活动所处的社会环境。黑格尔隐去了主体的心理倾向和社会性，突现的只是"理性的机巧"，把实践主体躲藏在活动的背后而不许登场。布迪厄则不同，他遮蔽了主体的目的和手段，让主体直接登场，以主体的心理和社会性来规定行为。当实践主体面对现实境况时，他怎样确定自己的活动目的和实现目的的手段？在这里，实践主体的习性和资本，以及他所处的场域，都产生了重要的作用，而且以布迪厄的社会学立场看来，它们甚至起着决定的作用。所以，面对同样的现实境况，不同的人，由于习性和资本的不同，以及他们所处的场域不同，完全可能选择不同的目的和手段。正是这个原因，使布迪厄认为，实践的逻辑不是"逻辑的逻辑"，而是另一种逻辑，是具有多元化的逻辑。因此，布迪厄的实践逻辑公式，并不否定黑格尔的实践逻辑三段式，着眼的是另一种更加微观的逻辑关系，从而把黑格尔的三段式细化了。如果黑格尔的三段式把逻辑主体变成为隐蔽主体，那么，布迪厄则把这个逻辑主体变成了显现主体，两者都不否定逻辑主体的存在。如果黑格尔的三段式是宏观三段式，主要关注确定的目的、手段和结果的关系，那么，布迪厄的公式则是微观公式，主要关注影响目的、手段和结果的更深层要素之间的逻辑关系，关注这些要素（即习性、资本和场域）是如何影响着目的和手段的。所以，两个公式并不相互否定，而是相互补充的，适用于共同的领域。

也许有人会问：在确定了目的和手段等行动方案之后，实践活动是完全按照逻辑进行的吗？当然，我们也不能完全排除这种情况。如果是这样的话，那么，行为者也就能够按照逻辑获得预期的结果。可是，在实践的过程中，如果突然地出现了新的变故，产生了意想不到的事件和不可预测的不确定因素的干扰，那么，实践活动就不可能严格地按照原有的方案进行。这种干扰，在宏观实践逻辑和微观实践逻辑中都是存在的。在这种境况下，为了适应环境，必须临时修正行动方案。这时，被黑格尔隐蔽的实践主体就走到前台来，修正行为的逻辑。那么他是怎样来修正实践方案的？这种修正将受到哪些因素的影响？这些，就是布迪厄的公式所要解决的问题。

3. 问题—应变—评价

波普尔提出的四段图式：$P_1 \to TT \to EE \to P_2$，以猜测和反驳解决进化过程中出现的所有问题的公式，具有普遍性。例如，生物进化中出现的适应环境的问题，社会进化中出现的社会运动和社会矛盾的问题，人类活动中的行为问题，科学研究中的理论和实验的问题，以及知识增长中的思想观念问题，等等。我们肯定波普尔四段图式包含着实践逻辑的思想，是因为它包括了实践活动的逻辑问题。将波普尔的四段图式应用于实践逻辑的研究时，在形式上不同于黑格尔的"目的—手段—结果"三段式，也不同于布迪厄关于实践逻辑"[（习性）（资本）]＋场域＝实践"的公式，但在实质上它们是一致的。这个公式反映了在执行宏观逻辑和微观逻辑的行为过程中，主体所做出的应变的行为，都采取了猜想与反驳的形式。

波普尔的贡献是明确地把试错性引进了实践逻辑，这同布迪厄的实践逻辑不确定性是一致的。我们在实践活动中发现问题后，必须分析问题境况，进而提出解决问题的方案，这就规定了活动的目的是解决问题。如何解决问题？这就是提出各种手段，这些手段都属于试探性的。活动的结果，有成功的，也有失败的，是对目的和手段的检验和选择。所谓选择，即是排错。保留成功的手段，排除失败的手段。这个逻辑进程，仍然是同"目的—手段—结果"三段式相对应的，所以它又是与黑格尔的公式相一致的，而且也是对它的深化。

波普尔的公式与布迪厄也是一致的。布迪厄的公式是对实践逻辑的社会学分析，涉及实践主体的心情倾向、主观能力和社会立场，波普尔对实践问题的分析和处理，同样引入主体的心理过程，这是世界2中的心灵过程。而分析问题的逻辑工具则是概念和命题，它们都是世界3中的精神客体。解决问题所改变的对象，是世界1中的物质客体。于是，在实践过程中，同样存在着猜想与反驳的环节。提出解决问题的办法和手段是猜想，检验和排错是反驳。这又把社会学同认识论结合起来，从而在实践的结果中，对指导实践的理论是否具有真理性做出检验。就这一点而言，正是波普尔公式独特的地方。

波普尔的公式中的"问题",可以看作是实践中出现的新问题,"猜想"是指适应新情况而提出应变的手段,"反驳"是对实践结果检验的评价,推进实践的继续发展。因此,可以把波普尔的"问题—猜想—反驳"的公式改写为:

问题—适应—检验。

在积极的意义上,"反驳"不只是纠错,而是坚持正确的,修正错误的,在实践中不断地发展真理。

§106 黑格尔实践逻辑思路演绎

黑格尔主张概念是事物的本质,事物是概念的外化,它本身也是一种概念。如果我们以唯物主义的立场,把这种思路颠倒过来,就可以把它转变为唯物主义的实践逻辑。

在逻辑学的最后部分,黑格尔讨论了作为全部真理的"绝对理念"。他说:"绝对理念,本来就是理论理念和实践理念的同一,两者每一个就其自身说,都还是片面的,理念在自身中把自己仅仅作为一个被寻求的彼岸和达不到的目标,——因此,每一个都是一种**趋向的综合**,自身中既具有理念,又**不具有理念**,从一个思想过渡到另一个思想,但并不使两个思想融会在一起,而仍然停留在其矛盾之中。"[1]在这里,黑格尔所阐述的仍然是关于理念的概念推论三段式:

（1）理论理念—实践理念—绝对理念。

这个"三段式",从唯物主义立场来理解,可以看作是理论对实践指导作用的公式,而且是宏观实践逻辑的出发点,显示了认识论和逻辑学的统一。这个公式表明,理论理念和实践理念都还是片面的,两者处于矛盾之中,只有通过综合,才能达到矛盾的同一,这就是绝对理念。黑格尔认为:"唯有绝对理念是**有**,是不消逝的**生命**,**自知的真理**并且是**全部真理**。"[2]这样,我们可以用"真理"来取代"绝对理念",并以作为改造世界的活动的"实践"取代"实践理念",将这个三段式改写为:

（2）理论—实践—真理。

这个公式所描述的是理论认识如何通过指导实践活动被证实为真理的

推论,而且必须以实践活动为基础和中介。如果把实践理解为改造客观世界的感性活动,而不再是黑格尔意义上的精神、理念的活动,那么,三段式(2)已经改变了三段式(1)的性质,它不再是单纯的精神活动,而主要是在理论指导下的实践活动。因此而来的,"理论"这个概念内涵也发生了变化。它不再是指一般的理论原理,而是指一般原理与实践相结合,并用来直接指导实践活动的新理论。就是说,当我们获得了一种一般的理论原理后,想以它来指导实践活动,必须在实际活动之前,先推演出指导实践的更具体的理论,并回到实践中去。只有这样,才能通过实践活动的结果,证明理论认识是否正确,说明这个理论认识是否具有真理性。因为在实践之前提出的指导实践的具体理论是否具有真理性,必须在实践结束后才能被说明。

指导实践的具体理论是一般理论原理的特殊理论形态,它既包含了一般理论原理,又反映了实践中所要解决的实际问题。这样,我们就可以把获得实践指导理论的概念推论,写成三段式:

(3)一般原理—具体实际—特殊理论。

随着概念推论的进展,使三段式(2)与(3)中的概念内涵又发生了变化。这说明,概念内涵只有在概念的关系中才能得到规定。三段式(2)与(3)的区别是:

第一,正题的区别。三段式(2)中的正题"理论",是尚未被证明为真理的理论,需要通过实践活动来证明它的真理性;三段式(3)中的"一般原理",是已经被证明为真理的理论,当然也并不排除继续接受实践的检验。例如,我们通常所说的"以马克思主义原理为指导"这一表达式中的"马克思主义原理",就属于三段式(3)中作为正题的"一般原理"。

第二,反题的区别。三段式(2)中反题的"实践",是指实践活动;三段式(3)中的"具体实际"并非指实践活动,而是指我们在实践中所面对的需要加以解决的实际问题。

第三,合题的区别。在三段式(2)中,作为合题的"真理",是经过实践检验的正确理论;三段式(3)中作为合题的"特殊理论",是还没有经过实践检验的理性认识。显然,其中所包含的"特殊原理"不一定是真的,也不排除是假的。

接下来的工作是,三段式(3)中的反题"具体实际",是指客观存在的事实,作为概念推论的公式,必须把它表述为概念、命题的形式。如前所述,要获得这个三段式,我们必须把一般的理论原理同所要解决的具体实际问题结合起来。但是,作为推论的出发点,不应该是实际问题,而是关于实际问题的事实命题。根据一般原理和事实命题,推论出具体实践的特殊原理。这个研究和推演的过程,可以表述为如下的三段式:

(4)一般原理—事实命题—特殊理论。

这个三段式是理论与实际相结合、创造特殊原理的基本公式,因而是理论创新的基本公式。

但是,一般原理不是我们的出发点,因为它不是教条而是方法。根据实事求是的思想路线,我们首先不是从一般原理出发,而应该从客观存在着的事实出发,坚持理论联系实际的基本原则。因此,这个公式应该改写为:

(5)事实命题—一般原理—特殊理论。

这个三段式中的正题和反题,都是关于世界"是如此"的认识。推论的第一个前提是主体所面对的反映在概念中的现实问题,也就是实践活动所面对的、被认识了的现实,我们称它为事实命题;一般原理是推论的第二个前提,即理论前提;根据事实命题和理论前提,创造出指导实践的特殊原理,虽然也包含了"是如此"的认识,但由于实践主体的介入,带来了主体的需要和行为的目的,从而使这个特殊原理包含了"应如此"的表达,它就是所谓实践理念,成为解决实际问题的理论,构成推论三段式的合题。

根据公式(5),我们就可以得到马克思主义中国化的基本公式:

(6)中国问题命题—马克思主义基本原理—中国马克思主义。

这就是马克思主义中国化的理论逻辑的基本公式。在得到这个中国马克思主义后,就可以从这个中国理论中引出中国道路,建构中国革命、建设和改革的实践逻辑。

§107 "目的—手段—结果"公式的推论

对实践逻辑的理论认识部分,就说到这里。下面,我们转到"怎么做"与"不怎么做"的问题。"目的—手段—结果"公式回答的就是这个问题,它是实践逻辑的基本公式。现在需要说明的是,这个公式是如何得到的?为什么说它是实践逻辑的基本公式？这既是实践逻辑的建构问题，也是对实践逻辑基本公式的论证。

在前节中得到的马克思主义中国化的逻辑公式，即"中国问题命题—马克思主义基本原理—中国马克思主义"概念推论三段式，是制定我们党的革命理论和建设理论的重要逻辑基础。例如，毛泽东的新民主主义革命理论，就是新民主主义革命的实践理论。它的第一个理论前提是中国问题命题，即关于中国半殖民地和半封建社会性质的命题；第二个前提是马克思主义基本原理，或科学社会主义基本原理；从这两个前提出发，经过逻辑推论，就得到了中国马克思主义，即新民主主义革命理论。这个推论的三段式是：

中国半殖民地半封建社会性质命题—科学社会主义基本原理—新民主主义理论。

需要进一步研究的问题是，三段式中作为合题的"新民主主义理论"的具体内容，实际上包含了两部分：一部分是行动理论，即新民主主义革命的理论；另一部分是行动纲领，即新民主主义革命的路线和道路。后一部分内容所回答的重点是"应如此"，即"应当"。

我们进一步需要关注的是行动纲领的构成。本书的《导论》已经指出，"应当"就是行动，是实践，是价值的创造活动。这个创造过程是创造主体根据自己的需要，在创造活动中，把"自在客体"改造成为"为我客体"。所以客体在这个创造活动中运动的三段式，可以写作：

（1）自在客观—被改造中的客体—为我客体。

这是实践逻辑的第一个基本公式，即是通过实践活动，把实践客体改造成为满足实践主体需要而发生形态变化的三段式。例如，前面所说的新民主主义革命改变了中国社会的性质，就是这个实践逻辑公式的实际体现。公式中的"自在客观"就是"中国半殖民地半封建社会"，"为我客体"就是新民主主义革命胜利后建立的新民主主义社会，"被改造中的客体"就是指通过新民主主义革命运动，在对旧社会进行改造过程中的社会形态的变化。如果把这个活动和过程进一步展开，就可以得到另一个实践逻辑的基本公式。

就实践活动来说，必然包含着活动的目的和手段。根据实践主体的价值取向确定活动的目的，根据目的进一步确定必须采取的手段。运用手段作用于实践对象，创造满足主体需要的"为我客体"，这就是实践活动的结果。因

此,实践逻辑的三段式为:

（2）目的—手段—结果。

这个三段式也是实践逻辑的基本公式,它适用于宏观的实践逻辑和微观的实践逻辑。这个公式表明,实践逻辑是制定实践的目的,选择实践的手段,以达到实践的结果,以及建构目的、手段和结果之间的概念推论关系的逻辑。

公式（2）中的目的、手段和结果等概念,都是概念变项,包括了众多的概念变元。在某一项具体的实践活动中,都存在一个关于目的、手段和结果的概念常量,将这些概念常量代入实践逻辑基本公式,就可以得到这项具体实践活动的逻辑公式。

例如,在日常生活实践中,患了病必须治病,治病就成为目的;用药或手术,是治病的手段;痊愈或未痊愈等,是治病的结果。把这些概念常量代入实践逻辑公式,则有:

治病—用药—痊愈; 或者 治病—用药—未痊愈。

作为治病的手段,也可以进行手术,这种治疗的三段式则是:

治病—手术—痊愈; 或者 治病—手术—未痊愈。

在实践逻辑公式(1)和(2)中,都没有让实践主体出场。因为逻辑具有全人类性,思维主体是全人类,因而把个体主体隐去,让他躲藏在目的和手段的背后。一般认为,实践活动的基本要素是实践主体、实践手段和实践对象。实践主体规定实践的目的,并从事实现目的的活动。在实践活动中,主体又从活动中分离出手段而作用于对象。在这个实践活动过程中,实践主体让手段和对象发生相互作用,而让自己退居于幕后而不出场。这就是黑格尔所说的"理性的机巧"[3]。由于实践主体使用了"理性的机巧",在目的、手段和结果这三项背后,都有主体的影子,但有没有明目登场。

根据这些实践要素的关系,黑格尔提出了"行动的推论"。他说:"善之理念是由自身造成这种过渡的。在行动的推论中,一个前提是**善的目的对现实的直接关系**,目的占取这个现实,并在第二个前提中把〔它〕作为**手段**来反对外在的现实。"[4]意思是说,根据改变外部现实的目的,运用相应的手段来作用于外部对象,并从目的和手段这两个前提中产生一个结果,即善的目的的实现。

公式(1)最后实现的结果是"为我客体",它就是实践活动开始时所要达到的目的。在公式(2)中,就把这个目的作为实践逻辑的出发点了。目的概念在这里起着决定的作用。因为实践活动都是有目的的活动,它的基本特征是目的性。所谓目的,就是活动过程结束时所达到的结果。而且,这个目的是在活动之前就已经被确定下来的,并"观念地存在着"。马克思认为,对于实践主体来说,"这个目的是他所知道的,是作为规律决定着他的活动的方式和方法的,他必须使他的意志服从这个目的"[5]。在"行动的推论"三段式中,目的决定手段,或者说,目的是选择手段的前提。而且手段与目的一起,共同成为实现结果的前提。

在实现了结果后,实践过程也就结束了。接着开始的是新的实践活动,因而又开始新的逻辑进程。

参 考 文 献

[1] 黑格尔.逻辑学:下卷[M].杨一之,译.北京:商务印书馆,1976:529.
[2] 黑格尔.逻辑学:下卷[M].杨一之,译.北京:商务印书馆,1976:529.
[3] 黑格尔.小逻辑[M].贺麟,译.2版.北京:商务印书馆,1980:394.
[4] 黑格尔.逻辑学:下卷[M].杨一之,译.北京:商务印书馆,1976:526.
[5] 马克思.资本论:第1卷[M]//马克思,恩格斯.马克思恩格斯文集:5.北京:人民出版社,2009:208.

第5章
实践逻辑的确定性和非确定性

在宏观逻辑的意义上,实践逻辑是具有必然性的。例如,在无产阶级(通过中国共产党)的领导下,中国新民主主义革命胜利的前途,必然是社会主义。这就是中国新民主主义革命实践逻辑的必然性。但是,在微观逻辑的意义上,实践逻辑显著地表现出或然性。事实上,宏观的实践逻辑和微观的实践逻辑不是绝对地分离的,两者的结合,使实践逻辑既具有确定性,又具有非确定性,是确定性和非确定性、必然性和或然性的统一。这种差异和统一,最明显地表现为逻辑的行为与行为的逻辑之间的关系。在实际生活中,当我们在发现了实践逻辑的非确定性时,不能以此来否定实践逻辑的必然性,动摇我们的理想和信仰;同时,也不能只看到实践逻辑的必然性就忽视它的非确定性,盲目乐观,在前进的道路上,放弃艰苦奋斗精神的准备。

§108 实践成功的逻辑

作为概念推论,宏观实践逻辑的基本公式是"自为客体—被改造的客体—为我客体"和"目的—手段—结果"所呈现的概念进展,是概念内涵的自我显现,具有必然性。当然,这只是对实践逻辑过程理性化的一种抽象。在具体的实践过程中,人的行为都要受主体性情和外部因素的干扰。具体研究这些干扰是如何发生的,实践主体是如何应对的,并不是逻辑学的任务。但逻辑又必须参照主体状况,把逻辑推论与实际行为结合起来。在实际生活中,我们的期望总是想在实践中获得成功,但是,完全成功的实践也是不多见的,而实践的基本成功却是办得到的。这就要求我们能够准确地把握实践成功的逻辑。特别是根据宏观实践逻辑"目的—手段—结果"三段式的基本要求，实践成功的基本条件可以由如下公式来表述：

（1）正确的目的—应当的手段—成功的结果。

这个三段式的正题"正确的目的"，体现活动的合目的性；反题"应当的手段"，体现活动的合规律性；通过应当的手段，实现了活动的目的，获得了成功的结果，这就是合题。在合题中，实现了合目的性和合规律性的统一，完成了向目的的复归。

这个三段式，反映了宏观实践逻辑的必然性。只要有正确的目的而且有应当的手段，必定能实现成功的结果。反之，如果实现了成功的结果，其必有正确的目的，同时也具有应当的手段。若用形式逻辑假言命题来表达这个三段式，那么，它的公式是一个充分必要条件假言命题：

（2）成功的结果，当且仅当，具备正确的目的和应当的手段。

这个充分必要条件假言命题可以把它转换为充分条件假言命题和必要条件假言命题。把"正确的目的"和"应当的手段"构成联言命题，作为假言命题的前件，把"成功的结果"作为假言命题的后件，由此构成的充分条件假言命题是：

（3）如果行动的目的是正确的而且手段是应当的，那么，就能获得成功的结果。

同样，它也可以转换为一个必要条件假言命题：

（4）只有行动的目的是正确的而且手段是应当的，才能获得成功的结果。

如果以命题（3）的充分条件假言命题为推理的大前提，根据"肯定前件，肯定后件"的推理规则，可以建构一个充分条件假言推理：

大前提：如果行动的目的是正确的而且手段是应当的，那么，就能获得成功的结果。

小前提：这次行动的目的是正确的而且手段是应当的。

结　论：所以，这次行动的结果是成功的。

这就是"成功的逻辑"三段式"正确的目的—适当的手段—成功的结果"向充分条件假言推理的转换。

如果从认识论上考察，这种概念推论的过程是实践活动过程的反映，因而同时也产生于认识过程中。在这个过程中，实践理论和行动纲领不仅见诸行动,而且外化为对象,就实现了概念的对象化。当实践的理论纲领比较正确地把主观目的性与客观规律性结合起来,实现了合目的性和合规律性的统一时,我们就能比较顺利地完成变革事物的任务,把概念的规定转化为事物的规定,把概念外化为对象,从而达到实践的预期结果。在这种意义上,我们也可以有条件地说,事物(为我之物)是逻辑的产物,也可以称为我之物是"逻辑的事物"。

毛泽东说:"如果能够实现预想的目的,即将预定的思想、理论、计划、方案在该同一过程的实践中变为事实,或者大体上变为事实,那末,对于这一具体过程的认识运动算是完成了。"[1]就是说,当实践过程和认识过程都完成了的时候,概念也"变为事实"了,即概念实现了对象化,实践活动也就达到了成功的结果。作为对象化过程,它的逻辑公式是"自在客体—被改造的客体—为我客体"。这个公式是对客体运动的逻辑概括。如果对这个过程所得到的结果是否符合主体的目的做进一步的逻辑概括,就是成功的逻辑三段式。

显然,这只是一种纯逻辑的描述,在现实的实践中,由于存在主、客观各种不确定因素的干扰,做到完全的成功,是件困难的事。正如毛泽东所指出的:"然而一般地说来,不论在变革自然或变革社会的实践中,人们原定的思想、理论、计划、方案,毫无改变地实现出来的事,是很少的。"[2]所以,我们常说,胜负乃兵家常事。

§109 实践失败的逻辑

如果我们按照"目的—手段—结果"三段式,设计了实践的逻辑,并取得了实践的成功,表明实践具有逻辑确定性。但是,如果只是取得了部分的成功,或导致了完全的失败,就不能说实践逻辑具有完全的必然推出的品格,而只能说它同时具有逻辑的或然性。

在运用"目的—手段—结果"三段式时,由于主体性情倾向的介入和外界突发因素的干扰,逻辑必然性受到侵染而退化,偶然性因素则呈现渐趋加强的态势。其推论的结果,既有正确的,也有错误的。因此在"目的—手段—结果"这个三段式中,隐含着多种推论和逻辑多元化的可能结果。

实践的完全成功,只是一种理想的状态。较普遍的情况是,实践所得到的结果,是部分的成功和部分的失败,甚至完全的失败也是时常出现的。例如,"文化大革命"就是一次完全失败的实践,因为它不是任何意义上的革命或社会进步。

为什么情况会是这样的？首先在于认识的不完备性,这首先是由事物的发展还没有充分展开所决定的；其次是由于认识的错误,这是由认识主体的主观因素造成的。实践是概念的对象化活动。概念的对象化是以对象的概念化为前提的。所谓"对象的概念化",说的就是正确地认识对象的属性,把它的现实性环节反映到概念中来,使概念更好地符合对象的状况,从而以概念的思维形式把握对象。

由于在变革过程中,存在着人们还没有认识的情况和问题,即没有真正完成认识世界"是如此"的任务。这些尚未认识的"是如此",尚未进入到概念中,因而没有真正实现对象的概念化,从而使世界"是如此"的未知部分,成为实现行为的理论和纲领的阻碍。但是,我们又没有意识到这些情况的存在,也没有意识到预定目的的不正确性和手段的不应当性,在遇到障碍的时候仍然继续坚持原有的行动理论和纲领,不能克服主观的片面性,最终使实践遭到失败,或部分的失败。

由此可见,同成功的逻辑一样,失败的逻辑也根源于"目的—手段—结果"三段式。寻求失败的原因,大体上有两个方面,一是主观目的的错误,由此导致手段与对象的冲突；二是主观目的大体上是正确的,但没有采取正确的手段,因而不能达到实践活动的预期目的。

如果以实践逻辑三段式所提供的充分条件假言命题作为前提,根据"否定后件,否定前件"的规则,我们就可以得到"失败的逻辑"的假言推理:

大前提:如果行动的目的是正确的而且手段是应当的,那么,就能获得成功的结果。

小前提:这次行动的结果是失败的。

结　论:所以,这次行动并非"目的是正确的而且手段是应当的"。

这里的"并非'目的是正确的而且手段是应当的'"是一个联言命题的负命题,它的等值命题有两种情况:

(1)选言命题：或者目的是不正确的，或者手段是不应当的。
(2)联言命题：不仅目的是不正确的，而且手段也是不应当的。

这两个等值命题，为我们从两个方面说明了实践活动失败的原因。

第一，根据联言命题负命题的选言命题等值式："或者目的是不正确的，或者手段是不应当的"，失败逻辑的推论三段式有两种形式。

(1.1)正确的目的—不应当的手段—失败的结果。
(1.2)错误的目的—应当的手段—失败的结果。

值得特别注意的是第一种情形。虽然目的是正确的，但由于采用了不应当的手段，因而不能达到预期的结果，致使实践失败。

这种情形是比较常见的。毛泽东在分析动机与效果的关系时，要求我们在讲动机的时候，必须同时顾及效果。动机是好的，但效果不好，这可能在方法上出了问题。他说："事前顾及事后的效果，当然可能发生错误，但是已经有了事实证明效果坏，还是照老样子做，这样的心也是好的吗？……真正的好心，必须顾及效果，总结经验，研究方法"。[3]这里所说的"顾及效果"，就是在实践的过程中，始终想着所要实现的目的；所谓"总结经验，研究方法"，就是要求我们审视效果，追溯造成不良效果的原因，纠正导致不良效果的不当手段。

在我们党的历史上，这种情形也是经常产生的。大家都抱着正确的革命目的，但由于采用了错误的政策和策略，从而导致了失败的结果。

以南昌起义为开端的城市武装起义，目的无疑是正确的。但由于在武装斗争道路的问题上，存在着城市中心论的错误，历次的城市起义都失败了。在开创了井冈山道路后，武装斗争才走上了正确的轨道，逐渐地走向胜利。

党内的分歧和争论，也比较多地集中于革命的手段问题上。毛泽东在总结党在遵义会议以前的这段历史时，就说过："对于四中全会至遵义会议时期中央的领导路线问题，应作两方面的分析：一方面，应指出那个时期中央领导机关所采取的政治策略、军事策略和干部政策在其主要方面都是错误的；另一方面，应指出当时犯错误的同志在反对蒋介石、主张土地革命和红军斗争这些基本问题上面，和我们之间是没有争论的。"[4]这说明，当时的错误领导，在革命的目的方面是对的，但由于采用了不应当的策略手段，导致了实践的失败。

第二,根据联言命题负命题的联言命题等价式:"不仅目的是不正确的,而且手段也是不应当的",失败的逻辑三段式是:

错误的目的—不应当的手段—失败的结果。

"大跃进"的实践,属于这种情形。当时提出的那些"大跃进"的目标,所谓"高指标"、"放卫星",基本上都是头脑发热的产物,缺乏科学的分析和论证,是一种幻想的目的,因而所采用的手段也基本上是非科学的。在这种情况下,失败是不可避免的。

"文化大革命"的实践,也属于这种情况。它的目的是推翻党内的资产阶级、中央的资产阶级司令部,手段是实行无产阶级专政下的继续革命,即一个阶级推翻一个阶级的政治大革命。这个目的和手段都是完全错误的,"实践证明,'文化大革命'不是也不可能是任何意义上的革命或社会进步。"[5]其结果的失败,也必然是无疑的。

需要指出的是,应该把主观目的和主观愿望区别开来。发动"大跃进"和"文化大革命",从毛泽东的主观愿望来说,都是好的,属于好人犯错误。但主观愿望尚未形成具体的目标,或者,好的主观愿望,产生了不能实现的目标,或错误而不合乎实际的目标,因而不能在实践中具体地加以实现。"活动的推论"三段式中的"主观的目的",并非指单纯的主观愿望,而是在实践中能得以实现的具体目的,具有直接现实性的特征,因而能够转化为经过努力而实现的结果。

§110 逻辑的行为与行为的逻辑

理论设计了行为的逻辑,使行为按照预期的逻辑进程行走,使行为成为逻辑的演绎,使实践成为自觉的实践,表现了理论对实践的指导作用。这就是所谓逻辑的行为。例如,科学发展观为我们提供了科学发展的逻辑,对我国的发展和改革实践产生了重大影响,表现了实践逻辑演绎行为的力量。温家宝说:"发展观是关于发展的本质、目的、内涵和要求的总体看法和根本观点。有什么样的发展观,就会有什么样的发展道路、发展模式和发展战略,就会对发展的实践产生根本性、全局性的重大影响。"[6]这说明,行为的逻辑对实际的行为具有指导和制约的作用,使行为成为逻辑的演绎。不仅如此,"科学发展"的逻辑,还可以作为判断我们的发展实践对错的标准。凡是合乎科学发展逻辑的实践,是对的;凡是不合乎科学发展逻辑的实践,是错的。所以,温家宝要求:"我们一定要把思想真正统一到科学发展观上来,统一到中央的重大决策和要求上来,自觉运用科学发展观来指导我们的各项工作,推进各项事业健康发展"[7]。

但是,许多行为并不是都按照预先设计的逻辑,而是根据行为内在的逻辑发展的。或者说,实践主体经常以自己的习性,决然地改变原先设定的逻辑,从事意外的行动,使行为不再是逻辑演绎的结果。这种行为自身的逻辑,相对于逻辑的行为而言,就是所谓行为的逻辑。

行为的逻辑,也可以称为即时涌现的逻辑。那种最美的英雄们,最美的妈妈、最美的教师、最美的司机……他们之所以在一刹那间能够做出见义勇为行为的选择,自然是由他们的思想所支配的。他们的人生观、价值观、道德思想和人格品质,等等,以及在日常生活中养成的优良习性,都成为了他们行为推论的前提。这个时候,他们也许会产生犹豫、迟疑、动摇,但最终还是决然地做出了选择。对这种行为的解释,既不能把它归结为本能的反映,也不能完全排除非理性的冲动。有些一心想做英雄的人们,总是埋怨自己没有遇到"见义勇为"的机会。他们预先设计好了一种"逻辑的行为",等待碰到这种机遇的到来,演绎自己的英雄事迹。但是,当真碰上了这种机遇的时候,他们并没有践行预先设计的"逻辑的行为",显示"英雄"的本色,而相反,他们践行的却是另类"行为的逻辑"。究其原因,还是他们在日常生活中没有养成英雄们的那种优良的习性。

实践逻辑必然性的减退以及偶然性趋势的递增,说明行为不都是由理性所支配的。布迪厄曾批评过市场经济活动中利润最大化的理性假说,并假设存在着一种合理的但非理性的逻辑。经济理性假说认为,经济活动都是在有意识计算的理性指导下进行的。布迪厄则认为,事实上并非都是如此。他说:"由于不承认其他行为形式,而只承认理性行为或机械反应,人们也就拒绝理解所有合理的、但不是产生于深思熟虑的计划或理性计算的行为之逻辑;这类行为包含了一种客观的合目的性,但不是根据一个明确建立的目的有意识组织的；它们是可理解的和合乎逻辑的，但不是源于严密的意图和有意识的决定；它们根据将来的情况作出调整，但不是计划或方案的产物。"[8] 就是说，行为的逻辑也并不是完全否定逻辑，布迪厄所批评的是单纯地把实践主体的有意识决定，作为逻辑的前提，当作产生持久倾向的实践的根源。就是说，人们的一切行为都是以有逻辑的思想为前提的，"逻辑的行为"的前提是有意识的理性；"行为的逻辑"则包含着无意识，或非理性的前提。正是在这种意义上，布迪厄承认实践逻辑的存在，但它不是"逻辑的行为"那种逻辑。

正是在这种意义上，布迪厄强调，我们不能"过多地要求实践给出它所不能给出的逻辑"[9]，因为惯习影响人的行为，使实践逻辑具有更多的不确定性。

参 考 文 献

[1] 毛泽东.实践论[M]//毛泽东.毛泽东选集：第1卷.2版.北京：人民出版社，1991：293.

[2] 毛泽东.实践论[M]//毛泽东.毛泽东选集：第1卷.2版.北京：人民出版社，1991：293-294.

[3] 毛泽东.在延安文艺座谈会上的讲话[M]//毛泽东.毛泽东选集：第3卷.2版.北京：人民出版社，1991：873-874.

[4] 毛泽东.学习和时局[M]//毛泽东.毛泽东选集：第3卷.2版.北京：人民出版社，1991：938-939.

[5] 中国共产党中央委员会关于建国以来党的若干历史问题的决议[G]//中共中央文献研究室.三中全会以来重要文献选编：下.北京：人民出版社，1982：811.

[6] 温家宝.提高认识，统一思想，牢固树立和认真落实科学发展观：在省部级主要领导干部"树立和落实科学发展观"专题研究班结业式上的讲话[G]//中共中央文献研究室.十六大以来重要文献选编：上.北京：中央文献出版社，2005：755-756.

[7] 温家宝.提高认识,统一思想,牢固树立和认真落实科学发展观:在省部级主要领导干部"树立和落实科学发展观"专题研究班结业式上的讲话[G]//中共中央文献研究室.十六大以来重要文献选编:上.北京:中央文献出版社,2005:760.
[8] 布迪厄.实践感[M].蒋梓骅,译.南京:译林出版社,2003:78.
[9] 布迪厄.实践感[M].蒋梓骅,译.南京:译林出版社,2003:133.

第6章
实践的检验逻辑

通常所说的实践检验,是指检验真理的实践标准。这里所说的"实践的检验逻辑",并非在这种意义上的检验,它有更多的内涵,其中的核心问题是实践本身的成功与失败的检验标准。在认识论上,认识的真理性问题,不是认识内部的问题,而是实践问题。如果实践成功了,证明认识是真的;相反,实践失败了,则证明认识是不真的。在这里,还存在一个判断实践成败的标准问题。这个标准是什么?显然不能以实践本身为标准,而应该以实践是否符合真概念为标准。这就是检验实践成败的概念标准。因此,所谓实践的检验逻辑,是指如何判断行为对错、结果成败和理论真假等标准的逻辑关系。就行为而言,符合真概念的行为是对的,不符合真概念的行为是错的。它的三段式是:

概念—行为—对错。

这个三段式表达了实践成败的概念标准,属于逻辑问题;认识真理性的实践标准则是认识论的问题。概念标准是实践标准的逻辑补充。如果以实践标准来否定概念标准,这也不能不说是一种片面性。

§111 检验什么? 用什么来检验?

我们平常都说,认识是否具有真理性,需要实践结果的成败来检验。在这里,需要检验的是认识的真理性,用来检验认识的真理性的是实践。可是,实践结果的成败又是由什么来检验的呢?

"检验什么?用什么来检验?"说的是三个方面的问题。为了回答这些问题,我们再来说一个医生治病的例子。医生要治病救人,必涉及:第一,是否正确诊断,即是否获得对疾病的正确认识,属于认识是否具有真理性的问题;第二,是否对症下药(或施行手术),即是否采取应当的手段,属于治疗行为问题;第三,治疗的结果是否成功,属于治疗效果问题。在这个过程中,包括了三个需要检验的环节,即认识的真假、行为的对错和效果的成败,其中最重要的是效果问题。

根据上述"检验什么?用什么来检验?"这三个方面的问题,"实践的检验"这个表达式,也是含混的。在通常的意义上,认识是否具有真理性,要由实践来检验,因而实践是检验真理的唯一标准。具体地说,如果实践的结果是成功的,那么,指导实践的认识是真的;如果实践的结果是失败的,那么指导实践的认识不是真的。由此产生的另一个问题是:怎样检验实践的成功和失败?这不也就是实践的检验问题吗?就是说,在以实践为标准检验认识的真理性之前,实践本身的成败首先必须得到检验,否则,它有什么条件去检验认识是真还是假呢?情况往往是这样:对的行为不必然达到成功的效果,错的行为有时也许又能歪打正着。所以,这里有三个需要检验的对象,必须分别地加以说明。

第一个需要检验的是认识的真假。

逻辑具有对真理进行逻辑证明的功能。但逻辑学中的真理同认识论中的真理是两个不同的概念:在逻辑学中,通常称之为逻辑的真,即合乎逻辑;在认识论中,则是事实的真,即认识与事实的符合。因此,在形式逻辑中,由于逻辑的真仅是形式的真,检验真的标准是形式的正确性;在认识论中,认识既必须具备形式的正确性,又必须与事实相符合。所以,检验真理需要两个标准,一是逻辑标准,二是实践标准。在这两个标准中,更根本的是实践标准。

第二个需要检验的是行为的对错。

我们往往从结果方面来理解实践,因此总是要问:实践是否成功?但从过程方面来理解实践,实践首先是指行为活动而不是指结果,实践的成败只是行为的效果。无论是带来成功结果的行为,还是带来失败结果的行为,都是实践。能否以行为的成败结果来检验行为的对错?一般都认为是可行的,其实不然。疾病治疗中的失败,可能是医疗事故,这是由治疗行为的错而造成的。但是,如果遇到了不治之症,或致命的伤害,即使治疗和抢救的行为是对的,而且是及时的,也可能最终还是无效,这就不能说行为是错的,只不过是主观的愿望没有实现。面对这种情况,医生只能说:我们尽力了。

第三个需要检验的是实践的成败。

作为检验认识真理性标准的实践本身,它的成功或失败由什么来检验?就是说,我们以什么为根据来断定实践是成功的,还是失败的?如果不解决这个判断实践成败的标准问题,那么实践是检验真理的唯一标准,就变成一句空话。而且,实践行为的对错与实践效果的成败是两个不同的问题,必须把它们区分开来,因为对错与成败在逻辑上并非是完全对称的。

困难的问题是,认识的真假、行为的对错和实践的成败这三个被检验的对象,在实践过程中是相互关联着的,因而在检验过程中也同样是相互关联的。这种关联性,对检验的确定性带来了不少的实际困难。

§112 判断行为对错的标准

行为有对错、善恶之分。行为的对错是指行为的过程是否规范,行为的善恶是指行为结果的社会性质。所以,对错与善恶是两个不同的概念,因而检验对错与善恶也应有不同的标准。

应用什么标准来判断行为的对错?在日常生活中,我们经常以行为的规范来判断行为。行为规范的实质是意识形态,是观念,因而也可以称它为"应当"的概念,因为规范都是人为制定的,并反映了行为者的价值取向,因而也就表达了行为者"应当"的意志。一种行为,凡是符合这种行为规范的,是对的;反之,则是错的。黑格尔举了一个日常生活中的例子说:"一个真朋友,就是指一个朋友的言行态度能够符合友谊的概念。"[1]这说明,一个人行为的对错要由社会的言行规范来检验。这个主张不能说是错的,我们在日常生活中都是这样做判断的。

行为的规范标准,反映了观念、概念对行为的指导意义和规范价值。它给出的检验行为对错的概念推论三段式是:

规范—行为—对错。

这个"三段式"中的正题是"规范",反映"应当"的要求,属于真概念范畴。如果包含在行为中的"应当"(概念)与作为规范的真概念是相符合的,那么,这个行为是对的;反之,如果不相符合,那它就是错的行为。显然,这些规范具有公共性、社会性,特别是公共规范,是社会共建起来的,而且是历史的沉积,具有合理性。

"三段式"中的反题是"行为",是在现实中发生的个体或群体的行为,它可能是对的,也可能是错的,因而,对它的对错需要用规范加以判断。任何一种行为都包含有相应的规范,例如,过马路时,亮红灯,有人停止通行,有人仍在通行。两种行为,包含着执行规范的两种不同情况,因而有对错之分。

"三段式"中的合题是"对错",把从行为中推演出来的规范同正题中"应当"的规范相比对,就能检验行为的对错。检验的结果,凡是符合"应当"规范的行为,是对的;凡是不符合"应当"规范的行为,是错的。因而,对错也就成了三段式中的合题。

检验行为对错的标准是"应当"。凡是"应当"的行为是对的,凡是不"应当"的行为是错的。把"应当"的行为概念化,就是行为的规范。凡是符合规范的行为是"应当"的,反之,则是不"应当"的行为。

因此,上述的三段式可以分解为两个三段式:

（1）规范—合规行为—对。

（2）规范—违规行为—错。

形式逻辑推理活动也是一种思维行为,推理所得到的结论就是推理这种行为的结果,作为结论的命题是真假问题,作为思维行为的推理是对错问题。判断这个对错的标准就是推理规则,它就是思维的行为规范。凡是合乎推理规则的,是有效的推理,是对的;凡是不合乎推理规则的,是无效的推理,是错的。这同样说明,检验推理行为的标准是思维规范。

在政治生活中,我们也是把政治规范作为政治行为对错标准的。毛泽东在《关于正确处理人民内部矛盾的问题》中,提出了"在我国人民的政治生活中,应该怎样来判断我们的言论和行动的是非"的六项政治标准,他说:"有了明确的标准,就可以使批评和自我批评沿着正确的轨道前进,就叫以用这些标准去鉴别人们的言论行动是否正确,究竟是香花还是毒草。"[2] 这里的"六项政治标准",就是政治行为的规范。当然,政治行为的标准是一种历史范畴,在不同的历史时期,必定有不同的标准。

在党的十一届三中全会以后,我们重新提出了实现四个现代化的战略目标。为了使我国四个现代化的实践健康发展,党中央提出了"坚持四项基本原则"的要求。邓小平说:"我们要在中国实现四个现代化,必须在思想政治上坚持四项基本原则。这是实现四个现代化的根本前提。"[3]这里的"四项基本原则"同样是思想政治规范,"基本前提"就是把它作为检验四个现代化实践中的社会行为是否对错的标准。离开这个标准,现代化就会走到邪路上去。

把行为规范作为判断行为对错的标准,它预设了一个前提:这种规范是对的,是不证自明的,因而成为"应当"的概念化。有什么理由作出这种预设? 因为它是历史和实践长期选择的结果,也可看作是一种文化沉积。这里的"应当"并非是个人的意志,而是社会的意志,甚至可以说,是人类的意志。

§113 衡量实践成败的标准

从实践过程来考察实践活动的判断,是行为的对错。从结果方面来考察实践活动的判断,是实践的成败。所谓从结果方面来考察,就是从实践的产物来考察实践过程。如同"从其结果的角度来考察"劳动过程一样,就是"从产品的角度加以考察"劳动过程[4]。从这个角度来看,实践是对象化活动,实践的结果是创造出新的"对象、现实和事物"。

黑格尔曾提出一个著名的命题:"**凡是合乎理性的东西都是现实的;凡是现实的东西都是合乎理性的。**"[5]所谓"合乎理性的",就是合乎概念的,或合乎逻辑的,因此,判断存在是否是"现实的",要看它是否合乎概念或逻辑。

因为在黑格尔看来,真理是对象本身。就是说,真理不是指概念符合对象,而是对象符合概念。这就意味着,"对象与它自己本身相符合,亦即与它的概念相符合"[6]。黑格尔把概念看作事物的本质,把事物看作是概念的外化和产物。事物是否真,要看它是否与概念相符合,从而把概念看作检验事物是否具有真理性的标准。自然,我们是不会赞同他的这种立场的。

如果以实践的观点看世界,从主体方面去理解对象、现实和事物,把人的活动本身理解为对象性的活动[7],那么,我们就可以把我们的周围世界理解为实践活动的产物。因为,我们"周围的感性世界决不是某种开天辟地以来就直接存在的、始终如一的东西,而是工业和社会状况的产物,是历史的产物,是世世代代活动的结果"[8]。在这种意义上说,黑格尔的思想也是有可取之处的,我们周围现实世界中的事物都是为我之物,都是合乎理性的存在。不过,黑格尔的错误,是把这种主体性片面地加以发展了。

把我们周围世界看作是实践的产物,就是把我们周围的事物看作是实践的结果。如果作为实践结果的事物是合乎理性的,那么,这个实践的结果是成功的,如果作为实践结果的事物是不合乎理性的,那么,这个实践的结果便是失败的。我们经常说,当在实践中实现了预想的目的时,这个实践是成功的;如果不能实现预想的目的,这个实践是失败的。这里所说的成败,也是从实践的结果来考察的。所谓"实现预想的目的",按毛泽东所说,它就是"将预定的思想、理论、计划、方案在该同一过程的实践中变为事实,或者大体上变为事实"[9]。如果把毛泽东所说的"预定的思想、理论、计划、方案",称为"预定概念",那么,所谓"变为事实",就是把关于对象的"预定概念"对象化于实践创造的事实中,使新创造的事实符合"预定概念"的规定。一个建筑物为什么说它是合格的,因为它符合图纸设计的"预定概念"要求,其结果是成功的;反之,如果不符合图纸设计的"预定概念"要求,便是一个不合格的建筑物,便失去了合乎理性的资格,其结果就是失败的。

在改革开放以后,改革开放的实践是否成功,曾被很多人所担心。所谓改革开放的成败,无非是姓"资"还是姓"社"的问题。为了鼓励创新精神,邓小平鼓励大家:"看准了的,就大胆地试,大胆地闯。"[10]的确,在改革开放的实践中,包含有试错的成分,风险是存在的,失败也不能说是完全可以避免的。为了使改革开放的实践获得健康发展,邓小平提出了"三个有利于",作为判断我们工作成败的标准。他说:"判断的标准,应该主要看是否有利于发展社会主义社会的生产力,是否有利于增强社会主义国家的综合国力,是否有利于提高人民的生活水平。"[11]这个"三个有利于"标准,同样是一种规范,也是一个"预定概念"。简单地说,凡是符合"三个有利于"标准的实践结果,是成功的,坚持了社会主义方向;凡是不符合"三个有利于"标准的实践结果,是失败的,或者说偏离了社会主义方向。根据这个标准来判断当时深圳的建设成就,就可以断定"特区姓'社'不姓'资'"[12]。

如果把"预定概念"作为判断实践成败的标准,是否必须具备一个前提,即"预定概念"必须是真的?其实不必然。一方面,"预定概念"是否为真,这是没有经过证明的,它的真理性需要由实践来检验;另一方面,实践的成败需要"预定概念"的对象化结果来判断。如果"预定概念"是真的,或者说,是合乎理性的,实现了概念的对象化,说明实践是成功的;如果"预定概念"是假的,或者说,是不合乎理性的,也同样实现了概念的对象化,这也不能不说实践是成功的。因为,这两种实践都实现了预想的结果。这就说明,实践是否成功,同"预定概念"的真假无关,只同"预定概念"是否实现了对象化的结果有关。这就使预定概念与实践成败之间,呈现出复杂的逻辑关系。这种关系在下表中得到了反映。

真假、对错、成败的关系表

预定概念	是否实现对象化	实践成败	逻辑评价
(1) 真(+)	实现(+)	成功(+)	有效(+)
(2) 真(+)	没有实现(-)	失败(-)	不确定(?)
(3) 假(-)	实现(+)	成功(+)	不确定(?)
(4) 假(-)	没有实现(-)	失败(-)	无效(-)

上表说明,只有(1)和(4)的情况,具有逻辑的必然性。而且(4)的情况必然是错的和失败的,只有(1)的情况必然是对的和成功的。这个结果,同我们在"成功的逻辑"中提出的公式是相一致的,这个公式是:

　　成功的结果,当且仅当,具备正确的目的和应当的手段。

另外,根据形式逻辑,如果以"预定概念"为真假来判断实践的成败,那么,就不能以实践的成败来检验"预定概念"的真假。因为,当我们以实践的结果是否符合"预定概念"来判断实践是否成功时,实际上是以"预定概念"的真为前提的,现在又反过来以实践的成功来证明"预定概念"的真。这种所谓检验,在形式逻辑看来,已经陷入了循环论证。

不过,概念逻辑所强调的是概念意义的相干性。就是说,认识的真假、行为的对错和结果的成败,都是在意义上彼此相关的,并非是形式逻辑所说的循环论证。因为，在逻辑应用的概念推论过程中，认识过程和逻辑过程是交织在一起的。逻辑过程是概念进展的过程，而认识过程则有主体因素的介入，并非单纯的逻辑过程，这就削减了逻辑的必然性和确定性。正是这个原因，在实践的过程中，总是出现部分的成功和部分的失败，以至完全的失败等种种复杂的情形。

§114 检验认识真理性的标准

在回答检验认识真理性的标准这个问题之前，首先需要明确的问题是，指导实践的认识包含哪些部分？如前所述，它包括两部分，一部分是对"是如此"的认识，属于理论理性；另一部分是对"应如此"的认识，属于实践理性。

人在改变外部世界的过程中，不仅"懂得按照任何一个种的尺度来进行生产，并且懂得处处都把固有的尺度运用于对象；因此，人也按照美的规律来构造"，"从而在他所创造的世界中直观自身"。[13]在这里，不仅包含"是如此"的认识，而且已经包含了"应如此"的认识。

一方面，人要改变世界，以自己的目的和意志来创造和控制手段、工具和方法，作用于外部对象，变革世界，满足自己的需要，使世界成为他的作品和现实。另一方面，人又是世界的一部分，外部世界又以客观规律的形式调节和控制人的目的、意志和手段，使其适应和服从外部世界。这两个方面，都要实现"是如此"与"应如此"的统一。

一切实践活动，都包含着这两部分的认识，它们的正确性和真实性，都需要实践的检验。

这两部分的认识，都包含在实践逻辑的"目的—手段—结果"基本公式中。根据这个公式，我们已经提出"成功的逻辑"公式：

> 成功的结果，当且仅当，具备正确的目的和应当的手段。

就是说，只有目的是正确的，而且手段是应当的，才能获得成果的结果。真假、对错、成败的关系表已经表明，就逻辑必然性而言，只有一种情况能够证明"是如此"与"应如此"的认识同时是真的；也只有一种情况能够证明"是如此"与"应如此"的认识同时是假的。其他两种情况，不具有逻辑必然性。

能否将"是如此"的认识和"应如此"的认识分割开来,分别地检验它们的真实性?这个问题,还需要做进一步的分析。

前面已经分析了完全失败的逻辑有二种不同的情形,用概念推论三段式可以表述为:

(1) 正确的目的—不应当的手段—失败的结果;

(2) 错误的目的—应当的手段—失败的结果;

(3) 错误的目的—不应当的手段—失败的结果。

单凭失败的结果来判断,到底是目的的错误,还是手段的不应当,或者错误的目的而且不应当的手段?这三种情形,都不能必然地确定。

部分成功和部分失败的逻辑,有几种不同的情形。用概念推论三段式可以表述为:

(1) 正确的目的— 部分应当的手段— 部分成功的结果;

(2) 正确的目的— 部分不应当的手段— 部分成功的结果;

(3) 部分正确的目的— 部分应当的手段— 部分成功的结果;

(4) 部分正确的目的— 部分不应当的手段— 部分成功的结果;

(5) 部分正确的目的—完全不应当的手段— 部分成功的结果;

(6) 错误的目的— 部分应当的手段— 部分失败的结果;

(7) 错误的目的— 部分不应当的手段— 部分失败的结果。

上述的分析,有三种情况是重复的。对目的来说,部分正确与部分错误属于同一情况;对手段来说,部分应当和部分不应当也同属于一种情况。将这些相同的情况合并后留下的是四种情况:

(1) 正确的目的—部分应当的手段—部分成功的结果;

(2) 部分正确的目的—部分应当的手段—部分成功的结果;

(3) 部分正确的目的—完全不应当的手段—部分成功的结果;

(4) 错误的目的—部分应当的手段—部分失败的结果。

在这四种情形中,单凭失败的结果来判断,都不能确定目的和手段是否必然地为真,只能确定可能存在目的"不正确"和手段"不应当"。

这种分析方法所得到的结果,表明了认识真理性检验的不确定性。唯一能够确定的,是真假、对错、成败的关系表中(1)和(4)两种情况。这就告诉我们,认识真理性的检验,必须运用综合的方法。即便采用这种方法,仍然不能确定地说明，是目的的"不正确"，还是手段的"不应当"，因为这两者也是不能截然地分开的。

公式"目的—手段—结果"中"目的"的主导方面，是主体的需要，因而具有主观性。但它又受到了客观规律性的制约，必须与客观规律相适应而不能相违背，否则就不能实现。所以，"目的"中的"应如此"必须建立在"是如此"的基础上。过度的需要和不足的需要，都缺乏"是如此"的基础。

公式中的"手段"，即工具，一方面是由目的决定的，必须服从于、服务于目的的实现，从而包含了"应如此"的要求；另一面，它的基本功能是用来变革对象，手段（工具）与对象之间的关系，是客体之间"是如此"的关系，完全体现着客观规律性。两个方面综合起来，"手段"也不是完全具有客观性。

公式中的"结果"，见证了合目的性和合规律性相统一的程度。如果在结果中完全实现了目的，说明合目的性和合规律性的统一是完美的，实践获得了成功；如果在结果中部分地实现了目的，说明合目的性和合规律性也只是部分地实现了统一，实践只能获得部分成功，并导致部分失败；如果在结果中完全没有实现目的，说明合目的性和合规律性也完全相违背，从而使实践遭到完全的失败。

上面的分析只是对公式中三项的分别考察，而事实上，这三项是相互关联和彼此规定的。只有"目的"建立在"是如此"的基础上，才能使"手段"与对象的关系成为"是如此"的关系。而且只有这样，才能从总体上说，实现了合目的性和合规律性的统一。这就是实践检验认识真理性的整体性，它要求具备整体的标准。

对手段与对象关系的认识，反映了客观规律性的认识，是"是如此"和"应如此"统一的理性活动的共同基础。黑格尔说："理性的机巧，一般讲来，表现在一种利用工具的活动里。这种理性的活动一方面让事物按照它们自己的本性，彼此互相影响，互相削弱，而它自己并不直接干预其过程，但同时却正好实现了**它自己的**目的。"[14] 所以，在目的、手段和结果的三项关联中，中心环节是手段与对象的相互关系是否合乎"是如此"的客观规律性。对认识是否具有真理性的检验，也主要是对这种关系认识的检验。成功的结果，是检验标准中的核心问题，而不是唯一的问题。

检验的这种整体性，决定了认识真理性的检验，是一个历史过程。可能某次实践在当前成功了,而它所造成的长远效果却是失败的。恩格斯曾告诫说:"我们不要过分陶醉于我们人类对自然界的胜利。对于每一次这样的胜利,自然界都对我们进行报复。"[15]造成这种状况的原因有:第一,认识上的局限性,缺乏对长远利益的考虑;第二,客观上的原因,事物的发展还没有充分展开;第三,对眼前利益、近期业绩的追求,明知故犯。所以,实践检验不是一次性的,而是一个历史过程。

参 考 文 献

[1] 黑格尔.小逻辑[M].贺麟,译.2版.北京:商务印书馆,1980:86.

[2] 毛泽东.关于正确处理人民内部矛盾的问题[M]//毛泽东.毛泽东文集:第7卷.北京:人民出版社,1999:234.

[3] 邓小平.坚持四项基本原则[M]//邓小平.邓小平文选:第2卷.2版.北京:人民出版社,1994:164.

[4] 马克思.资本论:第1卷[M]//马克思,恩格斯.马克思恩格斯文集:5.北京:人民出版社,2009:211.

[5] 黑格尔.法哲学原理[M].范扬,张企泰,译.北京:商务印书馆,1961:序言11.

[6] 黑格尔.小逻辑[M].贺麟,译.2版.北京:商务印书馆,1980:345.

[7] 马克思.关于费尔巴哈的提纲[M]//马克思,恩格斯.马克思恩格斯文集:1.北京:人民出版社,2009:499.

[8] 马克思,恩格斯.德意志意识形态[M]//马克思,恩格斯.马克思恩格斯文集:1.北京:人民出版社,2009:528.

[9] 毛泽东.实践论[M]//毛泽东.毛泽东选集:第1卷.2版.北京:人民出版社,1991:293.

[10] 邓小平.在武昌、深圳、珠海、上海等地的谈话要点[M]//邓小平.邓小平文选:第3卷.北京:人民出版社,1993:372.

[11] 邓小平.在武昌、深圳、珠海、上海等地的谈话要点[M]//邓小平.邓小平文选:第3卷.北京:人民出版社,1993:372.

[12] 邓小平.在武昌、深圳、珠海、上海等地的谈话要点[M]//邓小平.邓小平文选:第3卷.北京:人民出版社,1993:372.

[13] 马克思.1844年经济学哲学手稿[M]//马克思,恩格斯.马克思恩格斯文集:1.北京:人民出版社,2009:163.

[14] 黑格尔.小逻辑[M].贺麟,译.2版.北京:商务印书馆,1980:394.

[15] 恩格斯.自然辩证法.[M]//马克思,恩格斯.马克思恩格斯文集:9.北京:人民出版社,2009:559-560.

第 3 篇

历 史 逻 辑

历史逻辑是以历史时间的历时性和共时性的统一为基础的概念推论。过去、现在和未来是历史逻辑的基本范畴,"过去—现在—未来"三段式是历史逻辑的基本公式,它是概念逻辑推论三段式"正题—反题—合题"在历史逻辑中的具体形式。在不同的历史时期和不同的实践领域,根据历史的特殊性,可以建构不同概念常量为内容的历史逻辑。

根据研究的内容不同,历史逻辑可以区分为"叙述的"历史逻辑、"实践的"历史逻辑和"理论的"历史逻辑。"叙述的"历史逻辑是关于叙述史中基本概念之间的推论关系和推论规则的学说。"实践的"历史逻辑是根据历史发展的必然性趋势,揭示特定时期中实践活动奋斗目标的概念逻辑。"理论的"历史逻辑是以过去、现在和未来关系中的肯定、否定和否定之否定的辩证运动,预见历史未来发展的必然趋势,证明历史发展规律性的理论逻辑。

第 1 章
历史时间和历史时期

历史是一切过去在时间上的经历。历史逻辑不仅是历史事件之间的逻辑关系,也是历史时期之间的逻辑关系,而且还是历史事件和历史时期之间的逻辑关系。所以,对于历史逻辑来说,历史事件和历史时期都是重要的范畴。而对于这些问题的了解,又离不开自然时间和历史时间,特别是离不开历史时间。历史是关于过去的科学。过去又离不开现在。一切过去式都源自现在式,一切经历过的事情,都曾是现在正在进行着的事情。现在进行的事情,不仅是由过去决定的,同时也是由未来决定的。这就使过去、现在和未来,成为历史的基本要素,因而它的概念形式也就成为历史逻辑的基本范畴。过去、现在和未来这三个范畴的逻辑关系,也就成为历史逻辑的基本内容,从而构成历史逻辑的基本公式。

§115 对象史和叙述史

通常,我们所说的历史,是指人类社会或一个民族、国家发展的经历和过程。在普遍性的意义上,历史是指一切事物的经历,或是对事物经历的记述。显然,经历和经历的记述,是两个不同的概念。经历是指历史本身的历时性,其中存在着客观的历史规律;经历的记述,则是对这个客观历时性的叙述。它既是要反映历史规律,又必须合乎逻辑。前者是对象史,后者是叙述史。

我们通常都把历史逻辑等同于历史规律,这是由语词的歧义造成的。首先,历史逻辑中的"历史"是观念中的历史,而非对象的历史;而历史规律中的"历史",则是作为叙述对象的历史。对象的历史虽然只能在叙述中被描述,但它是不依赖于不同历史研究者和历史观念而存在的。作为叙述的历史,由于叙述者的历史观不同,被叙述的逻辑形式也是各异的。其次,逻辑与规律也是两个不同的概念,逻辑是概念的关系,从前提中"必然地推出"结论,属于理性范畴;规律是事物之间的必然关系,历史规律是历史事件之间的因果联系,并非是逻辑关系。

简言之,"历史"这一语词,指的是两个方面的含义:一是对象史,即"历史"这一语词的所指;二是叙述史,即"历史"这一语词的能指。前者可称为"历史本身",后者可称为"历史认识"。这两者既有区别,又有联系,不能分离。"历史在'历史本身'和'历史认识'的双重诠释中,保持着既相互联系的存在又彼此区分的姿态。这表明,历史并未融化为两个部分,而是在其相互联系中表现出来。"[1]历史逻辑在叙述的历史中建立起了概念之间的推论关系,以此来反映现实的历史事件之间的因果关系。当然,叙述史的这种反映,实际上是历史的重建,因而历史逻辑成为历史规律的概念建构。

事物的经历具有时间性,或者说,时间性是历史之成为历史的基本条件,甚至可以说,历史就是时间。无论是对象史,还是叙述史,都包含着时间的经历和延续。对象史是对象在时间中的经历和延续,叙述史是关于对象的概念以自身的演化反映对象在历史时间上的经历和延续。自然史、社会史、实践史和思想史(或理论史)是历史的基本形态,它们既是对象史,又表现为叙述史。

天体演化、地球演化、生命进化和生态变化等,都表现为自然界的历史发展。因此,当我们考察历史的时候,首先遇到的是自然史,它在人类产生之前就存在了。这种历史,一般都表现为自然事件的序列而得到叙述。

自从有了人类,就产生了人类社会发展的历史。人类社会五个形态的演变更替,中国古代封建社会在近代沦为半殖民地半封建社会,新民主主义革命的胜利建立了新中国,中国进入了社会主义初级阶段,这些,都是社会史的具体表现。

从另一个角度说,历史是人民群众创造的,是人实现自己的目的的活动,人类社会的历史即是人类的实践史,包括社会历史实践史和日常生活实践史。在社会历史实践史中,除了生产斗争和阶级斗争(社会革命)的历史外,还包括自然科学中科学实验的历史。

同思想史相对,我们也可以把自然史、社会史和实践史,合称为事物的历史。而相对于叙述史来说,事物史和思想史,又都是对象史,因为两者都被作为叙述的对象。叙述史并非单纯地等同于对象史,它是关于对象史的认识,或者说,是被认识了的对象史。叙述史所涉及的基本问题是过去和现在的关系问题。"历史认识,或者作为认识的历史,便是从现在所存在的东西出发,对于过去进行重建或者重新组织,是对于过去某时某地所发生的事的重建。"[2]为了表达历史的基本问题,即过去与现在的关系问题,叙述史必须运用一系列概念、范畴及其合乎逻辑的推论。因此,在所有的叙述史中,都包含着逻辑,即历史叙述中基本概念的历史演变。这就是历史逻辑,或称它为"叙述的"历史逻辑。

除"叙述的"历史逻辑外,历史逻辑还包括"实践的"历史逻辑和"理论的"历史逻辑,它们对社会历史发展来说,更具有指导意义。就历史逻辑而言,作为马克思主义中国化的逻辑基础,主要是"理论的"和"实践的"历史逻辑。

§116 历史时间

由于历史具有时间性,历史逻辑同时间也发生了不可分割的联系。如果对象没有在时间中的经历,历史逻辑也就失去了存在的现实基础。所以,要了解什么是历史逻辑,还必须了解什么是历史时间。"在他们各自的研究对象之外,历史学家还懂得如何理解社会生活的时间性。因为历史学家的共同使命就是呈现历经时间流逝的人类活动。"[3]

历史的时间性,应该从两个方面来理解,即对象史的时间性和叙述史的时间性。叙述史的时间性,即概念在时间中的演化序列,即时序,是由对象史的时间性决定的。

时间是一个复杂的问题。我们通常把时间理解为日月交替,岁月流逝。就历史研究来说,这种理解,并没有抓住时间的本质。

"时间"是一个最难理解和把握的范畴,它也使奥古斯丁感到茫然:"时间究竟是什么?没有人问我,我倒清楚,有人问我,我想说明,便茫然不解了。"[4]

哲学教科书告诉人们,时间是存在的基本形式,是物质运动的持续性、顺序性、一维性和不可逆性,等等。需要指出的是,事物的时间形式并非只有一种。时间的普遍形式是自然时间,主要是根据自然界物质运动的特点做出的判断。例如,前述的岁月流逝、日月交替,都表现为自然时间。用来计算自然时间的历法,就是根据地球围绕太阳的运动做出的规定,以年、月、日、时、分、秒等单位来测量时间的流程。用来具体测量时间的器具是钟表(或具有相同功能的器具,如古代的沙漏、日晷,现代的电子表、原子钟等)。我们通常又把这种自然时间,称为历法时间、钟表时间。《周易·系辞》说:"日往则月来,月往则日来,日月相推而明生焉;寒往则暑来,暑往则寒来,寒暑相推而岁成焉。"这里说的,也属于自然时间。

社会领域中的事物,也同样经历着自然时间,社会历史发展的时期和阶段,也是由历法时间来计量的。但自然时间只是社会事物的外部时间,此外,社会事物还有内部时间。就社会时间和历史时间来说,历法时间也只是它的外部时间。一部编年史,只是按照外部时间安排的历史记述。对历史的认识,这种记述自然是必要的。但在处理历史事件的时候,必须把社会生活的内容注入自然时间中去。《诗经·豳风·七月》记载:"七月流火,九月授衣。""四月秀葽,五月鸣蜩。八月其获,十月陨萚。"这里,不仅表现了自然时间的变化、日月的交替,而且在这种变化中反映了社会生活,赋予了社会时间的社会内涵。古代人是按照自然时间来安排生活的。庄子说:"日出而作,日入而息,逍遥于天地之间而心意自得。"(《庄子·让王》)这里的"日出"与"日入"说的都是自然时间,"而作"和"而息"则是社会生活。但单纯的自然时间不能表达这种社会生活,而没有这些社会生活内容,历史也就不成其为社会生活的历史了。不同时期历史的区别,也是由不同时期的不同社会生活内容所规定的。

根据自然运动和社会运动的区别,可以把时间区分为自然时间和社会时间。历史时间自然属于社会时间,它是"一种更具有人类学特征的、经验的和具有时代性意义(epochal)的时间"[5]。根据社会生活与个体生活的不同,可以把社会时间中的个体生活时间区分出来,称它为个人时间。这样历史时间就包括社会时间和个人时间。

一切在社会中发生的事物和事件,无论是社会时间,还是个人时间,都包含外部时间与内部时间两个方面,但它主要是社会生活的存在形式。也有历史学家把历史时间划分为三种形式:自然时间、社会时间和个人时间。例如,布罗代尔说:"因而我们把历史分为一系列的层次。更确切地说,将历史时间分为地理时间、社会时间和个人时间。"[6]布罗代尔所说的地理时间,即是指自然时间。

无论在生物学上,还是在社会学上,自然时间都是普遍存在的。就个人时间来说,人的年龄增长,表现了人的发展的外部时间,而在这种外部时间背后,同样包含了人生的变化。孔子说:"吾十有五而志于学,三十而立,四十而不惑,五十而知天命,六十而耳顺,七十而从心所欲,不逾矩。"(《论语•为政》)毛泽东不赞同孔子关于"七十而从心所欲,不逾矩"的观点,他说:"孔夫子七十而从心所欲不逾矩,我即使到七十岁相信一定也还是会逾矩的"[7]。孔子和毛泽东的表述,在说明人生具有两种时间上是相同的。孔子的表述,一方面,反映了人的年龄增长,表现了孔子从青年、中年到老年的时间历程;另一方面,也反映了他成长、成熟的演化过程。根据孔子的这段话,后人称三十岁为而立之年,四十岁为不惑之年,五十岁为知天命之年,六十岁为耳顺之年,七十岁为从心所欲之年。就自然时间和社会时间的区分来说,这种表达,说明了人的存在具有两种时间,前者以"岁"表示的是外部时间,后者以"之年"表示的是内部时间,不能说是错的。

外部时间反映时间的量,内部时间反映时间的质。就基本趋势来说,人的年龄增长同内部时间是一致的,但因个人的状况不同,它们的相应关系必定因人而异。例如,在"少年老成"这句话中,"少年"是指外部时间,"老成"是指内部时间。通常的情况下,"老成"是不对应于少年的,因为少年还没有到达"老成"这种成熟的时间。对孔子来说,三十而立,对其他人来说,而立的时间可能要早些,或要晚些。对于同龄人,外部时间虽然相同,内部时间则可能是不同的。在人生时间上,人与人之间的差别,主要不在于外部时间,而是内部时间。外部时间是从历法时间、钟表时间上读出来的,"但是内部时间却十分不同于我们从钟表上读出的外部时间。它更紧密地对应于我们赋予一个人的年龄。"[8]可以认为,一个人有两种年龄,一个是生物学意义上的年龄,另一个是社会学意义上的年龄。前一个年龄不是给予的,它是一个人的外部时间;后一个年龄是给予的,它是一个人的内部时间,这种年龄,不是从时间测量器上读出的。人的年龄总是在增长,它的方向是逐年地变老,而不可能从年老的变为年轻,它是不可逆的。内部时间并非必然如此。人的年龄是否与他的成长完全相一致？可能是因人而异。尽管存在"少年老成"和"返老还童"的现象，但这也并非是普遍的个人经历。

历史过程的时间性，往往由历史事件来表征，我们称这种历史中的社会时间为历史时间。例如，在我国民主主义革命前期（长征胜利到达陕北之前）的历史中，经历了辛亥革命、五四运动、中国共产党成立、国共合作、南昌起义、秋收起义、三湾改编、井冈山斗争、古田会议、遵义会议、长征胜利等等，它们自身不仅经历了时段不同的自然时间，而且都在自然时间序列中占有一个特定的位置，有不可颠倒的自然时序，反映了中国民主主义革命是时间上的延续。同时，每个事件都有自己的独特社会内涵，这些事件的延续，成为中国民主主义革命的历史时间，反映了中国民主主义革命历史的重大发展。

历史时间是一种社会因素，具有社会历史意义。"时间是一种媒介，复杂的意义结构借此得以产生"[9]。因此，时间也就成为历史学家用来解释历史的坐标。布罗代尔指出：历史学"首先关心的似乎一直是凭借一个珍贵的、精微的、复杂的坐标——时间——来解释人和社会。时间坐标，这是唯有我们历史学家才懂得如何把握的。没有它，无论过去还是现在的社会和个人都不能恢复生活的面貌和热情"[10]。

历史逻辑主要是根据历史时间的社会历史意义来建构的，并根据历史时间的社会历史意义来修正自然时间，舍弃其偶然性，以历史时间为基本范畴，重建社会生活的逻辑必然性。

§117 历史时期

"历史时期"是历史逻辑的一个基本概念，因为它表达了事件发生的准确时序的历史背景和时代情境。历史上一切事件都是在特定的历史时期中发生的，甚至可以说是这个历史时期的产物，历史时期是历史规律作用于其中的时间界限，是表达历史逻辑的基本条件。"只有清楚知道社会状况在同一'历史时期'内——也是说有某些历史规律作用于其中——的时间界限，我们才能理解社会实际之间的联系。"[11]历史逻辑强调年代先后顺序的重要性，以表达历史实践发展的必然性，而年代先后顺序的这种重要性正在于它能够确定历史事件发生的历史逻辑相关性。"要理解社会行动之间的关系，就需要知道社会事实的时间边界是否被放在了同一个'历史时期'里,也就是说,是否在某个特定历史的逻辑中。"[12]

布罗代尔从总体性上研究社会历史,认为任何时代的社会"都是自己时代的一个函数,而不仅仅是它与其他社会现实共有的时段的函数"[13]。在这些社会中,即便有很多旧的因素,但在不同历史时期中的社会,终归是独一无二的。在这方面,尽管它可以从自己时代之外得到解释,但最根本的,它应当从自己时代背景中得到解释。因而社会是"自己时代的孩子",是包容着它的广阔时段的孩子。

对于历史和历史逻辑来说,历史时期的确是极其重要的概念。问题是,为什么存在历史时期?其原因在于,事件都有它的年代顺序和时间边界。正是这种时间的顺序和界限,构成了历史时期,这是由时间的历时性和共时性共同决定的。

历史是关于已经过去的事情在时间中的持续流过。历史在时间中的经历、持续流过,就是历史时间的历时性。时间总是在流逝着,总是连续的,永远不会间断,也永远不会停止。事件也因此都经历着历时性。由于这种历时性,我们很难把时间截成不同的时段,称它为不同的历史时期。因此,历史时期的划分,又必须依赖于历史时间的共时性。

所谓共时性,是指众多的历史事件共同处于一个时段中。这里的时段,不是自然时间的间隔,而是社会时间,是具有生活内容的时间。在日常的话语中,"同时"一词的使用是极为普遍的。所谓同时,就是同一个时刻,同一个时间,同一个"一刹那"。也就是说,事件发生在同一个时段。在历时性的立场上,共时性时间看起来是历时性时间的一个"截面",或是时间的"一瞬","冷冻"时间的快照[14]。在几何学上,"面"是没有厚度的,作为"截面"的这种"瞬间",是没有厚度的瞬间,因而也就没有历时性了。时间的流动被停止了,被"冷冻"了。所以,这里时间的"截面"、"一瞬"、"冷冻",只有相对的意义。就其共时性方面的特征而言,不是时间停止了流动,而是流动变得缓慢。实际上,共时性仍然是一个整体,一种结构,一个意义相对稳定的世界。它本身仍然具有自己的历时性,是历时性与共时性的统一体。我们把这个统一整体,看作是在绵延的历史中相对不变的共性,在时间的流逝中保持稳定的特质,因而称它为历史时间的共时性。

具有共时性的历史时段,就被称为历史时期,或历史时代。邓小平说:"基本路线要管一百年,动摇不得。"[15] 始终坚持基本路线,就是这一百年时间历时性中的时间共时性,是这段时间所具有相对不变的特质和意义。这"一百年"的历史时段,就是一个历史时期。这个历史时期,就是社会主义初级阶段。胡锦涛说:"我们必须清醒认识到,我国仍处于并将长期处于社会主义初级阶段的基本国情没有变,人民日益增长的物质文化需要同落后的社会生产之间的矛盾这一社会主要矛盾没有变,我国是世界最大发展中国家的国际地位没有变。"[16] 这同样说明,社会主义初级阶段的基本国情是在一个很长历史时段中相对不变的共时性,这是由社会主要矛盾相对不变性所决定的。质的相对不变性,不是没有变化,而是变化得比较缓慢。所以它是历时性和共时性相统一的一个时段,是具有特殊社会意义的符号,因而它就成为历史发展过程中的一个历史时期。

共时性并非不变性,而是经历着相对缓慢的变化,因而具有相对稳定性。布罗代尔说:"社会时间并非平均地流逝,而是有着不可胜数的各不相同的步调,时快时慢。"[17] 而且,时间是多层次、多元化的,在同一时段里,有的变化迅速,有的变化缓慢,从而形成了时间的结构。所以,在单纯历时性时间的意义上,不可能有完美的共时性。布罗代尔认为:"设想一个突然的停顿,其时所有的时段都静止不动,这本身几乎是荒诞不经的,或者换个说法,是极其虚假的。同样,只有依据无数不同的时间河流上的漂流运动才能想象一个沿着时间溪流的漂流运动。"[18] 显然,社会主义初级阶段只是表征着中国社会发展的一个时段,尽管它是一个很长的时段,但它也处于不断的变化和发展中,到了一定的时候,我们必将走出这个历史时期。

我们也可以把历史时期称为历史时代,因为两者都是指一个特定的时段。长的历史时期就是大的历史时代,短的历史时期就是小的历史时代。革命时期也可称为革命时代,还可以称为革命年代;战争时期与和平时期也可以称为时代或年代,等等。无论是称它为历史时期,还是历史时代,都有大小、长短的不同,在大时期中可以进一步划分为若干小时期。例如,新民主主义革命时期,可以进一步划分为大革命时期、土地革命战争时期、抗日战争时期和解放战争时期。

一个时段被称为一个历史时期,在这个时段中必定包含某种共同的历史内涵,规定着这个时期的共同特质。例如,我们称某个时期为革命战争时期,在这个时段里,必定进行着某种内容的革命,并采取了战争的形式。

上面对历史时期的分析,还停留在比较抽象的阶段。马克思和恩格斯对资本主义时期(资产阶级时代)的分析,可以帮助我们更好地理解和把握历史时期的具体规定性。

§118 历史时期的内涵

马克思和恩格斯对资本主义历史时期的分析表明,一个历史时期,或一个历史时代,都包含着经济、政治、文化和社会等多方面的内涵。在研究一个历史时期时,根据研究的需要,往往不是全面分析这些内容,只是着眼于某种研究需要的方面。但是,即便如此,也还必须把这一方面的内容放到历史时期的整体中去认识。在认识某个历史时期的时候,应该全面地认识这个时期的经济、政治、文化和社会等方面。只有这样,才能准确地把握历史时期各个方面的内涵。

首先,在整体地把握历史时期时,必须认识到,在历史时期众多的内涵中,经济起着决定作用,并规定其他要素的内涵。恩格斯指出:"每一历史时代的经济生产以及必然由此产生的社会结构,是该时代政治的和精神的历史的基础"。[19]他还进一步指出:"只有从这一基础出发,这一历史才能得到说明"。[20]这种起着决定作用的经济要素,马克思称它为"普照的光",正是它成为一个时代的质的规定性。马克思指出:"在一切社会形式中都有一种一定的生产决定其他一切生产的地位和影响,因而它的关系也决定其他一切关系的地位和影响。这是一种普照的光,它掩盖了一切其他色彩,改变着它们的特点。"[21]这种"普照的光"就成为时代的质的规定性,它掩盖了历史上遗留下来的种种关系的性质。

其次,在经济要素中,包含着生产力与生产关系的统一。在这种统一中,起着更主要作用的是生产力要素,其中最根本的要素是劳动工具。马克思说过:"手推磨产生的是封建主的社会,蒸汽磨产生的是工业资本家的社会。"[22]与此相适应的是生产关系,在资本主义时代,作为"普照的光"的生产关系,就是资本,它开辟了生产过程的新时代。马克思指出:"有了商品流通和货币流通,决不是就具备了资本存在的历史条件。只有当生产资料和生活资料的占有者在市场上找到出卖自己劳动力的自由工人的时候,资本才产生;而单是这一历史条件就包含着一部世界史。因此,资本一出现,就标志着社会生产过程的一个新时代。"[23]

第三,在把握经济要素的同时,必须进一步把握由经济决定政治的基本关系。由资本所决定的经济关系,是资本对劳动的剥削。"资本主义时代的特点是,对工人本身来说,劳动力是归他所有的一种商品的形式,因而他的劳动具有雇佣劳动的形式。"[24]这种剥削关系,形成了资本主义社会中的两大阶级的对立。《共产党宣言》指出:"我们的时代,资产阶级时代,却有一个特点:它使阶级对立简单化了。整个社会日益分裂为两大敌对的阵营,分裂为两大相互直接对立的阶级:资产阶级和无产阶级。"[25]这种对立在政治上的表现,便是资产阶级对无产阶级和劳动人民的压迫,这种压迫的社会形式即是资产阶级国家。通常都说国家是整个社会的正式代表,是社会在一个有形的组织中的集中表现。但是,当把国家看作整个社会的正式代表时,恩格斯指出:"这仅仅是说,它是当时独自代表整个社会的那个阶级的国家:在古代是占有奴隶的公民的国家,在中世纪是封建贵族的国家,在我们的时代是资产阶级的国家。"[26]资产阶级国家的统治,正是资本主义时代的政治特征。

第四,经济和政治决定文化,文化又反作用于经济和政治。任何一个历史时期,都具有它所特有的文化特征。"资产阶级在它已经取得了统治的地方把一切封建的、宗法的和田园诗般的关系都破坏了。"[27]否定封建文化,这不能不说是革命和进步的方面。其结果是,"它使人和人之间除了赤裸裸的利害关系,除了冷酷无情的'现金交易',就再也没有任何别的联系了"。把以往的人的情感都"淹没在利己主义打算的冰水之中。它把人的尊严变成了交换价值,用**一种**没有良心的贸易自由代替了无数特许的和自力挣得的自由"[28]。"资产阶级抹去了一切向来受人尊崇和令人敬畏的职业的神圣光环。它把医生、律师、教士、诗人和学者变成了它出钱招雇的雇佣劳动者。""资产阶级撕下了罩在家庭关系上的温情脉脉的面纱,把这种关系变成了纯粹的金钱关系。"[29]

第五,在相对稳定的共时性中,必须把握历史时期中的变动性。历史时期虽然是具有共时性的一个时段,但它仍然处于变动之中。正是这种变动,显示了这个历史时期的革命性。资产阶级的时代就是这样的一个时代。"资产阶级除非对生产工具,从而对生产关系,从而对全部社会关系不断地进行革命,否则就不能生存下去。反之,原封不动地保持旧的生产方式,却是过去的一切工业阶级生存的首要条件。生产的不断变革,一切社会状况不停的动荡,永远的不安定和变动,这就是资产阶级时代不同于过去一切时代的地方。"[30] 所以,不断的变革,不停的动荡,永远的不安定和变动,也是资产阶级时代的一个特征。

从资本主义历史时期的具体规定性来看,历史时期是一个整体,这是历史总体性的具体表现。我们可以从其中的一个方面来认识历史时期,但必须把它放在这个整体中,才能准确地加以把握。这对于历史逻辑来说,也是同样适用的。

§119 "过去"、"现在"和"未来"的意义相关性

过去、现在和未来,是历史时间的基本范畴。在讨论历史时间问题的时候,必然要涉及这三个范畴的关系。由于事物都经历着发展的过程,因此这三个基本范畴不仅被社会的历史所具有,而且被一切事物的历史所普遍具有。只要是过去的事情都是历史,因而一切都是历史。所以,过去、现在和未来之间的关系,就是内部时间的历史结构,反映了一切事物生命历程的演化。

历史研究过去,而过去只有相对于现在才能被确认,所以,研究过去必须同时研究现在。这就决定了历史是关于过去和现在的科学。布罗代尔引用费弗尔的话说:"费弗尔在其生命的最后十年一再重申一个观点:'历史学是关于过去的科学,也是关于现在的科学。'"[31]

这样说来,历史是不关注未来的吗?这是一个值得进一步讨论的问题。大家知道,在历史书中,是没有叙述未来的历史的。可是,事实也同样表明,在历史书中,也不会去叙述现在的历史。一切历史,叙述的都是过去的事情。那又为什么说历史也是现在的科学?因为过去和现在是密不可分的,同样,现在与未来也是不可分的。既然必须联系过去来研究现在,那么,研究现在也同样必须联系未来。事实上,通过对现在的研究,把过去和未来连接起来了。

这里,有两个问题需要做进一步的说明。

第一,"现在"是一个历史时期。布罗代尔说:"一切都是历史。列维-斯特劳斯不久前写道,'一切都是历史,所以昨天说的话是历史,一分钟前说的话也是历史。'我可以把这句话变成,只要是说过的、想过的、做过的和经历过的,都是历史。"[32]如果这样无限地推论下去,那么,不能说一秒钟前说的、做的,就不是历史了。在这种无穷的后退中,"现在"岂不就变成了一个无穷小的"瞬间"吗?

相对于历史的长河,"现在"的确是一个"瞬间"。但需要指出的是,这种"瞬间",属于历史时间中的外部时间,即自然时间,反映了历史时间的历时性。孔子所说的"逝者如斯夫?不舍昼夜"(孔子《论语·子罕》),说的就是这种时间;毛泽东说:"三十八年过去,弹指一挥间"(毛泽东《水调歌头·重上井冈山》),也是这种时间。这些说法,都是形容现在的时间过得神速,它总是无情地逝去,并非说明"现在"是一个无穷小的"瞬间"。毛泽东在诗句中说"弹指一挥间",不也还有"三十八年"吗?

根据历史的外部时间和内部时间的规定,历史时间具有两重性,即历史时间的历时性和共时性。因此,同过去和未来一样,现在也是一个历史时期,是历时性和共时性的统一。而且过去、现在和未来的划分也都是相对的,它们之间具有时间意义的相关性。如果把十一届三中全会以前的我国历史时期作为"过去",那么,"现在"便是改革开放的新历史时期。当我们说:"现在我国正处在社会主义初级阶段",这里的现在,指的就是整个社会主义初级阶段这个历史时期。

第二,现在是由过去和未来决定的。现在是由过去决定的,有不同的过去,就有不同的现在。对于这种说法,一般说来,是没有异议的,因为现在是过去的继承和发展。马克思和恩格斯设想的社会主义,是从已经获得充分发展的资本主义社会中脱胎而来的,经过"过渡时期",便成为共产主义的第一阶段;中国的社会主义是从半殖民地半封建社会经过新民主主义革命和社会主义改造而建立起来的,它不是脱胎于资本主义社会,因而只能是中国社会主义初级阶段,而不是马克思和恩格斯所设想的共产主义第一阶段。这两种不同的现在,自然是由两种不同的过去所规定的。

现在不仅是由过去决定的,而且也是由未来决定的。在社会历史领域,过去是我们已经走过的足迹,未来是我们现在为之奋斗和创造的事业。未来是现在追求的目标,它规定了现在的一切行为,赋予今天行为的特殊价值。我国民主主义革命为什么是新的民主主义革命,而不是旧的民主主义革命?这主要是由我国当时的社会性质所决定的,同时也是由革命的未来的社会主义前途所决定的。为什么在民主主义革命中,我们必须坚持无产阶级领导权?同样是为了保证革命发展的社会主义方向。在当前社会主义建设和改革的实践中,我们要实现两个"一百年"的奋斗目标,在本世纪中叶实现社会主义现代化和中华民族的伟大复兴,这些未来的目标,都规定了我们今天的实践活动。我们今天要为实现中国梦而奋斗,这正表明,未来决定着今天的事业。

如果历史也是要研究现在,那么,不懂得未来,就不可能懂得现在。要懂得现在,不仅需要懂得过去,同样需要懂得未来。在这种意义上说,是否也可以认为,历史是关于过去、现在和未来的科学呢?

上面说的,正是关于过去、现在和未来的意义相关性。李大钊在1918年4月15日发表的《"今"》中说:"无限的'过去'都以'现在'为归宿,无限的'未来'都以'现在'为渊源。'过去'、'未来'的中间全仗有'现在'以成其连续,以成其永远,以成其无始无终的大实在。"[33]

其实,一切历史都是"现在"的历史。这里所说的"现在",包含三种含义,不只是"今天的"现在,同时包括"过去的"现在和"未来的"现在。就是说,过去也曾是现在,它是"过去的"现在;未来也是现在,它是从现在转化而去的,正是今天,创造了"未来的"现在。因而过去、现在和未来,是曾处于,或正处于,或将要处于现在之中,都属于现在。这说明,在过去、现在和未来这三个范畴中,"现在"处于核心地位。一切历史的创造,都是在"现在"中完成的,创造历史的源泉和动力,都来自"现在"。所以,"现在"是历史逻辑基本范畴中的核心范畴。

参 考 文 献

[1] 约尔丹.历史科学基本概念辞典[M].孟钟捷,译.北京:北京大学出版社,2012:226.

[2] 阿隆.历史讲演录[M].梅叙尔,编注.张琳敏,译.上海:上海译文出版社,2011:93.

[3] 休厄尔.历史的逻辑:社会理论与社会转型[M].朱联璧,费滢,译.上海:上海人民出版社,2012:6.

[4] 奥古斯丁.忏悔录[M].周士良,译.北京:商务印书馆,1963:242.

[5] 哈萨德.时间社会学[M].朱红文,李捷,译.北京:北京师范大学出版社,2009:导论10-11.

[6] 布罗代尔.论历史[M].刘北成,周立红,译.北京:北京大学出版社,2008:4-5.

[7] 毛泽东.对《关于若干历史问题的决议》草案的说明[M]//毛泽东.毛泽东文集:第3卷.北京:人民出版社,1996:284.

[8] 普里戈金.从存在到演化:自然科学中的时间及复杂性[M].曾庆宏,严士健,马本堃,等,译.上海:上海科学技术出版社,1986:199.

[9] 哈萨德.时间社会学[M].朱红文,李捷,译.北京:北京师范大学出版社,2009:导论17.

[10] 布罗代尔.论历史[M].刘北成,周立红,译.北京:北京大学出版社,2008:21.

[11] 休厄尔.历史的逻辑:社会理论与社会转型[M].朱联璧,费滢,译.上海:上海人民出版社,2012:10.

[12] 休厄尔.历史的逻辑:社会理论与社会转型[M].朱联璧,费滢,译.上海:上海人民出版社,2012:10.

[13] 布罗代尔.论历史[M].刘北成,周立红,译.北京:北京大学出版社,2008:84.

[14] 休厄尔.历史的逻辑:社会理论与社会转型[M].朱联璧,费滢,译.上海:上海人民出版社,2012:174.

[15] 邓小平.在武昌、深圳、珠海、上海等地的谈话要点[M]//邓小平.邓小平文选:第3卷.北京:人民出版社,1993:370-371.

[16] 胡锦涛.坚定不移沿着中国特色社会主义道路前进 为全面建成小康社会而奋斗:在中国共产党第十八次全国代表大会上的报告[G]//中国共产党第十八次全国代表大会文件汇编.北京:人民出版社,2012:15.

[17] 布罗代尔.论历史[M].刘北成,周立红,译.北京:北京大学出版社,2008:13.

[18] 布罗代尔.论历史[M].刘北成,周立红,译.北京:北京大学出版社,2008:42.

[19] 恩格斯.《共产党宣言》1883年德文版序言[M]//马克思,恩格斯.马克思恩格斯文集:2.北京:人民出版社,2009:9.

[20] 恩格斯.《共产党宣言》1888年英文版序言[M]//马克思,恩格斯.马克思恩格斯文集:2.北京:人民出版社,2009:14.

[21] 马克思.《1857-1858年经济学手稿》导言[M]//马克思,恩格斯.马克思恩格斯文集:8.北京:人民出版社,2009:31.

[22] 马克思.哲学的贫困[M]//马克思,恩格斯.马克思恩格斯文集:1.北京:人民出版社,2009:602.

[23] 马克思.资本论:第1卷[M]//马克思,恩格斯.马克思恩格斯文集:5.北京:人民出版社,2009:198.

[24] 马克思.资本论:第1卷[M]//马克思,恩格斯.马克思恩格斯文集:5.北京:人民出版社,2009:198.注(41).

[25] 马克思,恩格斯.共产党宣言[M]//马克思,恩格斯.马克思恩格斯文集:2.北京:人民出版社,2009:32.

[26] 恩格斯.社会主义从空想到科学的发展[M]//马克思,恩格斯.马克思恩格斯文集:3.北京:人民出版社,2009:561.

[27] 马克思,恩格斯.共产党宣言[M]//马克思,恩格斯.马克思恩格斯文集:2.北京:人民出版社,2009:33-34.

[28] 马克思,恩格斯.共产党宣言[M]//马克思,恩格斯.马克思恩格斯文集:2.北京:人民出版社,2009:34.

[29] 马克思,恩格斯.共产党宣言[M]//马克思,恩格斯.马克思恩格斯文集:2.北京:人民出版社,2009:34.
[30] 马克思,恩格斯.共产党宣言[M]//马克思,恩格斯.马克思恩格斯文集:2.北京:人民出版社,2009:34.
[31] 布罗代尔.论历史[M].刘北成,周立红,译.北京:北京大学出版社,2008:76.
[32] 布罗代尔.论历史[M].刘北成,周立红,译.北京:北京大学出版社,2008:76.
[33] 李大钊.今[M]//李大钊.李大钊文集:第2卷.北京:人民出版社,1999:185.

第 2 章
历史逻辑的三种模式

历史逻辑的基本公式是"过去—现在—未来"三段式。由于应用领域的不同,产生了三种模式的历史逻辑,即"解释的"历史逻辑、"实践的"的历史逻辑和"理论的"历史逻辑。"解释的"历史逻辑是叙述史中的逻辑,属于话语的逻辑,理解的逻辑,它的基本公式是"现在—过去—历史"。"解释的"历史逻辑既不是直接服务于实践的目的,也不是对历史规律的理论阐述,因而在总体上不是为了主体的某种具体需要而去研究历史,而是客观地研究过去的历史进程,不研究现在和未来的历史走向,但又是根据现在来理解历史。"实践的"历史逻辑则不同,一方面,它要根据过去的历史发展,确定现在和未来的发展方向,以逻辑必然性表述继往开来的历史发展趋势;另一方面,根据现在实践的需要和未来发展的目标,认识历史上的优秀遗产对现在和未来的意义和价值,继承传统,创造现在,开拓未来。"实践的"历史逻辑的基本公式是"未来—过去—现在"。"理论的"历史逻辑是理论逻辑在历史领域中的具体运用,它是根据历史规律的理论研究,揭示历史发展的必然趋势,为社会历史实践提供理论逻辑的宏观指导。"理论的"历史逻辑是"过去—现在—未来"。三种模式的历史逻辑的共同点,都要在过去、现在和未来的相关性中,寻求历史逻辑模式的概念框架。

§120 历史逻辑的基本公式

历史逻辑的基本公式是概念推论公式"正题—反题—合题"的具体化,反映了历史逻辑基本范畴的自我否定性运动。

根据概念推论的这个普遍公式和历史逻辑的基本范畴,历史逻辑的基本公式是:

过去—现在—未来。

在这个公式中,"过去"、"现在"和"未来"也还仍然是逻辑变项,代表不同的历史时期,长短不同的时段。在具体研究某一时段历史时,则由不同的历史时期所取代。符号"—"是逻辑常项,它的语义也是概念的进展,或概念的演化、概念的推论等,即从过去推论现在,从过去和现在推论未来。例如,毛泽东在《抗日战争胜利后的时局和我们的方针》一文中说:"国民党怎么样?看它的过去,就可以知道它的现在;看它的过去和现在,就可以知道它的将来。"[1]这就是历史逻辑的概念推论。

马克思以生产资料所有制的演变过程为根据,以生产力与生产关系的矛盾为内容,研究了人类社会发展的历史规律,提出了两个"必然性"和两个"决不会"的理论。

他首先从经济的社会形态演变,把握人类社会演进的历史时期。马克思指出:"大体说来,亚细亚的、古希腊罗马的、封建的和现代资产阶级的生产方式可以看做是经济的社会形态演进的几个时代。"他认为,资产阶级的生产关系是社会生产过程的最后一个对抗形式,而且在资产阶级社会的胎胞里发展的生产力,同时又创造着解决这种对抗的物质条件。"因此,人类社会的史前时期就以这种社会形态而告终。"[2]由此开始的人类社会真正的历史,就是代替资本主义社会的共产主义社会。在马克思时代的"现在",就是资本主义时期;当时的"过去",是原始社会、奴隶社会和封建社会;未来则是共产主义。根据"过去—现在—未来"的公式,这里的历史逻辑可以写作:

原始社会—奴隶社会—封建社会—资本主义—共产主义。

如果把原始社会、奴隶社会和封建社会合称为前资本主义时期,那么,这个历史逻辑的公式也可以写作:

前资本主义—资本主义—共产主义。

马克思还从另一个角度,即劳动者与劳动条件之间相互关系的演变,研究人类社会的历史发展。在历史发展的初期,由于生产力发展程度比较低,劳动者和劳动条件之间是统一的,即劳动者占有生产资料。在生产力发展的过程中,由于追求生产力的更大发展,劳动者与生产资料分离了,资本主义社会是这种分离的最极端的形式。马克思说:"资本主义生产一旦站稳脚跟,它就不仅保持这种分离,而且以不断扩大的规模再生产这种分离。因此,创造资本关系的过程,只能是劳动者和他的劳动条件的所有权分离的过程,这个过程一方面使社会的生活资料和生产资料转化为资本,另一方面使直接生产者转化为雇佣工人。因此,所谓原始积累只不过是生产者和生产资料分离的历史过程。"[3]共产主义则要消除这种分离,把两者重新统一起来。马克思说:"劳动者和劳动条件之间原有的统一{我们不谈奴隶关系,因为当时劳动者自身属于客观的劳动条件}有两种主要形式:亚洲村社(原始共产主义)和这种或那种类型的小家庭农业(与此相结合的是家庭工业)。这两种形式都是幼稚的形式,都同样不适合于把劳动发展为社会劳动,不适合于提高社会劳动的生产力。因此,劳动和所有权(后者应理解为对于生产条件的所有权)之间的分离、破裂和对立就成为必要的了。这种破裂的最极端的形式(在这种形式下社会劳动的生产力同时会得到最有力的发展)就是资本的形式。原有的统一的恢复,只有在资本创造的物质基础上,并且只有通过工人阶级和整个社会在这个创造过程中经历的革命,才有可能实现。"[4]如果按照"过去—现在—未来"的公式,把这个历史过程表述为历史逻辑的公式,则有:

> 劳动者与劳动条件统一—劳动者与劳动条件分离—劳动者与劳动条件新统一。

在运用"过去—现在—未来"这个公式时,需要做如下的说明。

第一,在这个公式中,"过去",即劳动者与劳动条件统一,是肯定,因为它是"幼稚的形式",因而在自身中又包含着否定;"现在",即劳动者与劳动条件分离,是否定,因为这是"最极端的形式",资本主义的发展又创造了消灭分离的条件,因而包含着肯定;肯定与否定两种思想的辩证运动,把"过去"和"现在"融合为第三者,即合题的"未来",在更高的基础上重新实现劳动者与劳动条件的统一。所以,"现在"是过去的现在,是对过去的继承和发展;"未来"不仅是现在的未来,同时也是过去的未来,它以扬弃的形式包含了过去和现在。现在是从过去这个前提中"必然地推出"的结论,未来是从过去和现在这两个前提中"必然地推出"的结论。

第二,因为过去、现在和未来都是逻辑变项,所以,根据研究的需要和对象的特殊性,三段式的具体内容必定是不同的。例如,通常都用五形态理论,即"原始社会—奴隶社会—封建社会—资本主义社会—共产主义社会",说明人类社会发展的历史。从劳动者与劳动条件的关系,说明这种关系的发展经历了"统一——分离—再统一"的过程,同样说明了人类社会发展历史。这说明,因为历史时间是多系列、多层次的,对同一历史过程的研究,可以从不同的视角,运用不同的概念,建构不同内容的历史逻辑。

第三,应该从不同的时段来研究历史,建构历史逻辑,从而显示历史的不同周期,使历史逻辑三段式呈现不同的共时性。在人类社会发展的五形态的逻辑公式中,前资本主义是过去,相当于"原始社会—奴隶社会—封建社会"三个时期,它可以独立地成为一个历史周期。在研究我国社会发展的历史逻辑时,"现在"不是资本主义社会,而是社会主义社会,它的历史周期应该是"新民主主义社会—社会主义初级阶段—社会主义中等发达阶段"。所以,在应用历史逻辑公式时,必须针对具体问题做具体分析,建构不同的历史周期。

第四,由于过去和未来都包含着现在,而且历史周期具有历时性,所以,历史逻辑的基本公式不只是应用于现时代,也可应用于过去和未来的时代。例如,"原始社会—奴隶社会—封建社会"这个三段式,是反映前资本主义社会形态的历史逻辑,相对地说,奴隶社会则处于"现在"的历史阶段,这是"过去的"现在。再如,"两个必然性"的理论说明,资本主义必然灭亡,社会主义必然胜利,在这个历史过程中,"现在"是资本主义,"未来"是社会主义,"过去"也可以看作是封建主义。这样就可以构成"封建主义—资本主义—社会主义"这样一个三段式。

上述分析说明,"过去—现在—未来"这个公式的运用,具有极大的灵活性,我们不能生搬硬套,弄出错误来。

§121 "解释的"、"实践的"和"理论的"历史逻辑模式

蒂莫西·富勒在为欧克肖特的《论历史及其他论文》一书所做的前言中说,对于欧克肖特的思想来说,一个十分重要的结论是:"史学家的'历史的'过去在范畴上不同于'实践的'过去。"[5] 欧克肖特认为,史学家理解过去的努力没有更多的动机,因而他们同所有那些考察过去是希望它为他们的实践关切提供指导的人区别开来了。欧克肖特的这种观点,引起了广泛的争论,反对者认为,一切人类事业都必须根据生活的实践关切来理解,史学研究也不能例外。但欧克肖特始终坚持自己的观点,而且以毕生的著述予以论证。[6]

应该说，欧克肖特区分"历史的"过去与"实践的"过去，还是合理的，自然它也不具有绝对的意义。对历史的研究、理解、解释和论述，史学家无不受不同历史观的影响，在历史的叙述中包含了不少的价值判断，从而对历史做出了不同的评价。不过在一切历史著作中，叙述和评论的都只是过去的历史，事实上都没有涉及现在和未来的事业。当然，研究历史也不限于史学家，有成效的政治家、社会实践家和社会学家等也都在研究历史，以求得解决当前实践问题的参考，以及为指明社会发展的方向，提供逻辑的支持，并获得对历史逻辑和实践逻辑相关性的认识。欧克肖特把"历史的"过去与"实践的"过去，视为两种不同的过去，由此也产生了"解释的"历史逻辑和"实践的"历史逻辑的不同模式，这是值得研究和借鉴的。

应该承认，过去的历史是客观存在的，或曾经客观地存在过。对今天来说，它已经消失了，成为了过去。今天，我们能够说出来的，或书写出来的历史，只是告诉人们，过去的历史可能是一个怎样的模样。这个说出来的或书写出来的关于历史的模样，不能说就是过去的客观历史世界本身，而实际上只是一个观念世界。对于这个观念世界，我们只能说：它是过去的历史世界的摹写，但并非就是过去真实的历史世界。历史学家做出这种描述的目的，是想尽可能完美地恢复过去的历史世界的模样。实践家则与对历史的这种理解有所不同，他关心过去，目的是为了今天的实践，今天的行为，为的是更好地改变世界的现实活动。历史学家则相反，他们感兴趣的只是过去，而不是现在的实践，因而研究的目的不是为了今天，而是为过去而过去。在史学家那里，历史是一个死的过去，在实践者那里，历史是一个活的过去。因此，在历史逻辑中，把历史与实践区别开来是对的，就是说，历史不是实践科学，历史只是历史。当然，这种区分也是相对的，两者可能也会发生交叉。

除"解释的"历史逻辑和"实践的"历史逻辑以外，还存在"理论的"历史逻辑。因为科学与历史和实践也是不同的。柯林武德和欧克肖特都认为历史学不是科学，尽管它们都是观念形态。两者的区别，不在于它们之中有无逻辑，而在于所得到的结果，是具体世界，还是抽象世界。柯林武德认为，历史学和科学都包含着知识的推论，因而都包含有逻辑，这是相同的。"但是科学是生存在一个抽象的共相世界里，它在某种意义上是无所不在的，而在另一种意义上又不在任何地方，在某种意义上是始终存在的，而在另一种意义上又不存在于任何时间之中；而历史学家所进行推理的事物却不是抽象的而是具体的，不是一般的而是个别的，对空间和时间并不是漠然无关的而是有它自己的地点和时间，虽则那地点并不必需是此处，那时间也不可能是此时。所以，我们就不可能使历史学和这些理论相一致了；按照这些理论，知识的对象是抽象的、没有变化的，是心灵可以采取各种不同的态度来对待的一个逻辑实体。"[7]把知识的对象看作是抽象的、没有变化的，当然这只能在科学抽象的意义上才是可能的。科学研究的是共相世界，是一般规律，这不仅与历史学根本不同，而且也与实践有着根本的差别。科学理论是解释世界，而实践则是改变世界。因此，在区分了"解释的"历史逻辑和"实践的"历史逻辑之后，我们还必须进一步把"理论的"历史逻辑同这两种历史逻辑区别开来。"理论的"历史逻辑重在从理论上预见未来的发展，马克思主义对未来社会的预言，就是一种"理论的"历史逻辑。"实践的"历史逻辑则重在如何以实践活动来实现未来的发展，马克思主义主张以社会革命来实现未来社会，就是一种"实践的"历史逻辑。

三种形态的历史逻辑，都同历史具有相关性，它们都是在过去、现在和未来的相关性中生成的。在欧克肖特看来，"现在"通常被未来的意识或过去的意识或未来和过去的意识所限定。而"未来"是一个不定式，它是对现在的一种理解，而且是根据某种变化对现在的一种理解，人们可能觉得这种变化是在暗示什么。"过去"就是一种根据人们可以发觉而加以记录或保存的某个变化对现在的理解。无疑，有某些发生虽然被认为是现在，却倾向于引起未来而不是过去；有别的东西则倾向于引起过去。如果我们以一种这样的方式来解读，现在要么引起未来，要么引起过去，那么，未来和过去只出现在阅读现在中；一个特殊的未来或过去就是一个适合从一个特殊的现在引起的未来或过去，它是偶然与可能引起它的特殊现在相关的。[8]

在这里，欧克肖特根据过去、现在和未来的相关性，说明了无论"过去"，还是"未来"，都产生于对"现在"的阅读中。这种分析，提出了历史逻辑的两种理解模式：

（1）现在—过去；
（2）现在—未来。

公式（1）是关于"解释的"历史逻辑，根据现在来解释过去；公式（2）是关于"实践的"历史逻辑,根据现在改变世界,建造未来。关于"理论的"历史逻辑,欧克肖特没有论及。

三种模式的历史逻辑表明,一方面,逻辑都是历史的反映,历史从哪里开始,逻辑也就从哪里开始;另一方面,逻辑又是历史的修正,在必然性上反映历史的进程,在思维中再现历史的规律。尽管人们由于受历史观、价值观的影响,对历史也会有各种不同的看法,但这也决不能改变历史的真实。合乎逻辑的历史,总是在继承和创造中前进的历史。胡锦涛指出:"一部人类文明史就是人类不断在以往历史的基础上有所发现、有所发明、有所创造、有所前进的历史。"[9]这种继承和创造的历史进程的概念形式,就是历史逻辑。所以,三种模式的历史逻辑都是肯定历史的规律性,反对历史虚无主义的。历史逻辑要求我们透过现象认识历史的本质,历史虚无主义则相反,以现象否认历史的本质。历史逻辑向我们展示的,学习和研究历史,都是为了今天和明天。以史为鉴,创造未来,这是历史逻辑的主要功能。习近平说:"历史是最好的老师。治理国家和社会,今天遇到的很多事情都可以在历史上找到影子,历史上发生过的很多事情也都可以作为今天的镜鉴。中国的今天是从中国的昨天和前天发展而来的。要治理好今天的中国,需要对我国历史和传统文化有深入了解,也需要对我国古代治国理政的探索和智慧进行积极总结。"[10]这也是对历史逻辑的充分肯定。

§122 "解释的"历史逻辑

"解释的"历史逻辑,也就是"理解的"历史逻辑,即在同现在和未来的逻辑关系中,对过去的历史做出逻辑连贯性的阐述。

布罗代尔说:"解释历史必须联系今天,必须通过联系今天来证实对历史的解释……资本主义的规模当然今非昔比,作为基础的交换和生产手段也相应大大改观。但从大处着眼,我觉得资本主义的本质没有彻底的改变。"[11]布罗代尔力图说明,"过去"的历史,是要根据"现在"来加以解释和理解的。没有孤立的"过去",也没有孤立的"现在",它们都在过去、现在和未来的相关性中被规定。资本主义的发展可以划分为不同的历史时期,但它的本质仍然没有根本的改变。

史学家研究历史就是对历史的理解,这是欧克肖特所关心的"历史"。他在《论历史的三篇论文》的第一篇《现在、未来和过去》一文中说:"我要用'历史'这个词来意指一种可以识别的探究模式,用'历史理解'这个表达式去辨别一种独特的理解模式。我用一种探究的模式来指种种有关条件,这些条件把它构成了一种独特的探究,使它既有别于在一切可能发生的事情的混乱中胡乱摸索,又有别于相似的独特探究。这些有关条件当然是形式的,但没有这些条件,就没有能详细说明的模式,就不可能有探究,因此不可能有随后的结论。"[12]这种"历史理解",就是一种探究的模式。在这个模式中,提供了探究的结论与得出这个结论的种种条件之间的关系,理解的条件用来详细说明被理解的东西,而且这种理解模式赋予无论什么有待理解的东西以历史性。这就是欧克肖特所说的"历史探究的逻辑"。欧克肖特指出:"我关心也许可称为历史探究的逻辑的东西,'逻辑'不是被理解为与结论的真理有关,而是与我们可以据以承认它们是结论的条件有关。"[13]我们所说的叙述的历史,就是对这个探究结构的表述。历史探究的逻辑也就蕴涵在历史的叙述中。叙述历史的书是历史著作,而不是逻辑教科书。但这并不否认历史书中包含着"叙述的逻辑"。于是,可以把这种历史叙述中的逻辑,称为"史学的"历史逻辑。欧克肖特把这种"逻辑"理解为与结论的真理无关,这是对的,因为它只涉及形式方面。由于不同史学家的理解模式不同,历史叙述的内容也是不同的。这自然不能说,每一种叙述都具有真理性。

前一节关于历史逻辑的第一种理解模式公式(1)"现在—过去",其目的是要发现一个独特的"历史的"过去。这个公式中的"现在",具有双重的身份。一种身份是"过去的"现在,另一种身份是"当今的"现在。由于历史理解是一项只关心过去的事业,因此,史学家关心的这个过去,是过去进行中的事业,也就是"过去的"现在,不是"当今的"现在。但是,为了求得对"过去的"现在的理解,又必须从"当今的"现在出发。关于"当今的"现在,也还包含两种含义,一种含义是指遗留在当今的关于过去的一切遗产,包括物质的和精神的遗留物;一种含义是指当今的社会生活状况,也包括物质生活和精神生活的状况,还包括当今的历史观。前一种含义,实际上就是遗留于现在的"过去",它们都是过去的创造物,我们正是从这种"过去的"现在中理解历史的。后一种含义则是我们理解历史的条件,就是说,我们是从现在来理解过去的。

也许正是在这种意义上,不少人都同意"一切历史都是现代史"的观点。从"现在"出发,理解"过去",由此产生了被理解的历史,或被叙述的历史。因此,公式(1)可以进一步发展为"叙述的"历史逻辑的公式:

现在—过去—(叙述的)历史。

在这个公式中的"历史"是"叙述的"过去,或"历史的"过去,也就是"过去的"历史。这些不同的说法,表达的是同一个概念,其含义是指:在这个"历史"中,实现了"现在"和"过去"的统一。因此,"现在"和"过去"是建构叙述史的推论的两个前提,"历史"则是从这两个前提中得到的结论,是现在对过去的理解。这个公式是对历史的理解模式,或解释模式、探究模式。我们称它为"解释的"历史逻辑,或"理解的"历史逻辑。

欧克肖特认为,"历史探究是史学家的发明",我们应该维护史学家的这种创造性。因为在历史中,并没有先验地存在这样的模式,它是历史探究中的逻辑。显然,这不是"大写字母"的逻辑,而是一种"特有的逻辑"。有人怀疑历史探究中的这种逻辑,欧克肖特则反对这种怀疑。他说:"不能因此说历史理解没有特有的逻辑特性,这种怀疑是弄错了地方。"[14]

柯林武德把历史学家的这种创造看作是历史思维的一种想象的活动,是对过去的想象,其目的在于重建这个现在的过去。怎样才能做到这一点?柯林武德回答说:"用现在作为它自己过去的证据而做到这一点"。[15]因为历史探究的对象都是非常具体的事件和行为,它们都发生在过去的此时、此地。要使历史探究的结果同过去的历史完全一致,这是完全不可能的事情。假如企图要做到这一点,必须把全部此时此地可知觉的对象用来作为全部过去的证据。但在事实上,这是永远不可能做到的。所以,运用历史探究的模式所得到的结果,只有相对的意义。这也绝不是说这个结果是不可信的,因为,不具有相对性的认识是根本不存在的。柯林武德指出:"在原则上所企图的和在实践上所成就的二者之间的这种分离乃是人类的命运,而不是历史思维的一种特色。它在这里之被发现的这一事实,只是表明了这里面也有着历史学,正如这里面有着艺术、科学、哲学、对善的追求和对幸福的寻求等等一样。"[16]

运用"解释的"历史逻辑能够使我们在历史的探究中认识过去的历史,但它永远只有相对的意义,因为,"现在"和"过去"这两个推论的前提,是随着时间的推延而变化着的。

§123 "实践的"历史逻辑

"实践的"历史逻辑是创造历史的逻辑,它是把实践逻辑同历史逻辑密切地结合起来,为创造历史的实践活动服务的历史逻辑。我们已经知道了实践逻辑的三段式是"目的—手段—结果",它是"应当"逻辑的公式,是改变世界满足主体需要的逻辑,有明确的目的性和价值追求。"实践的"历史逻辑也应该是属于这种"应当"的逻辑,它是以未来为目的,以过去为手段,创造现在为结果的历史逻辑。

这种一致性来源于历史是人的有目的的创造活动。马克思说:"**历史什么事情**也没有做,它'不拥有**任何**惊人的丰富性',它'没有进行**任何**战斗'!其实,正是**人**,现实的、活生生的人在创造这一切,拥有这一切并且进行战斗。并不是'历史'把人当做手段来达到**自己**——仿佛历史是一个独具魅力的人——的目的。历史**不过是**追求着自己目的的人的活动而已。"[17]我们在研究实践逻辑的时候,并没有把时间放到逻辑中去,只把逻辑看作是超时间的。这只是一种抽象,因为社会历史实践都是处于时间和空间中的运动。但是,历史逻辑是不能超时间的,因为历史本身就是时间。作为"实践的"历史逻辑的模式"现在—未来",指的就是不同的历史时期。

如前所述,一个历史事件都具有外部时间和内部时间,是两种时间的统一体。在这个统一体中,它的主要方面是内部时间。柯林武德把事件的内部时间看作是事件的思想内容,即"其中只能用思想来加以描述的东西"。他认为,一个事件就是一个行动,而一个行动则是一个事件的外部和内部的统一体。史学家的工作可以由发现一个事件的外部而开始,但决不能在那里结束,"他必须经常牢记事件就是行动,而他的主要任务就是要把自己放到这个行动中去思想,去编织出行动者的思想"[18]。所以,我们对历史的理解,就是发现行动所表现的思想。发现了这种思想,才能说已经理解了事件,理解了历史。根据这种分析,柯林武德提出了"一切历史都是思想史"的著名命题。他说:"因此,自然的过程不是单纯事件的过程而可以确切地被描述为单纯事件的序列,而历史的过程则不能。历史的过程是行动的过程,它有一个由思想的过程所构成的内在方面;而历史学家所要寻求的正是思想过程。一切历史都是思想史。"[19]

就总体的历史来说,历史目的论把历史看作是为着实现某种先验目的的过程,这是完全错误的。但是,创造历史的人们,他们的行为都是有目的的,这不能说是错的。因此,创造历史的活动,都是自觉的由某种思想指导下进行的。"实践的"历史逻辑不仅反映了历史创造活动的价值追求,而且解释了这种价值追求的历史性发展。实践着的历史,就是从过去到现在,再从现在到未来,创造历史活动的延续。当然,在这些活动中,目的和价值的追求,有的是与历史发展的方向一致的,是作为历史发展的动力而出现的;有的是与历史发展的方向不一致的,在这些不一致的目的和价值的追求中,有的是与历史发展方向相反的,成为历史发展的阻力,有的是偏离历史发展方向的。历史发展的动力,就是这些力量的合力。

因此,我们应该把"现在—未来"这个公式,与实践逻辑的"目的—手段—结果"三段式结合起来,进一步研究"实践的"历史逻辑的公式。

在"现在—未来"这个公式中,并没有涉及"过去"。但是,根据过去、现在和未来的相关性,它同样包括了过去。欧克肖特明确指出:"实践理解的现在—未来也与过去有关。这里的过去当然是与这个现在有关的过去;即我们对过去的实践关切是我们对与我们自己有关的现在对象的关切,是要弄清它们对我们的价值,用它们来满足我们的需要。"[20]

美国学者阿伦特在《过去与未来之间》一书的前言中,引用了奥地利著名作家弗朗茨·卡夫卡的一个寓言来说明过去、现在与未来的关系,很有寓意,值得一读。卡夫卡的寓言是这样的:

> 他有两个对手:第一个从后面,从源头驱迫他;第二个挡住了他前面的道路。他跟这两个敌人交战。准确地说,第一个对手支持他和第二个厮打,因为他想把他往前推,同时第二个对手又支持他和第一个厮打,因为他要把他往后赶。但这不过是理论上如此。因为不仅仅有两个敌人在那儿,他也在那儿,有谁真正知道他的意图?其实他的梦想是在一个出其不意的时刻——这就需要一个比曾经有过的任何黑夜更黑的夜晚——跳出战场,凭着他在战斗中的经验上升到一个裁判的位置,旁观他的两个敌人彼此交战。[21]

有两个对手的"他",就是"现在"。这个寓言说,"现在"面对着两个敌人,一个敌人是"过去",它把"现在"往前推,想把自己延续到"现在"中去;一个敌人是"未来",它把"现在"往后赶,想把"现在"滞留在"过去"之中。凭着自己的理智和经验,"现在"将自己"跳出战场","旁观他的两个敌人彼此交战",以"裁判的位置"判断两个敌人的力量优势,运用"过去"的力量,捕捉和创造"未来",又以"未来"来评判"过去"。就是说,只有"现在"在同它的"过去"和"未来"的两个敌人的战斗中,理解到了过去、现在与未来应该是一种怎样的关系。

其实,这个战斗发生在"现在"的心灵里。现在总是想否定过去,可是,由于长期地生活在过去,养成了对过去的眷恋。尽管如此,但也总是想继续往前走,依靠过去的力量,谱写新的生活。因为对"现在"来说,"过去"事实上也没有完全地过去,因而也决不是一种负担,而是一种力量。"未来"是陌生的,因而"现在"也总是常常被"未来"挡在门外。要进入到"未来"中去,必须运用"过去"的力量,使历史获得连续性的发展。为了历史的进步,不使生活一切照旧,又必须运用"未来"的力量,使历史获得间断性的飞跃。在"过去"与"未来"的战斗中,"现在"凭着黑格尔所说的"理性的机巧",利用"过去"与"未来"这两股力量,形成更强大的合力,使历史获得飞跃性的进步,实现间断性和连续性的统一。未来是现在为之奋斗的目标,根据未来和现在,理解过去,继续过去的好传统,在现在的实践中成为开拓创新的手段。从实践逻辑来看,这就是"目的—手段—结果"的逻辑公式。如果以未来为目的,以过去为手段,那么,结果就是现在。这样,我们就可以把"现在—未来"的公式改造为"实践的"历史逻辑三段式:

　　未来—过去—现在。

把"过去"和"现在"放在"未来"之后,自然是一种理论抽象,并非根据历史时间的安排,而是着眼于"现在"是"过去"和"未来"的合力(结果)。我们常说的"继往开来",就是要继承前人的事业,开辟未来的道路,使我们的事业代代相继,完成承上启下、承前启后的任务。所以,"继往开来",就是把"往"与"来"之间的裂隙填补起来。

§124 "理论的"历史逻辑

在总体上,"理论的"历史逻辑属于理论逻辑的范畴,是根据历史发展过程的辩证法,以过去、现在和未来关系中的肯定、否定和否定之否定的辩证运动,预见历史未来发展的必然趋势,揭示历史发展规律性的理论逻辑。关于人类社会发展必然性的"理论的"历史逻辑,是我们共产主义信仰的逻辑基础。

一般说来,理论逻辑是超时空的,具有普遍适用性;历史逻辑则是时间的逻辑,并要求有特定的社会历史条件。因此,建构"理论的"历史逻辑的前提是:第一,把时间引入理论逻辑,第二,逻辑有效性依赖于特定的历史条件。"理论的"历史逻辑的概念推论三段式是:

过去—现在—未来。

这个公式,即是历史逻辑的基本公式。对于认识人类社会发展的历史逻辑,或对于认识中国社会发展的历史逻辑,最基本的是"理论的"历史逻辑。它不仅是理论的叙述逻辑,同时也是理论的预见逻辑,是理论的探索逻辑的产物。"理论的"历史逻辑为历史的逻辑发展,提供了理论逻辑的基础。它不仅揭示了过去的历史发展,而且还揭示了社会未来历史发展的必然性。这个公式在理论上表明,现在不仅是过去的必然产物,而且未来也是过去和现在的必然发展趋势。因此,对于社会的发展,我们同样可以说,知道了它的过去,就可以知道它的现在,知道了它的过去和现在,就可以知道它的未来。

"理论的"历史逻辑的最高成就,无过于马克思对资本主义必然灭亡、社会主义必然胜利的逻辑推论。这个推论的理论前提,是关于社会革命发生的一般条件。马克思说:"社会的物质生产力发展到一定阶段,便同它们一直在其中运动的现存生产关系或财产关系(这只是生产关系的法律用语)发生矛盾。于是这些关系便由生产力的发展形式变成生产力的桎梏。那时社会革命的时代就到来了。"[22]无论是资产阶级革命,还是无产阶级革命,都是这种生产力与生产关系之间矛盾激化的结果。资本主义的产生和发展,具有历史必然性,社会主义的产生和发展,也同样具有历史必然性。而且,正是资本主义的发展,为社会主义革命奠定了物质基础和社会文明基础。

资本主义产生于对个体劳动私有者的剥夺,社会主义是在资本主义的胚胎中剥夺剥夺者而生长起来的。这就是马克思关于现代社会发展的"理论的"历史逻辑所得到的基本结论。

本书曾在多处提及的马克思关于资本主义产生和发展的否定之否定,或剥夺者被剥夺的结论,是在《资本论》第一卷第 24 章《所谓原始积累》中提出的。资本主义产生于对个体私有者的剥夺,通过资本的原始积累,使大多数的小私有者破产,而少数私有者则转化为资本家。马克思说:"所谓原始积累只不过是生产者和生产资料分离的历史过程。这个过程所以表现为'原始的',因为它形成资本及与之相适应的生产方式的前史。"[23]这个资本主义的前史,是第一个否定,即资本家对小私有者的否定,以自己的劳动为基础的私有制,被以剥削他人劳动即雇佣劳动为基础的资本主义私有制所代替。在资本主义生产方式建立后,由于生产的社会化和资本的积累和集中,形成了垄断,加深和激化了资本主义社会的基本矛盾,使资本主义生产关系不能再容纳生产力的发展,资本主义私有制又被再次否定了。这是第二个否定,即否定之否定,是资本主义自身发展所造成的对自己的否定。马克思说:"资本的垄断成了与这种垄断一起并在这种垄断之下繁盛起来的生产方式的桎梏。生产资料的集中和劳动的社会化,达到了同它们的资本主义外壳不能相容的地步。这个外壳就要炸毁了。资本主义私有制的丧钟就要响了。剥夺者就要被剥夺了。"[24]这个否定之否定,是新的肯定,但不是简单地复归到私有者那里去。"这种否定不是重新建立私有制,而是在资本主义时代的成就的基础上,也就是说,在协作和对土地及靠劳动本身生产的生产资料的共同占有的基础上,重新建立个人所有制。"[25]这就是《共产党宣言》中所说的:"资产阶级的灭亡和无产阶级的胜利是同样不可避免的。"[26]这就是"两个必然性":资本主义必然灭亡,社会主义必然胜利。

根据"过去—现在—未来"这个"理论的"历史逻辑三段式,以不同的生产资料所有制形式为不同的历史时期,社会主义代替资本主义的"理论的"历史逻辑公式是:

个体劳动者私有制—资本主义私有制—生产资料社会占有的个人所有制。

在这个三段式中,以"资本主义私有制"为现在,其过去即是"个体劳动者私有制",未来共产主义则是"生产资料社会占有的个人所有制",即我们通常所说的社会主义公有制。

从"名"与"实"的关系来看,资本主义是先有资本主义的现实,而后才有资本主义的名称。社会主义则不同,它是先有社会主义的名称,而后才有社会主义的现实。当马克思得出资本主义必然灭亡,社会主义必然胜利这个结论的时候,资本主义并没有灭亡,社会主义也还没有出现。所以,马克思的分析,实际上是一个根据社会历史发展所做的逻辑推论,他通过对资本主义内在矛盾的分析和严密的推论而得到了对未来理想社会的预言。

应用"理论的"历史逻辑,特别要注意它的逻辑有效性,即特定的历史条件。马克思所揭示的社会主义代替资本主义的"理论的"历史逻辑,是对发达资本主义国家历史的概括。如果把它应用于经济落后的非资本主义国家,必须从本国社会性质出发。例如,中国不是资本主义国家,而是曾经的半殖民地半封建国家,将这个"理论的"历史逻辑应用于中国,无论是近代还是当代,"现在"这个历史时期都发生了变化。在近代,我国处于半殖民地半封建社会,它的过去是封建社会,未来的发展将是什么社会?在发生了新民主主义革命后,我们有了新的认识,新民主主义革命的前途是社会主义,但必须在新民主主义革命完成后,才开始向社会主义过渡。根据这种认识,中国近代社会发展"理论的"历史逻辑是:

封建社会—半殖民地半封建社会—新民主主义社会—社会主义社会。

如果我们处于新民主主义革命时期,"现在"即是"半殖民地半封建社会",它的未来是"新民主主义社会"。"过去—现在—未来"公式就可以写为:

封建社会—半殖民地半封建社会—新民主主义社会。

在新民主主义革命胜利,并建立了新民主主义社会后,这个时候的"现在"就处于新民主主义社会这个历史时期。"过去—现在—未来"公式又可以写为:

半殖民地半封建社会—新民主主义社会—社会主义社会。

这表明,历史逻辑的有效性,取决于"现在"所处的历史条件。西欧的社会主义的"未来"是由资本主义的这个"现在"所规定的。在中国,则完全不同,它首先是由"半殖民地半封建社会"这个"现在"决定的,使它不可能直接地进入社会主义社会,而只能以新民主主义社会为中介。但是,这也只是改变了进入社会主义社会的具体路径,而没有根本改变社会主义胜利的必然性。

社会主义必然胜利的"理论的"历史逻辑具有普遍有效性,这是不能怀疑的。马克思在《资本论》第一版序言中说:"问题本身并不在于资本主义生产的自然规律所引起的社会对抗的发展程度的高低。问题在于这些规律本身,在于这些以铁的必然性发生作用并且正在实现的趋势。工业较发达的国家向工业较不发达的国家所显示的,只是后者未来的景象。"[27]但是,它的具体应用,又必须根据所面对的不同的社会历史环境而做相应的修正。这是保证"理论的"历史逻辑有效性的基本前提。马克思同样明确指出:"因此,极为相似的事变发生在不同的历史环境中就引起了完全不同的结果。如果把这些演变中的每一个都分别加以研究,然后再把它们加以比较,我们就会很容易地找到理解这种现象的钥匙;但是,使用一般历史哲学理论这一把万能钥匙,那是永远达不到这种目的的,这种历史哲学理论的最大长处就在于它是超历史的。"[28]

马克思特别提醒我们注意:"一般历史哲学理论"是"超历史的"。这是一个极为重要的提示。当把这个"一般历史哲学理论"回归到各个民族的历史时,由于历史条件的差别,可能出现的是一种例外。因为历史的必然性都是以偶然性为自己开辟道路的。

参 考 文 献

[1] 毛泽东.抗日战争胜利后的时局和我们的方针[M]//毛泽东.毛泽东选集:第4卷.2版.北京:人民出版社,1991:1123-1124.

[2] 马克思.《政治经济学批判》序言[M]//马克思,恩格斯.马克思恩格斯文集:2.北京:人民出版社,2009:592.

[3] 马克思.资本论:第1卷[M]//马克思,恩格斯.马克思恩格斯文集:5.北京:人民出版社,2009:821-822.

[4] 马克思.剩余价值理论[M]//马克思,恩格斯.马克思恩格斯全集:第26卷第3册.北京:人民出版社,1974:465-466.
[5] 欧克肖特.论历史及其他论文[M].张汝伦,译.上海:上海译文出版社,2009:前言3.
[6] 欧克肖特.论历史及其他论文[M].张汝伦,译.上海:上海译文出版社,2009:前言3.
[7] 柯林武德.历史的观念[M].何兆武,张文杰,译.北京:中国社会科学出版社,1986:265.
[8] 欧克肖特.论历史及其他论文[M].张汝伦,译.上海:上海译文出版社,2009:10.
[9] 胡锦涛.在中共中央政治局第九次集体学习时讲话[N].人民日报,2003-11-24(1).
[10] 习近平.在中共中央政治局第十八次集体学习时讲话[N].人民日报[N],2014-10-14(1).
[11] 布罗代尔.资本主义论丛[M].顾良,张慧君,译.北京:中央编译出版社,1997:116-117.
[12] 欧克肖特.论历史及其他论文[M].张汝伦,译.上海:上海译文出版社,2009:3.
[13] 欧克肖特.论历史及其他论文[M].张汝伦,译.上海:上海译文出版社,2009:7.
[14] 欧克肖特.论历史及其他论文[M].张汝伦,译.上海:上海译文出版社,2009:4.
[15] 柯林武德.历史的观念[M].何兆武,张文杰,译.北京:中国社会科学出版社,1986:280.
[16] 柯林武德.历史的观念[M].何兆武,张文杰,译.北京:中国社会科学出版社,1986:281.
[17] 马克思,恩格斯.神圣家族,或对批判的批判所做的批判[M]//马克思,恩格斯.马克思恩格斯文集:1.北京:人民出版社,2009:295.
[18] 柯林武德.历史的观念[M].何兆武,张文杰,译.北京:中国社会科学出版社,1986:242.

[19] 柯林武德.历史的观念[M].何兆武,张文杰,译.北京:中国社会科学出版社,1986:244.

[20] 欧克肖特.论历史及其他论文[M].张汝伦,译.上海:上海译文出版社,2009:17.

[21] 阿伦特.过去与未来之间[M].王寅丽,张立立,译.南京:译林出版社,2011:5.

[22] 马克思.《政治经济学批判》序言[M]//马克思,恩格斯.马克思恩格斯文集:2.北京:人民出版社,2009:591-592.

[23] 马克思.资本论:第1卷[M]//马克思,恩格斯.马克思恩格斯文集:5.北京:人民出版社,2009:822.

[24] 马克思.资本论:第1卷[M]//马克思,恩格斯.马克思恩格斯文集:5.北京:人民出版社,2009:874.

[25] 马克思.资本论:第1卷[M]//马克思,恩格斯.马克思恩格斯文集:5.北京:人民出版社,2009:874.

[26] 马克思,恩格斯.共产党宣言[M]//马克思,恩格斯.马克思恩格斯文集:2.北京:人民出版社,2009:43.

[27] 马克思.《资本论》第一版序言[M]//马克思,恩格斯.马克思恩格斯文集:5.北京:人民出版社,2009:8.

[28] 马克思.给《祖国纪事》杂志编辑部的信[M]//马克思,恩格斯.马克思恩格斯文集:3.北京:人民出版社,2009:466-467.

第3章
历史逻辑与历史必然性

从思维与存在的关系来看，历史逻辑属于思维范畴，历史必然性则属于存在范畴。历史必然性不是历史逻辑的产物，而相反，历史逻辑是历史必然性的反映，并以概念推论的形式描述和预见历史的必然性。在现实的生活中，单纯的必然性是不存在的，历史的必然性总是以偶然性的形式出现。看似违背历史逻辑的挫折和失败，总是贯穿于历史过程中。现代西方资本主义的发展，并没有被社会主义所代替；东欧剧变和苏联解体，似乎对"两个必然性"的历史逻辑开了一个大玩笑。这样看来，历史逻辑还有意义吗？其实，这是对历史逻辑的一种误解。历史逻辑是一种宏观逻辑，对历史发展的必然性建构了一个宏观的概念框架，预示了历史发展的方向。历史过程中出现的偶然性，是实践的现实性问题，不是否定必然性而是必然性的实现形式。工作中的错误、挫折和失败，自然也有它的逻辑，但这不是指宏观逻辑，而主要是指微观逻辑。微观逻辑是对历史的补充，它又是历史过程中的具体建构。但这并不否定宏观逻辑，只是表现了历史逻辑在实现过程中的必然性与偶然性的统一。现代资本主义的发展，东欧剧变和苏联解体，都没有否定社会主义必然胜利的历史必然性，只是说明历史发展的具体道路的曲折性。

§125 偶然—必然—逻辑

抽象地说，事物的必然性是有原因的，事物的偶然性也是有原因的。准确地说，就事件而言，它的发生都带有偶然性，没有一件历史事件是单纯必然的；但是，由于偶然性是必然性的实现形式，所以大量偶然事件的总和，最终也没有超越事物发展的必然性。

当我们说，任何历史事件的产生都是有原因的，这说的是因果关系，而不是必然关系,它们处于两个不同的层次。从必然性与偶然性的关系来考察,不是所有的具有因果关系的事件都具有必然性。因为必然性不是讲单个事件的态势,而是讲大量事件的总体趋势。我们在讲历史发展的必然性时,总说它的总趋势,而不是指事件的个别趋势。那种只看到历史的必然性,看不到历史的偶然性,或者只看到历史偶然性,看不到历史必然性的观点,或者把因果关系与必然偶然关系混淆了或等同起来了的观点,都是不可取的。

在微观层次上,即对个别事件的考察,因果关系往往表现为偶然性;在宏观层次上,即对历史的整体把握,必然性也就显示出来了。历史逻辑的研究,必须把宏观与微观两个层次,既要区别开来,又要结合起来。从微观上考察,一切历史事件都是偶然发生的,但又都是有原因的;从宏观上考察,无数偶然性事件,表现了历史必然性的实现趋势。即使历史事件反映了历史的曲折和倒退,都不能把它作为否定历史规律和历史逻辑必然性的证据。例如,苏联解体和东欧剧变,不能作为社会主义彻底失败的证据,而只能说明社会主义发展过程中遇到了暂时的曲折。这种现象的出现是有原因的,但不是纯必然的。对某种事物的发生和消亡,我们经常会听到有人说"这决非偶然"。这是日常生活用语,而非科学语言。如果真的是这样,那么,世界上就没有偶然事件了,社会主义无论是胜利还是失败,都是必然的事情。恩格斯指出:这实际上"不是把偶然性提高为必然性,而是反倒把必然性降低为偶然性"[1]。

法国学者亨利·贝尔目视法国史学界的狭隘性,提倡一种"历史综合"的理论。他认为,在人类的社会和历史中,存在三类因果关系:(1)简单的连贯性的关系,即一些事实被另一些事实所决定;(2)经常的关系,即一些事实和另一些事实的必然联系;(3)内部的联系,即事实之间合理的联系。这些不同的因果关系又是与三种历史事实相适应的:第一,偶然的或"粗糙"的事实,是流动的因素,是历史中的偶然;第二,必然的事实、社会的规律性,是静止的事实;第三,"内在逻辑的"事实,是"趋势和长期性"因素,它决定运动的方向和持续性。贝尔认为,正是这三类因果关系和三种历史事实决定了对历史上的个别事实进行孤立研究无法解释历史,只有综合运用多学科的观点和方法才能完成这一任务。[2]

在贝尔的这些分析中,对偶然性与必然性的理解是否正确,暂且不论,但他在这里提出了解释历史的三个基本范畴:偶然、必然和逻辑。他把这三个范畴与三种因果关系相对应,倒是很有启发性的。这三个范畴,可以看作是历史逻辑解释历史中的必然性与偶然性相互关系的一个三段式:

(1)偶然—必然—逻辑。

如果这个公式成立的话,那么,逻辑就是偶然和必然的统一。作为正题的偶然,与必然相对立;但它又不能与必然毫无关系,因而被必然所否定,使必然成为反题;偶然与必然的统一,成为合题,这就是逻辑,即微观逻辑与宏观逻辑的统一。在历史的叙述中,"偶然"和"必然"都是叙述史中反映对象史的概念,因而这里的逻辑就是指历史逻辑。恩格斯说逻辑是摆脱了偶然性的历史,这里所指正是宏观的历史逻辑,表述了历史发展的必然性。

如果从偶然、必然同对象史的关系来分析,那么,这里的偶然与必然就不再是作为范畴,而是作为历史和历史事件所具有的属性,历史就是这两种属性的统一。这个表达就可以写成:

(2)偶然—必然—历史。

这个三段式说明,历史(对象史)是偶然性与必然性的统一。对于人类社会的历史来说,它既具有必然性,同时也具有偶然性,并以历史事件的偶然性形式来实现历史发展的必然性。

其实,这两个三段式都是表达式,三段式(1)的意图是偏于表达它的能指,三段式(2)的意图是偏于表达它的所指。作为对历史的描述,偶然、必然和逻辑这三个范畴,都不是孤立于历史时间之外,而都处于历史时间之中。这样,就以历史时间为轴心,把偶然与必然统一于逻辑。

布罗代尔提出的三个时段,实际上就是三种时间概念,而且它们编织成一张带有整体性的时间网。"短时段"是事件,它的时间是个体时间;在这种时间中出现的事件,都带有偶然性。"中时段"是局势和周期,它的时间是社会时间;在这种时间中出现的局势和周期,也已经在某种程度上反映了规律性,但在局势和周期中理应包括个体时间的事件,因而它也包含了偶然性。"长时段"是总体史,它的时间是结构时间和地理时间;在这种时间内的历史,显然是包含着短时段和中时段。所以,偶然和必然都汇集在这个长时段中,说明它既不是单纯偶然的,也不是单纯必然的,而是必然和偶然的统一。

布罗代尔的《腓力二世时代的地中海和地中海世界》一书包括三个部分。第一部分研究人与其环境之关系的历史,即是长时段,它几乎是毫无变化的历史。第二部分是一个节奏平缓的历史,逐次考察了经济、国家、社会和文明,布罗代尔称它为社会史。第三部分是事件的历史,是由短暂、急促、紧张不安的波动构成的历史。费弗尔分析这三部分的关系时指出:"第三部分是各种事件。这是一大堆杂乱无章和变动不居的史实。这些事件往往受第一部分中所研究的经常性力量的摆布,受第二部分中列举的稳定存在力量的影响,但偶然性也在发挥作用,从而在总趋势的前景下绘出最出色和最出人意外的画卷。"[3]布罗代尔的这种分析,同"偶然—必然—逻辑"和"偶然—必然—历史"的公式是一致的。

§126 事件逻辑

事件包括偶发事件和历史事件。事件的逻辑也包括两个方面,即偶发事件的逻辑和历史事件的逻辑。

一般认为,社会科学与历史学的区别在于,前者研究结构,后者研究事件。"从定义来说,事件是指唯一且偶发的情况,受制于人类意志反复无常的特点。"[4]事件是偶发的,而且是单一的,不可重复。社会科学是研究社会发展的规律,主要不是研究事件,而注重于社会结构的研究,因而一般都忽视了事件的意义。历史学则是对事件的叙述。休厄尔指出:"在人类科学传统的分工里,事件是被放在历史学科里研究的,因为历史学恰好专注于讲述唯一和偶然。"[5]因此,在休厄尔看来,传统的社会科学与历史学的分野,即是依据结构与事件之间的对立。在历史学学科的内部,社会史和叙事史之间也存在着类似的问题。

历史事件与事件在历史上起着不同的作用,必须把它们区别开来。这种区别,首先表现为时间上的不同持续。历史事件一旦发生,不会转瞬即逝,而必定要持续一定的时间。那些昙花一现的事件,是不会成为历史事件的。所谓历史事件时间,是指"从最初的断裂到后续的结构转型所经历的这段时期"[6]。历史事件的产生,必使历史发生断裂。自然,这种断裂并不意味着完全割断历史,而是产生新的结构,并在后继的发展中,实现新旧结构的衔接。因为,历史事件发生后,为实践逻辑带来了一系列不确定因素,设定了各种不同的微观事件逻辑,预示着各个不同主体行为的不同方向。历史将采纳何种事件逻辑,是博弈的结果。这自然是一种极为复杂的过程,取决于多种社会理论和因素的较量。最终,总是要把事件逻辑植入宏观逻辑的概念框架中,实现新旧结构的衔接。

从这些叙述中,可以看到偶发事件是昙花一现的,即时消逝的,对社会结构没有产生影响,因而社会结构保持稳定而不变。所以偶发事件的逻辑公式是:

(1)事件—结构稳定—偶发事件。

这个公式根据事件的社会影响,断定它是不破坏社会结构的稳定而发生的事件,因而属于偶发事件。

历史事件则完全不同,在表面上,它也看似偶发,但在滞留了一个时段后,对社会结构产生了重大的影响,以致造成了后续的结构转型。所以历史事件的逻辑公式是:

(2)事件—结构转型—历史事件。

休厄尔指出:"历史事件应该被看成是转变了结构的偶发事件。"[7]历史学者把事件看作是历史的"转折点",因为,这种事件在某种程度上转变了支配人类行为的结构。

公式(1)表述了偶发事件对历史逻辑的干扰,但最终并没有改变历史逻辑。历史经验告诉我们,社会发展的具体进程,往往不能完全被历史逻辑所支配,而经常被偶发事件所干扰,在特定时期达不到预期的结果。由于偶发事件是不被常规所规范的意外事件,因而具有意外的规则。这种意外的规则同样对历史创造活动的具体行为也产生某种影响,甚至产生重大的影响,因而形成意外的事件逻辑。这种事件逻辑,也可以看作是实践活动的微观逻辑,即微观行为逻辑。但它不能否定宏观历史逻辑,倒可看作是宏观历史的逻辑补充。

公式(2)表述了历史事件在某种程度上转变了支配人类行为的结构,因而可以看作是对历史逻辑的实现。这里所说的人类行为的结构,是指制约行为的文化符号结构。就是说,人类行为总是被某种文化结构所规定。如果这种结构发生了变化,人类行为也随着变化。例如,我们过去曾在革命、改良和改革的含义上,有过讨论和争论,说的都是文化符号。在中共十一届三中全会后,革命文化符号发生了变化,把改革同样看作是革命,在坚持和完善发展先进制度的前提下，进行各种体制的改革，这就对革命行为做了"不变革基本制度"的限制。"不变革"是有特定含义的，它是指不根本改变基本制度，而使基本制度得到完善和发展。这种改革的文化符号结构，就是支配改革行为的结构。"中共十一届三中全会"导致革命文化结构产生这种转变，它就成为了历史事件。

历史事件是历时性的，同时又是共时性的。因为，只是历时性的描述不能说明它是历史"转折点"的价值和意义，必须对它做共时性的描述。所谓共时性描述，就是暂时悬停事件的历时性时间，把事件以及它所转变的结构在空间上展开，揭示它在各个领域对行为的普遍支配意义，充分显示其共时性。中共十一届三中全会后，在一切领域都进行了改革开放，我们开始了新的历史时期，推进了中国特色社会主义的发展，成为历时性的历史时期。这个时期最鲜明的特点是改革开放，这又说明它是共时性的。

历史事件导致结构转型，自然不是自发地实现的，而取决于文化符号结构的转变。在十一届三中全会后，中国农村发生了小岗村的包产到户的事件，在城市也发生了傻子瓜子的事件，后来又发展出乡镇企业，我们对这些事件持什么态度，支持，还是反对？这对改革开放的发展，具有决定性的意义。由此而来的所谓姓"资"与姓"社"的争论的实质在于：一方认为，在改革开放前，我们是在搞社会主义，改革开放后，我们变成搞资本主义了，历史被割断了；另一方则反对这种观点。

在这种情况下，要坚持改革开放，必须正确认识和处理中共十一届三中全会前的历史与中共十一届三中全会后的历史之间的关系，把十一届三中全会后发生的事件，不仅要同三中全会相互衔接起来，而且还要同十一届三中全会后的历史相互衔接起来。这就需要我们跳出单纯的、历史的解释框架。就是说，要实现新的衔接，必须赋予事件以新的意义。例如，小岗村的包产到户、傻子瓜子、乡镇企业等等，这些事件是社会主义的，还是资本主义的？必须对这些事件给予新的解释，赋予新的意义。也就是说，这些事件如何同社会主义实现衔接？它们是有利于社会主义的，或是社会主义所要求的吗？要将这些事件与社会主义衔接，就必须对社会主义做新的解释。"社会主义初级阶段"一说，就是为这种衔接铺底的。

公式(1)和(2)是反映历史事件的两种逻辑，现在，我们应该如何在间断性和连续性的统一中,实现历史的飞跃。这里的关键是要实现文化符号结构的变化。我们提出"什么是社会主义,怎样建设社会主义"的基本理论问题,其用意也正在这里。

新解释的意义,出现在最广泛的社会背景里,这就意味着一种新的文化框架的出现。这种文化框架,实际上就是指新的理念,例如,革命的新理念,对社会主义的新看法,等等。这些文化框架都不是依靠单纯逻辑推论的结果,而来源于社会背景之中。这就要求我们必须在基于人民利益的基础上,做出历史性的选择。选择不当,必定要付出重大的代价,因而必须进行利益盘算。所谓盘算,也就是逻辑推理。其结果是获得利益最大化,代价最小化。它的前提,不单纯是理论性的,而主要是实践性的,分析实践的实际发展所出现的可能的结果。

把这个历史事件导致社会结构转型的过程,写成历史事件逻辑的三段式,则有:

(3) 历史事件—文化符号结构变化—社会结构转型。

这种历史事件逻辑的产生,有两个前提,一是客观的前提,即实践过程中历史事件的出现;二是主体性的前提,即行为主体的习性支配行为的符号意义。

如果把历史逻辑看作是战略性的逻辑,事件逻辑则是战术性的逻辑。历史逻辑是在实践活动前就先验地存在着的,事件逻辑则是在实践过程中生成的。

对具体事件的研究,原有历史逻辑的理论框架总是不足的,因为它的生成,一般是有许多偶然因素参与的。这些偶然因素在概念框架研究中被舍弃,因而成为被置于这个框架外的因素。正是这个原因,"理性选择的解释从不能预言某个案的后果的全部细节"[8]。由于概念框架的宏观性和普遍性,偶然性因素不在它的视野内,必须用新的微观解释来补充。这样,就涉及了事件与结构的关系。

即便是偶发事件,也不是说它对历史没有丝毫的影响,它可能要改变历史的具体进程,但又不能改变历史逻辑的概念框架和历史的必然性,而是使这种概念框架趋于具体化,更具有丰富性,从而把微观结构与宏观结构在特定的情境下连接成一个统一的结构。这里的情境,首先是指微观的情境,同时把这种微观情境置于宏观情境之下,把它们融合成一个统一的情境。

在应对偶发事件时,主体的不同习性会产生不同的行为规则,或事件逻辑,这就可能产生种种差异甚至对立的态势。例如,在否定"文化大革命"的时候,出现了全盘否定毛泽东的态势;与此相反,也出现了全盘肯定毛泽东而坚持毛泽东历史性错误的态势。以邓小平为代表的中国共产党人,在基本肯定毛泽东伟大历史贡献的基础上,否定毛泽东的历史性错误,把改革开放前的历史时期与改革开放后的历史时期衔接起来。这三种态势,都同实践主体的不同习性密切相关,并形成了态势的结构。造成这种态势的微观逻辑是:

(4) 转型情境—主体习性—态势结构。

这三种不同结构的态势,形成三种不同的微观逻辑,决定着中国社会发展的前途和方向。第一种态势的逻辑,是全盘否定毛泽东的理论和道路,必将走改旗易帜的道路,改变中国社会主义的方向;第二种态势的逻辑,是全盘坚持毛泽东的错误,必将走封闭保守的老路;第三种态势的逻辑,是既不走封闭保守的老路,又不走改旗易帜的道路,而走改革开放的新路,坚持和发展中国特色社会主义。根据这三种态势逻辑的不同选择,对中国社会的未来发展,将产生完全不同的影响。这里的逻辑公式是上述事件逻辑公式(4)的继续,即:

(5) 态势结构—道路选择—未来发展。

公式(5)表明,在社会变动的时期里,由于人们不同的思想境况和主体习性,对历史的走向做出不同的选择,生成社会矛盾,产生偶发事件,影响社会稳定局面。所以,从微观的历史逻辑立场来看,我们对偶发事件也是不能掉以轻心的。

§127 社会结构转型

事件逻辑蕴涵着社会发展的历史逻辑,它存在于事件与结构的关系中,它的逻辑公式可以表述为:

(1) 历史事件—结构转型—社会发展。

这里涉及了社会历史中的历时性与共时性的关系。就历史而言,它是历时性的,否则就没有历史了。但是,它又是以共时性为前提的,如果没有共时性,又如何显示历史的进步和社会结构的转型？历时性实际上是由许多共时性的持续构成的,从而形成了历史时间的结构。

恩格斯指出:"一切社会变迁和政治变革的终极原因,不应当到人们的头脑中,到人们对永恒的真理和正义的日益增进的认识中去寻找,而应当到生产方式和交换方式的变更中去寻找;不应当到有关时代的**哲学**中去寻找,而应当到有关时代的**经济**中去寻找。"[9] 社会发展的趋势是由社会基本矛盾运动规定的。社会基本矛盾具体表现为社会结构,因而社会发展的趋势是由社会结构决定的,而且是社会结构演化的直接结果。这是对社会历史发展的原因和动力的理论表述,其中同样包含了历史逻辑的内容。历史逻辑正是以概念框架描述社会形态和社会结构更替的历史趋势。例如,社会形态的发展是一种自然历史过程;人类社会发展经历五个形态(或三个大形态);资本主义必然灭亡,社会主义必然胜利;商品经济的充分发展是实现社会经济高度发达不可逾越的阶段;中国正处于而且长期处于社会主义初级阶段;等等。这些表述,都是社会结构演化的历史逻辑在不同论域中的具体内涵。

在历史逻辑中,社会结构与时间是密切联系着的,但结构是世代相传的稳定因素,时间对它的磨损很小。而且结构也具有两重性,它既可以促进历史的发展,也可以阻碍历史的发展。克里弄斯托夫·波米安区分了社会学和历史学对结构的不同理解。他说:"所谓结构,社会观察家们认为是现实和社会大众之间存在的一种组织、一种紧密联系及一系列相当固定的关系。而我们史学家则认为,一个结构也许是一种组合、一个建筑体,但更是一种现实,时间对这种现实的磨损很小,对它的推动也非常缓慢。某些长期生存的结构成为世代相传的稳定因素;这些结构在历史中到处可见,它们阻碍着历史因而也支配着历史的进程。其他一些结构则很快分化瓦解了。但所有的结构都既是历史的支撑物又是历史的障碍物,说它们是障碍物,是因为它们表现为一系列的限制,人类和人类的经验很少能超越这些限制。"[10]

事件是快速变化着的,相对于事件,结构则是相对稳定的。在稳定结构中出现的事件,都属于结构内的常规事件。因此,常规是稳定性的呈现,是对结构进行再生产的实践性模式。在这个社会稳定时期历史逻辑的三段式是:

(2) 稳定结构—常规事件—稳定结构再生产。

显然,结构的长期稳定,可能是件好事,也可能不都是好事。问题在于这种结构的性质,是先进的结构,还是落后的结构。落后的社会结构,阻碍社会生产力的发展和文明的进步,应该加以破坏。例如,中国的长时期封建社会结构,严重地阻碍了中国社会的发展,最终被中国共产党领导的新民主主义革命所改变。我国在取得新民主主义革命后,建立了新民主主义社会,这是一个好的社会结构,应该加以稳定和巩固。我国的社会主义改造,改变了新民主主义社会结构。不少人曾抱怨我们过早终止新民主主义政策,这自然也不无道理。但是,从历史逻辑的总趋势上考察,这个过渡的方向是合乎历史逻辑必然性的,但在具体工作中存在着某些缺陷和不足。正如《关于建国以来党的若干历史问题的决议》中所说的:"在一九五五年夏季以后,农业合作化以及对手工业和个体商业的改造要求过急,工作过粗,改变过快,形式也过于简单划一,以致在长期间遗留了一些问题。"[11]

从长时段来看,社会结构又是在演化着的。在这个时段上,经常出现反常规事件。在一定程度上,这些反常规事件已经突破了结构的限制,成为结构演化的动力。由于事件的活力和旧结构的强度不同,使演化呈现出不同的趋势。延续、倒退或者转型,都是有可能发生的趋势。延续是走老路,倒退是走邪路,转型是走新路。

马克思说:"无论哪一个社会形态,在它所能容纳的全部生产力发挥出来以前,是决不会灭亡的;而新的更高的生产关系,在它的物质存在条件在旧社会的胎胞里成熟以前,是决不会出现的。"[12]这说明,社会结构能否转型,取决于原有的社会结构是否已经成为社会发展的桎梏。如果社会结构仍然适应社会生产力的发展,那它是不会过早地转型的,它属于稳定结构。在这种情况下出现的反常事件,可能是社会的局部矛盾引起的,也可能是非进步的事件,不会导致社会转型。只有社会到了需要转型的时候,反常事件才带有进步性,事件的积累和发展,最终必将导致社会的转型。用历史逻辑反映这个总趋势,它的概念推论三段式是:

(3)稳定结构—反常事件—结构转型。

在结构内发生的事件都是常规事件,旧的社会结构是依靠旧的规范来维持的,从而保持着社会的稳定趋势。这个逻辑公式是:

(4)常规事件—维持旧规范—社会稳定趋势。

"反常事件"发生在结构外,是对"社会结构"的否定。在反常事件的持续

发生的条件下,势必产生新的社会规范,从而造成社会结构的转型。这种关系,又可以表述为以下的逻辑公式:

（5）反常事件—产生新规范—社会转型趋势。

实质上,可以把结构与常规看作是同义的,可以把结构转型看作是以新常规取代旧常规的过程。如果把常规与反常都看作是规范,那么规范就成为把趋势和事件连接起来的中介。这样,就可以把公式(4)和公式(5)综合起来,得到公式(6),即:

（6）事件—规范—趋势。

"事件"可能是常规事件,也可能是反常事件。如果是常规事件,"规范"便是常规的旧规范,"趋势"是稳定的,不可能出现结构转型,只能是结构的再生产;如果是反常事件,同时又能由此而产生反常的新规范,"趋势"就变得不稳定,结构转型也就来临了。

社会结构转型的历史逻辑说明,在创造历史的活动中,我们既要注意历史事件的处理,更要重视社会结构的维护和变革。

§128 传统穿越时间弥合历史裂隙

在过去、现在与未来之间,在旧结构与新结构之间,都存在着历史的裂隙。只有弥合这种裂隙,才能使历史在飞跃性的发展中,保持着连续性。如何弥合这种裂隙？基本的途径是让传统穿越时间,弥撒在不同的历史时期之中,凝结着世世代代的奋斗。

由于社会生活的差异,历史时间被分割为过去、现在与未来。我们离开了过去,但又依然生活在过去的传统、风俗和习惯中,经验着这些风俗、习惯和传统。雷蒙·阿隆说:"在历史现实的意义上,经验历史有着双重的方式:我们经验着过去,而这过去仍是我们的现在"。[13]这种过去在现在的延续,并非单纯的过去,它同时也就是现在,到底是一件好事,还是一件坏事？自然不能一概而论。如果在"现在"的意义上,包含了"过去",同理,在"未来"的意义上,不仅包含了"现在",而且由于"现在"包含了过去,因而它也同样地包含了"过去"。这说明,过去、现在与未来的相关性,历史的延续和发展,是对历史上一切积极因素的继承。习近平在谈到中国梦时指出:"中国梦是历史的、现实的,也是未来的。中国梦凝结着无数仁人志士的不懈努力,承载着全体中华儿女的共同向往,昭示着国家富强、民族振兴、人民幸福的美好前景。"[14]

正是这种意义的相关性,我们可以从"过去"推论"现在",从"过去"和"现在"推论"未来"。历史逻辑就是建立在这种概念关系和概念推论基础上的,传统在这种概念的关系和推论中,起到了媒介的作用。

"传统"一词,一般是相对于"现代"而言的。就传统的"最明显、最基本的意义来看,它的涵义仅指世代相传的东西(traditum),即任何从过去延传至今或相传至今的东西"[15]。被世代相传的东西,自然是过去的创造物。但是,过去创造的东西,并非都能得到世代相传。有些创造物被相传,有些创造物则失传。哪些是相传物,哪些是失传物,这完全取决于现代人的选择。这种选择,同样是一次再创造,或是一次新的发明。因为,一方面,这种选择是适应现代的需要的;另一方面,这种选择穿越了过去与现在的时间裂隙,把过去融合到了现在之中。由于被选择、被相传、被融合,从而也得到了继承、丰富和完善,因而也就使过去的创造物成为了传统。如果一种过去的创造物得不到继承而失传,它就不能成为世代相传的东西,因而也不能被称为传统。由于传统被现代继承者所接受和发展,它同时也就成为了现代的发明。因此,传统也属于历史的范畴,可以用一个概念推论的三段式来表达传统的历史逻辑:

(1)过去创造—现代发明—世代相传。

在这个公式中也包含了"过去—现在—未来"这个历史逻辑基本公式的内涵。"过去创造"属于过去,"现代发明"属于现在,"世代相传"不仅属于现在,它也属于未来。"天行健,君子以自强不息"(《周易·乾》)的精神,从周易时代一直传到今天,而且还要世代地传下去,成为中华民族永久的精神纽带。

与传统相对的,是失传。关于失传,包含有两种含义:一是指历史上好的对象被失传了,它应该成为传统,但没有被现代所发明;另一种是指曾被历史所创造,但对今天来说,不再具有积极的意义,因而被历史所淘汰而失传。关于第一种情况,应该是暂时的现象,总有一天会被再创造出来。关于第二种情况,则具有逻辑必然性,同样可以用一个概念推论的三段式来表达:

(2)过去创造—现代淘汰—世代失传。

应该指出,传统不等于错误。如果是错误的东西,那它就得不到传延,因而也就不能成为传统。但是,过去正确的东西也不一定都能成为今天的传统。我国在十一届三中全会以前的社会主义道路既包含错误的东西,也包含被时代所局限而后被改变的正确的东西。例如,民主革命胜利后,我们采取了"一边倒"的外交政策,学习苏联,决不走第三条道路;在帝国主义全面封锁的情况下,我们在当时被迫处于封闭、半封闭的状态;一开始我们就实行了单一公有制、计划经济和按劳分配制度,追求公平;等等。这些都是由历史情境所决定的,它们都具有时代的合理性,而决不是主观上所犯的错误。虽然它们在今天已经大多被改变了,或者部分地被改变了,或者被进一步发展了,这些改变和发展同样是历史的选择,时代的进步。

伽达默尔的分析是很有启发性的。他说:"传统并不是我们继承得来的一种先决条件,而是我们自己把它生产出来的,因为我们理解着传统的进展并参与到传统的进展之中,从而也就靠我们自己进一步规定了传统。"[16]这里给我们的重要启示是,传统得以创造,还必须进行变革。过去,我们把单一的公有制经济、高度集中的计划经济和单一的按劳分配形式等,作为社会主义的基本经济制度,它们都没有完全地成为今天的传统。但是在经过变革后,也留下了传统的东西。我们变革了单一的公有制经济,但并没有简单地否定公有制,而把它变成为以社会主义公有制为主体、多种所有制经济共同发展的基本经济制度;我们变革了高度集中的计划经济,把它转变为社会主义市场经济,但也没有简单地否定计划,而是要实现市场与计划的内在结合;我们变革了单一的按劳分配形式,把它转变为按劳分配为主体、多种分配方式并存的分配制度。在这里,公有制、计划经济和按劳分配,在变革后都被传延下来了,而且都成为了现代的传统。甚至就连对"阶级斗争为纲"这种严重错误的否定,也不是全盘否定,而是扬弃。我们否定了以阶级斗争"为纲",即否定了把阶级斗争看作社会主要矛盾的错误;但是,并没有完全否定阶级斗争的存在,认为阶级斗争还是存在的,而且有时也还可能会激化。这种传统的传延和变革,不仅创造了传统,而且使现代得到了成长。我国著名社会学家郑杭生把它称为"传统的发明"和"现代的成长"。就是说:"并非在'传统'之后才有了'现代',恰恰相反,我们是因为有了'现代'而发生'传统'——现代人所说的'传统'是为'现代'而生的,因为惟有'现代'才能赋予'传统'的意义;'传统'只有通过'现代'才能获得自身的规定,而且惟有当'传统'与'现代'相联系和对应时,它才可以被我们思考和把握。"[17]我们应该把"过去的东西"与"传统"区分开来。传统也是以"过去的东西"为前提,但"过去的东西"不就等于传统。要使"过去的东西"成为传统,必须经过现代的创造。

由于传统穿越了时间,连接了过去与现在,弥合了历史发展中的裂隙,为历史的飞跃,奠定了基础,给予历史以新的生命,表现了历史逻辑的必然性。正是传统穿越时间弥合历史裂隙,使历史成为间断性和连续性的统一,并表明了历史虚无主义的错误。

参 考 文 献

[1] 恩格斯.自然辩证法[M]//马克思,恩格斯.马克思恩格斯文集:9.北京:人民出版社,2009:479.

[2] 参见:刘昶.人心中的历史:当代西方历史理论述评[M].成都:四川人民出版社 1987:240-241.

[3] 勒高夫,诺拉,夏蒂埃,等.新史学[M].姚蒙,编译.上海:上海译文出版社,1989:16.

[4] 休厄尔.历史的逻辑:社会理论与社会转型[M].朱联璧,费滢,译.上海:上海人民出版社,2012:191.

[5] 休厄尔.历史的逻辑:社会理论与社会转型[M].朱联璧,费滢,译.上海:上海人民出版社,2012:191.

[6] 休厄尔.历史的逻辑:社会理论与社会转型[M].朱联璧,费滢,译.上海:上海人民出版社,2012:225.

[7] 休厄尔.历史的逻辑:社会理论与社会转型[M].朱联璧,费滢,译.上海:上海人民出版社,2012:214.

[8] 休厄尔.历史的逻辑:社会理论与社会转型[M].朱联璧,费滢,译.上海:上海人民出版社,2012:265.

[9] 恩格斯.社会主义从空想到科学的发展[M]//马克思,恩格斯.马克思恩格斯文集:3.北京:人民出版社,2009:547.

[10] 波米安.结构史学[M]//勒高夫,诺拉,夏蒂埃,等.新史学.姚蒙,编译.上海:上海译文出版社,1989:262-263.
[11] 中国共产党中央委员会关于建国以来党的若干历史问题的决议[G]//中共中央文献研究室.三中全会以来重要文献选编:下.北京:人民出版社,1982:800-801.
[12] 马克思.《政治经济学批判》导言[M]//马克思,恩格斯.马克思恩格斯文集:2.北京:人民出版社,2009:592.
[13] 阿隆.历史讲演录[M].梅叙尔,编注.张琳敏,译.上海:上海译文出版社,2011:93.
[14] 习近平.在同各界优秀青年代表座谈时的讲话[N].人民日报,2013-5-5(2).
[15] 希尔斯.论传统[M].傅铿,吕乐,译.上海:上海人民出版社,2009:12.
[16] 伽达默尔.真理与方法[M].洪汉鼎,译.上海:上海译文出版社,1999:335.
[17] 郑杭生.现代性过程中的传统和现代[J].学术研究,2007(11):10.

马克思主义中国化的
逻辑基础

卷 3
马克思主义中国化的逻辑

共产党员是国际主义的马克思主义者，但是马克思主义必须和我国的具体特点相结合并通过一定的民族形式才能实现。马克思列宁主义的伟大力量，就在于它是和各个国家具体的革命实践相联系的。对于中国共产党说来，就是要学会把马克思列宁主义的理论应用于中国的具体的环境。成为伟大中华民族的一部分而和这个民族血肉相联的共产党员，离开中国特点来谈马克思主义，只是抽象的空洞的马克思主义。因此，使马克思主义在中国具体化，使之在其每一表现中带着必须有的中国的特性，即是说，按照中国的特点去应用它，成为全党亟待了解并亟须解决的问题。洋八股必须废止，空洞抽象的调头必须少唱，教条主义必须休息，而代之以新鲜活泼的、为中国老百姓所喜闻乐见的中国作风和中国气派。

——毛泽东

　　马克思主义与我国实践的结合，经历了六十多年。在这个过程中，有两次历史性飞跃。第一次飞跃，发生在新民主主义革命时期，中国共产党人经过反复探索，在总结成功和失败经验的基础上，找到了有中国特色的革命道路，把革命引向胜利。第二次飞跃，发生在十一届三中全会以后，中国共产党人在总结建国三十多年来正反两方面经验的基础上，在研究国际经验和世界形势的基础上，开始找到一条建设有中国特色的社会主义的道路，开辟了社会主义建设的新阶段。

——沿着有中国特色的社会主义道路前进
（在中国共产党第十三次全国代表大会上的报告）

导言

科学社会主义的逻辑

如同《资本论》的逻辑一样,科学社会主义也有自己的逻辑。同样包括理论逻辑、实践逻辑和历史逻辑。

作为科学社会主义的第一个文献,《共产党宣言》对科学社会主义的基本理论做了系统的阐述。马克思和恩格斯在《共产党宣言》的1882年俄文版序言中说:"《共产党宣言》的任务,是宣告现代资产阶级所有制必然灭亡。"[1]这个必然性的显示,在理论上,主要依靠了科学社会主义的理论逻辑的力量。

科学社会主义是无产阶级世界革命和人类解放的学说,只有把它付诸实践,才能实现无产阶级和全人类的解放,因而,它同样有自己的实践逻辑。

科学社会主义是历史地发展着的学说,不仅实现了社会主义从空想到科学的发展,而且实现了从理论到实践的飞跃,也使社会主义在改革中不断前进,因而它有自己的历史逻辑。

参 考 文 献

[1] 马克思,恩格斯.《共产党宣言》1882年俄文版序言[M]//马克思,恩格斯.马克思恩格斯文集:2.北京:人民出版社,2009:8.

第 1 章
科学社会主义的理论逻辑

将概念逻辑应用于科学社会主义的研究，我们可以得到科学社会主义的理论逻辑。这里讨论的科学社会主义，主要是指由马克思和恩格斯创立，并由列宁进一步丰富和发展的无产阶级革命和人类解放的学说。恩格斯在《社会主义从空想到科学的发展》一书中，以理论逻辑为工具，阐述了科学社会主义的逻辑学和形而上学，成为共产主义信仰和理想的理论基础。科学社会主义的理论逻辑，包括科学社会主义整体理论结构的逻辑和科学社会主义各个基本原理的逻辑。

§129 科学社会主义的理论结构

科学社会主义是一个理论体系，根据马克思、恩格斯的论述，它同样可以用一个概念推论三段式来表述。

恩格斯在《共产党宣言》1883 年德文版序言和 1888 年英文版序言中，都说明了《共产党宣言》的基本思想，并声明，构成《共产党宣言》核心的基本思想是属于马克思的。

> 这个思想就是：每一历史时代主要的经济生产方式和交换方式以及必然由此产生的社会结构，是该时代政治的和精神的历史所赖以确立的基础，并且只有从这一基础出发，这一历史才能得到说明；因此人类的全部历史（从土地公有的原始氏族社会解体以来）都是阶级斗争的历史，即剥削阶级和被剥削阶级之间、统治阶级和被压迫阶级之间斗争的历史；这个阶级斗争的历史包括有一系列发展阶段，现在已经达到这样一个阶段，即被剥削被压迫的阶级（无产阶级），如果不同时使整个社会一劳永逸地摆脱一切剥削、压迫以及阶级差别和阶级斗

争,就不能使自己从进行剥削和统治的那个阶级(资产阶级)的奴役下解放出来。[1]

这个基本思想,可以看作是科学社会主义的整体理论结构。它分为三个层次:

第一层次是唯物主义历史观的基本思想,即只有从各个历史时代的经济生产方式和交换方式产生的社会结构这个基础出发,才能说明历史的发展,因而也只有从这个基础出发,才能说明资本主义产生、发展和灭亡的历史,进而说明社会主义产生的必然性。科学社会主义是建立在这个基本思想基础上的,因而它是科学社会主义理论的基本组成部分。

第二层次是阶级斗争一般理论,即从土地公有的原始氏族社会解体以来的一切历史,都是阶级斗争的历史。用阶级斗争的观点解释阶级社会的历史,是科学社会主义的基本思想。这也就是毛泽东所说的:"一些阶级胜利了,一些阶级消灭了。这就是历史,这就是几千年的文明史。"[2] 只有从这个阶级斗争和社会革命的历史发展中,认识无产阶级反对资产阶级的阶级斗争,才能把科学社会主义建立在阶级斗争这个现实基础上,实现从空想到科学的转变。

第三层次是无产阶级革命和无产阶级专政理论。就是说,当阶级斗争发展到无产阶级反对资产阶级的阶级斗争阶段,这种阶级斗争必然导致无产阶级专政,从而实现无产阶级的彻底解放,进入无阶级社会。1852年3月5日,马克思在致约·魏德迈的信中说:"无论是发现现代社会中有阶级存在或发现各阶级间的斗争,都不是我的功劳。在我以前很久,资产阶级历史编纂学家就已经叙述过阶级斗争的历史发展,资产阶级经济学家也已经对各个阶级作过经济上的分析。我所加上的新内容就是证明了下列几点:(1)**阶级的存在仅仅同生产发展的一定历史阶段**相联系;(2)阶级斗争必然导致**无产阶级专政**;(3)这个专政不过是达到**消灭一切阶级**和进入**无阶级社会**的过渡"。[3]

这三个层次的基本思想和基本理论,构成了科学社会主义的整体理论内容。用概念推论三段式来表述,则有:

  唯物史观基本原理—阶级斗争理论—无产阶级革命和无产阶级专政理论。

这个三段式表明,前一个理论都是后一个理论的前提,而无产阶级革命和无产阶级专政理论则是从前两个前提中必然地得到的结论。无产阶级专政即是向无阶级社会的过渡,所以,包含在这个三段式中的逻辑终点是共产主义。

§130 两个"必然性"的理论逻辑

科学社会主义的理论核心,就是"两个必然性"的理论,即资本主义必然灭亡、社会主义必然胜利。这个理论,是从生产力和生产资料所有制的矛盾运动的分析中"必然地推出"的。

《共产党宣言》指出:"资产阶级赖以形成的生产资料和交换手段,是在封建社会里造成的。"[4]由于生产力的发展,最终炸毁了封建的所有制关系,以资产阶级社会取代封建社会。在建立资产阶级社会后,现代生产力的发展,又转过来反对资产阶级了。"几十年来的工业和商业的历史,只不过是现代生产力反抗现代生产关系、反抗作为资产阶级及其统治的存在条件的所有制关系的历史。"[5]这个现代生产力发展所产生的结果是:"资产阶级用来推翻封建制度的武器,现在却对准资产阶级自己了。"[6]这是一个肯定、否定和否定之否定的历史过程,用社会形态的更替来表述,它的概念推论三段式为:

(1)封建社会—资产阶级社会—共产主义社会。

这个"未来新社会",可称它为社会主义,也可称它为共产主义,它是在资产阶级社会的母体中生长起来的,如同资产阶级社会在封建社会的母体中生长的一样,这是一个辩证发展的自然历史过程,具有客观的必然性。这就是资产阶级社会的自我否定运动。因为,"资产阶级不仅锻造了置自身于死地的武器;它还产生了将要运用这种武器的人——现代的工人,**即无产者**"[7]。

资产阶级社会产生和灭亡的必然性,都归功于工业生产的发展。马克思和恩格斯都把中世纪以来的工业生产的历史分为三个时期。这三个时期是:"(1)手工业,小手工业师傅带着少数帮工和学徒,每个工人都生产整件物品;(2)工场手工业,较大数量的工人聚集在一个大工场中,按照分工的原则生产整件物品,每个工人只完成一部分工序,所以产品只有依次经过所有工人的手以后才能制成;(3)现代工业,产品是用动力推动的机器生产的,工人的工作只限于监督和调整机器的运转。"[8]就是说,从手工业生产中,必然地生长出工场手工业,又从工场手工业生产中必然地生长出现代工业。因此,工业生产的概念推论三段式可以写为:

(2)手工业—工场手工业—现代工业。

同这个三段式表述的工业生产发展三个历史阶段相对应的,是商品经济发展的历史。

手工业与工场手工业的共同特点是手工劳动。它们的区别是,前者的劳动没有分工和协作,单个劳动者单独完成一个产品;后者则是以分工和协作为基础的,多个劳动者共同完成一个产品。现代工业是机器生产,它的特点是:"劳动资料取得机器这种物质存在方式,要求以自然力来代替人力,以自觉应用自然科学来代替从经验中得出的成规。"[9]

商品经济是在这个工业生产发展历史过程的基础上发展起来的。商品经济发展经历两个阶段,即简单商品经济和市场经济。手工业对应于简单商品经济,只是一种使用价值的交换。现代工业对应于市场经济,商品交换不仅仅是使用价值的交换,而且是价值增殖的交换;交换不是为了换回使用价值,而是为了实现在生产过程中增殖了的价值。工场手工业则对应于从简单商品经济向市场经济的过渡,是一个封建制度趋向衰亡和资本主义日益成长的时期。在这个时期中,封建社会自然经济逐步解体,资本主义商品经济在手工工场简单协作基础上得以迅速发展。同工业发展三个时期相对应的,是商品经济发展的三个时期:

(3)简单商品经济—简单商品经济向市场经济过渡—市场经济。

马克思对资本主义市场经济的研究,揭露了这种生产方式的一直隐蔽着的内在性质,这就是剩余价值的发现。这个发现,揭示了"剩余价值的生产是资本主义生产的决定的目的"[10]。正是对剩余价值的追求,产生了资本主义社会的基本矛盾,并不断地导致它们的激化,把资本主义推上了自我否定的道路。

由于资本主义生产方式的建立,把生产资料变为资本,变为剥削他人的工具,充分发挥了生产资料的作用,大大地促进了生产力的发展。但是,由于资本主义生产的过剩,这部分生产资料不能变为资本,它也就不能发挥作用,又阻碍了生产的发展,使资本主义私有制成为生产力发展的桎梏。这种情况表明，资本主义自己起来反对自己了。同时这也说明，只有废除生产资料的资本主义私有制，实现生产资料的社会占有，才能解决这个矛盾。恩格斯指出："因此，一方面，资本主义生产方式暴露出它没有能力继续驾驭这种生产力。另一方面，这种生产力本身以日益增长的威力要求消除这种矛盾，要求摆脱它作为资本的那种属性，要求**在事实上承认它作为社会生产力的那种性质**。"[11]恩格斯的分析，揭示了生产资料的私人占有是造成资本主义基本矛盾的真正原因。他所说的"摆脱它作为资本的那种属性"，就是指改变生产资料的私人占有，使之成为社会占有。这是资本主义的唯一出路，也是资本主义的发展必然被社会主义所否定的趋势。

恩格斯所得到的结论，就是马克思《资本论》第一卷《原始积累》这一章中所得出的结论，即剥夺者被剥夺（见§124），也正是《共产党宣言》中所说的"两个必然性"："资产阶级的灭亡和无产阶级的胜利是同样不可避免的。"[12]资本主义的生产力与生产关系的矛盾，是从剥夺个体私有制开始的，它自身的发展又被再次地剥夺，即剥夺者被剥夺。这就是资本主义积累的历史趋势。马克思说："靠自己劳动挣得的私有制，即以各个独立劳动者与其劳动条件相结合为基础的私有制，被资本主义私有制，即以剥削他人的但形式上是自由的劳动为基础的私有制所排挤。"[13]但是，资本主义的发展，又把自己置于社会进步的对立面，致使联合和组织起来的工人阶级的反抗不断增长。生产资料的集中和劳动的社会化，达到了同它们的资本主义外壳不能相容的地步，于是，"剥夺者就要被剥夺了"[14]。但是，这种否定又不是重新建立私有制，而是在资本主义时代的成就的基础上，"重新建立个人所有制"[15]。马克思所揭示的资本主义发展的必然逻辑，也是科学社会主义的核心理论。它的逻辑公式是：

（4）个体私有制—资本主义私有制—生产资料社会占有基础上的个人所有制。

公式（4）把公式（1）具体化为私有制的运动，这个运动是建立在公式（2）的生产力运动和公式（3）的经济体制运动的基础上的。这4个公式的综合，反映了社会主义必然代替资本主义的理论逻辑和历史逻辑。

§131 私有制、阶级、差别和不平等的消除

以社会主义取代了资本主义以后,如何消灭私有制和消除阶级对立、社会差别与不平等,过渡到共产主义社会呢?这是社会主义革命成功后的任务。

就废除私有制来说,我们也不能把私有制一下子全部废除,它同样具有一个逐步"过渡"的过程。这里所说的私有制,是对生产资料的私人占有,而不是对生活资料的个人占有。在《共产主义原理》中,恩格斯分析了这个过程,并指出,在无产阶级革命胜利后,必须剥夺相互竞争的个人对工业和一切生产部门的经营权,代之以所有这些生产部门由整个社会来经营。就是说,"为了共同的利益、按照共同的计划、在社会全体成员的参加下来经营。这样,这种新的社会制度将消灭竞争,而代之以联合"[16]。这是一个废除私有制的总过程和总结果。这个过程是逐步实现的。第一步,剥夺资本家阶级的私有财产,成为社会公共财产;第二步,充分发展社会生产力,废除一切生产资料的私人占有,因为"只有创造了所必需的大量生产资料之后,才能废除私有制"[17]。第三步,逐步进行社会的全面改造,根据共产主义原则组织社会,由社会全体成员组成的共同联合体,"使自己的成员能够全面发挥他们的得到全面发展的才能"[18]。这个"三步走"的过程,同样显示了一个废除私有制的概念推论的三段式:

废除资本家私有制—废除个体劳动者私有制—社会共同占有制。

就产品的分配来说,资本主义社会是按资分配,资本家无偿占有劳动者的剩余价值;在社会主义社会则实行按劳分配,这在形式上是平等的,是一种进步,但它在事实上并不平等,"按照原则仍然是**资产阶级权利**"[19],因为"这个**平等的权利**总还是被限制在一个资产阶级的框框里"[20]。随着脑力劳动和体力劳动对立的消失,劳动不再是谋生手段,而成为生活的第一需要和个人的全面发展,只有在这个时候,"才能完全超出资产阶级权利的狭隘眼界,社会才能在自己的旗帜上写上:各尽所能,按需分配!"[21]也只有到了这个时候,共产主义社会才真正地实现了。所以,在分配制度上,从资本主义分配制

度过渡到共产主义分配制度的理论逻辑三段式是：

按资分配—按劳分配—按需分配。

随着资本主义私有制和雇佣劳动制度的消灭，阶级也就随之消亡。马克思在《哥达纲领批判》中指出："本段末尾'消除一切社会的和政治的不平等'这一不明确的语句，应当改成：随着阶级差别的消灭，一切由这些差别产生的社会的和政治的不平等也自行消失。"[22]消灭阶级差别及社会的和政治的不平等，是过渡时期的一项重要内容。无产阶级革命的胜利，推翻了资产阶级的政治统治，并将资产阶级的私人财产转变为社会公共财产，由此也消灭了阶级对立。但在过渡时期，阶级差别依然存在，由于阶级差别的存在，脑力劳动与体力劳动的差别、城乡差别、工农差别等也依然存在。在资产阶级社会中，这些关系都是对立的；在消除这些对立关系后，诸种差别还没有完全消灭；由于私有制的废除，消除旧的分工，彻底消灭阶级差别，通过城乡的差别转变为城乡的融合，结束牺牲一些人的利益来满足另一些人的需要的状况，使所有人共同享受大家创造出来的福利，使社会全体成员得到全面发展。这时，阶级差别和各种差别也就消除了。以阶级对抗到阶级消亡的过渡为内容，这个概念推论的三段式是：

阶级对立—阶级差别—阶级消亡。

其他的关系，诸如脑力劳动与体力劳动的关系、城乡关系、工农关系等等，都经历这同样的运动，因而在思维形式上，具有同样的概念推论逻辑，它的一般公式为：

对立—差别—消亡。

马克思和恩格斯的科学社会主义，主要内容是关于无产阶级革命和无产阶级专政的理论，直接涉及和专门论述的社会主义建设理论比较少。但是，关于过渡时期的理论，已经包含了社会主义建设的思想。这些理论内容，在直至建成共产主义社会的一个很长的历史时期内，都是我们必须关注和坚持的科学社会主义基本原理。

§132 无产阶级专政和政治上的过渡时期

上述任务的完成，依靠的是无产阶级专政。无产阶级专政对应着政治上的过渡时期。过渡时期就是在经济、政治、文化等各个方面都在进行着由资本主义向共产主义的转变。概括地说,从"有"到"无"的过渡,这就是过渡时期的总特征,也是过渡时期的理论逻辑。这种"过渡",不只是限于国家,其他方面,诸如所有制、分配制度、阶级、各种社会差别和不平等,都可以由概念推论来做理论上的表述。

所以,过渡时期的理论逻辑,就表现为"过渡"的逻辑。

马克思在1852年3月5日致约·魏德迈的信中已经指出,无产阶级专政"不过是达到消灭一切阶级和进入无阶级社会的过渡"。在《哥达纲领批判》中,马克思明确指出这个"过渡",就是将资本主义社会变为共产主义社会的政治上的"过渡时期"。他说:"在资本主义社会和共产主义社会之间,有一个从前者变为后者的革命转变时期。同这个时期相适应的也有一个政治上的过渡时期,这个时期的国家只能是**无产阶级的革命专政**。"[23] 过去,对社会主义社会是否属于过渡时期,曾有过争论,也未达成共识。因为社会主义是共产主义的第一阶段,所以,通常都说过渡时期是处在资本主义社会和社会主义社会之间,不包括社会主义社会在内。但是,从社会主义社会中的"旧社会的痕迹"与过渡时期基本特征具有相似性来看,又可以把社会主义社会包括在过渡时期中去。马克思说:共产主义社会"不是在它自身基础上已经**发展了的**,恰好相反,是刚刚从资本主义社会中**产生出来的**,因此它在各方面,在经济、道德和精神方面都还带着它脱胎出来的那个旧社会的痕迹"[24]。这种"旧社会的痕迹",也可以看作是过渡时期的特征。在分析了资本主义旧社会的痕迹和弊病后,马克思说:"但是这些弊病,在经过长久阵痛刚刚从资本主义社会产生出来的共产主义社会第一阶段,是不可避免的。"[25] 这又说明社会主义社会也同样存在着这种特征。这样说来,可以认为"过渡时期"是指社会主义社会,或包括了社会主义社会。马克思在致约·魏德迈的信中,说无产阶级专政"不过是达到消灭一切阶级和进入无阶级社会的过渡",这个"无阶级社会"是共产主义第一阶段,还是共产主义高级阶段?很多人倾向于是共产主义高级阶段。所以,关于"过渡时期"的时限问题,的确存在着进一步研究的空间,这里不予讨论,而主要讨论"过渡时期"的任务。

在《哥达纲领批判》中,马克思在说明了同过渡时期相适应的也有一个政治上的过渡时期后,指出:"这个时期的国家只能是**无产阶级的革命专政**"。

紧接着又指出:"但是,这个纲领既不谈无产阶级的革命专政,也不谈未来共产主义社会的国家制度。"[26] 列宁在读《哥达纲领批判》的笔记(马克思主义论国家)中,对这段话做了具体的分析。列宁的理解是:

无产阶级专政是"政治上的过渡时期";显然,**这个时期的国家**也是从国家到非国家的过渡,就是说,"已经不是原来意义上的国家"。因此,马克思和恩格斯之间在这个问题上没有任何矛盾。

但是,马克思接着谈到"未来共产主义社会的国家制度"!! 就是说,甚至在"**共产主义社会**"还有国家制度!! 这不是矛盾吗?

列宁回答说:"不矛盾"[27]。

接着,列宁又做了进一步的具体说明:

第一,资产阶级需要国家:这是资本主义社会的国家,即"在资本主义社会是原来意义上的国家";

第二,无产阶级需要国家:这是过渡时期的过渡型的国家,列宁说:"过渡(无产阶级专政):过渡型的国家(不是原来意义上的国家)";

第三,不需要国家,国家消亡:即"共产主义社会:国家**消亡**"。

通过这种分析,列宁指出:"完全合乎逻辑,并且十分清楚!!"[28]

在《国家与革命》中,列宁又把无产阶级专政这个"过渡型的国家",叫作"半国家"。列宁说:"资产阶级国家不是'自行消亡'的,而是由无产阶级在革命中来'**消灭**'的。在这个革命以后,自行消亡的是无产阶级的国家或半国家。"[29]

列宁的这种理解,给出了从国家存在,经过"过渡型的国家",到国家消亡的一个概念推论的三段式:

资产阶级国家—过渡型的国家—国家消亡。

这个国家在过渡时期中自行消亡的三段式也可以写作:

国家—半国家—无国家。

在1875年3月给奥·倍倍尔的信中,恩格斯批判了哥达纲领把"自由的人民国家变成了自由国家"的错误。恩格斯说:"随着社会主义社会制度的建立,国家就会自行解体和消失。既然国家只是在斗争中、在革命中用来对敌人实行暴力镇压的一种暂时的设施,那么,说自由的人民国家,就纯粹是无稽之谈了:当无产阶级还**需要**国家的时候,它需要国家不是为了自由,而是为了镇压自己的敌人,一到有可能谈自由的时候,国家本身就不再存在了。因此,我们建议把'**国家**'一词全部改成'**共同体**'[Gemeinwesen],这是一个很好的古德文词,相当于法文的'公社'。"[30]

这样,我们可以把上述的三段式"资产阶级国家—过渡型的国家—国家消亡",改为下面国家消亡的三段式:

资产阶级国家—过渡型的国家—自由人的共同体。

这个"自由人的共同体",就是《共产党宣言》中所说的:"代替那存在着阶级和阶级对立的资产阶级旧社会的,将是这样一个联合体,在那里,每个人的自由发展是一切人的自由发展的条件。"[31]

参 考 文 献

[1] 恩格斯.《共产党宣言》1888 年英文版序言[M]//马克思,恩格斯.马克思恩格斯文集:2.北京:人民出版社,2009:14.

[2] 毛泽东.丢掉幻想,准备斗争[M]//毛泽东.毛泽东选集:第4卷.2版.北京:人民出版社,1991:1487.

[3] 马克思.马克思致约瑟夫·魏德迈(1852年3月5日)[M]//马克思,恩格斯.马克思恩格斯文集:10.北京:人民出版社,2009:106.

[4] 马克思,恩格斯.共产党宣言[M]//马克思,恩格斯.马克思恩格斯文集:2.北京:人民出版社,2009:36.

[5] 马克思,恩格斯.共产党宣言[M]//马克思,恩格斯.马克思恩格斯文集:2.北京:人民出版社,2009:37.

[6] 马克思,恩格斯.共产党宣言[M]//马克思,恩格斯.马克思恩格斯文集:2.北京:人民出版社,2009:37.

[7] 马克思,恩格斯.共产党宣言[M]//马克思,恩格斯.马克思恩格斯文集:2.北京:人民出版社,2009:38.

[8] 恩格斯.《社会主义从空想到科学的发展》1892年英文版导言[M]//马克思,恩格斯.马克思恩格斯文集:3.北京:人民出版社,2009:501-502.

[9] 马克思.资本论.第1卷[M]//马克思,恩格斯.马克思恩格斯文集:5.北京:人民出版社,2009:443.

[10] 马克思.资本论:第1卷[M]//马克思,恩格斯.马克思恩格斯文集:5.北京:人民出版社,2009:265.

[11] 恩格斯.社会主义从空想到科学的发展[M]//马克思,恩格斯.马克思恩格斯文集:3.北京:人民出版社,2009:557.

[12] 马克思,恩格斯.共产党宣言[M]//马克思,恩格斯.马克思恩格斯文集:2.北京:人民出版社,2009:43.

[13] 马克思.资本论:第1卷[M]//马克思,恩格斯.马克思恩格斯文集:5.北京:人民出版社,2009:873.

[14] 马克思.资本论:第1卷[M]//马克思,恩格斯.马克思恩格斯文集:5.北京:人民出版社,2009:874.

[15] 马克思.资本论:第1卷[M]//马克思,恩格斯.马克思恩格斯文集:5.北京:人民出版社,2009:874.

[16] 恩格斯.共产主义原理[M]//马克思,恩格斯.马克思恩格斯文集:1.北京:人民出版社,2009:683.

[17] 恩格斯.共产主义原理[M]//马克思,恩格斯.马克思恩格斯文集:1.北京:人民出版社,2009:685.

[18] 恩格斯.共产主义原理[M]//马克思,恩格斯.马克思恩格斯文集:1.北京:人民出版社,2009:689.

[19] 马克思.哥达纲领批判[M]//马克思,恩格斯.马克思恩格斯文集:3.北京:人民出版社,2009:434.

[20] 马克思.哥达纲领批判[M]//马克思,恩格斯.马克思恩格斯文集:3.北京:人民出版社,2009:435.

[21] 马克思.哥达纲领批判[M]//马克思,恩格斯.马克思恩格斯文集:3.北京:人民出版社,2009:436.

[22] 马克思.哥达纲领批判[M]//马克思,恩格斯.马克思恩格斯文集:3.北京:人民出版社,2009:442.

[23] 马克思.哥达纲领批判[M]//马克思,恩格斯.马克思恩格斯文集:3.北京:人民出版社,2009:445.

[24] 马克思.哥达纲领批判[M]//马克思,恩格斯.马克思恩格斯文集:3.北京:人民出版社,2009:434.

[25] 马克思.哥达纲领批判[M]//马克思,恩格斯.马克思恩格斯文集:3.北京:人民出版社,2009:435.

[26] 马克思.哥达纲领批判[M]//马克思,恩格斯.马克思恩格斯文集:3.北京:人民出版社,2009:445.

[27] 列宁.马克思主义论国家[M]//列宁.列宁全集:第31卷.2版.北京:人民出版社,1985:161.

[28] 列宁.马克思主义论国家[M]//列宁.列宁全集:第31卷.2版.北京:人民出版社,1985:161.

[29] 列宁.国家与革命[M]//列宁.列宁选集:第3卷.3版.北京:人民出版社,1995:124.

[30] 恩格斯.给奥·倍倍尔的信(1875年3月18-28日)[M]//马克思,恩格斯.马克思恩格斯文集:3.北京:人民出版社,2009:414.

[31] 马克思,恩格斯.共产党宣言[M]//马克思,恩格斯.马克思恩格斯文集:2.北京:人民出版社,2009:53.

第 2 章
科学社会主义的实践逻辑

科学社会主义的理论逻辑,说明了共产主义代替资本主义的必然性。尽管这种必然性是不以人的主观意志为转移的,但它的实现,必须通过无产阶级的革命实践运动。科学社会主义理论逻辑告诉我们社会主义"是什么"的逻辑,实践逻辑则告诉我们实现社会主义应该"怎么做"的逻辑。科学社会主义实践逻辑的具体内容有:第一,必须开展无产阶级革命运动,以武装斗争夺取政权,建立无产阶级专政;其次,在革命运动中,要善于把握革命的时机,运用正确的战略和策略;第三,革命能否成功,取决于是否建设一个无产阶级的政党,使它成为无产阶级领导革命运动的先锋队。

§133 资本主义国家的无产阶级革命

实践逻辑的一般公式是"目的—手段—结果"。革命的根本问题是政权问题,无产阶级革命的根本问题是无产阶级专政问题。无产阶级革命运动是实现无产阶级和全人类解放的现实途径,这个实践运动的目的是夺取国家政权。资本主义国家的无产阶级实现这个革命目的的手段,或者是暴力革命,或者是民主运动,实践斗争的最终结果是建立无产阶级专政。这就是科学社会主义的实践逻辑,它的基本公式是:

夺取政权—暴力革命或民主运动—建立无产阶级专政。

目的是夺取政权,结果是建立无产阶级专政,目的和结果两项,实际上是一个东西。目的是没有实现的结果,结果则是实现了的目的。说到底,无产阶级革命的目的和结果,是建立无产阶级专政的政权。

为什么无产阶级革命的根本问题是无产阶级专政问题?这是与消灭资本主义私有制密切联系着的。因为资本主义国家是保护资本主义私有制的,要消灭私有制必须从推翻资本主义国家入手。

可是,在资本主义国家里,也已经出现了公有制,例如股份公司、托拉斯、国家占有财产等,它能成为社会主义公有制吗?资本主义国家中的生产资料社会占有,是资本主义自身发展所提供的解决资本主义内部矛盾的方法。在社会生产力与资本主义私人占有制的矛盾面前,资产阶级为了驾驭社会生产力,创造了股份公司、托拉斯和国家财产等资本主义生产方式。尽管这种转变缓和了资本主义的社会矛盾,但都没有消除生产力的资本属性,即使生产资料转变为国家财产,也没有消除资本的属性。这是因为,资本主义的国家,是资本家的国家,理想的总资本家。国家财产的占有形式并没有消灭资本关系,反而把它推到了顶点。"但是在顶点上是要发生变革的。生产力归国家所有不是冲突的解决,但是这里包含着解决冲突的形式上的手段,解决冲突的线索。"[1]这个解决资本主义矛盾的手段,即是社会革命。只要无产阶级取得国家政权,那么,国家财产也就成为社会占有的生产资料了,资本主义私有制也就被废除了。

革命运动有它自身的辩证法。无产阶级专政的建立,资本主义社会基本矛盾的解决,最终也导致国家的消亡。这同样是革命运动的实践逻辑:

建立无产阶级专政—消灭私有制—国家消亡。

所以,基于上述分析,恩格斯进一步指出:"这种生产方式日益迫使人们把大规模的社会化的生产资料变为国家财产,因此它本身就指明完成这个变革的道路。**无产阶级将取得国家政权,并且首先把生产资料变为国家财产**。但是这样一来,它就消灭了作为无产阶级的自身,消灭了一切阶级差别和阶级对立,也消灭了作为国家的国家。"[2]

把社会主义代替资本主义的社会形态运动的实现形式,表述为阶级斗争的革命实践运动,并使这种运动必然地转化为无产阶级反对资产阶级的阶级斗争,并通过无产阶级革命向无产阶级专政的过渡,由此进一步促进了人的自由而全面的发展。所以,恩格斯指出:"**无产阶级革命**,矛盾的解决:无产阶级将取得公共权力,并且利用这个权力把脱离资产阶级掌握的社会化生产资料变为公共财产。通过这个行动,无产阶级使生产资料摆脱了它们迄今具有的资本属性,使它们的社会性质有充分的自由得以实现。从此按照预定计划进行的社会生产就成为可能的了。生产的发展使不同社会阶级的继续存在成为时代错乱。随着社会生产的无政府状态的消失,国家的政治权威也将消失。人终于成为自己的社会结合的主人,从而也就成为自然界的主人,成为自身的主人——自由的人。"[3]接着,恩格斯进一步指出:"完成这一解放世界的事业,是现代无产阶级的历史使命。深入考察这一事业的历史条件以及这一事业的性质本身,从而使负有使命完成这一事业的今天受压迫的阶级认识到自己的行动的条件和性质,这就是无产阶级运动的理论表现即科学社会主义的任务。"[4]

综合恩格斯的这些论述,可以把无产阶级革命运动的内容和先后的步骤概括为:第一,无产阶级取得公共权力;第二,利用这个权力把社会生产资料变为公共财产;第三,按照预定计划组织社会生产;第四,以发展社会生产力为基本任务,增加生产总量;第五,阶级的逐步消亡和国家的政治权威逐步消失;第六,实现人成为自由的人,社会成为自由人的联合体。自然,这是一个漫长的历史过程,是在社会生产力的不断发展基础上实现的。所谓无产阶级解放的条件,最根本的条件就是社会生产的发展和私有制的最终消除。如果没有生产力的持续发展,上述的六个环节的内容都不可能实现。把这个历史进程写成理论逻辑的公式,可以分为两个三段式:

(1) 取得公共权力—实行生产资料公有制—按计划组织生产。

(2) 发展生产力增加生产总量—阶级国家消亡—自由人的联合体。

公式(1)表达的是无产阶级革命的历史使命的实践逻辑。第一,夺取政权,把政权从资产阶级手里转到无产阶级手里;第二,运用政权的力量实行生产资料公有制,剥夺剥夺者;第三,在前两项的基础上,按计划组织生产,治理国家。

公式(2)表达的是无产阶级专政和过渡时期的历史任务和实践逻辑。第一,大力发展社会生产力,增加社会财富;第二,进行各种社会改革,使阶级和国家逐步消亡;第三,在前两项的基础上,使人得到全面发展,逐步地使社会成为自由人的联合体。这个时期,应该包括我们今天所说的社会主义建设和改革的历史时期,对我们的建设和改革的实践,向共产主义未来的发展,必将具有重大的现实意义和历史意义。

§134 经济落后国家的革命转变

为了完成无产阶级和人类解放的历史使命,资本主义国家的无产阶级必须实行社会主义革命。为了完成这个历史使命,经济落后国家的无产阶级是否也要从事同样的实践斗争,实现无产阶级的社会主义革命呢?

《共产党宣言》在谈到德国革命时,说明了共产党对资产阶级革命的态度,指出:"在德国,只要资产阶级采取革命的行动,共产党就同它一起去反对专制君主制、封建土地所有制和小资产阶级。"[5] 但是,无产阶级支持资产阶级革命的目的,不只是帮助资产阶级取得民主革命的胜利,而是要把它进一步转变为无产阶级革命。所以,《共产党宣言》又进一步指出:"但是,共产党一分钟也不忽略教育工人尽可能明确地意识到资产阶级和无产阶级的敌对的对立,以便德国工人能够立刻利用资产阶级统治所必然带来的社会的和政治的条件作为反对资产阶级的武器,以便在推翻德国的反动阶级之后立即开始反对资产阶级本身的斗争。"[6]

这就是马克思和恩格斯关于不断革命的思想:"我们的利益和我们的任务却是要不断革命"[7]。就是说,在资产阶级完成革命任务,建立自己的统治后,无产阶级必须立即进行反对资产阶级的斗争,直至取得无产阶级革命的最后胜利。

为什么要在资产阶级取得统治以后,才去进行无产阶级革命?恩格斯认为:"共产主义者不能指望在资产阶级取得统治以前就和资产阶级进行决战,所以共产主义者为了本身的利益必须帮助资产阶级尽快地取得统治,以便尽快地再把它推翻。"[8] 因此,无产阶级革命只能在资产阶级革命胜利后开始,即"从专制政府垮台的那一天起,就轮到资产者和无产者进行斗争了"[9]。根据这种逻辑,《共产党宣言》说:"德国的资产阶级革命只能是无产阶级革命的直接序幕。"[10]

这个不断革命的思想,可以用概念逻辑三段式表达为:

资产阶级革命—无产阶级帮助资产阶级取得统治—立即转变为无产阶级革命。

要真正地使资产阶级革命成为无产阶级革命的直接序幕,自然需要经过种种的斗争。恩格斯已经看到了这一点,他说:"这也许还需要第二次斗争,但是,这次斗争只能以无产阶级的胜利而告终。"[11] 在这种不断革命论中,马克思和恩格斯都并没有提出无产阶级在资产阶级革命中的领导权问题,不排除包含两次革命的思想。无产阶级领导权问题的提出,是列宁对不断革命论的发展。列宁明确指出:"革命的结局将取决于工人阶级是成为在攻击专制制度方面强大有力但在政治上软弱无力的资产阶级助手,还是成为人民革命的领导者。"[12] 如果无产阶级成为了人民革命的领导者,那么资产阶级革命胜利后,就不是建立资产阶级的统治,而是建立工农政权,这样,就能使资产阶级革命顺利地转变为无产阶级革命。这里的逻辑就表现为如下的概念推论三段式:

民主主义革命—无产阶级领导并取得革命胜利—向社会主义革命转变。

无产阶级要成为资产阶级革命的领导者,同样需要经过各种斗争,与同盟者建立联盟,并获得大量的同盟者。"谁不懂得这一点,谁就是丝毫不懂得马克思主义,丝毫不懂得现代的科学社会主义。"[13] 在这里,列宁已经提出了无产阶级如何正确地运用革命斗争的战略和策略,夺取无产阶级革命胜利的问题了。

§135 无产阶级革命的战略和策略

无产阶级及其政党把理论应用于实际的斗争,需要制定正确的无产阶级革命的战略和策略。列宁说:"早在1844-1845年,马克思就判明了旧唯物主义的根本缺陷之一,就是未能理解革命实践活动的情况和正确评价这一活动的意义,所以,马克思后来在从事理论写作的同时,毕生都十分注意无产阶级阶级斗争的策略问题。"[14] 这不仅说明了战略和策略问题的重要性,而且说明战略和策略问题属于实践理性问题。

战略和策略既包含目的,也包含手段。战略是关涉带有全局性的重大问题,包括战略目标、战略阶段(战略步骤)和战略手段。策略则是关涉局部性的问题,同样包括策略目标、策略步骤和策略手段。由于研究和实践的范围不同,战略和策略所涉及的目标、步骤和手段都有不同领域和层次的区分。由于全局是一个相对的概念,因此,战略与策略的区分也具有相对的意义。革命的战略目标是夺取政权,相对于这个目标,暴力革命和议会斗争则属于战略手段,但有时也称为策略手段。例如,武装起义或议会斗争,都是为实现夺取政权这个战略目标服务的,被看作是战略手段,但有时也把从武装斗争向议会斗争的转变,称为策略转变。

既然战略和策略问题属于实践问题,应该运用实践逻辑的基本公式"目的—手段—结果"加以分析。实践主体必然地要根据自己的价值追求,确定实践活动的目的,并采取实现目的的相应手段,从而达到所期望的结果。就战略而言,公式中的目的,即是战略目标;公式中的手段,即是战略手段;公式中的结果,战略结果,即是战略的实现。关于战略问题的逻辑公式则是:

战略目标—战略手段—战略结果。

相对于策略问题,也有同样的公式,即:

策略目标—策略手段—策略结果。

在许多情况下,战略目标不是一次性实现的,它往往需要经过不同的阶段。这些阶段,即称为战略阶段,或战略步骤。关于这方面的战略逻辑公式应该是:

战略目标—战略阶段(步骤)—战略结果。

关于战略与策略的关系,根据实践逻辑"目的—手段—结果"的公式,战略是这个三段式中的"目的",策略则是这个三段式中的"手段",它是为实现战略目标服务的。对无产阶级的斗争来说,为了实现革命的目的和任务,我们必须根据不同的形势和条件,采取不同的战略和策略。例如,革命总是要进攻的,但在必要的时候,应该做出暂时的让步和退却。这种让步和退却都属于革命的灵活性,它的前提是必须坚持革命的原则性,在任何情况下,我们都必须坚持革命的目标,坚持无产阶级政党的性质和纲领。正如恩格斯所说的:一切让步和暂时行动,都"必须以党的无产阶级性质不致因此发生问题为前提。对我来说,这是绝对的界限"[15]。列宁也同样指出:"真正革命的政党的职责不是宣布不可能绝对不妥协,而是要**通过各种妥协**(如果妥协不可避免)始终忠于自己的原则、自己的阶级、自己的革命任务,忠于准备革命和教育人民群众走向革命胜利的事业。"[16]就是说,在运用灵活策略时,不能忘记

战略目标的实现。因此,关于无产阶级革命的战略和策略关系的逻辑三段式是:

<blockquote>战略目标—策略手段—战略目标实现。</blockquote>

关于如何制定革命的战略和策略,恩格斯指出:"在我看来,马克思的历史理论是任何**坚定不移**和**始终一贯**的革命策略的基本条件;为了找到这种策略,需要的只是把这一理论应用于本国的经济条件和政治条件。"[17]革命战略和策略的制定,需要两个条件,一个是革命理论,另一个是本国革命斗争所面临的经济政治条件。这就为我们提供了制定战略和策略的理论逻辑,即运用革命理论分析研究本国的经济政治条件,从中引出革命斗争的战略和策略,这个概念推论三段式是:

<blockquote>革命理论—经济政治条件—战略和策略。</blockquote>

与这个问题相关的,还有一个问题必须做进一步说明,即战略和策略同马克思主义基本理论的关系问题。因为,革命理论总是要转变为革命的战略和策略的,并指导战略和策略的制定。即使是最一般的理论,也同革命的战略和策略息息相关。

§136 两个"决不会"的实践逻辑

两个"决不会"是一个理论问题,但它同制定无产阶级革命战略和策略关系极大。两个"必然性"和两个"决不会",讲的就是经济决定论,强调社会形态的发展是一个自然历史过程。因为资本主义灭亡和社会主义胜利具有必然性,无产阶级必须向资产阶级发起攻击。但是,两个"决不会"又要求这种进攻必须选择恰当的时机,否则是不会成功的。这就为革命战略和策略的制定带来了两难问题。

马克思说:"无论哪一个社会形态,在它所能容纳的全部生产力发挥出来以前,是决不会灭亡的;而新的更高的生产关系,在它的物质存在条件在旧社会的胎胞里成熟以前,是决不会出现的。所以人类始终只提出自己能够解决的任务,因为只要仔细考察就可以发现,任务本身,只有在解决它的物质条件已经存在或者至少是在生成过程中的时候,才会产生。"[18]在"决不会"的历史时期中,要不要进行革命?如何进行革命?有两个问题需要进一步讨论。

第一个问题,如何判断和把握革命的时机?

无论是无产阶级社会主义革命,还是民主主义革命,都有一个如何把握革命时机的问题。对于具体的革命实践来说,最重要的是,如何确定革命的时机来发动革命。

列宁认为,这个时机,就是全国性的危机。他说:"要举行革命,单是被剥削被压迫群众认识到不能照旧生活下去而要求变革,还是不够的;要举行革命,还必须要剥削者也不能照旧生活和统治下去。只有'**下层**'不愿照旧生活而'**上层**'也**不能照旧**维持下去的时候,革命才能获得胜利。这个真理的另一个说法是:没有全国性的(既触动被剥削者又触动剥削者的)危机,进行革命是不可能的。"[19] 所以革命的发动,存在两种逻辑。

第一种逻辑:如果发生全国性的危机,就会出现革命的可能性,这时就可以发动革命。这是关于革命发生的条件是否成熟的判断,它的逻辑是:

发生全国性危机—出现革命可能性—发动革命。

第二种逻辑:把革命发生的条件转换为全国性危机的条件,因而判断革命发生的条件,就成为如何判断全国性危机的条件。发生全国性危机的条件是:第一,被剥削被压迫群众不能照旧生活下去;第二,剥削者不能照旧生活和统治下去。这个逻辑的概念框架是:

被剥削被压迫群众不能照旧生活下去—剥削者不能照旧生活和统治下去—全国性危机。

显然,如何"把握"革命的时机,主要不是理论问题,而是实际的判断问题。毛泽东曾有过对革命高潮到来的说明,极为生动而深刻。他在论述中国革命的高潮时说:"所谓革命高潮快要到来的'快要'二字作何解释,这点是许多同志的共同的问题。马克思主义者不是算命先生,未来的发展和变化,只应该也只能说出个大的方向,不应该也不可能机械地规定时日。但我所说的中国革命高潮快要到来,决不是如有些人所谓'有到来之可能'那样完全没有行动意义的、可望而不可即的一种空的东西。它是站在海岸遥望海中已经看得见桅杆尖头了的一只航船,它是立于高山之巅远看东方已见光芒四射喷薄欲出的一轮朝日,它是躁动于母腹中的快要成熟了的一个婴儿。"[20]

对革命时机的认识和判断,是战略思维的能力。不仅要指出革命发生的可能性,而且还应该具有行动的意义。

第二个问题，新社会形态在旧社会的母体中成熟之前，能否发动革命？

俄国实行社会主义革命的时候，曾发生了要不要革命的争论。反对者的主要理由是，俄国在经济上是一个落后国家。这当然是一个事实。但俄国仅是帝国主义国家中的落后国家，并非世界范围内的落后国家，它在一定程度上具备社会主义革命所需要的经济条件。在这种情况下，列宁认为，俄国并不一定要等到生产力高度发展了才来进行社会主义革命，"如果说我们既然承认我国经济'力量'和政治力量不相称，'因而'就不应该夺取政权，那就犯了不可救药的错误。所谓的'套中人'就是这样推论的，他们忘记了，'相称'是永远不会有的"[21]。但是，在俄国已经形成另一种特殊的革命形势，毫无出路的处境十倍地增强了工农的力量。面对这种革命形势，列宁提出了首先夺取政权，然后利用先进的上层建筑促进生产力发展的思路。列宁指出："既然建立社会主义需要有一定的文化水平（虽然谁也说不出这个一定的'文化水平'究竟是什么样的，因为这在各个西欧国家都是不同的），我们为什么不能首先用革命手段取得达到这个一定水平的前提，然后在工农政权和苏维埃制度的基础上赶上别国人民呢？"[22]列宁提出的经济落后国家实行革命的实践逻辑是：

经济落后国家—革命夺取政权—取得发展经济的前提。

列宁所强调的是上层建筑的能动反作用，但又对这种反作用做了限制，说明利用这种反作用的目的，只是为了获得发展经济基础的前提，而不是代替经济基础的发展。并没有违背两个"决不会"的思想。

经济决定论在强调社会形态发展自然历史过程中的经济基础对上层建筑的决定作用时，并不否认上层建筑对经济基础的能动反作用。恩格斯指出："经济状况是基础，但是对历史斗争的进程发生影响并且在许多情况下主要是决定着这一斗争的**形式**的，还有上层建筑的各种因素"[23]。只有把决定作用和能动反作用结合起来，才能具体地说明社会形态发展的自然历史过程。在这里，存在着一个理论逻辑的三段式：

经济基础决定作用—上层建筑能动反作用—社会形态发展自然历史过程。

列宁提出的经济落后国家实行革命的实践逻辑，是建立在这个理论逻辑的基础上的。这两个逻辑公式的理论前提都是革命的辩证法。列宁在批评苏汉诺夫等人的错误时指出："他们都自称马克思主义者,但是对马克思主义的理解却迂腐到无以复加的程度。马克思主义中有决定意义的东西,即马克思主义的革命辩证法,他们一点也不理解。马克思说在革命时刻要有极大的灵活性,就连马克思的这个直接指示他们也完全不理解,他们甚至没有注意到"。[24]特别需要注意的是关于"在革命时刻要有极大的灵活性"的问题。在经济文化落后国家进行无产阶级革命的时候,在分析本国的经济政治条件时,更需要这种灵活性,从而实现原则性和灵活性的统一。

§137 无产阶级政党学说

无产阶级政党的建党学说,既是一个理论问题,更是一个实践问题。因为党的任务是领导无产阶级的革命,把科学社会主义学说转化为变革社会的实践运动。

在谈到无产阶级政党的学说问题时,邓小平说:"在这一方面,马克思、恩格斯讲得不多,列宁有个完整的建党的学说。正是因为列宁建立了那么一个好的党,才能取得十月革命的胜利,建立了第一个社会主义国家。"[25]马克思和恩格斯谈得比较多的是,无产阶级为什么要建立共产党,要使共产党成为怎样的一个党。

《共产党宣言》指出:"共产党人的最近目的是和其他一切无产阶级政党的最近目的一样的:使无产阶级形成为阶级,推翻资产阶级的统治,由无产阶级夺取政权。"[26]马克思在《国际工人协会共同章程》中写道:"无产阶级在反对有产阶级联合力量的斗争中,只有把自身组织成为与有产阶级建立的一切旧政党不同的、相对立的政党,才能作为一个阶级来行动。为保证社会革命获得胜利和实现革命的最高目标——消灭阶级,无产阶级这样组织成为政党是必要的。"[27]就是说,只有建立无产阶级政党,才能使无产阶级组织成为阶级,只有无产阶级组织成为阶级,才能在共产党的领导下,实现革命的最近目标和最终目标。这个推论的前提与结论的关系可以表述为一个概念推论三段式:

建立无产阶级政党—无产阶级组织成为阶级—实现革命目标。

要使共产党成为怎样的一个党的问题,马克思和恩格斯强调了无产阶级政党的独立性。马克思和恩格斯指出:"工人,首先是共产主义者同盟,不应再度降低自己的地位,去充当资产阶级民主派的随声附和的合唱队,而应该谋求在正式的民主派旁边建立一个秘密的和公开的独立工人政党组织,并且应该使自己的每一个支部都成为工人协会的中心和核心,在这种工人协会中,无产阶级的立场和利益问题应该能够进行独立讨论而不受资产阶级影响。"[28] 如何保持无产阶级政党的独立性?第一,无产阶级政党的独立性是由无产阶级不同于资产阶级的利益和立场所决定的,在任何时候,都要代表无产阶级的利益;第二,无产阶级政党独立性的具体表现是,共产党人为工人阶级的最近的目的和利益而斗争时,他们必须"在当前的运动中同时代表运动的未来"[29],始终代表整个运动的利益,不受资产阶级的影响;第三,必须用科学社会主义理论武装无产阶级政党,使全党"了解无产阶级运动的条件、进程和一般结果"[30]。很清楚,只有以科学社会主义理论武装全党,才能使全党坚持无产阶级的利益和立场;而且只有具备这两个条件,才能使无产阶级政党始终代表整个运动的利益,不仅为实现当前的革命目标而斗争,同时始终为实现革命的最终目标而斗争。这是对建设一个怎样的无产阶级政党的回答,这个回答的概念推论表述为三段式,则有:

　　科学社会主义理论武装全党—坚持无产阶级利益和立场—始终代表整个运动的利益。

列宁发展了马克思和恩格斯的这个思想,指出:"只有以先进理论为指南的党,才能实现先进战士的作用。"[31]

马克思和恩格斯的这些论述,实际上涉及了党与阶级和群众的关系。根据马克思和恩格斯的这些思想,列宁进一步提出关于群众、阶级、政党和领袖相互关系的学说。列宁指出:"谁都知道,群众是划分为阶级的……阶级是由政党来领导的;政党通常是由最有威信、最有影响、最有经验、被选出担任最重要职务而称为领袖的人们所组成的比较稳定的集团来主持的。"[32]这里涉及的是两个方面的内涵,首先涉及的是政党的产生。在群众中分裂为阶级是由对生产资料的不同关系引起的,从而不同的群众成为从属于不同阶级的成员;由于产生了阶级,进一步发展,便产生了政党,使阶级成为政党存在的前提;如果阶级消灭了,政党也就不复存在了。所以,这个概念推论的三段式是：

（1）群众—阶级—政党。

根据这个逻辑，认为"资产阶级就在共产党内"的命题，显然是错误的，它颠倒了阶级与政党的逻辑关系。

其次，是关于政党的政治作用。根据群众、阶级和政党的这种关系，列宁还提出："党是阶级的先进觉悟阶层，是阶级的先锋队。"[33] 所以，政党是阶级的领导力量。但他又明确指出："单靠先锋队是不能胜利的。"[34] 没有绝大多数劳动者对自己的先锋队的同情和支持，无产阶级革命是不可能实现的。因此，作为阶级先锋队的党必须同群众保持着联系，代表他们的利益，"使群众的**全部**活动沿着自觉的阶级政策的道路前进"[35]。就是说，无产阶级政党使无产阶级成为阶级，并领导群众为实现自己的利益而斗争。这个概念推论三段式就变为：

（2）政党—阶级—群众。

把公式（1）和公式（2）这两个三段式结合起来，就是党的"从群众中来，到群众中去的"的群众路线的理论逻辑和实践逻辑。所以，群众路线，不仅是党的政治路线，而且是党的组织路线，而更重要的，它还是党的思想路线。

参 考 文 献

[1] 恩格斯.社会主义从空想到科学的发展[M]//马克思,恩格斯.马克思恩格斯文集:3.北京:人民出版社,2009:560.

[2] 恩格斯.社会主义从空想到科学的发展[M]//马克思,恩格斯.马克思恩格斯文集:3.北京:人民出版社,2009:561.

[3] 恩格斯.社会主义从空想到科学的发展[M]//马克思,恩格斯.马克思恩格斯文集:3.北京:人民出版社,2009:566.

[4] 恩格斯.社会主义从空想到科学的发展[M]//马克思,恩格斯.马克思恩格斯文集:3.北京:人民出版社,2009:566-567.

[5] 马克思,恩格斯.共产党宣言[M]//马克思,恩格斯.马克思恩格斯文集:2.北京:人民出版社,2009:66.

[6] 马克思,恩格斯.共产党宣言[M]//马克思,恩格斯.马克思恩格斯文集:2.北京:人民出版社,2009:66.

[7] 马克思,恩格斯.共产主义者同盟中央委员会告同盟书[M]//马克思,恩格斯.马克思恩格斯文集:2.北京:人民出版社,2009:192.

[8] 恩格斯.共产主义原理[M]//马克思,恩格斯.马克思恩格斯文集:1.北京:人民出版社,2009:692.

[9] 恩格斯.共产主义原理[M]//马克思,恩格斯.马克思恩格斯文集:1.北京:人民出版社,2009:692-693.

[10] 马克思,恩格斯.共产党宣言[M]//马克思,恩格斯.马克思恩格斯文集:2.北京:人民出版社,2009:66.

[11] 恩格斯.共产主义原理[M]//马克思,恩格斯.马克思恩格斯文集:1.北京:人民出版社,2009:685.

[12] 列宁.社会民主党在民主革命中的两种策略[M]//列宁.列宁选集:第1卷.3版.北京:人民出版社,1995:529.

[13] 列宁.共产主义运动中的"左派"幼稚病[M]//列宁.列宁选集:第4卷.3版.北京:人民出版社,1995:180.

[14] 列宁.卡尔·马克思[M]//列宁.列宁选集:第2卷.3版.北京:人民出版社,1995:443.

[15] 恩格斯.恩格斯致格尔松·特里尔(1889年12月18日)[M]//马克思,恩格斯.马克思恩格斯文集:10.北京:人民出版社,2009:578.

[16] 列宁.论妥协[M]//列宁.列宁全集:第32卷.2版.北京:人民出版社,1985:130.

[17] 恩格斯.恩格斯致维拉·伊万诺夫娜·查苏利奇(1885年4月23日)[M]//马克思,恩格斯.马克思恩格斯文集:10.北京:人民出版社,2009:532.

[18] 马克思.《政治经济学批判》导言[M]//马克思,恩格斯.马克思恩格斯文集:2.北京:人民出版社,2009:592.

[19] 列宁.共产主义运动中的"左派"幼稚病[M]//列宁.列宁选集:第4卷.3版.北京:人民出版社,1995:193.

[20] 毛泽东.星星之火,可以燎原[M]//毛泽东.毛泽东选集:第1卷.2版.北京:人民出版社,1991:106.

[21] 列宁.论"左派"幼稚性和小资产阶级性[M]//列宁.列宁选集:第3卷.3版.北京:人民出版社,1995:531.

[22] 列宁.论我国革命(评尼·苏汉诺夫的札记)[M]//列宁.列宁选集:第4卷.3版.北京:人民出版社,1995:777.

[23] 恩格斯.恩格斯致约瑟夫·布洛赫(1890年9月21-22日)[M]//马克思,恩格斯.马克思恩格斯文集:10.北京:人民出版社,2009:591.

[24] 列宁.论我国革命(评尼·苏汉诺夫的札记)[M]//列宁.列宁选集:第4卷.3版.北京:人民出版社,1995:775.

[25] 邓小平.完整地准确地理解毛泽东思想[M]//邓小平.邓小平文选:第2卷.2版.北京:人民出版社,1994:44.

[26] 马克思,恩格斯.共产党宣言[M]//马克思,恩格斯.马克思恩格斯文集:2.北京:人民出版社,2009:44.

[27] 马克思.国际工人协会共同章程[M]//马克思,恩格斯.马克思恩格斯文集:3.北京:人民出版社,2009:228.

[28] 马克思,恩格斯.共产主义者同盟中央委员会告同盟书[M]//马克思,恩格斯.马克思恩格斯文集:2.北京:人民出版社,2009:193.

[29] 马克思,恩格斯.共产党宣言[M]//马克思,恩格斯.马克思恩格斯文集:2.北京:人民出版社,2009:65.

[30] 马克思,恩格斯.共产党宣言[M]//马克思,恩格斯.马克思恩格斯文集:2.北京:人民出版社,2009:44.

[31] 列宁.怎么办?[M]//列宁.列宁选集:第1卷.3版.北京:人民出版社,1995:312.

[32] 列宁.共产主义运动中的"左派"幼稚病[M]//列宁.列宁选集:第4卷.3版.北京:人民出版社,1995:151.

[33] 列宁.维·查苏利奇是怎样毁掉取消主义的[M]//列宁.列宁全集:第24卷.2版.北京:人民出版社,1990:38.

[34] 列宁.共产主义运动中的"左派"幼稚病[M]//列宁.列宁选集:第4卷.3版.北京:人民出版社,1995:201.

[35] 列宁.维·查苏利奇是怎样毁掉取消主义的[M]//列宁.列宁全集:第24卷.2版.北京:人民出版社,1990:41-42.

第3章
科学社会主义的历史逻辑

科学社会主义的历史发展,有它自身的逻辑。党的十三大报告指出,"马克思、恩格斯的伟大历史功绩,在于把社会主义从空想变成科学。科学社会主义从学说到实践,从一国建设社会主义的实践到多国建设社会主义的实践,到当前世界社会主义国家改革的实践,都是对社会主义再认识的扩展和深化,都是科学社会主义理论同各国实践和时代发展的结合。"[1]科学社会主义发展的历史阶段是:空想社会主义是科学社会主义的逻辑前提之一;社会主义从空想到科学的发展是科学社会主义的确立;无产阶级革命运动和斗争形式的转变,是科学社会主义在实践中获得的新发展;一国革命的首先胜利是科学社会主义理论的伟大实践成果;社会主义在改革中前进,是科学社会主义在21世纪的伟大胜利。

§138 空想社会主义的产生

空想社会主义产生于16世纪初到19世纪初欧洲从封建主义生产方式向资本主义生产方式转变的时期。在这个时期中,产生了空想社会主义学说,并经历了三个发展阶段。

16世纪和17世纪,资本主义通过资本的原始积累,残暴剥夺农民,野蛮掠夺海外殖民地,由简单协作进入工场手工业阶段,工场工人受到了残酷的压榨。对资本主义的这种现实的批判和反思,产生了早期空想社会主义。在这个时候出现的代表人物有英国的莫尔、意大利的康帕内拉,以及德国农民起义领袖闵采尔和17世纪中叶英国掘地派运动领袖温斯坦莱。空想社会主义的产生和发展,从一开始就出现了两个方面的人物,一方面是注重于理论方面的人物,另一方面是注重于实践斗争方面的人物。

18世纪中期,工场手工业进入鼎盛时期,尤其在英国,60年代就开始了向机器大工业的过渡,产生了现代无产阶级,尽管这个阶级还无力采取独立的政治行动,但它的思想和要求在一些思想家中得到了反映。在这个时期,出现了以法国的摩莱里和马布利为主要代表的空想社会主义,在理论方面带有明显的平均主义或禁欲主义色彩。值得注意的是,在实际斗争方面,出现了以法国革命家巴贝夫为代表的人物,他致力于发动武装起义,并组织了"平等派密谋委员会"。

19世纪初,出现了作为英国产业革命和法国大革命产儿的三大空想社会主义家,即圣西门、傅立叶、欧文。由于经过了这两场革命,资本主义在欧洲获得迅速发展,整个资本主义社会日益分裂为工业资产阶级和工业无产阶级,内部矛盾和弊端日益暴露,从而进一步推动了空想社会主义的发展,在英国和法国产生了形态更完备和更高水平的空想社会主义。

空想社会主义的主要功绩是:第一,揭露了资本主义社会的罪恶,对私有制进行了尖锐的批判。例如,摩莱里指出:"私有制是一切社会罪恶之母"。[2]第二,设想了代替资本主义的未来理想社会,并做了自己的论证,力图揭示未来社会代替资本主义社会的必然趋势。第三,开展和领导了反对资本的社会主义运动,甚至还进行了新社会的实验。尤其是19世纪的空想社会主义学说和实践,得到了恩格斯的高度评价。恩格斯指出:"德国的理论上的社会主义永远不会忘记,它是站在圣西门、傅立叶和欧文这三个人的肩上的。虽然这三个人的学说含有十分虚幻和空想的性质,但他们终究是属于一切时代最伟大的智士之列的,他们天才地预示了我们现在已经科学地证明了其正确性的无数真理。"[3]

但是,空想社会主义毕竟还是"空想"的。恩格斯指出:"空想主义者之所以是空想主义者,正是因为在资本主义生产还很不发达的时代,他们只能是这样。他们不得不从头脑中构想出新社会的要素,因为这些要素在旧社会本身中还没有普遍地明显地表现出来;他们只能求助于理性来构想自己的新建筑的基本特征,因为他们还不能求助于同时代的历史。"[4]空想社会主义在理论上的局限,反映了时代的特征,这是由历史造成的。所以,恩格斯分析了空想社会主义产生的历史逻辑,并指出:"这种历史情况也决定了社会主义创始人的观点。不成熟的理论,是同不成熟的资本主义生产状况、不成熟的阶级状况相适应的。"[5]这个历史逻辑的公式是：

不成熟的资本主义—不成熟的无产阶级—不成熟的社会主义理论。

就空想社会主义学说本身而言，它的最根本的缺陷是建立在唯心史观基础上，因而没有找到社会主义的现实基础。一方面，它不是从资本主义社会的基本矛盾出发，而是从理性出发，分析资本主义发展的必然趋势，批判资本主义，探索未来社会的形式；另一方面，不是从阶级斗争，无产阶级反对资产阶级的斗争，而是从理性出发，寻求实现未来社会的途径。这就是空想社会主义的逻辑：

社会主义—置于理性基础—空想社会主义。

因此，恩格斯指出："为了使社会主义变为科学，就必须首先把它置于现实的基础之上。"[6]这就是社会主义由空想到科学的逻辑：

社会主义—置于现实基础—科学社会主义。

这个任务，是由马克思和恩格斯完成的。唯物史观和剩余价值理论的发展，使社会主义由空想变为科学。

§139 社会主义由空想转变为科学

恩格斯在《社会主义从空想到科学的发展》一书的1882年德文第一版序言中说："科学社会主义本质上就是德国的产物，而且也只能产生在古典哲学还生气勃勃地保存着自觉的辩证法传统的国家，即在德国。"[7]恩格斯在1891年柏林版的一个注中，对这段话做了修正。他说："'在德国'是笔误，应当说'在德国人中间'，因为科学社会主义的产生，一方面必须有德国的辩证法，同样也必须有英国和法国的发达的经济关系和政治关系。德国的落后的——40年代初比现在还落后得多——经济和政治的发展阶段，最多只能产生社会主义的讽刺画（参看《共产党宣言》第三章（丙）《德国的或'真正的'社会主义》）。只有在英国和法国所产生的经济和政治状态受到德国辩证法的批判以后，才能得出确实的结论。因而，从这方面看来，科学社会主义并不完全是德国的产物，而同样是国际的产物。"[8]在这个注中，英法的经济关系和政治关系，即发达的资本主义经济和政治，是科学社会主义产生的经济条件和政治条件，它是进行社会主义研究的出发点。即马克思所说的表象具体。"德国的辩证法"是指马克思和恩格斯改造黑格尔辩证法而建立的历史辩证法,或唯物主义历史观。

恩格斯的这些叙述说明,只有以英法经济关系和政治关系为研究的出发点,运用德国辩证法对它进行分析研究,并科学地预见这种经济关系和政治关系的未来发展,才能建立科学社会主义理论。因此,"现代社会主义,就其内容来说,首先是对现代社会中普遍存在的有财产者和无财产者之间、资本家和雇佣工人之间的阶级对立以及生产中普遍存在的无政府状态这两个方面进行考察的结果"[9]。这就是科学社会主义产生的理论逻辑,可以表述为第一个概念推论三段式:

（1）英法经济政治关系—德国辩证法—科学社会主义。

关于上述的马克思和恩格斯改造黑格尔辩证法而建立的历史辩证法,或唯物主义历史观,马克思在《〈政治经济学批判〉序言》中做过叙述。他概括说:"我所得到的,并且一经得到就用于指导我的研究工作的总的结果"。在这段话的下面,紧接着表述的一大段话,即关于经济结构决定上层建筑的唯物主义历史观的基本观点。在这个"总的结果"中,马克思提出了两个"必然性"和两个"决不会"的论断。[10]用这个"总的结果"来研究英法资本主义的经济关系和政治关系,便发现了剩余价值,由此得出资本主义必然灭亡、社会主义必然胜利的历史必然性,从而创立了科学社会主义。

如果从科学社会主义产生的理论前提和理论结论之间的内在逻辑关系来研究科学社会主义的产生,那么,这个实际内容就是指唯物主义历史观和剩余价值理论同科学社会主义原理之间在理论上的逻辑关系,科学社会主义的理论逻辑可以做出新的表述。恩格斯说:"这两个伟大的发现——唯物主义历史观和通过剩余价值揭开资本主义生产的秘密,都应当归功于**马克思**。由于这两个发现,社会主义变成了科学"。[11]通常认为,马克思的"这两个伟大的发现"是产生科学社会主义的两大理论基石。从理论逻辑的角度看,这两个理论基石就是科学社会主义产生的两个逻辑前提。这样,我们可以把科学社会主义产生的理论逻辑公式写成第二个三段式:

（2）唯物主义历史观—剩余价值理论—科学社会主义。

在理论的这种逻辑关系上,对马克思和恩格斯来说,哲学和政治经济学的研究,都是以建立科学社会主义学说为目标的。因此,"现代的唯物主义,它和过去相比,是以科学社会主义为其理论成果的"[12]。正如列宁所指出的:"资本主义社会必然要转变为社会主义社会这个结论,马克思完全是从现代社会的经济的运动规律得出的。"[13]而且剩余价值理论的发现,又是在唯物史观指导下做出的。根据这两个三段式,我们可以看到,"社会主义现在已经不再被看做某个天才头脑的偶然发现,而被看做两个历史地产生的阶级即无产阶级和资产阶级之间斗争的必然产物。它的任务不再是构想出一个尽可能完善的社会制度,而是研究必然产生这两个阶级及其相互斗争的那种历史的经济的过程;并在由此造成的经济状况中找出解决冲突的手段。"[14]

§140 无产阶级革命运动的发展与斗争形式的变化

在科学社会主义创立前后的一个时期,欧洲工人运动也在不断发展。1848-1849年,欧洲大陆以建立统一民族国家为目的,发生了资产阶级革命,为资本主义发展扫清道路。资产阶级采取了联合无产阶级的策略,无产阶级革命群众参与了这场革命运动,使工人运动获得了发展。由于1848年革命失败,欧洲工人运动转入低潮。

19世纪70年代,法国爆发新的革命。1871年3月18日,巴黎人民举行武装起义,建立了世界上第一个工人政权——巴黎公社。但是,由于缺乏马克思主义政党的领导,革命最终归于失败。但马克思对巴黎公社给予了高度评价,认为:"工人的巴黎及其公社将永远作为新社会的光辉先驱而为人所称颂。它的英烈们已永远铭记在工人阶级的伟大心坎里。那些扼杀它的刽子手们已经被历史永远钉在耻辱柱上,不论他们的教士们怎样祷告也不能把他们解脱。"[15]

长期的社会主义运动证明了科学社会主义的正确性,并在实践斗争中获得了进一步发展,马克思和恩格斯提出了科学社会主义的一系列新论断。同时,实践斗争也显示了马克思关于两个"必然性"和两个"决不会"的历史辩证法。

在晚年,恩格斯反思了资本主义发展和社会主义运动的历史经验。一方面,他指出了无产阶级革命的长期性,要准备长期的斗争;另一方面,提出了无产阶级革命策略转变的问题,把革命原则性和策略灵活性结合起来。

恩格斯认为:"历史清楚地表明,当时欧洲大陆经济发展的状况还远没有成熟到可以铲除资本主义生产的程度"。[16]因此,以一次简单的突然袭击来实现社会改造,是不可能的。恩格斯的这个结论,是从分析1848年以来资本主义大工业的发展中得到的。由于资本主义大工业的发展,造成了真正的资产阶级和真正的大工业无产阶级,并把它们推到了社会发展的前台。同1848年革命相比,后来的无产阶级大军是强大得多了,它们的持续斗争也没有达到革命的目的。因此,恩格斯指出:"既然连这支强大的无产阶级大军也还没有达到目的,既然它还远不能以**一次**重大的打击取得胜利,而不得不慢慢向前推进,在严酷顽强的斗争中夺取一个一个的阵地,那么这就彻底证明了,在1848年要以一次简单的突然袭击来实现社会改造,是多么不可能的事情。"[17]就是说,社会主义革命只有经过长期的斗争,曲折的发展,才能取得最后的胜利。因此,在理解两个"必然性"的时候,决不能忘记两个"决不会"。正是这两个"必然性"和两个"决不会"的统一,规定了社会主义革命的长期性。这就是社会主义革命运动的历史逻辑:

两个"必然性"—两个"决不会"—社会主义革命长期性。

另一方面,恩格斯还提出了无产阶级革命策略转变的问题。在欧洲历史上,无产阶级的历次斗争都受到资产阶级镇压,无产阶级用武装起义来反抗资产阶级的压迫,这是必然的选择。《共产党宣言》宣称:"共产党人不屑于隐瞒自己的观点和意图。他们公开宣布:他们的目的只有用暴力推翻全部现存的社会制度才能达到。"[18]但是,随着资本主义经济的发展和资产阶级统治的稳固,以普选制为基础的代议制开始得到发展,民主斗争也被提到日程上来。恩格斯在1891年就指出:"可以设想,在人民代议机关把一切权力集中在自己手里、只要取得大多数人民的支持就能够按照宪法随意办事的国家里,旧社会有可能和平长入新社会,比如在法国和美国那样的民主共和国,在英国那样的君主国。"但恩格斯又明确指出,如果在德国也宣布这样做,"只能把党引入迷途"[19]。而且恩格斯在1884年就指出:"在现今的国家里,普选制不能而且永远不会提供更多的东西"。[20]革命可以采取暴力革命的手段,也可以采取和平斗争的形式,目的只有一个,即夺取政权。到底采用何种形式,这完全由当时当地的经济政治条件所决定。手段不是先天给定的,而是

一个历史问题,一切都随着历史条件为转移。这个历史逻辑的公式是:

$$经济政治条件——暴力革命或和平斗争——夺取政权。$$

§141 社会主义在一国的首先胜利

在资本主义平衡发展的时代,马克思和恩格斯提出了社会主义革命在欧洲同时胜利的理论主张。他们认为:"共产主义只有作为占统治地位的各民族'一下子'同时发生的行动,在经验上才是可能的,而这是以生产力的普遍发展和与此相联系的世界交往为前提的。"[21]共产主义革命同时发生的前提,首先是生产力的普遍发展,说明自由资本主义的发展还处于平衡发展的阶段;其次是彼此相互联系的世界交往,各国无产阶级的斗争是彼此紧密联系着的。在斗争中,各国的资产者都是彼此相互支持的,各国的无产者也都是彼此相互支持的。因此,只有全世界无产者联合起来,同时发生革命,才能取得革命的最后胜利。

在《共产主义原理》中,恩格斯对"共产主义革命能不能单独在一个国家发生"的问题,做了回答。他说:"不能。"接着,恩格斯对这个问题做了具体的分析。第一,大工业和建立在大工业基础上的世界市场,把全球各国人民彼此紧紧地联系起来,以致每一国家的人民都受到另一国家发生的事情的影响;第二,由于资本主义的平衡发展,大工业使所有文明国家的社会发展大致相同;第三,在所有这些国家,资产阶级和无产阶级都成了社会上两个起决定作用的阶级,它们之间的斗争成了当前的主要斗争,在斗争中他们是相互支持的。恩格斯说:"因此,共产主义革命将不是仅仅一个国家的革命,而是将在一切文明国家里,至少在英国、美国、法国、德国同时发生的革命"。[22]当然,同时胜利也不否定各个国家革命运动的不平衡发展,有的国家革命发展得较快,有的国家革命发展得较慢,这主要取决于这些国家是否有较发达的工业、较多的财富和比较大量的生产力。这说明,共产主义是世界性的革命,"同时胜利"才是正确的道路。由于资本主义的平衡发展,各国统治者之间的矛盾相对缓和,导致各国的统治力量能够联合起来共同反对革命,这就必然要求无产者联合起来,反对共同的敌人,取得革命的"同时胜利"。所以,"同时胜利"的逻辑公式是:

> 资本主义平衡发展—无产者必须联合反对共同敌人—革命同时胜利。

但是,到了列宁的时代,资本主义已经发展到帝国主义阶段,时代发生了变化,使无产阶级革命可以在一国首先取得胜利。所以,列宁改变了马克思恩格斯的"同时胜利"的论断,把它发展为一国"首先胜利"的理论。

帝国主义时代的基本特征是各国资本主义发展的不平衡和重新瓜分世界。列宁指出:"在资本主义制度下,各个经济部门和各个国家在经济上是不可能平衡发展的。"[23]一方面,资本主义国家不仅发展异常迅猛,而且发展极不平衡,力量对比发生了新的变化;另一方面,这种发展必然导致各资本主义国家按照新的力量对比来重新瓜分世界,而且这种对世界的重新瓜分,必须通过战争和暴力才能实现,这就为社会主义革命的胜利创造了条件。资本主义发展的不平衡,必然引起帝国主义战争,而这种战争正是社会主义革命的前夜。这就是帝国主义时代的特别特征。对这种时代特征的分析中,列宁得出了无产阶级革命有可能在一个国家首先取得胜利的结论。列宁指出:"任何一个马克思主义者,甚至任何一个懂得现代科学的人,如果有人问他'各个不同的资本主义国家平衡地或谐和均匀地过渡到无产阶级专政是否可能',他的回答一定是否定的。在资本主义世界中从来没有而且不会有什么平衡,什么谐和,什么均匀。在每个国家的发展中,都是有时是资本主义和工人运动的这一方面、这一特征或这一类特点特别突出,有时是另一方面、另一特征或另一类特点特别突出。发展过程从来都是不平衡的。"[24]就是说,资本主义发展的不平衡和重新瓜分世界,导致了各国矛盾的加深,使反革命力量难以联合来反对革命力量,有可能在一国"首先胜利"。这个"首先胜利"的逻辑公式是:

> 资本主义发展不平衡—各国矛盾加深统治者难以联合—共产主义革命在一国首先胜利。

还必须看到,无产阶级革命在一国单独胜利,在一国内打倒剥削者,"这当然是典型的情况,因为几国同时发生革命是罕有的例外"[25]。显然,一国单独胜利,也还是不能离开无产阶级世界革命的。列宁说:"经济和政治发展的不平衡是资本主义的绝对规律。由此就应得出结论:社会主义可能首先在少数甚至在单独一个资本主义国家内获得胜利。这个国家的获得胜利的无产阶级既然剥夺了资本家并在本国组织了社会主义生产,就会奋起同其余的资本主义世界**抗衡**,把其他国家的被压迫阶级吸引到自己方面来,在这些国家中发动反对资本家的起义,必要时甚至用武力去反对各剥削阶级及其国家。"[26]

俄国十月革命的胜利,就是一国首先胜利理论在实践上的胜利,开辟了世界历史的新纪元。它吸引了世界上被压迫阶级和被压迫民族,在十月革命胜利的鼓舞下,陆续地取得了革命的胜利,建立了社会主义社会。

§142 社会主义在改革中前进

在建立社会主义社会后,迫于当时的历史条件,列宁实行了战时共产主义政策,实行"直接过渡"到共产主义。但事实证明,这不是一条可行的道路。为了纠正战时共产主义政策的偏差,列宁又进一步实行新经济政策。这显然也是对如何建设社会主义的最初探索。邓小平说:"社会主义究竟是个什么样子,苏联搞了很多年,也并没有完全搞清楚。可能列宁的思路比较好,搞了个新经济政策,但是后来苏联的模式僵化了。"[27]如果新经济政策继续实行下去,也许社会主义将得到比较顺利的发展。新经济政策的实质是充分利用资本主义肯定成果,其中特别是利用国家资本主义为社会主义奠定物质基础。列宁指出:"国家垄断资本主义是社会主义的最充分的**物质**准备,是社会主义的**前阶**,是历史阶梯上的一级,在这一级和叫作社会主义的那一级之间,**没有任何中间级**。"[28]因此,"国家资本主义是我们应当将之纳入一定范围的资本主义"[29]。利用国家资本主义不会带来风险,因为无产阶级和它的先锋队掌握着政权。列宁指出:"无产阶级,革命先锋队掌握着足够的政治权力,同时又存在国家资本主义,这种情况是历史上前所未见的。"[30]

到了斯大林时代,新经济政策被否定,逐步地形成了苏联模式。这个模式在经济上的基本特征是,实行单一的社会主义公有制、按劳分配和计划经济。在第二次世界大战以后建立的社会主义国家,特别是东欧社会主义国家,也都实行了苏联模式。这种单一性,带来苏联模式的种种弊端,在经济、政治和社会等方面出现了种种矛盾和问题,由此促使了东欧国家和苏联开始实行改革。由于指导思想和政策上的重大失误,最终都以失败而告终,使资本主义得以复辟。有人分析这种改革失败的原因,认为主要是没有坚持共产党的领导,其实这是不正确的。因为坚持共产党领导的一个首要的逻辑前提是,这个共产党必须是马克思主义政党。如果名为共产党,其实已经蜕变为资产阶级政党,那么,坚持这种党的领导,其结果是什么?只能是走资本主义道路。苏联和东欧改革的失败,在于共产党的蜕变,因而放弃了社会主义道路。这就是改革失败的逻辑:

共产党蜕变—放弃社会主义道路—资本主义复辟。

20世纪70年代末,中国开始了社会主义改革。中共十一届三中全会的召开,成为这个历史的转折点。中国在取得新民主主义革命胜利后,建立了新民主主义社会,实行多种所有制经济态势存在和发展的基本经济制度。特别是在社会主义经济领导下,一方面,发展资本主义经济,另一方面,又限制资本主义。这是奠定社会主义物质基础的正确的政策,事实上已经推进了新民主主义经济的发展。

在经过三年的经济恢复时期后,我国开始了社会主义改造,建立了社会主义制度。在历史发展的总趋势上,这是正确的,因为这是早晚必须走的一步。而且在总体上也是成功的,具有伟大的历史意义。胡锦涛说:"我们党紧紧依靠人民完成了社会主义革命,确立了社会主义基本制度。我们创造性地实现由新民主主义到社会主义的转变,使占世界人口四分之一的东方大国进入社会主义社会,实现了中国历史上最广泛最深刻的社会变革。我们建立起独立的比较完整的工业体系和国民经济体系,积累了在中国这样一个社会生产力水平十分落后的东方大国进行社会主义建设的重要经验。"[31]

在经济上,我国社会主义虽然不同于苏联模式,但仍然根据马克思和恩格斯的设想,实行单一的社会主义公有制、按劳分配和计划经济。这种体制曾发挥了积极的作用,但随着社会经济的发展,日益显露出它的局限性和弊端。所以,从中共十一届三中全会开始,我国进入了改革开放的新时期。

我们进行了经济体制的改革,也进行了政治体制的改革,但与苏联和东欧国家的改革不同,我们一开始就提出了两个坚持:坚持四项基本原则,坚持两个基本点。同时,又特别强调了党的建设,用马克思主义武装全党,保持党的纯洁性和先进性。所以,我们否定了旧的经济体制,并没有否定社会主义,而是以建立社会主义市场经济体制为目标,使中国特色社会主义在改革中获得不断发展。

在社会主义改造时,的确是对新民主主义的否定,但否定的是资本主义要素,坚持的却是社会主义;改革否定了社会主义旧经济体制,但否定的是它的封闭、僵化,坚持的仍然是社会主义。这正是否定性的辩证法的实际运用,它使中国特色社会主义得到了蓬勃发展,全面建成小康社会,实现中华民族伟大复兴。这就是中国改革的逻辑:

保持党的先进性—坚持社会主义道路—实现中华民族复兴。

参 考 文 献

[1] 沿着有中国特色的社会主义道路前进:在中国共产党第十三次全国代表大会上的报告[G]//中国共产党第十三次全国代表大会文件汇编.北京:人民出版社,1987:57-58.

[2] 摩莱里.自然法典[M].刘元慎,何清新,译.北京:商务印书馆,1959:154.

[3] 恩格斯.《德国农民战争》1870年第二版序言的补充[M]//马克思,恩格斯.马克思恩格斯文集:2.北京:人民出版社,2009:218.

[4] 恩格斯.反杜林论[M]//马克思,恩格斯.马克思恩格斯文集:9.北京:人民出版社,2009:282.

[5] 恩格斯.社会主义从空想到科学的发展[M]//马克思,恩格斯.马克思恩格斯文集:3.北京:人民出版社,2009:528.

[6] 恩格斯.社会主义从空想到科学的发展[M]//马克思,恩格斯.马克思恩格斯文集:3.北京:人民出版社,2009:537.

[7] 恩格斯.《社会主义从空想到科学的发展》1882年德文第一版序言[M]//马克思,恩格斯.马克思恩格斯文集:3.北京:人民出版社,2009:495.

[8] 恩格斯.《社会主义从空想到科学的发展》1882年德文第一版序言[M]//马克思,恩格斯.马克思恩格斯文集:3.北京:人民出版社,2009:495-496,注①.

[9] 恩格斯.社会主义从空想到科学的发展[M]//马克思,恩格斯.马克思恩格斯文集:3.北京:人民出版社,2009:523.

[10] 马克思.《政治经济学批判》序言[M]//马克思,恩格斯.马克思恩格斯文集:2.北京:人民出版社,2009:592.

[11] 恩格斯.社会主义从空想到科学的发展[M]//马克思,恩格斯.马克思恩格斯文集:3.北京:人民出版社,2009:545-546.

[12] 恩格斯.反杜林论[M]//马克思,恩格斯.马克思恩格斯文集:9.北京:人民出版社,2009:357.

[13] 列宁.卡尔·马克思[M]//列宁.列宁选集:第2卷.3版.北京:人民出版社,1995:439.

[14] 恩格斯.社会主义从空想到科学的发展[M]//马克思,恩格斯.马克思恩格斯文集:3.北京:人民出版社,2009:545.

[15] 马克思.法兰西内战[M]//马克思,恩格斯.马克思恩格斯文集:3.北京:人民出版社,2009:181.

[16] 恩格斯.卡·马克思《1848年至1850年的法兰西阶级斗争》一书导言[M]//马克思,恩格斯.马克思恩格斯文集:4.北京:人民出版社,2009:540.

[17] 恩格斯.卡·马克思《1848年至1850年的法兰西阶级斗争》一书导言[M]//马克思,恩格斯.马克思恩格斯文集:4.北京:人民出版社,2009:541.

[18] 马克思,恩格斯.共产党宣言[M]//马克思,恩格斯.马克思恩格斯文集:2.北京:人民出版社,2009:66.

[19] 恩格斯.1891年社会民主党纲领草案批判[M]//马克思,恩格斯.马克思恩格斯文集:4.北京:人民出版社,2009:414.

[20] 恩格斯.家庭、私有制和国家的起源[M]//马克思,恩格斯.马克思恩格斯文集:4.北京:人民出版社,2009:193.

[21] 马克思,恩格斯.德意志意识形态[M]//马克思,恩格斯.马克思恩格斯文集:1.北京:人民出版社,2009:538-539.

[22] 恩格斯.共产主义原理[M]//马克思,恩格斯.马克思恩格斯文集:1.北京:人民出版社,2009:687.

[23] 列宁.论欧洲联邦口号[M]//列宁.列宁选集:第2卷.3版.北京:人民出版社,1995:553.

[24] 列宁.第三国际及其在历史上的地位[M]//列宁.列宁选集:第3卷.3版.北京:人民出版社,1995:792.

[25] 列宁.无产阶级革命和叛徒考茨基[M]//列宁.列宁选集:第3卷.3版.北京:人民出版社,1995:611-612.

[26] 列宁.论欧洲联邦口号[M]//列宁.列宁选集:第2卷.3版.北京:人民出版社,1995:554.

[27] 邓小平.改革是中国发展生产力的必由之路[M]//邓小平.邓小平文选:第3卷.北京:人民出版社,1993:139.

[28] 列宁.大难临头,出路何在?[M]//列宁.列宁选集:第3卷.3版.北京:人民出版社,1995:266.

[29] 列宁.俄共(布)第十一次代表大会文献[M]//列宁.列宁选集:第4卷.3版.北京:人民出版社,1995:670.

[30] 列宁.俄共(布)第十一次代表大会文献[M]//列宁.列宁选集:第4卷.3版.北京:人民出版社,1995:671.

[31] 胡锦涛.在庆祝中国共产党成立90周年大会上的讲话[M].北京:人民出版社,2011:4.

第1篇

马克思主义中国化的理论逻辑

马克思主义中国化,既可以指"中国化"的成果,也可以看作是"中国化"的过程。运用概念来表述这些成果和过程的客观必然性,就是马克思主义中国化的客观逻辑,它包括三个方面:马克思主义中国化的理论逻辑、马克思主义中国化的实践逻辑和马克思主义中国化的历史逻辑。

就理论成果来说,马克思主义中国化,即是马克思主义在中国具体化,把马克思主义基本原理同中国的具体实际结合起来,使之成为中国化的马克思主义。中国马克思主义的产生是有确定前提的。第一个前提是中国的实际问题,即对中国问题的认识,称之为中国问题命题;第二个前提是与解决中国问题相关的马克思主义基本原理,并把它转化为解决中国问题的方法。从这两个前提出发,经过正确的分析和推论,得到中国马克思主义,或称之为中国理论。这就是马克思主义中国化逻辑的基本公式:

中国问题命题—马克思主义基本原理—中国马克思主义。

所谓解决中国问题,不仅要认识中国问题的性质,而且还要提出解决中国问题的方法。这就要回答"是什么"和"怎么做"的问题,它是马克思主义中国化的基本问题。

把马克思主义与中国问题相结合,就产生了中国革命的理论逻辑和中国特色社会主义的理论逻辑。这是中国理论的逻辑,它以概念自我运动揭示了中国革命和中国社会主义建设发展的历史必然性。

第1章
马克思主义中国化的逻辑公式

马克思主义中国化,是实现马克思主义一般原理和中国具体实际相结合,解决我国革命、建设和改革实践中提出的具体问题。这就是马克思主义中国化的任务。如果从更高的视野,从中国历史和世界历史的视角来考察,那么,马克思主义中国化所要实现的历史任务,就是"救中国"和"发展中国",实现社会主义现代化和中华民族的伟大复兴。这是历史和时代赋予我们党的、关系到中华民族前途命运的庄严使命,也是马克思主义中国化的总任务和总成果。实现马克思主义中国化,也有特定规律,并可以表述为逻辑。在这一章,我们讨论马克思主义中国化的总公式和其他公式。

§143 马克思主义中国化的总公式

无论是在民主革命时期还是社会主义现代化建设时期,我们都必须应用马克思主义基本原理回答和解决中国革命和现代化建设实践中提出的各种问题,完成"救中国"和"发展中国"的历史任务,实现社会主义现代化和中华民族的伟大复兴。

为此,我们必须从中国需要解决的实际问题出发,从马克思主义中寻找解决问题的立场、观点和方法。这就是毛泽东首先提出的实现马克思主义中国化的任务。毛泽东说:"共产党员是国际主义的马克思主义者,但是马克思主义必须和我国的具体特点相结合并通过一定的民族形式才能实现。马克思列宁主义的伟大力量,就在于它是和各个国家具体的革命实践相联系的。对于中国共产党说来,就是要学会把马克思列宁主义的理论应用于中国的具体的环境。成为伟大中华民族的一部分而和这个民族血肉相联的共产党员,离开中国特点来谈马克思主义,只是抽象的空洞的马克思主义。因此,使马克思主义在中国具体化,使之在其每一表现中带着必须有的中国的特性,即是说,按照中国的特点去应用它,成为全党亟待了解并亟须解决的问题。洋八股必须废止,空洞抽象的调头必须少唱,教条主义必须休息,而代之以新鲜活泼的、为中国老百姓所喜闻乐见的中国作风和中国气派。"[1]

后来,毛泽东用"箭"与"靶"、"矢"与"的"的关系来说明马克思主义与中国实际问题的关系。他说:"'的'就是中国革命,'矢'就是马克思列宁主义。我们中国共产党人所以要找这根'矢',就是为了要射中国革命和东方革命这个'的'的。"[2]我们学习马克思主义的目的,全在于应用,都是为了解决实践中提出的具体现实问题。解决问题的多少好坏,是检验学习马克思主义效果的标准之一。"如果你能应用马克思列宁主义的观点,说明一个两个实际问题,那就要受到称赞,就算有了几分成绩。被你说明的东西越多,越普遍,越深刻,你的成绩就越大。"[3]因此,我们在实现马克思主义基本原理和中国具体实际相结合的时候,不仅要有问题意识,而且还要有中国问题意识;不仅要有马克思主义的立场,而且还要有中国立场。

在这里,实际上有三项:第一项,中国革命和建设中提出的实际问题,简称为"中国问题";第二项,运用马克思主义基本原理,分析和解决中国问题,简称为"基本原理";第三项,马克思主义基本原理与中国问题相结合而得到的解决中国问题的具体理论结论,简称为"中国理论"。这样,我们就可以得到关于马克思主义中国化的总公式:

中国问题命题—马克思主义基本原理—中国马克思主义。

这是不断推进马克思主义中国化的总公式。这个总公式告诉我们,马克思主义中国化的工作,必须以解决中国问题为出发点。我们要推进马克思主义中国化,必须从中国实际出发,而不是从一般理论原理出发,恩格斯曾多次强调,我们的理论不是教条,原理不是出发点,而是研究的方法、行动的指南。坚持以马克思主义为指导思想,其含义也只能在于:以马克思主义为解决中国问题的立场、观点和方法。而解决中国问题的具体理论和方法,必须靠我们自己来创造;决不能说,在马克思主义宝库中,已经库存着解决中国问题的现成方案。所以,中国马克思主义是马克思主义基本原理在解决中国问题中的具体化,是运用马克思主义基本原理所得到的理论成果,"带着必须有的中国的特性"。

"马克思主义中国化"是一个语言表达式,更具体地说,它是一个摹状词,而并不是命题。这个语言表达式具有两个方面的意义。一是指"马克思主义中国化"这一语词的指称,即"马克思主义中国化"的对象范围,是指在中国的历史上和现实中发生和存在的"马克思主义基本原理与中国具体实践相结合"的过程;二是指"马克思主义中国化"这一语词的涵义,即内涵,指的是"马克思主义基本原理与中国具体实践相结合"的思想内容。

摹状词是一个复合的、具有内部结构的符号。在"马克思主义中国化"的表达式中,"马克思主义"是限定"中国化"的,它的意思是说:有 x,x 是马克思主义,而且 x 是中国化。

所谓"中国化",就是赋予中国特色,"使马克思主义在中国具体化,使之在其每一表现中带着必须有的中国的特性,即是说,按照中国的特点去应用它。"[4]

因此,马克思主义中国化的基本要求是:一切从中国的实际出发,实事求是,理论联系中国的具体实际,在中国革命、建设和改革的实践中,发现真理和发展真理。其实,这也就是我们党一贯坚持的思想路线。马克思主义中国化的实质是:在中国的革命、建设和改革的实践中坚持马克思主义理论联系实际的基本原则,坚持党的思想路线。

从这个意义出发,马克思主义中国化的含义应该包括三个方面,一是理论方面的中国化,建构中国化马克思主义的理论体系,这就是马克思主义中国化的理论成果,毛泽东思想和中国特色社会主义理论体系就是马克思主义中国化的两大理论成果;二是实践方面的中国化,要解决中国的实际问题,必须开辟一条中国化的道路,即中国特色革命道路和中国特色社会主义道路;三是社会制度方面的中国化,建构科学社会主义与中国实际相统一的社会主义制度。更概括地说,马克思主义中国化就是在中国实现马克思主义再生产。

§144 马克思主义中国化实现途径的逻辑公式

实现马克思主义中国化的途径,这不是单纯的逻辑问题,而主要是认识和实践的关系问题。因此,马克思主义中国化的具体途径,必须在认识论与逻辑相统一中加以讨论。毛泽东提出的"实践—认识—再实践—再认识……"的认识总规律,就是以概念逻辑的表达式来描述认识总过程的,实现了逻辑形式与认识内容的统一。

具体地说,实现马克思主义中国化的途径有文本解读、理论探索、实践试验等路径和方法。理论探索和实践试验是基础,是基本途径,文本解读是补充,但也是不可或缺的,两者相辅相成。文本解读、理论探索和实践试验的综合,表现为实践创新和理论创新,或称之为综合创新。这是马克思主义中国化的基本途径。

根据认识过程的"实践—认识—再实践"的逻辑公式,马克思主义中国化的途径,必须从实践开始,即进行实践试验。在实践试验中进行理论探索和创新,逐步地形成比较成熟的理论。有了新的理论后,进一步指导新的实践,实行实践创新。因此,马克思主义中国化实现途径的逻辑公式是:

(1)实践试验—理论探索—实践创新。

在开始实践试验时,我们还没有形成完全适合于解决具体问题的理论认识,所以,它必定是一个试错的过程。因为,马克思主义的一般原理并不是专为解决中国问题而创造的。一方面,无产阶级革命和社会主义建设事业是前人没有做过的事业,没有完全成功的和现成的经验借鉴;另一方面,把马克思主义应用于中国实际,还必须从中国的具体国情出发,有的放矢。所以,必须经过调查研究,上下求索,大胆试验,才能少犯错误,不犯大错误。这里,首先强调的是,凡事都要经过调查研究,大胆地进行试验,积累经验,走出一条新路来。邓小平说:"允许看,但要坚决地试。看对了,搞一两年对了,放开;错了,纠正,关了就是了。关,也可以快关,也可以慢关,也可以留一点尾巴。怕什么,坚持这种态度就不要紧,就不会犯大错误。"[5]所以,只有大胆地试、大胆地闯,富有敢"冒"的精神,才能不断地进行实践创新和理论创新。

这个过程,就是发现问题、分析问题和解决问题的过程。通过调查、试验、探索和创新,认识中国的具体国情,寻求解决中国问题的理论和方法,设计在解决问题过程中所要实现的社会变革目标。就是说,在实践探索基础上进行理论创新,在创新理论指导下进行实践创新。

我们需要理论创新,但更重要的、更根本的是实践创新。它既是理论创新的基础,又是理论创新的目的。我们通常都说,没有理论指导的实践是盲目的实践,因而强调理论应该走在实践的前面。但是,每次实践都不会是完全按照原先的理论模式运行的。在正确理论指导下的实践,也不一定就能获得完全成功,因为制约实践发展的不只是理论,还有其他许多社会历史和文化等客观因素和实践者的主观素质。这说明,实践的演绎不同于理论的逻辑推论,实践的发展也不能完全按照理论的逻辑路径。所以理论与实践的统一也是一个反复创新的历史过程。在这个过程中,经过正确与错误的比较,坚持正确的,修正错误的,并把创新的结果加以推广。这个逻辑公式是:

(2)试验探索—试错纠错—创新推广。

这个逻辑公式,就是"摸着石头过河"的公式。

"摸着石头过河"是对认识和实践途径的一种形象比喻。有人认为,在改革之初,由于缺乏经验,没有系统的理论,我们可以"摸着石头过河";现在,我们已经有了马克思主义中国化的新成果,就不再需要"摸着石头过河"了。其实,这是一种误解。在民主革命时期,我们也是通过"摸着石头过河"而实现马克思主义中国化的,从而产生了毛泽东思想,取得了新民主主义革命的胜利。在党的八大以后,特别是在"文化大革命"中,由于我们没有很好地坚持"摸着石头过河",没有真正地认识中国的国情,只是从马克思主义"阶级斗争"、"无产阶级专政"等的一般原理出发进行逻辑演绎,造成了实践和理论上的重大失误。

因为实践是发展的,新的问题层出不穷,需要我们去不断地发现、分析和解决,使理论也随之进一步发展。新的问题解决了,更新的问题又出现了,又需要我们重新去认识和解决。正如列宁所说的:"马克思主义者必须考虑生动的实际生活,必须考虑现实的确切事实,而不应当抱住昨天的理论不放,因为这种理论和任何理论一样,至多只能指出基本的、一般的东西,只能大体上概括实际生活中的复杂情况。"他还引用了德国诗人歌德的诗剧《浮士德》中的话:"我的朋友,理论是灰色的,而生活之树是常青的。"他以此来说明,理论是由实践赋予活力的。[6]

所以,摸着石头过河是永远不会过时的,因为它既是马克思主义认识论,又是马克思主义辩证法。习近平说:"摸着石头过河,是富有中国特色、符合中国国情的改革方法。摸着石头过河就是摸规律。实行改革开放,发展社会主义市场经济,我们的老祖宗没有讲过,其他社会主义国家也没有干过,只能通过实践、认识、再实践、再认识的反复过程,从实践中获得真知。我国改革开放就是这样走过来的,是先试验、后总结、再推广不断积累的过程,是从农村到城市、从沿海到内地、从局部到整体不断深化的过程。这种渐进式改革,避免了因情况不明、举措不当而引起的社会动荡,为稳步推进改革、顺利实现目标提供了保证。摸着石头过河,符合人们对客观规律的认识过程,符合事物从量变到质变的辩证法。"[7]

摸着石头过河既是实践过程,又是认识过程,同时也是逻辑过程,因为它提供了认识史的总计,成为概念内涵建构和概念推论的经验来源。作为推论前提的概念和命题都是从实践中"摸"出来的;改革开放过程中产生的一切新概念,包括"全面建成小康社会"、"全面深化改革"、"全面依法治国"和"全面从严治党"的"四个全面"在内,都是通过摸着石头过河的方法,对认识史的总计、总结和结论而制定的。"摸着石头过河"的逻辑公式,同我们党的思想路线是完全一致的。它是从实践中认识真理和发展真理之路。

在这里,还要对文本解读做点说明。如果把文本解读也作为马克思主义中国化的途径之一,那么,马克思主义中国化途径的逻辑公式对它来说,也应该是适用的。这里的文本,自然是指马克思主义经典著作的文本。现在,流行着一种研究方法,即根据经典著作产生的历史时代背景来解读经典著作的文本,这应该说是一种好的方法,可以比较准确地理解经典作家在当时的思想。但对于马克思主义中国化来说,只是对文本做历史的解读,显然是不够的。我们还必须根据时代的特点和需要,对文本做现时代的解读,以实现马克思主义的时代化。因此,文本解读也要同"摸着石头过河"结合起来,即把它同解决中国问题的实践创新和理论创新结合起来。只有这样,才能解读出马克思主义的中国化。这里的公式应该是:

(3) 实践需要—文本解读—理论创新。

还有一点需要指明的是,马克思主义中国化实现途径的三个逻辑公式,对于马克思主义学术思想中国化也是适用的。很早以前,学术界曾提出"马、中、西"综合的主张,这当然是对的。但是,如果把"马、中、西"综合仅仅只看作文本解读,而且把文本解读看作是书斋式的研究,脱离中国国情和实践探索,这也是难以成功的。马克思主义学术思想中国化,同样要面向中国实践,面向现时代，面向大众，把它同马克思主义指导思想中国化结合起来，才有真正的出路。

§145 马克思主义中国化实现形式的逻辑公式

任何内容都表现为一定的形式。马克思主义和我国具体实际相结合，也必须通过一定的民族形式才能实现。这就是马克思主义中国化的形式，或称之为马克思主义中国化的实现形式，它既包括民族特性，又包括时代特点。毛泽东说：马克思主义的普遍原理只有"和民族的特点相结合，经过一定的民族形式，才有用处，决不能主观地公式地应用它"[8]。我们要反对公式化，就必须赋予马克思主义以民族的特点和中国的特性。在这里，研究提出了马克思主义中国化实现形式的逻辑公式：

（1）马克思主义理论内容—中国民族形式—中国马克思主义。

民族形式往往首先表现为表达和叙述的语言形式，例如，"实事求是"、"小康社会"、"天下为公"、"大同世界"、"以人为本"、"立党为公"、"执政为民"、"和谐社会"、"和而不同"、"求同存异"等等，这些都是反映了中国文化传统的语言形式，成为马克思主义中国化的民族形式的表达，容易被人民所接受。可是，在这些语言形式中，却同时包含着思想内容，说明民族形式与民族内容是统一的。所谓民族形式，并非是单纯的形式，而是同时包含民族内容的形式。

例如，我国典籍《礼记·礼运》中记载有"大同世界"、"天下为公"的社会理想。在19世纪末和20世纪初，社会主义思想传播到中国的时候，大家就很自然地把这种社会理想与社会主义联系起来了，就用社会主义来解读大同世界，认为它是经济上实行公有，均享财富，没有剥削和压迫，人人参加劳动，因而劳动也就不成为谋生手段，而且以贤能之士管理社会生活，等等。也许正是这种文化要素，使中国人很容易接受社会主义思想。康有为在宣传西方资本主义经济和政治文明时，也借用了"大同世界"的思想，他在《大同书》中说："无邦国，无帝王，人人相亲，人人平等，天下为公，是谓大同。"[9]孙中山也把资产阶级民主主义与"天下为公"、"大同世界"结合起来，提倡民生主义，又把民生主义称为民生社会主义。所以,一旦社会主义传到中国后,人们就会很自然地把它同中国传统文化结合起来加以考察。蔡元培也把《礼记·礼运》中的"天下为公"、孔子的"不患寡而患不均"等,看作是中国的社会主义思想。[10]这些说法反映了历史和文化的影响,自然是不可忽视的。而且,这种影响主要不是在形式方面,而是在文化内容方面。所以,我们所说的民族特色,不单纯是指形式,同时也是指民族内容,是指形式与内容的统一。

形式与内容的关系也是相互转化的,我们平常所说的外在形式与内在形式,就属于这种相互转化的情形。反映中国文化传统的语言表达形式,主要表现为外在形式。这种形式是极其必要的,但仅仅停留于这种形式,也是不够的,我们还必须进入到内在形式中去。毛泽东所说马克思主义中国化的民族形式,实际上包括了内在形式,即民族内容。相对于马克思主义的一般原理,这种内在形式可以表现为特殊的原理。而在这种特殊原理中,又包含着一般原理,因而这种特殊也就成为一般的表达形式。例如,暴力革命是无产阶级革命的一般内容。在苏联,它采取了城市起义的形式;在中国,则采取了农村武装斗争,以农村包围城市,最后夺取城市的形式。在这两种特殊的形式中,都包含了暴力革命的内容,表现了武装斗争的不同道路,反映了不同的民族特色。在这种意义上说,无论是民族内容,或民族形式,它们都是内容和形式的统一。正是这种民族形式与民族内容的统一,构成了民族特色。因此,马克思主义中国化的民族特色的逻辑公式是:

(2)民族形式—民族内容—民族特色。

马克思主义中国化是与中国历史和文化传统分不开的。不管我们自觉或不自觉,在马克思主义中国化的过程中,都强烈地受到了中国历史遗产和传统文化的制约。在这些历史遗产和文化传统中,既会发生积极作用的一面,也会发生消极作用的一面,对马克思主义中国化都将产生一定程度的影响和制约。例如,大家都批评中国传统中的专制文化,同时涉及我国政治生活中权力过于集中的问题。封建的专制文化应该剔除,因为它是中国长期封建社会的历史遗产。但是,权力集中却不能说都是坏的。权力过于集中会带来许多弊端,对推进民主化进程可能会造成某种困难;但在一定的历史时期,权力适度集中,却又能赋予社会主义以集中力量办大事的政治优势。强有力的中央政府也是中国的历史遗产和文化传统,我们在建立市场经济的过程中,特别强调计划与市场的内在统一,强调政府对经济的宏观调控,实现"看不见的手"与"看得见的手"的结合,使市场经济中国化,等等,不能说与这种民族传统没有关系。在三民主义中,孙中山把民生主义叫作社会主义,称它为民生社会主义。人们可以评论这种观念的对与错,但它反映了关注民生的中国文化传统,这是不能否定的。今天,这个问题也成为马克思主义中国化的突出的文化心态。"以人为本",贯彻和落实科学发展观,发展经济,关注民生,促进社会平等,维护社会稳定,这也是我们今天马克思主义者所追求的崇高使命。

由此可见,所谓马克思主义的中国民族形式,实际上也是一种中国历史和民族文化的内容。这种形式与内容的统一,使马克思主义带上了中国的民族特点,区别于其他民族的马克思主义,使之在其每一表现中带着必须有的中国的特性。

§146 马克思主义中国化成果的逻辑公式

通常,把马克思主义中国化的成果,只看作是理论成果,这当然不能说是错的。把马克思主义基本原理与中国具体实践相结合的两次历史性飞跃,产生了马克思主义中国化的两大理论成果,这是马克思主义中国化的伟大成就。但是,马克思主义中国化的成果不只是理论成果,它还包括实践成果和社会成果。说到底,实现理论成果不是最终的目的,理论的目的是指导实践,所以,在马克思主义中国化的成果中,必须包括实践成果。而实践的成功,又在于变革社会。理论与实践的统一,目的在于获得社会成果。所以,马克思主义中国化的成果应该包括理论成果、实践成果和社会成果。这就是马克思主义中国化的成果公式:

(1) 理论成果—实践成果—社会成果。

在这个公式中,马克思主义中国化的理论成果与实践成果是相互渗透的,在理论成果中已经蕴涵着实践方面中国化的内涵。如果要问:我们如何实现马克思主义理论的中国化?显然,我们不能坐在书斋里,以马克思主义的一般原理为前提,进行逻辑演绎,去实现马克思主义中国化。在书斋里是不可能实现马克思主义的中国化的,只有在实践中才能实现它。中国化的马克思主义不是书斋里的马克思主义,而是实践中的马克思主义。民主革命时期中被诬为"山沟里的马克思主义",才是真正中国化的马克思主义;而那些本本主义的马克思主义,只能是教条主义,而并非马克思主义。马克思主义中国化的源头是实践,而不是马克思主义的一般原理。实践是认识的唯一源泉,一切书本知识,包括马克思主义的书本知识在内,都是流,而不是源。所以,只有实现实践方面的中国化,才能开发出理论中国化的源头。而且,实践的中国化与理论的中国化是相辅相成的,在相互作用中不断地提高中国化的程度,推进马克思主义在中国的发展,实现马克思主义的再生产。

但是,从理论指导的意义上,理论应该走在实践的前面,由于实现了理论中国化的成果,才能进一步指导实践的创新,取得实践的新成果。所以,在逻辑上,又是理论在先的。由于实现了实践和理论的中国化,我们才取得社会变革的胜利。在民主革命时期,我国之所以能够取得新民主主义革命的胜利,完全在于武装斗争的理论和实践的中国化成果。马克思、恩格斯揭示了暴力革命的规律。而这条规律的具体作用,必定需要特定的社会条件,它的具体表现,也必定具有不同的民族形式。十月革命是通过城市武装起义而取得胜利的。在大革命失败后,我们也学习十月革命的城市武装起义的经验,但是,南昌起义、广州起义等都失败了。究其原因,正是这种武装斗争的实践还没有取得"中国化"的内容和形式。后来,尤其在遵义会议后,我们创造了农村包围城市、最后夺取城市的武装斗争道路的理论和实践,才取得了民主革命的最后胜利。这是因为我们实现了从城市中心论向农村中心论的转变,从而最终实现了武装斗争实践的"中国化"。正是在这种中国化的实践中,创造了中国化的马克思主义,即新民主主义革命理论。显然,这个理论是建立在中国新民主主义革命实践的基础上的,而新民主主义革命实践又是在这个理论指导下取得胜利的。

中国化道路的探索,既依赖于中国化的理论创新,又推动了理论中国化的新发展。应该十分重视马克思主义中国化的理论成果,但绝不能忽视马克思主义中国化的实践成果。实践中国化的基本涵义是开辟一条中国化的道路。无论革命、建设还是改革,我们都要走中国式的道路。邓小平指出:"把马克思主义的普遍真理同我国的具体实际结合起来,走自己的路,建设有中国特色的社会主义,这就是我们总结长期历史经验得出的基本结论。"[11] 改革开放 30 年的社会主义现代化建设实践,是我们党在这个时期的基本实践。因为社会主义现代化建设实践实现了"中国化",积累了社会主义现代化建设的基本经验。在基本实践和基本经验的基础上,产生了邓小平理论、"三个代表"重要思想和科学发展观等马克思主义中国化的最新成果。从中共十五大到十八大,在党的历届全国代表大会的政治报告中,都总结了党的基本理论、基本路线、基本纲领和基本经验。其中的基本路线和基本纲领,属于道路的范畴。道路则介于实践和理论之间,是理论与实践的统一。如果把理论体系看作理论理性,那么,道路则属于实践理性。所以,概括起来,这四个"基本"包括两个方面,即开辟了中国特色社会主义道路,形成了中国特色社会主义理论体系。

实践道路的中国化和理论体系的中国化,这是马克思主义中国化涵义的两大基本内容。只有运用马克思主义创造实践道路的新形式,马克思主义才有生命力,从而在实践中国化的过程中实现理论的中国化,发挥永葆青春的活力。

此外,马克思主义中国化还有第三个基本内容,即社会成果的中国化。实现马克思主义中国化的理论成果与实践成果的统一,最终表现为社会成果,即完成社会变革,促进物质文明、政治文明和精神文明的建设,推进社会的全面进步和人的全面发展。在这些社会成果中,最主要的是指社会组织和社会制度的中国化。新民主主义革命的理论和实践的最终结果,是新民主主义革命的胜利、中华人民共和国的成立和对旧中国社会秩序的彻底改造,建立了人民民主专政和人民代表大会的基本政治制度。实现这种社会变革,是新民主主义革命时期马克思主义中国化的最终成果。在改革开放实践中,我们建立了"公有制为主体、多种所有制经济共同发展"的社会主义初级阶段的基本经济制度和中国特色社会主义市场经济体制等,促进了中国社会的转型,同时促进了人民生活的提高和改善,都是改革开放实践所带来的重大社会成果。理论体系、实践道路和社会制度,都属于不同层面的马克思主义中国化成果;理论成果和实践成果所得到的共同结果,是实现社会成果,它完成对社会的改造、重建和进步,是马克思主义中国化的最终成果。因此,与马克思主义中国化成果的公式(1)"理论成果—实践成果—社会成果"的一般内容

相对应,可以具体化为以下的公式:

(2)中国特色社会主义理论体系—中国特色社会主义道路—中国特色社会主义制度。

胡锦涛在庆祝中国共产党成立90周年大会上的讲话中,充分肯定了马克思主义中国化的三大成果。他说:"经过90年的奋斗、创造、积累,党和人民必须倍加珍惜、长期坚持、不断发展的成就是:开辟了中国特色社会主义道路,形成了中国特色社会主义理论体系,确立了中国特色社会主义制度。"[12]

参 考 文 献

[1] 毛泽东.中国共产党在民族战争中的地位[M]//毛泽东.毛泽东选集:第2卷.2版.北京:人民出版社,1991:534.

[2] 毛泽东.改造我们的学习[M]//毛泽东.毛泽东选集:第3卷.2版.北京:人民出版社,1991:801.

[3] 毛泽东.整顿党的作风[M]//毛泽东.毛泽东选集:第3卷.2版.北京:人民出版社,1991:815.

[4] 毛泽东.中国共产党在民族战争中的地位[M]//毛泽东.毛泽东选集:第2卷.2版.北京:人民出版社,1991:534.

[5] 邓小平.在武昌、深圳、珠海、上海等地的谈话要点[M]//邓小平.邓小平文选:第3卷.北京:人民出版社,1993:373.

[6] 列宁.论策略书[M]//列宁.列宁选集:第3卷.3版.北京:人民出版社,1995:26-27.

[7] 习近平.在十八届中央政治局第二次集体学习时的讲话[M]//中共中央文献研究室.习近平关于全面深化改革论述摘编.北京:中央文献出版社,2014:34.

[8] 毛泽东.新民主主义论[M]//毛泽东.毛泽东选集:第2卷.2版.北京:人民出版社,1991:707.

[9] 康有为.大同书[M].北京:中华书局,1956:71.

[10] 参见:高放,黄达强.社会主义思想史:上册[M].北京:中国人民大学出版社,1987:11.
[11] 邓小平.中国共产党第十二次全国代表大会开幕词[M]//邓小平.邓小平文选:第3卷.北京:人民出版社,1993:3.
[12] 胡锦涛.在庆祝中国共产党成立90周年大会上的讲话[M].北京:人民出版社,2011:7.

第2章
马克思主义中国化的基本问题

马克思主义中国化,首要的任务是认识中国,但这还不是最终的目的,我们的最终目的是改变中国。马克思说:"哲学家们只是用不同的方式**解释**世界,而问题在于**改变**世界。"[1]认识中国是改变中国的前提,改变中国则是认识中国的目的和结果。认识世界要回答"是",改变世界要回答"应当"。其间,存在着由"是"向"应当"的转变,即从"是"必然地推出"应当",指导革命和建设的实践运动。认识"是",就是回答"是什么",例如,中国革命是什么性质的革命?什么是社会主义?等等。认识"应当",就是回答"怎么做",例如,怎样进行中国革命?怎样建设社会主义?等等。回答"是"与"应当",或"是什么"与"怎么做",就是马克思主义中国化必须回答的基本问题。

§147 基本问题的研究公式

"是什么"与"怎么做",具有逻辑的必然联系,因而,总是把这两个问题结合在一起。而且,"是什么"与"不是什么"、"怎么做"与"不怎么做"也存在着必然的联结。在马克思主义中国化的过程中,我们回答了"什么是中国革命,怎样进行中国革命",也回答了"什么是社会主义,怎样建设社会主义"。这些问题,都是马克思主义中国化必须回答的基本问题。

毛泽东说:"共产党领导机关的基本任务,就在于了解情况和掌握政策两件大事,前一件事就是所谓认识世界,后一件事就是所谓改造世界。"[2]了解情况的目的,一方面是认识"是什么"和"不是什么",它首先是为制定政策服务的,根据实际情况制定正确的政策;另一方面它也同时服务于掌握政策,根据实际情况来执行好政策。掌握政策就是把握"怎么做"和"不怎么做"的问题。

毛泽东根据马克思主义基本原理，分析了抗日战争"是什么"和"怎么做"的问题。在《论持久战》中，前一部分，首先说明了抗日战争是持久战，最后胜利是中国的；后一部分，进一步说明怎样进行持久战和怎样争取最后胜利。在论述第一部分的内容后，毛泽东说："以上说的，都是说明为什么是持久战和为什么最后胜利是中国的，大体上都是说的'是什么'和'不是什么'。以下，将转到研究'怎样做'和'不怎样做'的问题上。怎样进行持久战和怎样争取最后胜利？"[3]这里所说的"是什么"和"不是什么"，是解释世界的内容；"怎样做"和"不怎样做"是改变世界的内容。解释世界是求"是"，改变世界是求"应当"。

怎样从"是什么"过渡到"怎么做"？也就是说，如何从"是"推论出"应当"？这里的中介就是"为什么"。要说明"是什么"和"不是什么"，自然要给出理由或根据。给出一个"是什么"和"不是什么"的论断，自然是重要的，但更重要的是要对它们做出有说服力的论证。这个用来论证的理由和根据，就是"为什么"。毛泽东在提出了抗日战争"是什么"和"不是什么"的判断时，接着就分析了"问题的根据"，即"为什么"（见§13）。毛泽东的分析涉及两个方面，即战争双方的相互矛盾的特点和战争所处的时代。日本是一个强的帝国主义国家，它的军力、经济力和政治组织力在东方是一等的，但其战争是退步的、野蛮的，人力、物力又不足，国际形势又处于不利。中国则相反，它是一个半殖民地半封建国家，军力、经济力和政治组织力都比较弱，然而它正处于进步的时代，其战争性质是进步的和正义的，又有大国这个条件足以支持持久战，而且世界的多数国家是要援助中国的[4]。正是这些根据，决定了抗日战争"是什么"和"不是什么"的判断，就是说，抗日战争是持久战，最后胜利是中国的，并由此引出了抗日战争的战略方针和战术策略。它的逻辑公式的一般形式是：

是什么—为什么—怎么做。

在早些时候，毛泽东对中国革命战争已经做了"是什么"与"怎么做"的同样分析。他首先从"为什么"入手，指出中国革命战争具有四个主要的特点：

第一个特点，中国是一个政治经济发展不平衡的半殖民地的大国，而又经过了1924年至1927年的革命。这个特点，指出中国革命战争有发展和胜利的可能性。

第二个特点是敌人的强大。红军的敌人国民党,是夺取了政权而且相对地稳定了它的政权的党。它控制了全中国的政治、经济、交通、文化的枢纽或命脉,它的政权是全国性的政权。国民党的军队,武器和其他军事物资的供给比起红军来雄厚得多。

第三个特点是红军的弱小。与国民党的军队比较,红军的数量少,武器装备差,粮食被服等物质供给也非常困难,所以红军只是一支弱小的革命力量。而且红色政权是分散而又孤立的山地或僻地的政权,没有任何的外间援助。革命根据地的经济条件和文化条件同国民党区域比较是落后的。革命根据地只有乡村和小城市,其区域开始是非常之小,而且根据地是流动不定的。

第四个特点是共产党的领导和土地革命。一方面,中国革命战争因为有共产党的领导和农民的援助,是为着自己的利益而战斗的,必将达到发展;另一方面,国民党是反对土地革命的,因此没有农民的援助,这就减少了它的战斗力。

毛泽东总结了这种分析,指出:"第一个特点和第四个特点,规定了中国红军的可能发展和可能战胜其敌人。第二个特点和第三个特点,规定了中国红军的不可能很快发展和不可能很快战胜其敌人,即是规定了战争的持久,而且如果弄得不好的话,还可能失败。"并指出:"这是中国革命战争的根本规律,许多规律都是从这个根本的规律发生出来的。"[5]这些分析,都属于中国革命战争"是什么"和"不是什么"。接下来的分析,则是中国革命战争应当"怎么做"和"不怎么做"。首先,这个规律规定了中国内战的主要形式是"围剿"和反"围剿"的斗争;其次,这个规律规定了中国革命战争的战略是积极防御。为了回答这个"怎么做"和"不怎么做"的问题,毛泽东从九个方面做了充分的阐述。

"是什么"回答了什么是中国革命战争的问题,"怎么做"回答了什么是中国革命战争的战略问题。这两个问题的回答,都是建立在中国革命战争的特点基础上,这就是"为什么"的问题。"是什么—为什么—怎么做"这个公式,就是马克思主义中国化基本问题的研究公式。

如果"是什么"是一个真命题,那么,其中必定包含"为什么"的真理由。在形式逻辑看来,不能从"是"推论出"应当",因为它并不了解在"是"中包含着"为什么"的理由。概念逻辑是建构的逻辑,生成的逻辑,它必须从"为什么"的理由中得到"是什么",因而同样可以从"为什么"中推论出"怎么做",即"应当"。

如何实现这种推论?这自然需要形式逻辑这个辅助的工具。概念逻辑在确定"是什么—为什么—怎么做"的概念框架后,就可以运用形式逻辑从"为什么"中推论出"是什么",同时又可以从"为什么"中推论出"怎么做"。

总之,无论是战略问题,还是策略问题,马克思主义中国化的要求,都要回答"是什么"和"怎么做"的问题,而且必须实现从"是什么"到"怎么做"的过渡。只有对一切中国问题都做出"是什么"到"怎么做"的正确回答,这才算是推进马克思主义中国化。

§148 基本问题的时代特征

马克思主义中国化是随着时代的发展而不断地推进的,因为马克思主义中国化的基本问题要随着时代内容的改变而不断演化。中国革命、建设和改革,都处于特定的时代中,"是什么"和"怎么做"都要随着时代的发展而变化,从而带上了时代特征。

时代的内容是什么?这里所说的时代,说到底,也就是历史时代。恩格斯指出:"每一历史时代主要的经济生产方式和交换方式以及必然由此产生的社会结构,是该时代政治的和精神的历史赖以确立的基础"。[6]时代的不同,是由不同的生产方式所决定的。其中,首先是生产力发展的状况,其次是生产关系的不同,第三是政治力量的对比,第四是关于精神文化的发展等。马克思在《资本论》中说:"资本一出现,就标志着社会生产过程的一个新时代。""因此,资本主义时代的特点是,对工人本身来说,劳动力是归他所有的一种商品的形式,因而他的劳动具有雇佣劳动的形式。另一方面,正是从这时起,劳动产品的商品形式才普遍化。"[7]

列宁在论及时代时,突出强调了阶级是时代的中心。列宁指出:"这里谈的是大的历史时代。每个时代都有而且总会有个别的、局部的、有时前进、有时后退的运动,都有而且总会有各种偏离运动的一般型式和一般速度的情形。我们无法知道,一个时代的各个历史运动的发展会有多快,有多少成就。

但是我们能够知道,而且确实知道,**哪一个阶级**是这个或那个时代的中心,决定着时代的主要内容、时代发展的主要方向、时代的历史背景的主要特点等等。只有在这个基础上,即首先考虑到各个'时代'的不同的基本特征(而不是个别国家的个别历史事件),我们才能够正确地制定自己的策略;只有了解了某一时代的基本特征,才能在这一基础上去考虑这个国家或那个国家的更具体的特点。"[8]

因此,我们所说的时代,首先是世界历史时代,每一个国家和民族,都具有世界历史时代的共同特征;其次是民族历史时代,每一个国家和民族,都具有本民族历史时代的特色特征。马克思主义中国化的基本问题,不仅处于世界历史时代中,同时也处于本民族历史时代中。正是这两个方面,规定了马克思主义中国化基本问题的时代特征。它的理论逻辑的公式是:

世界历史时代特征—中华民族历史时代特征—马克思主义中国化基本问题时代特征。

这个问题,不仅对中国是如此,对其他国家和民族也同样是如此。例如,在马克思和恩格斯时代,由于正处于资本主义平衡发展时期,共产主义革命需要"同时胜利"。在列宁时代,由于时代内容的变化,资本主义的平衡发展被打破,出现了资本主义的不平衡发展,于是,共产主义革命可以一国"首先胜利"。这首先是由于世界历史时代内容的变化,其次是由于各国民族时代内容的不同,决定了一国的"首先胜利"。为什么一国"首先胜利"发生在俄国,而不是别的国家?这自然是同俄国民族时代内容相关联的。

中国革命是在一国首先胜利的理论指导下取得成功的,它既带有世界历史时代的特征,同时也带有中华民族历史时代的特征。

马克思和恩格斯关于经济落后国家无产阶级进行不断革命的理论,强调无产阶级支持本国的资产阶级革命,在资产阶级一旦夺取了政权那一刻,就应该开始反对资产阶级的斗争。当时并没有提出无产阶级的领导权问题。恩格斯说:"在同政府的斗争中,共产主义者始终应当支持自由派资产者,只是应当注意,不要跟着资产者自我欺骗,不要听信他们关于资产阶级的胜利会给无产阶级带来良好结果的花言巧语。"[9] 而在资产阶级掌握了政权后,不断革命论的要求是要立刻开展反对资产阶级的斗争,"直到把一切大大小小的有产阶级的统治全都消灭,直到无产阶级夺得国家政权,直到无产者的联合不仅在一个国家内,而且在世界一切举足轻重的国家内都发展到使这些国家的无产者之间的竞争停止,至少是发展到使那些有决定意义的生产力集中到了无产者手中。"[10]

但是,中国共产党则特别强调了在中国资产阶级民主革命中的无产阶级革命领导权问题。因为,我们所处的世界历史时代不同了,它不再处于资产阶级世界革命的历史时代,而处于无产阶级世界革命的历史时代。如果说,"中国革命是世界革命的一部分",那么,"这种'一部分',已经不是旧的资产阶级革命的一部分,而是新的社会主义革命的一部分。这是一个绝大的变化,这是自有世界历史和中国历史以来无可比拟的大变化"[11]。这个世界历史时代的内容,规定了中国资产阶级民主革命必须由无产阶级来领导。而且"这个革命的第一步、第一阶段,决不是也不能建立中国资产阶级专政的资本主义的社会,而是要建立以中国无产阶级为首领的中国各个革命阶级联合专政的新民主主义的社会,以完结其第一阶段。然后,再使之发展到第二阶段,以建立中国社会主义的社会。"[12]这就是世界历史时代特征,从而造成了马克思主义中国化基本问题的时代特征。

同时,中华民族历史时代特征也给中国革命带来了新的特点。因为当时的中国并非是一个统一的国家,经济政治发展不平衡,反动力量集中于城市,农村则是薄弱的环节,因而有可能在农村首先进行工农武装割据,建立红色政权,随着红色政权的巩固和发展,最后武装夺取城市,实现全国革命的胜利。这个特点,造成了我国的武装斗争道路与俄国的城市武装起义的根本区别。

§149 回答基本问题的大众立场

研究马克思主义的基本原理与中国具体实践相结合,所强调的是一般与个别、普遍与特殊、抽象与具体的统一。如果换一种角度,即着眼于活动的主体来分析,就把实践活动中的群众,理论与群众的关系,进一步凸显出来了。

一切实践都是人民群众的实践。无论是认识,还是实践,主体都是人民群众。因此,在实践主体的意义上,理论与实践的关系,就转化为理论与群众的关系。毛泽东说:"在我党的一切实际工作中,凡属正确的领导,必须是从群众中来,到群众中去。这就是说,将群众的意见(分散的无系统的意见)集中起来(经过研究,化为集中的系统的意见),又到群众中去作宣传解释,化为群众的意见,使群众坚持下去,见之于行动,并在群众行动中考验这些意见是否正确。然后再从群众中集中起来,再到群众中坚持下去。如此无限循环,一次比一次地更正确、更生动、更丰富。这就是马克思主义的认识论。"[13]理论来源于实践,理论创新来源于实践创新;两种创新,主体都是人民群众。对于理论工作者和领导者来说,要回答马克思主义中国化的基本问题,首先是要把群众中的创新意见集中起来,加以理论化和系统化,再让系统的理论回到群众中去,被群众所掌握,指导群众实践活动,并进一步在实践中检验和发展理论。这就是从群众中来,到群众中去的过程。一个正确的认识,是要经过多次反复才能完成的,这就使从群众中来,到群众中去,成为多次循环的过程。而且,历史地看,马克思主义是不断发展的,一个正确的认识完成后,还要进行新的认识,又要进行新的循环。这个循环的逻辑公式是:

(1)从群众中来—理论创新—到群众中去。

这个公式反映的是认识论问题。如果同时考察"从群众中来,到群众中去"过程中群众主体的价值诉求,那么,这就把实践活动的目的提出来了,进入了政治意识形态的领域。人的一切活动都是为了实现自己的利益而斗争。一切实践主体和认识主体都是利益主体和需要主体,这样,研究就从认识论转到政治意识形态领域中去了。马克思说:"到处都从工人的零散的经济运动中产生出**政治**运动,即目的在于用一种普遍的形式,一种具有普遍的社会强制力量的形式来实现本阶级利益的**阶级**运动。"[14]这说明,社会集团运用社会强制力量来实现自己的利益和意志,是政治的最一般本质[15]。"大众"、"利益"与"需要"等词,既是社会用语,又是政治用语。在使用这些词汇时,已经超出了认识论范畴。英国学者雷蒙·威廉斯认为,大众(民众)这个词"具有正反两面的意涵:在许多保守的思想里,它是一个轻蔑语,但是在许多社会主义的思想里,它却是个具有正面意涵的语汇"[16]。"利益"("需要")是政治家们运用权力所要争夺的目标,因而成为了他们的认识对象,也成为政治学研究的内容。显然,在政治意识形态中,人们关注的主要不是从认识论方面研究如何集中群众中分散的关于利益和需要的认识,而是如何直接去认识和把握主体的实际利益与权力运行这种政治内容。回答马克思主义中国化的基本问题的"是什么"和"怎么做",不能不反映和满足人民大众的利益和需要。正是这个原因,马克思主义在理论上反映(从群众中来)、在实践中满足(到群众中去)人民大众的利益和需要这个立场,就是马克思主义中国化基本问题中的大众立场,其基本公式是:

(2)反映大众利益—满足大众需要—坚持大众立场。

与这个公式相对应的认识论公式则是:

(3)从群众中来—到群众中去—回答马克思主义中国化基本问题。

公式(2)的重点在于:群众中的分散的不系统的这些意见,反映了群众的不同的利益和需要;把这些分散的不系统的群众利益和需要集中起来,提升为群众的共同的基本的利益和需要,形成反映这些共同的基本的利益和需要的系统的理论和政策;再让它们回到群众中去,武装群众,教育群众自觉地认识自己的利益和需要,并为自己的利益和需要而斗争。很清楚,它所强调的重点,不再是认识和实践方面的理论问题,而是社会、政治方面的利益问题,反映的是大众立场。这个立场包括两个方面的含义:

第一,从群众中来,在理论上,认识和反映群众的利益和需要。

以大众立场来回答马克思主义中国化的基本问题,"是什么"和"怎么做"都要反映人民大众利益。由此创造的理论,才是反映大众利益、满足大众需要的理论。这是马克思主义中国化基本问题中的大众立场的第一方面的含义。

人们奋斗所争取的一切,都同他们的利益有关。马克思主义理论既是争取这种利益的实践活动的反映,又是这种实践活动的思想指导。马克思指出:"理论在一个国家实现的程度,总是取决于理论满足这个国家的需要的程度。"[17]理论满足国家的需要,归根到底,是要满足人民群众的需要。只有马克思主义理论反映了人民大众的利益和要求,满足人民大众的需要,它才能被人民大众所欢迎所接受。运用马克思主义基本原理解决中国问题的"是什么"和"怎么做",说到底,都是为了解决人民大众的利益和需要。认识和解决中国问题的各种努力,都是以反映、满足和实现人民大众的利益和需要为目的的。因此,人们对中国问题的认识,也就是对这些利益和需要的认识。能够指导解决中国问题的理论,也必须是能够正确反映和满足这些中国问题中人民大众利益和需要的理论。

第二,到群众中去,在实践中,满足和实现群众的利益和需要。

诚然,在理论上认识和反映大众的利益和需要是重要的,否则,我们的理论工作就失去了根本的目的和方向。但是,创造了这样的理论后,却束之高阁,不为大众所掌握,不能将精神力量转化为物质力量,再好的理论也是没有意义的。因此,理论必须回到群众中去,武装人民群众,在实践中满足人民群众的利益和需要。这是马克思主义中国化基本问题中大众立场的第二方面含义。

马克思指出:"思想本身根本**不能实现什么东西**。思想要得到实现,就要有使用实践力量的人。"[18] "从群众中来",还只是形成思想,而尚未实现它。要实现思想,必须回到群众中去,依靠群众的实践力量。因为,"我们说的马克思主义,是要在群众生活群众斗争里实际发生作用的活的马克思主义,不是口头上的马克思主义"[19]。

事实上,凡是能够正确解决中国问题的,都是从人民大众的立场出发的。邓小平多次强调,社会主义也可以搞市场经济,这种看法本身就包含了一种立场,即人民大众的立场。但是,社会主义搞的市场经济,同资本主义市场经济根本不同,因而反映的是不同的立场。中共十四大确定了我国经济体制改革的目标是建立社会主义市场经济体制,强调社会主义市场经济体制是同社会主义基本制度结合在一起的,在所有制结构上,坚持以公有制经济为主体;在分配制度上,以按劳分配为主体,防止两极分化,逐步实现共同富裕;在宏观调控上,把当前利益与长远利益、局部利益与整体利益结合起来,更好地发挥计划和市场两种手段的长处等,促进经济更好更快地发展。[20] 可见,我们在解决经济体制转型问题上的立场,坚持的是社会主义方向和人民大众的立场。

法治是人类文明的肯定成果,社会主义应该积极地利用和借鉴。但是,社会主义的法治同西方的法治有着根本的不同,如何回答社会主义法治体制"是什么"和"怎么做",同样应该坚持人民的立场,党的立场。中共十五大确定:"依法治国,就是广大人民群众在党的领导下,依照宪法和法律规定,通过各种途径和形式管理国家事务,管理经济文化事业,管理社会事务,保证国家各项工作都依法进行,逐步实现社会主义民主的制度化、法律化,使这种制度和法律不因领导人的改变而改变,不因领导人看法和注意力的改变而改变。"[21]中共中央十八届四中全会确定了全面推进依法治国的总目标:"全面推进依法治国,总目标是建设中国特色社会主义法治体系,建设社会主义法治国家。"[22]习近平指出:"党和法治的关系是法治建设的核心问题。""坚持党的领导,是社会主义法治的根本要求,是党和国家的根本所在、命脉所在,是全国各族人民的利益所系、幸福所系,是全面推进依法治国的题中应有之义"。[23]这些论述所表述的概念推论的公式是:

党的领导—人民当家做主—依法治国。

这个公式的内容是表述:始终坚持党的领导、人民当家做主和依法治国的有机统一,这是在解决中国法治问题上的人民大众立场。

§150 解决基本问题的宏观思维

根据概念逻辑的要求,在解决马克思主义中国化的基本问题时,必须运用宏观思维。所谓"宏观思维",实际上是一种战略思维、整体思维、系统思维。在这种思维过程中,着眼于概念内涵的宏观结构和概念间的宏观连接,它的目的是建构"是什么"和"怎么做"的宏观概念框架。形式逻辑只是微观逻辑,因为它是以概念的外延关系为基础的各种思维形式的并立,不能成为战略思维、整体思维、系统思维的主要工具,它只能作为一种辅助的手段。

战略思维必须从系统的立场看问题,把握事物的整体性。系统论的基本范畴是要素、结构和功能。系统都是由要素构成的,从而形成系统的结构,结构则产生系统的功能。从系统论来观察和分析问题,它的基本概念框架是:

要素—结构—功能。

毛泽东在思考中国革命的基本问题时,首先想到的是敌、我、友三者的关系问题。敌、我、友就是三种基本要素,他们直接的关系,就是结构,也就是阶级结构。三种要素可以产生不同的结构,因而产生不同的功能。

毛泽东说:"谁是我们的敌人?谁是我们的朋友?这个问题是革命的首要问题。"[24]"敌—我—友",这就是一个宏观的概念框架。在这个框架中,更基本的是"敌—我"的概念框架。"友"是这个概念框架中两项的中介。这就给出了一种思路,首先来确定"我"是谁?这个"我"就是中国无产阶级;其次,确定谁是我们的敌人,它们是帝国主义和封建主义。敌与我,这是认识朋友的两个前提。因为在敌与我之间,存在着大批的中间阶级,如果把这些中间阶级推向了敌人,形成一种阶级结构,就不利于革命的胜利,如果把这些中间阶级团结到革命队伍中来成为我们的朋友,组成广泛的革命阵线,就能壮大革命力量,更有利于革命的胜利。

所以,毛泽东进一步指出:"中国过去一切革命斗争成效甚少,其基本原因就是因为不能团结真正的朋友,以攻击真正的敌人。革命党是群众的向导,在革命中未有革命党领错了路而革命不失败的。我们的革命要有不领错路和一定成功的把握,不可不注意团结我们的真正的朋友,以攻击我们的真正的敌人。"[25]很清楚,要正确地解决中国革命的"是什么"和"怎么做",核心的问题是"团结真正的朋友,以攻击真正的敌人"。这就是革命的同盟军问题。

为了回答中国革命的这个首要问题,毛泽东对中国社会各阶级做了具体的分析。最后得到的结论是:"综上所述,可知一切勾结帝国主义的军阀、官僚、买办阶级、大地主阶级以及附属于他们的一部分反动知识界,是我们的敌人。工业无产阶级是我们革命的领导力量。一切半无产阶级、小资产阶级,是我们最接近的朋友。那动摇不定的中产阶级,其右翼可能是我们的敌人,其左翼可能是我们的朋友——但我们要时常提防他们,不要让他们扰乱了我们的阵线。"[26]

认识不清敌、我、友关系的,主要不在于认不清谁是我们的敌人,而是认不清谁是我们的朋友。1951年,在把这篇文章收入《毛泽东选集》时,毛泽东自己加写了一个题注:此文是为反对当时党内存在着的两种倾向而写的。一种是以陈独秀为代表,只注意同国民党合作,忘记了农民,这是右倾机会主义;一种是以张国焘为代表,只注意工人运动,同样忘记了农民,这是左倾机会主义。这两种机会主义都感觉自己力量不足,而不知道到何处去寻找力量,到何处去取得广大的同盟军。毛泽东指出中国无产阶级的最广大和最忠实的同盟军是农民,这样就解决了中国革命中的最主要的同盟军的问题。[27]因为中国国民革命实质上就是农民革命,这就使农民同盟军的问题成为中国革命的最主要的问题。如果革命得不到农民的拥护和参加,革命是决不会成功的。

在《湖南农民运动考察报告》中,毛泽东称农民是革命先锋,农民运动做出了"几千年未曾成就过的奇勋"。他说:"孙中山先生致力国民革命凡四十年,所要做而没有做到的事,农民在几个月内做到了。这是四十年乃至几千年未曾成就过的奇勋。这是好得很。完全没有什么'糟',完全不是什么'糟得很'。"[28]"国民革命需要一个大的农村变动。辛亥革命没有这个变动,所以失败了。现在有了这个变动,乃是革命完成的重要因素。一切革命同志都要拥护这个变动,否则他就站到反革命立场上去了。"[29]解决了农民同盟军问题,中国革命的路线就基本地被确定下来了。

宏观思维所显示的概念逻辑的这种力量,是其他任何逻辑所不具有的。

解决理论问题需要概念逻辑的宏观思维,解决战略策略问题同样需要宏观思维。宏观思维的概念框架,是战略布局的重要的思维工具。习近平指出:"改革推进到现在,必须在深入调查研究的基础上提出全面深化改革的顶层设计和总体规划,提出改革的战略目标、战略重点、优先顺序、主攻方向、工作机制、推进方式,提出改革总体方案、路线图、时间表。这也应该同'两个一百年'奋斗目标相适应。"[30]这就要求我们建构指导改革和发展的宏观思维、战略思维的概念框架。对于当前的实践来说,作为顶层设计的最新成果,"全面建成小康社会"、"全面深化改革"、"全面依法治国"和"全面从严治党"的"四个全面"就是这种概念框架。

战略策略问题是实践逻辑的问题,它的基本公式是"目的—手段—结果"。根据这个公式来看"四个全面",其中的战略目标就是"全面建成小康社会",而"全面深化改革"、"全面依法治国"和"全面从严治党"都是实现这个战略目标的战略手段。"战略结果",也就是"战略实现",是指第一个"一百年"的战略目标。这就是我国实现社会主义现代化的当前的战略布局。

宏观思维的方法是顶层设计,即从全局、整体和战略上分析问题和解决问题。在分析和解决马克思主义中国化的基本问题时,首先必须运用宏观思维的方法,实现顶层设计,回答"是什么"和"怎么做"的问题。如果这个基本问题获得正确的解决,那么,其他的策略问题的解决也就在其中了。

参 考 文 献

[1] 马克思.关于费尔巴哈的提纲[M]//马克思,恩格斯.马克思恩格斯选集:第1卷.2版.北京:人民出版社,1995:61.

[2] 毛泽东.改造我们的学习[M]//毛泽东.毛泽东选集:第3卷.2版.北京:人民出版社,1991:802.

[3] 毛泽东.论持久战[M]//毛泽东.毛泽东选集:第2卷.2版.北京:人民出版社,1991:477.

[4] 毛泽东.论持久战[M]//毛泽东.毛泽东选集:第2卷.2版.北京:人民出版社,1991:447-450.

[5] 毛泽东.中国革命战争的战略问题[M]//毛泽东.毛泽东选集:第1卷.2版.北京:人民出版社,1991:191.

[6] 恩格斯.《共产党宣言》1888年英文版序言[M]//马克思,恩格斯.马克思恩格斯文集:2.北京:人民出版社,2009:14.

[7] 马克思.资本论:第1卷[M]//马克思,恩格斯.马克思恩格斯文集:5.北京:人民出版社,2009:198.

[8] 列宁.打着别人的旗帜[M]//列宁.列宁全集:第26卷.2版.北京:人民出版社,1988:143.

[9] 恩格斯.共产主义原理[M]//马克思,恩格斯.马克思恩格斯文集:1.北京:人民出版社,2009:692.

[10] 马克思,恩格斯.共产主义者同盟中央委员会告同盟书[M]//马克思,恩格斯.马克思恩格斯文集:2.北京:人民出版社,2009:192.

[11] 毛泽东.新民主主义论[M]//毛泽东.毛泽东选集:第2卷.2版.北京:人民出版社,1991:669.

[12] 毛泽东.新民主主义论[M]//毛泽东.毛泽东选集:第2卷.2版.北京:人民出版社,1991:672.

[13] 毛泽东.关于领导方法的若干问题[M]//毛泽东.毛泽东选集:第3卷.2版.北京:人民出版社,1991:899.

[14] 马克思.马克思致弗里德里希·波尔特(1871年11月23日)[M]//马克思,恩格斯.马克思恩格斯文集:10.北京:人民出版社,2009:369.

[15] 孙显元.论政治的要素、本质和任务[J].安徽电力职工大学学报,1999(4):22-26.

[16] 威廉斯.关键词:文化与社会的词汇[M].刘建基,译.北京:生活·读书·新知三联书店,2005:281.

[17] 马克思.《黑格尔法哲学批判》导言[M]//马克思,恩格斯.马克思恩格斯文集:1.北京:人民出版社,2009:12.

[18] 马克思,恩格斯.神圣家族[M]//马克思,恩格斯.马克思恩格斯文集:1.北京:人民出版社,2009:320.

[19] 毛泽东.在延安文艺座谈会上的讲话[M]//毛泽东.毛泽东选集:第3卷.2版.北京:人民出版社,1991:858.

[20] 江泽民.加快改革开放和现代化建设步伐,夺取有中国特色社会主义事业的更大胜利:在中国共产党第十四次全国代表大会上的报告[G]//中国共产党第十四次全国代表大会文件汇编.北京:人民出版社,1992:23.

[21] 江泽民.高举邓小平理论伟大旗帜,把建设有中国特色社会主义事业全面推向二十一世纪:在中国共产党第十五次全国代表大会上的报告[G]//中国共产党第十五次全国代表大会文件汇编.北京:人民出版社,1997:31-32.

[22] 中共中央关于全面推进依法治国若干重大问题的决定[G]//中国共产党第十八届中央委员会第四次全体会议文件汇编.北京:人民出版社,2014:21.

[23] 习近平.关于《中共中央关于全面推进依法治国若干重大问题的决定》的说明[G]//中国共产党第十八届中央委员会第四次全体会议文件汇编.北京:人民出版社,2014:78,79.

[24] 毛泽东.中国社会各阶级的分析[M]//毛泽东.毛泽东选集:第1卷.2版.北京:人民出版社,1991:3.

[25] 毛泽东.中国社会各阶级的分析[M]//毛泽东.毛泽东选集:第1卷.2版.北京:人民出版社,1991:3.

[26] 毛泽东.中国社会各阶级的分析[M]//毛泽东.毛泽东选集:第1卷.2版.北京:人民出版社,1991:9.

[27] 毛泽东.中国社会各阶级的分析[M]//毛泽东.毛泽东选集:第1卷.2版.北京:人民出版社,1991:3,题注.

[28] 毛泽东.湖南农民运动考察报告[M]//毛泽东.毛泽东选集:第1卷.2版.北京:人民出版社,1991:15-16.

[29] 毛泽东.湖南农民运动考察报告[M]//毛泽东.毛泽东选集:第1卷.2版.北京:人民出版社,1991:16.

[30] 习近平.在广东考察工作时的讲话(2012年12月7日至11日)[M]//中共中央文献研究室.习近平关于全面深化改革论述摘编.北京:中央文献出版社,2014:32.

第3章
中国革命的理论逻辑

在马克思主义中国化的过程中,我们党首先遇到的问题是中国社会和中国革命的性质"是什么",以及中国革命应当"怎么做"的问题。马克思主义中国化首先必须回答中国革命"是什么"和"怎么做"的基本问题。在这一章里,主要分析中国革命"是什么"的问题。关于"怎么做"将在马克思主义中国化的实践逻辑中加以叙述。

§151 中国革命理论逻辑的前提

中国革命理论逻辑的前提是"近代中国社会性质"这一概念。

中国是一个文明古老的国家,封建社会延续了几千年,长期以来社会结构没有发生根本的变化。在《中国记事》中,马克思将中国比喻为一块"活的化石"[1]。列宁也看到了古代中国的停滞状态。他认为,只是到了近代,中国的政治生活才沸腾起来。列宁指出:"中国不是早就被公认为是长期完全停滞的国家的典型吗?但是现在中国的政治生活沸腾起来了,社会运动和民主主义高潮正在汹涌澎湃地发展。"[2] 中国共产党人研究了中国古代社会的历史发展,为我们提供了认识中国古代社会发展历史逻辑的基本线索。毛泽东说:"中华民族的发展(这里说的主要地是汉族的发展),和世界上别的许多民族同样,曾经经过了若干万年的无阶级的原始公社的生活。而从原始公社崩溃,社会生活转入阶级生活那个时代开始,经过奴隶社会、封建社会,直到现在,已有了大约四千年之久。"[3] 中国古代社会发展的历史逻辑同马克思所揭示的人类社会发展的历史逻辑是一致的。它已经经历了"原始公社—奴隶社会—封建社会"的历史逻辑进程。如果没有外国资本主义的入侵,中国也会缓慢地发展到资本主义社会。但是,由于外国资本主义的入侵,中国变成了半殖民地半封建社会。现在,我们要讨论的中国社会发展的历史逻辑,就是中国半殖民地半封建社会以来的社会发展的历史逻辑。

在鸦片战争之前,中国是一个独立的封建大国;在鸦片战争之后,由于帝国主义列强的侵略,中国的社会性质开始逐渐演变为半殖民地半封建社会。

一方面,由于外国资本主义的侵入,使本来领土完整、主权独立的中国,沦为受帝国主义列强共同支配的半殖民地国家;另一方面,外国资本主义的侵入对中国原有的延续了几千年的封建经济结构起了很大的解体作用。所以,外国资本主义的侵入,是近代中国社会由封建社会转变为半殖民地半封建社会的主要原因。

就中国社会自身发展来说,由于资本主义在中国有了初步的发展,使中国由一个完全的封建社会演变为具备一定程度资本主义成分的半封建社会。"如果没有外国资本主义的影响,中国也将缓慢地发展到资本主义社会。"[4]

在总体上,中国演变为半殖民地半封建社会的基本原因,是由于国外资本主义的侵入。所以,毛泽东说:"自从一八四○年的鸦片战争以后,中国一步一步地变成了一个半殖民地半封建的社会。自从一九三一年九一八事变日本帝国主义武装侵略中国以后,中国又变成了一个殖民地、半殖民地和半封建的社会。"[5]如果用历史逻辑来表述,那么,第一个前提,中国是一个独立的封建社会,第二个前提,由于外国资本主义侵入并同中国封建主义相结合,把中国独立的封建社会转变为半殖民地半封建社会。这是中国沦为半殖民地半封建社会的两个基本的逻辑前提。这个历史过程的逻辑公式,可以表述为:

(1)中国封建社会—外国资本主义侵入—中国半殖民地半封建社会。

这个演变过程还有另一方面,即中国人民反抗外国资本主义侵入的斗争。一方面,外国资本主义侵入中国的过程,就是把中国变为殖民地和半殖民地的过程;另一方面,这个过程也同时是中国人民反抗外国资本主义侵入的斗争过程。毛泽东指出:"帝国主义和中国封建主义相结合,把中国变为半殖民地和殖民地的过程,也就是中国人民反抗帝国主义及其走狗的过程。"[6]

由于中国人民长期坚持这种斗争,才没有使中国完全沦为殖民地,也使资本主义获得一定程度的发展。毛泽东指出:"从鸦片战争、太平天国运动、中法战争、中日战争、戊戌变法、义和团运动、辛亥革命、五四运动、五卅运动、北伐战争、土地革命战争,直至现在的抗日战争,都表现了中国人民不甘屈服于帝国主义及其走狗的顽强的反抗精神。"[7] 这个中国社会发展的逻辑公式可以写为:

(2) 外国资本主义侵入—中国人民反抗斗争—中国半独立和资本主义不充分发展。

这两个过程的结合,就构成了中国近代社会发展的基本规律。就是说,帝国主义入侵中国,把中国变为半殖民地半封建社会,中国人民为反抗帝国主义入侵而斗争,争取民族独立和人民解放。这就是中国近代社会发展的基本规律。毛泽东要求我们"要用这个规律去观察一切事物"[8]。这个基本规律同时也显示了中国近代社会的基本矛盾,即中国人民同帝国主义之间的矛盾和中国人民同封建主义之间的矛盾。

需要指出的是,辛亥革命虽然取得了推翻清朝、结束帝制的伟大胜利,但是,它没有完成反帝反封建的任务,因而也没有改变中国半殖民地半封建的社会性质。尽管如此,辛亥革命仍然是具有伟大意义的历史事件。胡锦涛在纪念辛亥革命100周年大会上的讲话指出:"辛亥革命推翻了清王朝统治,结束了统治中国几千年的君主专制制度,传播了民主共和的理念,以巨大的震撼力和深刻的影响力推动了近代中国社会变革。虽然由于历史进程和社会条件的制约,辛亥革命没有改变旧中国半殖民地半封建的社会性质,没有改变中国人民的悲惨境遇,没有完成实现民族独立、人民解放的历史任务,但它开创了完全意义上的近代民族民主革命,极大推动了中华民族的思想解放,打开了中国进步潮流的闸门,为中华民族发展进步探索了道路。"[9]

近代中国社会,既不是完全的封建社会,也不是充分发展的资本主义社会,而是半殖民地半封建社会。认清中国社会的这种性质,是认识中国革命性质的前提。

§152 中国革命性质的逻辑推论

中国革命"是什么"和"不是什么",这是由中国革命性质所决定的。根据科学社会主义理论,在资本主义国家,无产阶级必须实行社会主义革命,夺取政权,建立无产阶级专政。这种革命即是资本主义社会的无产阶级革命。中国并非资本主义社会,而是半殖民地半封建社会,是否也同样要进行无产阶级的社会主义革命?因此,马克思主义中国化的任务,在认识了中国社会的性质后,必须进一步认识中国革命的性质,由此决定怎样进行中国革命。

中国共产党在第一次全国代表大会宣告中国共产党正式成立后,便成为了中国革命的领导核心。由于对中国社会和中国革命的性质的认识,还处于初始阶段,不够成熟,所以,党的一大确定了党的最高纲领,并决定直接进行社会主义革命的任务。在列宁和共产国际的帮助下,党的第二次全国代表大会确定了革命分两步走的战略,确定了党的最低纲领,从而提出了组织联合战线的革命策略。后来,我们党不断地论证了中国整个革命必须经历新民主主义革命和社会主义革命两个阶段,新民主主义革命完成后,建立新民主主义社会,再转变为社会主义革命;既不能把这两个阶段的革命作为一次革命来完成,也不能否认两次革命之间的必然联系,更不能超越和颠倒革命阶段,从而正确地揭示了中国革命的理论逻辑,它的公式是:

新民主主义革命—新民主主义社会—社会主义革命。

但是,怎样认识中国革命的性质,即中国革命是社会主义革命,还是民主主义革命?如果是民主主义革命,它是旧民主主义革命,还是新民主主义革命?党内出现了争论,出现了"一次革命论"和"二次革命论"的主张。

"一次革命论"认为,在中国必须进行社会主义革命,立即消灭一切私有制,建立社会主义社会,从而把当时中国社会主义运动等同于社会主义革命。这种观点没有看到中国社会主义运动的现实基础不同于欧洲,照搬了欧洲社会主义理论,因而看不到中国革命的民主主义性质。在逻辑上,超越了革命的第一阶段,直接进行第二阶段的革命,犯了逻辑越位的错误,在政治上表现为"左"的倾向。如果按照"一次革命论",那么,在中国革命的逻辑公式中就不再存在新民主主义社会,从而把新民主主义革命和社会主义革命"合二为一",这样,中国革命就跳过了"新民主主义革命"和"新民主主义社会"这两个阶段,它的逻辑公式就变成为:

半殖民地半封建社会—社会主义革命—无产阶级专政和社会主义社会。

这个公式,实际上把中国的半殖民地半封建社会,等同于欧洲的资本主义社会,犯了超越革命阶段的错误,所以,"一次革命论"是违背中国革命的理论逻辑和历史逻辑的。

"二次革命论"认为,在中国必须先进行资产阶级民主主义革命,等待中国资本主义获得充分发展后,再进行社会主义革命。这种观点看到了中国社会主义运动的现实基础是半殖民地半封建社会,不同于资本主义社会的无产阶级革命运动,这是对的。可是,他们把这种"二次革命论"说成是马克思和恩格斯的不断革命思想,却是错误的。这个逻辑的概念推论三段式是:

  资产阶级革命—无产阶级帮助资产阶级取得统治—无产阶级革命。

"二次革命论"没有看到列宁对不断革命论的发展,即民主主义革命中的无产阶级领导权的思想,从而否定了中国民主主义革命的社会主义前途。

"一次革命论"和"二次革命论"都否认了中国革命分两个阶段,因而犯了逻辑越位和逻辑错位的错误。

以毛泽东为代表的中国共产党人正确分析了中国革命的性质,纠正了这两种逻辑错误,并在理论上做了充分的论证,认为中国革命的第一阶段,不是社会主义革命,而是无产阶级领导的新民主主义革命,革命的目标是推翻半殖民地半封建社会,建立新民主主义社会。

为什么中国半殖民地半封建社会性质决定中国革命性质是民主主义革命?因为这个社会性质决定了中国革命的力量和革命的对象,而革命的力量与革命的主要敌人决定了革命的性质。毛泽东说:"决定革命性质的力量,是主要的敌人和主要的革命者两方面。我们今天的主要敌人是帝国主义、封建主义和官僚资本主义,我们今天同敌人作斗争的主要力量是占全国人口百分之九十的一切从事体力劳动和脑力劳动的人民。这就决定了我们现阶段革命的性质是新民主主义的人民民主革命,而不同于十月革命那样的社会主义革命。"[10]社会性质决定革命的主要力量和革命的主要敌人,而革命力量和革命敌人又决定革命性质。用概念框架来表述这个逻辑,则有:

  中国社会性质—中国革命力量与革命敌人—中国革命性质。

因为中国社会是半殖民地半封建社会,中国革命力量是人民大众,中国革命的主要敌人是帝国主义、封建主义和官僚资本主义三大敌人,所以,中国革命的性质是新民主主义的人民民主革命。它的逻辑公式表述为:

  半殖民地半封建社会—人民大众与三大敌人—人民民主革命。

在新民主主义革命胜利后,转入社会主义革命,将新民主主义社会过渡到社会主义社会。所以,尽管它不是社会主义革命,但它是无产阶级世界革命的一部分,必须为社会主义革命准备条件,在新民主主义社会中不断积累社会主义因素。[11]中国新民主主义革命正是在这种正确理论指导下取得胜利的。

我们党正确地实现了科学社会主义理论逻辑同中国社会发展历史逻辑的结合,揭示了中国革命的理论逻辑,在完成新民主主义革命后,经过三年的经济恢复时期,转入了社会主义改造和建设,取得了社会主义革命的胜利,并开始了社会主义建设道路的艰辛探索。

综合革命发展的两个阶段,中国整个革命的逻辑公式是:

半殖民地半封建社会—新民主主义革命—新民主主义社会—社会主义革命—社会主义社会。

这个公式表明,完整的中国革命是以半殖民地半封建社会为起点的,经过新民主主义革命,建立了新民主主义社会;从新民主主义社会再出发,经过社会主义革命,建立了社会主义社会。社会主义社会则成为第二次革命的出发点,这就是社会主义建设和改革的革命运动。

中国革命的这些逻辑阶段,不能合并,不能代替,不能颠倒,不能迟后,不能超越。中国革命的实践,必须按照这些阶段的顺序进行,否则,就会造成逻辑错位。历史告诉我们,正确地回答马克思主义中国化的基本问题,对夺取革命和建设的胜利,具有多么重要的意义。

§153 新民主主义的理论逻辑

在建立新民主主义社会后,怎样向社会主义社会过渡?这个问题,不仅同新民主主义社会的构想有关,而且开始涉及了"什么是社会主义,怎样建设社会主义"的基本问题。

早在1940年1月,毛泽东在《新民主主义论》一文中就创造性地论述了新民主主义理论,从新民主主义的经济、政治和文化等方面,描绘了新民主主义社会的蓝图。1945年4月,毛泽东在中共七大所做的《论联合政府》报告中,进一步发展了《新民主主义论》的思想,论述了在新民主主义阶段发展私人资本主义的必要性。他说:"拿资本主义的某种发展去代替前外国资本和封建主义的压迫,不但是一个进步,而且是一个不可避免的过程。它不但有利于资产阶级,同时也有利于无产阶级,或者更有利于无产阶级。"因此,毛泽东认为:中国"只有经过民主主义,才能到达社会主义,这是马克思主义的天经地义"。[12]这表明,在新民主主义社会中,资本主义在一定范围内和一定程度上可以得到发展,这就是新民主主义不同于社会主义的地方。新民主主义社会的逻辑是:

新民主主义社会——一定程度和范围内发展资本主义——向社会主义过渡。

这种构想表明,中国实行新民主主义具有必然性。因为中国是一个殖民地、半殖民地和半封建的大国,其经济文化水平低于18-19世纪西方发达国家水平,落后于发达国家一两个世纪。这种现实,要求新民主主义社会在优于资本主义政治制度和经济制度的基础上,发展远远落后于资本主义的经济和文化。因此,"要想在殖民地半殖民地半封建的废墟上建立起社会主义社会来",必须先建立新民主主义社会,以最大的努力发展生产力,实现国家的工业化、社会化、商品化和民主化。这是由中国具体国情所决定的历史必然性,由此进一步提出新民主主义的战略构想,是毛泽东对过渡时期理论的重大贡献。根据这个构想,在新民主主义革命胜利后,建立新民主主义社会,进行新民主主义的经济、政治和文化建设,在新民主主义社会得到一定程度的发展后,再由新民主主义社会过渡到社会主义。用社会形态演进的逻辑公式来表述这个过渡理论,则有:

半殖民地半封建社会——新民主主义社会——社会主义社会。

中国社会发展的这个理论逻辑不仅是正确的,而且是对马克思主义过渡时期理论的新发展,是马克思主义中国化的新成果。

我国从1949年开始建立起全国性的新民主主义社会。中国无产阶级及其政党通过民主革命阶段的长期武装斗争夺取了国家政权,建立了中华人民共和国。作为临时宪法的《共同纲领》规定中华人民共和国为新民主主义国家,实行工人阶级领导的、工农联盟为基础的人民民主专政。

在经济构成方面,《共同纲领》规定我国有五种经济成分,即社会主义性质的国营经济、半社会主义性质的合作社经济、农民和手工业者的个体经济、私人资本主义经济、国家资本和私人资本联营的国家资本主义经济,它们在国营经济领导下分工合作,各得其所,以促进整个国民经济发展。

新民主主义社会向社会主义社会的过渡,这是必然的趋势,关于这一点,党中央和毛泽东的认识是明确的。但要经过多长的时间后再实行过渡,在认识上始终存在着不确定性。1949年3月,中共中央七届二中全会根据毛泽东的报告通过的《在中国共产党第七届中央委员会第二次全体会议决议》,明确指出了中国由农业国转变为工业国、由新民主主义社会转变为社会主义社会的发展方向[13],但没有明确地确定过渡的时间。1949年9月,中国人民政治协商会议第一届全体会议通过的《共同纲领》,没有把中国的社会主义前途写进去。在这次会议期间,曾有党外人士向毛泽东询问,要多少时间过渡到社会主义去?毛泽东回答说:大概二三十年吧!这就清晰地看出,先搞相当长时期的新民主主义建设,而后再过渡到社会主义,已成为党内外的共识。

在新民主主义建设的"相当长时期"究竟有多长的问题上,后来发生了重大的变化。在酝酿探索中,曾做过15年、20年甚至30年的估计。在1951年把它缩短为13年。同年2月,《中共中央政治局扩大会议决议要点》指出:"'三年准备、十年计划经济建设'的思想,要使省市级以上干部都明白。"[14]这里讲的十年计划经济建设,是指新民主主义的经济建设。

后来提出的过渡时期总路线与新民主主义政策有着根本的区别。过渡时期总路线的实质是以社会主义政策取代新民主主义政策。从历史的发展来说,这种取代具有必然性,但存在着时机选择的问题。最初的构想是,有个相对稳定的新民主主义时期,当它发展到比较成熟时,具备了较好的物质基础后,再"一步"进入社会主义;改变后的构想舍去了相对稳定的新民主主义时期,认为新民主主义时期就是过渡时期,在实现国家工业化的同时实行社会主义改造,"逐步"向社会主义过渡。两种战略构想的本质区别是在何时消灭资本主义这个问题上发生了变化。最初的战略构想,对私人资本主义是利用和限制;而取代后的构想,对私人资本主义的利用、限制和改造中,主要是改造,或基本上就是改造。

新民主主义向社会主义过渡的提前,也有客观方面的原因。一方面,现实生活中出现各种矛盾,各种私有制经济之间的利益冲突越来越明显;在农村中也出现两极分化的现象,需要新的方针政策予以解决。另一方面,三年国民经济恢复积累了新经验,为社会主义改造提供了新思路。就主观方面来说,新民主主义社会存在有多长的时间?它如何向社会主义社会过渡?是"直接过渡",还是"间接过渡"?在对这些问题的认识上,都存在种种模糊性和不确定性。

§154 向社会主义过渡的逻辑必然性

新民主主义向社会主义过渡的物质基础,是生产力发展的基础;只有在发展生产力的基础上,才能进行生产关系的变革,因而涉及了生产力与生产关系的矛盾运动。进入社会主义社会的根本标志,应该是生产力的发展,还是生产关系的变革?这就提出了一个问题:什么是先进的生产关系?它是跑到生产力前面去的生产关系,还是适合生产力发展的生产关系?按照生产力与生产关系的矛盾运动的规律,应该是:生产力决定生产关系,生产关系反作用于生产力,由此促进社会经济的发展。这个逻辑公式是:

    生产力决定生产关系—生产关系反作用于生产力—推动社会经济发展。

根据这个逻辑,生产力的发展是社会主义社会的物质基础,新民主主义社会存在的理由,就是为了奠定这个物质基础。什么时候向社会主义社会过渡,变革新民主主义的生产关系,取决于这个物质基础是否已经被奠定,或已经被初步奠定。社会主义社会的标准,既不是单纯的生产力发展,也不是单纯的生产关系改变,而是取决于两者的统一。生产力是最活跃的因素,它总是首先得到发展的,然后随之变革生产关系,促进生产力的进一步发展。这是我国新民主主义社会发展的客观逻辑,它回答了向社会主义过渡的任务"是什么"的问题,即发展生产力,在生产力发展的基础上变革生产关系。

如果根据生产力与生产关系矛盾运动的客观逻辑来理解1953年提出来的党在过渡时期"一化三改"的总路线和总任务,可以认为,它包含了发展生产力和变革生产关系的双重任务,这是符合我国新民主主义社会发展的客观逻辑的。但是,毛泽东对过渡时期总路线有他自己的不同于这个客观逻辑的理解。

就总路线本身的内容而言,过渡时期的第一个任务是发展生产力,即逐步实现国家的社会主义工业化。到1956年,这个任务虽然不能说已经基本完成,但是,经过新中国成立开头三年经济恢复时期和第一个五年计划建设时期,我国的经济建设已经取得很大成就,当然,这只不过为社会主义工业化奠定了初步基础,离工业化的实现还是相差很远的。

过渡时期的第二个任务是逐步实现国家对个体农业、手工业和对资本主义工商业的社会主义改造。社会主义工业化的任务是在"三大改造"的基础上完成的。在"三大改造"基本上完成后,就宣布了全国进入社会主义社会。这说明,当时把生产关系的变革完成看作是建立社会主义社会的标志,而在生产力方面,没有制定确定的标准和尺度,这也留下了许多不确定性的空间,也包含了对"什么是社会主义"理解上的偏差。

就实现过渡的工作来说,我们创造了逐步过渡的形式,成功地解决了个体农民的土地私有制,也创造了实行国家资本主义的多种形式。对资本主义企业,我们也没有像苏联那样利用政权的力量无偿地收归苏维埃共和国所有,而是从国情出发,以赎买的政策,创造了一系列的由低到高的国家资本主义的过渡形式,逐步地以和平的方式解决了资本主义生产资料私有制的改造问题。

我们采用和平的说服教育的方法,使社会主义改造得以顺利地进行。毛泽东指出:"我们进行社会主义革命所用的方法是和平的方法。"[15]他又进一步指出:"在我国的条件下,用和平的方法,即用说服教育的方法,不但可以改变个体的所有制为社会主义的集体所有制,而且可以改变资本主义所有制为社会主义所有制。"[16]在农村,用和平的、说服教育的方法把个体所有制改变成为社会主义的集体所有制。在富农问题上,也是根据富农的表现,让他们分期分批地加入合作社。采用让富农入社的办法消灭富农阶级,缓和了他们对社会主义改造的不满和反抗,这是我国农业合作化的一个重要特点。对资本家,采用国家资本主义形式与和平赎买政策,把资本主义所有制改变成为社会主义所有制。这方面,我们的工作是成功的。邓小平指出:"我国资本主义工商业社会主义改造的胜利完成,是我国和世界社会主义历史上最光辉的胜利之一。"[17]

"一化"与"三改"的关系,是生产力与生产关系之间的相辅相成关系。尽管我们还是试图努力把发展生产力与变革生产关系结合起来,但由于"三大改造"的过快发展,造成社会主义工业化与"三大改造"脱节,从而表明过渡时期总路线的战略重点是变革生产关系,显露出了在向社会主义过渡的任务"是什么"问题上的明显的逻辑偏差。

列宁在晚年曾说过:"向纯社会主义形式和纯社会主义分配直接过渡,是我们力所不及的,如果我们不能实行退却,即把任务限制在较容易完成的范围内,那我们就有灭亡的危险。"[18]"如果某个共产党人,竟然想在三年内可以把小农业的经济基础和经济根系改造过来,那他当然是一个幻想家。"[19]用列宁的这个思想来看我们的社会主义改造,在理论上和实践上都出现了片面夸大生产关系对生产力的反作用,认为只有建立社会主义的生产关系和分配制度,才是社会主义的标志。超前完成三大改造任务,不能说与这个指导思想无关。从毛泽东对总路线的解释,可以很清楚地了解他的这个指导思想。毛泽东说:"总路线的实质,就是使生产资料的社会主义所有制成为我国国家和社会的唯一的经济基础。"[20]所以,过渡时期的总线路也可以说是以解决所有制问题为目的的。

马克思说:"社会的物质生产力发展到一定阶段,便同它们一直在其中运动的现存生产关系或财产关系(这只是生产关系的法律用语)发生矛盾。于是这些关系便由生产力的发展形式变成生产力的桎梏。那时社会革命的时代就到来了。"[21]这是关于社会形态变革的理论逻辑。把它写成逻辑公式,则是:

生产力发展—生产关系成为生产力桎梏—社会形态变革。

根据这个公式,只有当新民主主义生产关系成为生产力的桎梏时,才能实现新民主主义向社会主义的过渡。而现在我们已经实行了这种过渡,是否说明新民主主义生产关系不再是生产力的发展形式呢?在这个逻辑公式中,存在着一个充分条件假言推理:如果生产关系成为生产力桎梏,那么,社会形态变革就要到了。现在我们已经进行了社会形态的变革,这是否说明生产关系已成为生产力的桎梏呢?因为这个概念框架可以化归为一个充分条件假言推理,而这种推理的规则规定,肯定后件,不能肯定前件,因而这个推理并不存在逻辑必然性。

根据马克思关于两个"决不会"的思想:"无论哪一个社会形态,在它所能容纳的全部生产力发挥出来以前,是决不会灭亡的;而新的更高的生产关系,在它的物质存在条件在旧社会的胎胞里成熟以前,是决不会出现的。"[22]当生产关系还能容纳全部生产力发展的时候,社会革命的时代是不会到来的。换句话说,当它的物质条件尚未成熟的时候,新社会形态是不会出现的。这段话也可以表述为一个公式:

> 生产力尚未充分发展—生产关系仍是生产力发展形式—新社会形态不会出现。

新民主主义刚刚建立,生产力还没有得到充分发展,新民主主义生产关系仍然能够容纳生产力的发展,因而社会主义社会的物质基础尚未完全奠定。按照这个逻辑,也可以认为新民主主义向社会主义过渡,在时间上提前了。造成这种提前的原因,一是忽视了生产力的决定作用,二是过多地强调公有制的能动反作用,三是没有充分估计非公有制经济在一定程度上仍然是生产力的发展形式。这三个方面,都反映了我们对"什么是社会主义"认识的不清醒。

在一般意义上说,由新民主主义向社会主义的过渡,既符合科学社会主义的要求,也合乎中国社会发展的历史趋势,在逻辑的必然性上是没有错的。在时间和步骤上,存在着偏差,这是历史发展过程中偶然性的具体表现,较多地受到了主体和客体情境的影响。由于工业化不是在短时间内能够实现的,而所有制改造则是可以利用政治经济优势和上层建筑力量加速提前完成的。这就使在实际工作中,事实上把所有制变革作为工作重点,导致了"一化"滞后,"三改"超前的局面。后来,由于不断批"反冒进"、右倾保守,力求彻底消灭私有经济,在全社会范围加速推行公有制,仅用三年时间完成了三大改造,宣告进入了社会主义。完成三大改造的实践,也给毛泽东造成了一个错觉,觉得搞社会主义建设并不是很难的事,只要充分发挥人的主观能动性,也可以创造出建设速度的奇迹。毛泽东在中共八届二次会议上的讲话中说:"本来的安排是用十八年时间基本完成所有制方面的社会主义改造,一促进就很快。"[23]既然我们已经建立了社会主义制度,那么,我们只能前进而不能后退,只能补台而不能拆台,从社会主义初级阶段出发,在发展生产力的问题上下大功夫。

§155 革命向建设转化的逻辑困惑

社会主义改造基本完成，就应该转向社会主义建设，这也是逻辑的必然性。在进行社会主义建设时期，是实行"以阶级斗争为纲"，还是"以经济建设为中心"？在客观上，这是由社会的主要矛盾决定的：如果阶级矛盾仍然是主要矛盾，应该坚持"以阶级斗争为纲"；如果主要矛盾已经转化为生产与需要的矛盾，应该坚持"以经济建设为中心"。

关于社会主要矛盾的主观判断，不是单纯逻辑推论的结果，而是从对我国国情的具体分析中得到的。如果不结合我国的具体国情，任何推论都不能得到正确结论。毛泽东在《矛盾论》中，把解决主要矛盾看作是中心工作。他说："捉住了这个主要矛盾，一切问题就迎刃而解了……万千的学问家和实行家，不懂得这种方法，结果如堕烟海，找不到中心，也就找不到解决矛盾的方法。"[24] 的确，准确地把握主要矛盾和中心工作，不是一件容易的事情。

在新中国成立后，党的工作重心由乡村移到了城市，中心工作也发生了变化。在中共七届二中全会上，毛泽东说："从我们接管城市的第一天起，我们的眼睛就要向着这个城市的生产事业的恢复和发展。"城市里的其他工作，"都是围绕着生产建设这一个中心工作并为这个中心工作服务的"[25]。但在谈到主要矛盾的时候，毛泽东又说："中国革命在全国胜利，并且解决了土地问题以后，中国还存在着两种基本的矛盾。第一种是国内的，即工人阶级和资产阶级的矛盾。第二种是国外的，即中国和帝国主义国家的矛盾。"[26] 如果国内的矛盾是工人阶级和资产阶级的矛盾，它也就是国内的主要矛盾，因而中心工作也就是领导无产阶级反对资产阶级的阶级斗争。如果是这样，中心工作就不再是恢复和发展生产事业了。在七届二中全会刚开过不久，黄克诚向毛泽东汇报天津工作时，毛泽东问道："你认为今后城市工作的主要任务是什么？"黄克诚回答说："当然是发展生产。"毛泽东摇了摇头说："不对，主要任务还是阶级斗争，要解决同资产阶级斗争的问题。"[27] 对照在七届二中全会上的讲话，这个谈话，又反映了毛泽东对主要矛盾和中心工作认识的不确定性和逻辑困境。

"纲"的意义,到底是指什么?这也是一个值得讨论的问题。毛泽东在1920年就提出了"以主义为纲"的主张,因为"主义譬如一面旗子,旗子立起了,大家才有所指望,才知所趋赴"[28]。在社会主义建设时期,毛泽东提出了很多"纲",例如,"以钢为纲"、"以粮为纲"、"以阶级斗争为纲"、"路线是纲,纲举目张"等等。所以,纲目关系取决于不同的对象领域和研究范围,"纲"的意义也因领域和范围的不同而异。

毛泽东在提出阶级斗争是"纲"的时候,认为阶级斗争是主要矛盾;两条路线斗争不属于阶级斗争,因而不属于主要矛盾,所以它不是"纲"[29]。后来,又提出"路线是纲,纲举目张",进而认为,资产阶级就在党内,"文化大革命"的对象就是"整党内走资本主义道路的当权派"。这实际上把"两条路线"斗争看作是阶级斗争的主要内容了。最初,把阶级斗争看作是党外的社会斗争,后来认为,资产阶级存在于党内,阶级斗争就成为党内的斗争了,便产生了"路线是纲"的问题。这些思想在逻辑上的混乱,是显而易见的。所以,胡乔木说:"毛主席那个时候的思想可以说是不正常的,完全是一种冲动,根本没有、说不上是一种理性的思维,逻辑的思维。"[30]

说完全是一种"冲动",可能有点过了。因为毛泽东还是进行着逻辑思维的,但没有找到一种确实的理论逻辑而陷入了困境。

在阶级社会和存在阶级的社会中,社会发展的任何历史时期,都存在着多种矛盾,生产与需要的矛盾与阶级矛盾都是同时存在着的。在革命时期,主要矛盾是阶级矛盾,生产与需要的矛盾是次要矛盾。在社会主义改造基本完成后,生产与需要的矛盾转化为主要矛盾,阶级矛盾则成为次要矛盾。中共八大首次明确地提出我国社会主要矛盾的转变,认为我们国内的主要矛盾,已经是人民对于建立先进的工业国的要求同落后的农业国的现实之间的矛盾,已经是人民对于经济文化迅速发展的需要同当前经济文化不能满足人民需要的状况之间的矛盾。如果根据毛泽东在中共七届二中全会上的讲话,从我们接管城市的第一天起,恢复和发展城市生产事业成为我们的中心任务,这是否意味着主要矛盾的转化从接管城市的时候就已经发生了?把这些不同的说法联系起来思考,明显地存在着逻辑上不通顺的地方。

主要矛盾与次要矛盾的转化,不可能在一瞬间发生和实现,需要一个逐步的过程。在这个过程中,两种矛盾的力量对比逐步地发生变化。在某个时段和范围内,原来的主要矛盾仍然处于支配地位,在另一个时段和范围内,原来的次要矛盾则上升为支配地位的矛盾。在这些时段和范围中,甚至出现主要矛盾和次要矛盾的力量均衡期,谁主谁次,难分难解。这个时期,可以称为主要矛盾和次要矛盾的转化时期。在这个时期中,产生对主要矛盾和次要矛盾认识的不确定性,是由主要矛盾和次要矛盾本身地位的不确定性造成的。不过,阶级矛盾最终要成为中国社会的次要矛盾,而让位给生产与需要的矛盾。这是历史发展的必然趋势。主要矛盾经过矛盾转化期,转化为次要矛盾,而次要矛盾经过矛盾转化期,则成为主要矛盾。这就是主要矛盾转化的逻辑。关于主要矛盾向次要矛盾转化的公式是:

    主要矛盾—矛盾转化期—次要矛盾。

  关于次要矛盾向主要矛盾转化的公式是:

    次要矛盾—矛盾转化期—主要矛盾。

  在社会主义改造基本完成之前,对中国社会的主要矛盾和次要矛盾认识的不确定性,一方面,有它的客观原因,因为中国社会正处于矛盾转化期;另一方面有它的主观原因,即阶级斗争思维的延续。在这个时期,关于主要矛盾判断的不确定性,是完全可以理解的,可以用布迪厄的实践逻辑公式"[(习性)(资本)]+场域=实践"加以解释。但是,在社会主义改造基本完成后,仍然把阶级矛盾看作是主要矛盾,则主要是同对"什么是社会主义"的认识相关了。它的总根源,在于对社会主义初级阶段的性质缺乏正确的认识。

§156 革命延续的逻辑错位

  在基本完成社会主义改造后,中国革命的任务已经基本完成,我国进入了全面建设社会主义历史时期,基本任务不再是阶级斗争,而是发展生产力。但是,由于对"什么是社会主义,怎样建设社会主义"问题不完全清醒,仍然延续着革命的群众运动,造成了社会发展的逻辑错位。

  完整的中国革命经历了两个阶段,即新民主主义革命和社会主义革命。关于中国革命的历史发展的逻辑公式,前面研究做了表述:

    半殖民地半封建社会—新民主主义革命—新民主主义社会—社会主义革命—社会主义社会。

这个公式表明,进入社会主义社会,中国革命已经结束。如果在社会主义建设时期再进行革命,就犯了逻辑错位的错误。这就是革命延续的逻辑错位。

毛泽东对这个问题的认识,也经历了一个曲折探索的过程,从逻辑正位逐步地走向逻辑错位。

第一,1957年前,认为在阶级斗争基本结束后,转到搞建设。

在私有制社会主义改造基本完成后,毛泽东在八大二次会议上还仍然承认,"国内阶级矛盾已经基本上解决"[31]。当然,这也不是意味着阶级斗争消失了。他在《关于正确处理人民内部矛盾的问题》这一著作中进一步指出:"革命时期的大规模的急风暴雨式的群众阶级斗争基本结束,但是阶级斗争还没有完全结束"[32]。就是说,在社会主义社会中,剥削阶级已经被消灭,但阶级斗争还会长期存在,而且有时也可能会是很激烈的。在这个时候,我们党对"什么是社会主义,怎样建设社会主义"问题,在阶级和阶级斗争方面的认识,还是比较清醒的。1957年3月18日,毛泽东在济南党员干部会议上的讲话中还说过:"阶级斗争基本结束,我们的任务转到什么地方? 转到搞建设,率领整个社会,率领六亿人口,同自然界作斗争,把中国兴盛起来,变成一个工业国。"[33]在中共十一届三中全会后,这种认识仍然是全党的共识。中共十一届六中全会决议指出:"在剥削阶级作为阶级消灭以后,阶级斗争已经不是主要矛盾。由于国内的因素和国际的影响,阶级斗争还将在一定范围内长期存在,在某种条件下还有可能激化。既要反对把阶级斗争扩大化的观点,又要反对认为阶级斗争已经熄灭的观点。"[34]按照这种理论的逻辑,社会主义的根本任务不再是搞阶级斗争,而是进行经济建设,集中力量发展社会生产力。这个逻辑是正确的,可以表述为:

社会主义社会—阶级斗争基本结束—集中力量发展社会生产力。

第二,在"二十三条"前,认为阶级斗争与阶级建设平行发展。

1965年1月,中共中央政治局召集的全国工作会议讨论了农村社会主义教育运动中目前提出的一些问题,并写出了讨论纪要。这个纪要,即《农村社会主义教育运动中目前提出的一些问题》,简称为"二十三条"。在这之前,我们党还是以平行发展的观点来看阶级斗争与经济建设的关系的。

自从反右斗争开始后,我们党对阶级斗争的认识发生了明显的变化,把它看作是社会主义社会的主要矛盾。毛泽东在八届三中全会上指出:"无产阶级和资产阶级的矛盾,社会主义道路和资本主义道路的矛盾,毫无疑问,这是当前我国社会的主要矛盾。"[35]根据解决主要矛盾就是我们的中心工作的逻辑,那么,社会主义的基本任务就是阶级斗争。但在八届十中全会时,毛泽东却说:"要分开一个工作问题,一个阶级斗争问题,我们决不要因为对付阶级斗争问题而妨碍了我们的工作。"又说:"要把工作放到第一位,阶级斗争跟它平行,不要放在很严重的地位。"[36]这个逻辑已经同主要矛盾和中心工作的理论相矛盾,它的公式是:

正常工作—阶级斗争—平行发展。

这里的正常工作,自然包括经济建设。这说明,毛泽东还是把阶级斗争与经济建设看作是平行发展的两条战线,还没有以阶级斗争来否定经济建设;即使提出"以阶级斗争为纲"后,仍然存在这种阶级斗争与经济建设"平行发展"的思想遗迹。

1963年,毛泽东在社会主义建设时期第一次提出"以阶级斗争为纲"的思想。根据毛泽东对"以阶级斗争为纲"的解释,他所说的"纲",是农村社会主义教育运动的"纲"。1963年9月制定的《关于农村社会主义教育运动中一些具体政策的规定(草案)》说:"按照毛泽东同志的指示,这次运动应当抓住五个要点,即是:阶级斗争,社会主义教育,组织贫、下中农阶级队伍,'四清',干部参加集体劳动。在这五个问题中间,阶级斗争是最基本的……以阶级斗争为纲,抓住五个要点"。这里所说的"以阶级斗争为纲"的实际含义是指阶级斗争是农村社会主义教育运动的"纲",它还不是经济建设的"纲"。

第三,在"二十三条"后,认为阶级斗争是纲,经济建设是目。

在一个时期里,"二十三条"中讲的"纲",仍然是指农村社会主义教育运动,同经济工作仍然是平行的。但是,由于"二十三条"把解决无产阶级和资产阶级两个阶级的斗争、社会主义道路和资本主义道路两条道路的斗争,上升为十几年来党的一条基本理论和基本实践,实际上已经把阶级斗争作为全党工作的中心。所以,阶级斗争是纲,经济建设是目,经济建设要服从阶级斗争。这就造成了党的工作重点的错位,导致了"文化大革命",从而在1969年,中共九大确定了以阶级斗争为纲的基本路线。1976年,在批评"三项指示为纲"时,毛泽东说:"什么'三项指示为纲',安定团结不是不要阶级斗争,阶级斗争是纲,其余都是目。"[37] 所以,在总体上,毛泽东还是把阶级斗争看作"纲",生产斗争看作"目"的。这说明,不能说毛泽东完全不重视生产斗争,但他在理论上和实践上,都更加重视阶级斗争。而且,毛泽东提出"以阶级斗争为纲",主要不是为了促进生产的发展,而是另有目的,这就是:防修反修,防止资本主义复辟。

"以阶级斗争为纲"的错误理论和实践,过于严重地夸大了社会主义社会阶级斗争的形势,违背了中国的实际国情。毛泽东关于"纲举目张"的思想,在社会主义改造时期就提出来了。1953年11月4日,毛泽东曾经在关于农业互助合作的谈话中指出:"有句古语,'纲举目张'。拿起纲,目才能张,纲就是主题。社会主义和资本主义的矛盾,并且逐步解决这个矛盾,这就是主题,就是纲。提起了这个纲,克服'五多'以及各项帮助农民的政治工作,经济工作,一切都有统属了。"[38]在社会主义改造基本完成以后,意味着这个主要矛盾已经基本解决,因而它也就不再是"纲"了。

阶级斗争是纲—经济建设是目—防修反修、防止资本主义复辟。

这时又回到"以阶级斗争为纲"的思想,意味着革命在建设时期的延续,产生了发展阶段的逻辑错位。到了"文化大革命",走到了极端,似乎完全回到了革命时代。

应该指出,毛泽东最初的认识,在逻辑上还是正确的;后来把阶级斗争与发展生产力看作平行发展的工作,也有它的逻辑必然性,因为主要矛盾与次要矛盾处于转化期;最终提出"以阶级斗争为纲",则完全是逻辑错位了。这个逻辑转化的过程,比较充分地显示出了毛泽东对"什么是社会主义"的探索,以及如何保护社会主义成果,防止资本主义复辟的努力。无论是对的,还是错的,都为我们留下了珍贵的遗产。我们不能把毛泽东的错误仅仅作为批判的对象,而应该把它作为珍贵遗产来运用。

根据毛泽东关于社会主义社会的阶级斗争及其与经济建设关系的认识,邓小平完全有理由认为,我们过去对"什么是社会主义,如何建设社会主义"的认识,是不完全清醒的。由此,他对"文化大革命"持根本否定的态度,认为它不是任何意义上的革命。1975年11月,毛泽东要求邓小平为中央主持写一个肯定"文化大革命"的决议,总的评价是"七分成绩,三分缺点"。邓小平婉言拒绝了。"邓小平明确地说,由我主持写这个决议不适宜,我是桃花源中人,'不知有汉,无论魏晋'。"[39]对"文化大革命"的彻底否定,就是对"以阶级斗争为纲"的彻底否定,对社会主义根本任务是发展生产力的充分肯定。后来,邓小平说:"从建国到一九七八年三十年的成绩很大,但做的事情不能说都是成功的……但问题是什么是社会主义,如何建设社会主义。我们的经验教训有许多条,最重要的一条,就是要搞清楚这个问题。"[40]邓小平由此得到的基本结论是:社会主义的根本任务不是搞阶级斗争,而是发展生产力。

当然,邓小平肯定社会主义的根本任务是发展生产力,并不否定社会主义社会仍然存在阶级斗争。他说:"社会主义社会中的阶级斗争是一个客观存在,不应该缩小,也不应该夸大。实践证明,无论缩小或者夸大,两者都要犯严重的错误。"[41]对社会主义社会阶级斗争的正确估计,是对"什么是社会主义,怎样建设社会主义"问题回答的主要内涵之一。把经济建设和阶级斗争两个方面的认识结合起来,我们对"什么是社会主义,怎样建设社会主义"的认识就比较全面和清醒了。

参 考 文 献

[1] 马克思.中国记事[M]//马克思,恩格斯.马克思恩格斯全集:第15卷.北京:人民出版社,1963:545.

[2] 列宁.亚洲的觉醒[M]//列宁.列宁选集:第2卷.3版.北京:人民出版社,1995:315.

[3] 毛泽东.中国革命和中国共产党[M]//毛泽东.毛泽东选集:第2卷.2版.北京:人民出版社,1991:622.

[4] 毛泽东.中国革命和中国共产党[M]//毛泽东.毛泽东选集:第2卷.2版.北京:人民出版社,1991:626.

[5] 毛泽东.中国革命和中国共产党[M]//毛泽东.毛泽东选集:第2卷.2版.北京:人民出版社,1991:626.

[6] 毛泽东.中国革命和中国共产党[M]//毛泽东.毛泽东选集：第2卷.2版.北京：人民出版社，1991：632.

[7] 毛泽东.中国革命和中国共产党[M]//毛泽东.毛泽东选集：第2卷.2版.北京：人民出版社，1991：632.

[8] 中共中央文献研究室.毛泽东年谱（1893－1949）：中卷[M].北京：人民出版社，中央文献出版社，1993：57.

[9] 胡锦涛.在纪念辛亥革命100周年大会上的讲话[M].北京：人民出版社，2011：3.

[10] 毛泽东.关于民族资产阶级和开明绅士问题[M]//毛泽东.毛泽东选集：第4卷.2版.北京：人民出版社，1991：1288.

[11] 毛泽东.中国革命和中国共产党[M]//毛泽东.毛泽东选集：第2卷.2版.北京：人民出版社，1991：646－650.

[12] 毛泽东.论联合政府[M]//毛泽东.毛泽东选集：第3卷.2版.北京：人民出版社，1991：1060.

[13] 毛泽东.在中国共产党第七届中央委员会第二次全体会议上的报告（一九四九年三月五日）.题注[M]//毛泽东.毛泽东选集：第4卷.2版.北京：人民出版社，1991：1424－1425.

[14] 毛泽东.中共中央政治局扩大会议决议要点[M]//毛泽东.毛泽东选集：第5卷.北京：人民出版社，1977：34.

[15] 毛泽东.社会主义革命的目的是解放生产力[M]//毛泽东.毛泽东文集：第7卷.北京：人民出版社，1999：1.

[16] 毛泽东.社会主义革命的目的是解放生产力[M]//毛泽东.毛泽东文集：第7卷.北京：人民出版社，1999：2.

[17] 邓小平.新时期的统一战线和人民政协的任务[M]//邓小平.邓小平文选：第2卷.2版.北京：人民出版社，1994：186.

[18] 列宁.共产国际第四次代表大会文献.[M]//列宁.列宁选集：第4卷.3版.北京：人民出版社，1995：720.

[19] 列宁.俄共（布）第十次代表大会文献[M]//列宁.列宁全集：第41卷.2版.北京：人民出版社，1986：53.

[20] 毛泽东.革命的转变和党在过渡时期的总路线.[M]//毛泽东.毛泽东文集：第6卷.北京：人民出版社,1999:316.

[21] 马克思.《政治经济学批判》序言[M]//马克思,恩格斯.马克思恩格斯文集:2.北京：人民出版社,2009:591-592.

[22] 马克思.《政治经济学批判》序言[M]//马克思,恩格斯.马克思恩格斯文集:2.北京：人民出版社,2009:592.

[23] 毛泽东.在中国共产党第八届中央委员会第二次全体会议上的讲话[M]//毛泽东.毛泽东选集：第5卷.北京：人民出版社,1977:315.

[24] 毛泽东.矛盾论[M]//毛泽东.毛泽东选集：第1卷.2版.北京：人民出版社,1991:322.

[25] 毛泽东.在中国共产党第七届中央委员会第二次全体会议上的报告[M]//毛泽东.毛泽东选集：第4卷.2版.北京：人民出版社,1991:1428.

[26] 毛泽东.在中国共产党第七届中央委员会第二次全体会议上的报告[M]//毛泽东.毛泽东选集：第4卷.2版.北京：人民出版社,1991:1433.

[27] 黄克诚.黄克诚回忆录：上[M].北京：解放军出版社,1989:365.

[28] 毛泽东.致罗璈阶信(1920年11月25日)[M]//中共中央文献研究室,中共湖南省委《毛泽东早期文稿》编辑组.毛泽东早期文稿(1912.6-1920.11).长沙：湖南出版社,1990:515.

[29] 中共中央文献研究室.毛泽东传(1949-1976)：下[M].北京：中央文献出版社,2003:1065-1066.

[30] 胡乔木.胡乔木文集：第2卷[M].北京：人民出版社,1993:142.

[31] 毛泽东.建国以来毛泽东文稿：第6册[M].北京：中央文献出版社,1992:245.

[32] 毛泽东.关于正确处理人民内部矛盾的问题[M]//毛泽东.毛泽东文集：第7卷.北京：人民出版社,1999:216.

[33] 转引自：逄先知.毛泽东关于建设社会主义的一些思路和构想[J].党的文献,2009(6):29.

[34] 中国共产党中央委员会关于建国以来党的若干历史问题的决议[C]//中共中央文献研究室.三中全会以来重要文献选编:下.北京:人民出版社,1982:841.

[35] 毛泽东.做革命的促进派[M]//毛泽东.毛泽东选集:第5卷.北京:人民出版社,1977:475.

[36] 中共中央文献研究室.毛泽东传(1949-1976):下[M].北京:中央文献出版社,2003:1254.

[37] 中共中央文献研究室.毛泽东传(1949-1976):下[M].北京:中央文献出版社,2003:1769.

[38] 毛泽东.关于农业互助合作的两次谈话[M]//毛泽东文集:第6卷.北京:人民出版社,1999:302.

[39] 邓榕.我的父亲邓小平("文革"岁月)[M].3版.北京:中央文献出版社,2010:379.

[40] 邓小平.政治上发展民主,经济上实行改革[M]//邓小平.邓小平文选:第3卷.北京:人民出版社,1993:116.

[41] 邓小平.坚持四项基本原则[M]//邓小平.邓小平文选:第2卷.2版.北京:人民出版社,1994:182.

第4章
中国特色社会主义的理论逻辑

习近平指出:"中国特色社会主义,是科学社会主义理论逻辑和中国社会发展历史逻辑的辩证统一,是根植于中国大地、反映中国人民意愿、适应中国和时代发展进步要求的科学社会主义"。[1]中国特色社会主义的理论逻辑是科学社会主义理论逻辑的中国化,它是回答"什么是社会主义,怎样建设社会主义"的理论逻辑。

§157 "什么是社会主义,怎样建设社会主义"内涵的逻辑结构

"什么是社会主义,怎样建设社会主义",是中国特色社会主义的基本理论问题。中国特色社会主义的理论逻辑,就是解决这个基本理论问题的逻辑。

同社会主义的"是什么"和"怎么做"相关的,曾有过四种提法。这些提法是:"什么是马克思主义,怎样对待马克思主义"、"什么是社会主义,怎样建设社会主义"、"建设什么样的党,怎样建设党"、"实现什么样的发展,怎样发展"等。从逻辑结构上看,这四个问题不是并列关系,需要进一步明确它们的逻辑关系。

就"什么是马克思主义,怎样对待马克思主义"与"什么是社会主义,怎样建设社会主义"两个理论问题的关系来说,一方面,在外延上可以把它们看作是包含和包含于关系,另一方面,在共有内涵上又可以把它们看作是同一关系。

首先,马克思主义与社会主义,可以看作是包含关系,因为科学社会主义

是马克思主义的一个组成部分;如果回答了"什么是马克思主义"的问题,那么,在一般性的问题上,对"什么是社会主义"问题的回答也就包括在其中了。

其次,我们也可以把两者看作是同一关系,因为列宁说过,"科学社会主义即马克思主义"[2],胡锦涛也说过:"在当代中国,坚持中国特色社会主义理论体系,就是真正坚持马克思主义。"[3]因而它们是一个问题而不是两个问题;如果回答了"什么是马克思主义"的问题,也就同样地回答了"什么是社会主义"的问题。所以,无论是哪种情况,把这两个问题分离开来,在逻辑上还是存在着不通顺的地方。

当然,除上述两种情况外,还有第三种情况,即在总体的立场上,强调马克思主义是科学,我们应该以科学的态度来对待马克思主义,这就不必涉及马克思主义的具体理论内容,而应涉及马克思主义与时俱进的品质。正如恩格斯所指出的:"马克思的整个世界观不是教义,而是方法。它提供的不是现成的教条,而是进一步研究的出发点和**供**这种研究**使用**的方法。"[4]在这种意义上,强调的是对待马克思主义的态度,涉及马克思主义方法论问题、学风问题,而不是具体回答"什么是马克思主义"的问题,因而这个问题的解决,对解决"什么是社会主义,怎样建设社会主义"问题具有思想指导意义。而且只有解决了对待马克思主义的科学态度,才能正确地回答"什么是社会主义,怎样建设社会主义"这个基本理论问题,这在逻辑上是行得通的。

关于党的建设和发展理论问题与"什么是社会主义,怎样建设社会主义"问题,在内涵与外延的关系上,也存在需要进一步澄清的方面。

党的建设和发展问题,都是社会主义理论中的战略问题,它们都包含于"什么是社会主义"问题之中。如果把这两个问题独立出来,不包括在"什么是社会主义,怎样建设社会主义"问题之内,那么我们对"什么是社会主义,怎样建设社会主义"这个问题的回答,就不再包括党的建设理论、发展理论等这些基本理论问题和战略思想了,这就有可能伤害完整的科学社会主义理论的总体性,从而对"什么是社会主义,怎样建设社会主义",不可能获得全面的清醒的认识。

如果把党的建设理论、发展理论对"是什么"和"怎么做"的回答,包括在"什么是社会主义,怎样建设社会主义"这个问题的回答之中,而中国特色社会主义理论体系又包括邓小平理论、"三个代表"重要思想和科学发展观,那么,邓小平理论与"什么是社会主义,怎样建设社会主义"问题的回答又有怎样的关系呢?

如果认为,中国特色社会主义理论体系经历了邓小平理论、"三个代表"重要思想和科学发展观的不同发展阶段,那么,在总体上可以认为,中国特色社会主义理论体系科学地回答了"什么是社会主义,怎样建设社会主义"问题,而邓小平理论、"三个代表"重要思想和科学发展观对这个问题都做出了不同方面的回答,因而都作出了各自的贡献。现在,比较明确的是,"三个代表"重要思想回答了党的建设问题,科学发展观回答了发展问题。如果是这样,那么,邓小平理论回答了"什么是社会主义,怎样建设社会主义"中的什么理论问题呢?

邓小平在回答"什么是社会主义,怎样建设社会主义"理论问题的时候,其中最重要的是社会主义本质理论、中国社会主义初级阶段理论和社会主义市场经济理论等。在这些理论中,最被关注的是社会主义的根本任务、改革开放和社会主义市场经济理论。而改革开放,主要是经济体制的改革,把计划经济转变为市场经济,说明都是怎样发展生产力这个社会主义根本任务的问题。就是说,邓小平对"什么是社会主义,怎样建设社会主义"问题的回答,解决了"什么是社会主义的根本任务,怎样实现社会主义的根本任务"的问题。这个社会主义的根本任务,就是发展生产力。这就是邓小平理论的主题。

上述的三个问题的回答,都共同地包含了一个逻辑前提,这就是"建设什么样的社会主义国家,怎样建设社会主义国家"的最基本问题。这就是中国特色社会主义道路中的总目标。这个总目标,中共十三大对党在社会主义初级阶段基本路线中的表述是:"为把我国建设成为富强、民主、文明的社会主义现代化国家而奋斗"。[5]在这个表述后,历届中共全国代表大会的报告都用大致相同的文字加以表述。中共十八大报告的表述是:"逐步实现全体人民共同富裕,建设富强民主文明和谐的社会主义现代化国家。"[6]这同样是对"什么是社会主义,怎样建设社会主义"问题的回答。如果要问:是谁回答了这个问题?答案只能是:这是党的第一代领导集体回答的问题。

在党的七届二中全会上,毛泽东强调:"使中国稳步地由农业国转变为工业国,把中国建设成一个伟大的社会主义国家。"[7]

1954年9月,一届人大一次会议《政府工作报告》提出了"四个现代化"任务,即实现工业、农业、交通运输业和国防现代化,这时还没有包括科学技术现代化的问题。1964年12月,周恩来在三届人大一次会议上所做的《政府工作报告》中,正式把"四个现代化"作为全党和全国人民的奋斗目标。他指出:"今后发展国民经济的主要任务,总的说来,就是要在不太长的历史时期内,把我国建设成为一个具有现代农业、现代工业、现代国防和现代科学技术的社会主义强国,赶上和超过世界先进水平。"[8]为了实现这一战略目标,周恩来还进一步明确提出了发展我国国民经济"两步走"的具体设想。

到了"文化大革命"后期,即1975年,周恩来在四届人大一次会议上又重申了现代化的战略目标和"两步走"的战略步骤。这两步走的设想是:"第一步,用十五年时间,即在一九八〇年以前,建成一个独立的比较完整的工业体系和国民经济体系;第二步,在本世纪内,全面实现农业、工业、国防和科学技术的现代化,使我国国民经济走在世界的前列。"[9]

综合上述的分析,可以看到,对"什么是社会主义,怎样建设社会主义"的基本问题,我们党有了四个方面的回答,一是"建设什么样的社会主义国家,怎样建设社会主义国家",二是"什么是社会主义的根本任务,怎样实现社会主义的根本任务",三是"建设什么样的党,怎样建设党",四是"实现什么样的发展,怎样发展"。关于"什么是社会主义,怎样建设社会主义"的问题,今后还要进一步回答下去。例如,"什么是社会主义法治,怎样建设社会主义法治"等。因为,随着社会主义事业的发展,必将提出新的问题,需要我们去做新的回答。这是社会主义发展的客观逻辑,也是中国特色社会主义的理论逻辑。

§158 中国社会主义的逻辑前提

马克思和恩格斯设想的社会主义社会的基本前提是,第一,社会主义是脱胎于资本主义社会的,所以,它是经济文化发达的社会;第二,社会主义社会是已经建立了社会主义基本制度的社会。这个概念推论三段式是:

经济文化发达社会—建立社会主义基本制度—社会主义社会。

我国的社会主义社会，虽然已经建立了社会主义基本制度，但是，社会的经济文化还不发达。所以，根据上述的逻辑公式，我国社会主义社会尚未具备马克思和恩格斯所设想的社会主义社会的基本前提，它并不完全等同于马克思和恩格斯所设想的社会主义社会。我国社会主义概念推论三段式是：

  经济文化不发达社会—建立社会主义基本制度—社会主义初级阶段。

马克思和恩格斯设想的社会主义是脱胎于资本主义社会的，而我国建立的社会主义社会则脱胎于半殖民地半封建社会。我国在建立社会主义基本制度后，历代中国领导人都十分明确，中国仍然是一个经济文化落后的国家。在20世纪60年代初期，毛泽东说："中国的人口多、底子薄，经济落后，要使生产力很大地发展起来，要赶上和超过世界上最先进的资本主义国家，没有一百多年的时间，我看是不行的。"[10]因此，我国建立的社会主义社会，同马克思和恩格斯所设想的社会主义相比，还是相差很远的。在改革开放新时期，邓小平曾说过："现在虽说我们也在搞社会主义，但事实上不够格。"[11]而且，要改变中国社会的这种落后面貌，需要经历很长的历史时期。这就自然地产生了关于我国社会主义社会需要经历不同发展阶段的思想。

毛泽东首先提出了中国社会主义经历两个阶段的思想。他认为："社会主义这个阶段，又可能分为两个阶段，第一个阶段是不发达的社会主义，第二个阶段是比较发达的社会主义。后一阶段可能比前一阶段需要更长的时间。经过后一阶段，到了物质产品、精神财富都极为丰富和人们的共产主义觉悟极大提高的时候，就可以进入共产主义社会了。"[12]从毛泽东的这种阶段划分来看，即使我国到了比较发达的社会主义阶段，也仍然还不是共产主义社会。只有完成发达的社会主义发展阶段后，我国才能进入共产主义社会。

1979年，叶剑英在国庆30周年讲话中把社会主义的不发达阶段表述为"社会主义制度还处在幼年时期"。他说："社会主义制度是人类历史上崭新的社会制度，它同世界上的任何其他事物一样，有它发生和发展的过程。同已经有了三四百年历史的资本主义制度相比，社会主义制度还处在幼年时期。我国封建社会的历史特别长，我们的社会主义社会不可避免地带有这种旧社会的许多痕迹。毫无疑问，我们的社会主义制度已经开始显示出它的生命力和发展前途。但是，它还不成熟，不完善"。[13]1981年，《关于建国以来党的若干历史问题的决议》第一次明确提出了"社会主义初级阶段"的概念。决议指出:"我们的社会主义制度还是处于初级的阶段"。[14]从此之后,"社会主义初级阶段"这一语言表达式,就成为反映我国社会经济文化落后国情的基本概念。

1987年10月,党的十三大对中国社会主义初级阶段理论做了充分的阐述。十三大报告首先指出,正确认识我们社会现在所处的历史阶段,是建设有中国特色的社会主义的首要问题,是我们制定和执行正确的路线和政策的根本依据。我国现在到底处在什么历史阶段呢?十三大报告说:"对这个问题,我们党已经有了明确的回答:我国正处在社会主义的初级阶段。这个论断,包括两层含义。第一,我国社会已经是社会主义社会。我们必须坚持而不能离开社会主义。第二,我国的社会主义社会还处在初级阶段。我们必须从这个实际出发,而不能超越这个阶段。"[15]

这些文献对我国社会主义社会的基本前提做了新的表述。我国已经建立了社会主义基本制度,这同马克思和恩格斯所设想的社会主义是一致的。但是,由于我国社会主义不是脱胎于资本主义,而是脱胎于新民主主义社会,而新民主主义社会又脱胎于半殖民地半封建社会,这正是叶剑英在国庆30周年讲话中所说的,"我国封建社会的历史特别长,我们的社会主义社会不可避免地带有这种旧社会的许多痕迹",因此,我国社会还不具备经济文化发达这个前提,相反,它仍然是经济文化落后的社会。这两个前提,决定了我国社会主义社会还处于社会主义初级阶段。这就是前述的我国社会主义逻辑公式:"建立社会主义基本制度—经济文化不发达—中国社会主义初级阶段"。

这个公式为我们认识中国社会主义初级阶段,提供了基本的逻辑前提。而且它也已经隐含地表明了,中国社会主义初级阶段在世界历史中所处的逻辑方位,即处在商品经济不发达的历史阶段。

§159 社会主义初级阶段的两个推论

以社会主义初级阶段为我们认识"什么是社会主义"的逻辑前提,可以推论两个问题:第一,社会主义初级阶段的社会主要矛盾和中心任务是什么?第二,社会主义初级阶段应该建立什么样的经济体制和基本经济制度?只有回答了这两个问题,才能对"什么是社会主义"有一个清醒的认识。

关于第一个问题,包括两个方面的内容:

首先,我国当前社会的主要矛盾是什么?是阶级矛盾,还是生产与需要的矛盾?党的八大已经正确地确认:"我们国内的主要矛盾,已经是人民对于建立先进的工业国的要求同落后的农业国的现实之间的矛盾,已经是人民对于经济文化迅速发展的需要同当前经济文化不能满足人民需要的状况之间的矛盾。"[16]这是完全合乎当时我国社会状况的结论。可是,后来又被两个阶级和两条道路的矛盾所取代。直至党的十一届三中全会后,恢复了八大关于我国社会主要矛盾的论断,才开始对社会主义有一个清醒的认识。这里涉及的,不是有或没有阶级矛盾,而是阶级矛盾在社会主义社会中地位的问题。在逻辑上说,如果阶级矛盾,尤其是无产阶级与资产阶级的矛盾仍然处于主要矛盾的地位,那么,这就说明社会主义革命还是没有完成的,两个"必然性"还没有去解决,因而社会主义社会也还没有建立,自然也就否定了我国当前社会主义正处于社会主义初级阶段。

其次,社会主义的中心任务是什么?中心任务是由主要矛盾所决定的。如果对社会主要矛盾的认识不清醒,对社会主义中心任务的认识也必定是不清醒的。在社会主义初级阶段,主要矛盾是生产与需要的矛盾,而不再是阶级矛盾,那么,它的基本任务就是要发展生产力。"我们的生产力发展水平很低,远远不能满足人民和国家的需要,这就是我们目前时期的主要矛盾,解决这个主要矛盾就是我们的中心任务。"[17]所以,社会主义建设必须以经济建设为中心,集中力量发展生产力。如果把阶级斗争作为社会主义的中心任务,甚至提出"以阶级斗争为纲"来建设社会主义,而忽视生产力的发展,这至少对社会主义的基本任务的认识是不清醒的。

主要矛盾与中心任务这两个问题之间有着必然的逻辑联系,而且这两个问题又都是由社会主义初级阶段所决定的,由此构成了一个概念推论三段式:

(1)社会主义初级阶段—主要矛盾是生产与需要的矛盾—以经济建设为中心。

邓小平对这个问题做了更多方面的论证。他的基本命题是:社会主义的基本任务是发展社会生产力。

第二个问题,其实质是正确认识商品经济的充分发展是中国社会发展不能逾越的历史发展阶段,从而正确认识我国经济体制改革和基本经济制度建设的任务。

首先,关于社会主义经济体制的问题。过去我们搞高度集中的计划经济体制,并把它看作是社会主义的本质特征;如果搞市场经济,就是走资本主义道路。邓小平在南方讲话中指出:"计划多一点还是市场多一点,不是社会主义与资本主义的本质区别。计划经济不等于社会主义,资本主义也有计划;市场经济不等于资本主义,社会主义也有市场。计划和市场都是经济手段。"[18]邓小平这个论断的出发点,就是社会主义初级阶段。正是这个原因,邓小平精辟论述道:"从根本上解除了把计划经济和市场经济看作属于社会基本制度范畴的思想束缚,使我们在计划与市场关系问题上的认识有了新的重大突破。"[19]为什么必须发展商品经济?这也是由世界历史时代的特点所决定的,因为世界历史正处于商品经济的时代。

其次,社会主义能不能发展非公有制经济?过去的割资本主义尾巴,已经表明我们不容许非公有制经济的存在。因为《共产党宣言》把社会主义理论纲领归结为一点,就是消灭私有制。但是,一旦实行了市场经济,非公有制经济的产生和发展将是一种必然的趋势。因此,当我们解除了把计划经济和市场经济看作属于社会基本制度范畴的思想束缚后,必须进一步把非公有制经济纳入社会基本制度的范畴,建立公有制为主体、多种所有制经济共同发展的基本经济制度。由此,按生产要素分配也就成为基本分配制度的构件。

经济体制改革和基本经济制度这两个问题之间同样有着必然的逻辑联系,而且这两个问题又同样都是由社会主义初级阶段所决定的,由此构成了一个概念推论三段式:

(2)社会主义初级阶段—社会主义基本经济制度—社会主义市场经济。

从共产主义第一阶段来要求,初级阶段社会主义自然还属于"不够格"的社会主义。《共产党宣言》的口号是:消灭私有制。这一点,仍然是我们始终追求的理想。但是,要想取之,必先与之。我们在当前实行公有制为主体、多种所有制经济共同发展,目的也是为了最终消灭私有制;我们最初让一部分人先富起来,最终目的也是为了实现共同富裕。在这里,既反映了事物发展的辩证法,又体现了概念逻辑的必然性。

以社会主义初级阶段为前提的两个推论,揭示了社会主义初级阶段的社会性质。正是这个社会性质,规定了中国特色社会主义道路和各项方针、政策。

上述的两个公式,表述了我国社会主义初级阶段生产力与生产关系的矛盾运动。随着社会生产力的发展,社会主义基本制度也获得完善和发展,逐步地使多种所有制经济发展为公有制经济,我国社会主义社会必将进入更高的社会阶段。

§160 邓小平对社会主义基本任务的论证

邓小平关于社会主义本质的论断,是一种新的理论概括,明确地指出了两个方面的内容:第一,解放生产力和发展生产力是社会主义的根本任务;第二,在发展生产力的基础上,实现共同富裕,是社会主义的根本目标。即:

社会主义本质—发展生产力—共同富裕。

邓小平对"发展生产力是社会主义的根本任务"这个问题,从多方面做了论证。

第一,"马克思主义的基本原则就是要发展生产力"[20]。在马克思主义关于人类社会基本矛盾理论和毛泽东关于社会主义社会基本矛盾理论中,都肯定了生产力的发展是人类社会和社会主义社会发展的最终动力。邓小平指出:"关于基本矛盾,我想现在还是按照毛泽东同志在《关于正确处理人民内部矛盾的问题》一文中的提法比较好。"[21]所以,根据社会主义社会基本矛盾理论,社会主义的根本任务是发展生产力。

第二,社会主义是共产主义的第一阶段,这决定了社会主义的根本而长期的任务是发展生产力。邓小平说:"马克思主义讲的共产主义是物质产品极大丰富的社会。共产主义的第一阶段是社会主义,社会主义就是要发展生产力,这是一个很长的历史阶段。"[22]如果社会主义不去发展生产力,怎么能够到达共产主义呢?这就意味着,如果不去发展生产力,这就等于丢掉了我们的共产主义理想。

第三,为增强综合国力和提高人民生活水平,必须发展生产力。邓小平说:"坚持社会主义的发展方向,就要肯定社会主义的根本任务是发展生产力,逐步摆脱贫穷,使国家富强起来,使人民生活得到改善。没有贫穷的社会主义。社会主义的特点不是穷,而是富,但这种富是人民共同富裕。"[23]

第四,要充分发挥社会主义优越性,必须发展生产力。邓小平指出:"我们相信社会主义比资本主义的制度优越。它的优越性应该表现在比资本主义有更好的条件发展生产力。"[24]所以,"发展太慢也不是社会主义。否则社会主义有什么优越性呢?"[25]

第五,我国社会主义初级阶段的主要矛盾,决定了我们的中心任务是发展生产力。在社会主义初级阶段,"我们的生产力发展水平很低,远远不能满足人民和国家的需要,这就是我们目前时期的主要矛盾,解决这个主要矛盾就是我们的中心任务"[26]。我们要摆脱贫穷、摆脱落后,走出初级阶段,必须大力发展生产力,满足人民日益增长的物质文化需要。

上面的几个方面,都是马克思主义基本原理与我国国情相结合所产生的认识。在理论上,大家都是懂得的。可是,我们党不仅在"文革"时期忽视了生产力的发展,甚至在全面建设社会主义时期也在一定程度上忽视了生产力的发展,这又是为什么呢?

邓小平说:"毛泽东同志是伟大的领袖,中国革命是在他的领导下取得成功的。然而他有一个重大的缺点,就是忽视发展社会生产力。不是说他不想发展生产力,但方法不都是对头的,例如搞'大跃进'、人民公社,就没有按照社会经济发展的规律办事。"[27]由于强调"以阶级斗争为纲",导致对发展生产力的忽视,是毛泽东对社会主义认识不清醒的主要方面。

大量的文献和资料都证明,毛泽东在主观愿望上,是非常希望发展生产力的,例如,"赶英超美"、"大跃进"等,都是迫切希望发展生产力。其结果,却适得其反,没有真正地实现这个愿望。邓小平对毛泽东忽视发展生产力的批评,涉及了动机、手段和效果之间的关系。从动机上看,毛泽东还是很想要发展生产力的,但是,由于对阶级斗争和发展生产力关系认识的错误和发展生产力方法的不对头,得到了适得其反的效果,实际上造成了对生产力发展的忽视。用"大跃进"、人民公社,特别是"以阶级斗争为纲"的方法来发展生产力,违背了社会主义社会的经济发展规律,阻碍和破坏了生产力的发展。所以这里的问题,并不在于是否想要发展生产力,而在于如何发展生产力。我们是动机和效果的统一论者,是否重视生产力的发展,不仅要看动机,而且还要看效果。毛泽东说过:"我们判断一个党、一个医生,要看实践,要看效果;判断一个作家,也是这样。真正的好心,必须顾及效果,总结经验,研究方法"。[28] 如果用"目的—手段—结果"的逻辑公式来表述毛泽东的思想逻辑,则是:

发展生产力的目的—错误的手段方法—阻碍生产力发展的结果。

因此,要纠正毛泽东的错误,就最根本的方面而言,至少要涉及两个方面的问题:第一,什么是社会主义的根本任务?对这个问题的回答,涉及社会主义社会中阶级斗争与经济建设的关系问题;第二,怎样完成社会主义的根本任务?对这个问题的回答,涉及社会主义与改革开放、市场经济和坚持四项基本原则等关系问题。这两个问题,都是"什么是社会主义,怎样建设社会主义"必须回答的首要基本理论问题。

§161 从严治党,永远保持党的先进性

前文已经指出,"什么是社会主义,怎样建设社会主义"的问题,同"建设什么样的党,怎样建设党"的问题密切相关。如果对后一个问题认识不清醒,那么,对前一个问题是不可能有清醒的认识的。

1989年6月16日,邓小平同中共第三代中央领导集体的负责同志谈话时,特别要求他们要抓好党的建设。他说:"常委会的同志要聚精会神地抓党的建设,这个党该抓了,不抓不行了。"[29] 中国共产党是中国特色社会主义事业的领导核心,建设一个什么样的党、怎样建设党,不仅关系到党的生死存亡,而且关系到中国特色社会主义事业的成败。东欧剧变、苏联解体的最深层原因,都在于这些国家共产党的蜕化变质。历史教训说明,如果社会主义国家出了问题,那么,问题必然地首先出在共产党内部。所以,能不能从严治党,全面提高全党特别是党的干部队伍的素质,已成为一个党生死存亡的全局性、根本性的重大问题。

在改革开放以来中国特色社会主义建设伟大实践的基础上,党的第三代领导集体提出了"三个代表"重要思想。党的十六大在总结了什么是社会主义、怎样建设社会主义,建设什么样的党、怎样建设党十条基本经验后指出:

"这些经验,联系党成立以来的历史经验,归结起来就是,我们党必须始终代表中国先进生产力的发展要求,代表中国先进文化的前进方向,代表中国最广大人民的根本利益。这是坚持和发展社会主义的必然要求,是我们党艰辛探索和伟大实践的必然结论。"[30]

"三个代表"重要思想是马克思主义基本原理与中国特色实践相结合的理论成果,是对马克思主义关于生产力和生产关系、经济基础和上层建筑辩证关系,人民群众是历史的创造者、是推动社会历史前进动力等原理的具体运用,具有鲜明的时代性和人民性。"三个代表"本身就是三一体的结构,是一个概念推论三段式,它的出发点和归属,都是始终代表中国最广大人民的根本利益,反映了我们党的为人民服务的唯一宗旨。只有做到了这三个"始终代表",才能真正地保持党的先进性,使中国共产党成为中国工人阶级的先锋队,成为中国人民和中华民族的先锋队,永远站在中国特色社会主义事业的最前列。

"三个代表"重要思想是党的先进性内涵的集中表述,反映了阶级性、时代性和人民性的统一。中国共产党是中国工人阶级的政党,是阶级的组织,这是它的阶级性。同时中国共产党是工人阶级最先进的部队,而且是中国人民和中华民族的先锋队,具有先进性。党的先进性除了工人阶级的阶级性外,还表现为它的时代性,始终站在时代的前列,代表时代发展的方向,在理论和实践上都能与时俱进;党的先进性还同时表现为它的人民性,它永远站在人民群众的前列,代表人民群众的根本利益,带领人民群众前进。时代发展的方向同工人阶级和人民群众的根本利益是一致的。只有站在时代的前列,代表时代发展的方向,才能代表工人阶级和人民群众的利益;也只有代表工人阶级和人民群众的利益,才能不断地与时俱进,代表时代发展的方向,随着时代的发展而前进。"三个代表"重要思想中的三个代表,既具有时代性,同时具有人民性,同工人阶级的阶级性一起,集中地表达了党的先进性,构成了党的先进性的逻辑公式:

(1)阶级性—时代性—人民性。

这个公式表明,人民性是阶级性和时代性的统一,而先进性则是时代性与人民性的表现。"三个代表"重要思想说明的正是时代性、先进性和人民性的关系。十六大报告指出:"贯彻'三个代表'重要思想,关键在坚持与时俱

进,核心在坚持党的先进性,本质在坚持执政为民。"[31]根据这个阐述,党的阶级性的逻辑公式是:

(2)时代性—人民性—先进性。

历史上曾经的一些革命党也曾是先进者,在某种程度上也代表人民的利益,但当他们从先进者转化为落后者,从革命者转化为反动派时,他们就背叛人民了。所以,先进性与阶级性、时代性是不可分的,它要受阶级性和时代性的制约。对于一个政党来说,具有一时的先进性并不很难,难的是永远保持这种先进性,而且使先进性随着时代的发展而发展。

中国共产党的先进性是阶级性、时代性和人民性的统一,而人民性是党的先进性的最根本内容。十六届四中全会《中共中央关于加强党的执政能力建设的决定》对55年来党执政的历史实践,概括了六条主要经验,其中的一条经验是:"必须坚持立党为公、执政为民,始终保持党同人民群众的血肉联系。"并要求全党"坚持权为民所用、情为民所系、利为民所谋,实现好、维护好、发展好最广大人民的根本利益,保证人民群众共享改革发展的成果。"[32]

先进性的逻辑公式(1)和阶级性的逻辑公式(2)的综合,不仅包含党的先进性的理论逻辑,同时也包含了它的历史逻辑,说明先进性是随着历史和时代的发展而发展的,这就要求我们党永远保持自己的先进性。这个公式的具体内涵表明:

第一,历史上的革命党曾具有当时的先进性,由于阶级性使然,随着时代的发展,都转化为自己的反面,失去了先进性。对中国共产党来说,这种转化的可能性是否也同样存在呢?这是值得深思的问题。苏联共产党就是我们党的一面镜子,说明了永远保持共产党员先进性的重大意义。

第二,中国共产党的领导地位是历史地形成的。这当然是很对的,也是历史事实。但是,历史只能说明过去,领导地位不是一劳永逸的。如果不能保持党的先进性,我们就有丧失党的领导地位的危险。我们每个党员都应该有这种忧患意识,坚持从严治党的要求。

第三,党的先进性,主要表现为人民性,但它同时包含着阶级性。每个党员,时时刻刻都不能忘记,我们的党不是人民党、社会党,而是工人阶级的先锋队;共产党员也不是人民群众中的普通一员,而是工人阶级的先进分子。

第四,党的先进性和人民性,主要体现于党的理论、纲领、路线、方针和政策。但是,有了先进的理论、纲领、路线、方针和政策,还必须依靠广大党员贯彻执行,否则,一切都会变成空话。这说明,党员的先进性是党的先进性的基础,而党的先进性则是保持共产党员先进性的前提。我们既要保持党组织的先进性,又要保持党员的先进性。

第五,先进性不仅是一个理论问题,更重要的是一个实践问题。我们既要保持一时、一事、一地的先进性,更重要的是永远保持先进性。我们既要在每时、每事、每地的问题上表现出先进性,同时也要保持永久的全面的先进性。每个党员所担负的工作都是党的事业的一部分,先进性应该落实到每个党员的每项工作中去,落实到同周围群众的一切关系上。

§162 发展是中国特色社会主义的主题

要科学而完整地阐述中国特色社会主义理论体系,首先必须正确把握这个理论体系的主题。发展是中国特色社会主义的理论主题。它的具体内容包括发展的战略目标、发展的基本任务、发展的领导力量、发展的全面内容和发展的科学方法。

邓小平理论回答了社会主义的基本任务是发展生产力,发展必须以经济建设为中心;"三个代表"重要思想回答了发展的领导力量是中国共产党,必须永远保持党的先进性;科学发展观回答了发展的全面内容和科学方法,实现经济社会的全面进步和人的全面发展;关于发展的战略目标,是由党的第一代领导集体首先回答了的,在后来得到了进一步的发展和完善,这个战略目标就是把我国建设成为现代化的社会主义国家。这些不同的回答,构成了对"什么是社会主义,怎样建设社会主义"基本理论问题的总回答,即发展的总主题。

近代以来,中国社会需要解决两大问题,一个是民族独立、人民解放;一个是国家富强、人民富裕。这就是中国人民的两大历史使命。中国革命完成了第一个历史使命,它通过革命这一基本途径,实现了民族独立和人民解放。所以,革命(新民主主义革命和社会主义革命)是毛泽东思想的理论主题。中国社会主义建设和改革开放的历史使命则是要实现国家富强和人民富裕,它的基本途径是发展。这就决定了实现发展是中国特色社会主义的历史使命,发展是中国特色社会主义理论体系的主题。

历史时代主题的转换,同样要求中国特色社会主义理论体系以发展为理论主题。当前时代的主题,已由战争与革命转变为和平与发展,就国内而言,则已由革命转变为发展和改革。如果说毛泽东思想的主题是革命,它适应了战争与革命时代的要求,那么,中国特色社会主义理论体系的主题就应该适应历史时代主题的转换,实现和平与发展,以发展为理论主题。同时,中国的发展是和平发展,我们所要实现的是和谐发展,建设和谐社会。科学发展与和谐发展讲的都是发展,这个理论主题,正是和平与发展时代主题的必然要求。中国特色社会主义发展主题的逻辑公式为:

时代主题—和平与发展—以发展为主题。

以革命理论为主题转换为以发展理论为主题,这也是党的工作重心转移的结果。中共十一届三中全会实现了党的工作重心的转移,从"以阶级斗争为纲"转移到以经济建设为中心的轨道上来。"工作重心"的转移,就是中心工作的转变,即从革命转移到建设和发展上来。这种转移,反映到理论中来,就是理论主题的转移。这个主题不再是革命,而是发展。党的工作重心的这种转移,同时代主题的转换也是完全一致的。

我们现在从事的是发展和建设中国特色社会主义事业,它包括了经济、政治、文化、社会和生态文明等多方面的战略布局。在这些布局中,也包含了共同的主题,这就是主要矛盾。我国处于社会主义初级阶段,是发展中国家,我国社会的主要矛盾是人民日益增长的物质文化需要与落后的生产不能满足这种需要的矛盾。这个主要矛盾,是指社会中客观存在着的关系,而不是理论或思想。解决这个主要矛盾,就是我们的中心工作。这个中心工作就是我们工作中的主题,即是实践活动的中心任务。这个逻辑公式是:

社会主义初级阶段—发展中国家—以发展为主题。

发展主题是主要矛盾和中心任务的理论概括。"主要矛盾"是客观规律范畴,是客观存在,是由社会主义初级阶段的社会性质决定的。根据主要矛盾确定我们的中心工作,这是解决主要矛盾这项工作的任务。"发展是执政兴国的第一要务",是对这个中心工作的表述。所以,同"主要矛盾"这个客观范畴不同,"第一要务"是实践范畴,是指实践活动的中心。"主要矛盾"和"第一要务"反映到理论上来,形成了科学发展观,提出了"发展是第一要义",这是反映客观存在和中心工作的概念。从"要务"到"要义",这是认识过程的飞跃,它已经从对象进入到理论中来了,使"发展是第一要义"成为中国特色社会主义理论体系中的中心思想,即理论主题。中共十八大报告还指出:"解放和发展社会生产力是中国特色社会主义的根本任务。要坚持以经济建设为中心,以科学发展为主题"。[33]这里的"根本任务"和"以经济建设为中心"也同样是邓小平理论、"三个代表"重要思想中的基本思想,科学发展观继承了这一基本思想,并进一步加以丰富和发展,补充了"以科学发展为主题"、"实现以人为本、全面协调可持续的科学发展"等基本思想[34]。

当然,作为语言表达式,我们把客观规律和实践活动概括为理论,形成思想体系,形成反映"主要矛盾"(社会矛盾)和"第一要务"(中心工作)的理论概念,即"第一要义"。这样,我们可以把这种理论概括的过程,表述为如下的概念推论三段式:

主要矛盾—第一要务—第一要义。

这个公式表明,我们从"主要矛盾"中推论出"第一要务",又从"第一要务"推论出"第一要义",从而表明,理论主题是关于对象的主要矛盾和实践的中心任务在理论上的概括。

以发展为理论主题,这是马克思主义原理与中国社会主义初级阶段具体实际相结合的理论成果。"中国社会主义初级阶段"概念是中国特色社会主义理论体系的逻辑起点。由于我国还处于社会主义初级阶段,所以根本任务是发展社会生产力;必须围绕发展社会生产力这个根本任务,把改革作为推进建设中国特色社会主义事业各项工作的动力;必须正确处理改革、发展同稳定的关系,保持稳定的政治环境和社会秩序,在政治稳定中推进改革、发展,在改革、发展中实现社会政治稳定。发展是硬道理,稳定是硬任务。改革、发展、稳定是贯穿于中国特色社会主义事业中的主线。在这根主线中,中心是发展,一切都为了发展。发展是解决我国所有问题的关键。这些基本理论观点,构成了中国特色社会主义理论体系关于发展主题的基本框架。这就是:

发展—改革—稳定。

在这个公式中的合题"稳定",实际上蕴涵着"发展",它的意涵就是"稳定发展",即在更高发展水平上的稳定,是在更高的形态上向正题"发展"的复归。因此,对改革来说,它不仅要促进发展,而且还要保持社会稳定。

胡锦涛指出:"生产力是人类社会发展的根本动力。我们党是以中国先进生产力的代表登上历史舞台的。党的一切奋斗,归根到底都是为了解放和发展社会生产力,不断改善人民生活。我们已经取得了举世瞩目的伟大成就,但我国仍处于并将长期处于社会主义初级阶段的基本国情没有变,人民日益增长的物质文化需要同落后的社会生产之间的矛盾这一社会主要矛盾没有变,我国是世界上最大的发展中国家的国际地位没有变。发展仍然是解决我国所有问题的关键。牢牢抓住和用好我国发展的重要战略机遇期,是我们赢得主动、赢得优势、赢得未来的关键所在,是对我们党执政能力的重大考验,也是对我们民族自强能力的重大考验。"[35]

在当代中国,坚持发展是硬道理的本质要求就是坚持科学发展与和谐发展。我们要以科学发展为主题,以加快转变经济发展方式为主线,更加注重以人为本,更加注重全面协调可持续发展,更加注重统筹兼顾,更加注重改革开放,更加注重保障和改善民生,加快经济结构战略性调整,加快科技进步和创新,加快建设资源节约型、环境友好型社会,促进社会公平正义,促进经济长期平稳较快发展和社会和谐稳定,不断在生产发展、生活富裕、生态良好的文明发展道路上取得新的更大的成绩,不断为全面建成小康社会、实现中华民族伟大复兴打下更为坚实的基础。

§163 中国特色社会主义的总体性

中共十八大报告把中国特色社会主义道路、理论和制度的三者统一,表述为"最鲜明特色",阐述了中国特色社会主义最鲜明的总体性特征。报告说:"中国特色社会主义道路是实现途径,中国特色社会主义理论体系是行动指南,中国特色社会主义制度是根本保障,三者统一于中国特色社会主义伟大实践,这是党领导人民在建设社会主义长期实践中形成的最鲜明特色。"[36]就是说,中国特色社会主义,包括中国特色社会主义理论体系,中国特色社会主义道路,中国特色社会主义制度。这个"三位一体"的构成,不是并立的关系,而是一个相互统一的中国特色社会主义总体。这个总体性的三段式即是:

中国特色社会主义理论体系—中国特色社会主义道路—中国特色社会主义制度。

中国特色社会主义的这个总体性,是理论、道路和制度的统一;这个统一,根源于科学社会主义的总体性,而且这种总体性是我们党90年的奋斗、创造、积累的伟大成就,是我们党领导的伟大社会主义运动的产物。

与中国特色社会主义"三位一体"的总体性相对应,科学社会主义是思想体系,同时又是社会制度,而且是实践运动。把这三者的逻辑关系表述为概念推论三段式,则有:

社会主义思想体系—社会主义实践运动—社会主义社会制度。

关于思想体系、社会运动和社会制度三者的关系,毛泽东在新民主主义革命时期就早已指出:"共产主义是无产阶级的整个思想体系,同时又是一种新的社会制度。"这说明,思想体系和社会制度是共产主义的两个方面含义。"中国的民主革命,没有共产主义去指导是决不能成功的,更不必说革命的后一阶段了。"就是说,民主革命运动是在共产主义思想体系指导下的革命实践运动。"关于社会制度的主张,共产党是有现在的纲领和将来的纲领,或最低纲领和最高纲领两部分的。在现在,新民主主义,在将来,社会主义,这是有机构成的两部分,而为整个共产主义思想体系所指导的。"[37]这里说的纲领,就是我们为之奋斗的目标。所以,当我们说,社会主义是思想体系、社会主义是实践运动和社会主义是社会制度的时候,说的并不是三样东西,而是同一个东西的不同含义。

就今天而言,中国特色社会主义思想体系(或理论体系),是我们的指导思想,中国特色社会主义制度(或社会形态)是我们为之奋斗的目标和结果,中国特色社会主义实践运动则是在中国特色社会主义理论体系指导下,以实现中国特色社会主义制度为目标的实践运动。这三者的统一,就是我们通常所说的中国特色社会主义事业。这也就是中共十八大报告中所说的,是党领导人民在建设社会主义长期实践中形成的最鲜明特色。

隶属于这个中国特色社会主义总体性的,还有"三个总体"的概念框架。这就是十八大报告所指出的:"建设中国特色社会主义,总依据是社会主义初级阶段,总布局是五位一体,总任务是实现社会主义现代化和中华民族伟大复兴。"[38]这是对中国特色社会主义总概括所提出的概念推论三段式:

总根据—总布局—总任务。

这个公式说明,中国特色社会主义的总根据就是一个现实的总体,理论的总体是对这个现实总体的反映。应该指出,总根据不仅是我们社会主义建设一切实践活动的出发点,又是我们变革的对象。柯尔施说:"马克思的唯物主义首先是历史的和辩证的唯物主义。换言之,它是这样一种唯物主义,它的理论认识了社会和历史的整体,而它的实践则颠覆了这个整体。"[39]一方面,中国特色社会主义总体性是由中国社会主义初级阶段这个总根据所决定的,另一方面,由于实践运动"颠覆了这个整体",使这个总体经历着一场革命的变革,从而推动了中国特色社会主义的发展。

历史已经表明,改革开放30多年来,随着中国特色社会主义建设实践的发展,社会主义初级阶段这个"总根据"也发生了深刻的变化,创造出新的历史起点,从而不断地改变我们的总布局。从"三位一体"的总布局开始,经历了"四位一体"的总布局,再进一步发展到"五位一体"的总布局;从建设总体小康社会到建设全面小康社会,再进一步发展到建成全面小康社会。由于不断地认识到这种变化,科学发展观才能在新世纪新阶段,"成功在新的历史起点上坚持和发展了中国特色社会主义"[40]。同时,我们也应该看到,社会主义初级阶段的规定性仍然没有根本改变,社会主义初级阶段的基本国情也没有改变。因此,"我们必须清醒认识到,我国仍处于并将长期处于社会主义初级阶段的基本国情没有变,人民日益增长的物质文化需要同落后的社会生产之间的矛盾这一社会主要矛盾没有变,我国是世界最大发展中国家的国际地位没有变"[41]。由于社会主义初级阶段这个最大国情没有根本改变,所以,改革发展的立足点没有变,长期坚持党的基本路线必须不动摇。我们必须坚持"一个中心、两个基本点",扎扎实实地夺取中国特色社会主义新胜利。

社会总是要发展的,社会主义初级阶段也在不断地发生变化。总有一天,我国要走出社会主义初级阶段,进入中等发达的社会主义。这个时候,随着总根据的变化,总布局也必定要相应地发生变化,中国特色社会主义将走上更新的征途。

§164 "三个规律"理论的逻辑

中国特色社会主义的总体性,提出了"三个规律"的逻辑关系问题。中共十八大报告指出:"中国特色社会主义,既坚持了科学社会主义基本原则,又根据时代条件赋予其鲜明的中国特色,以全新的视野深化了对共产党执政规律、社会主义建设规律、人类社会发展规律的认识,从理论和实践结合上系统回答了在中国这样人口多底子薄的东方大国建设什么样的社会主义,怎样建设社会主义这个根本问题,使我们国家快速发展起来,使我国人民生活水平快速提高起来。"[42]"建设什么样的社会主义,怎样建设社会主义"这个根本问题,就是中国特色社会主义的总体性问题。对这个问题的科学回答,既要根据社会主义建设规律,又要根据人类社会发展规律,而且还必须以共产党执政规律为依据。我们深化"三个规律"认识的最终目的是要认识"中国特色社会主义建设规律",并把"三个规律"的一般内涵转化为中国特色社会主义建设规律的具体内容。如果把人类社会发展规律看作普遍性,社会主义建设规律看作特殊性,那么,中国特色社会主义建设规律则是个体性。这个逻辑公式是:

　　人类社会发展规律—社会主义建设规律—中国特色社会主义建设规律。

这个公式包含了三个规律的普遍性、特殊性和个体性的统一。以一般形式表述三者的关系,这个公式的一般形式可以写为:

　　普遍性—特殊性—个体性。

这个公式表明,在个体性中包含了普遍性和特殊性。这个公式不仅对中国是适用的,而且对其他社会主义国家也同样是适用的。只有实现了社会规律的普遍性、特殊性和个体性的统一,我们才能把握中国特色社会主义建设规律和中国特色社会主义的总体性。

在三个规律中,每一个规律的内容都是一个总体,即自身包含着决定作用与能动反作用的相互统一的总体。在三个规律中,这两种作用都是普遍存在的,这是它们的普遍性;但实现的形式则是不同的,这是它们的特殊性。

第一,发展生产力是三个规律中的决定性要素。生产力的发展是人类社会发展的物质基础和最终动力,这是人类社会基本矛盾运动规律所揭示的基本原理。根据这个基本原理,社会主义的基本任务是发展社会生产力。由此,我们得到的结论是:解放和发展社会生产力是中国特色社会主义的根本任务。这个结论表明,中国特色社会主义建设规律既包含了人类社会发展规律的科学内涵,也包含了社会主义建设规律的科学内涵。

第二,生产关系对生产力、上层建筑对经济基础的反作用是三个规律中的能动性要素。必须把握生产力对生产关系、经济基础对上层建筑的决定作用与生产关系对生产力、上层建筑对经济基础的反作用之间的辩证关系。这种统一,在人类社会发展规律和社会主义建设规律中都是存在着的,在坚持决定作用的时候,绝不能忽视能动反作用。因此,在坚持以经济建设为中心、以科学发展为主题的同时,必须全面推进经济建设、政治建设、文化建设、社会建设、生态文明建设,实现以人为本、全面协调可持续的科学发展。这里,既有决定作用,又有能动反作用,体现了中国特色社会主义建设规律科学内涵的总体性。

共产党执政规律同前述的三个规律并不存在普遍与特殊的关系,它是另一个系统的规律,是自从产生了政党以后才出现的政治运动规律。从近代资产阶级社会产生政党以来,并产生了执政党以后,才出现了政党执政的政治现象,从而产生了政党执政规律。共产党执政则是社会主义社会中的政治现象,相应的是共产党执政规律。在中国,则是中国共产党执政的规律。这三个规律之间的关系,也是一般、特殊和个别的关系,它的三段式是:

政党执政规律—共产党执政规律—中国共产党执政规律。

这些规律,反映的是政党与政权之间的关系。每一个政党一旦掌握了政权,都想持续地执掌下去。能不能长期执政,当然也取决于执政能力和执政方式,但最根本的是在于执政党与群众的关系。亚里士多德早就认为:"一种政体如果要达到长治久安的目的,必须使全邦各部分(各阶级)的人民都能参加而怀抱着让它存在和延续的意愿。"[43]亚里士多德所说的,实际上就是政体的合法性的问题。一个政权如果能够得到社会成员的认同和支持,这个政权就有了存在的基础。如果失去了这个基础,就将出现合法性的危机了,这时,执政党就可能要下台。具有执政的合法性是政党执政的一般规律,它应同样成为共产党执政规律和中国共产党执政规律的内涵。

共产党执政规律具有特殊性。如果执政的共产党是马克思主义政党,能够代表人民群众的利益,它就能得到人民群众的支持和认同,就能够顺利地执政。如果共产党本身蜕变了,脱离人民群众,就像以前的苏联、东欧国家的共产党那样,就必然要丢失政权。这是共产党执政的一般规律。它也应同样成为中国共产党执政规律的内涵。

中国共产党执政规律不仅具有政党执政的一般性内涵和共产党执政的特殊性内涵,而且还具有自己的个体性内涵。这就是中国共产党执政规律的中国特色。"三个代表"重要思想提出的保持党的先进性,始终代表中国先进生产力的发展要求,代表中国先进文化的前进方向,代表中国最广大人民的根本利益,这是中国共产党执政规律的最鲜明特点。它的根本要求就是坚持与时俱进、坚持党的先进性和坚持执政为民。中共十六届四中全会所总结的成为党执政以来执政的主要经验:第一,必须坚持党在指导思想上的与时俱进,用发展着的马克思主义指导新的实践;第二,必须坚持推进社会主义的自我完善,增强社会主义的生机和活力;第三,必须坚持抓好发展这个党执政兴国的第一要务,把发展作为解决中国一切问题的关键;第四,必须坚持立党为公、执政为民,始终保持党同人民群众的血肉联系;第五,必须坚持科学执政、民主执政、依法执政,不断完善党的领导方式和执政方式;第六,必须坚持以改革的精神加强党的建设,不断增强党的创造力、凝聚力、战斗力。[44]这些经验,也都是中国共产党执政规律的内涵,具有鲜明的中国特色。

中国共产党执政规律与中国特色社会主义建设规律是两种不同实体活动的规律,前者是中国共产党执政活动的规律,后者是中国特色社会主义建设活动的规律。就两个不同的实体而言,它们是相互独立的个体性规律。但是,因为中国共产党是中国特色社会主义的领导核心,这就使中国共产党执政规律成为中国特色社会主义建设规律包容的内涵。例如,就发展来说,它是中国共产党执政为民的第一要务,又是科学发展观的第一要义。这是同一概念内涵处于两个不同规律中的不同意义,反映了两个规律在区别中的内涵包容关系。不仅如此,虽然在外延上两个规律彼此独立,它们并非是属种关系,但又具有逻辑上的意义相干性。没有中国共产党的执政和领导,就没有中国特色社会主义；反之，不坚持中国特色社会主义，就不再是中国共产党执政规律，正是这种意义相干性，使它们融合为一个总体。这种关系也可以用一个三段式来表述：

　　　　执政规律—建设规律—总体规律。

参 考 文 献

[1] 习近平.在新进中央委员会的委员、候补委员学习贯彻党的十八大精神研讨班开班式上的讲话[N].人民日报,2013-1-6(1).

[2] 列宁.论工人政党对宗教的态度[M]//列宁.列宁选集：第2卷.3版.北京：人民出版社,1995：247.

[3] 胡锦涛.高举中国特色社会主义伟大旗帜,为夺取全面建设小康社会新胜利而奋斗：在中国共产党第十七次全国代表大会上的报告[M].北京：人民出版社,2007：12.

[4] 恩格斯.恩格斯致韦尔纳·桑巴特(1895年3月11日)[M]//马克思,恩格斯.马克思恩格斯文集：10.北京：人民出版社,2009：691.

[5] 沿着有中国特色的社会主义道路前进：在中国共产党第十三次全国代表大会上的报告[G]//中国共产党第十三次全国代表大会文件汇编.北京：人民出版社,1987：13.

[6] 胡锦涛.坚定不移沿着中国特色社会主义道路前进,为全面建成小康社会而奋斗：在中国共产党第十八次全国代表大会上的报告[G]//中国共产党第十八次全国代表大会文件汇编.北京：人民出版社,2012：11.

[7] 毛泽东.在中国共产党第七届中央委员会第二次全体会议上的报告[M]//毛泽东.毛泽东选集：第4卷.2版.北京：人民出版社,1991：1437.

[8] 周恩来.发展国民经济的主要任务[M]//周恩来.周恩来选集：下卷.北京：人民出版社,1984：439.

[9] 周恩来.向四个现代化的宏伟目标前进[M]//周恩来.周恩来选集：下卷.北京：人民出版社,1984：479.

[10] 毛泽东.在扩大的中央工作会议上的讲话[M]//毛泽东.毛泽东文集：第8卷.北京：人民出版社,1999：302.

[11] 邓小平.社会主义必须摆脱贫穷[M]//邓小平.邓小平文选:第3卷.北京:人民出版社,1993:225.

[12] 毛泽东.读苏联《政治经济学教科书》的谈话(节选)[M]//毛泽东.毛泽东文集:第8卷.北京:人民出版社,1999:116.

[13] 叶剑英.在庆祝中华人民共和国成立三十周年大会上的讲话[M]//叶剑英.叶剑英选集.北京:人民出版社,1996:527.

[14] 中国共产党中央委员会关于建国以来党的若干历史问题的决议[G]//中共中央文献研究室.三中全会以来重要文献选编:下.北京:人民出版社,1982:838.

[15] 沿着有中国特色的社会主义道路前进:在中国共产党第十三次全国代表大会上的报告[G]//中国共产党第十三次全国代表大会文件汇编.北京:人民出版社,1987:7.

[16] 中国共产党第八次全国代表大会关于政治报告的决议[G]//中共中央文献研究室.建国以来重要文献选编:第9册.北京:中央文献出版社,1994:341.

[17] 邓小平.坚持四项基本原则[M]//邓小平.邓小平文选:第2卷.2版.北京:人民出版社,1994:182.

[18] 邓小平.在武昌、深圳、珠海、上海等地的谈话要点[M]//邓小平.邓小平文选:第3卷.北京:人民出版社,1993:373.

[19] 江泽民.加快改革开放和现代化建设步伐,夺取有中国特色社会主义事业的更大胜利[G]//中国共产党第十四次全国代表大会文件汇编.北京:人民出版社,1992:21-22.

[20] 邓小平.政治上发展民主,经济上实行改革[M]//邓小平.邓小平文选:第3卷.北京:人民出版社,1993:116.

[21] 邓小平.坚持四项基本原则[M]//邓小平.邓小平文选:第2卷.2版.北京:人民出版社,1994:181-182.

[22] 邓小平.吸取历史经验,防止错误倾向[M]//邓小平.邓小平文选:第3卷.北京:人民出版社,1993:228.

[23] 邓小平.思想更解放一些,改革的步子更快一些[M]//邓小平.邓小平文选:第3卷.北京:人民出版社,1993:264-265.

[24] 邓小平.社会主义也可以搞市场经济[M]//邓小平.邓小平文选:第2卷.2版.北京:人民出版社,1994:231.

[25] 邓小平.我们干的事业是全新的事业[M]//邓小平.邓小平文选:第3卷.北京:人民出版社,1993:255.

[26] 邓小平.坚持四项基本原则[M]//邓小平.邓小平文选:第2卷.2版.北京:人民出版社,1994:182.

[27] 邓小平.政治上发展民主,经济上实行改革[M]//邓小平.邓小平文选:第3卷.北京:人民出版社,1993:116.

[28] 毛泽东.在延安文艺座谈会上的讲话[M]//毛泽东.毛泽东选集:第3卷.2版.北京:人民出版社,1991:873-874.

[29] 邓小平.第三代领导集体的当务之急[M]//邓小平.邓小平文选:第3卷.北京:人民出版社,1993:314.

[30] 江泽民.全面建设小康社会,开创中国特色社会主义事业新局面:在中国共产党第十六次全国代表大会上的报告[M].北京:人民出版社,2002:10.

[31] 江泽民.全面建设小康社会,开创中国特色社会主义事业新局面:在中国共产党第十六次全国代表大会上的报告[M].北京:人民出版社,2002:12.

[32] 中共中央关于加强党的执政能力建设的决定[M]//中共中央关于加强党的执政能力建设的决定.北京:人民出版社,2004:6.

[33] 胡锦涛.坚定不移沿着中国特色社会主义道路前进,为全面建成小康社会而奋斗:在中国共产党第十八次全国代表大会上的报告[G]//中国共产党第十八次全国代表大会文件汇编.北京:人民出版社,2012:13.

[34] 胡锦涛.坚定不移沿着中国特色社会主义道路前进,为全面建成小康社会而奋斗:在中国共产党第十八次全国代表大会上的报告[G]//中国共产党第十八次全国代表大会文件汇编.北京:人民出版社,2012:13.

[35] 胡锦涛.在庆祝中国共产党成立90周年大会上的讲话[M].北京:人民出版社,2011:20.

[36] 胡锦涛.坚定不移沿着中国特色社会主义道路前进,为全面建成小康社会而奋斗:在中国共产党第十八次全国代表大会上的报告[G]//中国共产党第十八次全国代表大会文件汇编.北京:人民出版社,2012:12.

[37] 毛泽东.新民主主义论[M]//毛泽东.毛泽东选集:第2卷.2版.北京:人民出版社,1991:686.

[38] 胡锦涛.坚定不移沿着中国特色社会主义道路前进,为全面建成小康社会而奋斗:在中国共产党第十八次全国代表大会上的报告[G]//中国共产党第十八次全国代表大会文件汇编.北京:人民出版社,2012:12.

[39] 柯尔施.马克思主义和哲学[M].王南湜,荣新海,译.张峰,校.重庆:重庆出版社,1989:38.

[40] 胡锦涛.坚定不移沿着中国特色社会主义道路前进,为全面建成小康社会而奋斗:在中国共产党第十八次全国代表大会上的报告[G]//中国共产党第十八次全国代表大会文件汇编.北京:人民出版社,2012:11.

[41] 胡锦涛.坚定不移沿着中国特色社会主义道路前进,为全面建成小康社会而奋斗:在中国共产党第十八次全国代表大会上的报告[G]//中国共产党第十八次全国代表大会文件汇编.北京:人民出版社,2012:15.

[42] 胡锦涛.坚定不移沿着中国特色社会主义道路前进,为全面建成小康社会而奋斗:在中国共产党第十八次全国代表大会上的报告[G]//中国共产党第十八次全国代表大会文件汇编.北京:人民出版社,2012:12.

[43] 亚里士多德.政治学[M].吴寿彭,译.北京:商务印书馆,1965:88.

[44] 中共中央关于加强党的执政能力建设的决定[M]//中共中央关于加强党的执政能力建设的决定.北京:人民出版社,2004:4-7.

第 2 篇

马克思主义中国化的实践逻辑

在认识论上,理论来自实践,又转过来指导实践。在逻辑上,理论是在先的,它必须走在实践的前面,从"是什么"推论出"怎么做"。马克思主义中国化的实践逻辑,是回答和建构"怎么做"的逻辑,属于实践理性。

为什么能够从马克思主义中推论出解决中国问题的具体方案?因为马克思主义是蕴涵价值的理论,它本身就是一种价值体系,能够满足中国人民救中国和发展中国的需要。这就决定了中国人民选择了马克思主义,选择了社会主义,选择了中国共产党。

在实现马克思主义中国化而获得中国理论后,中国理论自身就蕴涵着中国道路,而且根据中国道路,进一步制定出中国战略和策略,以及相应的方针政策。在中国民主革命道路、社会主义革命道路和中国特色社会主义道路中,都包含着战略根据、战略目标和战略布局,以及战略目标最终实现的结果。这就是实践逻辑的基本问题,揭示了中国道路的逻辑结构。

开辟中国道路,是马克思主义中国化的核心。无论在中国革命时期,还是在社会主义建设时期,马克思主义中国化的基本任务都是开辟中国道路,这是马克思主义中国化实践逻辑的基本功能。

第1章
中国理论蕴涵中国道路

根据理论蕴涵观念的原理(见§92),如果理论所要蕴涵的观念是价值观,那么,这种理论必然蕴涵价值。这就是理论蕴涵价值的原理。科学社会主义是蕴涵价值的理论,因而社会主义是一种价值体系。中国人民选择社会主义的目的是开辟中国道路,其中包括中国特色革命道路和中国特色社会主义道路。社会主义对中国人民的价值是:只有坚持社会主义道路,才能救中国和发展中国。因此,马克思主义中国化的根本任务是开辟中国道路,把蕴涵于中国理论中的道路内涵,从理论转化为实践。这个转化的逻辑前提是中国人民的价值诉求和马克思主义理论的价值蕴涵。

§165 实践逻辑的建构

中国特色社会主义理论体系意蕴着中国特色社会主义道路,因而可以从中国特色社会主义理论逻辑中必然地演绎出中国特色社会主义实践逻辑。这是一个概念推论。在说明这个推论之前,首先让我们来了解人与世界的三重关系。

人与世界的第一重关系是认识关系,人是认识主体,世界是认识客体。在认识论上,这是反映与被反映的关系,即是马克思所说的解释世界。

人与世界的第二重关系是价值关系,人是价值主体,世界是价值客体,在价值论上,这是占有与被占有、享用与被享用的关系,即是马克思所说的价值客体为我而存在。

人与世界的第三重关系是实践关系,人是实践主体,世界是实践客体。在实践论上,这是改造与被改造的关系,即是马克思所说的改变世界。

价值关系是解释世界和改变世界的中介。通过价值关系,认识关系才能走向实践关系。三重关系的逻辑公式是：

　　　　　认识关系—价值关系—实践关系。

认识关系回答"是"，即"是什么"和"不是什么"，它表现为客观性；价值关系回答"需要"，即"需要什么"和"不需要什么"，它表现为主观性；实践关系回答"做"，即"应当"怎么做和"不应当"怎么做，它表现为主观性和客观性的统一。所以，这三重关系最终要落实在实践关系上，在认识世界的基础上，根据主体的需要来改变世界。

人与世界的实践关系是如何生成的？又是如何能够实现的？

人的"需要"，产生于人在社会生活中的主观诉求。在这时产生的需要，更多地表现为主观的尺度，可能产生的需要是过度的，或不足的。由于"是"揭示了事物的性质和规律，为人们提供了需要的客观尺度，从而能够把主观尺度与客观尺度结合起来，实现需要的主观性和客观性的统一，避免过度的需要和不足的需要，使之成为适度的需要。

列宁说："世界不能满足人，人决心以自己的行动来改变世界。"[1]由于在现实的世界中往往不存在能够满足主体需要的客体，因而就不可能进行选择和占有现有的客体，以至享用。在这种情况下，就必须进行改变客体形态的实践活动，创造新的客体。

在创造为我客体的过程中，"应当"主要是指行为的取向，即指明"应当"怎么做和"不应当"怎么做。它包括两个方面："应当"的目的和"应当"的手段。"应当"的行为，其目的是创造价值客体，满足主体的需要。但是，为了满足过度需要或不足需要的行为，都不是"应当"，而是"不应当"。人们不能单纯地从"需要"中确定"应当"，而同时必须把它建立在外部现实的基础上，使主体的需要成为适度的需要。这就要求把需要与"是"相结合，根据"是"提供的关于事物的知识，调整主体的需要，确定"应当"的目的和手段。

如何确定实践活动的目的和实现目的的手段？根据列宁对实践的规定："人的**实践** = 要求（1）和**外部**现实（2）"[2]，改变外部世界满足主体需要的实践，必须从现实的基础出发，把需要与外部世界的对象结合起来，确定主体需要与外部客体属性相统一的实践活动的目的和手段。

第一，连接需要与对象的关系，正确地规定目的。目的的起点是需要。但是，不是任何需要都可以作为目的而实现的，必须根据对象的性质调整需要，使其成为能够实现的目的。这样做之所以可能，就在于"是"提供了关于对象的知识，根据这种知识，把握需要与对象的统一，来设计为我客体的目标形态。关于这个目标形态设计的逻辑公式是：

（1）需要—对象—目标。

第二，根据目标和对象的关系，正确地选择手段。因为，实践活动的基本内容，是手段与对象的相互作用。手段是为实现目的服务的，具有主观性；而手段又是用来改变对象形态的，因而必须服从于对象，从而具有客观性。当手段作用于对象时，它们的关系完全是外部世界的关系，受客观规律的支配。在实践活动中，主体不能违背和改变客观规律，他的作用只能是控制和调节活动，运用手段作用于对象。所以，手段的主观性必须服从客观性，主体只能根据"是"提供的关于对象的知识，即根据对象的性质来选择手段。它的逻辑公式是：

（2）目标—对象—手段。

第三，实践活动是主体运用手段作用于对象，实现实践结果的过程。在确定了手段后，主体以手段来改变自在客体，使之成为主体所需要的目标形态，这就是实践的结果。因为，目标是实践过程结束时所得到的结果，所以在理论上，目的和结果应该是一致的。但在多数情况下，目标总是不能完全地实现的，所以目的与结果只能是有差异的统一。公式（1）和（2）的综合，就构成了实践逻辑的基本公式：

（3）目的—手段—结果。

五四运动之所以成为中国民主革命的开端，因为它提出了彻底的反帝反封建的口号，要求民族独立和人民解放。在中国共产党成立后，就领导了中国人民反帝反封建的革命运动，承担起实现民族独立和人民解放的历史使命。这就是中国人民的需要。我们是如何产生这种需要的呢？这首先是从受压迫、受剥削这种现实生活中提出来的。后来，经历长期的研究和争论，对中国社会性质有了统一的认识，确定它是一个殖民地半殖民地半封建社会，必须改变这个社会才能实现民族独立和人民解放的历史使命。这样，就把独立和解放的需要与变革中国社会结合起来了。那么，变革社会的目标和手段又是什么？当时，出现了两种不同的目标，一个是建立社会主义，一个是建立资本主义。根据中国社会这个外部现实，社会主义不可能成为直接的目标，因为中国社会性质所决定的中国革命还不是社会主义革命；资本主义不应该成为目标，因为它不可能实现民族独立和人民解放。于是，根据中国人民的需要和中国社会的现实，我们最终决定了以新民主主义为目标。同时，根据这个目标和中国社会的特点，采取了武装斗争的手段。通过长期的斗争实践，终于实现了实践的结果，即建立了新中国，获得了民族独立和人民解放。

在日常生活中，情况也是这样。例如，为了满足居住的需要，必须盖房子。盖房子需要材料，这就是外部对象。建造什么样的房子，受制于能够提供什么样的材料。怎样把材料筑成房子，依赖于实现目标的手段。采用什么样的技术，也依赖于目的和对象。这些"应当"的目的和手段，都是由"是"提供的客观规律知识来完成的。这样，把关于对象的知识同主体需要结合起来，就可以设计房子的图纸，并按照图纸进行施工，完成房子的建筑，最终地实现目标。

这种从目的到结果的运动，表现为客体形态的运动和变化。它的逻辑公式是：

（4）自在客体—改变中的客体—为我客体。

通过公式(1)和(2)的建构，形成了实践逻辑公式(3)。实践过程的发展，具体地表现为以公式(4)表述的客体形态的变化。

上述关于实践逻辑建构的叙述，只是一个概念框架，它的具体实现，必须依赖于具体的科学和技术。例如，革命实践运动的目的和手段，必须根据革命的科学理论和变革对象性质的知识；建造房子、公路、铁路、桥梁等的目的和手段，必须依靠建筑学的知识和技术；医生治病，他的目的和手段的设计，必须依靠医学知识和技术，以及对患者疾病的诊断；作战的目的和手段的设计和实施，必须依靠军事科学和战争的战略和战术；等等。这些具体的工作，形式逻辑和概念逻辑只能提供逻辑方法，它的实际完成依赖于其他的科学和技术。

实践的结果往往是这样，即便做了精心的设计，实践也不都是成功的。这是因为，主观世界与客观世界毕竟是两个不同的世界，而"应当"又往往偏离客观世界。列宁指出："'客观世界''走它自己的路'，人的实践面对这个客观世界，在'实现'目的时会遇到'困难'，甚至会碰到'无法解决的问题'"。[3] 究其原因，可能存在两个方面的问题：从主观方面来说，由于需要不适度，或

"是"不真实,因而没有实现需要与对象的统一;从客观方面来说,外部世界的发展,出现了尚未认识的新情况和新问题。其中,起着决定作用的,还在于"是"的认识还没有把"是什么"和"不是什么"真正地搞清楚。

作为真理性的认识,在"是"中已经蕴涵着某种价值,因而它能够同相应的主体需要获得统一。这种"是"自然是同一性的"是",它把主体包括到认识对象中去了,它所认识的不是单纯的对象,而是主体与对象的关系,正如伊·普里戈金所说的,是人与自然的对话。

§166 理论蕴涵价值

"是"的认识与主体需要能够获得统一,根源于"是"的理论蕴涵价值。

实践逻辑的基本公式"目的—手段—结果"并非是实践活动本身,它仍然属于实践理性范畴,只有把它见诸客观的时候,才转化为实践活动。波普尔提出的猜测和反驳解决问题的四段图式"$P_1 \to TT \to EE \to P_2$"(见§102),也是作为理论研究的逻辑而提出来的,后来,他又把它应用于对行为的分析。对这个图式,波普尔做了两个说明。这两个说明已经表明,即便是理论研究,也是为了某种目的而进行的,他所得到的结果,已经包含了研究者的立场、观点和方法。这就造成了理论的价值蕴涵。

第一个说明是:"早在1937年当我试图通过把著名的'辩证法三段论式'(**正题:反题:合题**)解释为试验和排除错误方法的一种形式来弄懂它的意义时,我提出一切科学讨论从问题(P_1)开始,对于问题我们提出某种试探性的**解决——试探性理论**(TT);然后批判这个理论,试图**排除错误**(EE);并且正如辩证法的情况一样,这个过程又重新开始:理论及其批判性修正提出了新的**问题**(P_2)。"[4] 这个说明,是把"$P_1 \to TT \to EE \to P_2$"图式作为理论研究的逻辑来使用的,其目的是为了说明理论进化的规律。就是说,这个图式所蕴涵的价值是为了满足历史研究的需要,因而被人们所选择,应用于科学史、思想史的研究。

第二个说明是:"我们通过猜测和反驳解决问题的图式,或者一个类似的图式,可以被用来当成一种说明人的行为的理论,因为我们可以把一个行为解释为一次解决问题的尝试。因此,说明行为的理论将主要包括对问题及其背景所作的推测性重建。这样一种理论很可能是可检验的。"[5]在这个说明中,波普尔同样将这种"$P_1 \to TT \to EE \to P_2$"图式作为行为的逻辑来使用,它的价值在于说明实践的逻辑必然性,因而可以被选择而应用于实践逻辑的研究。

一切研究都是为解决某种问题而进行的,因而都具有某种目的性。基础理论研究,最初并没有实用的目的,但都是以解决理论的问题为目的的,说到底还是意涵某种目的性的。应用研究是为了应用的目的,解决应用的问题。研究的出发点是观察、实验和问题。如果在观察中,或在实验中发现的是通常的事实,就可以用旧理论加以说明和解释;如果发现的是异常的事实,旧理论就不再有效了,这时就出现了新的问题,必须探索新的理论以解决新的问题。

现在的问题是:观察到的事实是纯客观的现象吗?不然。

爱因斯坦在同海森伯的谈话中说:"在原则上,试图单靠观察量来建立理论,那是完全错误的。实际上,恰恰相反,是理论决定我们能够观察到的东西。"爱因斯坦这里所说的理论,当然是自然科学理论。所以,他接着说:"只有理论,即只有关于自然规律的知识,才能使我们从感觉印象推论出基本现象。"[6]爱因斯坦的这种看法,同汉森的观察渗透理论是一致的。

人们通常的认识是:观察决定理论。为什么爱因斯坦反而认为理论决定观察?这意味着研究者对理论的选择已经包含了自己的需要和价值诉求,从而把这种理论转化为研究的方法。事实上,人们总是根据研究的需要,选择不同的理论,把这种理论转化为解决所研究问题的方法,以满足自己的需要。这就决定了你能够观察到的东西,至少部分地包含在理论中了。因此,对于不同的认识主体,对同一个对象所得到的认识结果,往往是不同的,甚至差异极大,这是理论的主观性。美国社会学家肯尼思·D·贝利说:"范式是研究人员通过它观看世界的思想之窗。一般情况下,研究者在社会世界所看到的,是按他的概念、范畴、假定和偏好的范式所解释的客观存在的事物。因此,两位研究人员根据不同的范式描写相同事物,就可能出现相当不同的看法。"[7]

这就是我称之为理论的价值蕴涵原理,它的含义是:理论蕴涵(意涵)价值,或价值对理论的渗透。任何理论的选择和使用,都要满足研究者的价值诉求,否则就不能被选择。价值渗透于理论,这是理论转化为研究方法的内在根据,也是从"是"推论出"应当"的根由。主体对理论的需要,也是理论转化为研究方法的外部条件。只有根据与条件获得统一时,这种转化才能实现。不是所有的人都愿意选择马克思主义、社会主义的,因为人们的价值诉求不同。而中国人民选择了马克思主义、社会主义,其实质是运用马克思主义的立场、观点和方法观察社会。如果你选择了马克思主义,这就决定了你所得到的必定是不同于别的理论和方法,研究所得到的结果也完全不同。这个理论转化为方法的逻辑公式,也就是理论决定研究结果的逻辑公式:

  理论(蕴涵价值)—主体需要—研究方法(研究结果)。

  理论蕴涵价值表明,理论本身不属于谓词的"是"。谓词的"是"只是命题中的"是",只是一种形式,而不包含内容,不能成为价值渗透的载体。只有同一性的"是",它才能构成概念体系,因而理论本身已经渗透着价值,其中已经包含了观察问题的立场、观点和方法。特别是社会科学,大致都是如此。过去所说的理论的阶级性,其实指的就是这种情形。这些理论所回答的"是",不再是谓词的"是",而是同一性的"是"。在这种"是"中,反映了研究者主体的立场和态度。而且,在这种"是"中,在回答"是什么"和"不是什么"的时候,已经包含了解决问题的方法。例如,对中国国民革命中农民运动的看法,是"糟得很"与还是"好得很"的"是",就属于同一性的"是"。因为只有农民运动才能完成中国国民革命的任务,实现反帝反封建的历史使命,而这只能由农民运动来完成。这种国民革命理论就必然地认为农民运动"好得很"。

  毛泽东对最初学习马克思主义理论的收获的回忆,可以看作是表述这种理论蕴涵价值的一个范例。

  毛泽东说:"记得我在一九二〇年,第一次看了考茨基著的《阶级斗争》,陈望道翻译的《共产党宣言》,和一个英国人作的《社会主义史》,我才知道人类自有史以来就有阶级斗争,阶级斗争是社会发展的原动力,初步地得到认识问题的方法论。可是这些书上,并没有中国的湖南、湖北,也没有中国的蒋介石和陈独秀。我只取了它四个字:'阶级斗争',老老实实地来开始研究实际的阶级斗争。"[8]当时,毛泽东极其需要认识中国社会的性质,而马克思主义理论本身就具有满足这种需要的价值,于是,马克思主义阶级斗争理论就成为毛泽东认识中国社会的方法。在《关于农村调查》一文中,第二节是专门论述农村调查方法的。其中讲了两种方法:"1.对立统一,阶级斗争,是我们办事的两个出发点。"[9] "2.详细地占有材料,抓住要点。"[10] 前一种方法是一般的方法,后一种方法是特殊的方法。但必须把两者结合起来,才能获得真实的结论,求得"是什么"和"不是什么"的认识。

毛泽东用阶级分析的方法研究中国社会,必须对中国社会各阶级做经济、政治和文化等方面的具体分析。《中国社会各阶级的分析》就是这种研究的结果,为制定中国革命的路线和纲领奠定了理论基础。

§167 社会主义是一种价值体系

作为理论形态,社会主义是一种价值蕴涵的理论,其自身蕴涵了由理论"必然地推出"的价值。这个理论一旦被主体所占有,不仅必然地转化为认识和研究方法,而且进一步开辟出实现理论的实践道路。

关于价值,本书曾有过多处的阐述(见§17、§18)。为了叙述方便,这里再做简要的概述。价值是指客体属性满足主体需要的效用,或称为有用性。价值并非是一种独立存在的实体,它只能存在于主体需要与客体属性的关系中。在尚未生成主体与客体的价值关系时,客体属性只能作为一种"自在的存在";在生成主体与客体的价值关系后,客体属性则成为"为我而存在"的有用性,因而成为主体的价值。特别需要指出的是,价值同样可以作为手段而成为实现某种目的服务的工具,与主体的利益紧密相关。在政治领域,说到底,价值是利益范畴,价值关系也即是利益关系。

人的价值诉求是多方面的,满足主体需要的客体属性也是多种多样的,因而构成了一个价值体系,即价值的综合体。关于这个价值体系的理论即是价值论,更准确地说,它是一种(相对于一般价值论而言)应用价值论,即以特定价值体系为对象的理论。以社会主义价值体系为对象的理论,是社会主义价值论;以资本主义价值体系为对象的理论,是资本主义价值论,等等。

本书也多次说明,在特定的语境下,马克思主义和社会主义是同一概念,科学社会主义和中国特色社会主义也是同一概念。列宁说马克思主义就是社会主义,后人又说,列宁主义是帝国主义时代的马克思主义。中国领导人多次强调,坚持毛泽东思想,就是坚持马克思主义;在当今中国,坚持中国特色社会主义,就是真正坚持马克思主义;等等。这里的"是",都属于同一性的"是",而非谓词的"是"。因此,根据前一节的分析,马克思主义、科学社会主义、毛泽东思想和中国特色社会主义等理论,都属于价值蕴涵理论,因为它们都是思想体系、实践运动和社会形态"三位一体"的价值体系。

马克思主义经典作家从来就认为,社会主义是思想体系、社会制度和实践运动的"三位一体"。毛泽东告诉我们:"共产主义是无产阶级的整个思想体系,同时又是一种新的社会制度。这种思想体系和社会制度,是区别于任何别的思想体系和任何别的社会制度的,是自有人类历史以来,最完全最进步最革命最合理的。"[11]更进一步说,社会主义不仅是一种思想体系和一种社会制度,而且还是一种实践运动。恩格斯明确指出:"共产主义不是教义,而是**运动**。"[12]共产主义是无产阶级解放的条件的理论概括,它的理论原则是社会主义运动的思想指导,并非是出发点,它的出发点是作为全部历史产物的社会事实。只有从事实出发,通过变革现实的实践运动,我们才能把思想体系对象化为物质力量,创造出美好生活和最进步最合理的社会制度。

如果把共产主义作为我们为之奋斗的理想,那么,共产主义的美好制度和生活,就是我们所追求的价值目标。如果要问,如何实现这个价值目标,从而创造满足对美好生活需要的价值客体?回答是:开展在共产主义思想体系指导下的革命实践运动。所以,共产主义运动是实现这个价值目标对象化的实际行动。如果把社会主义作为满足中国社会需要的价值客体,那么,用来满足这种需要的价值客体属性,就是社会主义的思想体系、实践运动和社会制度的"三位一体"。因此,社会主义同时又是一种价值体系。在社会主义价值体系中,包含了社会主义核心价值体系这一组成部分。用一个概念框架来表述社会主义价值体系,则有:

社会主义—三位一体—价值体系。

为什么社会主义、共产主义理论能够蕴涵价值而成为一种价值体系?其根据包含在这个理论的对象之中。恩格斯在回答什么是共产主义理论时说:"共产主义是关于无产阶级解放的条件的学说。"[13]就是说,共产主义是关于无产阶级解放条件在理论上的反映。所谓无产阶级解放的条件,就是一个矛盾综合体,根据恩格斯的分析,无产阶级解放条件是指:大工业以及由大工业带来的后果,世界市场的形成,无产阶级的形成和资本的积聚,由此产生的无产阶级和资产阶级之间的阶级斗争。根据这些条件,恩格斯又指出:"共产主义作为理论,是无产阶级立场在这种斗争中的理论表现,是无产阶级解放的条件的理论概括。"[14]就是说,资本主义本身的发展,造成了资本主义灭亡的条件,从资本主义社会自身的矛盾中,成长起来了解决这个矛盾的途径和方法。《共产党宣言》中已经明确地指出:"几十年来的工业和商业的历史,只不过是现代生产力反抗现代生产关系、反抗作为资产阶级及其统治的存在条件的所有制关系的历史。"[15]生产力的社会化与资本主义私有制的矛盾运动,已经到了必须消灭资本主义私有制才能使社会生产力继续得以发展的时候了。资产阶级是以推翻封建制度而发展起来的,到了今天,"资产阶级用来推翻封建制度的武器,现在却对准资产阶级自己了。"[16]"资产阶级不仅锻造了置自身于死地的武器;它还产生了将要运用这种武器的人——现代的工人,即**无产者**。"[17]

资本主义社会推进了生产的社会化,同时也加剧了生产社会化与资本主义私有制和生产的无政府状态的矛盾,造就了无产阶级,使生产力与生产关系的矛盾发展到极点,为生产资料公有制创造了物质基础,只要无产阶级夺取了政权,就可以被公有制和计划经济所取代。在《资本论》中,马克思分析了由于生产资料的集中和劳动的社会化,达到了同它们的资本主义外壳不能相容的地步,由此得出了资本主义私有制的丧钟就要响了,剥夺者就要被剥夺了的结论[18]。可见,资本主义的发展,充分地预示了实现社会主义的道路,由此而形成了理论蕴涵价值的科学社会主义。

必须指出,不是所有关于资本主义的理论,都具有这种价值蕴涵。只有从无产阶级立场出发,才能做到这一点,这就是马克思主义理论。因此,这个理论本身,就是一种立场、观点和方法。正是这一点,才使理论蕴涵着一个无产阶级特殊主体的价值。正是这种理论的价值蕴涵,使中国人民选择了马克思主义、社会主义。

§168 中国人民的历史抉择

中国人民的价值诉求,马克思主义理论对被中国人民所诉求的这种价值的蕴涵,决定了中国人民对马克思主义、科学社会主义和中国共产党的历史抉择。

中共十五大报告在回顾中国近代史时指出:"鸦片战争后,中国成为半殖民地半封建国家。中华民族面对着两大历史任务:一个是求得民族独立和人民解放;一个是实现国家繁荣富强和人民共同富裕。前一任务是为后一任务扫清障碍,创造必要的前提。"[19]为了完成中华民族的伟大历史使命,中国人民选择了马克思主义、科学社会主义和中国共产党。

经过五四爱国运动,中国人民有了新的觉醒。特别是青年中的一批先进分子,以救国救民、改造社会为己任,重新考虑中国的前途,探求改造中国社会的新方案。他们撰写文章、创办刊物、成立社团,以介绍、传播和研究国外的各种新思潮。当时,鼓吹新思潮的刊物如雨后春笋,先后出现400多种。这些刊物的绝大多数都宣称以改造社会为宗旨,有的还在文章中提出各种各样的改造中国社会的方案。[20]

在中国马克思主义传播史上曾发生过关于"问题"与"主义"的争论。从胡适《多研究些问题,少谈些主义》(《每周评论》第31号)这篇文章的题目便可知,他反对的不是研究问题,而是谈"主义"。这自然是有他的针对性的。胡适是社会改良主义者,反对社会革命。马克思主义则主张社会革命,反对社会改良。所以,胡适不赞成马克思主义,以至反对马克思主义,这也是顺理成章的事情。

蓝公武在《问题与主义》(《国民公报》,1919年7月)一文中就是这样批评胡适的:"他的议论里头,太注重了实际的问题,把主义学理那一面的效果抹杀了一大半,也有些因噎废食的毛病。"[21]蓝公武认为,"问题"与"主义"是不可分的,"问题与主义,并不是相反而不能并立的东西"[22]。他提倡要研究种种主义,并认为"主义的研究和鼓吹,是解决问题的最重要最切实的第一步"[23]。

李大钊的《再论问题与主义》(《每周评论》第35号)同样强调"问题"与"主义"的不可分离,尤其强调主义具有理性和实用两面。他指出:

> 我觉得'问题'与'主义'有不能十分分离的关系。因为一个社会问题的解决,必须靠着社会上多数人共同的运动。那么我们要想解决一个问题,应该设法使他成了社会上多数人共同的问题。要想使一个社会

问题，成了社会上多数人共同的问题，应该使这社会上可以共同解决这个那个社会问题的多数人，先有一个共同趋向的理想、主义，作他们实验自己生活上满意不满意的尺度（即是一种工具）。那共同感觉生活上不满意的事实，才能一个一个的成了社会问题，才有解决的希望。不然，你尽管研究你的社会问题，社会上多数人，却一点不生关系。那个社会问题，是仍然永没有解决的希望；那个社会问题的研究，也仍然是不能影响于实际。所以我们的社会运动，一方面固然要研究实际的问题，一方面也要宣传理想的主义。这是交相为用的，这是并行不悖的。不过谈主义的人，高谈却没有甚么不可，也须求一个实验。[24]

这次争论，产生了广泛的社会影响，很多人参与了争论和思考。1919年9月1日，毛泽东在长沙发起成立"问题研究会"，并向全国各有关团体和个人发出他起草的《问题研究会章程》。邓中夏收到后，将这个章程发表在10月23日的《北京大学日刊》上，并附发了启事。邓中夏在启事中写道："我的朋友毛君泽东，从长沙寄来研究会章程十余张。在北京的朋友看了都说很好，有研究的必要，各向我要了一份去。现在我只剩下一份，要的人还不少，我就借本校日刊登出，以答关心现代问题解决的诸君的雅意。"

首先，《问题研究会章程》对什么是"问题"，做了具体的解说。《问题研究会章程》第一条指出："凡事或理之为现代人生所必需，或不必需，而均尚未得适当之解决，致影响于现代人生之进步者，成为问题"。

第二，解决这些问题，应"先从研究入手"。必须把问题与主义结合起来进行研究。《问题研究会章程》第三条提出："问题之研究，须以学理为根据。因此在各种问题研究之先，须为各种主义之研究"。[25]毛泽东同样是既重视"问题"，也重视"主义"，并把"主义"理解为"旗帜"。他说："主义譬如一面旗子，旗子立起了，大家才有所指望，才知所趋赴"[26]。

中国人民需要什么"主义"？中国人民需要马克思主义、社会主义来解决中国问题。这是中国人民经过千辛万苦历程而做出的历史性抉择。

毛泽东在《论人民民主专政》一文中，介绍了中国人民寻找马克思主义的历史过程。毛泽东说：自从一八四〇年鸦片战争失败那时起，先进的中国人，经过千辛万苦，向西方国家寻找真理。洪秀全、康有为、严复和孙中山，代表了在中国共产党出世以前向西方寻找真理的一派人物。可是，帝国主义的侵略打破了中国人学西方的迷梦。很奇怪,为什么先生老是侵略学生呢?中国人向西方学得很不少,但是行不通,理想总是不能实现。多次奋斗,包括辛亥革命那样全国规模的运动,都失败了。国家的情况一天一天坏,环境迫使人们活不下去。怀疑产生了,增长了,发展了。第一次世界大战震动了全世界。俄国人举行了十月革命,创立了世界上第一个社会主义国家。中国人和全人类对俄国人都另眼相看了。这时,也只是在这时,中国人从思想到生活,才出现了一个崭新的时期。中国人找到了马克思主义这个放之四海而皆准的普遍真理,中国的面目就起了变化了。毛泽东说:"十月革命一声炮响,给我们送来了马克思列宁主义。十月革命帮助了全世界的也帮助了中国的先进分子,用无产阶级的宇宙观作为观察国家命运的工具,重新考虑自己的问题。走俄国人的路——这就是结论。"[27]

科学社会主义的价值蕴涵与中国人民的价值诉求,两者的结合,决定了中国人民对社会主义的历史抉择。这个逻辑公式是:

  中国人民价值诉求—社会主义理论价值蕴涵—中国人民选择社会主义。

中国共产党的诞生,是中国人民对马克思主义、社会主义价值诉求的明证。

创建中国共产党,必须具备两个基本的条件。一是马克思主义在中国的传播,二是中国工人运动的发展,使马克思主义成为工人运动的指导思想。五四运动的一个伟大历史功绩,正是促进了马克思主义在中国的广泛传播,使具有共产主义思想的知识分子,不断考虑如何改造中国的问题,推进了马克思主义与中国革命实践相结合,促进了中国共产党的诞生。马克思主义与中国工人运动的结合,解决了中国革命的第一个重大问题,即创建了无产阶级政党。中国共产党的成立,是从五四运动以来的马克思主义传播的最伟大的成果。"这是中华民族发展史上开天辟地的大事变。"[28]

中国共产党的诞生,标志着中国人民对马克思主义、社会主义和中国共产党的历史抉择。

§169 社会主义在中国的价值实现

在中国革命、建设和改革的历史进程中,社会主义充分地显示了对中国的价值。由此证明,中国人民选择马克思主义、科学社会主义和中国共产党,是完全正确的,具有历史的必然性。

毛泽东在《关于正确处理人民内部矛盾的问题》中,根据中国的历史经验,对中国走资本主义道路,还是走社会主义道路问题的争论,做了历史性的总结。他说:"当人民推翻了帝国主义、封建主义和官僚资本主义的统治之后,中国要向哪里去?向资本主义,还是向社会主义?有许多人在这个问题上的思想是不清楚的。事实已经回答了这个问题:只有社会主义能够救中国。社会主义制度促进了我国生产力的突飞猛进的发展,这一点,甚至连国外的敌人也不能不承认了。"[29] 毛泽东的这个历史总结,表明了社会主义对中国人民和中国社会的价值,这就是"社会主义能够救中国"。

在中共十一届三中全会后,邓小平指出:"只有社会主义才能救中国,这是中国人民从五四运动到现在六十年来的切身体验中得出的不可动摇的历史结论。"[30] 后来,他又进一步指出:"只有社会主义才能救中国,只有社会主义才能发展中国……不走社会主义道路中国就没有前途。"[31]

后继的中共中央各代领导集体,都继承和发展了毛泽东和邓小平关于社会主义的价值判断。江泽民指出:"二十多年前,面对十年内乱中'四人帮'严重破坏造成的后果,面对严峻的政治经济局面,社会上和我们党内有一部分人对社会主义的前途产生了怀疑,也出现了一些反对社会主义的势力。针对这种情况,邓小平同志旗帜鲜明地提出了坚持社会主义道路的问题。他强调,只有社会主义才能救中国;只有社会主义才能发展中国;中国不能搞资本主义,如果搞资本主义就会天下大乱,中国就会变成西方大国的附庸。"[32]

党的十八大报告充分肯定了中国特色社会主义对中国的价值,指出:"九十多年来,我们党紧紧依靠人民,把马克思主义基本原理同中国实际和时代特征结合起来,独立自主走自己的路,历经千辛万苦,付出各种代价,取得革命建设改革伟大胜利,开创和发展了中国特色社会主义,从根本上改变了中国人民和中华民族的前途命运。"[33]报告进一步指出:"实践充分证明,中国特色社会主义是当代中国发展进步的根本方向,只有中国特色社会主义才能发展中国。"[34]

用价值论的术语来表述,中国人民与社会主义之间的价值关系,就是需要与满足的关系:中国人民需要"救中国"和"发展中国",而社会主义则能够满足中国人民和中国社会的需要,解决"救中国"和"发展中国"的问题。在这种价值关系中,中国人民是价值主体,社会主义是价值客体,社会主义以自己的客体属性满足了中国社会的主体需要,使社会主义成为了中国社会的价值。社会主义对中国人民的价值公式是:

中国人民需要"救中国"、"发展中国"——社会主义能够"救中国"、"发展中国"——社会主义对中国人民的价值。

社会主义的客体属性是什么?前面已经说过,这就是社会主义的"三位一体"。在中国共产党的领导下,中国人民以社会主义思想体系为指导,通过社会主义实践运动,推翻了帝国主义、封建主义和官僚资本主义的统治,建立了新中国;并通过社会主义革命运动,对农业、手工业和资本主义工商业进行了社会主义改造,建立了社会主义制度;改革开放以来,我们党创立了中国特色社会主义理论体系,开辟了中国特色社会主义道路,发展和完善了中国特色社会主义制度,促进了中国社会的全面发展和人的全面进步。所以,社会主义的思想体系、实践运动和社会制度的"三位一体",就是社会主义价值客体的属性,它构成了社会主义价值体系。

在现代中国,社会主义"三位一体",就是中国特色社会主义理论体系、中国特色社会主义道路和中国特色社会主义制度。党的十八大报告指出,中国特色社会主义道路、中国特色社会主义理论体系、中国特色社会主义制度,是党和人民90多年奋斗、创造、积累的根本成就,必须倍加珍惜、始终坚持、不断发展。并要求:"全党要坚定这样的道路自信、理论自信、制度自信!"[35]这"三个自信",同样是对社会主义价值的充分肯定。

社会主义价值,首先表现为促进社会生产力的发展,满足物质生活的需要,实现共同富裕。毛泽东在说明只有社会主义能够救中国的时候,就已经指出:"社会主义制度促进了我国生产力的突飞猛进的发展"[36]。邓小平也明确指出:"社会主义的优越性归根到底要体现在它的生产力比资本主义发展得更快一些、更高一些,并且在发展生产力的基础上不断改善人民的物质文化生活。"[37]"社会主义最大的优越性就是共同富裕,这是体现社会主义本质的一个东西。"[38]他还提出了判断是不是社会主义的"三个有利于"的标准,这就是:"是否有利于发展社会主义社会的生产力,是否有利于增强社会主义国家的综合国力,是否有利于提高人民的生活水平。"[39]实质上,这"三个有利于"的标准,就是社会主义的价值标准。所以,中国特色社会主义价值是满足中国社会全面发展,包括经济、政治、文化、社会和生态文明等全面发展的需要。其中,既包括满足硬实力发展的需要,也包括满足软实力发展的需要。

社会主义对中国社会的价值证明,中国人民选择和坚持社会主义道路,是历史的必然,也是马克思主义价值蕴涵的必然。

§170 社会主义蕴涵革命和建设道路

理论蕴涵价值,是理论理性转化为实践理性的基本前提;社会主义"三位一体",是社会主义蕴涵革命和建设道路的内在根据。相对于理论来说,道路不是外加的,而是理论本身的进展。

"道路"一词,有广义使用和狭义使用的不同。中国特色社会主义道路,是指广义使用的道路;如果把中国革命道路仅看作是武装斗争道路,则是狭义使用的道路。一般情况下,前者包括纲领和路线;后者则不包括纲领和路线。

相对地说,道路比理论更重要。从逻辑的观点看,如果有了理论,不去开辟一条正确的道路,这种理论再好,也是没有意义的。习近平指出:"道路问题是关系党的事业兴衰成败第一位的问题,道路就是党的生命。"[40]只有开辟了正确的道路,才能实现革命目标,创造出先进的社会制度。

其实,"道路"一词是一种象喻,说明革命、建设和改革,就像走路一样,要走正道,不能走歪路,选择正确的目标(方向)和途径(手段)。就是说,"道路"要解决走什么路和怎么走的问题。中国向何处去?这是道路必须回答的第一个问题,即走什么路,朝着什么目标前进,这是方向、目标和前途问题。路怎么走?这是道路必须回答的第二个问题,即我们应该选择什么途径?采用什么手段、步骤和方法？党的路线和纲领，都属于道路的内涵。

如前所述，"是"的根据是"为什么"，它本身又是"怎么做"的根据。就是说，对问题的认识，已经包含了解决问题的方法。毛泽东说："提出一个什么问题，接着加以分析，然后综合起来，指明问题的性质，给以解决的办法"[41]。解决问题的办法包含在对问题性质的认识中，因而可以从问题的"是"推论出解决问题的"应当"，从理论中推出道路。

马克思和恩格斯从对资本主义社会基本矛盾的分析中，获得了解决资本主义基本矛盾的方法。要解决生产社会化与资本主义私有制的矛盾，必须变革资本主义私有制，推动社会生产力的进一步发展；要解决资产阶级与无产阶级的矛盾，必须进行无产阶级社会主义革命，建立无产阶级专政，建设社会主义。这就是科学社会主义理论蕴涵无产阶级革命和建设的道路。所以，社会主义不仅是一种思想体系，同时是社会主义革命和建设的实践运动。

毛泽东指出："很清楚的，中国现时社会的性质，既然是殖民地、半殖民地、半封建的性质，它就决定了中国革命必须分为两个步骤。第一步，改变这个殖民地、半殖民地、半封建的社会形态，使之变成一个独立的民主主义的社会。第二步，使革命向前发展，建立一个社会主义的社会。中国现时的革命，是在走第一步。"[42]。这是从中国社会性质"是什么"，推论出中国革命性质"是什么"，进一步推论出中国革命的两个步骤。同样是从"是"推论出"应当"，从理论推论出道路。

道路虽然是可以根据理论的推论而进行选择的，但它不是单纯理论的问题，而是一个实践问题。对于革命和建设，也许在理论上是清楚的，但在实践中怎么做，不一定都清楚。列宁指出："我们只知道这条道路的方向，我们只知道引导走这条道路的是什么样的阶级力量；至于在实践中具体如何走，那只能在千百万人开始行动以后由**千百万人的经验**来表明。"[43]一般说来，理论与道路的关系是，根据革命理论选择革命道路，明确前进的方向；在道路确定后，根据行动的经验，在实践中不断地明确道路的细节，进一步明确"具体如何走"，应该采取什么样的手段和方法；根据新的实践经验，进一步丰富和发展理论。

马克思主义中国化的基本公式是"中国问题命题—马克思主义基本原

理—中国马克思主义"。中国理论是运用马克思主义基本原理对中国问题认识的理论成果，它不仅包含了对中国问题性质的认识，同时也包含了解决中国问题的办法，由此而开辟了中国道路。中国理论与中国道路的结合，必然在中国革命、建设和改革的实践中产生中国制度。这就是"三位一体"的中国特色社会主义。它的逻辑公式，已经在前面给出，它就是：

中国理论—中国道路—中国制度。

参 考 文 献

[1] 列宁.黑格尔《逻辑学》一书摘要[M]//列宁.列宁全集：第55卷.2版.北京：人民出版社,1990：183.

[2] 列宁.黑格尔《逻辑学》一书摘要[M]//列宁.列宁全集：第55卷.2版.北京：人民出版社,1990：183.

[3] 列宁.黑格尔《逻辑学》一书摘要[M]//列宁.列宁全集：第55卷.2版.北京：人民出版社,1990：184.

[4] 波普尔.无穷的探索：思想自传[M].邱仁宗,段娟,译.舒伟光,校.福州：福建人民出版社,1984：139.

[5] 波普尔.客观知识：一个进化论的研究[M].舒炜光,卓如飞,周柏乔,等,译.上海：上海译文出版社,1987：189-190.

[6] 海森伯.关于量子力学的哲学背景问题同海森伯的谈话（报道）[M]//爱因斯坦.爱因斯坦文集：第1卷.北京：商务印书馆,1976：211.

[7] 贝利.现代社会研究方法[M].许真,译.顾晓鸣,校.上海：上海人民出版社,1986：32.

[8] 毛泽东.关于农村调查（1941年9月13日）[M]//毛泽东.毛泽东农村调查文集.北京：人民出版社,1982：21-22.

[9] 毛泽东.关于农村调查（1941年9月13日）[M]//毛泽东.毛泽东农村调查文集.北京：人民出版社,1982：23.

[10] 毛泽东.关于农村调查（1941年9月13日）[M]//毛泽东.毛泽东农村调查文集.北京：人民出版社,1982：25.

[11] 毛泽东.新民主主义论[M]//毛泽东.毛泽东选集:第2卷.2版.北京:人民出版社,1993:686.

[12] 恩格斯.共产主义者和卡尔·海因岑[M]//马克思,恩格斯.马克思恩格斯文集:1.北京:人民出版社,2009:672.

[13] 恩格斯.共产主义原理[M]//马克思,恩格斯.马克思恩格斯文集:1.北京:人民出版社,2009:676.

[14] 恩格斯.共产主义者和卡尔·海因岑[M]//马克思,恩格斯.马克思恩格斯文集:1.北京:人民出版社,2009:672.

[15] 马克思,恩格斯.共产党宣言[M]//马克思,恩格斯.马克思恩格斯文集:2.北京:人民出版社,2009:37.

[16] 马克思,恩格斯.共产党宣言[M]//马克思,恩格斯.马克思恩格斯文集:2.北京:人民出版社,2009:37.

[17] 马克思,恩格斯.共产党宣言[M]//马克思,恩格斯.马克思恩格斯文集:2.北京:人民出版社,2009:38.

[18] 马克思.资本论:第1卷[M]//马克思,恩格斯.马克思恩格斯文集:5.北京:人民出版社,2009:874.

[19] 江泽民.高举邓小平理论伟大旗帜,把建设有中国特色社会主义事业全面推向二十一世纪:在中国共产党第十五次全国代表大会上的报告[G]//中国共产党第十五次全国代表大会文件汇编.北京:人民出版社,1997:2.

[20] 中共中央党史研究室.中国共产党历史:第1卷:上册[M].北京:中共党史出版社,2011:43.

[21] 蓝公武.问题与主义[M]//张岱年,敏泽.回读百年:20世纪中国社会人文论争:第1卷.郑州:大象出版社,1999:1177.

[22] 蓝公武.问题与主义[M]//张岱年,敏泽.回读百年:20世纪中国社会人文论争:第1卷.郑州:大象出版社,1999:1182.

[23] 蓝公武.问题与主义[M]//张岱年,敏泽.回读百年:20世纪中国社会人文论争:第1卷.郑州:大象出版社,1999:1185.

[24] 李大钊.再论问题与主义[M]//李大钊.李大钊文集:第3卷.北京:人民出版社,1999:1.

[25] 毛泽东.问题研究会章程[M]//中共中央文献研究室,中共湖南省委《毛泽东早期文稿》编辑组.毛泽东早期文稿.长沙:湖南出版社,1990:368.

[26] 毛泽东.致罗璈阶信(1920年11月25日)[M]//中共中央文献研究室,中共湖南省委《毛泽东早期文稿》编辑组.毛泽东早期文稿.长沙:湖南出版社,1990:515.

[27] 毛泽东.论人民民主专政[M]//毛泽东.毛泽东选集:第4卷.2版.北京:人民出版社,1991:1471.

[28] 胡锦涛.在庆祝中国共产党成立90周年大会上的讲话[M].北京:人民出版社,2011:1.

[29] 毛泽东.关于正确处理人民内部矛盾的问题[M]//毛泽东.毛泽东文集:第7卷.北京:人民出版社,1999:214.

[30] 邓小平.坚持四项基本原则[M]//邓小平.邓小平文选:第2卷.2版.北京:人民出版社,1994:166.

[31] 邓小平.第三代领导集体的当务之急[M]//邓小平.邓小平文选:第3卷.北京:人民出版社,1993:311.

[32] 江泽民.关于坚持四项基本原则[M]//江泽民.江泽民文选:第3卷.北京:人民出版社,2006:216.

[33] 胡锦涛.坚定不移沿着中国特色社会主义道路前进,为全面建成小康社会而奋斗:在中国共产党第十八次全国代表大会上的报告[G]//中国共产党第十八次全国代表大会文件汇编.北京:人民出版社,2012:9-10.

[34] 胡锦涛.坚定不移沿着中国特色社会主义道路前进,为全面建成小康社会而奋斗:在中国共产党第十八次全国代表大会上的报告[G]//中国共产党第十八次全国代表大会文件汇编.北京:人民出版社,2012:12.

[35] 胡锦涛.坚定不移沿着中国特色社会主义道路前进,为全面建成小康社会而奋斗:在中国共产党第十八次全国代表大会上的报告[G]//中国共产党第十八次全国代表大会文件汇编.北京:人民出版社,2012:15.

[36] 毛泽东.关于正确处理人民内部矛盾的问题[M]//毛泽东.毛泽东文集:第7卷.北京:人民出版社,1999:214.

[37] 邓小平.建设有中国特色的社会主义[M]//邓小平.邓小平文选:第3卷.北京:人民出版社,1993:63.

[38] 邓小平.善于利用时机解决发展问题[M]//邓小平.邓小平文选:第3卷.北京:人民出版社,1993:364.

[39] 邓小平.在武昌、深圳、珠海、上海等地的谈话要点[M]//邓小平.邓小平文选:第3卷.北京:人民出版社,1993:372.

[40] 习近平.在新进中央委员会的委员、候补委员学习贯彻党的十八大精神研讨班开班式上的讲话[N].人民日报,2013-1-6(1).

[41] 毛泽东.反对党八股[M]//毛泽东.毛泽东选集:第3卷.2版.北京:人民出版社,1991:839.

[42] 毛泽东.新民主主义论[M]//毛泽东.毛泽东选集:第2卷.2版.北京:人民出版社,1991:666.

[43] 列宁.政治家札记[M]//列宁.列宁全集:第32卷.2版.北京:人民出版社,1985:111.

第 2 章

中 国 道 路

中国道路,包括中国革命道路和中国特色社会主义道路。虽然它们是两种不同实践活动的道路,但在逻辑上却有着共同的基础,这就是实践逻辑的一般公式"目的—手段—结果"。无论是中国革命道路,还是中国特色社会主义道路,其逻辑形式是基本相同的,都可以表述为概念框架三段式,而在逻辑形式中所表达的实际内容自然是不同的。因此,我们必须从内容与形式的统一,来考察中国道路的实践逻辑。

§171 中国道路的逻辑结构

根据实践逻辑"目的—手段—结果"的公式,道路必须回答这个公式中的前两项(目的和手段)的内涵。作为合题的"结果",自然是目的和手段的产物。提出目的和运用手段者,则是实践主体。在逻辑公式中,一般都不出现主体,但这并不说明实践逻辑中的实践是无主体的实践,只是主体隐居在幕后罢了。下面,对目的、手段、结果和主体,做简单的说明。

1. 目的

"目的"就是指革命实践运动所要实现的目标,例如,革命的目标、建设的目标、改革的目标等,都属于目的范畴。目标往往表现为道路中的纲领。虽然党的奋斗目标有最高目标和最低目标之分,但在逻辑公式中出现的都是党的最低纲领,即当前运动中所要实现的近期目标。

目的具有主观性和客观性,从而规定了道路中的目标也是主观性和客观性的统一。在民主革命中,如果我们提出中国革命的目标是建立社会主义社会,这不能说是错的,但表明它还是具有主观性。因为,由中国社会性质所规定的中国革命性质,不可能使这个目标得以直接实现,必须以新民主主义社会为中介,再由新民主主义社会过渡到社会主义社会。这个过程包含两重逻辑,第一重逻辑,现实的目标是主观性和客观性的统一,它的逻辑公式是:

主观目标—客观目标—现实目标。

主观目标所具有的主观性,是不能被取消的,只能是被扬弃。因为现实的目标也仍然带有主观性。客观目标是根据中国社会性质的要求而提出的,是对主观目标的否定(扬弃),即以民主主义否定社会主义;现实目标又是对民主主义的否定,即否定之否定,在更高的形式又复归到主观目标,在民主主义中包含了社会主义的方向,由此构成新民主主义革命的目标。尽管新民主主义的实现,不就是社会主义,但它的方向是社会主义,而且在新民主主义中还包含了社会主义因素。

第二重逻辑是总体目标与阶段性目标相互之间的逻辑关系,它的逻辑公式是:

总体目标—阶段目标—目标实现。

完整的中国革命的总体目标是社会主义,其中包括了阶段性目标,即新民主主义革命阶段目标和社会主义革命阶段目标;目标实现是指总体目标的实现,即两个阶段的目标都得以实现。

2. 手段

"手段"是由目标规定的,为实现目标服务的。毛泽东说:"我们不但要提出任务,而且要解决完成任务的方法问题。""不解决方法问题,任务也只是瞎说一顿。"[1]由于手段是服务于目标的,因而有什么样的目标就决定了选择什么样的手段;同时,手段的选择也取决于社会条件,即现实基础。如果所选的手段既从社会条件出发,又能满足目的的需要,这就是"应当"的手段。所以,选择手段的逻辑公式是:

现实目的—社会条件—应当手段。

例如,革命的目的是夺取政权,只要能够夺取政权,无论采用和平的方法(手段),还是采用暴力的方法(手段),都是可行的;到底采用何种方法,这取决于社会条件。在回答"能不能用和平的办法废除私有制?"这个问题时,恩格斯说:"但愿如此"。[2]在恩格斯看来,革命不能故意地、随心所欲地制造,革命在任何地方和任何时候都是由客观要素决定的,是不以单个政党或阶级的意志为转移的各种情况的必然产物。可是,几乎所有文明国家的无产阶级的发展都受到暴力压制,无产阶级就不得不以暴力加以反抗。正是共产主义者的敌人用尽一切力量去引起革命的。所以,恩格斯又指出:"如果被压迫的无产阶级因此最终被推向革命,那时,我们共产主义者将用行动来捍卫无产者的事业"。[3]中国的社会条件决定了武装斗争是中国革命的基本斗争形式。这是中国革命的特点,也是中国革命的优点。

手段包括三个方面的内涵,第一是实现目的的途径,例如,走什么路,向何处去,这是由目的所规定的;第二是实现目的的步骤,或阶段,例如,分两步走、三步走等;第三是实现目的的方法,例如,对资本主义私有制是用暴力剥夺的方法,还是和平改造的方法。

道路同样处于运动和变化的过程中,这种运动和发展,主要表现为目标和手段的运动和变化。随着革命和建设的进展,实践客体(对象)也不断地发生变化,目标也必定要随之变化,进而规定着手段的变化。在这种意义上,道路、目标和手段的运动,同时也是被变革对象本身的运动。黑格尔说:"这里所要考察的作为方法的东西,只是概念本身的运动"。[4]黑格尔所说的概念,即是对象。从新民主主义革命向社会主义革命的转变,意味着革命目标的转变,它们是由革命对象的转变所决定的,从而使方法也随之变化。因为,"在探索的认识中,方法也同样被列为**工具**,是站在主观方面的手段,主观方面通过它而与客体相关"[5]。这样,手段也就成为主体与客体之间的中介。用公式来表述,即有:

主体—手段—客体。

就主体对手段的关系来说,手段具有主观性;就客体对手段的关系来说,手段具有客观性。手段不是任意规定的,而是根据对象的属性而采用的。

3. 结果

结果是目的的实现,或者说,是目的实现的程度。因为,目的完全实现是比较少见的,只能争取基本实现。目的实现的程度取决于:首先,目标是否现实;其次,手段是否应当;第三,步骤是否符合事物发展进程。这三个方面,都取决于实践主体主观能动性的作用和实践客体的变化。实践逻辑在形式上是具有必然性的,但由于内容上的不确定性,造成了形式与内容的不一致,产生了对逻辑必然性的干扰。这正是概念逻辑与形式逻辑的一个重要区别。

在形式逻辑中是不问内容的,只要形式正确,其结果总是具有必然性。概念逻辑则不同,必须实现内容与形式的统一,才具有逻辑必然性。

4. 主体

道路中的目的与手段,都是由实践主体来规定和把握的。路是由人走出来的,道路是由人来选择和坚持的。所以,道路总是属于主体的,不同的主体必定选择不同的道路,因为它与主体的价值诉求相关。

逻辑是思维的运动,或理性的运动,因此,在逻辑公式中并不显露主体。但思维总是有主体的,逻辑学所研究的思维,并非是个体的思维,而是作为思维的思维。正是这个原因,黑格尔把理性既看作是主体,又看作是客体。其实,主体是存在的,但它并非个体主体,而是类主体,即人类。如果把道路看作实践逻辑问题,那么,其中必定存在着实践主体。在中国革命道路中,或在中国特色社会主义道路中,坚持这条道路的主体都是中国人民,其中的领导者则是中国共产党。可是,在前述的各种逻辑公式中,都没有让主体出现,其目的是把逻辑概念化,以概念的框架和推论来表述道路的运动。

如果要让主体登场,道路的逻辑结构则表述为以下的逻辑公式:

主体—目标—手段。

以下的叙述将要看到,因为路线或道路都是要实践主体来坚持、贯彻和执行的,都存在产生对实践逻辑必然性干扰的可能性。由于主体成为实践逻辑的执行者,主体的不同认知和意志,产生了实践逻辑的不同结果,不同程度地表露出偶然性。在过渡时期总路线和社会主义建设总路线的制定、贯彻和执行中,表现得更为明显。

§172 中国革命的纲领、路线和道路

1921年7月,中国共产党第一次全国代表大会制定的党的纲领是:革命军队必须与无产阶级一起推翻资本家阶级的政权;承认无产阶级专政,直到阶级斗争结束,即直到消灭社会的阶级区分;消灭资本家私有制,没收机器、土地、厂房和半成品等生产资料,归社会公有;联合共产国际。纲领明确提出要把工人、农民和士兵组织起来,并确定党的根本政治目的是实行社会革

命。[6]这个纲领回答了党领导的革命目标是实现社会主义、共产主义。

1922年7月在上海召开的中国共产党第二次全国代表大会,根据列宁关于民族殖民地问题的理论和党成立后对中国革命基本问题的探索,初步阐明了中国革命的性质、对象、动力、策略、任务和目标,指明了中国革命的前途。这就是:革命的性质是民主主义革命;革命的对象是帝国主义和封建军阀;革命的动力是工人、农民和小资产阶级,民族资产阶级也是革命的力量之一;革命的策略是组成各阶级的联合战线;革命的任务和目标是打倒军阀,推翻国际帝国主义的压迫,实现中华民族的独立和中国的统一;革命的前途是向社会主义革命转变。[7]

中共一大确定党的最高纲领,基本根据是科学社会主义理论。中共二大则把科学社会主义与中国国情、世界时代进一步结合起来,确定了党的最低纲领,并提出了实现纲领的路线和策略。对纲领(目标)的认识,基本上属于中国理论的范畴。但纲领的实现,则进入了实践领域,因而提出了中国道路的问题。纲领决定路线,纲领和路线决定策略。反过来,策略保证路线的实现,路线和策略又是纲领实现的保证。对中国革命纲领、路线和策略的认识,包含了中国革命道路构成概念要素之间的逻辑关系:

(1)中国革命纲领—中国革命路线—中国革命策略。

毛泽东在《中国革命和中国共产党》一文中,首次明确提出了"新民主主义革命"这个科学概念,指出:"所谓新民主主义的革命,就是无产阶级领导之下的人民大众的反帝反封建的革命。"[8]在后来的《新民主主义论》和《论联合政府》等著作中,毛泽东进一步发展了这些思想,对新民主主义革命的对象、任务、性质、动力和前途等问题,做了全面而深刻的论述,并提出了建设新民主主义经济、新民主主义政治和新民主主义文化的三大具体纲领。

随着中国社会的发展,中国资本主义分化为官僚资本主义和民族资本主义两部分,而且官僚资本主义得到了新的发展。官僚资本主义同外国帝国主义、本国封建地主阶级和旧式富农密切地结合,具有买办性、封建性、垄断性,根据中国革命的性质,它必然地成为中国新民主主义革命的对象。中国革命路线在反对帝国主义、封建主义中,又加入了反对官僚资本主义。1948年,毛泽东在《在晋绥干部会议上的讲话》一文中,全面、系统地提出了新民主主义革命的总路线和总政策。他说:"新民主主义的革命,不是任何别的革命,它只能是和必须是无产阶级领导的,人民大众的,反对帝国主义、封建主义和官僚资本主义的革命。"[9]

中国革命路线是根据中国革命的性质来规定的,它涉及了中国革命的对象、动力、领导者、同盟军和前途等问题。革命的前途就是实践逻辑基本公式"目的—手段—结果"中的结果。新民主主义革命的前途是社会主义,而不是资本主义。根据实践逻辑的基本公式"目的—手段—结果",并把策略包括在路线中,那么,中国革命道路的逻辑的公式,可以进一步具体表述为:

（2）新民主主义革命纲领—新民主主义革命路线—新民主主义革命前途。

在大革命失败后,中国共产党领导了城市武装起义,但由于力量对比过于悬殊而失败。由此转入了农村武装斗争,探索出了一条农村包围城市、武装夺取政权的道路。这样,中国共产党就找到中国革命斗争的基本形式,即武装斗争。革命斗争形式的创新,改写了中国革命道路逻辑公式中的第二项,把它发展为"民主革命路线和道路"。在这种意义上,道路是路线的一部分。这是在狭义的意义上使用"道路"一词。毛泽东说:"我们的政治路线的重要一部分就是武装斗争。十八年来,我们党是逐步学会了并坚持了武装斗争。我们懂得,在中国,离开了武装斗争,就没有无产阶级的地位,就没有人民的地位,就没有共产党的地位,就没有革命的胜利。"[10]这样,公式(2)又可以写为:

（3）新民主主义革命纲领—新民主主义革命路线和道路—新民主主义革命前途。

从更具体的内容出发,在新民主主义革命中,纲领、路线与道路的区别在于,纲领规定革命实践活动的目标,包括最高的目标和当前的目标;路线的内容是揭示为了实现革命目标而进行革命实践活动,谁是实践主体,谁是实践客体,规定了革命的动力(包括领导者和同盟军)与革命的对象;道路是说明实践主体变革实践客体的斗争形式和手段。根据这些关系,纲领、路线和道路三者又可以看作是构成一个独立的概念框架:

（4）纲领—路线—道路。

单就武装斗争的道路而言,又包含了三个基本概念的关系,即武装斗争、土地革命和根据地建设的相互关系。毛泽东在井冈山斗争时期,就提出了工农武装割据的概念。他说:"一国之内,在四围白色政权的包围中,有一小块或若干小块红色政权的区域长期地存在,这是世界各国从来没有的事。"[11] 所谓"红色政权区域",就是指工农武装割据。它的内涵是指:在共产党领导下的武装斗争、土地革命、根据地建设是密切结合着的,在彼此相互依赖中发展。武装斗争是中国革命的主要斗争形式,没有一支相当力量的红军存在和红军战争的胜利,就不能创建革命根据地和进行土地革命;土地革命是中国革命的中心内容,是广大农民的要求,没有土地革命,红军战争就得不到群众的支持,根据地也就不能巩固和发展;根据地是革命和革命战争胜利发展的立足点和出发点,不建设革命根据地,武装斗争就没有后方的依托,土地革命的成果就无法保持。"所以'工农武装割据'的思想,是共产党和割据地方的工农群众必须充分具备的一个重要的思想。"[12]

毛泽东分析了红色政权为什么能够发生、存在和发展的五个条件,其中一个极其重要的条件是有相当力量的正式红军。毛泽东指出:"所谓割据,必须是武装的。哪一处没有武装,或者武装不够,或者对付敌人的策略错了,地方就立即被敌人占去了。"[13]"工农武装割据"思想,包含了三个概念的逻辑框架:

(5)武装斗争—土地革命—根据地建设。

这个公式,不仅反映了新民主主义革命的性质,即农民革命、土地革命,同时也反映了革命斗争的主要形式,即武装斗争,而且还包含了以农村为中心的思想。这是中国革命道路内涵的实际表达和具体化。

上述这五个公式,表述了中国革命的实践逻辑。

§173 社会主义改造的道路

在新民主主义革命胜利后,我们选择了社会主义,正确地解决了社会主义改造的方向和道路问题。

近现代中国社会发展历史逻辑的基本公式"半殖民地半封建社会—新民主主义社会—社会主义社会"表明,从半殖民地半封建社会到社会主义社会,我国社会经历了两次重大的历史性社会变革。

第一次历史性变革是从半殖民地半封建社会到新民主主义社会的转变，这是通过新民主主义革命实现的。这次转变所显示的"实践的"历史逻辑的公式是：

（1）半殖民地半封建社会—新民主主义革命—新民主主义社会。

第二次历史变革是从新民主主义社会到社会主义社会的转变，这是通过社会主义改造实现的。这次转变所显示的"实践的"历史逻辑的公式是：

（2）新民主主义社会—社会主义改造—社会主义社会。

新民主主义革命的前途是社会主义而不是资本主义，因而从新民主主义向社会主义的过渡，是中国社会发展的逻辑必然。

从新民主主义向社会主义的过渡，并非马克思和恩格斯所设想的那种从资本主义向社会主义的"直接过渡"，而是"间接过渡"。这是两种不同性质的过渡。"直接过渡"不需要"中介"，只需要有一个过渡时期；而"间接过渡"则需要一个"中介"社会。这个"中介"社会，就是新民主主义社会；同时，在实行过渡时，也要求有一个"过渡时期"，但它又不同于从资本主义转变为社会主义的"过渡时期"。

中华人民共和国的成立，标志着新民主主义革命的胜利和新民主主义社会的建立。由于在新民主主义社会中，存在着资本主义因素和社会主义因素，说明在新民主主义社会中发展私人资本主义仍然具有它的必要性。在民主革命时期，毛泽东已经指出："现在中国是多了一个外国帝国主义和一个本国的封建主义，而不是多了一个本国的资本主义"。因此，中国"只有经过民主主义，才能到达社会主义，这是马克思主义的天经地义"[14]。就是说，在商品经济不发达、生产力落后的情况下，利用资本主义的肯定成果，发挥个体小商品经济的生产积极性，增强国家的经济力量；适当发展资本主义，加强社会主义，适当加强小生产者的力量，壮大国营经济的力量。"拿资本主义的某种发展去代替外国帝国主义和本国封建主义的压迫，不但是一个进步，而且是一个不可避免的过程。它不但有利于资产阶级，同时也有利于无产阶级，或者说更有利于无产阶级。"[15]经过一个相当长时期的新民主主义社会建设，实现由农业国向工业国的转变，就可以实现由新民主主义向社会主义过渡。这种构想同样包含了一个"过渡时期"。它的逻辑公式是：

（3）新民主主义社会—过渡时期—社会主义社会。

1953年,在党的过渡时期总路线的指引下,在我国逐步实现国家社会主义工业化的同时,逐步实现国家对个体农业、手工业和对资本主义工商业进行的社会主义改造。这就是"一化三改",是过渡时期的实践活动。1956年底,在"三大改造"基本上完成后,标志着中国历史上长达数千年的阶级剥削制度结束,实现了由新民主主义向社会主义的转变,社会主义基本制度在我国初步确立,全国进入社会主义社会。这样,实践逻辑公式(3)中的"过渡时期"的内容就是指"一化三改"。这样,公式(3)就可以写为:

　　(4)新民主主义社会—"一化三改"—社会主义社会。

　　从总体上看,我国社会的发展是符合"新民主主义社会—过渡时期—社会主义社会"这个实践逻辑的。但是,一般都认为,我们过早地终止了新民主主义的政策,表现出了过快、过急的心态。从主观方面来说,我国新民主主义社会存在多长时间?在认识上存在着种种模糊性和不确定性。不过,即使是"过快、过急",但也没有否定"过渡时期"的历史必然性。关于"过渡时期"的时间长短问题,并非是根本性的错误,而只是技术性的问题。所以,在宏观上,完成新民主主义社会向社会主义社会的过渡,是符合中国社会发展的历史逻辑必然性的。至于过渡的时间,长一些,或短一些,只是表现这种必然性的偶然形式。

　　历史是追求着自己目的的人的实践活动,社会历史都打上了人的有目的活动的印记。这可以在实践逻辑的基本公式"目的—手段—结果"中得到解释。第一,在社会主义改造的实践过程中,我们所要建立的社会主义社会的目标模式,就是这个实践逻辑公式中的"目的"。我们要建立一个怎样的社会主义社会?在当时的历史条件下,这个问题回答的根据,只能是马克思和恩格斯所设想的社会主义模式,除此之外,没有别的模式可以选择。苏联社会主义模式的根据,也是马克思和恩格斯所设想的社会主义。第二,我们实现这种模式的手段,是和平改造,这自然是我们的创造,是社会主义改造获得成功的主要方面。第三,在社会主义改造基本完成后,我们按照马克思和恩格斯的设想,建立了社会主义制度,这就是实践逻辑公式中的"结果"。根据"目的—手段—结果"的实践逻辑公式,社会主义改造的实践逻辑公式是:

　　建立马恩模式社会主义—和平改造—中国社会主义社会。

　　这里的马克思和恩格斯所设想的社会主义社会模式是什么?就经济制

度而言,即是公有制、按劳分配和计划经济。马克思和恩格斯的这种设想,并非空想,而是有科学根据的。列宁说:"马克思丝毫不想制造乌托邦,不想凭空猜测无法知道的事情。马克思提出共产主义的问题,正像一个自然科学家已经知道某一新的生物变种是怎样产生以及朝着哪个方向演变才提出该生物变种的发展问题一样。"[16]关于社会主义模式,列宁也曾认为:"社会主义的目的(和实质)是:把土地、工厂等等即全部生产资料变为全社会的财产,取消资本主义生产,代之以按照总的计划进行有利于社会全体成员的生产。"[17]显然,这个模式只适用于资本主义国家的社会主义革命,而不适用于非资本主义国家。所以,问题的对错,不在于马克思和恩格斯所设想的社会主义模式,而在于我们对这个模式的运用。

作为社会主义改造的结果,即我国建立的社会主义基本制度,在政治方面,建立了工人阶级领导的以工农联盟为基础的人民民主专政,以及与之相适应的基本政治制度;在经济方面,建立了生产资料公有制、计划经济和按劳分配等经济基本制度;在文化方面,制定了以马克思主义为指导的"百花齐放、百家争鸣"的方针。从总体上看,我国的社会主义社会仍然有自己的特色,也并非完全等同于马恩模式,它的历史意义是不能低估的。胡锦涛指出:"中国共产党领导的新民主主义革命和社会主义革命,推翻了帝国主义、封建主义、官僚资本主义在中国的统治,建立了新中国,确立了社会主义制度,为当代中国一切发展进步奠定了根本政治前提和制度基础。"[18]我们必须从逻辑必然性上,总结我国社会主义改造的历史经验。

再一次指出,从新民主主义社会向社会主义社会的过渡,尽管存在着一些技术性问题,但它是符合中国社会发展的历史逻辑必然性的,这是应该肯定的。而且在我国社会主义建立的初期,社会主义公有制和计划经济都发挥了重大的作用。后来,随着社会生产力的发展,原有的经济体制和所有制结构逐步地暴露出不适应的方面,不能更好地满足社会生产力继续发展的要求,限制了社会主义制度优越性的充分发挥,束缚了人民群众建设社会主义的积极性和创造性。上述情况,也是不能否定的客观事实,同样显示了社会形态的发展是一个自然历史过程。

§174 建设社会主义总路线

我国在过渡时期总路线基本完成后,开始了社会主义建设。1958年,中共八大二次会议提出了"鼓足干劲、力争上游、多快好省地建设社会主义"的总路线。刘少奇在政治报告中对这条总路线做了解释,着重阐述了建设社会主义的总路线及其基本点:调动一切积极因素,正确处理人民内部矛盾;巩固和发展社会主义的全民所有制和集体所有制,巩固无产阶级专政和无产阶级的国际团结;在继续完成经济战线、政治战线和思想战线上的社会主义革命的同时,逐步实现技术革命和文化革命;在重工业优先发展的条件下,工业和农业同时并举;在集中领导、全面规划、分工协作的条件下,中央工业和地方工业同时并举,大型企业和中小型企业同时并举;通过这些,尽快地把我国建设成为一个具有现代工业、现代农业和现代科学文化的伟大的社会主义国家。[10]

总路线的主要任务是建设社会主义,这也就是实践目的;实现这个目的的手段,主要是实行技术革命和文化革命,以及经济发展中的两条腿走路的方针;把我国建设成为一个具有现代工业、现代农业和现代科学文化的伟大的社会主义国家,这即是实践的结果。从这个结构看,合乎实践逻辑"目的—手段—结果"的基本公式:

建设社会主义—政治思想战线革命、技术革命、文化革命和两条腿走路—实现社会主义现代化国家。

从这种逻辑结构来看,它是具有逻辑必然性的。但是,与以往的路线不同,总路线凸现了实践主体,提出了具有主体性的"鼓足干劲、力争上游、多快好省"的要求,反映了实践主体的心境,也反映了广大人民群众尽快改变我国经济文化落后状况和提高生活水平的迫切要求和普遍愿望。

对照布迪厄提出的实践逻辑公式:"[(习性)(资本)]+场域=实践",可以清楚地看到,这种心境、愿望,相对于这个公式中的"习性",都属于主体性或主观性。因为,心境、愿望或习性都是带来逻辑不确定性的主观因素,隐藏着超越客观条件,违背客观规律,片面夸大人的主观能动性的可能性。而且,由于"总路线"内容的言简意赅,通俗易懂,很快为群众掌握,也就更容易产生这种可能性。

另外,由于当时所处的"场域",是批判反冒进的环境。1957年12月12日,《人民日报》发表毛泽东主持起草的《必须坚持多快好省的建设方针》的社论。社论指出:"在去年秋天以后的一段时间里,在某些部门、某些单位、某些干部中间刮起了一股风,居然把多快好省的方针刮掉了。""于是,本来应该和可以多办、快办的事情,也少办、慢办甚至不办了。这种做法,对社会主义建设事业当然不能起积极的促进的作用,相反地起了消极的'促退'的作用。"[20]在这种环境下,对总路线中提出的"多快好省"之间的关系,人们的理解也具有极大的主观性和不确定性。事实上,当时的宣传,也重点放在"多"和"快"上,忽视了"好"和"省",把速度看作总路线的灵魂,客观上推动了"大跃进"运动。在八大二次会议后,《人民日报》社论强调"用最高的速度来发展我国的社会生产力"是"总路线的基本精神",而"速度是总路线的灵魂","快,这是多快好省的中心环节"[21]。以这种心境来理解社会主义建设总路线,就把经念歪了。

前一节提到的关于过渡时期总路线的实现情况,也属于这种情形。"过快、过急"也是一种主观的心境。正是这种心境和习性,对逻辑必然性进行了偶然性的干扰。所以,布迪厄从社会学的视角看待实践逻辑,认为:"实践有一种逻辑,一种不是逻辑的逻辑,这样才不至于过多地要求实践给出它所不能给出的逻辑,从而避免强行向实践索取某种不连贯性,或把一种牵强的连贯性强加给它。"[22]布迪厄是对的,不能把实践逻辑与形式逻辑同等看待。任何路线都需要人去贯彻,去执行,从而输入了人自身的习性和心境,使他的行为出现了非逻辑的"某种不连贯性"。正是这种偶然性的干扰,使实践逻辑基本公式"目的—手段—结果"中的"结果",不可能与"目的"完全一致,甚至在某种情况下,事与愿违,造成相反的结果。建设社会主义总路线导致"大跃进"运动,就属于这种情形。

路线不可能都是对的,正确的路线本身也有待于完善;在党的历史上,也出现过不少带有路线性的错误。路线正确,但执行的结果,也不必然都是好的,不能"把一种牵强的连贯性强加给它"。作为事后诸葛亮,我们对路线的评价,也应该中肯和客观,也不能融入太多的主观的习性和心境。

§175 党在社会主义初级阶段的基本路线

中共十三大首次提出了党在社会主义初级阶段的基本路线。报告说："在社会主义初级阶段,我们党的建设有中国特色的社会主义的基本路线是:领导和团结全国各族人民,以经济建设为中心,坚持四项基本原则,坚持改革开放,自力更生,艰苦创业,为把我国建设成为富强、民主、文明的社会主义现代化国家而奋斗。"[23]所谓基本路线,相当于总路线,它意味着在经济、政治和文化等领域,应有与贯彻这条基本路线相适应的具体路线。

坚持基本路线的主体是中国人民,而这个主体中的领导者是中国共产党。就是说,中国人民在中国共产党的领导下,坚持党在社会主义初级阶段的基本路线,建设有中国特色的社会主义。这个社会主义建设的实践逻辑的公式是:

党的领导—人民主体—坚持基本路线。

根据实践逻辑的基本公式,这条基本路线的目的,是"建设有中国特色的社会主义";手段是"以经济建设为中心,坚持四项基本原则,坚持改革开放",简称为"一个中心、两个基本点";所实现的结果是"富强、民主、文明的社会主义现代化国家"。所以,在实践逻辑的一般形式上,是"目的—手段—结果"公式的具体化,实现了内容与形式的统一。它的实践逻辑公式是:

建设有中国特色的社会主义—"一个中心、两个基本点"—富强、民主、文明的社会主义现代化国家。

党的基本路线的理论根据,是建设有中国特色社会主义理论。两者的共同社会前提是社会主义初级阶段。从理论与道路的逻辑关系看,它们的逻辑公式是:

社会主义初级阶段—建设有中国特色社会主义理论—党的基本路线。

十三大报告从哲学、政治经济学和科学社会主义等方面,勾画了这个理论的12个要点后,指出:"这些观点,构成了建设有中国特色的社会主义理论的轮廓,初步回答了我国社会主义建设的阶段、任务、动力、条件、布局和国际环境等基本问题,规划了我们前进的科学轨道。"[24]"初步回答"的这些问题,基本上属于基本路线内容的具体化。主要是关于社会主义建设的阶段、任务、动力、条件、布局以及国际环境等。"阶段"是指社会主义初级阶段,"任务"是指发展生产力,"动力"是指改革,"条件"是指对外开放、国际环境和当代世界时代主题,"布局"是指进行经济、政治和文化等方面的建设。如果根据这些内容做进一步归纳,可以认为,在总体上这些内容仍然处于"目的—手段—结果"这个概念框架之中。

中共十四大把党的基本路线概括为"一个中心、两个基本点",并指出:"同这条路线相适应,我们党还形成了包括经济、政治、科技、教育、文化、军事、外交等各方面的一整套方针政策。"[25]说明路线的实际贯彻,需要各个领域中的具体政策方针来保证。

中共十五大报告首次提出党的基本纲领。这个报告的第四部分的题目是"社会主义初级阶段的基本路线和纲领"。所谓纲领,是指建设有中国特色社会主义的经济、政治和文化的基本目标和基本政策。报告对此做了具体的阐述,并指出:"上述建设有中国特色社会主义的经济、政治、文化的基本目标和基本政策,有机统一,不可分割,构成党在社会主义初级阶段的基本纲领。这个纲领,是邓小平理论的重要内容,是党的基本路线在经济、政治、文化等方面的展开,是这些年来最主要经验的总结。"[26]由经济、政治和文化基本目标和基本政策构成的基本纲领,是当前党的最低纲领在这三个领域中的具体化,也是基本路线中的总目标在这三个领域的具体内容。实际上,是把党的基本路线的任务,分别地落实到经济、政治和文化等领域中去,形成了各个领域中的贯彻基本路线的实践逻辑。

从中共十七大开始,不再提党的基本路线,把它称为中国特色社会主义道路,而且具体内容得到了进一步丰富和发展。

§176 中国特色社会主义道路

中共十七大把改革开放以来我们取得一切成绩和进步的根本原因,归结为开辟了中国特色社会主义道路,形成了中国特色社会主义理论体系。报告指出:"中国特色社会主义道路,就是在中国共产党领导下,立足基本国情,以经济建设为中心,坚持四项基本原则,坚持改革开放,解放和发展社会生产力,巩固和完善社会主义制度,建设社会主义市场经济、社会主义民主政治、社会主义先进文化、社会主义和谐社会,建设富强民主文明和谐的社会主义现代化国家。"[27]这个关于中国特色社会主义道路的表述,同中共十三大、十四大的表述,在逻辑结构上并没有不同,但在内容上是更加丰富了。除了"一个中心、两个基本点"的内容外,又写入"解放和发展社会生产力,巩固和完善社会主义制度"的新内容,并把十五大的基本纲领作为总体目标的布局直接写入道路中去,增加了建设"社会主义和谐社会"这一布局,把"三位一体"的布局发展为"四位一体"。

中共十八大对中国特色社会主义道路的表述,在内容上又有了进一步的发展。十八大报告说:"中国特色社会主义道路,就是在中国共产党领导下,立足基本国情,以经济建设为中心,坚持四项基本原则,坚持改革开放,解放和发展社会生产力,建设社会主义市场经济、社会主义民主政治、社会主义先进文化、社会主义和谐社会、社会主义生态文明,促进人的全面发展,逐步实现全体人民共同富裕,建设富强民主文明和谐的社会主义现代化国家。"[28]这个表述,把"四位一体"的总体布局发展为"五位一体",增加了建设"社会主义生态文明"的内容。在总目标中,除了实现"社会主义现代化国家"外,增加了"促进人的全面发展"的内容。

关于促进人的全面发展问题,在庆祝中国共产党成立八十周年大会上的讲话中,江泽民已经开始提出来了。他认为,共产主义社会将是物质财富极大丰富,人民精神境界极大提高,每个人自由而全面发展的社会,要求"在发展社会主义社会物质文明和精神文明的基础上,不断推进人的全面发展"。并指出:"推进人的全面发展,同推进经济、文化的发展和改善人民物质文化生活,是互为前提和基础的。"[29]在后来的党的文献中,特别是提出科学发展观后,都一致强调促进社会全面进步和人的全面发展。中共十八大把"促进人的全面发展,逐步实现全体人民共同富裕"写进了中国特色社会主义道路的目标中去,充分显示了实践逻辑的必然性。

十八大报告除了对中国特色社会主义道路做了新的表述外,还进一步对中国特色社会主义道路做了总体性的概括。报告指出:"建设中国特色社会主义,总依据是社会主义初级阶段,总布局是五位一体,总任务是实现社会主义现代化和中华民族伟大复兴。"[30]在这个关于道路的概括中,提出了"三个总",即总依据、总布局和总任务。关于"三个总"的逻辑关系,也可以写成一个公式来表述:

总依据—总任务—总布局。

作为总依据,中国社会主义初级阶段不仅是总任务和总布局的总依据,而且还是中国特色社会主义理论体系和中国特色社会主义道路的总依据。因而它是中国特色社会主义理论体系的逻辑起点。

在这个新概括中,对道路的基本内容也有了新的认识。中共十四大把党的基本路线概括为"一个中心、两个基本点",在这个概括的基础上,十八大把中共十五大的基本纲领、基本目标和基本政策,概括为"五位一体"的总布局,这样,就可以把党的基本路线概括为"一个中心、两个基本点、五位一体"了。

关于"促进人的全面发展,逐步实现全体人民共同富裕,建设富强民主文明和谐的社会主义现代化国家",既是中国特色社会主义道路的实践目标,也是它的实践结果,可简称为"实现社会主义现代化国家和中华民族伟大复兴",它在当前的两个"一百年"的时间里,就是两个"一百年"的目标。这样,就可以把中国特色社会主义道路写成一个概念推论的逻辑公式:

建设社会主义现代化和中华民族伟大复兴—"一个中心、两个基本点、五位一体"—两个"一百年"目标。

§177 坚持社会主义道路是社会主义核心价值

本篇第1章,论证了社会主义是一种价值体系,并引用毛泽东和邓小平的观点,说明社会主义对中国的价值。毛泽东说:"只有社会主义能够救中国。"[31]邓小平同样指出:"只有社会主义才能救中国,只有社会主义才能发展中国。"[32]历史经验证明,只有社会主义能够满足中国人民救中国和发展中国的需要,这是社会主义对中国社会的价值。社会主义是一种价值体系,其中的核心部分是社会主义道路。在中国特色社会主义理论、中国特色社会主义道路和中国特色社会主义制度的社会主义"三位一体"中,其核心是坚持中国特色社会主义道路。邓小平强调:"不走社会主义道路中国就没有前途。"[33] 习近平也同样指出："道路问题是关系党的事业兴衰成败第一位的问题，道路就是党的生命。"[34] 就是说，我们要发展中国，就必须坚持社会主义道路，这是中国人民的核心需要，是社会主义价值中的核心组成部分，它就是社会主义的核心价值。

只要坚持社会主义不动摇，我们的事业就能进步、发展。自从中国共产党创立以来，我们党始终坚持着社会主义方向，经过斗争、失败，再斗争、再失败，最终还是取得了胜利。不仅取得了中国革命的胜利，而且也取得了社会主义建设和改革的胜利。

只要坚持社会主义不动摇，我们就不怕犯这样那样的错误。在十一届三中全会之前，我们党也是始终坚持社会主义道路的，不过在什么是社会主义的认识上还不完全清楚，甚至犯过全局性的错误。但在坚持社会主义方向的问题上，是始终没有动摇过的。这也表明了另一方面的问题：仅仅解决方向问题还是不够的，还必须解决具体道路的走法问题，要制定正确的路线、纲领和方针政策。

在实践逻辑基本公式"目的—手段—结果"这三项中，具有决定意义的是手段。从我国革命时期，或进入社会主义建设时期以来，一些重大的失误，基本上都发生在实践手段的问题上。因为在手段中，还包括了一系列大大小小的方针政策。

在总结党的历史经验时，毛泽东要求我们应取分析的态度，不要否定一切。他举例说："对于四中全会至遵义会议时期中央的领导路线问题，应作两方面的分析：一方面，应指出那个时期中央领导机关所采取的政治策略、军事策略和干部政策在其主要方面都是错误的；另一方面，应指出当时犯错误的同志在反对蒋介石、主张土地革命和红军斗争这些基本问题上面，和我们之间是没有争论的。即在策略方面也要进行分析。例如在土地问题上，当时的错误是实行了地主不分田、富农分坏田的过左政策，但在没收地主土地分给无地和少地的农民这一点上，则是和我们一致的。"[35]

在实践的过程中，从同样的目的出发，由于采取了不同的手段，其结果可能截然不同。关于错误的手段，也有两种可能，一种是战略性手段的错误，另一种是策略性手段的错误。党在土地革命战争时期的第五次反围剿的斗争中，实行军事冒险主义，主张"御敌于国门之外"，犯了战略性手段的错误，在第五次反围剿斗争失败后,使红军被迫开始战略转移。战略性的错误是全局性的错误,策略性的错误,则是局部性的,非全局性错误。

以阶级斗争为中心,还是以经济建设为中心,来推动生产力的发展?这也是两种截然不同的战略手段。邓小平曾批评过毛泽东忽视生产力的发展,并不是说毛泽东不想发展生产力,而主要是指毛泽东所采用的发展生产力的方法不都是对头的,即是违背客观规律的,例如大跃进、人民公社等。

后来,"以阶级斗争为纲"发展到"文化大革命",实行所谓无产阶级专政下的继续革命,同样是战略性手段的错误。《关于建国以来党的若干历史问题的决议》指出:"对于'文化大革命'这一全局性的、长时间的'左'倾严重错误,毛泽东同志负有主要责任。但是,毛泽东同志的错误终究是一个伟大的无产阶级革命家所犯的错误。"[36]他在犯严重错误的时候,"还始终认为自己的理论和实践是马克思主义的,是为巩固无产阶级专政所必需的,这是他的悲剧所在。"[37]

可是,在某些问题上,毛泽东又采取了正确的战略性手段,保护社会主义成果和国家政权。他领导了粉碎林彪反革命集团的斗争,对江青、张春桥等人也进行过重要的批评和揭露,不让他们夺取最高领导权的野心得逞。

毛泽东在手段上犯了战略性错误的时候,又往往采取了一些正确的策略手段,制止和纠正过一些具体错误,保护过一些党的领导干部和党外著名人士,使一些负责干部重新回到重要的领导岗位。

在衡量实践成败标准的讨论中,曾提出检验实践成功的逻辑公式:

　　成功的结果,当且仅当,具备正确的目的和应当的手段。

就是说,只有正确的目的和应当的手段,才能获得成功的结果。因此,即使目的正确,由于手段不当,或完全错误,都不能获得完全的成功。

而且,如果手段错了,具体的走法错了,还继续坚持下去,也会影响方向的变化。我们之所以要扬弃十一届三中全会之前的社会主义道路,因为它在具体的走法上出了问题,没有很好地从中国的基本国情出发,把科学社会主义基本原理同中国具体实际结合起来,赋予其鲜明的中国特色;同时也没有很好地跟上时代的步伐,使其具有时代的特征。中国特色社会主义道路正确地解决了这两方面的问题。所以,"在当代中国,坚持中国特色社会主义道路,就是真正坚持社会主义。"[38]这个表述本身,也同样表明了坚持社会主义道路是社会主义核心价值。

参 考 文 献

[1] 毛泽东.关心群众生活,注意工作方法[M]//毛泽东.毛泽东选集:第1卷.2版.北京:人民出版社,1991:139.

[2] 恩格斯.共产主义原理[M]//马克思,恩格斯.马克思恩格斯文集:1.北京:人民出版社,2009:684.

[3] 恩格斯.共产主义原理[M]//马克思,恩格斯.马克思恩格斯文集:1.北京:人民出版社,2009:685.

[4] 黑格尔.逻辑学:下卷[M].北京:商务印书馆,1976:531.

[5] 黑格尔.逻辑学:下卷[M].北京:商务印书馆,1976:532.

[6] 中共中央党史研究室.中国共产党历史:第1卷,上册[M].北京:中共党史出版社,2011:68.

[7] 中共中央党史研究室.中国共产党历史:第1卷,上册[M].北京:中共党史出版社,2011:79-80.

[8] 毛泽东.中国革命和中国共产党[M]//毛泽东.毛泽东选集:第2卷.2版.北京:人民出版社,1991:647.

[9] 毛泽东.在晋绥干部会议上的讲话[M]//毛泽东.毛泽东选集:第4卷.2版.北京:人民出版社,1991:1313.

[10] 毛泽东.《共产党人》发刊词[M]//毛泽东.毛泽东选集:第2卷.2版.北京:人民出版社,1991:610.

[11] 毛泽东.中国的红色政权为什么能够存在?[M]//毛泽东.毛泽东选集:第1卷.2版.北京:人民出版社,1991:48.

[12] 毛泽东.中国的红色政权为什么能够存在?[M]//毛泽东.毛泽东选集:第1卷.2版.北京:人民出版社,1991:50.

[13] 毛泽东.井冈山的斗争[M]//毛泽东.毛泽东选集:第1卷.2版.北京:人民出版社,1991:63.

[14] 毛泽东.论联合政府[M]//毛泽东.毛泽东选集:第3卷.2版.北京:人民出版社,1991:1060.

[15] 毛泽东.论联合政府[M]//毛泽东.毛泽东选集:第3卷.2版.北京:人民出版社,1991:1060.

[16] 列宁.国家与革命[M]//列宁.列宁选集:第3卷.3版.北京:人民出版社,1995:187.

[17] 列宁.俄国社会民主党中的倒退倾向[M]//列宁.列宁全集:第4卷.2版.北京:人民出版社,1984:229.

[18] 胡锦涛.在纪念党的十一届三中全会召开30周年大会上的讲话[M].北京:人民出版社,2008:35.

[19] 中共中央党史研究室.中国共产党历史:第2卷,上册[M].北京:中共党史出版社,2011:466.

[20]《人民日报》社论.必须坚持多快好省的建设方针[N].人民日报,1957-12-12(1).

[21]《人民日报》社论.力争高速度[N].人民日报,1958-06-21(1).

[22] 布迪厄.实践感[M].蒋梓骅,译.南京:译林出版社,2003:133.

[23] 沿着有中国特色的社会主义道路前进:在中国共产党第十三次全国代表大会上的报告[G]//中国共产党第十三次全国代表大会文件汇编.北京:人民出版社,1987:13.

[24] 沿着有中国特色的社会主义道路前进:在中国共产党第十三次全国代表大会上的报告[G]//中国共产党第十三次全国代表大会文件汇编.北京:人民出版社,1987:59.

[25] 江泽民.加快改革开放和现代化建设步伐,夺取有中国特色社会主义事业的更大胜利:在中国共产党第十四次全国代表大会上的报告[G]//中国共产党第十四次全国代表大会文件汇编.北京:人民出版社,1992:15.

[26] 江泽民.高举邓小平理论伟大旗帜,把建设有中国特色社会主义事业全面推向二十一世纪:在中国共产党第十五次全国代表大会上的报告[G]//中国共产党第十五次全国代表大会文件汇编.北京:人民出版社,1992:20.

[27] 胡锦涛.高举中国特色社会主义伟大旗帜,为夺取全面建设小康社会新胜利而奋斗:在中国共产党第十七次全国代表大会上的报告[M].北京:人民出版社,2007:11.

[28] 胡锦涛.坚定不移沿着中国特色社会主义道路前进,为全面建成小康社会而奋斗:在中国共产党第十八次全国代表大会上的报告[G]//中国共产党第十八次全国代表大会文件汇编.北京:人民出版社,2012:11.

[29] 江泽民.在庆祝中国共产党成立八十周年大会上的讲话[M]//江泽民.江泽民文选:第3卷.北京:人民出版社,2006:294,295.

[30] 胡锦涛.坚定不移沿着中国特色社会主义道路前进,为全面建成小康社会而奋斗:在中国共产党第十八次全国代表大会上的报告[G]//中国共产党第十八次全国代表大会文件汇编.北京:人民出版社,2012:12.

[31] 毛泽东.关于正确处理人民内部矛盾的问题[M]//毛泽东.毛泽东文集:第7卷.北京:人民出版社,1999:214.

[32] 邓小平.第三代领导集体的当务之急[M]//邓小平.邓小平文选:第3卷.北京:人民出版社,1993:311.

[33] 邓小平.第三代领导集体的当务之急[M]//邓小平.邓小平文选:第3卷.北京:人民出版社,1993:311.

[34] 习近平.在新进中央委员会的委员、候补委员学习贯彻党的十八大精神研讨班开班式上的讲话[N].人民日报,2013-01-06(1).

[35] 毛泽东.学习和时局[M]//毛泽东.毛泽东选集:第3卷.2版.北京:人民出版社,1991:938-939.

[36] 中国共产党中央委员会关于建国以来党的若干历史问题的决议[G]//中共中央文献研究室.三中全会以来重要文献选编:下.北京:人民出版社,1982:814-815.

[37] 中国共产党中央委员会关于建国以来党的若干历史问题的决议[G]//中共中央文献研究室.三中全会以来重要文献选编:下.北京:人民出版社,1982:815.

[38] 胡锦涛.高举中国特色社会主义伟大旗帜,为夺取全面建设小康社会新胜利而奋斗:在中国共产党第十七次全国代表大会上的报告[M].北京:人民出版社,2007:11.

第3章
中 国 战 略

战略问题是大局问题,凡做大事的人,都要研究战略问题。陈澹然说:"自古不谋万世者,不足谋一时;不谋全局者,不足谋一域。"(《寤言》卷二《迁都建藩议》)毛泽东在研究战争问题时,也首先研究战争的战略问题。中国革命和建设不仅需要正确的路线、纲领和道路,同样需要正确的战略。在战略问题中,包括战略决策、战略进攻、战略防御、战略阶段、战略步骤、战略转变、战略布局等问题。只有正确处理战略问题,才能保证路线、纲领和道路的贯彻和执行,争取革命和建设的胜利。当然,在重视战略问题时,同时也要重视战术和策略问题。

§178 战略战术思想的逻辑基础

在实践逻辑的基本公式中,战略和策略都属于手段,都是为战略目标服务的。因此,在手段中存在战略手段和策略手段的区分。策略手段是为实现战略手段服务的,但它又由战略手段所规定。对于实践的成功,更重要的自然是战略手段,但必须同时采取与之相适应的策略手段,否则,最好的战略也是不能实现的。

战略和策略的关系是建立在战略思想基础上的。从战略思想上看,胜利最终总是属于人民的。1927年大革命失败后,中国革命转入低潮,而反革命力量却异常强大,红军不仅非常弱小,而且还四面遭受强敌的围剿。革命高潮能否还会到来?在这种敌强我弱的形势下,看不到革命前途的悲观者提出了"红旗到底能打多久"的疑问,毛泽东写了《中国的红色政权为什么能够存在?》《星星之火,可以燎原》等著作,科学地分析和预见了中国革命高潮快要到来的必然趋势,阐述了反动派必然灭亡、人民必然胜利的战略思想。1948年,毛泽东总结了中国人民革命斗争和世界人民反法西斯斗争的经验,在同美国记者安娜·路易斯·斯特朗的谈话中,提出了"一切反动派都是纸老虎"的论断。他指出:"一切反动派都是纸老虎。看起来,反动派的样子是可怕的,但是实际上并没有什么了不起的力量。从长远的观点看问题,真正强大的力量不是属于反动派,而是属于人民。"[1] 1958年12月1日,毛泽东在中共八届六中全会期间又发表了《关于帝国主义和一切反动派是不是真老虎的问题》一文,指出:"从本质上看,从长期上看,从战略上看,必须如实地把帝国主义和一切反动派,都看成纸老虎。从这点上,建立我们的战略思想。另一方面,它们又是活的铁的真的老虎,它们会吃人的。从这点上,建立我们的策略思想和战术思想。向阶级敌人作斗争是如此,向自然界作斗争也是如此。"[2] 所谓战略思想,通俗地说,就是从长远的观点、全局的观点看问题的思想;所谓战略问题,也就是带有长远性的、全局性的问题。

从战略上看,一切反动派都是纸老虎,真正强大的是革命人民;但在策略上看,反动派还是有力量的,它们会吃人,我们必须同它们做长期的斗争,并要采取正确的策略,才能取得最后的胜利。毛泽东的这种分析,提出了两种逻辑。就战略逻辑来说,敌人貌似强大,因为它脱离人民,其实是纸老虎,最终是要失败的。因此,在战略上,我们是"以一当十,以十当百",真正强大的是人民,而不是反动派。因为反动派必然地走向灭亡。这是反动派必然灭亡的逻辑:

反动派—脱离人民—纸老虎。

就战术逻辑来说,反动派是统治者,手中握有权力,是真老虎,会吃人。反动派在战术上的逻辑是:

反动派—统治者—真老虎。

为了战胜反动派,在战术上我们要重视敌人,"以十当一,以百当十",战而胜之。

综合这两个方面的分析,毛泽东说:"我们的战略是'以一当十',我们的战术是'以十当一',这是我们制胜敌人的根本法则之一。"[3]

在概念逻辑篇中,曾分析了毛泽东关于帝国主义的逻辑和人民的逻辑。帝国主义和反动派的逻辑,即是在战略上的反动派的逻辑和在战术上的反动派的逻辑的统一。毛泽东说:"帝国主义者的逻辑和人民的逻辑是这样的不同。捣乱,失败,再捣乱,再失败,直至灭亡——这就是帝国主义和世界上一切反动派对待人民事业的逻辑,他们决不会违背这个逻辑的。"[4] 由此产生的人民的逻辑,即是:"斗争,失败,再斗争,再失败,再斗争,直至胜利——这就是人民的逻辑,他们也是决不会违背这个逻辑的。这个马克思主义的定律是不可抗拒的。"[5] 可以用概念推论的三段式来表述这两种不同的逻辑。

帝国主义和反动派的逻辑是:

(1) 捣乱—失败—灭亡。

人民的逻辑是:

(2) 斗争—失败—胜利。

革命人民只有把自己的战略战术思想建立在这两个逻辑的基础上,同敌人进行长期斗争,才能消灭反动派,夺取最后的胜利。

§179 战略防御和战术进攻

中国革命战争有它的战略问题,也有它的战术问题,或称策略问题。只有采取正确的战略,并处理好战略与战术的关系,才能取得革命战争的胜利。

因为革命的胜利具有必然性,而胜利又是靠进攻取得的,因而革命斗争总是要取进攻的势态。但是,由于敌人是强大的,革命力量在开始的时候也总是弱小的,在强大的敌人面前,我们又往往采取守势、防御和退却。毛泽东说:"革命和革命战争是进攻的——这种说法当然有它的正确性。"[6] 革命和革命战争从发生到发展,从小到大,从没有政权到夺取政权,从没有红军到创造红军,从没有革命根据地到创造革命根据地,都是进攻所取得的结果。但是,不能认为革命只有进攻,没有防御和后退。所以,毛泽东又指出:"革命和革命战争是进攻的,但是也有防御和后退——这种说法才是完全正确的。"[7] 为了进攻而防御,为了前进而后退,为了向正面而向侧面,为了走直路而走弯路,都是防御与进攻的辩证统一。

在《中国革命战争的战略问题》中,毛泽东分析了中国革命战争的有利与不利两个方面的四个特点,最后得出的结论是:从有利的方面看,中国革命战争必然取得最终的胜利;但从不利的方面看,中国革命战争则不可能很快地胜利,必须进行持久的斗争。"这些特点,规定了中国革命战争的指导路线及其许多战略战术原则。"[8]就是说,中国革命战争在开始时,必须采取防御战略,积累力量,最后进入战略进攻。

这是革命由战略防御开始,通过无数次的战术进攻,转向战略反攻,或经过战略决战,获得最后的胜利。反映这个过程的实践逻辑总公式是:

战略防御—战术进攻—战略反攻。

革命必须经过长期的斗争,因此需要经过几个战略阶段,才进入战略反攻和战略决战,取得最后的胜利。革命在开始的一个很长时期里,在战略上长期处于防御阶段,在战略转变的时期,也往往需要经过一个战略相持阶段,而后才进入战略反攻阶段。在《论持久战》中,毛泽东提出了中日战争持久战的三个阶段。他说:"中日战争既然是持久战,最后胜利又将是属于中国的,那末,就可以合理地设想,这种持久战,将具体地表现于三个阶段之中。第一个阶段,是敌之战略进攻、我之战略防御的时期。第二个阶段,是敌之战略保守、我之准备反攻的时期。第三个阶段,是我之战略反攻、敌之战略退却的时期。"[9]抗日战争的胜利,证明了抗日战争是按照毛泽东分析的战争逻辑发展的。这就是抗日战争的战略实践逻辑:

战略防御—战略相持—战略反攻。

人民解放战争也同样经历了战略防御、战略反攻、战略决战三个阶段,最后解放全中国。1946年6月底,国民党军队向解放区大举进攻,全面内战爆发。人民解放战争进入战略防御阶段。1947年6月底,人民解放战争进入反攻阶段。1948年秋,人民解放军发动辽沈战役,开始了全面进攻和战略决战阶段,到1949年1月,淮海战役、平津战役结束。1949年4月21日,渡江战役开始,23日,人民解放军占领南京,接着人民解放军向全国进军。这就是中国人民解放战争的战略实践逻辑:

战略防御—战略进攻—战略决战。

根据"战略防御—战术进攻—战略反攻"的公式,战略防御必须与战术进攻相结合。战略上的持久之所以可能,因为它是以防御中的进攻为前提的。毛泽东指出:"战役和战斗的原则与此相反,不是持久而是速决。在战役和战斗上面争取速决,古今中外都是相同的。"[10]要取得中国革命战争的胜利,必须承认战略的持久战和战役的速决战,反对战役的持久战和战略的速决战。

毛泽东把战略方针看作是一般的方针,怎样进行持久战,这是具体的方针,即作战方针,这就是"防御中的进攻,持久中的速决,内线中的外线"。毛泽东说:"怎样具体地进行持久战呢?这就是我们现在要讨论的问题。我们的答复是:在第一和第二阶段即敌之进攻和保守阶段中,应该是战略防御中的战役和战斗的进攻战,战略持久中的战役和战斗的速决战,战略内线中的战役和战斗的外线作战。在第三阶段中,应该是战略的反攻战。"[11]

这就是集中优势兵力、各个击破敌人的基本方针。毛泽东说:"处于战略上内线作战的军队,特别是处于被'围剿'环境的红军,蒙受着许多的不利。但我们可以而且完全应该在战役或战斗上,把它改变过来。将敌军对我军的一个大'围剿',改为我军对敌军的许多各别的小围剿。将敌军对我军的战略上的分进合击,改为我军对敌军的战役或战斗上的分进合击。将敌军对我军的战略上的优势,改为我军对敌军的战役或战斗上的优势。将战略上处于强者地位的敌军,使之在战役或战斗上处于弱者的地位。同时,将自己战略上的弱者地位,使之改变为战役上或战斗上的强者的地位。这即是所谓内线作战中的外线作战,'围剿'中的围剿,封锁中的封锁,防御中的进攻,劣势中的优势,弱者中的强者,不利中的有利,被动中的主动。从战略防御中争取胜利,基本上靠了集中兵力的一着。"[12]在这里,毛泽东提出了战役和战斗的实践逻辑问题。

战略防御中的战役和战斗的实践逻辑,可以用以下三个公式来表述。

把战略防御转化为战术进攻,进行战役和战斗速决战的实践逻辑:

(1)战略防御—战役和战斗进攻—速决战。

把战略持久转化为战术速决,进行战役和战斗进攻战的实践逻辑:

(2)战略持久—战役和战斗速决—进攻战。

把战略内线转化为战术外线,进行战役和战斗的进攻速决战的实践逻辑:

(3)战略内线—战役和战斗外线—进攻速决战。

毛泽东指出:"战略的持久战,战役和战斗的速决战,这是一件事的两方面,这是国内战争的两个同时并重的原则,也可以适用于反对帝国主义的战争。"[13]

战略退却也是战略防御的一种形式,其目的是为了保存军力,准备反攻。毛泽东说:"战略退却,是劣势军队处在优势军队进攻面前,因为顾到不能迅速地击破其进攻,为了保存军力,待机破敌,而采取的一个有计划的战略步骤。"[14] 退却必然要丧失土地,因而遭到许多人的反对。毛泽东说:"关于丧失土地的问题,常有这样的情形,就是只有丧失才能不丧失,这是'将欲取之必先与之'的原则。如果我们丧失的是土地,而取得的是战胜敌人,加恢复土地,再加扩大土地,这是赚钱生意。"[15] 这正是战略退却的实践逻辑的表述:

占有土地—丧失土地—恢复扩大土地。

在第五次"围剿"和反"围剿"的斗争中,我们没有由防御转到进攻,反而被敌人的进攻打破了我们的防御,开始了长征,我们选择了战略转移,使战略防御变成了战略退却。正是这种退却,使红军得到了发展和扩大,最终取得了解放全中国的胜利。

§180 战略步骤

战略关涉带有全局性的重大问题,包括战略目标、战略步骤(战略阶段)和战略手段等。一个重大的战略目标,不可能一次性完成,必须分阶段、有步骤地实现。我们把这些阶段或步骤,称为战略阶段,或战略步骤、战略部署。

中国共产党成立后,就领导着中国无产阶级的社会主义革命事业。中国社会是半殖民地半封建性质的社会,只能首先进行新民主主义革命,然后再进行社会主义革命,使中国革命分为两步走。这就是中国革命的"两步走"战略。新民主主义革命和社会主义革命,也即中国革命的两个战略阶段。

中国革命战争和抗日战争,都经历了不同的战略阶段。这些不同的阶段,也反映了取得战争胜利的战略步骤。

分步骤地实现战略任务,这是由战略目标自身发展的规律所决定的,而不取决于人们的良好的主观愿望。是否实现由前一个战略步骤向后一个战略步骤的转移,也完全取决于战略目标本身的发展和当时的社会条件。正是这些变化着的原因,需要经常改变战略目标和战略步骤。战略目标的变化,

表现为目的的变化和目的的实现,它的逻辑公式是:

主观战略目标—正在完成中的战略目标—实现了的战略目标。

一个战略步骤向另一个战略步骤的转移,发生在"正在完成中的战略目标"这个逻辑环节中。每一次战略转移都是一个战略转折点。中国人民的解放战争,开始时处于战略防御阶段,到1947年底,开始转变为战略进攻,标志着中国革命战争已经达到一个新的历史转折点。毛泽东指出:"这是一个历史的转折点。这是蒋介石的二十年反革命统治由发展到消灭的转折点。这是一百多年以来帝国主义在中国的统治由发展到消灭的转折点……这个事变一经发生,它就将必然地走向全国的胜利。"[16]这种战略转变,比我们预想的提前了约两年。1948年11月,毛泽东在《中国军事形势的重大变化》中说:"原来预计,从一九四六年七月起,大约需要五年左右时间,便可能从根本上打倒国民党反动政府。现在看来,只需从现时起,再有一年左右的时间,就可能将国民党反动政府从根本上打倒了。"[17]发生这个战略转变,主要不是我们的主观愿望,而是人民解放军不但在质量上早已占有优势,而且在数量上现在也已经占有优势,从而把战略防御转变为战略进攻。

社会主义现代化的战略目标,在实践的过程中,也同样要发生变化。这种变化,同样处在"正在完成中的战略目标"这个逻辑环节中。最初,我国社会主义现代化建设曾提出两步走的战略部署。1964年12月,周恩来在三届人大一次会议上所做的《政府工作报告》中,正式把"四个现代化"作为全党和全国人民的奋斗目标,并明确提出了发展我国国民经济"两步走"的具体设想。但是,由于"以阶级斗争为纲"思想和"文化大革命"的干扰,两步走的战略目标没有完全实现。1975年,周恩来在四届人大一次会议上又重申了现代化的战略目标和"两步走"的战略步骤。这两步走的设想是:"第一步,用十五年时间,即在一九八○年以前,建成一个独立的比较完整的工业体系和国民经济体系;第二步,在本世纪内,全面实现农业、工业、国防和科学技术的现代化,使我国国民经济走在世界的前列。"[18]。一方面,由于现代化的任务比较艰巨,另一方面,时间比较短促,再加之"文化大革命"所造成的影响,两步走的任务也没有完成。

中共十一届三中全会以后,为了建设小康社会这个战略目标,我国经济建设的战略部署大体分三步走。中共十三大指出:"第一步,实现国民生产总值比一九八〇年翻一番,解决人民的温饱问题。这个任务已经基本实现。第二步,到本世纪末,使国民生产总值再增长一倍,人民生活达到小康水平。第三步,到下个世纪中叶,人均国民生产总值达到中等发达国家水平,人民生活比较富裕,基本实现现代化。然后,在这个基础上继续前进。"[19] 这就是三步走的战略。由于第二步的任务比我们预计的要艰难得多,尽管如此,到了上世纪末,我们还是达到了总体小康。"这是社会主义制度的伟大胜利,是中华民族发展史上一个新的里程碑。"[20]

为了实现小康社会的目标,中共十五大提出了新的三步走战略。十五大报告说:"展望下世纪,我们的目标是,第一个十年实现国民生产总值比二〇〇〇年翻一番,使人民的小康生活更加宽裕,形成比较完善的社会主义市场经济体制;再经过十年的努力,到建党一百年时,使国民经济更加发展,各项制度更加完善;到世纪中叶建国一百年时,基本实现现代化,建成富强民主文明的社会主义国家。"[21] 这是根据实践的情况,对战略目标所做的调整,从2000年到2010年,实现国民生产总值翻一番,建成小康社会。

根据实践的发展,中共十六大进一步勾画了全面建设小康社会的目标,"要在本世纪头二十年,集中力量,全面建设惠及十几亿人口的更高水平的小康社会"[22]。

中共十七大根据国内外形势的新变化,在十六大确立的全面建设小康社会目标的基础上,从建设社会主义经济、政治、文化、社会和生态文明等几个方面,对全面建成惠及十几亿人口的更高水平的小康社会,提出了新的更高要求。[23]

中共十八大要求把全面建成小康社会和全面深化改革开放的目标结合起来,"根据我国经济社会发展实际,要在十六大、十七大确立的全面建设小康社会目标的基础上努力实现新的要求"。并指出:"全面建成小康社会,必须以更大的政治勇气和智慧,不失时机深化重要领域改革,坚决破除一切妨碍科学发展的思想观念和体制机制弊端,构建系统完备、科学规范、运行有效的制度体系,使各方面制度更加成熟更加定型。"[24]

邓小平说:"本世纪末,达到小康水平,就是不穷不富,日子比较好过的水平。"[25] 所以,最初提出"小康"的设想,还是比较低水平的,带有主观性,因而被称为"主观的目的"。在进入"正在完成中的目的"这个逻辑环节后,小康的内涵不断地得到丰富和发展,要求越来越高。在第一个"一百年"建成小康社会的时候,这个"实现了的目的"是大大地高出最初的主观目的的要求了。

§181 战略布局

战略问题,就空间而言,它是全局性的;就时间而言,它是长期性的。这种全局性和长期性,可以是整体的全局性和长期性,也可以是某一领域或某一时期中的全局性和长期性。在同一实践的过程中,可能存在多个战略任务,这些战略任务的综合,便成为一个总体的战略任务;同样,一个总体的战略目标也可以分解为几个战略任务。相对于总体战略任务来说,多种战略任务的设计,是为实现总体战略服务的,因而具有战略手段的功能,可以称之为战略布局。总体战略与战略布局之间存在着两种逻辑关系,一种是战略布局与总体战略的关系,即战略布局是为完成总体战略服务的;一种是战略布局之间的关系。前一种关系的逻辑公式是"目的—手段—结果"基本公式的具体化:

总体战略—战略布局—总体战略的实现。

后一种关系的逻辑公式,则因各个战略布局的具体内容不同而具有不同的形式。

下面,先来考察中国革命中的各种战略布局。

1. "工农武装割据"的战略布局

"工农武装割据"就是土地革命、武装斗争和根据地建设三个方面的战略布局的统一体,即总体战略目标。武装斗争是中国革命的基本形式,组织红军和开展武装斗争,是中国革命的一个重大战略任务,它的战略目标是夺取政权。为了开展武装斗争,必须在农村开辟革命根据地,它是中国革命斗争的战略基地;而为了巩固和发展根据地,又必须实行土地革命,它是中国民主革命的基本内容。这样,土地革命、武装斗争和根据地建设三方面的统一,就形成了在四周白色政权的包围中若干小块红色政权存在和发展的"工农武装割据"的局面。因此,三个战略布局与总体战略任务的逻辑关系是:

中国革命—土地革命、武装斗争和根据地建设—工农武装割据。

通过这种关系,就可以逐步地实现中国革命的总体战略目标,即以土地革命、武装斗争和根据地建设为手段,形成工农武装割据。而"工农武装割据"不断发展,经过量变和部分质量的积累,最后夺取全国政权,完成新民主主义革命的战略任务。

在中国革命的整个过程中,土地革命、武装斗争和根据地建设又是必须完成的战略任务。三个战略布局之间的逻辑关系则是:

武装斗争—土地革命—根据地建设。

这个公式表明,只有进行武装斗争,才能进行土地革命,依靠武装斗争和土地革命,才能建设、巩固和发展革命根据地。

2. 中国革命的三大法宝的战略布局

中国革命的三大法宝,也是一种战略布局。毛泽东在《〈共产党人〉发刊词》中指出,"十八年的经验,已使我们懂得:统一战线,武装斗争,党的建设,是中国共产党在中国革命中战胜敌人的三个法宝,三个主要的法宝。这是中国共产党的伟大成绩,也是中国革命的伟大成绩。"[26] 统一战线、武装斗争、党的建设,是我们党在中国革命中的三个战略问题。正确地理解这三个问题及其相互关系,就等于正确地理解和把握了全部中国革命。关于这三者的关系,毛泽东说:"统一战线和武装斗争,是战胜敌人的两个基本武器。统一战线,是实行武装斗争的统一战线。而党的组织,则是掌握统一战线和武装斗争这两个武器以实行对敌冲锋陷阵的英勇战士。"[27]

三个法宝都是战胜敌人的武器,战胜敌人则是为了中国革命的最终胜利。三个法宝与总战略的关系是:

战胜敌人—统一战线、武装斗争、党的建设—中国革命胜利。

关于三个法宝之间的关系,后来,在《论人民民主专政》中,毛泽东又进一步做了阐述:"一个有纪律的,有马克思列宁主义的理论武装的,采取自我批评方法的,联系人民群众的党。一个由这样的党领导的军队。一个由这样的党领导的各革命阶级各革命派别的统一战线。这三件是我们战胜敌人的主要武器……依靠这三件,使我们取得了基本的胜利。"[28] 统一战线是实行武装斗争的统一战线,党是掌握统一战线和武装斗争的组织,最终都是为了武装斗争,所以它们的逻辑关系是:

党的建设—统一战线—武装斗争。

这三个法宝都是战胜敌人的主要武器。"依靠这三件,使我们取得了基本的胜利。"[29]

3. 党在过渡时期总路线的战略布局

党在过渡时期的总路线也是一种战略布局。1953年12月13日,毛泽东在为中央宣传部拟定的《为动员一切力量把我国建设成为一个伟大的社会主义国家而奋斗——关于党在过渡时期总路线的学习和宣传提纲》中,对过渡时期总路线做了更为完整的表述:"从中华人民共和国成立,到社会主义改造基本完成,这是一个过渡时期。党在这个过渡时期的总路线和总任务,是要在一个相当长的时期内,基本上实现国家工业化和对农业、手工业、资本主义工商业的社会主义改造。这条总路线,应是照耀我们各项工作的灯塔,各项工作离开它,就要犯右倾或'左'倾的错误。"[30]

党在过渡时期总路线的任务,是实现由新民主主义向社会主义的过渡。所以,总路线的战略目标是建立社会主义社会。而任何社会形态都是生产力和生产关系的统一,不仅要变革非公有制的生产关系,更重要的是发展生产力,实现工业化,所以,只有完成"一化三改"的任务,才能实现由新民主主义向社会主义的过渡,建立社会主义社会。因此,"一化三改"本身也是战略任务,同时又是实现社会主义社会的战略手段。它同总体战略的逻辑关系是:

新民主主义向社会主义的过渡—实行"一化三改"—建立社会主义社会。

在当年宣传过渡时期总路线时,提出了"一体两翼"的比喻,即实现社会主义工业化是"一体",实现农业、手工业的社会主义改造和资本主义工商业的社会主义改造是"两翼"。如果"一体"表明工业化是主体,实现工业化是建立社会主义的物质基础,那么,只有在生产力社会化的基础上,才要求对生产资料的社会共同占有,从而使生产力的发展能够有力地促进三大改造;对农业和手工业的个体私有制的社会主义改造的胜利,大大地推进着对资本主义工商业的社会主义改造,而三大改造的完成,反过来,充分发挥了生产关系的能动反作用,进一步推动了生产力和社会主义工业化的发展。"一化三改"的战略布局之间的逻辑关系是:

社会主义工业化—农业、手工业的社会主义改造—资本主义工商业的社会主义改造。

上述的总体战略与战略布局的两种逻辑关系的一般公式,在具体应用的时候,要注意它们的灵活性,必须根据实际内容研究它们的关系,实现内容与形式的统一。

§182 建设中国特色社会主义的战略布局

如果以道路中的战略目标为内容进行总体布局,那么,这个战略布局也就成为基本纲领。毛泽东在《新民主主义论》中提出了新民主主义社会的经济、政治和文化的社会结构的总体布局;在中共七大上所做的《论联合政府》的政治报告中,把新民主主义的政治、经济和文化合称为党在现阶段的基本纲领。新民主主义的政治纲领是推翻帝国主义和封建主义的统治,建立一个无产阶级领导的,以工农联盟为基础的,各革命阶级联合专政的新民主主义的共和国。新民主主义经济纲领的主要内容是:"没收封建阶级的土地归农民所有,没收蒋介石、宋子文、孔祥熙、陈立夫为首的垄断资本归新民主主义的国家所有,保护民族工商业。这就是新民主主义革命的三大经济纲领。"[31]新民主主义文化纲领就是无产阶级领导的人民大众的反帝反封建的文化纲领,即民族的、科学的、大众的文化纲领。新民主主义建设是新民主主义的总体战略,新民主主义的三大纲领,则是进行新民主主义经济、政治和文化建设,是总体战略的三大战略布局,或称之为新民主主义建设的三大战略布局。它们的逻辑关系是:

新民主主义社会建设目标—新民主主义经济、政治和文化建设—新民主主义社会。

关于三大战略布局的关系,则是由经济、政治和文化之间的关系规定的。毛泽东说:"一定的文化(当作观念形态的文化)是一定社会的政治和经济的反映,又给予伟大影响和作用于一定社会的政治和经济;而经济是基础,政治则是经济的集中的表现。这是我们对于文化和政治、经济的关系及政治和经济的关系的基本观点。"[32]根据经济、政治和文化的这种关系,新民主主义建设的三大战略布局的逻辑关系是:

新民主主义经济建设—新民主主义政治建设—新民主主义文化建设。

在庆祝中国共产党成立八十周年大会上的讲话中，江泽民总结了社会主义政治、经济和文化三个方面的战略布局建设社会主义的经验。中共十五大，把这三个方面的基本目标和基本政策，概括为党在社会主义初级阶段的基本纲领。所以，在这个时候，实际上已经把建设有中国特色社会主义经济、建设有中国特色社会主义政治和建设有中国特色社会主义文化，作为实现党的基本路线中的战略总目标，即建设富强民主文明的社会主义现代化国家的目标的战略布局。中共十五大报告要求坚持邓小平理论和基本路线不动摇，并指出："根据这个理论和基本路线，围绕建设富强民主文明的社会主义现代化国家的目标，进一步明确什么是社会主义初级阶段有中国特色社会主义的经济、政治和文化，怎样建设这样的经济、政治和文化，是必要的。"[33]这实际上就是对"三位一体"战略布局的表述。

中共十七大在中国特色社会主义道路的表述中，除了建设社会主义市场经济、社会主义民主政治、社会主义先进文化外，又补充了建设社会主义和谐社会，从而把总战略目标发展为"建设富强民主文明和谐的社会主义现代化国家"[34]。这就把十五大的"三位一体"的战略布局发展为"四位一体"的战略布局。

中共十八大在"四位一体"的总体布局中增加了"社会主义生态文明建设"，明确提出"五位一体"的总布局，并揭示了总任务与总布局之间的关系。报告指出："总布局是五位一体，总任务是实现社会主义现代化和中华民族伟大复兴。"[35]这里所说的"实现社会主义现代化和中华民族伟大复兴"，就是指实现两个"一百年"的目标。因此，总任务与总布局的逻辑关系是：

总任务—五位一体—两个一百年目标。

建设中国特色社会主义的战略布局，主要体现为战略目标的功能，五个战略目标是总体战略目标的分解，因而属于战略目标的布局。因为它们都是为实现总体战略目标服务的，因而也具有战略手段的功能。

§183 "四个全面"的战略布局

为了全面建成小康社会,实现第一个"一百年"的奋斗目标,中共中央提出了"四个全面"的战略布局。习近平说:"要全面贯彻党的十八大和十八届三中、四中全会精神,落实中央经济工作会议精神,主动把握和积极适应经济发展新常态,协调推进全面建成小康社会、全面深化改革、全面推进依法治国、全面从严治党,推动改革开放和社会主义现代化建设迈上新台阶。"[36] "四个全面"的战略布局是中国特色社会主义建设"五位一体"总布局的新发展,又不同于"五位一体"的总布局。"四个全面"本身都有自己的战略目标,同时又具有战略手段的功能。

首先,第一个"全面"与后三个"全面"之间的逻辑关系,是战略目标与战略手段之间的关系。

在2015年新年贺词中,习近平以"鸟之两翼"和"车之双轮"来说明前三个"全面"的关系。他说:"我们要全面推进依法治国,用法治保障人民权益、维护社会公平正义、促进国家发展。我们要让全面深化改革、全面推进依法治国如鸟之两翼、车之双轮,推动全面建成小康社会的目标如期实现。"[37] 后来,习近平又以战略目标与战略举措的关系来说明"四个全面"战略布局。他指出:"党的十八大以来,党中央从坚持和发展中国特色社会主义全局出发,提出并形成了全面建成小康社会、全面深化改革、全面依法治国、全面从严治党的战略布局。这个战略布局,既有战略目标,也有战略举措,每一个'全面'都具有重大战略意义。全面建成小康社会是我们的战略目标,全面深化改革、全面依法治国、全面从严治党是三大战略举措。"[38]

在"四个全面"中,"全面建成小康社会"是战略目标,其他三个"全面"都是战略手段。最终的结果,是要实现第一个"一百年"的目标。这是实践逻辑基本公式"目的—手段—结果"的具体化,实现了内容和形式的统一。其具体内容是:

目的:全面建成小康社会。

手段:全面深化改革、全面依法治国和全面从严治党。

结果：实现了的目的，即到2020年预期所要达到的结果，实现第一个"一百年"的奋斗目标。这个结果实现的具体情况，当然只能到2020年时才能给予具体的评价。

把这个具体内容写成逻辑公式，则是：

全面建成小康社会—全面深化改革、全面依法治国和全面从严治党—实现第一个"一百年"目标。

在战略布局中，我们把"全面建成小康社会"作为战略目标，从这个战略目标出发，可以演绎出其他"三个全面"的战略举措。

第一，为了实现"全面建成小康社会"，必须依靠"全面深化改革"，使之成为推动我国社会发展，实现全面小康社会的强大动力。这就是由战略目标所规定的第一个战略举措。

第二，全面建成小康社会的目标，是指"形成系统完备、科学规范、运行有效的制度体系，使各方面制度更加成熟更加定型。"[39]这就决定了全面深化改革的总目标是完善和发展中国特色社会主义制度，推进国家治理现代化，而这个总目标的实现，必须依靠"全面依法治国"，因为法治是国家治理的基本方式，依法治国是国家治理现代化的基本内容。这就是由战略目标所决定的第二个战略举措。

第三，"四个全面"的实现，关键在于党的领导，我们必须把党建设成为建设中国特色社会主义事业的坚强领导核心。为此，我们必须推进"全面从严治党"。这就是由战略目标所决定的第三个战略举措。

当我们用"鸟之两翼"和"车之双轮"来比喻时，其中的"鸟"和"车"指的就是奋斗目标，"全面深化改革"和"全面依法治国"是为实现这个奋斗目标服务的战略手段，具有推动力的意义，因此比喻为"两翼"和"双轮"。

战略目标的实现，依赖于战略举措的实施，这是手段对目的的反作用。因此，只有协同推进"四个全面"，才能完成现阶段的现代化任务，从而使"四个全面"成为现阶段建设中国特色社会主义事业的战略布局。

"四个全面"中的一个战略目标和三大战略举措的布局，是对中共十八大总布局思想的新发展，它更加突出了战略举措的手段功能。

前一节曾分析了十八大提出的总任务与总布局的逻辑关系。总任务是实现社会主义现代化和中华民族伟大复兴，总布局是指"五位一体"。"四个全面"与"五位一体"的关系是：与总任务相对应的是"全面建成小康社会"，作为结果，它也就是第一个"一百年"所要实现的目标；与总布局相对应的是"全面深化改革"、"全面依法治国"和"全面从严治党"，它们并非是完全对应于"五位一体"，而是进一步突出了三个"全面"的战略手段的作用。

"四个全面"虽然不完全同"五位一体"总布局相对应，但仍然处于这个总布局之中。"全面建成小康社会"是"五位一体"的阶段性战略目标，小康社会的建设是"五位一体"的建设；其他三个"全面"都包含着"五位一体"的内涵，具有目的和手段的两重性。例如，"全面深化改革"，既包含了"五位一体"建设领域中的改革，成为实现"五位一体"的战略手段，同时又突出了自己的新目标。中共十八届三中全会的《中共中央关于全面深化改革若干重大问题的决定》指出："全面深化改革的总目标是完善和发展中国特色社会主义制度，推进国家治理体系和治理能力现代化。"[40]这个总目标，又转化成为"五位一体"建设的手段。"全面依法治国"更是这样，首先它是一个重要的战略目标，同时也是更加强大的战略手段。中共十八届四中全会的《中共中央关于全面推进依法治国若干重大问题的决定》指出："全面推进依法治国，总目标是建设中国特色社会主义法治体系，建设社会主义法治国家。"[41]"全面从严治党"的战略举措，同"全面深化改革"、"全面依法治国"一起，成为坚持中国特色社会主义的三大战略举措，而它本身又有保持党的先进性的战略目标。

所以，"四个全面"是总任务和总布局在我国社会主义现代化现阶段的具体化，适应了当前发展的"新常态"和现实实践的新需要，增添了新的内涵，更加突出了战略手段的功能。

§184 中国特色社会主义的三个法宝

在民主革命时期，毛泽东总结了革命斗争的经验，认为统一战线、武装斗争和党的建设是战胜敌人、取得革命胜利的主要武器，是中国革命的三个法宝。正是依靠了这三个法宝，才取得中国革命的最终胜利。关于三个法宝的关系，毛泽东指出，统一战线是实行武装斗争的统一战线，党是掌握统一战线和武装斗争的组织,最终都是为了武装斗争。

十一届三中全会以来,中国进入了新的历史时期。新时期最显著的特点是改革开放。在促进发展、保持稳定的进程中,改革开放起到了决定性的作用。"全面深化改革"已经成为中国特色社会主义的强劲动力。经济体制改革的重大成就,进一步突显了政治体制的任务,使我国进入了"全面依法治国"的历史新阶段,以实现建设中国特色社会主义法治体系,建设社会主义法治国家的目标。"全面深化改革"和"全面依法治国"都是在中国共产党领导下的伟大事业,"全面从严治党"则成为完成"全面深化改革"和"全面依法治国"战略任务的根本保证。改革开放以来的历史经验证明,"全面从严治党"、"全面深化改革"和"全面依法治国",已成为中国特色社会主义的三个重要法宝。

中国特色社会主义的三个重要法宝之间,同样存在着双重的逻辑关系。一是指中国特色社会主义与"全面从严治党"、"全面深化改革"和"全面依法治国"三个法宝的逻辑关系,二是指三个法宝之间的逻辑关系。

"全面从严治党"是使我们党始终成为中国特色社会主义事业坚强领导核心的根本保证。坚持中国特色社会主义道路,关键是要坚持党的领导;坚持改革开放和依法治国,关键也在于坚持党的领导。如果中国出现了问题,那问题必定首先出在党内。所以,党要管党,从严治党,始终坚持和发展党的先进性,使党始终成为中国特色社会主义事业的坚强领导核心,这就使"全面从严治党"成为中国特色社会主义的一个重要法宝。

社会主义是改革开放的思想体系、实践运动和社会制度。改革开放是社会主义的本质体现和根本要求。对于中国,改革开放是党和国家在新的历史条件下领导人民进行的新的伟大革命,是决定当代中国命运的关键抉择。中国特色社会主义之所以具有蓬勃生命力,就在于是实行改革开放的社会主义。习近平指出:"只有社会主义才能救中国,只有改革开放才能发展中国、发展社会主义、发展马克思主义。"[42]中共中央十八届三中全会提出了改革开放是中国特色社会主义事业的重要法宝的论断。《中共中央关于全面深化改革若干重大问题的决定》指出:"改革开放最主要的成果是开创和发展了中国特色社会主义,为社会主义现代化建设提供了强大动力和有力保障。事实证明,改革开放是决定当代中国命运的关键抉择,是党和人民事业大踏步赶上时代的重要法宝。"[43]

"全面依法治国"也是中国特色社会主义事业的一个重要法宝,因为"全面建成小康社会、全面深化改革都离不开全面推进依法治国。""我们要切实抓好落实,让全面深化改革、全面依法治国像两个轮子,共同推动全面建成小康社会的事业滚滚向前。"[44]一方面,坚持党的领导和中国特色社会主义制度,是全面推进依法治国的前提;另一方面,依法治国,保证宪法法律实施,党才能成为中国特色社会主义的坚强领导核心,使中国能依法治国,发展中国特色社会主义,发展中国。法治不仅是从严治党的法宝,也是发展中国特色社会主义的法宝。

中国特色社会主义与三个法宝的总体关系的逻辑公式是:

中国特色社会主义—全面深化改革、全面依法治国、全面从严治党—社会主义现代化和中华民族伟大复兴。

上面的分析已经表明,"全面从严治党"、"全面深化改革"和"全面依法治国"也是统一的整体。"全面深化改革"和"全面依法治国"都是在党的领导下进行的,这就首先要求"全面从严治党"。"全面深化改革"必然从根本上推动"全面依法治国","全面深化改革"目标的实现又要以"全面依法治国"为保障。这就说明,"全面深化改革"是依法治国的改革,"全面依法治国"是在全面深化改革中实现的。"全面深化改革"和"全面依法治国"的实现,关键都在于党的领导,而保证党的领导,必须实现"全面从严治党"。中国共产党是中国特色社会主义的领导核心,是掌握"全面深化改革"和"全面依法治国"这两个武器、领导全国人民进行中国特色社会主义现代化建设的先锋队。三个法宝之间关系的逻辑公式是:

全面从严治党—全面深化改革—全面依法治国。

从中共十一届三中全会以来,我们党就一直强调改革开放、依法治国和党的建设。自从十八大以后,对这三个方面做了更加明确的概括,并把它们作为完成中国特色社会主义总任务的重大战略举措和重要法宝,这是对中国特色社会主义战略思想的重大发展。

参 考 文 献

[1] 毛泽东.和美国记者安娜·路易斯·斯特朗的谈话[M]//毛泽东.毛泽东选集:第4卷.2版.北京:人民出版社,1991:1195.

[2] 毛泽东.关于帝国主义和一切反动派是不是真老虎的问题[M]//毛泽东.毛泽东文集:第7卷.北京:人民出版社,1999:456.

[3] 毛泽东.中国革命战争的战略问题[M]//毛泽东.毛泽东选集:第1卷.2版.北京:人民出版社,1991:225.

[4] 毛泽东.丢掉幻想,准备斗争[M]//毛泽东.毛泽东选集:第4卷.2版.北京:人民出版社,1991:1486.

[5] 毛泽东.丢掉幻想,准备斗争[M]//毛泽东.毛泽东选集:第4卷.2版.北京:人民出版社,1991:1487.

[6] 毛泽东.中国革命战争的战略问题[M]//毛泽东.毛泽东选集:第1卷.2版.北京:人民出版社,1991:195.

[7] 毛泽东.中国革命战争的战略问题[M]//毛泽东.毛泽东选集:第1卷.2版.北京:人民出版社,1991:196.

[8] 毛泽东.中国革命战争的战略问题[M]//毛泽东.毛泽东选集:第1卷.2版.北京:人民出版社,1991:191.

[9] 毛泽东.论持久战[M]//毛泽东.毛泽东选集:第2卷.2版.北京:人民出版社,1991:462.

[10] 毛泽东.中国革命战争的战略问题[M]//毛泽东.毛泽东选集:第1卷.2版.北京:人民出版社,1991:234.

[11] 毛泽东.论持久战[M]//毛泽东.毛泽东选集:第2卷.2版.北京:人民出版社,1991:484.

[12] 毛泽东.中国革命战争的战略问题[M]//毛泽东.毛泽东选集:第1卷.2版.北京:人民出版社,1991:224.

[13] 毛泽东.中国革命战争的战略问题[M]//毛泽东.毛泽东选集:第1卷.2版.北京:人民出版社,1991:233.

[14] 毛泽东.中国革命战争的战略问题[M]//毛泽东.毛泽东选集:第1卷.2版.北京:人民出版社,1991:203.

[15] 毛泽东.中国革命战争的战略问题[M]//毛泽东.毛泽东选集:第1卷.2版.北京:人民出版社,1991:211.

[16] 毛泽东.目前形势和我们的任务[M]//毛泽东.毛泽东选集:第4卷.2版.北京:人民出版社,1991:1244.

[17] 毛泽东.中国军事形势的重大变化[M]//毛泽东.毛泽东选集:第4卷.2版.北京:人民出版社,1991:1361.

[18] 周恩来.向四个现代化的宏伟目标前进[M]//周恩来.周恩来选集:下卷.北京:人民出版社,1984:479.

[19] 沿着有中国特色的社会主义道路前进:在中国共产党第十三次全国代表大会上的报告[G]//中国共产党第十三次全国代表大会文件汇编.北京:人民出版社,1987:14-15.

[20] 江泽民.全面建设小康社会,开创中国特色社会主义事业新局面:在中国共产党第十六次全国代表大会上的报告[M].北京:人民出版社,2002:18.

[21] 江泽民.高举邓小平理论伟大旗帜,把建设有中国特色社会主义事业全面推向二十一世纪:在中国共产党第十五次全国代表大会上的报告[G]//中国共产党第十五次全国代表大会文件汇编.北京:人民出版社,1997:4.

[22] 江泽民.全面建设小康社会,开创中国特色社会主义事业新局面:在中国共产党第十六次全国代表大会上的报告[M].北京:人民出版社,2002:19.

[23] 胡锦涛.高举中国特色社会主义伟大旗帜,为夺取全面建设小康社会新胜利而奋斗:在中国共产党第十七次全国代表大会上的报告[M].北京:人民出版社,2007:19-21.

[24] 胡锦涛.坚定不移沿着中国特色社会主义道路前进,为全面建成小康社会而奋斗:在中国共产党第十八次全国代表大会上的报告[G]//中国共产党第十八次全国代表大会文件汇编.北京:人民出版社,2012:16,17.

[25] 邓小平.改革科技体制是为了解放生产力[M]//邓小平.邓小平文选:第3卷.北京:人民出版社,1993:109.

[26] 毛泽东.《共产党人》发刊词[M]//毛泽东.毛泽东选集:第2卷.2版.北京:人民出版社,1991:606.

[27] 毛泽东.《共产党人》发刊词[M]//毛泽东.毛泽东选集:第2卷.2版.北京:人民出版社,1991:613.

[28] 毛泽东.论人民民主专政[M]//毛泽东.毛泽东选集:第4卷.2版.北京:人民出版社,1991:1480.

[29] 毛泽东.论人民民主专政[M]//毛泽东.毛泽东选集:第4卷.2版.北京:人民出版社,1991:1480.

[30] 毛泽东.党在过渡时期的总路线[M]//毛泽东.毛泽东选集:第5卷.北京:人民出版社,1977:89.

[31] 毛泽东.目前形势和我们的任务[M]//毛泽东.毛泽东选集:第4卷.2版.北京:人民出版社,1991:1253.

[32] 毛泽东.新民主主义论[M]//毛泽东.毛泽东选集:第2卷.2版.北京:人民出版社,1991:663-664.

[33] 江泽民.高举邓小平理论伟大旗帜,把建设有中国特色社会主义事业全面推向二十一世纪:在中国共产党第十五次全国代表大会上的报告[G]//中国共产党第十五次全国代表大会文件汇编.北京:人民出版社,1997:18-19.

[34] 胡锦涛.高举中国特色社会主义伟大旗帜,为夺取全面建设小康社会新胜利而奋斗:在中国共产党第十七次全国代表大会上的报告[M].北京:人民出版社,2007:11.

[35] 胡锦涛.坚定不移沿着中国特色社会主义道路前进,为全面建成小康社会而奋斗:在中国共产党第十八次全国代表大会上的报告[G]//中国共产党第十八次全国代表大会文件汇编.北京:人民出版社,2012:12.

[36] 习近平.在江苏调研时的讲话[M]//人民日报社评论部."四个全面"学习读本.北京:人民出版社,2015:19.

[37] 习近平.二〇一五年新年贺词[N].人民日报,2015-01-01(1).

[38] 习近平.在省部级主要领导干部学习贯彻十八届四中全会精神全面推进依法治国专题研讨班开班式上发表的重要讲话[M]//人民日报社评论部."四个全面"学习读本.北京:人民出版社,2015:22.

[39] 中共中央关于全面深化改革若干重大问题的决定[G]//中国共产党第十八届中央委员会第三次全体会议文件汇编.北京:人民出版社,2013:23.

[40] 中共中央关于全面深化改革若干重大问题的决定[G]//中国共产党第十八届中央委员会第三次全体会议文件汇编.北京:人民出版社,2013:18.

[41] 中共中央关于全面推进依法治国若干重大问题的决定[G]//中国共产党第十八届中央委员会第四次全体会议文件汇编.北京:人民出版社,2014:21.

[42] 习近平.在广东考察工作时的讲话[G]//中共中央文献研究室.习近平关于全面深化改革论述摘编.北京:中央文献出版社,2014:2.

[43] 中共中央关于全面深化改革若干重大问题的决定[G]//中国共产党第十八届中央委员会第三次全体会议文件汇编.北京:人民出版社,2013:17.

[44] 习近平.在中共十八届四中全会第二次全体会议上的讲话[G]//中共中央文献研究室.习近平关于全面依法治国论述摘编.北京:中央文献出版社,2015:13.

第3篇

马克思主义中国化的历史逻辑

在一般意义上，历史逻辑是以概念的进展来表述历史发展必然性的逻辑。马克思主义中国化的历史逻辑，也就是以概念的进展表述马克思主义中国化历史发展，亦即中国理论、道路发展的必然性。中国革命和社会主义建设的历史发展是同中国理论、道路的发展分不开的，也可以把它看作是中国理论的对象化。所以，本篇的叙述从中国革命和建设历史时期开始，以说明中国革命和建设的发展与中国理论、道路发展的同一性。

中国理论，包括毛泽东思想和中国特色社会主义理论，它们都是开放的体系。毛泽东思想的发展，经历了两个大的阶段，即新民主主义革命理论和社会主义革命理论。中国特色社会主义理论体系的发展已经产生了邓小平理论、"三个代表"重要思想和科学发展观三种理论形态，随着全面深化改革的发展，必将产生新的理论形态。十八大以来，我国开始进入国家治理现代化的历史新阶段，可以预计，国家治理现代化理论将成为中国特色社会主义理论的新的历史形态。

第1章
中国革命和建设的历史时期

中国革命的历史时期是指从中国共产党诞生起领导中国民主革命,到社会主义改造基本完成的整个时期;中国建设的历史时期是指社会主义改造基本完成后中共八大的召开,到当前的这个时期,也包括今后一段相当长的一个历史时期。划分这些历史时期,首先要确定划分的标准。根据这些标准,可以把中国革命划分为两个历史时期,把中国社会主义建设划分为三个历史时期。中国共产党人推进马克思主义中国化的历史进程,都是在这些不同的历史时期中实现的。

§185 历史时期划分的根据

中国革命和建设,与中国社会主义运动是同一概念。现实基础、思想体系和实践运动,是构成中国社会主义运动的基本要素。

恩格斯把共产主义界定为关于无产阶级解放的条件的学说[1]。其中的条件,是指无产阶级解放运动的现实基础,即社会条件。从这个现实条件出发,认识社会主义运动的性质、动力、领导者、目的和前途等问题,揭示社会主义运动的规律,它的理论概括就是社会主义学说,也就是思想体系,其中也包括路线、纲领、道路和战略策略等等,并在这个思想体系的指导下从事社会主义实践运动。以这三者的逻辑关系表述社会主义运动客观逻辑的公式是:

(1)现实基础—思想体系—实践运动。

这可以看作是一个概念推论三段式。作为正题的现实基础是革命运动发生的社会条件,具有客观性;思想体系是基于现实基础而产生的革命理论,它作为主观性否定了正题中的客观性,进入反题;反题进而被合题再次否定,实现主观性和客观性的统一,即在思想体系指导下的革命实践运动,其目标是建立社会主义社会,实现理想的社会制度。不同的现实基础,产生不同的思想体系,进行不同的实践运动,由此产生了不同的历史时期。因此,我们至少应该从三个方面来研究社会主义运动的历史时期,从而对它们进行不同的历史时期的划分。

在上述的公式(1)中的合题是"实践运动",根据实践逻辑的基本公式,其中包含了革命的目的、手段和结果。它的实践逻辑的三段式是:

(2)革命和建设的目的—革命和建设的手段—革命和建设的结果。

这个公式表述的是革命和建设的社会主义运动的实践逻辑,革命和建设的不同目的、手段和结果,规定了革命和建设的不同历史时期。

公式(1)和公式(2),共同规定了革命和建设的历史时期,构成了革命和建设的运动和发展的历史逻辑。在这两个公式中逻辑变项的内容变化,必定要引起历史时期的变化,因而可以用这两个公式作为不同历史时期的划分标准,用它们来划分中国革命和建设的社会主义运动的不同历史时期,建构中国社会主义运动的历史逻辑。

按照两次革命的划分,新民主主义革命和社会主义革命是中国第一次革命的两个阶段,与此相对,社会主义建设和改革则是中国的第二次革命。严格地说,新民主主义革命和社会主义革命是两次不同性质的革命。因为,它们所面对的是不同的社会现实基础,因而革命的对象、任务和条件各不相同,所要解决的社会主要矛盾也各异。实际上,它们是以不同的思想体系为指导而进行的不同的革命实践运动。根据这种认识,可以把它们划分为两个不同的历史时期。同社会主义改革开放的新历史时期一起,中国社会主义运动实际上经历了三个历史时期。

胡锦涛在庆祝中国共产党成立90周年大会上的讲话中说:"90年来,我们党团结带领人民在中国这片古老的土地上,书写了人类发展史上惊天地、泣鬼神的壮丽史诗,集中体现为完成和推进了三件大事。"[2]这三件大事是指:第一件大事,我们党紧紧依靠人民完成了新民主主义革命,实现了民族独立、人民解放。第二件大事,我们党紧紧依靠人民完成了社会主义革命,确立了社会主义基本制度。第三件大事,我们党紧紧依靠人民进行了改革开放新的伟大革命,开创、坚持、发展了中国特色社会主义。

根据这三件大事的历史事实和社会主义运动的"现实基础—思想体

系—实践运动"理论逻辑的不同内容,我们可以把中国社会主义运动划分为三个大的历史时期。根据这种划分,中国革命和建设的历史时期逻辑公式则是:

> 新民主主义革命时期—社会主义革命时期—社会主义建设改革时期。

§186 新民主主义革命的历史时期

新民主主义革命的历史时期(1921-1949),是中国社会主义运动的第一个历史时期。

在新民主主义革命时期,中国社会主义运动的现实基础是半殖民地半封建社会,这是中国社会主义运动的出发点。结合无产阶级社会主义世界革命的新时代,这个出发点决定了中国社会主义运动所进行的革命是无产阶级领导的新民主主义革命,既不是资产阶级领导的民主主义革命,也不是无产阶级领导的社会主义革命。以毛泽东为代表的中国共产党人创造性地运用科学社会主义基本原理,创立了新民主主义革命理论,成为这个时期中国社会主义运动的指导思想。在这个思想体系的指导下,制定了新民主主义革命的路线和纲领,开辟了武装斗争、农村包围城市的革命道路。

根据"现实基础—思想体系—实践运动"的公式,新民主主义的概念推论三段式是:

> (1)半殖民地半封建社会—新民主主义理论体系—新民主主义革命运动。

这个时期社会主义运动的实践形式是武装斗争,以最终建立新民主主义社会为革命运动的奋斗目标。

新民主主义革命的性质,决定了革命的对象是帝国主义、封建主义和官僚资本主义,革命的任务是推翻半殖民地半封建社会,革命的基本力量是人民大众,革命的目的是以新民主主义社会代替半殖民地半封建社会,革命的手段是武装斗争,以农村包围城市、最后夺取城市。

根据社会主义运动的实践逻辑"革命和建设的目的—革命和建设的手段—革命和建设的结果"的公式,新民主主义运动的实践逻辑公式是:

（2）推翻三大敌人统治—武装斗争、土地革命、根据地建设—建立新民主主义社会。

这两个公式所反映的内容表明,新民主主义革命同社会主义革命是两个完全不同的历史时期。公式(1)表明,这两次革命具有根本不同的性质;公式(2)表明,这两次革命具有不同的目的、手段和结果。

在这个历史时期中,我们党积累了成功的经验和失败的教训,在成功与失败的比较中,创立了毛泽东思想,即关于新民主主义革命和建国的理论,并成为党的指导思想。

§187 社会主义革命的历史时期

社会主义革命(1949 – 1956)是中国社会主义运动的第二个历史时期。

在这个历史时期中,我们党领导全国各族人民建立了新中国。中华人民共和国的成立标志着中国革命由资产阶级民主革命阶段转变到社会主义革命阶段,即进入由新民主主义到社会主义的转变时期。在经过三年经济恢复时期后,无产阶级与资产阶级、社会主义与资本主义之间的矛盾日益突显。为了解决这些矛盾,1952年,我们党提出了"一化三改"的过渡时期总路线,开始了社会主义革命,它的内容是,运用人民民主政权的力量,对农业、手工业和资本主义工商业进行社会主义改造,解决无产阶级与资产阶级、社会主义与资本主义之间的矛盾,建立社会主义基本制度,解放和发展社会生产力,实现国家的工业化、现代化。由此形成的理论体系,就是社会主义革命的理论和道路。社会主义革命的基本内容,由过渡时期的"一化三改"总路线所表述。毛泽东说:"我们说标志着革命性质的转变、标志着新民主主义革命阶段的基本结束和社会主义革命阶段的开始的东西是政权的转变,是国民党反革命政权的灭亡和中华人民共和国的成立"。[3]

我国在三年左右的时间里基本完成了社会主义改造,1956年,宣布进入社会主义社会。

这个时期的现实基础是新民主主义社会,指导思想是社会主义改造理论,实践运动是社会主义和平改造的实践,将新民主主义社会转变为社会主义社会。根据"现实基础—思想体系—实践运动"的公式,它的概念推论三段式是：

（2）新民主主义社会—社会主义和平改造理论—社会主义"一化三改"运动。

这个公式表明，社会主义革命与新民主主义革命，是两次不同性质的革命。在这个时期中，我们党对社会主义运动现实基础即新民主主义社会的认识是基本正确的，但是，由于对当时中国社会矛盾的演化，尤其是对社会主要矛盾的转化的认识，过于简单化，出现了某些偏差，从而过快过早地缩短了新民主主义社会向社会主义社会转变的过程。由此形成的指导思想，在当时的历史条件下，基本上是正确的，但也已经包含了某些错误的因素。这些偏差和错误，并不影响社会主义改造在实践上是基本成功的。由于"一化"的任务是一个长期的任务，不可能在三五年的时间内完成，过渡时期总路线是正确的，基本完成了"三改"，但"一化"任务必须经过长期的奋斗才能完全地实现，需要后继时期实践的继续奋斗。

在中国社会主义运动的第一个历史时期中创立的毛泽东思想，对从新民主主义向社会主义的过渡，已经有了初步的设想。在新中国成立后，开始了具体过渡的工作，进一步发展了这些思想，创造了对资本主义进行社会主义改造的道路。毛泽东说："现在所说的改造，还不是取消资本家私人所有制，使之变为社会主义企业的最后改造步骤，而是指在承认资本家的受限制的不完全的私人所有制条件下，使资本主义企业逐步变为国家资本主义企业，即在人民政府管理下的、用各种方式同国营社会主义经济联系着和合作的、受工人监督的国家资本主义企业。"[4]对资本主义改造的这条道路，坚持了科学社会主义关于消灭资本主义的基本原则，具体地实践了"和平赎买"的政策，创造性地发展了马克思主义。

§188 社会主义建设的历史时期

社会主义建设和改革（1956－）是中国社会主义运动的第三个历史时期。

社会主义建设和改革是在新的社会条件下发生的。这个社会条件就是我国的社会主义社会，即社会主义初级阶段。中共十三大报告指出："这个阶段，既不同于社会主义经济基础尚未奠定的过渡时期，又不同于已经实现社会主义现代化的阶段。我们在现阶段所面临的主要矛盾,是人民日益增长的物质文化需要同落后的社会生产之间的矛盾。阶级斗争在一定范围内还会长期存在,但已经不是主要矛盾。"[5]其次,它具有完全不同的目的和任务。它不是实行社会基本制度的变革,而是体制改革和经济社会发展,在坚持社会主义社会基本制度的前提下,变革社会体制,解放和发展生产力,实现社会主义制度的自我发展和自我完善,实现社会主义现代化。一方面,在社会主义社会中,仍然存在着束缚生产力发展的社会体制,因此,"社会主义基本制度确立以后,还要从根本上改变束缚生产力发展的经济体制,建立起充满生机和活力的社会主义经济体制,促进生产力的发展,这是改革,所以改革也是解放生产力"[6]。另一方面,又要维护和巩固社会主义基本制度,使其得以自我完善和发展。这是一场新的革命,这个"新",就新在维护和完善社会主义基本制度。邓小平说:"我们的改革要达到一个什么目的呢?总的目的是要有利于巩固社会主义制度,有利于巩固党的领导,有利于在党的领导和社会主义制度下发展生产力。"[7]完善和发展社会主义基本制度,是这次革命所要实现的结果。根据"现实基础—思想体系—实践运动"理论逻辑的公式,它的概念推论三段式是:

(1)中国社会主义初级阶段—中国社会主义建设理论和道路—现代化建设和发展完善社会主义制度实践运动。

根据社会主义运动的实践逻辑"革命和建设的目的—革命和建设的手段—革命和建设的结果"的公式,社会主义革命运动的实践逻辑公式是:

(2)实现社会主义现代化和发展完善社会主义制度—坚持社会主义路线、纲领和道路—建成社会主义社会。

胡锦涛在纪念党的十一届三中全会召开30周年大会上的讲话,阐述了近一个世纪以来我国先后发生的三次伟大革命。第一次革命是指辛亥革命,第二次革命是指新民主主义革命和社会主义革命。关于第三次革命,胡锦涛说:"第三次革命是我们党领导的改革开放这场新的伟大革命,引领中国人民走上了中国特色社会主义广阔道路,迎来中华民族伟大复兴光明前景。"[8]

这个时期,包含了从社会主义社会建立到建成的整个历史时期。由于以党的十一届三中全会为开端,我国开始进入改革开放的新时期,这就意味着,从目前来看,这个时期至少可以划分为两个时期:三中全会以前为一个时期,三中全会以后为一个时期。

1. 开始全面探索社会主义建设道路的社会主义运动时期(1956—1978)

这个时期社会主义运动的现实基础是从新民主主义社会转变而来的社会主义社会,现在我们称它为社会主义初级阶段。在进入这个时期时,我们党刚刚开始对如何在这个现实基础上开展社会主义建设运动的初步探索。1956年4月,毛泽东发表的《论十大关系》,初步总结了我国社会主义建设的经验,提出了探索适合我国国情的社会主义建设道路的任务,具有重大的历史意义。这年召开的党的第八次全国代表大会,正确地做出了社会主要矛盾已经转变的论断,认为我们国内的主要矛盾,已经是人民对于建立先进的工业国的要求同落后的农业国的现实之间的矛盾,已经是人民对于经济文化迅速发展的需要同当前经济文化不能满足人民需要的状况之间的矛盾。[9]为了把我国由落后的农业国变为先进的社会主义工业国,准备在三个五年计划或者再多一点的时间内,建成一个基本上完整的工业体系,使工业生产在社会生产中占主要地位,使重工业生产在整个工业生产中占显著的优势,使机器制造工业和冶金工业能够保证社会主义扩大再生产的需要,使国民经济的技术改造获得必要的物质基础。这些指导思想如果能够得到贯彻,对巩固和发展社会主义,推进中国社会主义运动,必将产生重大的历史推动作用。

但是,这个时期的指导思想正在形成中,尚未成熟而统一。当时,存在着两种关于社会主要矛盾的主张,一种主张是八大提出的生产与需要之间的矛盾,一种主张是阶级矛盾。因此,在中心工作的问题上,是以经济建设为中心,还是以阶级斗争为中心,因举棋不定而经常转换。后来,阶级矛盾是主要矛盾的主张逐步地占据了上风,形成了"以阶级斗争为纲"的指导思想,最后发展成为无产阶级专政下的继续革命理论。在这种思想的指导下,实践运动的形式是阶级斗争,基本任务是完成政治战线和思想战线上的社会主义革命。因此,这个时期的"现实基础—思想体系—实践活动"概念推论,可以表述为如下的三段式:

(3)社会主义社会—以阶级斗争为纲和继续革命理论—政治、思想战线社会主义革命运动。

这个"革命理论"把"党内的走资本主义道路的当权派"作为革命的对象,所采用的革命手段则是无产阶级专政下的继续革命,最终的结果是夺取掌在非马克思主义者手中的权力。根据社会主义运动的实践逻辑"革命和建设的目的—革命和建设的手段—革命和建设的结果"的公式,这个时期的社会主义革命运动的实践逻辑公式则成为:

(4)打倒走资派—无产阶级专政下继续革命—夺取政权。

这就是把社会主义建设仍然作为社会主义革命来进行,发生了社会主义建设与社会主义革命的历史时期的逻辑错位。正是这个原因,我们以三中全会为界,作为划分前后两个不同历史时期的依据。

2. 以发展为中心、以改革开放为动力,实现国家现代化的社会主义运动时期(1978—)

以党的十一届三中全会为开端,我国开始进入了以发展为中心、以改革开放为动力,实现国家社会主义现代化的新历史时期。

在这个时期,党对社会主义运动的现实基础进行了新的认识。一方面,我国物质文化基础本来就比较薄弱,再加上"文化大革命"的失误,使整个经济处于缓慢发展和停滞状态,人民生活仍然十分贫困,决定了我国社会主义还处于初级阶段;另一方面,世界经济快速发展,经济政治日益全球化,我国发展与世界的关系更加密切,必须迅速改变落后面貌,参与国际竞争,缩小我国与世界发展水平的差距。在这种认识的基础上,我们党提出了社会主义初级阶段的理论,创立了中国特色社会主义理论体系,开辟了中国特色社会主义道路,完善和发展了中国特色社会主义制度。

在这个时期中,通过对"文化大革命"的反思,认识到只有通过改革开放,才能增强我国社会主义的生机活力,带领人民追赶时代前进潮流,解放和发展社会生产力,实现国家现代化,改善人民生活。为此,必须把党的指导方针从以阶级斗争为纲转变为以经济建设为中心;实行改革开放,进行一次新的革命,打破高度集中的计划经济体制,逐步建立新体制,以实现生产力的解放和发展。在改革开放实践中,创立了邓小平理论、"三个代表"重要思想和科学发展观,提出了构建社会主义和谐社会等重大战略思想。因此,这个时期的"现实基础—思想体系—实践运动"概念推论公式,可以表述为如下的三段式:

(5)社会主义初级阶段—中国特色社会主义道路和理论体系—社会主义建设和改革运动。

根据社会主义运动的实践逻辑"革命和建设的目的—革命和建设的手段—革命和建设的结果"的公式,社会主义革命运动的实践逻辑公式是:

(6)发展生产力—坚持一个中心、两个基本点—实现社会主义现代化。

为什么这两个阶段属于同一个历史时期?因为它们有共同的现实基础,有共同的建设社会主义的任务。但在这两个不同的时期中,对共同的现实基础和任务,有不同的认识,产生了不同性质的思想体系和实践运动。在前一个时期中,由于没有科学把握社会主义运动的现实基础,在指导思想上发生了严重错误,忽视了发展生产力这个基本任务,仍然把中国社会主义建设运动停滞在阶级斗争领域,并进行无产阶级专政下的继续革命,从而使中国社会主义建设在总体上采取了阶级斗争的形式,偏离了社会主义建设运动的客观规律,对社会主义建设的任务仍然采取了革命的实践形式来进行。

改革开放是新历史时期最鲜明的特点,是区别于前一个时期的基本标志之一。改革是一次新的革命,它要通过打破旧体制、建立新体制,实现生产力的解放和发展。所以,它不同于以往那种以推翻某种社会制度或某个政权为目标的革命,而是社会主义制度的自我完善和自我发展,使我国能够成功实现从高度集中的计划经济体制到充满活力的社会主义市场经济体制、从封闭半封闭到全方位开放的伟大历史转变。

§189 社会主义建设的历史新阶段新任务

党的十一届三中全会开始了社会主义现代化的新时期。1987年4月,邓小平总结了建国和十一届三中全会以来的现代化经验,构建了"三步走"战略。邓小平说:"我们原定的目标是,第一步在八十年代翻一番。以一九八〇年为基数,当时国民生产总值人均只有二百五十美元,翻一番,达到五百美元。第二步是到本世纪末,再翻一番,人均达到一千美元。实现这个目标意味着我们进入小康社会,把贫困的中国变成小康的中国。那时国民生产总值超过一万亿美元,虽然人均数还很低,但是国家的力量有很大增加。我们制定的目标更重要的还是第三步,在下世纪用三十年到五十年再翻两番,大体上达到人均四千美元。做到这一步,中国就达到中等发达的水平。"[10]

我国现代化的历史实践表明，"三步走"战略包含建成小康社会和基本实现现代化两个历史时期。如果把十一届三中全会以前作为一个时期，那么，建国以来社会主义现代化的历史，可以划分为三个时期。1949年至1978年为第一个时期，1979年至2020年为第二个时期，2020年至21世纪中叶为第三个时期。根据这三个时期的历史目标，它的历史逻辑公式是：

建立独立完整工业体系和国民经济体系—建成小康社会—实现社会主义现代化。

第一个时期，即中共十一届三中全会以前的时期，它的任务是建立独立完整工业体系和国民经济体系。

第二个时期，分为两个大的阶段。第一个阶段是建成总体小康社会，第二个阶段是建成全面小康社会。

第三个时期是实现社会主义现代化和中华民族伟大复兴。邓小平提出的第一个"三步走"战略中的第三步，党的十五大提出的新"三步走"战略的第三步，都是指建成全面小康社会后的我国社会主义现代化历史时期，即从2020年到21世纪中叶的历史时期。这个时期的历史任务就是实现第二个"一百年"的奋斗目标，建成富强民主文明和谐的社会主义现代化国家。我们相信，中国人民一定能够实现这个现代化的雄伟目标。

当前，我国社会主义现代化处于第二个时期的第二阶段，但它又产生了现代化建设新的历史任务，这就是社会主义国家治理现代化。

我们一般都把生产力的发展、经济现代化作为考察现代化的重点问题，这自然是很对的。但是，随着经济、政治与文化之间的决定作用与能动反作用关系的历史发展，社会主义现代化建设的工作重点也会不断发生变化。这种关系的理论逻辑公式是：

经济—政治—文化。

这个公式，从正向走，表示前者对后者的决定作用；从反向走，表示后者对前者的能动反作用。

改革开放以来，在实行工作重点的转移后，把发展生产力作为基本任务，把经济体制改革作为改革的重点。这两者之间存在着决定作用与能动反作用的关系。随着改革的深入发展，必定会把政治体制改革提到议事日程上来，并把它放在改革的更加突出的位置。这是历史发展的必然要求。

邓小平早已说过:"改革,应该包括政治体制的改革,而且应该把它作为改革向前推进的一个标志。"[11]他又进一步指出:"我们所有的改革最终能不能成功,还是决定于政治体制的改革。"[12]这些讲话,已经蕴涵着政治体制改革的主要意义。

在实现现代化的过程中,我们党从来没有忽视政治体制改革,并始终关注社会主义民主、社会主义制度和社会主义法治的建设。中共十八届四中全会的《中共中央关于全面推进依法治国若干重大问题的决定》指出:"我们党高度重视法治建设。长期以来,特别是党的十一届三中全会以来,我们党深刻总结我国社会主义法治建设的成功经验和深刻教训,提出为了保障人民民主,必须加强法治,必须使民主制度化、法律化,把依法治国确定为党领导人民治理国家的基本方略,把依法执政确定为党治国理政的基本方式,积极建设社会主义法治,取得历史性成就。"[13]

1978年,邓小平在中央工作会议上强调:"为了保障人民民主,必须加强法制。必须使民主制度化、法律化,使这种制度和法律不因领导人的改变而改变,不因领导人的看法和注意力的改变而改变。"[14]实现依法治国是我们党长期探索的课题。

自从中共十三大把我国社会主义现代化实现小康社会的目标规定为建设富强、民主、文明的社会主义国家以后,我们就从物质文明、政治文明和精神文明等多个方面来建设小康社会。政治文明、民主政治建设,制度和法律建设,依法治国,都属于政治体制改革的范畴,是深化经济体制改革的前提和条件。温家宝在2010年的《政府工作报告》中说:"我们的改革是全面的改革,包括经济体制改革、政治体制改革以及其他各领域的改革。没有政治体制改革,经济体制改革和现代化建设就不可能成功。"[15]在政治体制改革的具体内容中,温家宝强调:"要依法治国,健全法制,特别要重视那些规范和监督权力运行的法律制度建设。创新政府立法工作的方法和机制,扩大立法工作的公众参与。"[16]

1997年,中共十五大把建设社会主义法治国家确定为社会主义现代化的重要目标。十五大报告指出:"依法治国,是党领导人民治理国家的基本方略,是发展社会主义市场经济的客观需要,是社会文明进步的重要标志,是国家长治久安的重要保障。"[17]1999年,"依法治国"被正式写入我国现行宪法。

党的十六大提出:"发展社会主义民主政治,建设社会主义政治文明,是全面建设小康社会的重要目标。"并指出:"发展社会主义民主政治,最根本的是要把坚持党的领导、人民当家作主和依法治国有机统一起来。"[18] 党的十七大提出:"依法治国是社会主义民主政治的基本要求",并要求"全面落实依法治国基本方略,加快建设社会主义法治国家"。[19] 2012年,党的十八大提出了"全面推进依法治国"的要求。十八大报告说:"法治是治国理政的基本方式。要推进科学立法、严格执法、公正司法、全民守法,坚持法律面前人人平等,保证有法必依、执法必严、违法必究。"[20]

2013年,党的十八届三中全会第一次把国家治理现代化作为全面深化改革的总目标。十八届三中全会的《关于全面深化改革若干重大问题的决定》指出:"全面深化改革的总目标是完善和发展中国特色社会主义制度,推进国家治理体系和治理能力现代化。"[21] 这个总目标的提出,把中国社会主义现代化推向了一个新的阶段,即在实现经济现代化的同时,突出了实现国家治理现代化的任务。中共十八届三中全会的这个《关于全面深化改革若干重大问题的决定》,把我国社会主义现代化建设推向了一个新的历史阶段。

国家治理现代化重点在于政治现代化,着眼于国家制度的社会主义现代化建设,进一步完善和发展中国特色社会主义制度。这就是我国社会主义现代化建设的新任务和新阶段。

§190 中国社会的未来发展

根据中国社会发展的历史逻辑基本公式和我国当前社会在世界历史中所处的历时态方位,我们可以进一步研究中国社会的未来发展。

研究中国社会未来发展的一个基本前提,是中国与世界的关系。必须把中国放在世界历史中考察。1974年,毛泽东曾提出三个世界的划分。他说:"我看美国、苏联是第一世界。中间派,日本、欧洲、澳大利亚、加拿大,是第二世界。咱们是第三世界。"[22] 现在,还流行着另一种划分,即把世界上的国家划分为发展中国家、中等发达国家和发达国家。这两种划分,实际上没有根本的区别,它们是相对应的。第三世界国家相对于发展中国家,第二世界国家相对于中等发达国家,第一世界国家相对于发达国家。世界的这种划分,是对各个国家同时态存在的不同发展水平的划分,它的根据是在同时态中的不同国家发展水平的差异。对一个国家来说,这种发展的不同水平,预示着它不同历时态发展的不同阶段。例如,对于发展中国家来说,随着它的进一步发展,将进入中等发达阶段,再进入发达阶段。中国社会主义初级阶段处于发展中国家,在不远的将来必定要成为中等发达国家,并进一步发展成为发达国家。毛泽东也曾设想社会主义可能分为两个阶段,第一个阶段是不发达的社会主义,第二个阶段是比较发达的社会主义。毛泽东所说的比较发达的社会主义,可以看作是中等发达的社会主义,因而将来还要进入发达的社会主义。根据上述的分析,我们可以设想,中国社会未来发展的历史逻辑公式是:

(1) 社会主义初级阶段—社会主义中等发达阶段—社会主义发达阶段。

在达到社会主义发达阶段后,进一步的发展将是什么社会阶段?毛泽东认为,如果在这个阶段上,或再经过一个时期的发展,到了物质产品、精神财富都极为丰富和人们的共产主义觉悟极大提高的时候,就可以进入共产主义社会了。这个设想是有科学预见性的。但问题是,一个国家是否能够单独地进入共产主义社会?根据我们过去的认识,这还是可能的。例如,我们曾说过:"共产主义在我国的实现,已经不是什么遥远将来的事情了"。[23]19世纪40年代,马克思和恩格斯曾提出无产阶级革命同时发生的设想,但在后来实际上已经改变了这种看法。他们在《德意志意识形态》中说:"交往的任何扩大都会消灭地域性的共产主义。共产主义只有作为占统治地位的各民族'一下子'同时发生的行动,在经验上才是可能的,而这是以生产力的普遍发展和与此相联系的世界交往为前提的。"[24]这里说的共产主义是指共产主义运动,即无产阶级革命运动,而不是指建立共产主义社会。恩格斯在《共产主义原理》中,也谈到了共产主义革命"是世界性的革命","是将在一切文明国家里,至少在英国、美国、法国、德国同时发生的革命"[25]。这里所说的也都是关于革命同时发生的设想,而不是指共产主义社会在全世界同时实现。在50年代后,马克思和恩格斯也不再重提无产阶级革命同时发生的设想了。这就预示着,马克思和恩格斯也并不完全否认社会主义革命在一国首先胜利的可能性。

共产主义社会到底能否在一国首先建立呢?这是另一种性质的问题。

这里的基本前提是：我们所说的共产主义社会是否就是指马克思和恩格斯所设想的共产主义社会？如果是的话，那么，根据现在对世界历史中商品经济社会的认识，只要商品经济仍然在全世界范围存在，共产主义社会是不可能在一国首先建立起来的。

无产阶级革命能够在经济落后的国家首先取得胜利，并建立社会主义社会，这是因为我们建立的社会主义并非完全是马克思和恩格斯所设想的社会主义。作为我们为之奋斗的理想社会，共产主义社会应该是马克思和恩格斯所设想的未来社会，即"自由人的联合体"。这样的社会，不可能处于以资本主义为主导的世界历史阶段中，因而在这种世界历史时期里的一个国家首先建立共产主义社会是难以实现的。现在世界上的一些共产主义村，也还生活在市场经济的社会中。

邓小平说："中国长期处于停滞和落后状态的一个重要原因是闭关自守。经验证明，关起门来搞建设是不能成功的，中国的发展离不开世界。"[26] 不仅中国离不开世界，而且世界也离不开中国。自从世界历史形成后，每一个国家都依赖于世界性交往。国家之间的关系，既有合作，也有竞争。每一个国家，既存在着国内市场，也同时存在着世界市场。只要世界性市场经济存在，随着世界性交往的进一步扩大，要想在一个国家消灭市场经济，实行产品经济，肯定是不现实的，因为我们不可能脱离世界性交往和世界市场。在这种情况下，"消灭地域性的共产主义"（意指一个国家不能单独进入共产主义社会），是世界历史的必然，由此规定了共产主义社会是不可能在一国首先建立的。上述分析所表明的概念推论的理论逻辑公式是：

（2）世界性交往—世界性市场经济—消灭地域性共产主义。

公式（1）的合题是"社会主义发达阶段"，说明一国可以单独进入社会主义发达阶段；但公式（2）的合题是"消灭地域性共产主义"，说明在世界市场经济和世界性交往的条件下，一国不能单独进入共产主义社会，共产主义社会只能在全世界同时建立，同时建成。

如果我国进入了社会主义发达阶段，它的未来发展将会是怎样的呢？

根据经济形态发展的历史逻辑"自然经济社会—商品经济社会—产品经济社会"这个公式，我国当前的社会主义市场经济是刚刚脱胎于自然经济的市场经济，还是不完善的市场经济。当市场经济得到充分发展后走向产品经济时,也许需要一个如同资本主义向社会主义转变一样的过渡时期。在马克思和恩格斯看来,这个转变是以消灭私有制为前提的。恩格斯说:"一旦社会占有了生产资料,商品生产就将被消除,而产品对生产者的统治也将随之消除。社会生产内部的无政府状态将为有计划的自觉的组织所代替。"[27] 由此可见,只有在消灭了生产资料私人占有后,才能实现从商品经济到产品经济的过渡。从我国的具体情况来看,这种过渡,也就成为以公有制为主体的经济基本制度向单一公有制的经济基本制度的过渡。在世界历史中,这种过渡也同样是世界性的,即是从世界性市场经济向世界性产品经济的过渡。这个"过渡阶段"可以看作是世界历史中各国普遍建立了社会主义,而且普遍到达于社会主义发达阶段。世界历史的这个阶段,可以称为"世界历史性社会主义发达阶段"。从这个阶段出发,世界将共同进入共产主义社会第一阶段。这就使世界历史把一国向共产主义的过渡,同世界各国共同向共产主义的过渡,联系起来了。这样,我们可以得到包括中国社会在内的世界各国向共产主义过渡的历史逻辑公式:

(3)各国社会主义发达阶段—世界历史性社会主义发达阶段—共产主义第一阶段。

把公式(1)同公式(3)连接起来,就可以构成中国社会未来发展的历史逻辑基本公式:

(4)中国社会主义初级阶段—中国社会主义中等发达阶段—中国社会主义发达阶段—世界历史性社会主义发达阶段—共产主义第一阶段。

公式(4)表述了包括中国在内的人类社会发展历史逻辑的一般规律。这个公式中的后两项,是同时针对全世界社会主义国家而言的。一切国家,只有经过"世界历史性社会主义发达阶段",才能进入共产主义第一阶段。在这个阶段上,也包含了马克思和恩格斯所要求的"过渡时期",但它是带有世界历史性的。这就是世界共产主义的同时胜利。

参 考 文 献

[1] 恩格斯.共产主义原理[M]//马克思,恩格斯.马克思恩格斯文集:1.北京:人民出版社,2009:676.

[2] 胡锦涛.在庆祝中国共产党成立90周年大会上的讲话[M].北京:人民出版社,2011:3.

[3] 毛泽东.革命的转变和党在过渡时期的总路线[M]//毛泽东.毛泽东文集:第6卷.北京:人民出版社,1999:315.

[4] 毛泽东.在中央政治局扩大会议上的讲话(一九五三年七月二十九日)[M]//毛泽东.毛泽东文集:第6卷.北京:人民出版社,1999:286.

[5] 沿着有中国特色的社会主义道路前进:在中国共产党第十三次全国代表大会上的报告[G]//中国共产党第十三次全国代表大会文件汇编.北京:人民出版社,1987:10.

[6] 邓小平.在武昌、深圳、珠海、上海等地的谈话要点[M]//邓小平.邓小平文选:第3卷.北京:人民出版社,1993:370.

[7] 邓小平.改革的步子要加快[M]//邓小平.邓小平文选:第3卷.北京:人民出版社,1993:241.

[8] 胡锦涛.在纪念党的十一届三中全会召开30周年大会上的讲话[M].北京:人民出版社,2008:35.

[9] 中国共产党中央委员会关于建国以来党的若干历史问题的决议[G]//中共中央文献研究室.三中全会以来重要文献选编:下.北京:人民出版社,1982:802.

[10] 邓小平.吸取历史经验,防止错误倾向[M]//邓小平.邓小平文选:第3卷.北京:人民出版社,1993:226.

[11] 邓小平.在听取经济情况汇报时的谈话[M]//邓小平.邓小平文选:第3卷.北京:人民出版社,1993:160.

[12] 邓小平.在全体人民中树立法制观念[M]//邓小平.邓小平文选:第3卷.北京:人民出版社,1993:164.

[13] 中共中央关于全面推进依法治国若干重大问题的决定[G]//中国共产党第十八届中央委员会第四次全体会议文件汇编.北京:人民出版社,2014:19.

[14] 邓小平.解放思想,实事求是,团结一致向前看[M]//邓小平.邓小平文选:第2卷.2版.北京:人民出版社,1994:146.

[15] 温家宝.政府工作报告:2010年3月5日在第十一届全国人民代表大会第三次会议上[M].北京:人民出版社,2010:40.

[16] 温家宝.政府工作报告:2010年3月5日在第十一届全国人民代表大会第三次会议上[M].北京:人民出版社,2010:41.

[17] 江泽民.高举邓小平理论伟大旗帜,把建设有中国特色社会主义事业全面推向二十一世纪:在中国共产党第十五次全国代表大会上的报告[G]//中国共产党第十五次全国代表大会文件汇编.北京:人民出版社,1997:32.

[18] 江泽民.全面建设小康社会,开创中国特色社会主义事业新局面:在中国共产党第十六次全国代表大会上的报告[M].北京:人民出版社,2001:31.

[19] 胡锦涛.高举中国特色社会主义伟大旗帜,为夺取全面建设小康社会新胜利而奋斗:在中国共产党第十七次全国代表大会上的报告[M].北京:人民出版社,2007:30-31.

[20] 胡锦涛.坚定不移沿着中国特色社会主义道路前进,为全面建成小康社会而奋斗:在中国共产党第十八次全国代表大会上的报告[G]//中国共产党第十八次全国代表大会文件汇编.北京:人民出版社,2012:25.

[21] 中共中央关于全面深化改革若干重大问题的决定[G]//中国共产党第十八届中央委员会第三次全体会议文件汇编.北京:人民出版社,2013:18.

[22] 毛泽东.关于三个世界划分问题[M]//毛泽东.毛泽东文集:第8卷.北京:人民出版社,1999:441.

[23] 中共中央关于在农村建立人民公社问题的决议(1958年8月29日)[G]//中共中央文献研究室.建国以来重要文献选编:第11册.北京:中央文献出版社,1995:450.

[24] 马克思,恩格斯.德意志意识形态[M]//马克思,恩格斯.马克思恩格斯文集:1.北京:人民出版社,2009:538-539.

[25] 恩格斯.共产主义原理[M]//马克思,恩格斯.马克思恩格斯文集:1.北京:人民出版社,2009:687.

[26] 邓小平.我们的宏伟目标和根本政策[M]//邓小平.邓小平文选:第3卷.北京:人民出版社,1993:78.

[27] 恩格斯.社会主义从空想到科学的发展[M]//马克思,恩格斯.马克思恩格斯文集:3.北京:人民出版社,2009:564.

第 2 章
毛泽东思想的历史逻辑

毛泽东思想是中国革命的理论体系。由于中国革命经历新民主主义革命和社会主义革命两个阶段,因而毛泽东思想也经历了从新民主主义革命理论到社会主义革命理论的历史发展。所以,在中国革命的整个历史时期中,毛泽东思想的内涵和外延都经历着历史性的变化。在社会主义时期,毛泽东一系列正确的理论观点,理应不属于毛泽东思想,而归入中国特色社会主义理论体系,中国特色社会主义理论体系则是对毛泽东思想的坚持和发展。理论演变的这个历史逻辑公式可以表述为:

    毛泽东思想—毛泽东社会主义建设时期的理论观点—中国特色社会主义理论体系。

§191 两次历史性飞跃的重大理论成果

中国共产党自成立以来,在把马克思主义与中国具体实践相结合的过程中,取得了马克思主义中国化的两次历史性理论成果。在革命时期中实行第一次结合,实现了第一次理论飞跃,而且这个飞跃已经完成了。在建设时期中实行第二次结合和理论探索,开始了第二次理论飞跃。当前,第二次理论飞跃正在持续地进行中。

在辩证法看来,任何飞跃(质变),包括认识和理论的飞跃在内,都不是突然发生的,它们都经历着量变的阶段。只有经过长期的量变积累以后,质变才有可能发生。就认识的飞跃来说,存在两种不同的飞跃的条件,毛泽东在《实践论》等著作中,做过反复的论述。这两种认识飞跃的条件是:第一,通过感性认识的多次反复,形成概念、判断和推理;第二,通过理性认识在实践中经受正确和错误、成功与失败的多次反复和比较。只有提供了这两个方面的条件,才能获得正确认识的飞跃。而且在这些飞跃的过程中,还包括部分质变的积累。由此可见,一种理论实现完整的飞跃,是需要经过漫长的探索过程后才开始的。

所以,在每一次"结合"开始的时候,并不会立刻发生认识中的理论飞跃,历史性的伟大理论成果更应该是如此。历史的进程是:首先是开始了革命和建设的实践运动,发生马克思主义与中国革命实践的结合;随着结合的推进,经过一定时期,认识发生量变和部分质变的积累,最后才开始发生历史性的理论飞跃;在理论飞跃发生后,飞跃必定继续地发展,直至这个历史时期结束。这个历史过程的宏观的概念框架是:

实践—结合—飞跃。

1997年2月25日,江泽民在《邓小平同志追悼大会上的悼词》中首次提出了两次革命、两次飞跃和两大理论成果的问题。他说:"在这两次伟大革命的进程中,实现了马克思主义同中国实际相结合的两次历史性飞跃,形成了两大理论成果,这就是毛泽东思想和邓小平建设有中国特色社会主义理论。两次伟大革命,两次历史性飞跃,造就了两个伟大人物,这就是毛泽东同志和作为毛泽东同志的战友、事业继承者的邓小平同志。"[1] 这里明确地把两大理论成果与两个伟人连接在一起,并以"邓小平建设有中国特色社会主义理论"对第二次历史性飞跃理论成果进行了命名。后来,中共十五大又把它改称为"邓小平理论"。由于有了革命和建设的实践运动,因而有了两次结合和两次飞跃,由此产生了两大理论成果。就是说,两个理论成果是根据革命时期与建设时期中的两次结合来划分的,这就使它们成为确定两个理论成果的内涵和外延的社会历史根据。用概念推论公式来表达两个理论成果,应该有两个不同的逻辑公式。

毛泽东思想是中国革命时期第一次结合的重大理论成果,其逻辑公式为:

(1) 中国革命时期—第一次结合—毛泽东思想。

这个公式表明,只有在中国革命的历史时期中,而且正确地实现了马克思主义普遍原理与中国革命具体实践相结合,并实现了历史性理论飞跃,由此创立的重大理论成果,才属于毛泽东思想。除此之外的任何理论成果,都不能说它是毛泽东思想。如果中国共产党人不是在中国革命历史时期创造的理论成果,它也就不属于毛泽东思想。这个公式,是规定毛泽东思想的内涵和外延的逻辑根据。

中国特色社会主义理论体系是建设时期第二次结合的重大理论成果,其逻辑公式为:

（2）中国社会主义建设时期—第二次结合—中国特色社会主义理论体系。

这个公式同样表明,只要在,而且只有在中国社会主义建设的历史时期中,而且正确地实现了马克思主义普遍原理与中国社会主义建设具体实践相结合,并实现了历史性理论飞跃,由此创造的重大理论成果,才属于中国特色社会主义理论体系。除此之外的任何理论成果,都不能说它是中国特色社会主义理论体系。如果不是在中国社会主义建设历史时期创造的理论成果,它就不属于中国特色社会主义理论体系。这个公式,是规定中国特色社会主义理论体系的内涵和外延的逻辑根据。

必须指出,马克思主义中国化的理论成果,是全党集体智慧的结晶,我们以毛泽东的名字来命名马克思主义中国化的第一个理论成果,只是表明毛泽东对这个理论成果的创造,作出了杰出的贡献,并不意味着凡是毛泽东的一切思想,包括正确思想和错误思想,都属于毛泽东思想。下文将进一步指出,在中国革命历史时期中,毛泽东的正确思想属于毛泽东思想;在社会主义建设时期中,毛泽东的正确思想,则属于中国特色社会主义理论。

以伟人的名字来命名,着眼于理论成果同伟人的理论贡献之间的联系。中共十五大报告说:我们党把第一次飞跃的理论成果"称为毛泽东思想",因为"它的主要创立者是毛泽东";我们党把第二次飞跃的理论成果"称为邓小平理论",因为"它的主要创立者是邓小平"。[2] 以伟人的名字来命名由他们所创造的理论,是对伟人的尊敬和纪念,反映了伟人的历史地位和权威作用。但是,理论的内涵不是由伟人这种身份所决定的,而取决于由理论所反映的对象属性和运动规律。两次历史性飞跃理论成果之所以具有不同的内涵和外延,并不取决于两个伟人,而是由两个历史时期的不同性质和规律所决定的。

以伟人的名字对历史性飞跃理论成果进行命名,并非是逻辑的必然要求。任何命名,都涉及名称。任何一个名称,都是语言符号。即使借用伟人的名字作为命名的名称,它仍只是起着符号功能的作用,绝没有意味着必然指称某一个伟人的思想。命名是语言活动,被命名的理论到底是由谁创造的,这同命名活动无关。可是,我们为什么还是借用伟人的名字来命名呢?这既不是一个逻辑问题,也不是词项的用法问题,而是由某种社会历史原因造成的。克里普克的历史的因果的命名理论认为:专名与通名,"它们的指称是由一根因果的(历史的)链条确定的,而不是由任何词项的用法决定的。"[3]我们借用毛泽东、邓小平的名字,是因为他们在理论创造中所起主要作用的社会历史原因。即使是他们所创造的理论,也不存在一定要归属到他们名下的逻辑必然性。

§192 毛泽东思想的逻辑起点

毛泽东思想的逻辑起点,是指理论体系的初始概念。逻辑起点和历史起点是两个不同的概念。历史起点是历史发源的历史事件,即历史发展的开端;逻辑起点是概念推论的初始概念,即理论最原始的前提。逻辑起点包括理论逻辑的起点和历史逻辑的起点,它们都是概念,而非现实的存在。理论的逻辑起点,是把马克思主义基本原理转化为中国马克思主义的第一个概念前提。如果把马克思主义中国化的理论逻辑起点看作是关于"中国问题"的概念,那么,这个"中国问题"则是最普遍的存在。

在普遍性的意义上,我们把马克思主义中国化界定为马克思主义基本原理与中国革命和建设中的具体问题相结合。这里的具体问题就是指"中国问题",既是指全国性(全局性)的问题,也包括地方性、领域性(局部性)的问题。以马克思主义之"矢",射中国问题之"的",就是运用马克思主义来说明中国问题。毛泽东说:"被你说明的东西越多,越普遍,越深刻,你的成绩就越大。"[4]这里的问题,自然包括了各类大小的现实问题;而被你说明的问题所得到的结果,已经不再是问题的现实形态,而是关于问题的概念了。马克思为什么把"商品"概念作为《资本论》的逻辑起点,因为它是资本主义社会的现实起点。在资本主义社会中,商品是最普遍的存在,"资本主义生产方式占统治地位的社会的财富,表现为'庞大的商品堆积',单个的商品表现为这种财富的元素形式"[5]。因此,"中国问题"同"商品"一样,单个的中国问题的存在表现为这种"中国问题"的元素形式。

在宏观的结构上,毛泽东思想包括新民主主义革命理论和社会主义革命理论。所以,分别地说,毛泽东思想的逻辑起点,应包括两个方面,新民主主义革命理论的逻辑起点和社会主义革命理论的逻辑起点。因为毛泽东思想是理论形态,因此,这两种起点都是理论概念。

在新民主主义革命时期,毛泽东就指出:"只有认清中国社会的性质,才能认清中国革命的对象、中国革命的任务、中国革命的动力、中国革命的性质、中国革命的前途和转变。所以,认清中国社会的性质,就是说,认清中国的国情,乃是认清一切革命问题的基本的根据。"[6]这些话是针对新民主主义革命理论的,这里所说的"基本的根据",就是中国革命的现实基础,即中国半殖民地半封建社会。作为现实的存在,它是中国新民主主义革命的历史起点;作为中国半殖民地半封建社会性质的命题,它是中国新民主主义革命理论的逻辑起点。根据马克思主义中国化的基本公式,这个逻辑起点的公式为:

(1) 中国半殖民地半封建社会命题—马克思主义基本原理—新民主主义革命理论体系。

这个公式中,"中国半殖民地半封建社会命题",是新民主主义革命理论的逻辑起点。中国革命是从"中国半殖民地半封建社会"开始的,那么,它就成为中国革命运动的现实基础。

在新民主主义革命胜利后,我们建立了新民主主义社会,成为我们进行社会主义革命的现实基础。所以,新民主主义社会的概念是社会主义革命思想体系的逻辑起点。这个逻辑公式的表达式为:

(2) 新民主主义社会命题—马克思主义基本原理—社会主义革命理论体系。

同样,这个公式中的"新民主主义社会命题",是社会主义革命理论的逻辑起点。中国社会主义革命是从"新民主主义社会"开始的,那么,它就成为中国社会主义革命运动的现实基础。

把公式(1)和公式(2)连接起来,并把中国革命运动理论和中国社会历史

发展结合起来,并实现了革命两个阶段的实践结果,就构成了整个中国第一次革命运动理论历史逻辑公式:

(3)中国半殖民地半封建社会命题—新民主主义革命理论体系—新民主主义社会命题—社会主义革命理论体系—社会主义初级阶段。

公式(3)说明,新民主主义革命的实践结果是建立了新民主主义社会,社会主义革命的实践结果是建立了社会主义,进入了社会主义初级阶段。

公式(3)还说明,在总体上,毛泽东思想的逻辑起点是"中国半殖民地半封建社会命题"。

公式(3)还进一步说明,我国社会主义初级阶段,直接脱胎于我国新民主主义社会,归根到底,则脱胎于我国半殖民地半封建社会。这对于理解社会主义初级阶段的概念,是十分重要的。

§193 最初命名的毛泽东思想

在我们党幼年时期,对马克思主义中国化缺乏完整的理解和统一的把握,对中国革命规律的认识还处于探索阶段。在这期间,我们党经历了许多失败和挫折,同时也在部分先进分子中产生了关于中国革命规律的正确认识,但尚未形成系统的理论,一些正确的理论观点也未被全党所接受。一方面,由于中国革命实践中的两次失败、两次胜利,从正反两个方面教育了全党;另一方面,经过延安整风运动,在全党进行了反对主观主义、教条主义和坚持实事求是思想路线的教育,使全党,尤其是使党的高级领导干部认识到了以毛泽东为代表的中国革命的理论和实践,是马克思主义与中国实践相结合的代表。在召开党的扩大的六届七中全会时,全党获得了统一的认识:"二十四年来中国革命的实践证明了,并且还在证明着,毛泽东同志所代表的我们党和全国广大人民的奋斗方向是完全正确的……到了今天,全党已经空前一致地认识了毛泽东同志的路线的正确性,空前自觉地团结在毛泽东的旗帜下了。"[7]在这个时候,我们党已经产生了马克思主义与中国实践相结合的产物——马克思主义中国化的理论成果,而且已经被全党所认识、所接受。1945年4月20日,中共六届七中全会通过了《关于若干历史问题的决议》。

在这个决议中就写下了"形成了中国化的马克思列宁主义的思想体系——毛泽东思想"的文字,说明我们党选择了"毛泽东思想"这个名称对"中国化的马克思列宁主义的思想体系"这个理论成果作了命名。由于某种社会历史原因,在将《关于若干历史问题的决议》作为附录收入《毛泽东选集》时,删去了这句话[8]。尽管如此,这个第一次在党的决议中命名毛泽东思想的事实,永远载入史册。

任何命名,都涉及名称。用以命名的名称,一般分为专名和通名。"马克思主义"、"列宁主义"、"毛泽东思想"、"邓小平理论"、"中国特色社会主义"等这些名称,都是专名,因为它的指称只有一个;其中的"主义"、"思想"、"理论"、"社会主义"等这些名称,都是通名,因为它的指称至少有两个或两个以上的对象。我们党对两大理论成果的命名所使用的名称,都是专名。

从语言学的角度看,任何一个名称,专名或通名,它们都是语言符号,必定有指称。"专名的指称就是这个名称所命名的对象本身。"[9]从逻辑学角度看,它又是概念,必定有内涵。无论是专名还是通名,凡是名称,既有指称,又有涵义。索绪尔把命名的对象(能指)称为"音响形象",指出:"用**符号**这个词表示整体,用**所指**和**能指**分别代替**概念**和**音响形象**。"[10]把符号看作一个整体,它是两方面的综合,说明它具有指称和涵义,即概念的外延和内涵。

在学术研究中,命名有两种路径,一是以名称来寻找对象,二是先发现了对象,然后再以适当的名称来命名。总的来说,我们对两次历史性飞跃理论成果的命名,走的是第二条路径,即"从概念(所指)出发去思考这个概念的名称是什么"[11]。由于首先实现了两次历史性飞跃,创造了两大理论成果,并把握了它的科学内涵,然后才创造适当的名称来命名它。在命名的过程中,既确定了它的指称,又同时揭示了它的内涵。

"毛泽东思想"是指称以毛泽东为代表的中国共产党人创造的中国化的马克思主义。我们党以毛泽东的名字命名它,因为毛泽东在马克思主义中国化的进程中,作出了独特的贡献。

《关于若干历史问题的决议》对毛泽东思想的命名表明,"中国化的马克思列宁主义的思想体系"就是"毛泽东思想"这个名称的能指,即命名的对象,或"毛泽东思想"这一概念的外延。在中共七大上,刘少奇把这个中国化的马克思主义具体地规定为"中国人民完整的革命建国理论"[12]。就是说,毛泽东思想是马克思主义的理论与中国革命的实践相结合的产物,是马克思主义应用于中国的具体理论形态。所以,以毛泽东思想命名的理论成果,是"马克思列宁主义的理论与中国革命的实践之统一的思想"[13]。从当时的历史背景可以断定,把这个"统一的思想"作为党的指导思想,就是我们党关于新民主主义的理论体系,自然并不包括在建国后发展起来的社会主义革命理论。

这个外延所指的具体对象到底是什么? 我们应该从内涵与外延的关系中来认识。外延是由内涵决定的,"用来决定表达式外延的标准,则构成这个短语的内涵"[14]。在进行毛泽东思想命名时,由于命名的历史背景是新民主主义革命时期,所指的具体理论内容都是新民主主义的革命和建国的理论,其中也包含了从新民主主义革命向社会主义革命过渡的理论设想。这就是在当时被命名为"毛泽东思想"的内涵。后来,邓小平在回忆这段历史时说:"我们党在延安时期,把毛主席各方面的思想概括为毛泽东思想,把它作为我们党的指导思想。"[15]这里说的"毛主席各方面的思想",在当时,自然是指新民主主义革命的理论和路线,以及相应的具体的方针政策。因为这些思想都是在新民主主义革命时期中产生的,而且都是以解决中国新民主主义革命的理论和道路问题为目的的。这同样说明,在命名时的毛泽东思想,它的所指,即它的内涵,是新民主主义革命的理论和路线及其方针政策的思想内容。这也就决定了毛泽东思想的外延是中国新民主主义革命的理论和政策。刘少奇在中共七大上的报告从九个方面阐述了毛泽东思想的理论内涵,所指的主要内涵是关于新民主主义的理论和政策。刘少奇说:"这些理论与政策,完全是马克思主义的,又完全是中国的。"[16]

如果我们把毛泽东思想规定为第一次革命和第一次结合的重大理论成果,并以逻辑公式"中国革命—第一次结合—毛泽东思想"来表述,那么,这个公式中的毛泽东思想作为整体的毛泽东思想,还应该包括社会主义革命的理论和政策。而在当时命名的时候,毛泽东思想还只是以中国革命第一阶段的理论和政策为内容的。

§194 建国后的毛泽东思想

中国共产党成功地领导了中国新民主主义革命,实现了从新民主主义革命向社会主义革命的转变,并取得了社会主义革命的胜利。1939年9月24日,毛泽东在《同美国记者斯诺的谈话》中说:"中国革命,有两篇文章,上篇和下篇。无产阶级同资产阶级一道,进行民族民主革命,这是文章的上篇,我们现在正在做这一篇文章,并且一定要做好这一篇文章。但是,文章还有一篇,就是它的下篇,就是无产阶级领导农民,进行社会主义革命。"[17]由于认识是一个反复的过程,而且只有在成功与失败的不断比较中才能获得比较正确和全面的认识,因此,在中国新民主主义革命的过程中,曾发生过对中国革命历史逻辑认识的错位。在纠正了逻辑错位后,出现了革命过程中的重大历史性转折。遵义会议是这次革命中的重大历史转折,为实现马克思主义与中国具体实践相结合的历史性飞跃,创造了条件,由此产生了第一个重大理论成果,即毛泽东思想。胡锦涛在庆祝中国共产党成立90周年大会上的讲话中指出:"毛泽东思想是马克思列宁主义在中国的运用和发展,系统回答了在一个半殖民地半封建的东方大国,如何实现新民主主义革命和社会主义革命的问题,并对建设什么样的社会主义,怎样建设社会主义进行了艰辛探索,以创造性的内容为马克思主义宝库增添了新的财富。"[18]这些话,说明了毛泽东思想的对象,主要是关于新民主主义革命和社会主义革命的理论和策略,同时,也包含了探索"建设什么样的社会主义,怎样建设社会主义"的正确思想成果。

在命名毛泽东思想时,毛泽东思想和新民主主义革命理论被看作是同一概念,这是由当时命名的历史背景所决定的,因为当时所进行的中国革命还是新民主主义革命,尚未开始社会主义革命。实际上,这也把"马克思主义的理论与中国革命的实践之统一的思想"同毛泽东思想也看作是同一概念了。另一方面,当我们把"马克思主义的理论与中国革命的实践之统一的思想"命名为毛泽东思想时,又不能把毛泽东思想只限于新民主主义革命理论。很清楚,在"毛泽东思想是马克思主义的理论与中国革命的实践之统一的思想"这个命题中,作为谓项的"马克思主义的理论与中国革命的实践之统一的思想"是不周延的,新民主主义革命理论是种概念,"马克思主义的理论与中国革命的实践之统一的思想"是属概念。根据历史的发展,我们不能说,凡是"马克思主义的理论与中国革命的实践之统一的思想",都属于毛泽东思想。

事实上,毛泽东思想的理论体系是开放的,因为中国革命在发展中,它必定要超越新民主主义革命历史时期，因而也必定要创造新的反映新对象的具体理论形态。在新民主主义革命胜利后，我们就开始了向社会主义革命转变的历史进程，产生了社会主义革命的理论。在社会主义改造基本完成后，我们又开始了社会主义建设新时期，同样要产生关于社会主义建设的理论。在十一届三中全会后，我们党产生了邓小平理论、"三个代表"重要思想和科学发展观等这些具体的理论形态，它们也都属于"马克思主义的理论与中国革命的实践之统一的思想"。当然，这里的"中国革命"，同时也包括了中国社会主义建设实践运动。

如果"马克思主义的理论与中国革命的实践之统一的思想"与"毛泽东思想"仍然是同一概念，这些具体理论形态都应该属于毛泽东思想。在历史上，事实并非如此，我们党对这些具体理论形态都单独地进行了命名，并同毛泽东思想相并立。新的命名和并立的结果是，这些具体的理论形态共同构成了"马克思主义的理论与中国革命的实践之统一的思想"的外延而包含于其中；毛泽东思想也成为其中的一个对象，从而改变了"马克思主义的理论与中国革命的实践之统一的思想"与"毛泽东思想"在逻辑上的同一关系，而成为包含和包含于关系。这种关系的改变，使毛泽东思想的内涵和外延也发生了重大的变化。

如果把在命名后"马克思主义的理论与中国革命的实践之统一的思想"继续发展的理论成果，都归入毛泽东思想，在逻辑上也是行得通的。《关于建国以来党的若干历史问题的决议》指出：毛泽东思想"在土地革命战争后期和抗日战争时期得到系统总结和多方面展开而达到成熟，在解放战争时期和中华人民共和国成立以后继续得到发展"[19]。这段叙述的逻辑向我们表明，建国后关于马克思主义的理论与中国革命的实践相结合的一切新的理论成果，都是毛泽东思想的继续发展，因而在内涵和外延上，都属于毛泽东思想。

中华人民共和国成立以后，我国开始了从新民主主义革命向社会主义革命的过渡，在1956年基本完成了社会主义改造的任务。根据毛泽东思想是"马克思主义的理论与中国革命的实践之统一的思想"这种理解，在这个时期形成的关于社会主义革命的理论和道路，自然包含在毛泽东思想之中。

如果根据毛泽东思想的逻辑公式"中国革命—第一次结合—毛泽东思

想",中国革命第二阶段的理论成果应该变换为如下的逻辑公式：

中国革命第二阶段—继续第一次结合—社会主义革命理论。

这个结果,拓展了毛泽东思想的内涵和外延。它不仅包括了新民主主义革命的理论和道路,而且也包括了社会主义革命的理论和道路。因此,《关于建国以来党的若干历史问题的决议》继承了"统一的思想"的传统认识,仍然写道:"马克思列宁主义普遍原理和中国革命具体实践相结合的产物——毛泽东思想"[20]。同时,对毛泽东思想又做了新的定义,即毛泽东思想"是被实践证明了的关于中国革命的正确的理论原则和经验总结"。自然,这里所说的中国革命,既包括新民主主义革命,也包括社会主义革命。

§195 毛泽东思想是中国革命理论体系

毛泽东思想是中国革命理论体系。这个命题表明,毛泽东思想是新民主主义革命和社会主义革命的理论,中国特色社会主义理论体系则是对毛泽东思想的继承和发展。毛泽东在社会主义建设时期对中国特色社会主义探索的正确的理论观点,不再属于毛泽东思想,而属于中国特色社会主义理论体系。

1956年,"社会主义改造基本完成以后,我们党领导全国各族人民开始转入全面的大规模的社会主义建设"[21]。

在这个新的历史时期中,面对着新的任务,需要做新的探索。1956年4月4日,毛泽东在中共中央书记处会议上提出了"我们要进行第二次结合"的任务,说明他已经认识到了革命向建设的转变。他说:"最重要的是要独立思考,把马列主义的基本原理同中国革命和建设的具体实际相结合。民主革命时期,我们吃了大亏之后才成功地实现了这种结合,取得了新民主主义革命的胜利。现在是社会主义革命和建设时期,我们要进行第二次结合,找出在中国怎样建设社会主义的道路。"[22]

在1956年开始的第二次结合中,毛泽东提出了一系列有关社会主义建设的正确理论观点,特别是《论十大关系》和《关于正确处理人民内部矛盾的问题》等重要著作,对马克思主义中国化又做出了新的发展。这就自然地让人们确信,毛泽东思想应该包括社会主义建设的理论。

但是,根据概念逻辑公式"中国社会主义建设—第二次结合—中国特色社会主义理论体系",社会主义建设和第二次结合的重大理论成果是中国特色社会主义理论体系,而不是毛泽东思想。对这个问题的认识,《关于建国以来党的若干历史问题的决议》是十分清醒的,它将毛泽东思想定义为"被实践证明了的关于中国革命的正确的理论原则和经验总结"。这个界定,是完全正确的。显然,这里的"中国革命"是指中国革命的两个阶段,不包括社会主义建设和改革,因为当时尚未提出第二次革命的概念。这样,定义项的外延与被定义项的外延是相等的。中共十五大把毛泽东思想定义为"关于中国革命和建设的正确的理论原则和经验总结"。如果这里的"中国革命和建设"仅指社会主义革命时期的建设,定义项的外延与被定义项的外延也是相等的;如果同时也是指社会主义建设历史时期中的建设,则定义项的外延大于被定义项的外延,两者在外延上不再是相应相称的了。

对毛泽东思想内涵和外延的这种界定,也许会有人提出异议:如果毛泽东创造了关于社会主义建设的正确思想,有什么理由说它不属于毛泽东思想?这个问题,同以毛泽东的名字来命名中国革命理论有关。因为我们只是把毛泽东思想定义为中国革命的理论,因而它就不包括社会主义建设和改革的理论,即使其中的一些理论观点是毛泽东的而且是正确的,也不包括在毛泽东思想之中。否则,就不能同中国特色社会主义的内涵和外延,精确地区分开来。

随着中国革命和建设的深入发展和马克思主义中国化的历史推进,我们党对两次历史性飞跃理论成果的认识经历着日益科学化的历史过程。这是完全符合认识发展规律的,也是合乎逻辑的。胡锦涛在中共十七大报告中说:"我们要永远铭记,改革开放伟大事业,是在以毛泽东同志为核心的党的第一代中央领导集体创立毛泽东思想,带领全党全国各族人民建立新中国、取得社会主义革命和建设伟大成就以及艰辛探索社会主义建设规律取得宝贵经验的基础上进行的。新民主主义革命的胜利,社会主义基本制度的建立,为当代中国一切发展进步奠定了根本政治前提和制度基础。"[23]这个高度评价,包含了对毛泽东思想的内涵和外延的科学界定。第一,以毛泽东同志为核心的党的第一代领导集体创立了毛泽东思想,这说明,毛泽东思想属于第一次历史性飞跃的理论成果。第二,在毛泽东思想指导下,我们党进行了新民主主义革命和社会主义革命,这说明,毛泽东思想的外延,是新民主主义革命和社会主义革命的两种理论形态;毛泽东思想的内涵是新民主主义革命的理论观点和社会主义革命的理论观点。第三,以毛泽东同志为核心的党的第一代领导集体领导中国人民取得了社会主义建设伟大成就和艰辛探索社会主义建设规律的宝贵经验,这说明,毛泽东尚未创立中国特色社会主义理论,但并不否认毛泽东对这个理论创立所作的贡献,也不否认中国特色社会主义理论体系是对毛泽东思想的继承和发展。这些都是完全符合我国实际情况的,说明我们党对毛泽东思想内涵和外延的认识,日益走向精确化和科学化。

参 考 文 献

[1] 江泽民.邓小平同志追悼大会上的悼词[M]//江泽民.江泽民文选:第1卷.北京:人民出版社,2006:628.

[2] 江泽民.高举邓小平理论伟大旗帜,把建设有中国特色社会主义事业全面推向二十一世纪:在中国共产党第十五次全国代表大会上的报告[G]//中国共产党第十五次全国代表大会文件汇编.北京:人民出版社,1997:9.

[3] 克里普克.命名与必然性[M].梅文,译.涂纪亮,校.上海:上海译文出版社,1988:139.

[4] 毛泽东.整顿党的作风[M]//毛泽东.毛泽东选集:第3卷.2版.北京:人民出版社,1991:815.

[5] 马克思.资本论:第1卷[M]//马克思,恩格斯.马克思恩格斯文集:5.北京:人民出版社,2009:47.

[6] 毛泽东.中国革命和中国共产党[M]//毛泽东.毛泽东选集:第2卷.2版.北京:人民出版社,1991:633.

[7] 毛泽东.学习和时局.附录:关于若干历史问题的决议[M]//毛泽东.毛泽东选集:第3卷.2版.北京:人民出版社,1991:998-999.

[8] 李亮.究竟是谁最早提出"毛泽东思想"这一科学概念？[J].福建党史月刊，2005(7)：109.

[9] 弗雷格.论涵义和所指[M]//马蒂尼奇.语言哲学.牟博，杨音莱，韩林合，译.北京：商务印书馆，1998：379.

[10] 索绪尔.普通语言学教程[M].高名凯，译.岑麒祥，叶蜚声，校注.北京：商务印书馆，1980：102.

[11] 隆多.术语学概论[M].刘钢，刘健，译.北京：科学出版社，1987：19.

[12] 刘少奇.论党[M]//刘少奇.刘少奇选集：上卷.北京：人民出版社，1981：335.

[13] 刘少奇.论党[M]//刘少奇.刘少奇选集：上卷.北京：人民出版社，1981：333.

[14] 奥尔伍德，安德森，达尔.语言学中的逻辑[M].王维贤，李先焜，蔡希杰，译.北京：北京大学出版社，2009：5.

[15] 邓小平.答意大利记者奥琳埃娜·法拉奇问[M]//邓小平.邓小平文选：第2卷.2版.北京：人民出版社，1994：345.

[16] 刘少奇.论党[M]//刘少奇.刘少奇选集：上卷.北京：人民出版社，1981：335.

[17] 毛泽东.同美国记者斯诺的谈话[M]//毛泽东.毛泽东文集：第2卷.北京：人民出版社，1993：243.

[18] 胡锦涛.在庆祝中国共产党成立90周年大会上的讲话[M].北京：人民出版社，2011：7.

[19] 中国共产党中央委员会关于建国以来党的若干历史问题的决议[G]//中共中央文献研究室.三中全会以来重要文献选编：下.北京：人民出版社，1982：826.

[20] 中国共产党中央委员会关于建国以来党的若干历史问题的决议[G]//中共中央文献研究室.三中全会以来重要文献选编：下.北京：人民出版社，1982：825.

[21] 中国共产党中央委员会关于建国以来党的若干历史问题的决议[G]//中共中央文献研究室.三中全会以来重要文献选编:下.北京:人民出版社,1982:803.

[22] 吴冷西.忆毛主席[M].北京:新华出版社,1995:9-10.

[23] 胡锦涛.高举中国特色社会主义伟大旗帜,为夺取全面建设小康社会新胜利而奋斗:在中国共产党第十七次全国代表大会上的报告[M].北京:人民出版社,2007:7.

第3章
中国特色社会主义的历史逻辑

中共八大开创了中国社会主义建设新时期,从而成为中国特色社会主义的历史起点,而它的理论的逻辑起点则是关于中国社会主义初级阶段的论断。由于社会主义建设是全新的事业,中国特色社会主义的产生经历了一个很长的历史时期。它开始于毛泽东的探索,形成于成功与失败的比较中。邓小平提出"建设有中国特色社会主义"的命题,标志着中国特色社会主义理论的形成,由此而开始了阶段性的发展。在邓小平理论之后,"三个代表"重要思想和科学发展观都是中国特色社会主义理论的历史形态。中国特色社会主义理论正在继续发展中,国家治理现代化理论,将是中国特色社会主义理论新的历史形态。

§196 中国特色社会主义的历史起点

中国特色社会主义的历史起点是中共八大,因为它是社会主义建设历史时期开端的历史事件。中国特色社会主义理论体系是从中共八大开始的社会主义建设时期中,通过成功与失败的比较而逐步地形成和发展起来的。中共八大提出的一系列正确的论点,后来也被中国特色社会主义理论体系所继承和发展。

不少人把中共十一届三中全会看作是中国第二次结合的开端和社会主义建设历史时期的开端。其实,这是一个误解。十一届三中全会是建国以来我党历史上具有深远意义的历史转折[1],如同遵义会议是我党历史上具有深远意义的历史转折一样。把十一届三中全会类比于遵义会议[2]这个比喻是很恰当的,说明"历史转折"并非"历史开端"。

其实,根据中国革命的历史逻辑总公式,中国社会主义历史时期到底是从什么时候开始的这个问题，并不难回答。中国革命和建设历史时期的历史逻辑总公式是：

  新民主主义革命—社会主义改造—社会主义建设和改革。

这个历史逻辑公式表明，在社会主义改造基本完成，建立了社会主义社会后，我们就开始了全面社会主义建设的新时期。这就是这个历史时期的开端。

另外，社会主义建设改革的实践逻辑公式，也同样回答了关于社会主义建设历史时期开端的问题。这个实践逻辑公式是：

  社会主义初级阶段—社会主义建设和改革实践—实现现代化和发展完善社会主义制度。

这个公式同样说明，社会主义制度建立，我国完成基本制度的变革，进入社会主义初级阶段，标志着中国革命实践运动的结束和中国社会主义建设和改革历史时期的开始。

从社会主义革命向社会主义建设转变，就意味着完成了社会主义革命，并转向社会主义建设。这个转变的现实基础是社会主义初级阶段，因为社会主义社会已经取代了新民主主义社会。尽管我们当时并没有认识到我国社会主义正处于初级阶段，但事实上已经客观地处于这个阶段。这个初级阶段的客观存在，是不以人们的认识为转移的。所以，社会主义初级阶段不是从十一届三中全会以后开始的，而是从社会主义基本改造完成后就开始了的。

问题的症结在于，在中共十一届三中全会以前，我们没有正确地认识社会主义初级阶段这个客观事实，因而也没有找到一条正确的道路，而这条正确的道路是在十一届三中全会以后才开辟的。正是这个原因，让人们把十一届三中全会作为社会主义建设历史时期的开端。其实，这是一个从探索到成功的过程。成功的开端是探索，而成功则是探索积累的结果。没有探索，怎么能够"马到成功"？既然是探索，必然包含着成功与失败。

前面已经提出了历史性理论飞跃的历史逻辑三段式"实践—结合—飞跃"。在这个三段式中，从实践到结合，是以探索为中介的；从结合到飞跃，也存在着量变和部分质变的中介过程。

关于第一个过程，可以写成如下的三段式：

  实践—探索—结合。

根据"实践、认识、再实践、再认识……"的认识总规律,探索是这样的一个过程:"探索、失败、再探索、再失败,直至成功"。当然,探索不会是完全的失败,探索也必定包含着成功。就失败而言,乃"失败是成功之母"。把这个公式简化为三段式,则有:

探索—失败—成功。

这个公式表明,失败是成功的必要条件。按老子的语言来说,失败兮成功所伏,成功兮失败所倚。而且,这里的所谓成功与失败,并非是个体意义上的成功与失败,而是指在全党意义上的成功与失败,不能过于追究个人的成败,因为它反映了全党的认识水平。在民主革命时期,如果没有两次成功和两次失败,毛泽东思想也不可能被全党所认识和接受从而成为党的指导思想。在从中共八大到中共十一届三中全会的历史过程中,有成功的探索,也有失败的探索。中国特色社会主义理论体系正是在这个探索过程中生长起来的。

的确,在开始探索的过程中,我们犯了严重的错误,特别是犯了"文化大革命"这样的全局性错误,这也是符合探索逻辑的。而且这些错误的代价也为社会主义建设积累了丰富的经验。如果要总结社会主义建设的历史经验,还得从建国时期开始。《关于建国以来党的若干历史问题的决议》就是这样提出问题的,并指出:"三中全会以来,我们党已经逐步确立了一条适合我国情况的社会主义现代化建设的正确道路。这条道路还将在实践中不断充实和发展,但是它的主要点,已经可以从建国以来正反两方面的经验、特别是'文化大革命'的教训中得到基本的总结。"[3]中共十三大也有同样的认识,认为"中国共产党人在总结建国三十多年来正反两方面经验的基础上"[4],才开始找到一条建设有中国特色的社会主义的道路。

毛泽东的探索,也不都是失败的。在中共八大前后这一时期中写成的《论十大关系》和《关于正确处理人民内部矛盾的问题》这两部著作,对建国以来社会主义革命和建设经验做了初步总结,提出了探索适合我国国情的社会主义建设道路的任务,并为社会主义建设道路的探索,提供了理论基础。党的八大正确地提出了社会主义建设时期的主要矛盾,确定了在新的生产关系下保护和发展生产力的根本任务。在这个时期里,党确定了把我国建设成为社会主义工业化、现代化的富强国家的目标,对我国社会主义现代化建设产生了深远的影响。这个奋斗目标也已经被写进了中国特色社会主义道路的基本内容中。

需要提醒的是：在成功之后，更不能忽视进行新的探索。探索是贯穿于实践和认识的全过程的。"实践永无止境，探索和创新也永无止境。世界上没有放之四海而皆准的发展道路和发展模式，也没有一成不变的发展道路和发展模式。我们既不能把书本上的个别论断当作束缚自己思想和手脚的教条，也不能把实践中已见成效的东西看成完美无缺的模式。"[5]

结论只能是：社会主义建设历史时期的开端是以中共八大为标志的，中共八大的召开是中国特色社会主义的历史起点，从这个时候起，我们就开始了探索中国特色社会主义的征途。

§197 中国特色社会主义的逻辑起点

从中共八大开始，中国进入了社会主义初级阶段。所以，中国特色社会主义的理论逻辑起点就是关于"中国社会主义初级阶段"的概念。这个概念的对象，"中国社会主义初级阶段"则是客观存在的社会现实，是中国的基本国情。

十八大报告对中国特色社会主义的基本内涵做了理论概括，提出了总依据、总布局和总任务的逻辑关系。把它表述为一个概念推论的三段式，即是：

总根据—总布局—总任务。

这个三段式说明了总根据是中国特色社会主义理论体系的逻辑起点。总根据决定了总布局；从总根据出发，设计总布局，从而实现总任务。公式中的总任务，是一个合题。

这个逻辑起点的具体含义和理由，在1987年3月21日中央报给邓小平《关于草拟十三大报告大纲的设想》中，给予了概括性阐述。

《关于草拟十三大报告大纲的设想》提出：十三大报告全篇拟以社会主义初级阶段作为立论的根据。"初级阶段"这个提法，在党的文件中已三次出现，但都没有发挥，十三大报告的起草工作准备顺着这个思路加以展开：

初步考虑，报告主要写七个部分。一、讲三中全会以来，包括十二大以来，我国出现了哪些历史性的变化。二、讲三中全会以来的路线,是从我国国情出发的马克思主义的路线。着重指出我国正处在社会主义的初级阶段,这是我们所以必须采取现在这样的方针政策而不能采取别的方针政策的基本根据。三、由此而来的经济建设的发展战略。四、由此而来的发展社会主义商品经济的任务和我国经济体制改革的方向。五、由此而来的建设社会主义民主政治的任务和我国政治体制改革的原则。六、由此而来的加强和改善党的领导的任务包括执政党的领导体制、党内民主和对党的领导人的监督、党的干部、党的风气。七、由此而来的在理论和思想指导上避免左右两种倾向的必要性,着重阐明三中全会以来路线的两个基本点是坚持四项基本原则和坚持改革开放搞活,指出在新的实践中必须进行创造性的理论探索。"[6]

这里的五个"由此而来",说的就是出发点,它既是历史起点,又是逻辑起点。邓小平在1987年3月25日,对这个设想做了批示:"这个设计好。"[7]这个《关于草拟十三大报告大纲的设想》说明,马克思主义的路线、坚持四项基本原则和坚持改革开放、现行的方针政策、经济建设的发展战略、发展社会主义商品经济的任务、经济体制改革的方向、建设社会主义民主政治的任务、政治体制改革的原则、加强和改善党的领导、反对和避免理论和思想指导上"左"右两种倾向等等,都是由社会主义初级阶段决定的。归结起来,这里谈的是两个方面:一是工作任务,二是路线方针政策,即战略布局。就是说,不仅总任务和总布局是由"社会主义初级阶段"决定的,而且,各项具体的任务和布局,同样是由"社会主义初级阶段"决定的,由此它就成为了总根据。

邓小平对十三大做了高度的评价,并肯定了这个逻辑起点的正确性。他说:"我们党的十三大要阐述中国社会主义是处在一个什么阶段,就是处在初级阶段,是初级阶段的社会主义。社会主义本身是共产主义的初级阶段,而我们中国又处在社会主义的初级阶段,就是不发达的阶段。一切都要从这个实际出发,根据这个实际来制订规划。"[8]

由于"社会主义初级阶段"概念对我国改革开放和社会主义现代化建设,具有特别重要的意义,党的十五大再次重提并进行了新的阐述,并进一步阐述了这个逻辑起点。十五大报告说:"这次大会进一步强调这个问题,是因为:面对改革攻坚和开创新局面的艰巨任务,我们解决种种矛盾,澄清种种疑惑,认识为什么必须实行现在这样的路线和政策而不能实行别样的路线和政策,关键还在于对所处社会主义初级阶段的基本国情要有统一认识和准确把握。"[9] 这里说的也是三项,第一项是任务,第二项是布局,第三项是根据。所谓关键,就是指任务和布局都是由根据决定的。

由于"社会主义初级阶段"这一概念,是中国特色社会主义的逻辑起点,所以,只有从这个逻辑起点出发,才能清醒地认识"什么是社会主义,怎样建设社会主义"这个基本理论问题。

§198 纠正社会主义建设开始后的逻辑错位

我们在开始社会主义建设后,仍然延续着革命的内容和方法,发生了历史时期的逻辑错位。

在社会主义改造基本完成后,确立了社会主义基本制度,我国的革命时期就应该算是基本完成了。1956年,党的八大的召开,宣布进入社会主义社会时,就标志着我国社会主义建设时期的开始。所以,就中国革命"实践的"历史逻辑来说,以1956年党的八大为标志,我国进入社会主义建设的历史时期。

社会主义建设不同于新民主主义革命和社会主义革命,因为它的社会条件和现实基础已经不是半殖民地半封建社会,也不是新民主主义社会,而是刚刚建立的社会主义社会。党的八大分析了当时中国社会的主要矛盾,确定了社会主义建设的中心任务是发展社会生产力,变革生产关系和上层建筑中不适应生产力发展的部分和环节。《关于建国以来党的若干历史问题的决议》肯定:"'八大'的路线是正确的,它为新时期社会主义事业的发展和党的建设指明了方向。"[10] 这说明,中共八大已经开启了中国社会主义建设历史时期。

但是,由于后来在指导思想上产生了错误,我们在第二次革命中,延续了第一次革命的内容,运用了第一次革命的方法,这实际上是把第二次革命时期退回到了第一次革命时期。毛泽东认为,在基本完成了社会主义改造后,社会主义革命并没有完成,因为还只是完成经济战线上的社会主义革命。要彻底完成社会主义革命,还必须进一步完成政治战线上和思想战线上的社主义革命。从 1956 年开始,由于对"反右派"以来阶级斗争形势估计的扩大,开始了政治战线上和思想战线上的社会主义革命。1957 年 8 月,毛泽东在审阅《人民日报》社论稿《这是政治战线上和思想战线上的社会主义革命》时,所作的修改写道:"我国人民群众反对资产阶级右派分子的斗争的任务,是为了在政治战线上和思想战线上彻底完成社会主义革命。这个革命是没有完成的。许多人还不认识这一点。右派分子则从来就反对这种革命,并且发展到在行动上反共反人民。这个革命是 1956 年达到高潮的生产资料所有制方面的社会主义革命的必不可少的补充和必不可免的继续。"[11]毛泽东仍然把政权问题看作这两条战线上社会主义革命的根本问题,因而同经济战线上的社会主义革命一样,都属于第一次革命的内容。在八届十中全会上,毛泽东提出:"社会主义社会是一个相当长的历史阶段,在社会主义这个历史阶段中,还存在着阶级、阶级矛盾和阶级斗争,存在着社会主义同资本主义两条道路的斗争,存在着资本主义复辟的危险性。"[12]这样,就把社会主义社会仍然看作是由资本主义过渡到共产主义的整个历史时期,而且是一个很长的历史时期。中共八届十中全会的公报说:"在无产阶级革命和无产阶级专政的整个历史时期,在由资本主义过渡到共产主义的整个历史时期(这个时期需要几十年,甚至更多的时间)存在着无产阶级和资产阶级之间的阶级斗争,存在着社会主义和资本主义这两条道路的斗争。"[13]

根据中国革命的历史逻辑,社会主义社会的建立,标志着社会主义革命向社会主义建设的转变,即在完成社会主义革命,建立了社会主义社会后,我们就开始了社会主义建设新的历史时期。但是,在完成了新民主主义向社会主义过渡之后,毛泽东仍然把我国看作是处于社会主义革命时期,改变了"新民主主义社会—社会主义革命—社会主义社会"的逻辑公式,使它成为"资本主义社会—社会主义革命—社会主义社会"的逻辑公式。这就否定了我国社会主义革命的现实基础是新民主主义社会,实际上,把资本主义国家无产阶级革命的公式套用到我国社会主义建设时期中来。在客观上,中国革命的历史时期已经结束,开始了社会主义建设历史时期,而在主观的认识上,又未能超越而仍然停留于革命历史时期,以致用以阶级斗争为纲的路线,取代了以发展社会生产力为中心的路线。刚刚开始的社会主义建设"新时期",又步入了阶级斗争的"旧时期"。这场阶级斗争的进一步发展,最终导致发动了"文化大革命"，提出了"无产阶级专政下继续革命的理论"，在社会主义条件下进行"一个阶级推翻一个阶级"的政治大革命，改变了社会主义建设实践运动的性质。

进一步说，如果在社会主义建设时期，仍然进行着社会主义革命，那么，这就不能说已经建立了社会主义社会，因而也就不再是社会主义建设时期了。正是由于这个原因，毛泽东把这个时期看作是"由资本主义过渡到共产主义的整个历史时期"。这就造成了毛泽东在社会主义建设时期进行社会主义革命的实践逻辑公式：

过渡时期—无产阶级专政下继续革命—社会主义社会。

对这种逻辑错位的纠正，关键在于修正"过渡时期"的概念。在党的十一届三中全会后，我们重新正确地认识了我们所面对的现实基础是社会主义社会和世界全球化历史趋势。这个现实基础不同于两次革命时期的现实基础，由此作出了我国社会主义正处于并将长期处于初级阶段的正确论断。中共十三大报告把"过渡时期"界定为"社会主义经济基础尚未奠定"的时期，报告指出："这个阶段，既不同于社会主义经济基础尚未奠定的过渡时期，又不同于已经实现社会主义现代化的阶段。"[14]这就明确肯定，社会主义初级阶段并非是过渡时期。

这次历史时期的逻辑错位，直到党的十一届三中全会才得到了纠正，从而使三中全会成为伟大的历史性转折。

§199 历史性转折的重大历史事件

关于中国民主革命，毛泽东说："我们的党从它一开始，就是一个以马克思列宁主义的理论为基础的党，这是因为这个主义是全世界无产阶级的最正确最革命的科学思想的结晶。马克思列宁主义的普遍真理一经和中国革命的具体实践相结合，就使中国革命的面目为之一新，产生了新民主主义的整个历史阶段。"[15]在这期间，党同样经过了两次失败、两次胜利，在遵义会议以后，才开始确立毛泽东在全党的领导地位，在不长的时间内，成功地实现了马克思主义中国化的第一次历史性飞跃。这说明，在我党历史上，虽然遵义会议是具有深远意义的历史性转折，但它并不是新民主主义革命的开端。同样,中共十一届三中全会也是在我党历史上具有深远意义的历史性转折,但它也不是社会主义建设历史时期的开端。

中共中央《关于建国以来党的若干历史问题的决议》把 1949 年 10 月中华人民共和国成立到 1956 年,称为"基本完成社会主义改造的七年"[16],这自然是指社会主义革命的历史时期。接着,把 1956 年到 1966 年叫作"开始全面建设社会主义的十年",对这个时期社会主义建设的成就做了肯定评价,认为:"我们现在赖以进行现代化建设的物质技术基础,很大一部分是这个期间建设起来的;全国经济文化建设等方面的骨干力量和他们的工作经验,大部分也是在这个期间培养和积累起来的。"[17]这些内容说明,这个时期实际上已经不再是革命时期,而是社会主义建设时期了。

基于这种认识,中共十一届三中全会不是社会主义建设历史时期的"开端",因为"开端"是过程的开始,而"转折"则是在过程发展的一定时期后才出现的,从而成为同一个大历史时期中的两个不同小时期的界限。根据有关历史事件的"社会事件—结构转型—历史事件"的历史逻辑公式,历史事件不是历史中出现的一般事件,而是带来社会结构转型的重大事件,在某种程度上转变了支配人类行为的结构。如果这种结构发生了变化,人类行为也随着变化。从这种意义上来看中共十一届三中全会的历史意义,完全可以把它看作是标志历史性转折的重大的历史事件。

十一届三中全会确立了解放思想、实事求是的指导方针,实现了党的思想路线的拨乱反正;果断停止使用"以阶级斗争为纲"的口号,做出了"把全党工作的着重点和全国人民的注意力转移到社会主义现代化建设上来"的战略决策;做出了实行改革开放的新决策,开始了党和国家从僵化半僵化到全面改革、从封闭半封闭到对外开放的历史性转变;提出了加强社会主义民主法制建设的要求,"为了保障人民民主,必须加强社会主义法制,使民主制度化、法律化,使这种制度和法律具有稳定性、连续性和极大的权威,做到有法可依,有法必依,执法必严,违法必究"[18]。

胡锦涛在纪念党的十一届三中全会召开 30 周年大会上,对这次全会给予了高度评价:"党的十一届三中全会标志着我们党重新确立了马克思主义的思想路线、政治路线、组织路线,标志着中国共产党人在新的时代条件下的伟大觉醒,显示了我们党顺应时代潮流和人民愿望、勇敢开辟建设社会主义新路的坚强决心。"[19]

在十一届三中全会后,我们党纠正了对社会主义建设问题认识上的偏差和逻辑错位,开始了新的探索。在新的探索中,开始了开辟中国特色社会主义道路,形成中国特色社会主义理论体系的发展过程。所以,十一届三中全会不仅是社会主义建设时期的历史性转折的重大历史事件,同时也是形成中国特色社会主义的历史性转折的重大历史事件。

§200 中国特色社会主义的形成

中国特色社会主义经历了探索、形成和发展的历史阶段。如果进一步研究它的思想来源,那么,我们应该追溯到科学社会主义和毛泽东思想。胡锦涛在庆祝中国共产党成立90周年大会上的讲话中指出:"经过90年的奋斗、创造、积累,党和人民必须倍加珍惜、长期坚持、不断发展的成就是:开辟了中国特色社会主义道路,形成了中国特色社会主义理论体系,确立了中国特色社会主义制度。"[20]就是说,中国特色社会主义不仅是我们党成立以来,把马克思主义与中国具体实践相结合的最新的伟大理论成果,而且是它先前的马克思主义与中国具体实践相结合的伟大理论成果的历史发展。这个"理论的"历史逻辑公式可以表述为:

现实前提—思想来源—中国特色社会主义。

当前,中国特色社会主义正在发展中,必将要产生新的理论形态,它的最终完成,还需要经历一个很长的历史时期。它的产生和发展的历史逻辑公式是:

探索—形成—发展。

这个公式表明,中国特色社会主义经历了三个阶段,第一个阶段,以毛泽东为代表的中国共产党人的理论探索阶段;第二个阶段,以邓小平为代表的中国共产党人的理论形成阶段;第三个阶段,在邓小平之后的中国共产党人的理论发展阶段。

关于前两个阶段,理论探索和理论形成的阶段,大家比较同意"始于毛,成于邓"这种说法。所谓"始于毛",是指马克思主义与中国实践的第二次结合,开始于毛泽东,而并非指理论飞跃开始于毛泽东。"成于邓"也不是指第二次理论飞跃完成于邓小平,而是形成于邓小平。

毛泽东在1956年提出了"我们要进行第二次结合"的要求,反映了从实际情况出发应用马克思主义的逻辑必然性。在这个时期,毛泽东在理论和实践上的探索,以及在这个探索过程中的重大成果,都是对中国特色社会主义的贡献,为第二次历史性理论飞跃做了实践和理论的准备,不再属于第一次历史性理论飞跃内容。其中一系列正确的理论观点,被吸收到中国特色社会主义理论体系中。例如,科学发展观对《论十大关系》的继承和发展,是不容置疑的;建设和谐社会战略思想对《关于正确处理人民内部矛盾的问题》的继承和发展,也是不容置疑的。

社会主义建设的历史时期是在新民主主义革命和社会主义革命的历史时期基础上发展而来的。没有新民主主义革命胜利后建立的人民民主政权,没有社会主义革命确立的社会主义制度,决然不会有社会主义建设的顺利进行。所以,中国特色社会主义是我们党成立以来全党共同奋斗的结晶,是全党集体智慧的产物。因此,我们不能孤立地研究中国特色社会主义,更不要忽视传统穿越历史时间,弥合历史裂隙的功能;而要把中国特色社会主义放在中国革命和社会主义建设的长河中,充分认识它对历史上优秀成果的继承、发扬和融合于自身的历史整体性。

在"探索—形成—发展"的公式中,从探索到形成需要中介,这个中介就是对成功与失败经验的总结。所以,中国特色社会主义从探索到形成的逻辑公式是:

探索—总结—形成。

从党的十一届三中全会开始,我们党在对社会主义进行了再认识的过程中,总结了党的八大以来关于社会主义建设正反两个方面的经验,逐步地形成了马克思主义与中国实践相结合的新的理论观点。

首先是《关于建国以来党的若干历史问题的决议》从建国以来正反两方面的经验特别是"文化大革命"的教训中,从十个方面进行了总结,从而得到结论说:"三中全会以来,我们党已经逐步确立了一条适合我国情况的社会主义现代化建设的正确道路。"[21]

在中共中央关于经济体制改革的决定中,总结了建国以来关于处理计划经济同商品经济关系的基本经验,提出了社会主义经济"是在公有制基础上的有计划的商品经济",并认为"商品经济的充分发展,是社会经济发展的不可逾越的阶段,是实现我国经济现代化的必要条件"[22]。

中共十三大对这个总结作出了独特的贡献。在十三大报告中,第一次提出了在马克思主义与我国实践相结合过程中的两个历史性飞跃的思想;第一次从 12 个方面概括了第二个理论成果的轮廓,并命名为"建设有中国特色的社会主义理论";第一次比较系统地阐述了社会主义初级阶段的理论,提出了党在社会主义初级阶段"一个中心、两个基本点"的基本路线。报告指出:建设有中国特色的社会主义理论,"初步回答了我国社会主义建设的阶段、任务、动力、条件、布局和国际环境等基本问题,规划了我们前进的科学轨道"[23]。中共十三大报告的这种概括和阐述,标志着第二次历史性飞跃理论成果的开始形成,在中国特色社会主义的历史上,具有重大的意义。

在中共十三大把社会主义建设理论命名为"有中国特色社会主义理论"后,特别随着邓小平南方讲话的发表和党的十四大的召开,这个理论出现了新的飞跃。中共十四大根据对我国社会主义建设和改革开放实践的发展和认识的深化,明确提出了"我国经济体制改革的目标是建立社会主义市场经济体制,以利于进一步解放和发展生产力"[24]。而且,中共十四大仍然继续沿用"建设有中国特色社会主义理论"的名称,认为"这个理论,第一次比较系统地初步回答了中国这样的经济文化比较落后的国家如何建设社会主义、如何巩固和发展社会主义的一系列基本问题,用新的思想、观点,继承和发展了马克思主义"[25]。中共十五大第一次以"邓小平理论"命名这个理论成果,取代了"建设有中国特色社会主义理论"的名称。这次重新命名,并不是由于"建设有中国特色社会主义理论"这个语言符号的指称和涵义存在着缺陷,而是要使两大理论成果在命名上具备逻辑上的对称性,即寻求毛泽东与邓小平在历史地位上的对称。这个名称的变迁,是分为两步实现的。

1997 年 2 月 25 日,江泽民在邓小平同志追悼大会上的悼词中,把两大理论成果与两个伟人相连接进行命名。就是说,第一个理论成果是以毛泽东的名字命名的,与此相对应,第二个理论成果也应以邓小平的名字来命名。所以,在"建设有中国特色社会主义理论"的前面,冠以"邓小平"三个字,成为"邓小平建设有中国特色社会主义理论"[26]。这是第二个理论成果命名的第一次变迁,是名称变更的第一步。

可能是因为新名称"邓小平建设有中国特色社会主义理论"在表达式上与"毛泽东思想"仍然存在不对称,因此,中共十五大进一步提出了"邓小平理论",完成了名称转换,这是名称变更的第二步。中共十五大报告指出:"第二次飞跃的理论成果是建设有中国特色社会主义理论,它的主要创立者是邓小平,我们党把它称为邓小平理论。"[27]将"邓小平建设有中国特色社会主义理论"名称,进一步改称为"邓小平理论",这样,"邓小平理论"与"毛泽东思想"就相互对应了。

§201 中国特色社会主义理论的发展和统一命名

对中国特色社会主义理论的两次命名,指称的是同一个对象。因此两个名称,"建设有中国特色社会主义理论"与"邓小平理论"是同一概念,在逻辑上并没有产生歧义。但在后来的发展中,提出了"三个代表"重要思想,再后来又提出了科学发展观,"邓小平理论"的指称就发生变化了,理解不当,将会出现逻辑上的歧义。

把历史性飞跃的第二个理论成果命名为邓小平理论,或者命名为有中国特色的社会主义理论,指的是同一个对象,它们都是中国社会主义建设实践运动在理论上的表现。中国社会主义建设实践运动,就是指中国特色社会主义运动规律,它具有整体性。中国特色社会主义的理论成果是对这个整体性的理论反映。由于这个整体性是发展和变化着的,所以,中国特色社会主义总是发展着的,它是一个开放的理论体系。

一方面,社会主义建设运动的整体性是有结构的,它是各个方面的综合,包括经济、政治、军事、文化、社会、生态等领域,它们同样构成中国特色社会主义理论的对象;另一方面,这个整体性处于时间的经历中,在不同的历史时期具有不同的性质和规律。这两个方面,构成了在不同历史时期中的中国特色社会主义的不同理论主题。

由于社会主义建设运动规律是历史地发展着的,作为中国特色社会主义理论的对象,都处于历史演变的过程中。旧有矛盾解决了,新的矛盾又产生了,从而决定了理论对象发展的阶段性,并进一步决定了历史性飞跃理论成果的阶段性。"如果人们不去注意事物发展过程的阶段性,人们就不能适当地处理事物的矛盾。"[28]自从创立邓小平理论以后,"建设什么样的党,怎样建设党"的问题成为我们的理论重点,由此产生了"三个代表"重要思想;此后,由于我国经济社会获得了快速发展,但又出现了不平衡、不协调、不持续等问题,这就使科学发展观应运而生。中国问题的这种历史演化,使第二次历史性飞跃的理论成果,采取了阶段性的不同历史形态。这就是马克思主义中国化的理论成果发展的历史逻辑:

对象阶段性—阶段性理论成果—理论历史形态。

所谓理论的历史形态,是指中国理论在不同时期,以及在同一时期的不同阶段上所具有的不同内容和形式。由于对象的不同性质,两次结合所要解决的不同问题,不仅决定了两次历史性飞跃理论成果的不同内容,而且也决定了它们的不同形式。第一次历史性飞跃中形成的理论成果,是毛泽东思想;第二次历史性飞跃中形成的理论成果,是中国特色社会主义理论体系。两种理论成果,表现为中国理论的两大历史形态。这两大历史性飞跃的理论形态中,又进一步采取了阶段性的历史形态,也具有各自的不同内容和形式。

在毛泽东思想中,包括了两种历史形态:新民主主义革命的理论和道路,社会主义革命的理论和道路。关于新民主主义革命的道路和理论,在第一次大革命时期,即从1921年7月中国共产党成立到1927年7月大革命失败,产生了萌芽的历史形态;在土地革命时期,即从1927年到1931年,产生了形成的历史形态;从1935年到1945年这十年,采取了系统总结和多方面展开而日趋成熟的历史形态;在解放战争时期和建国后,获得了继续发展的历史形态。毛泽东思想的萌芽、形成、成熟和继续发展,都是同中国革命事业的发展分不开的,显示了历史性飞跃理论成果发展的阶段性和历史性。

在中国特色社会主义理论形态中,当前它表现为三种历史形态,即邓小平理论、"三个代表"重要思想和科学发展观等重大战略思想。这三个不同的历史形态,也是中国特色社会主义理论体系发展的三个不同的历史阶段。

了解历史性飞跃理论成果的历史形态,对于科学把握中国特色社会主义理论体系及其历史形态,具有重大的历史意义和现实意义。

党的十五大以"邓小平理论"命名第二次飞跃的理论成果,这表明,"邓小平理论"是指称第二次飞跃理论成果的,它们是同一概念。不久,我们党又产生了"三个代表"重要思想。这时,我们应该怎样认识这两个理论形态的关系,是一个重要的问题。如果把邓小平理论仍然作为与第二次理论飞跃的同一概念,同时又把"三个代表"重要思想同邓小平理论并立起来,那么,这就意味着"三个代表"重要思想作为继邓小平理论之后的又一次历史性飞跃,而成为第三次历史性飞跃。而当产生了科学发展观等重大战略思想后,又同样地将它与邓小平理论、"三个代表"重要思想相并立,这同样意味着科学发展观等重大战略思想被看作是第四次飞跃的理论成果。由于每一次"飞跃"都对应于一次"革命"和一次"结合",在今天,如果已经发生了第三次、第四次历史性飞跃,那么,我们就已经经历了第三次、第四次革命和第三次、第四次结合。但事实上我国的第二次结合尚未完成,正在继续着,并没有进入第三次、第四次结合。这样看来,把这三个历史形态的理论并立起来,在逻辑上存在不通顺的地方。

但是,不妥之处并不在于这种"并立",而是对邓小平理论与第二次历史性飞跃关系的认识。如果我们把邓小平理论与第二次历史性飞跃理论成果看作是同一概念,那么,这种"并立"是不合乎逻辑的,而应该是后两个理论形态从属于邓小平理论,成为第二次历史性飞跃,即邓小平理论的阶段性内容。如果把三个理论形态并立起来,那么,邓小平理论与第二次历史性飞跃理论成果就不是同一概念,而应该从属于第二次历史性飞跃的理论成果,并对第二次历史性飞跃理论成果重新进行命名。在这两种情况下,都可以消除上述逻辑关系不顺的问题。

党的十七大理顺了这种关系,并对第二次历史性飞跃的理论成果进行了新的命名。十七大报告指出:"中国特色社会主义理论体系,就是包括邓小平理论、'三个代表'重要思想以及科学发展观等重大战略思想在内的科学理论体系。"[29]中国特色社会主义理论体系是第二次历史性飞跃的理论成果,这就明确地肯定了我们现在仍然处于第二次结合中,因而第二次飞跃仍在继续,并未发生第三次、第四次历史性飞跃。邓小平理论、"三个代表"重要思想以及科学发展观等重大战略思想,都是第二次历史性飞跃中理论的三个不同的历史形态。

这次命名的回归,实现了科学性和逻辑性的统一,从中至少可以得到三点认识:第一,肯定了两次历史性飞跃及其两个理论成果,因而在当前还没有发生第三次历史性飞跃,自然也就不会有第三个、第四个理论成果;第二,第二个理论成果的名称是"中国特色社会主义理论体系",邓小平理论、"三个代表"重要思想和科学发展观,都是这个理论成果发展的历史阶段,因而它们都不能成为同一概念;第三,"中国特色社会主义理论体系是不断发展的开放的理论体系"[30],马克思主义与中国实践的第二次结合还仍在继续中,今后必然还会产生更多的阶段性理论成果,进一步丰富和发展中国特色社会主义理论体系。这样,我们就得到了中国特色社会主义理论体系发展的历史逻辑公式:

邓小平理论——"三个代表"重要思想——科学发展观。

在中共十七大的时候,这个公式表述的是"过去—现在",在中共十八大后,这个公式可以写作:

邓小平理论——"三个代表"重要思想——科学发展观——……

公式中的邓小平理论和"三个代表"重要思想表述过去,"科学发展观"表述现在,"……"表示未来,中国特色社会主义理论体系在未来发展的理论形态。

从中共十八大以来,以习近平为总书记的党中央提出了一系列战略思想,"四个全面"战略部署、国家治理现代化理论等,正在推进中国特色社会主义理论的进一步发展,必定要产生继科学发展观以后的新的理论历史形态。

§202 中国特色社会主义理论新的历史形态——国家治理现代化理论

当前,我国社会主义现代化正进入历史新阶段,这个阶段就是国家治理现代化,包括国家治理体系现代化和治理能力现代化。与此相适应,中国特色社会主义理论也将产生新的历史形态,这将成为中国特色社会主义理论发展的阶段性成果,亦即马克思主义中国化的阶段性成果。

国家治理现代化理论的形成,是以中共十八大为标志的。十八大报告说:"法治是治国理政的基本方式。要推进科学立法、严格执法、公正司法、全民守法,坚持法律面前人人平等,保证有法必依、执法必严、违法必究。"[31]

在十八大后,2012年12月,习近平总书记在首都各界纪念现行宪法公布施行30周年大会上的讲话中指出:"党的十八大强调,依法治国是党领导人民治理国家的基本方略,法治是治国理政的基本方式,要更加注重发挥法治在国家治理和社会管理中的重要作用,全面推进依法治国,加快建设社会主义法治国家。实现这个目标要求,必须全面贯彻实施宪法。"[32]

2013年,党的十八届三中全会第一次把国家治理现代化作为全面深化改革的总目标。十八届三中全会的《中共中央关于全面深化改革若干重大问题的决定》指出:"全面深化改革的总目标是完善和发展中国特色社会主义制度,推进国家治理体系和治理能力现代化。"[33]这个总目标的提出,把中国社会主义现代化推向了一个新的阶段,即在实现经济现代化的同时,突出了实现国家治理现代化的任务。把国家治理现代化作为全面深化改革的总目标,说明党的十八届三中全会"在释放一个重要信号,就是我们党将坚定不移高举改革开放的旗帜,坚定不移坚持党的十一届三中全会以来的理论和路线方针政策。说到底,就是要回答在新的历史条件下举什么旗、走什么路的问题"[34]。中共十八届三中全会的《中共中央关于全面深化改革若干重大问题的决定》,把我国社会主义现代化建设推向了一个新的历史阶段。

2014年,党的十八届四中全会通过《中共中央关于全面推进依法治国若干重大问题的决定》,进一步提出了"全面推进依法治国"的战略布局,把它作为国家治理现代化的重要依托。习近平指出:"法律是治国之重器,法治是国家治理体系和治理能力的重要依托。"[35]依法治国的总目标是促进国家治理体系和治理能力现代化。十八届四中全会的《中共中央关于全面推进依法治国若干重大问题的决定》指出:"全面推进依法治国,总目标是建设中国特色社会主义法治体系,建设社会主义法治国家。这就是,在中国共产党领导下,坚持中国特色社会主义制度,贯彻中国特色社会主义法治理论,形成完备的法律规范体系、高效的法治实施体系、严密的法治监督体系、有力的法治保障体系,形成完善的党内法规体系,坚持依法治国、依法执政、依法行政共同推进,坚持法治国家、法治政府、法治社会一体建设,实现科学立法、严格执法、公正司法、全民守法,促进国家治理体系和治理能力现代化。"[36]

从中共十八大以来的中央文献和领导人的讲话中,可以看出国家治理现代化理论的端倪。举其要者,第一,国家治理现代化的基本内容是完善和发展中国特色社会主义制度,推进国家治理体系和治理能力现代化,不仅要形成系统完备、科学规范、运行有效的制度体系,使各方面制度更加成熟更加定型,而且要不断提升制度执行力;第二,全面深化改革的总目标是推进国家治理现代化,它是国家治理现代化的强大动力;第三,国家治理的基本方式是依法治国,因为法治是国家治理体系和治理能力的重要依托;第四,中国特色社会主义法治理论和法治道路,是国家治理现代化理论和道路的重要内容;第五,中国共产党是治国理政的领导核心,党的领导、人民当家作主和依法治国是高度统一的。

国家治理现代化具有鲜明的中国特色。我们把中国特色社会主义法治体系概括为五个子体系,这是我国的国家治理同西方的国家治理根本不同的地方,这五个子体系是:法律规范体系、法治实施体系、法治监督体系、法治保障体系和党内法规体系。尤其是"党内法规体系"这个子体系,这在西方是不可能有的。中国共产党是中国特色社会主义事业的领导核心,党和法、党的领导和依法治国是高度统一的。社会主义法治必须坚持党的领导,党的领导必须依靠社会主义法治。法是党的主张和人民意愿的统一体现,党领导人民制定宪法法律,党领导人民实施宪法法律,党自身必须在宪法法律范围内活动,这就是党的领导力量的体现。

参 考 文 献

[1] 中国共产党中央委员会关于建国以来党的若干历史问题的决议[G]//中共中央文献研究室.三中全会以来重要文献选编:下.北京:人民出版社,1982:821.

[2] 廖盖隆.两次伟大的历史性转折:纪念遵义会议60周年[N].人民日报,1995-01-18(2).

[3] 中国共产党中央委员会关于建国以来党的若干历史问题的决议[G]//中共中央文献研究室.三中全会以来重要文献选编:下.北京:人民出版社,1982:839.

[4] 沿着有中国特色的社会主义道路前进:在中国共产党第十三次全国代表大会上的报告[G]//中国共产党第十三次全国代表大会文件汇编.北京:人民出版社,1987:58.

[5] 胡锦涛.在纪念党的十一届三中全会召开30周年大会上的讲话[M].北京:人民出版社,2008:39.

[6] 关于草拟十三大报告大纲的设想[G]//中共中央文献研究室.十二大以来重要文献选编:下.北京:人民出版社,1988:1307.

[7] 中共中央文献研究室.邓小平年谱(1975-1997):下[M].北京:中央文献出版社,2004:1173.

[8] 邓小平.一切从社会主义初级阶段的实际出发[M]//邓小平.邓小平文选:第3卷.北京:人民出版社,1993:252.

[9] 江泽民.高举邓小平理论伟大旗帜,把建设有中国特色社会主义事业全面推向二十一世纪:在中国共产党第十五次全国代表大会上的报告[G]//中国共产党第十五次全国代表大会文件汇编.北京:人民出版社,1997:15.

[10] 中国共产党中央委员会关于建国以来党的若干历史问题的决议[G]//中共中央文献研究室.三中全会以来重要文献选编:下.北京:人民出版社,1982:802.

[11] 人民日报社论.这是政治战线上和思想战线上的社会主义革命[N].人民日报,1957-08-18(1).

[12] 毛泽东.在党的八届十中全会上的讲话[G]//中共中央文献研究室.建国以来重要文献选编:第16册.北京:中央文献出版社,1997:313.

[13] 中国共产党第八届中央委员会第十次全体会议的公报[G]//中共中央文献研究室.建国以来重要文献选编:第15册.北京:中央文献出版社,1997:653.

[14] 沿着有中国特色的社会主义道路前进:在中国共产党第十三次全国代表大会上的报告[G]//中国共产党第十三次全国代表大会文件汇编.北京:人民出版社,1987:10.

[15] 毛泽东.论联合政府[M]//毛泽东.毛泽东选集:第3卷.2版.北京:人民出版社,1991:1093.

[16] 中国共产党中央委员会关于建国以来党的若干历史问题的决议[G]//中共中央文献研究室.三中全会以来重要文献选编:下.北京:人民出版社,1982:798.

[17] 中国共产党中央委员会关于建国以来党的若干历史问题的决议[G]//中共中央文献研究室.三中全会以来重要文献选编:下.北京:人民出版社,1982:804.

[18] 中国共产党第十一届中央委员会第三次全体会议公报[G]//中共中央文献研究室.三中全会以来重要文献选编:上.北京:人民出版社,1982:11.

[19] 胡锦涛.在纪念党的十一届三中全会召开30周年大会上的讲话[M].北京:人民出版社,2008:3.

[20] 胡锦涛.在庆祝中国共产党成立90周年大会上的讲话[M].北京:人民出版社,2011:7.

[21] 中国共产党中央委员会关于建国以来党的若干历史问题的决议[G]//中共中央文献研究室.三中全会以来重要文献选编:下.北京:人民出版社,1982:839.

[22] 中共中央关于经济体制改革的决定[M].北京:人民出版社,1984:17.

[23] 沿着有中国特色的社会主义道路前进:在中国共产党第十三次全国代表大会上的报告[G]//中国共产党第十三次全国代表大会文件汇编.北京:人民出版社,1987:59.

[24] 江泽民.加快改革开放和现代化建设步伐,夺取有中国特色社会主义事业的更大胜利:在中国共产党第十四次全国代表大会上的报告[G]//中国共产党第十四次全国代表大会文件汇编.北京:人民出版社,1992:22.

[25] 江泽民.加快改革开放和现代化建设步伐,夺取有中国特色社会主义事业的更大胜利:在中国共产党第十四次全国代表大会上的报告[G]//中国共产党第十四次全国代表大会文件汇编.北京:人民出版社,1992:12.

[26] 江泽民.邓小平同志追悼大会上的悼词[M]//江泽民.江泽民文选:第1卷.北京:人民出版社,2006:628.

[27] 江泽民.高举邓小平理论伟大旗帜,把建设有中国特色社会主义事业全面推向二十一世纪:在中国共产党第十五次全国代表大会上的报告[G]//中国共产党第十五次全国代表大会文件汇编.北京:人民出版社,1997:9.

[28] 毛泽东.矛盾论[M]//毛泽东.毛泽东选集:第1卷.2版.北京:人民出版社,1991:314.

[29] 胡锦涛.高举中国特色社会主义伟大旗帜,为夺取全面建设小康社会新胜利而奋斗:在中国共产党第十七次全国代表大会上的报告[M].北京:人民出版社,2007:11.

[30] 胡锦涛.高举中国特色社会主义伟大旗帜,为夺取全面建设小康社会新胜利而奋斗:在中国共产党第十七次全国代表大会上的报告[M].北京:人民出版社,2007:12.

[31] 胡锦涛.坚定不移沿着中国特色社会主义道路前进,为全面建成小康社会而奋斗:在中国共产党第十八次全国代表大会上的报告[G]//中国共产党第十八次全国代表大会文件汇编.北京:人民出版社,2012:25.

[32] 习近平.在首都各界纪念现行宪法公布施行30周年大会上的讲话[N].人民日报,2012-12-05(2).

[33] 中共中央关于全面深化改革若干重大问题的决定[G]//中国共产党第十八届中央委员会第三次全体会议文件汇编.北京:人民出版社,2013:18.

[34] 习近平.关于《中共中央关于全面深化改革若干重大问题的决定》的说明[G]//中国共产党第十八届中央委员会第三次全体会议文件汇编.北京:人民出版社,2013:87.

[35] 习近平.关于《中共中央关于全面推进依法治国若干重大问题的决定》的说明[G]//中国共产党第十八届中央委员会第四次全体会议文件汇编.北京:人民出版社,2014:68.

[36] 中共中央关于全面推进依法治国若干重大问题的决定[G]//中国共产党第十八届中央委员会第四次全体会议文件汇编.北京:人民出版社,2014:21.